生理学原理

PRINCIPLES OF PHYSIOLOGY

生理学原理

PRINCIPLES OF PHYSIOLOGY

"101计划"核心教材
生物科学领域

主　编　王世强　梅岩艾　朱景宁

编　委　（以姓氏笔画为序）

丁　濖　王世强　王建军　王晋辉
王燕飞　白书农　朱景宁　齐　鑫
孙　刚　李　莲　李　静　李大鹏
李晓东　杨　巍　张　华　张家兴
陆利民　陈　强　罗冬根　项　辉
胡　兵　涂　欣　袁崇刚　柴　真
翁　强　郭春明　梅岩艾　梁　鑫
董云伟　廖旭东　薛　磊

中国教育出版传媒集团

高等教育出版社·北京

内容简介

本书分为"细胞生理学""器官和系统生理学"和"生理活动的整合调控"3篇，以重要生理学原理串联知识内容，突出生理功能研究中的数理分析、定量研究和计算建模，注意回顾重要生理学事件发现的历史及启示，介绍中国科学家在生理学领域的重要原创性贡献，展示一些分子和进化水平上的最新科研成果及重大生理学问题等，以体现生理学的前沿发展和创新思路。本书在正文旁设计了适时出现的提问，引导读者深入思考；章末配有小结、思考题和推荐阅读，有助于读者复习及拓展；配套数字资源包含拓展阅读、教学课件等丰富内容。

本书作者均为活跃在生理学教学和科研一线的学者，在编写中充分考虑到新时代研究型人才培养的要求，体现了生理学的传统性与先进性有机融合的特点，同时兼顾不同类型高校的实际教学需求，重点突出，纲举目张。本书适合作为综合性研究型高校生物类专业生理学课程教材。

封面图片：图片展示心肌细胞兴奋时 RyR2 钙释放在不同肌小节近乎同步发生（参见第五章第二节，王世强教授供图）

网上数字资源围绕纸质教材知识体系设计，充分展示学科知识的广度和深度，是纸质教材的有力拓展和补充。数字资源主要包括拓展阅读、动画、教学课件等，内容丰富，形式多样，可供教师教学和学生自学参考。

使用方法

1. 电脑或移动设备访问新形态教材网。

abooks.hep.com.cn/64920

2. 注册并登录后，进入"个人中心"。
3. 刮开图书封底防伪码涂层，通过扫描二维码或手动输入 20 位密码，完成防伪码绑定。
4. 绑定成功后，即可开始学习。

如有使用问题，请点击页面下方的"疑问"按钮。

图书在版编目（CIP）数据

生理学原理 / 王世强，梅岩艾，朱景宁主编.
北京：高等教育出版社，2025.6. -- ISBN 978-7-04-064920-8
Ⅰ．R33
中国国家版本馆CIP数据核字第202549AJ01号

SHENGLIXUE YUANLI

策划编辑	靳 然 田 红	开 本	889mm×1194mm 1/16
责任编辑	田 红 靳 然	印 张	30
封面设计	姜 磊	字 数	800 千字
版式设计	王凌波 赵 阳	购书热线	010-58581118
责任绘图	于 博	咨询电话	400-810-0598
责任校对	王 巍	网 址	http://www.hep.edu.cn
责任印制	存 怡		http://www.hep.com.cn
		网上订购	http://www.hepmall.com.cn
			http://www.hepmall.com
			http://www.hepmall.cn
出版发行	高等教育出版社	版 次	2025年6月第1版
社 址	北京市西城区德外大街4号	印 次	2025年6月第1次印刷
邮政编码	100120	定 价	150.00元
印 刷	北京华联印刷有限公司		

本书如有缺页、倒页、脱页等质量问题，请到所购图书销售部门联系调换
版权所有　侵权必究
物 料 号　64920-00

序

博大精深的生命科学

地球 46 亿年演化至今，生物可以说是最为复杂多样的存在，并在过去半个世纪成为科学世界最被广泛关注的研究对象。2005 年，《科学》周刊根据全球科学家的反馈，提出的 125 个悬而未决的基本科学问题中有一多半与生命科学直接相关，其中遴选出的 25 个特别关注里有 15 个是生物学问题。近 20 年过去了，新的知识、理论和技术不断涌现，给生物科学领域带来了深刻变革和巨大进步，然而之前提出的那些基本问题没有一个获得最终答案，很多甚至依旧在原地踏步。

与物理、化学等学科相比，生物学有其鲜明的特点。目前阶段，生物学仍主要通过观察现象去理解机理，以实验科学和数据分析为主，还没有发展到从基本理论出发、推导结论的程度。可能也正因为如此，生物学是进入 21 世纪以来最活跃的研究领域，新问题、新突破层出不穷，也是学科交叉的汇聚焦点。面对新的机遇和挑战，如何培养能够引领未来、创造未来的拔尖人才？教育部 2023 年启动的基础学科系列"101 计划"就是为解决这一问题而实施的高校教育教学综合改革方案。

生物科学"101 计划"的专家委员会通过分析近年来生物科学各领域的深刻变革，以及社会发展对生命科学人才培养的新要求，提出了 11 门课程作为生物科学专业核心课程：普通生物学、生物化学、细胞与分子生物学、遗传学和发育生物学、生理学、微生物学、神经生物学、生物物理学、生物信息学、生态学、免疫生物学，并编写了一套具有鲜明特点的理论和实验教材。教材主编和参编者均为活跃在教学和科研第一线的学者，他们不仅在各自领域取得了出色的研究成果，而且积累了丰富的教学经验，从而保证了教材内容的准确性和教学适用性。本套教材有以下几个特点：

一是注重系统性和前沿性。全面梳理了生物学科知识模块，重构了核心知识框架；注重经典和前沿的融合，关注国际学术前沿和国家战略发展需求，突出学科交叉，更新迭代新知识、新内容。

二是注重深入浅出，启蒙创新思维。不仅清晰介绍知识点，更注重讲述科学发现背后的逻辑，力求能够激发学生的创新火花，培养科学思维、批判性思维和定量思维。

三是体现中国特色。紧密关注国家战略发展需求，充分反映国内生物学领域高水平学术成果，生动展现我国科技事业发展取得的长足进步。

四是呈现形态多元。采用纸质教材加数字资源的新形态教材出版形式，二者一体化设计、有机融合。纸质教材确保可读性和趣味性，数字资源充分展示学科知识的广度与深度，实现信息技术与教材的深度融合。

生物学是一门极富生命力的学科，问题层出不穷，发展日新月异，"授之以鱼不如授之以渔"。我们在期待这套教材能够让读者朋友们系统掌握生物科学知识体系的同时，更希望激发大家对生命科学领域的好奇心、想象力、探知欲，掌握基本的方法论，成为未来创新的主力军。

在这里，要特别感谢生物科学"101计划"专家委员会成员、主编团队以及一起奋斗的400余位编委、撰稿人，没有大家的辛勤付出，不可能短时间内高质量完成这套教材的编写工作；更要感谢几十所高校的资深专家、一线老师和同学在教材编写、审读、试讲试用中提供的宝贵建议。当然，第一版教材肯定会有很多不足之处，恳请读者朋友们带着批判的态度，反馈宝贵的改进意见，我们将继续努力，力争把这套教材打造成为经典，真正走向世界。

尺寸教材，悠悠国事。衷心希望这套教材为有志于在生命科学领域有所作为的青年人带来一点启发，也助力中国科研教育工作者在全社会的持续支持下为探索未知、培养人才做出更大的贡献。

施一公
2025年3月于西湖大学

前 言

生物科学是研究生物体结构与功能的科学。作为生物科学的一个分支，生理学以人和动物为对象，研究生命活动现象及其发生机制，以及人和动物适应各种内、外环境变化而产生的功能反应和调节过程。生理学特别强调从分子、细胞、器官、系统到整体的整合和稳态，是综合性大学生物科学类专业的核心课程。虽然国内各种版本的生理学教材已有很多，但多面向医学生，而面向综合性研究型大学的生理学教材却相对较少。由于生物类专业与医学类专业在课程体系、学生的基础知识背景和培养目标等方面均存在较大差异，编写一本适合于综合性研究型大学生物类专业学生使用的生理学教材显得尤为重要。

基于这一认识，十多年前，我们齐心协力完成了《生理学原理》第一版的编写工作。为了使教材符合研究型人才的培养要求，体现生理学教材传统性与先进性有机融合的思路，同时兼顾不同类型学校的教学需求，该书不追求对生理学知识点的面面俱到，而是强调对重要生理学原理的逻辑理解以纲举目张，并在生理学知识的框架基础上将全书分为"细胞生理学""器官和系统生理学"和"生理活动的整合调控"3篇。在内容编排上，我们注意了如下几点：① 阐述重要生理学发现的历史及其启示，以及一些分子和进化水平上的最新发现、目前有争议的重大生理学问题等，以体现生理学的前沿发展和创新思路；② 每个章节中体现一定的与医学、疾病有关的内容或比较生理学知识，根据教学需要在必要的章节中设置部分解剖学内容；③ 在正文中设计了适时出现的提问，引导学生深入思考，培养其分析问题的科学思维。参与第一版编写工作的作者均为活跃在生理学教学和科研第一线的学者，他们将自己长期积累的教学经验和科学思想凝聚和诠释在书中，使该书在内容和思想深度上都体现出研究型大学的教材特点。

为了着力提升我国基础学科人才自主培养质量，满足高等教育教学改革需求，教育部于2023年4月启动了生物科学"101计划"，汇聚本领域顶尖专家和教学名师，由施一公院士作为项目负责人，统筹组建了包括生理学在内的11门生物科学专业核心课程的教材编写团队。"101计划"对教材的科学性、前沿性和准确性等都提出了新的要求。为了使生理学教材更符合我国拔尖创新人才培养的要求，我们在征求全部32所生物科学拔尖学生培养基地所在院校意见的基础上，组织学术造诣高、教学经验丰富的教师对第一版教材进行了全面修订，对多数章节进行重新设计和编写，形成了这本"101计划"核心教材《生理学原理》。

本书在内容方面除了保留第一版的主要特色，还做了如下改进：① 将"体液、血液与血细胞功能"单独作为第一章，全面阐述体液、血液为机体生理活动提供的内环境稳态及运输、防御等功能，有利于引导学生在学习生理学之初建立起内环境、稳态、适应、反馈等基本生理学概念，并从这些基本概念出发理解后续章节的知识体系；② 新增"生殖""生理学研究策略与技术"两章，以及植物的生理相关线上阅读材料，使本教材的生理学体系更加完整，同时引导学生从不同的方法中提取研究思路，从不同对象的生理特点中提取共性规律；③ 突出生理功能研究中的数理分析、定量研究和计算建模，引导学生打好数理、计算机和人工智能基础，激发交叉创新；④ 介绍中国科学家在生理学领域的重要原创性贡献，让学生了解我国的学术成果及科研进展；⑤ 为全书绘制精美彩色插图，有利于学生更加准确地理解生理学过程，也进一步提升了教材整体质量。在此特别感谢颜宁、肖百龙、陈雷等专家为本书馈赠精美图片，也非常感谢高等教育出版社，以及张号、余彤、梁皓楠、张焱等绘图师为本书付出的心血！

虽然各位编委为编写好这本教材做出了诸多努力，但由于专业水平、知识和能力的局限性，书中难免存在一些不妥之处，恳请读者予以指正！

王世强　梅岩艾　朱景宁
2025年2月

目 录

绪论　001
　　一、认识生理学的学科内涵　002
　　二、了解生理学的发展历程　003
　　三、把握生理学的基本概念　006
　　四、学习生理学的研究思路　008

第一篇　细胞生理学

第一章　体液、血液与血细胞功能　013
第一节　体液与机体内环境　014
　　一、体液的组成与分布　014
　　二、体液的成分与渗透压　014
　　三、体液与内环境稳态　017
第二节　血液　018
　　一、血液的组成　018
　　二、血液的理化特性　020
　　三、血液的生理机能　021
　　四、血液凝固　023
　　五、血型　028
　　六、血量和血液成分的稳态调节　033

第二章　生物膜对物质的通透和转运　035
第一节　溶质与水的跨膜扩散　036
　　一、简单扩散　036
　　二、易化扩散　037
　　三、渗透：水的跨膜扩散　039
第二节　主动转运　041
　　一、钠、钾离子的主动转运　041
　　二、钙离子的主动转运　042
　　三、主动转运的一般规律　044
第三节　离子的跨膜流动与细胞膜电位　046
　　一、离子通道的一般性质　046
　　二、离子通道的激活及其能量转换功能　049
　　三、跨膜离子平衡与细胞静息膜电位　051

第三章　细胞的兴奋　057
第一节　刺激与动作电位的发生　058
　　一、刺激与兴奋的概念　058
　　二、膜电位对刺激电流的被动反应　059
　　三、可兴奋细胞的主动反应　060
　　四、动作电位的不同形态　061
第二节　兴奋的离子机制　062
　　一、离子学说　062
　　二、膜片钳与离子通道研究　066
　　三、电压门控通道的激活与失活　069

　　　　　四、引发兴奋的条件　072
第三节　兴奋在神经纤维上的传导　074
　　　　　一、神经轴突的电缆性质　075
　　　　　二、神经轴突动作电位的传导　076
　　　　　三、有髓鞘神经轴突动作电位的跳跃
　　　　　　　传导　077
　　　　　四、细胞外记录的神经干动作电位　078

第四章　细胞间的信息传递　081
第一节　缝隙连接与电传递　082
　　　　　一、缝隙连接　083
　　　　　二、电传递　084
第二节　化学突触传递　085
　　　　　一、化学传递　085
　　　　　二、化学突触传递的基本机制　085
　　　　　三、信使分子——神经递质　091
　　　　　四、受体　096
第三节　离子通道型受体介导的突触传递　096
　　　　　一、N型乙酰胆碱受体介导的
　　　　　　　突触传递　099
　　　　　二、离子通道型谷氨酸受体介导的
　　　　　　　兴奋性突触传递　101
　　　　　三、介导抑制性突触传递的离子
　　　　　　　通道　102
第四节　介导突触传递的G蛋白耦联受体　103
　　　　　一、G蛋白耦联受体及信号转导　104
　　　　　二、肾上腺素受体的信号转导　106
　　　　　三、M型乙酰胆碱受体与副交感神经
　　　　　　　信号传递　108
　　　　　四、其他G蛋白耦联受体介导的神经
　　　　　　　递质信号传递　109

第五章　肌细胞的收缩功能　114
第一节　肌细胞收缩的结构与分子基础　115
　　　　　一、肌细胞的结构　115
　　　　　二、参与收缩的蛋白质分子　118
　　　　　三、肌丝滑行学说　121
　　　　　四、横桥活动与化学能转化为机械
　　　　　　　能的过程　122
第二节　兴奋收缩耦联　124
　　　　　一、兴奋收缩耦联的结构与分子
　　　　　　　基础　125
　　　　　二、骨骼肌的兴奋收缩耦联　127
　　　　　三、心肌的兴奋收缩耦联　128
　　　　　四、平滑肌的兴奋收缩耦联　132
第三节　肌细胞收缩的生物力学　132
　　　　　一、影响收缩力的因素　133
　　　　　二、等长收缩和等张收缩　133
　　　　　三、不同类型的肌纤维　134
　　　　　四、骨骼肌收缩强度的调节　135

第二篇　器官和系统生理学

第六章　血液循环　141
第一节　循环系统的进化　142
　　　　　一、开放式和封闭式循环系统　142
　　　　　二、心脏的进化　142
第二节　心脏生理　143
　　　　　一、心脏的泵血功能　143
　　　　　二、心脏的节律性兴奋　147
　　　　　三、心脏功能的检测　152
第三节　血管生理　155
　　　　　一、血管的结构与功能特点　155
　　　　　二、血流动力学　156
　　　　　三、血压　158
　　　　　四、微循环与淋巴系统　161
第四节　心血管活动的调节　164

一、心血管活动的自身调节　164
　　　二、心血管活动的反射性调节　166
　　　三、心血管活动的体液调节　172
　　　四、动脉血压的长期调节　175

第七章　呼吸　179
　第一节　动物呼吸系统的进化、结构与
　　　　　功能　180
　　　一、非哺乳动物呼吸器官与呼吸方式
　　　　　的进化　180
　　　二、哺乳动物的呼吸系统结构与
　　　　　功能　181
　第二节　肺通气　185
　　　一、肺通气的动力　185
　　　二、肺通气的阻力　188
　　　三、肺通气功能评价　189
　第三节　肺换气和组织换气　191
　　　一、气体交换的原理　191
　　　二、肺换气　192
　　　三、组织换气　194
　第四节　呼吸气体在血液中的运输　194
　　　一、O_2 在血液中的运输　195
　　　二、CO_2 在血液中的运输　198
　第五节　呼吸运动的调节　200
　　　一、呼吸中枢　200
　　　二、呼吸运动的化学因素调节　202
　　　三、呼吸运动的反射性调节　204
　第六节　内呼吸和能量代谢　206
　　　一、内呼吸与能量释放　206
　　　二、ATP 是细胞的能量货币　207
　　　三、能量消耗和代谢率　207

第八章　消化与吸收　210
　第一节　消化系统的组成和一般功能　211
　　　一、消化系统的组成　211
　　　二、消化道的结构和神经支配　211
　　　三、胃肠激素　213
　　　四、消化道平滑肌的生理特性　214
　第二节　口腔内消化和吞咽　215
　　　一、唾液的分泌　215
　　　二、咀嚼和吞咽　216
　第三节　胃内消化　218
　　　一、胃液的分泌　218
　　　二、胃的运动　224
　第四节　小肠内消化　226
　　　一、胰液的分泌　226
　　　二、胆汁的分泌　228
　　　三、小肠液的分泌　230
　　　四、小肠的运动　231
　第五节　大肠的功能　232
　　　一、大肠液的分泌　233
　　　二、大肠的运动和排便　233
　　　三、肠道微生物　233
　第六节　吸收　234
　　　一、小肠的结构特点和吸收机制　234
　　　二、糖类的吸收　235
　　　三、蛋白质消化产物的吸收　236
　　　四、脂类的消化和吸收　236

第九章　渗透调节与排泄　240
　第一节　水、电解质及渗透压调节　241
　　　一、细胞内外液、离子分布及渗
　　　　　透压　241
　　　二、不同环境中动物的渗透压调节　242
　第二节　肾的形态结构与血流灌注　243
　　　一、肾的形态结构　243
　　　二、肾血流量的特点及其调节　246
　第三节　肾小球的滤过　248

一、滤过膜及其通透性　248
二、影响肾小球滤过的因素　251
第四节　肾小管与集合管的重吸收和分泌　252
一、肾小管与集合管重吸收的方式和途径　252
二、几种物质在肾小管与集合管的重吸收　253
三、肾小管和集合管的分泌功能　258
第五节　尿液的浓缩和稀释　260
一、肾髓质间质渗透压梯度及其形成　260
二、肾髓质间质渗透压梯度的保持　262
三、影响肾髓质渗透压梯度形成的因素　263
四、尿液稀释和浓缩功能的实现　263
第六节　尿生成的调节　264
一、肾内自身调节　264
二、神经调节　265
三、体液调节　265

第十章　生殖　271
第一节　性腺的形成与调控　272
一、性别决定　272
二、性腺的形成　272
三、性激素　273
四、生殖策略　276
第二节　卵巢与雌性生殖　276
一、雌性生殖系统的解剖结构　276
二、卵子、卵泡与雌性生殖调控　278
三、妊娠和分娩　283
第三节　雄性生殖系统　285
一、雄性生殖系统的结构和功能　285
二、精子发生及相关调控　286

第三篇　生理活动的整合调控

第十一章　生理功能的内分泌调控　293
第一节　内分泌系统与激素概论　294
一、内分泌系统　294
二、激素的化学性质　295
三、激素的作用特点　296
四、下丘脑-垂体-靶腺轴　300
第二节　下丘脑-垂体的内分泌功能　301
一、垂体前叶激素　302
二、下丘脑与垂体后叶激素　306
第三节　甲状腺　307
一、甲状腺激素　308
二、降钙素　312
第四节　胰岛　312
一、胰岛素　313
二、胰高血糖素　315
第五节　肾上腺皮质　316
一、肾上腺皮质的结构及其分泌的激素　317
二、肾上腺皮质激素的作用　317
三、肾上腺皮质激素的分泌调控　319
第六节　肾上腺髓质　320
一、肾上腺髓质的结构及其分泌的激素　320
二、肾上腺髓质激素的作用　321
三、肾上腺髓质激素的分泌调控　321

第十二章　神经系统的感觉功能与感觉器官　324
第一节　感觉过程的一般原理　325
一、感觉的分类　325
二、感受器的适宜刺激和换能作用　325
三、感受器的放大作用　326

四、感觉刺激的编码　326
五、感觉的适应　327
六、感觉的传入通路　328
七、感觉的皮层投射　329
八、感受器的中枢抑制　330

第二节　化学感觉　330
一、嗅觉　330
二、味觉　332

第三节　机械感觉　333
一、毛细胞　335
二、平衡觉　335

第四节　听觉　337
一、传声途径　337
二、耳蜗的结构与机能　339
三、听觉学说　339
四、听觉的中枢神经通路和神经编码　341
五、双耳听觉与声源方向的判定　342

第五节　视觉　344
一、无脊椎动物的视觉器官　344
二、哺乳动物眼的结构与折光系统　345
三、眼的调节　346
四、眼的折光异常　347
五、视网膜的结构与功能　348
六、视锥细胞与视杆细胞　350
七、内在光敏感视神经节细胞　350
八、感光细胞的感受器电位　352
九、感光色素的光化学反应　352
十、光感受器的光信号转导　354
十一、颜色视觉　355
十二、视觉的中枢通路　357
十三、视觉神经元感受野及其形成机制　357
十四、中枢视觉信号的传递和信息加工　358
十五、感受野：形状感知单元　360

第六节　温度觉与痛觉、痒觉　360
一、温度感觉　360
二、伤害感受和痛觉　361
三、痒觉　362

第十三章　神经系统的运动功能　365

第一节　躯体运动系统的组构和控制模型　366
一、控制躯体运动的中枢神经系统组构　366
二、躯体运动控制模型　367
三、脊髓运动神经元和肌肉感受器　368
四、脑干及其下行运动通路　373
五、大脑皮层运动区及其下行运动通路　373
六、小脑和基底神经节　374

第二节　反射运动和节律运动　374
一、反射运动　374
二、节律运动　378

第三节　随意运动的发起和控制　379
一、初级运动皮层　380
二、辅助运动皮层和前运动皮层　381
三、基底神经节　383
四、小脑　390

第四节　内脏运动系统对内脏活动和免疫功能的调节　393
一、自主神经系统　395
二、肠神经系统　397
三、内脏活动的中枢控制　397
四、内脏系统的感觉传入　398
五、神经系统对免疫功能的调节　399

第十四章 神经系统的高级功能与行为调控 402

第一节 本能行为 403
一、摄食行为与能量代谢 403
二、情绪情感 404
三、睡眠觉醒与生物节律 408

第二节 行为的动机和决策 414
一、行为动机和决策的奖赏机制 414
二、多巴胺与行为动机和决策 415

第三节 学习与记忆 416
一、反射相关学习与记忆活动的神经机制 417
二、海马与外显记忆 417
三、记忆存储的突触可塑性机制 420

第四节 大脑皮层的认知功能 422
一、大脑皮层功能定位和语言功能 422
二、前额叶与认知 426

第十五章 生理学研究策略与技术 430

第一节 生理学研究策略 431
一、生理学研究策略的发展 431
二、生理功能上调策略 433
三、生理功能下调策略 434
四、阐明生理因素与细胞功能的因果关系策略 435
五、生理效应叠加和协同的研究策略 436
六、生理效应阻塞策略 437

第二节 生理学研究技术实例 437
一、细胞生理学研究技术 438
二、器官与系统生理研究技术 442
三、神经生理学研究技术 446

索引 455

绪 论

生理学是生命科学中一门独一无二的学科，是从分子到整体全面阐释生命活动功能及其机制的科学。"生理学"一词的含义为"生命之理"——正凸显了其在理解生命现象中的核心地位。如若探究生理学英文"physiology"一词的古希腊语起源，可以发现其含义与中文不期而同，即对自然（*phúsis*，意为 nature）的研究（*-logía*，意为 study of）。从古代思想理论到现代实验技术，生理学研究塑造了我们对生命活动的认识。同时，认识机体的正常生理功能是探究其内在机制、发展疾病治疗方法的基础，这也正是"诺贝尔生理学或医学奖"所倡导的宗旨。

一、认识生理学的学科内涵

如果将生物学（biology）定义为研究生命现象及其活动规律的科学，生理学作为生物学的一个分支，就是研究生命体功能（function）及其机制（mechanism，或称机理）的科学。

生命体以遗传为基础，通过生长发育产生严整的结构；而其基本功能便是新陈代谢、对不断变化的内外环境做出反应，以及生殖。在这三大功能中，前两者是为了生命体个体的保存，后者则是为了实现种系的延续。生理学的任务是在分子、细胞、组织、器官、整体甚至群体的水平上研究这些生理功能的运行和调控机制，如生物电信号的产生机制、肌肉收缩的发生机制、神经系统和内分泌系统调控机体活动的机制，以及生殖功能及其调控机制等。

根据研究对象的不同，生理学有一系列分支：如果讨论动物的生理功能及其机制，就称为动物生理学；如果讨论植物的生理功能及其机制，就是植物生理学；而讨论心脏或肾的生理功能和机制，就称为心脏生理学或肾生理学等。通常所说的生理学，指的是以人和高等动物为研究对象的生理学，因为生理学是在人类健康需求的推动下，结合人体生理观察和动物实验，产生并发展起来的一门实验科学。本教材主要阐述人和高等动物的生理学，并对植物和动物的生理学异同进行简要的讨论。

> 拓展阅读 0-1
> 植物和动物的生理学异同

生理学对机体功能的阐述涉及不同的研究层次。细胞是构成机体的最基本结构和功能单位，每一器官、系统的功能及其调控都与相应细胞的生理特性密切相关。在细胞学说提出之后，随着微观研究技术和分子生物学技术的发展，人类对机体功能及其调控机制的阐述进入细胞和分子水平。作为现代生理学阐述机体功能的微观基础，本教材将"细胞生理学"作为第一篇，以体液构成的内环境为基础，首先阐述物质跨膜通透和转运这一生物体的普遍功能，逐步引申到兴奋、细胞间通信和肌细胞的收缩机制等不同细胞功能。为避免教学内容相互重复，本教材并未覆盖细胞生理学的全部内容。例如，关于细胞代谢活动及其机制的内容需在生物化学课程中学习，关于细胞内信号转导的内容则一直是细胞生物学的重点。

尽管现代生理学已经深入到细胞、亚细胞和分子水平，生理学始终注重将微观生命过程整合到器官、系统和整体水平来阐述生理功能。生命体是一个远离平衡的开放系统，其内部及其与外环境之间必须不断进行物质、能量和信息的交换，以维持生命体相对有序的低熵状态。消化、呼吸、血液循环、排泄系统等各个系统的功能相互协同，共同完成物质和能量的代谢过程。例如：循环系统和呼吸系统相配合，使内环境和外环境相互联系，实现供氧和排出二氧化碳的功能；消化系统、排泄系统和循环系统相配合，实现细胞和整个机体有效获取营养成分和排出代谢废物的功能。同时，生殖系统在其他系统的配合下为生殖细胞的产生、受精和胎儿的发育提供保障。本教材的第二篇"器官和系统生理学"将阐述这些器官系统各种生理活动的过程、规律，以及它们之间的相互关系。

对多细胞生物而言，机体各部分功能的协调是其维持正常生命活动的基本条件。神经系统和内分泌系统通过全身各处的感受器、神经纤维和血液中的各种激素，形成一个庞大的调控网络。它们不断从外周收集各种功能状态的信息，在中枢神经系统的参与下，将调控信号以生物电和化学信使的形式选择性、特异性地传送到机体各处的细胞，从而使各器官系统的功能保持协调，使内环境保持相对稳定并对内外环境的变化做出适应性反应。本书的第三篇"生理活动的整合调控"将阐述神经系统和内分泌系统调控机体功能的基本原理。

我们对生命活动不断深入的认识离不开研究方法和技术的进步。本教材最后简要介绍了生理学中有代表性的研究策略和技术。但现代生理学研究所需要的研究思路和方法远不止于此。生命科学各学科在发展中日益融合，新的研究突破日益依赖生命科学与数学、物理学、化学、信息科学、人工智能和工程技术的有机结合。因此，只有在学习中将生命科学各学科及其他学科的概念、理论、方法融会贯通，才能够不断深入地认识生命活动的基本机理，以及基本生命活动是如何整合成复杂多样、动态和稳态相统一的整体功能的，又是如何在个体甚至群体水平升华为物种的生存能力的。

二、了解生理学的发展历程

在生物学发展的早期，研究的内容和方式主要是观察生物的大体形态和结构。古希腊思想家亚里士多德在公元前4世纪就观察、描述了500多种动物，并且解剖了其中的50多种，著有《动物志》《动物的结构》《动物的繁殖》等书，开创性地阐述了动物的分类、形态结构、胚胎发育等，被公认为生物学的创始人之一。公元2世纪，古罗马名医Galen根据对猴、猪的解剖，著有《论人体各部位的用途》等书。他提出，消化管吸收的食物在肝变为血液，血液在心脏中穿越室中隔，与来自肺的空气和热混合后充满生命精气，在心脏的推动下如涨潮和落潮一样，一阵一阵地涌向身体四周。由于Galen是当时医学界的最高权威，并且他的学说与当地宗教信条有吻合之处，因此Galen的解剖学及其中的大量错误被奉为不容置疑的教条，统治西方医学达1 400年之久。直到16世纪中叶，比利时人Andreas Vesalius（1514—1564）通过细致地解剖人类尸体，建立了近代解剖学，人类对自身的认识才重新得以发展。

以实验研究为特征的生理学成为一门独立的科学，是从17世纪初叶开始的。1628年，英国医生William Harvey（1578—1657）首次把实验方法应用于生物学，发现了血液从心脏通过动脉流向各种组织，再经静脉流回心脏的闭路循环（详见第二篇）。他发表了有关血液循环的名著《心血运动论》一书，阐明血液在体内不断循环的新概念，是文艺复兴时期生物学上最重要的成就。Harvey首先把物理学的研究思路和数学方法引入生物学中，并坚持用观察和实验代替主观的推测，成为用实验方法解决生物学和医学问题的典范。因此，他被公认为是生理学、实验医学和实验生物学的创始人。

在Harvey逝世后4年的1661年，意大利解剖学家Marcello Malpighi（1628—1694）

将伽利略发明的望远镜改制成显微镜发现了毛细血管，进一步证实和发展了血液循环的理论。此后，随着生物学和其他自然科学的发展，许多新的技术被应用于生理学实验研究，使生理学的知识和理论不断得到发展。17世纪，法国哲学家和科学家笛卡儿（1596—1650）最早将反射的概念应用于生理学，他认为动物的每一活动都是对外界刺激的必要反应，刺激与反应之间有固定的神经联系，并将这一连串的活动称为反射。18世纪，法国化学家拉瓦锡（1743—1794）首先发现氧气和燃烧的原理，指出呼吸过程同燃烧一样，都要消耗 O_2 和产生 CO_2，从而为机体新陈代谢的研究奠定了基础。同年代，意大利生理学家 Luigi Galvani（1737—1798）在用青蛙的腿做实验时，发现两种不同金属相接触可产生电流致蛙腿肌肉收缩，这一发现不仅促使意大利物理学家伏特（1745—1827）发明了电池，也开创了生物电学研究领域（详见第二章）。

19世纪，生理学进入了全盛时期。1847年，德国生理学家 Carl F. W. Ludwig（1816—1895）发明了记纹鼓。利用这套装置，配合当时已经创造的水银检压计及电计时信号器，人们可把血压波动及心肌和骨骼肌的收缩曲线完整地记录在转动着的记纹鼓的贴纸上。在随后的一个多世纪里，记纹鼓成为生理学实验室的必备仪器，对生命科学的研究发展起到了十分重要的推动作用。同时代的德国生理学家 Rudolf P. Heidenhain（1834—1897）首次运用慢性外科手术实验研究胃液分泌的机制，他设计制备的海登海因小胃后来经俄国著名生理学家巴甫洛夫（1849—1936）改进为巴甫洛夫小胃。后来的生理学工作者利用这两种小胃获得的实验数据分别证实了胃液分泌存在着体液和神经双重调节机制，对消化生理学的发展做出了不朽的贡献。法国著名生理学家 Claude Bernard（1813—1878）在生理学的许多方面进行了广泛的实验研究，并做出了卓越的理论贡献。他提出的内环境概念已成为现代生理学的核心内容。Bernard 认为机体生存在两个环境中，一个是不断变化的外环境，另一个是比较稳定的内环境。内环境是围绕在多细胞动物体内细胞周围的细胞外液。内环境的特点是其理化特性及其组成成分的数量和性质处于相对恒定状态，因而为细胞提供了适宜的生活环境，也是维持生命的必要条件。

进入20世纪前半叶，生理学研究在各个领域都取得了丰硕的成果。具有代表性的是1906年英国著名生理学家 Charles S. Sherrington（1857—1952），其经典著作《神经系统的整合作用》为神经系统的现代生理学研究奠定了基础，标志着现代神经生理学研究的开始。与此同时，巴甫洛夫以唾液分泌为客观指标对大脑皮层的生理活动规律进行研究后，提出了著名的条件反射概念和高级神经活动理论。最值得一提的是，美国生理学家 Walter B. Cannon（1871—1945）在长期研究自主神经系统的基础上，于1929年提出了著名的稳态（homeostasis）概念，认为内环境理化因素之所以可以在狭小范围内波动而始终保持相对稳定的状态，主要依赖于自主神经系统和内分泌激素的经常性调节，这些调节机制都具有负反馈作用。此后，控制论、系统分析和电子计算机等一系列新观念、新技术的引进，使得生理学从现象观察向定量研究方面迈出了一大步。

我国近代生理学的研究始于20世纪20年代，在北京协和医学院生理系主任林可胜先生的倡导下，1926年成立了中国生理学会，翌年创刊《中国生理学杂志》（新中国成立后，改为《生理学报》）。学会的成立和专业杂志的出版，对促进我国生理学研究的发展起到了强劲的推动作用。当时我国比较集中的研究工作是关于胃液分泌、物质代谢、神经肌肉和心血管运动的神经调节等问题，取得了较多研究进展，受到国际生理学界的重视（知识窗0-1）。

知识窗 0-1

"冯效应"的发现者——冯德培先生

1932年，冯德培（1907—1995）在研究肌肉强直收缩张力与放热的关系时意外发现，去神经支配的静息肌肉在被动拉长时放热和代谢率显著增加。这一现象颠覆了"被动拉伸肌肉不消耗能量"的传统认知。冯德培将其命名为引张反应（stretch response），后被国际生理学界誉为"冯效应"（Feng effect）。

冯德培15岁考入复旦大学文学系，后转入心理学系，1926年获生物学学士学位并留校任教，次年经蔡翘推荐赴北京协和医学院林可胜实验室研究胃分泌的神经和体液调控，发现并命名了肠抑胃素（enterogastrone）。他1929年赴芝加哥大学研究神经代谢，次年获硕士学位，随后赴伦敦大学，师从Archibald V. Hill（1922年获诺贝尔生理学或医学奖）研究肌肉和神经的放热特性，发现了冯效应，于1933年获生理学博士学位。

1934年，冯德培回国后在北京协和医学院建立了我国首个神经肌肉生理学研究室。至1941年，他在学术期刊Chinese Journal of Physiology上发表了26篇论文，系统阐述了神经肌肉接头的化学传递本质。他发现高频刺激神经后神经末梢周围的肌纤维有局部收缩，并可抑制直接刺激肌肉产生的收缩，称之为接头抑制（junctional inhibition）。该现象可被胆碱酯酶抑制剂和Ca^{2+}所增强。Ca^{2+}还能逆转因药物、疲劳或极端温度导致的神经肌肉阻滞。基于这些发现，他提出Ca^{2+}促使神经末梢释放乙酰胆碱这一重要论断，比Bernard Katz（1970年获诺贝尔生理学或医学奖）揭示Ca^{2+}触发递质量子释放早10余年。

冯德培1941年还观察到，高频刺激神经可显著增强神经肌肉接头的突触传递效能，并可持续数分钟。该效应被命名为强直后增强（post-tetanic potentiation，PTP），标志着突触可塑性研究的开端。直至1973年，Timothy Bliss和Terje Lømo才在中枢神经系统发现类似的长时程增强（long-term potentiation，LTP）现象。

1949年后，冯德培赴上海组建中国科学院生理生化研究所（后更名为生理所），任首任所长，并致力于神经肌肉营养关系方面的研究。他发现，切断鸡的前背阔肌（慢肌）和后背阔肌（快肌）神经支配后，后者呈现典型去神经萎缩，前者不仅未萎缩，反而显著肥大，表明不同类型肌肉与其神经的营养关系不同。该发现与John C. Eccles（1963年获诺贝尔生理学或医学奖）等的快慢肌交叉神经支配实验一道，为阐明肌纤维类型的决定机制做出了重要贡献。

冯德培是我国现代生理学和神经生物学的重要奠基人。他曾说："一个有理想有抱负的中国科学家，如不愿寄人篱下，就要自己创业。英雄用武之地在中国。"冯效应的发现奠定了冯德培的国际学术地位，但他在国难当头之际毅然回国，在艰难环境中"闯出自己的路子，开辟自己的园地"，做出了国际公认的一流成果，更培养了大批杰出学者。冯德培1948年当选中央研究院院士，1955年当选中国科学院首批学部委员，1986年当选美国科学院外籍院士和第三世界科学院院士。

近半个世纪以来，基础科学和新技术迅速发展，相关学科间交叉渗透，生理学的研究更是日新月异。同时，由于研究层次的拓展、研究对象的细化和研究技术的发展，生理学也不断产生新的分支学科。有些分支学科逐渐发展壮大并从生理学中分离出来，如生物化学、生物物理学、药理学、免疫学、内分泌学、病理生理学、神经生物学等都相继成为新的专门学科。这些学科与生理学研究相互交叉和相互渗透，也推动生理学研究不断取得突破性进展。当前，随着分子生物学技术、生物信息技术在生理学和其他生命科学领域的广泛应用，越来越多的生理学研究以基因变异和表达调控为基础，深入阐述机体正常功能和异常病变的机制，使生理学从微观分子水平到宏观系统水平将基础研究与临床问题紧密结合起来，成为现代生命科学中最具整合意义的支柱学科。

三、把握生理学的基本概念

稳态是现代生理学，乃至整个生命科学最基本的概念。生命体是由各个器官系统相互联系、相互作用而构成的一个复杂的整体。生物体不断的代谢、外环境不断的变动都趋于引起内环境的改变。为此，神经系统和内分泌系统必须不断地对机体的血液循环、呼吸、消化、排泄等生理功能进行调节，以纠正体温、渗透压、酸碱平衡、物质运输和交换的过度波动，从而使内环境的各种理化因素的变化都保持在一个较小范围，即维持稳态。在微观层面，基因的转录、蛋白质的表达、细胞器的组成、不同细胞的分化和数量等各方面也都呈现稳态。尽管维持这些稳态的机制远未阐明，但不可否认，稳态是细胞维持正常功能的必要条件，也是机体维持正常生命活动的基本条件。

适应（adaptation）是机体根据内外环境的变化调整生理功能以应对环境变化、维持稳态或在新的条件下重新实现稳态的过程。生物体所处的环境会发生变化，如季节性改变的环境温度和湿度、不同海拔的大气气压等。应对这些变化的适应包括：①长期演化性的适应，如海洋中的海豹和鲸等哺乳动物通过演化产生的适于长期海洋生活的身体结构和器官功能；②长期生理性适应，如长期居住在高原地区的人，其血液中红细胞数量和血红蛋白含量升高，以适应高原缺氧的环境；③短期生理性适应，如当人体处于高温环境时，通过增加外周血液循环、提高汗液分泌、降低骨骼肌紧张性等方式加强散热和减少产热，以适应短期的高温环境；④行为性适应，这既可能是长期演化产生的（如鸟类会根据季节变化迁徙），也可能是后天习得的（如寒冷的冬季人们通过添加衣物和增设取暖设备来抵御严寒）。

调节（regulation）是实现稳态和适应的基本途径。细胞生物学中重点阐述的细胞信号转导是调节细胞生理功能的重要机制。对器官和系统功能的调节可分为神经调节、体液调节和自身调节3种形式。其中，神经调节（neural regulation）是通过中枢的整合，以及神经信号在神经纤维上的传导、在神经细胞和神经细胞之间的传递来实现的，具有迅速、准确的特点。体液调节（humoral regulation）是机体某些内分泌细

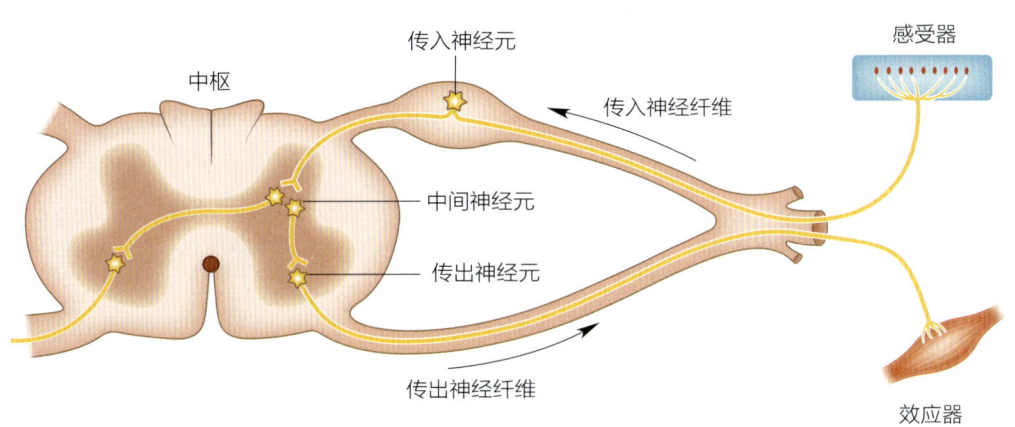

图 0-1 反射弧组成示意图

胞产生某些特殊的化学物质（激素），借助组织液和血液循环，引起靶细胞、靶器官的特异性反应而实现对机体功能的调节。自身调节（autoregulation）是组织细胞不依赖神经和体液调节因素，自身应对环境刺激所产生的一种适应性反应，它在进化上产生较早。在人等高等动物中，神经调节、体液调节和自身调节相互协调，整合为统一的生理功能调节体系。

反射（reflex）是神经调节的基本方式。反射是指在中枢神经系统的参与下，机体对内、外环境变化所产生的规律性的反应。反射的结构基础是反射弧，它包括感受器、传入神经、中枢、传出神经和效应器 5 个部分（图 0-1）。其中，感受器是分布在体表或身体内部的神经末梢或神经末梢及其附属的非神经性结构，它能从机体内、外环境的变化中感受适宜刺激，通过其换能作用产生神经冲动，经传入神经传向中枢。反射中枢是脑或脊髓中调节某一特定反射活动的神经元网络。一般说来，简单反射活动的中枢范围较局限，如角膜反射的中枢在脑桥。但调节某一复杂活动的反射，其中枢分布范围就较广，需要不同水平的各级中枢之间相互联系才能完成。例如，调节呼吸运动的中枢分散在延髓、脑桥、下丘脑及大脑皮层等部位。中枢经过对各种传入信息的分析和整合产生调控信号，经传出神经到达效应器。效应器是反射活动的最后一个环节，种类很多，机体内许多器官、组织都受中枢神经系统传出神经的支配，成为某种反射活动的效应装置，如骨骼肌、心肌、平滑肌、各种外分泌腺和一些内分泌腺等。一个反射活动的完成需要有完整的反射弧，如果反射弧的某一部分发生损伤或功能障碍，则反射活动不能正常进行。

反馈（feedback）是实现各种稳态调节和适应调节的基本原理。反馈的概念首先是根据电子放大器的调节原理提出的。美国数学家维纳（Norbert Wiener，1894—1964）结合当时生理学对神经反射的认识和电子、通信等领域的理论发展，于 1945 年将反馈的概念推广到一切控制系统（control system），把反馈定义为从受控对象的输出中提取一部分信息作为下一步输入，从而对再输出发生影响的过程（图 0-2）。维纳于 1948 年发表了《控制论——关于在动物和机器中控制与通信的科学》，提出信息和反馈是生物体和生物体一切控制系统的基本要素。根据反馈信息对控制系统的影响，反馈可以分为两类：如果反馈信息减弱了控制系统的增益（输出信号与输入信号

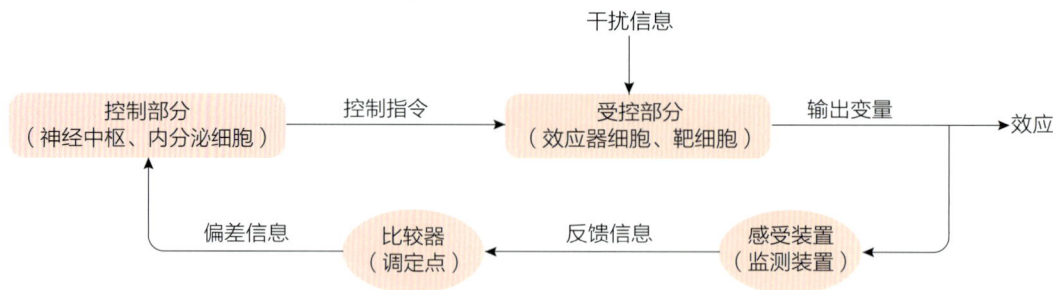

图 0-2 反馈控制系统示意图

之比），称为负反馈（negative feedback）；如果反馈信号加强了控制系统的增益，称为正反馈（positive feedback）。在生物体的反馈控制系统中，绝大多数是负反馈，也有少数为正反馈。例如，维持动脉血压稳定的压力感受性反射、恒温动物的体温调节反射就属于负反馈的范畴，而排尿反射、血液凝固过程则属于正反馈的范畴。

四、学习生理学的研究思路

以上列举的虽然只是生理学概念中很少的一部分，但代表了生理学的基本学科内涵。稳态、适应、调节、反馈、整合等概念的提出为人类认识生命活动提供了现代科学的视角，是生理学家对生命科学发展的重要贡献。事实上，生命活动无论是在群体、个体水平，还是在细胞、分子水平，都需要机体内环境的稳态，失去稳态则意味着失去健康乃至生命。要维持稳态，就要不断进行动态调节。因此，学习生理学绝不单单是了解运动、消化、呼吸、循环、排泄、生殖等生理过程及其神经和内分泌调控，更重要的是通过学习，逐渐深入认识生命活动稳态的重要性和普遍原理。

从科学研究的角度来看，生理学是一门实验科学。因此，对实验研究的基本思路和方法学的学习也是学习生理学的重要方面。观察（observation）、实验（experimentation）、计算（computation）或模拟（simulation）等不同研究方法都为生物学的发展做出了历史性的贡献。生物学的早期发展以观察为主。直到 1628 年，有较强物理学背景的英国医生哈维首次设计实验，证明血液是在相对封闭的血管体系中循环的，才开始了应用实验手段研究生物学和医学。与观察不同，做实验首先要在已有的事实（文献）的基础上提出科学假设（hypothesis），然后设计严密的方案获取进一步事实（结果），通过对新事实和以往事实的综合分析、推理，或证明该科学假设，或提出进一步假设。这种逻辑严密、实证主义的科学方法是随着物理学的发展逐步为科学界广泛应用的。实验不仅自始至终推动着生理学的发展，也逐渐应用于其他生物学研究，成为现代生命科学的核心研究方法。因此，学习生理学不仅要注重理论课学习，更要注重实验课学习；不仅要学习不同层次生理活动的基本原理，更要注重体会、思考这些基本原理是怎样用严格的科学实验证明的，对于未知的机制又可以设计怎样的实验来研究。

从优化知识结构的角度，学习生理学还要时刻保持与其他学科理论和方法的融会贯通。生理学是关于功能的科学，与其平行的是关于结构的科学，如细胞以上水平的组织学、解剖学，以及分子水平的结构生物学。从分子到整体，了解结构总是认识功能的基础。例如，认识营养吸收过程需要了解小肠壁的结构，研究离子通道的开放和关闭原理必然涉及对离子通道分子结构的认识。生理学与很多其他学科是在相互交叉、相互促进中不断发展的。随着研究层次的拓展、研究技术的发展、研究对象的细化，生理学研究不仅推动了生物化学、生物物理学、神经生物学等学科产生和发展，其自身的研究热点也全面深入到细胞至分子层面。与偏重对象（例如动物学）、偏重层次（例如细胞生物学）、偏重方法（例如生物物理学）的学科相比，生理学是面向问题的。为了解决功能及其机制的问题，现代生理学从分子到整体（不拘层次），灵活应用数学和信息学、物理学、人工智能，以及生物化学、细胞生物学、分子遗传学等各学科的理论和方法，"不择手段"地开展研究。因此，系统学习其他学科的理论和方法对全面深入地阐明生理和病理条件下的关键功能问题十分重要。

在现代生命科学的学科体系中，生理学的独到之处是不懈地将分子和细胞水平的微观机制整合回细胞至整体层面阐述功能问题。这种分析与综合兼顾的学科传统正在深刻地影响着生命科学的发展。21世纪以来，随着对基因组认识的不断深入，人们越来越重视以基因的调控和变异为基础，从分子、细胞到整体，全面阐述机体功能及其病变机制。因此，无论将来从事何种生命科学研究，系统地学习生理学从分子到整体、分析与整合并重的研究思路，对培养提出问题、分析问题、解决问题的科学研究能力是不可或缺的环节。

（撰写：王世强、梅岩艾、朱景宁）

第一篇
细胞生理学

第一章

绪论

第一章

体液、血液与血细胞功能

　　生命的演化是在原始海洋中开始的。由于海水的量很大而化学成分变化较小，它给几十亿年前最初出现的原始的、单个的细胞提供了比较稳定的生活环境。随着生物的演化，复杂的多细胞生命体内部的细胞不再生活在海水环境中。高等动物的细胞生活在血液、组织液、淋巴液、脑脊液等细胞外液（extracellular fluid）之中，细胞外液构成机体内细胞的内环境。同时，细胞内及细胞器内也都广泛存在液体成分，称为细胞内液（intracellular fluid）。细胞内液与细胞外液统称为体液（body fluid）。血液是体液的主要组成部分，血液的血浆中存在各种营养物质和具有多种功能的血细胞，使其具备了重要的生理功能，包括运输、防御、缓冲和生理性止血等。

　　本章重点阐述体液的成分与内环境稳态、血液的组成与血细胞的功能，以及血液在特定条件下产生凝固的酶促反应过程，并重点介绍与临床医学关系密切的红细胞 ABO 血型和 Rh 血型系统。与其他生理学教科书不同，本书将这部分内容放在第一章是希望读者们在学习生理学之初就建立起内环境稳态、功能整合的概念。内环境稳态是细胞、器官、系统和整体功能正常进行的基本前提；细胞的跨膜转运、收缩和信号转导等功能是机体在细胞乃至整体水平实现物质代谢、信息整合和维持内环境稳态的基本途径。这两个方面相互依存。血液的运输功能将身体所有器官和系统联系为一个统一的新陈代谢调控整体；血液的防御功能及血型相关的凝集反应保证了内环境的生物纯洁性；生理止血和血液的凝固性质可在机体受到伤害时有效保持血量的稳定。因此，血液和血细胞的基本功能和性质都需要从稳态和整合的角度来认识。

第一节　体液与机体内环境

对多细胞生物而言，整个机体所处的环境为外环境（external environment）。但绝大多数细胞并不直接与外环境接触，而是生活在机体不同区域的细胞外液中。细胞外液为细胞的生命活动提供了直接环境，称为内环境（internal environment）。

一、体液的组成与分布

生物体的体液由水及溶解在水中的无机盐、有机物等构成。以正常成人体液总量约占体重的60%计算，其中细胞内液约占体重的40%，细胞外液约占体重的20%。细胞外液包括血浆和细胞间液（组织液）。细胞外液的3/4是细胞间液，剩余的1/4是血浆。人体的淋巴液、脑脊液、眼内的房水，以及胸、腹、心包腔内液，均属于细胞外液。胃肠道由消化腺分泌的大量消化液并不属于体液，但这部分液体实际上是不断与体液进行交换的。

体液含量和分布随个体年龄、性别及体重不同而有所差异。随着年龄增长，人体体液总量逐渐减少。新生儿体液量可达体重的75%左右，一年内降至约60%，而老年人体液量只占体重的55%甚至更低。由于脂肪的疏水性，女性和肥胖者因脂肪组织较多，体液含量占体重的百分比较小。极度肥胖者体液占体重的比例可低于体重的40%，因而对失水性疾病的耐受力较差。

二、体液的成分与渗透压

1. 体液的成分

水是体液中的主要成分，也是人体内含量最多的物质。体液中的溶质可分为晶体物质和胶体物质两类。晶体物质是分子量在几千以下的小分子物质，如各种无机离子、葡萄糖、氨基酸、尿素、多肽等，它们溶于水中形成真性溶液。胶体物质主要是各种蛋白质，它们溶于水中形成胶体溶液。

细胞内液与细胞外液所含溶质，特别是电解质，有很大差异。细胞内液的主要溶质成分为有机磷酸盐、蛋白质、K^+及Mg^{2+}。K^+是细胞内液中的主要阳离子，阴离子以HPO_4^{2-}和带负电荷的蛋白质为主。由于HPO_4^{2-}和蛋白质这两种负离子不能通过细胞膜且大量存在于细胞内，细胞内液中Cl^-的浓度比较低。细胞内液中的Ca^{2+}绝大部分在线粒体、内质网中，细胞质中的Ca^{2+}浓度也很低。细胞外液溶质的主要成分是Na^+及其相应的阴离子Cl^-和HCO_3^-。表1-1列出了人体典型的细胞外液和细胞内液的主要溶质成分。

2. 体液的渗透压

在水溶液中，溶质的存在可造成水浓度的不同，当细胞膜两侧溶质的浓度不同时，水分子由于热运动可产生跨膜扩散。这种浓度差异导致水从低溶质浓度一侧流入

表 1-1　组织液、血浆和细胞内液组成成分的比较

成分	细胞外液		骨骼肌细胞内液 / （mmol/L）
	血浆*/（mmol/L）	组织液/（mmol/L）	
Na^+	153.2	145.1	12.0
K^+	4.3	4.1	150.0
Ca^{2+}	3.8	3.4	4.0**
Mg^{2+}	1.4	1.3	34.0
Cl^-	111.5	118.0	4.0
HCO_3^-	25.7	27.0	12.0
HPO_4^{2-}	2.2	2.3	40.0
$H_2PO_4^-$	6.3	6.6	90.0
有机酸	17.0		54.0
蛋白质			
总渗透压（mOsm/L）	305.4	303.5	304.0
pH	7.4		约 7.0

* 血浆按含水 93% 计算。

** 这是细胞内总钙量。细胞质游离 Ca^{2+} 浓度约为 10^{-7} mol/L。

高溶质浓度一侧的现象称为渗透（osmosis）。

如图 1-1 所示，如果用一个半透膜将含有溶质的溶液和纯水隔开，溶液体积将由于纯水的渗透而增加。如果要阻止溶液体积的变化，需要在溶液一侧加一个压力 π。这个刚好能迫使纯水不再渗透进入溶液的压力 π 就是溶液的渗透压（osmotic pressure）。

关于渗透压的大小，范托夫定律（van't Hoff law）指出：

$$\pi = RT(\Phi iC)$$

其中，R 为气体常数，T 为绝对温度，Φ 为渗透系数，i 为溶质解离系数，C 为溶质浓

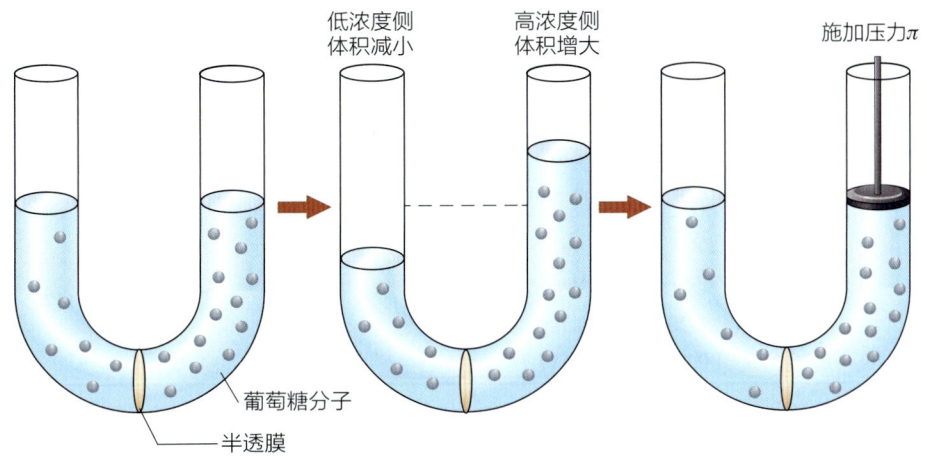

图 1-1　渗透压示意图

度。由于稀溶液的 Φ 接近 1，因此对非电解质稀溶液而言，渗透压主要取决于 C。但对于电解质溶液，渗透压还取决于 i。ΦiC 实际上代表了溶液中决定渗透压的有效颗粒浓度，通常用摩尔浓度表示，被称为摩尔渗透浓度（osmolarity）。

在生理状态下，体液渗透压为 286~294 mOsm/L（mOsm 为毫渗透摩尔）。其中，晶体渗透压来自溶解于血浆中的晶体物质，80% 来自 Na^+ 和 Cl^-。胶体渗透压由血浆蛋白形成，其中 75%~80% 来自白蛋白（又称清蛋白）。因血浆蛋白分子量大而分子数目少（即摩尔浓度低），所形成的渗透压仅为 1.3 mOsm/L。由于水及晶体物质可自由通过毛细血管壁，血浆与组织液的小分子晶体溶质和电解质组成及含量都比较接近，它们所形成的晶体渗透压也基本相等。蛋白质因分子大而不易透过毛细血管壁，使血浆中蛋白质的含量远远大于组织液。血浆蛋白形成的胶体渗透压对于维持血浆和组织间液之间的体液平衡具有重要作用。

细胞内、外液的渗透平衡对于维持细胞的正常生理状态非常重要。细胞内液与细胞外液中水分交换的动力主要是细胞内、外的晶体渗透压。水分从渗透压低处流向高处，最终达到细胞内、外液渗透压平衡。若细胞外液渗透压高于细胞内液，则细胞内的水分向细胞外渗透使细胞皱缩，反之则使细胞体积膨胀。前者可见于夏季大量出汗导致的高渗性脱水，后者多见于钠的丢失大于水分丢失引起的低渗性脱水。因此，医学上为保持所用溶液与体液基本等渗，常用 0.9% 的 NaCl 溶液配制药剂用于注射或创口处理。在生理学和细胞生物学实验中我们有时会用到更为复杂的各种生理溶液（表 1-2），尽管配方不同，但都要考虑等渗的要求。渗透压与血浆渗透压相等的溶液称为等渗溶液。

值得一提的是，细胞并非在所有等渗溶液中都可以保持体积不变。例如，300 mmol/L 的尿素与 300 mmol/L 的葡萄糖是等渗溶液，但置入尿素溶液中的红细胞会

表 1-2 常用生理溶液

名称	适应组织	含量*						
		NaCl	KCl	CaCl$_2$	MgCl$_2$	NaHCO$_3$	NaH$_2$PO$_4$	葡萄糖
标准蒂罗德（Tyrode）溶液	肠平滑肌	136.9（8.0）	2.68（0.20）	1.80（0.20）	1.05（0.10）	11.9（1.0）	0.42（0.05）	5.55（1.10）
纳氏（Nawarth）蒂罗德溶液	乳头肌、心房	同上	5.4（0.43）	同上	同上	同上	同上	同上
改良蒂罗德溶液	犬心浦肯野纤维	137（8.0）	4.0（0.298）	2.70（0.30）	2.70（0.30）	12（1.0）	1.8（0.28）	5.55（1.10）
洛克（Locke）溶液	兔心、子宫平滑肌	154（9.0）	5.6（0.42）	2.1（0.24）	—	2.4（0.20）	—	5.0（1.0）
任氏（Ringer）液或称林格液**	蛙心	115.6（6.76）	1.20（0.09）	1.05（0.117）	—	2.68（0.225）	—	—

* 未加括号数字单位为 mmol/L；括号内数字单位为 g/L。
** 医学上用到的任氏液与人的血浆等渗。

迅速双侧凸起成球形，继而胀破发生溶血，而置于葡萄糖溶液中的红细胞其形态可以保持基本稳定，这是因为葡萄糖溶液是等张溶液。等张溶液是指能使红细胞保持正常体积和形态的等渗溶液，其所含的溶质颗粒不易通过细胞膜。这里的"张力"实际上是指溶液中不易透过细胞膜的物质所形成的渗透压。因为尿素能相对自由地通过细胞膜，所以 300 mmol/L 的尿素溶液是等渗溶液，但不是等张溶液。因此，溶液中溶质的膜通透性越低，其等渗溶液越接近等张溶液。

三、体液与内环境稳态

法国生理学家 Claude Bernard 在 1857 年指出，细胞外液构成机体内细胞的直接环境，称为内环境。虽然机体的外环境经常变化，但内环境基本不变，它给细胞提供了一个比较稳定的物理、化学环境。Bernard 是由研究肝的机能与体液内葡萄糖含量的关系而得出内环境稳定这个概念的。他发现当血液中葡萄糖的浓度下降时，肝就释放葡萄糖进入血液以维持一定的血糖水平。他认识到肝的活动维持着血糖浓度及整个细胞外液中糖浓度的稳定，由此引出了关于内环境稳定的普遍概念。不仅是血糖，体液中无机盐浓度、氧和二氧化碳的浓度、营养物及代谢废物的浓度、温度等都必须维持相对的稳定。Bernard 指出，"内环境的稳定是独立自由的生命的条件。……所有的生命机制不论如何变化都只有一个目的，就是在内环境中保持生命条件的稳定。"

美国生理学家 Walter B. Cannon（1871—1945）在 1929 年发展了维持机体内环境稳定的概念。他强调这种稳定状态只有通过细致地协调生理过程才能得到。内环境的任何变化都会引起机体自动调节组织和器官的活动，产生一些反应来减小这种变化。他提出"稳态"（homeostasis）的概念来概括这种由代偿性调节反应所形成的稳定状态。当然，这种稳定状态不是绝对的，内环境的某些成分还会发生一些波动，但是这种波动被体内的调节活动限制在狭小的范围内。他认为稳态并不意味固定不变或停滞不动，而是指一种可变的但是相对稳定的状态，这种状态是靠完善的调节机制抵抗外界环境的变化来维持的。

内环境是细胞与外界环境进行物质交换的媒介。机体内细胞组织不断进行着新陈代谢，外环境多种因素不断地变化，这些都会影响体液的容量、渗透压、pH 及各种溶质浓度的稳定，引起内环境的改变。为此，神经系统和内分泌系统必须对机体的血液循环、呼吸、消化、排泄等生理功能进行监控和及时调节，以纠正体温、渗透压、酸碱平衡、物质运输和交换的过度变动，从而使内环境的各种理化因素的变动都保持在一个较小范围，即维持稳态。内环境稳态是细胞维持正常功能的必要条件，也是机体维持正常生命活动的基本条件。

第二节 血液

血液是体液的重要组成部分。血液具有支持、营养和保护等特殊功能，在解剖和组织学上，血液属于结缔组织。正常人体血液总量相当于体重的7%~8%。血液的大部分作为循环血量在心血管系统中循环流动，小部分储存血量滞留在肝、肺、腹腔静脉及皮下静脉丛内，流动缓慢。在运动或大出血等情况下，储存血量被动员释放出来补充循环血量。

一、血液的组成

血液由血浆（plasma）和血细胞（hemocyte）两部分组成。

1. 血浆

血浆由91%的水和9%的固体物质组成（图1-2A）。由于无机盐等溶质和水都很容易透过毛细血管管壁与组织液中的物质进行交换，血浆中电解质的含量与组织液的基本相同。血浆中的可溶性蛋白质总称为血浆蛋白（plasma protein），其中除γ球蛋白来自浆细胞外，白蛋白和大多数球蛋白主要由肝产生。

2. 血细胞

血细胞包括红细胞（erythrocyte）、白细胞（leukocyte）和血小板（platelet），均悬浮于血浆中。血细胞中红细胞的数量约占血细胞总数的99%，白细胞最少。将血液置于含有抗凝剂的比容管中，以3000 r/min的速度离心30 min后，血细胞与血浆因比重不同而分为3层，上层淡黄色的液体为血浆，下层为深红色的红细胞层，位于两层之间的是白色不透明的白细胞和血小板薄层（图1-2B）。血细胞在血液中所占的容积百

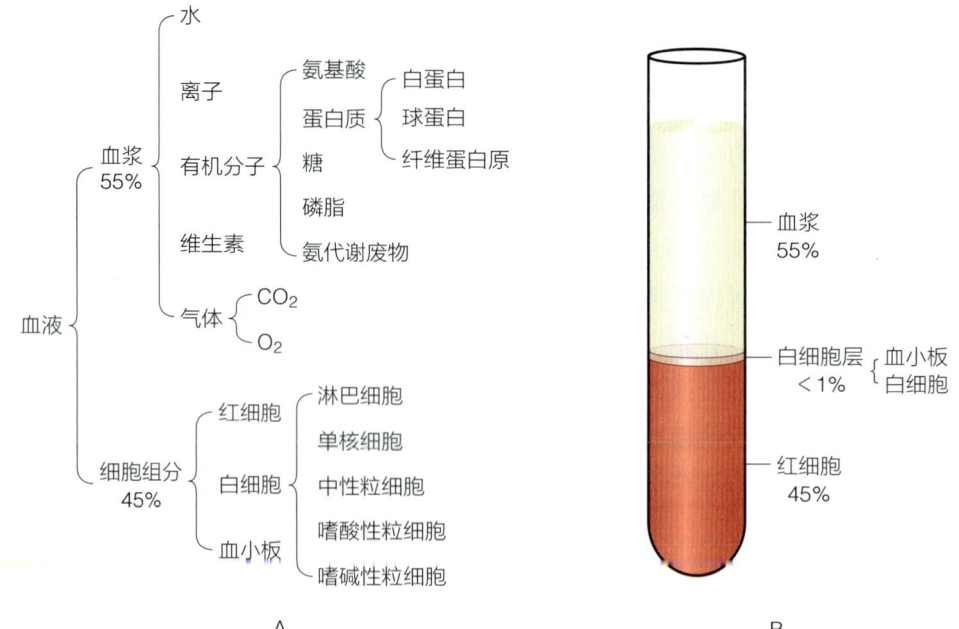

图1-2 血液成分的组成（A）及其离心后的分层（B）

分比称为血细胞比容（hematocrit）。正常成年男性的血细胞比容为 40%～50%，成年女性为 37%～48%。由于血液中白细胞和血小板仅占总容积的 0.15%～1%，血细胞比容实际反映的是血液中红细胞的相对浓度。

（1）红细胞　红细胞是血液中数量最多的血细胞（表 1-3）。低等动物的红细胞具有细胞核，人和哺乳动物的红细胞在成熟过程中失去了细胞核，以及高尔基体、内质网和线粒体等细胞器。人的红细胞呈双凹圆碟形，直径为 7～8 μm，周边厚而中央处薄。糖酵解是红细胞获得能量的唯一途径，其产生的 ATP 维持细胞膜上 Na^+ 泵的活动、细胞容积和其特有的双凹圆碟形状。红细胞内的最主要蛋白质是血红蛋白（hemoglobin，Hb）。我国成年男性血红蛋白浓度为 120～160 g/L，成年女性为 110～150 g/L。正常人的红细胞数量和血红蛋白浓度不仅有性别差异，还可因年龄、生活环境和机体功能状态不同而有差异（知识窗 1-1）。血液中红细胞数量、血红蛋白浓度低于正常值时称为贫血（anemia），血细胞比容可能降低。

（2）白细胞　白细胞是无色有核的血细胞，在血液中一般呈球形，正常成年人白细胞数为 4 000～10 000 个 /μL。根据细胞质有无特殊染色颗粒，白细胞分为有粒白细胞（granulocyte）和无粒白细胞。用瑞特染色可分辨出 3 种有粒白细胞，其中 90% 以上为中性粒细胞（neutrophil），嗜酸性粒细胞（eosinophil）和嗜碱性粒细胞（basophil）少于 10%。淋巴细胞（lymphocyte）和单核细胞（monocyte）属于无粒白细胞。不同类型的白细胞生理功能也不同（见表 1-3）。白细胞具有活跃的移动能力，可以从血管内迁移到血管外，或从血管外组织迁移到血管内。因此，除存在于血液和淋巴结中，白细胞也广泛存在于血管、淋巴管以外的组织中。

（3）血小板　血小板是骨髓中巨核细胞（megakaryocyte）的胞质碎块。当巨核细胞成熟后，胞质裂解形成血小板，进入循环血流。血小板体积小，直径为 2～3 μm，

> 想一想
> 什么情况下红细胞比容会增大或者减小？

> 想一想
> 为什么高等动物的红细胞没有细胞核？

> 拓展阅读 1-1
> 红细胞的生理特性

知识窗 1-1

高海拔对红细胞的影响

在健身运动时，由于氧气需求量增加，一些运动员试图通过提高血红蛋白含量来增加血液的携氧能力。为此，他们常在氧气含量低于海平面的高海拔地区训练。机体为了适应高海拔环境下较低的血氧含量，会产生更多的红细胞，进而可以将更多的氧气输送至需要的组织。当运动员训练结束后返回相对低海拔地区进行日常生活时，他们的血液携氧能力就会明显大于氧气的需求量，在体育比赛中红细胞数量的增加可以有助于提高运动员的持久力。

有些运动员试图通过血液兴奋剂来提高携氧能力，包括直接注射血细胞或注射促红细胞生成素（一种刺激红细胞合成的化学物质）来增加红细胞的数量。但在多数职业运动中，使用血液兴奋剂是违法的。另外，增加红细胞浓度也存在不利的一面，即会增加血液流动时的阻力。红细胞比容超过 60 时，血流流动的阻抗导致的危害要大于氧携带能力提升所带来的好处。此外，高红细胞比容还可能增加血液与血管壁之间的摩擦，削弱血管壁，增加患动脉粥样硬化的可能，从而导致一系列健康问题。

表1-3 人血细胞组分和参照值

血细胞组分			每微升细胞数参考值	生理功能
红细胞			380万~510万	输送氧和二氧化碳
白细胞	有粒白细胞	中性粒细胞	1 800~6 300（40%~75%白细胞）	具有抗炎、杀菌、吞噬病原体和外来异物功能。急性炎症时数量剧增
		嗜酸性粒细胞	20~520（0.4%~8%白细胞）	具有杀伤细菌、寄生虫的功能，颗粒含过氧化氢酶
		嗜碱性粒细胞	0~60（0~1%白细胞）	可能参与机体的过敏反应，颗粒含肝素、组胺
	无粒白细胞	淋巴细胞	1 100~3 200（20%~50%白细胞）	产生针对入侵病原体的特定免疫反应
		单核细胞	100~600（3%~10%白细胞）	吞噬细胞；迁移到组织后发展成巨噬细胞
血小板			12.5万~35万	参与血液凝固和生理性止血过程

没有细胞核结构。循环血液中的血小板一般处于"静止"状态，当血管损伤时，血小板被激活并在生理性止血和血液凝固过程中起重要作用（详见本节"血液凝固"）。

二、血液的理化特性

> 拓展阅读 1-2
> 血液的颜色

血液中所含的有机和无机成分决定其特定的理化性质。

1. 血液的比重

正常人全血的比重为 1.050~1.060，主要与血液中的红细胞数量有关。血浆的比重为 1.025~1.030，其高低主要取决于血浆中蛋白质的含量。红细胞的比重与其所含的血红蛋白的量呈正相关，于 1.090~1.092 变动。利用红细胞和血浆比重的差异，可以进行红细胞与血浆的分离，以及血细胞比容和红细胞沉降率的测定。

2. 血液的黏度

以水的黏度为1，温度37℃时全血的相对黏度为4~5，血浆的相对黏度为1.6~2.4。血细胞比容决定全血的黏度，血浆蛋白的含量则影响血浆的黏度。全血的黏度还受血流剪切率的影响。血液在大动脉内流速很快时类似于牛顿流体，不受血流剪切率的影响；但当血流速度低于一定限度时，则黏度与剪切率呈反变关系。血液的黏度是形成血流阻力的重要因素之一。

3. 血浆渗透压

血浆的渗透压包括晶体渗透压（crystal osmotic pressure）和胶体渗透压（colloid osmotic pressure）。晶体渗透压主要来自溶解于血浆中的晶体物质，其中 80% 来自 Na^+ 和 Cl^-。胶体渗透压由血浆蛋白所形成，其中 75%～80% 来自白蛋白。因血浆蛋白分子量大而分子数量少，所形成的渗透压仅为 1.3 mOsm/L，相当于 3.3 kPa（25 mmHg）。水及晶体物质可自由通过毛细血管壁，血浆与组织液中晶体物质的浓度几乎相等，它们所形成的晶体渗透压也基本相等。由于血浆蛋白不易通过毛细血管壁，所以虽然血浆胶体渗透压较低，但在调节血管内、外的水平衡和维持正常的血浆容量中起重要的作用。

4. 血浆 pH

正常人的血浆 pH 为 7.35～7.45，变动范围很小。血浆 pH 的相对恒定依赖于血液中的缓冲体系（详见后文）。

三、血液的生理机能

血液具有多种特殊和重要的生理机能。

1. 运输功能

在心脏搏动的推动下，血液在心血管系统中循环运行，血液中所包含的各种物质也随之分布到全身各组织器官。这些被运送的物质在不同的组织器官中，或被吸收利用，或被清除到体外。通过血液运送的物质包括：①由肺组织所吸收的氧和由消化管所吸收的营养物；②细胞代谢的产物，如二氧化碳、尿素等；③内分泌器官或内分泌细胞合成和分泌的激素。小分子、水溶性营养物质或代谢产物直接溶解在血浆中被运送；脂溶性维生素、离子等需要蛋白质作为载体；甲状腺激素、肾上腺皮质激素、性激素等与血浆球蛋白结合后，可使其在血浆运输中有相对较长的半衰期。血液运输氧和二氧化碳的功能依靠红细胞完成（详见第七章）。

2. 防御功能

血液的防御功能是通过白细胞中的粒细胞、单核细胞的吞噬及淋巴细胞的免疫反应来实现的。

白细胞所具有的变形、游走、趋化性和吞噬等特性，是其执行防御功能的生理基础。细菌入侵时，首先是中性粒细胞在炎症区域产生的趋化作用（chemotaxis）物质引导下，从毛细血管渗出并被吸引到病变部位，然后是单核细胞穿过血管壁进入受损害的组织。直径 20～30 μm 的单核细胞进入组织后发育转变成直径 50～80 μm 的巨噬细胞，其溶酶体和线粒体的数目也大量增加。中性粒细胞和巨噬细胞都有很强的吞噬能力，一个中性粒细胞可以吞噬几个细菌，巨噬细胞则可以吞噬上百个细菌，还可吞噬较大的颗粒如疟原虫等。被吞噬的微生物、细胞碎片和细胞等由溶酶体（lysosome）

所含的溶酶体酶进行消化。急性感染时，中性粒细胞的非特异性细胞免疫起着重要的防御作用；慢性感染和非细菌性感染中，巨噬细胞发挥重要的功能。

血液还通过 T 淋巴细胞（简称 T 细胞）和 B 淋巴细胞（简称 B 细胞）参与的获得性免疫反应来防御机体免受细菌、病毒等微生物等的侵袭。T 细胞即胸腺依赖性淋巴细胞（thymus dependent lymphocyte），在胸腺激素的诱导下分化成熟并具有免疫活性。按免疫应答中的功能不同，T 细胞可分为协助体液免疫和细胞免疫的辅助性 T 细胞（helper T cell，Th 细胞）、抑制细胞免疫及体液免疫的抑制性 T 细胞（suppressor T cell，Ts 细胞）、能释放淋巴因子的效应 T 细胞（effector T cell，Te 细胞）和可杀伤靶细胞的细胞毒性 T 细胞（cytotoxic T cell，Tc 细胞）等。Th 细胞因表面表达 CD4（cluster of differentiation 4）又被称为 CD4 细胞，通过与 MHC（主要组织相容性复合体，major histocompatibility complex）II 类分子提呈的外源性多肽抗原反应而被激活，分泌细胞因子协助免疫反应（图 1-3）。Tc 细胞表面表达 CD8，又名 CD8 细胞，可以通过与 MHC I 类分子提呈的内源性抗原直接结合，杀死细胞。

> **想一想**
> T 细胞与中性粒细胞参与的细胞免疫反应有何不同？

B 细胞是通过产生抗体起作用的，其抗体形成过程受 T 细胞的调节。当 Ts 细胞因受感染、胸腺功能紊乱等因素的影响而功能下降时，B 细胞失去 T 细胞的控制而功能亢进，将产生大量自身抗体并引起各种自身免疫性疾病，如系统性红斑狼疮、类风湿性关节炎等。同样，在某些情况下，B 细胞也可控制或增强 T 细胞的功能。

3. 缓冲功能

机体在代谢过程中产生多种酸性和碱性物质释放入血液，而血液的酸碱度之所以能保持相对稳定，是由于其含有多种缓冲体系。每一缓冲系统都由一种弱酸和它的强碱盐所组成。血液的缓冲体系包含血浆和血细胞两个部分。血浆缓冲体系有 $NaHCO_3/H_2CO_3$、Na_2HPO_4/NaH_2PO_4、$NaPr/HPr$（Pr 代表蛋白质）。$NaHCO_3/H_2CO_3$ 是主要的血浆缓冲对，当 $NaHCO_3$ 与 H_2CO_3 的比值保持在 20/1 时，血浆 pH 就可维持在 7.4。红细胞缓冲体系包括 $KHCO_3/H_2CO_3$、K_2HPO_4/KH_2PO_4、$KHbO_2/HHbO_2$（Hb 代表血红蛋白，详见第七章）。

$NaHCO_3$ 是血浆中含量最多的碱性物质，代表了对固定酸（不能变成气体由肺呼出，只能通过肾由尿排出的酸性物质）的缓冲能力，是血浆中的碱储备（alkaline reserve），临床上可用测定二氧化碳结合

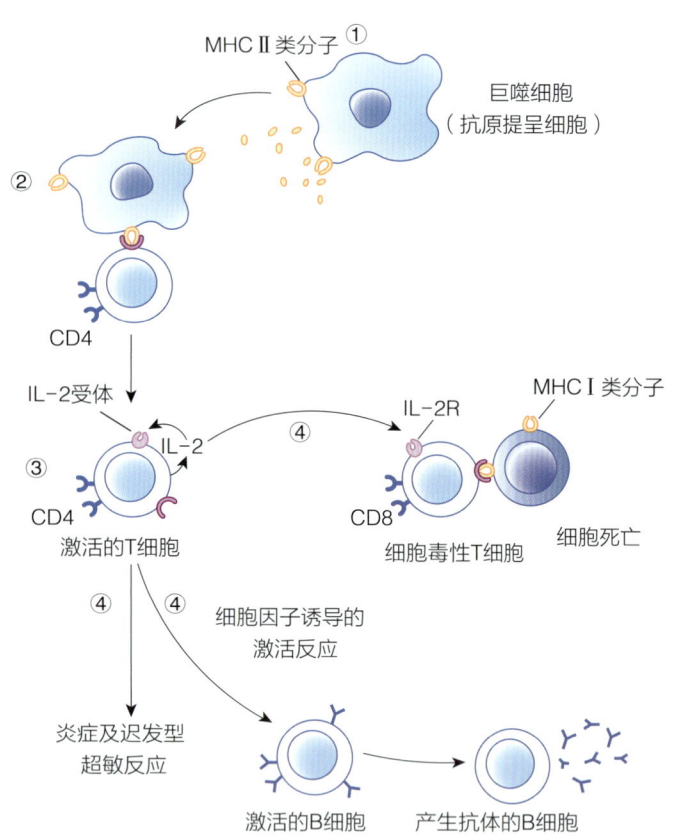

图 1-3 获得性免疫应答反应
①抗原被抗原提呈细胞摄取，部分降解后与 MHC II 类分子结合，表达于细胞表面；②带有 MHC II 类分子的巨噬细胞与初始 CD4 细胞形成"免疫突触"，激活生成白介素-2（IL-2）；③白介素-2 通过自分泌方式刺激 CD4 细胞增殖克隆；④被激活的 CD4 细胞促使 B 细胞进一步活化分化为浆细胞，同时参与细胞毒性 CD8 细胞的活化。表达 MCH I 类分子的抗原提呈细胞亦可通过突触激活 CD8 细胞

力的方法来检测碱储备的含量。

血液缓冲系统虽然有对抗强酸或强碱的作用，但若进入血液的酸或碱过多，则还需要肺及肾的协同调节作用，才能保持体内的酸碱平衡。

4. 生理性止血功能

人及动物小血管受损后引起的出血在短时间内会自行停止，这是由血液中的血小板和多种凝血因子参与的生理性止血（hemostasis），包含血管收缩、血小板止血栓形成和血液凝固3个过程（图1-4）。血小板与这3个环节都密切相关，当血小板减少或功能降低时，出血时间就会延长。

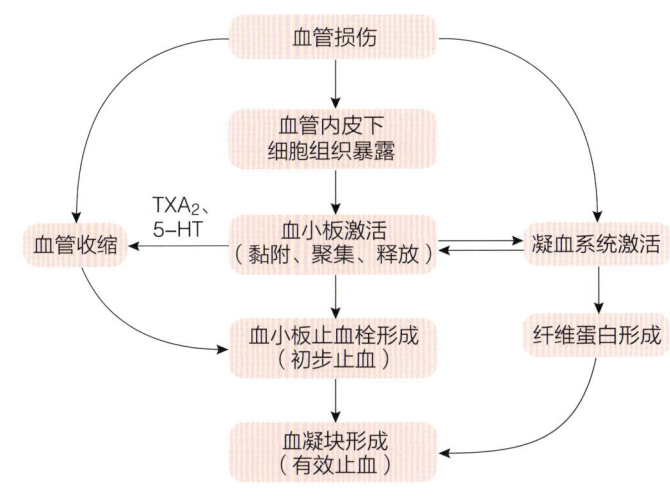

图1-4　生理性止血过程示意图

血小板具有黏附、释放、聚集、收缩和吸附特性。血小板不能黏附（adhesion）于正常内皮细胞的表面，只有当血管内皮细胞受损暴露出胶原纤维时，才可黏附于内皮细胞下组织。血小板受到刺激后可将内贮的溶酶体和即时合成的促血小板聚集的血栓烷 A_2（thromboxane A_2，TXA_2）和5-羟色胺（5-HT）释放，激发血小板与血小板之间的相互聚集（aggregation）。血小板表面还可吸附血浆中的多种凝血因子（如凝血因子Ⅰ、Ⅴ、Ⅺ、ⅩⅢ等），使局部凝血因子浓度升高，有利于血液凝固和生理性止血。血小板中还存在着类似肌肉的收缩蛋白系统，血凝块中的血小板发生收缩时，可使血块回缩。

血小板止血栓可将伤口堵塞，但只能达到初步止血效果。受损的内皮细胞释放出的组织因子（TF）及暴露的胶原纤维等启动血液凝固机制，使血浆中可溶性的纤维蛋白原转化成不溶性的纤维蛋白并形成牢固的纤维蛋白凝块，将血细胞网罗其中成为红色血栓，从而起到持续止血作用。

四、血液凝固

血液凝固（blood coagulation）简称凝血，是血液由流动溶胶状态变为凝胶状态的过程。血液凝固是一系列复杂的酶促反应，最终将血浆中的可溶性纤维蛋白原转变成不溶性的纤维蛋白，其间需要多种凝血因子的参与。

1. 凝血因子

血浆与组织内参与血液凝固的各种成分统称为凝血因子（coagulation factor）。目前已知的凝血因子有14种，其中12种依照发现的先后顺序用罗马数字编号，即凝血因子Ⅰ~ⅩⅢ。其中，因子Ⅵ后来发现是血清中因子Ⅴ的活化形式，不计为独立的凝血因子。还有两个具有激活Ⅻ因子作用的高分子量激肽原（HK）和前激肽释放酶（PK），也不属于经典的凝血因子（图1-5）。前激肽释放酶可被进一步激活为激肽释放酶（K）。正常情况下，凝血因子均以无活性的酶原形式存在，习惯上在凝血因子代号的后面加一个"a"表示其对应的"活化型"。除了因子Ⅳ是 Ca^{2+}、因子Ⅲ是存在于

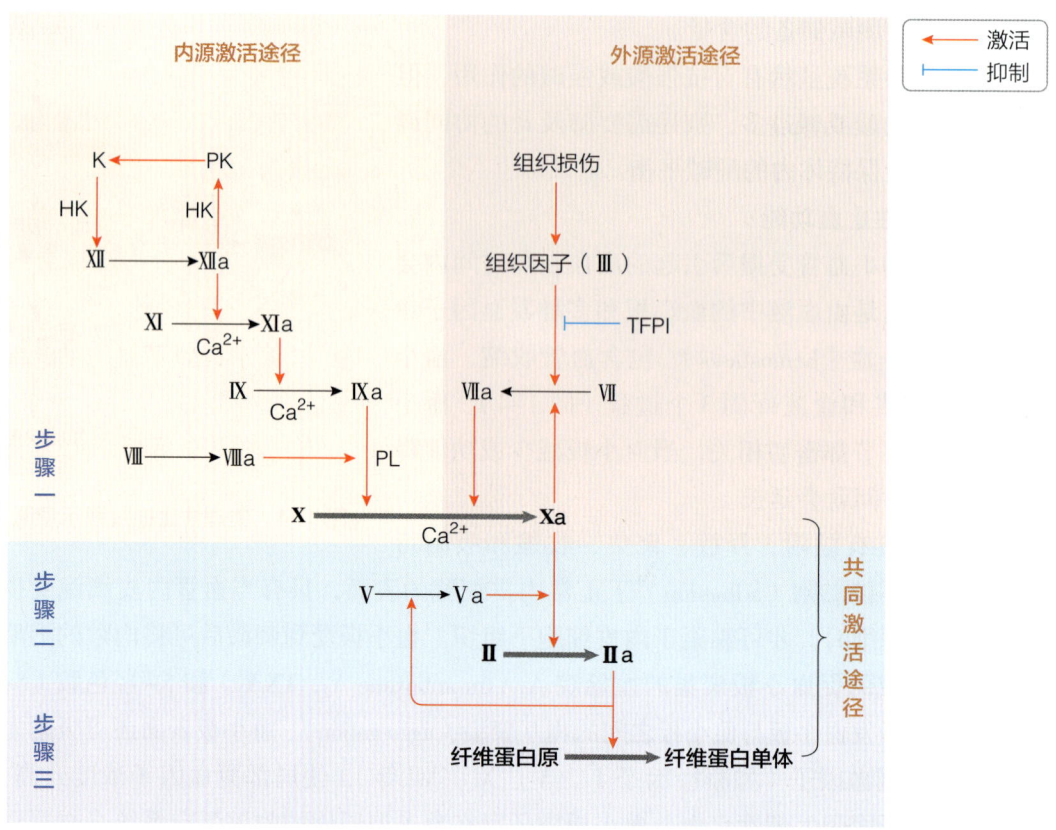

图 1-5 凝血过程的 3 个基本步骤

组织中外,其他凝血因子均为存在于血浆中的蛋白质,且多数在肝内合成。其中因子Ⅱ、Ⅶ、Ⅸ、Ⅹ的生成需要维生素 K 的参与,故又称维生素 K 依赖的凝血因子,患肝疾病或缺乏维生素 K 时会出现凝血功能障碍。

2. 凝血机制

17 世纪中叶,人们就从血细胞和血清中分出"凝块纤维",开始了凝血的形态学研究。到了 19 世纪初,由于发现组织损伤会引起血液凝固,因此人们普遍认为血液凝固是由于血浆暴露于受损组织而引起的,并将组织中启动凝血过程的物质称为凝血活酶(即组织因子或因子Ⅲ)。20 世纪 40 年代末,Carroll L. Conley 等发现血液在玻璃容器中会凝固,但在涂有硅的容器中则不会凝固,因此认为血液凝固不是由于组织因子而是血液接触物体表面后引发的结果。1964 年,Gywn Macfarlane、Earl W. Davie 和 Oscar Ratnof 分别提出凝血过程的"瀑布学说",经后人的不断完善,逐渐形成凝血理论的传统观点。

(1)凝血过程的瀑布学说　经典的血液凝固瀑布学说(coagulation cascade theory)认为凝血是一系列凝血因子相继被酶解激活的连锁反应过程。当凝血过程被激活时,其中一个凝血因子按顺序以另一个凝血因子为底物,使之激活成为具有活性的酶,形成"瀑布样反应"。凝血过程开始后,随即通过自行扩大的正反馈作用完成凝血过程。根据瀑布学说理论,凝血过程可分凝血酶原酶复合物(也称凝血酶原激活物)形成、凝血酶原激活和纤维蛋白形成 3 个基本步骤。

① 凝血酶原酶复合物形成　凝血酶原酶复合物（prothrombinase complex）是在 Ca^{2+} 存在的情况下，由因子 Xa 与 Va 在血小板膜磷脂（PL）表面形成的 Xa-Va-Ca^{2+} 磷脂复合物。凝血酶原酶复合物激活途径为内源性途径和外源性途径（见图 1-5）。内源激活途径是因为参与因子 X 激活的凝血因子全部来自血液内，通常因血液与带负电荷的异物表面（如玻璃、胶原等）接触而启动。该途径包括从因子Ⅻ被激活开始到因子 X 被激活的过程，这一反应还必须有 Ca^{2+} 和磷脂共同参与。外源激活途径则因启动该途径的凝血因子来自血液外的组织因子（因子Ⅲ）而得名。当血管损伤暴露出组织因子后，因子Ⅶ与之相结合迅速转变为Ⅶa，Ⅶa-组织因子复合物进一步使因子 X 激活为 Xa。因子 Xa 又能反过来激活因子Ⅶ，构成外源性凝血途径的正反馈效应。在病理状态下，细菌内毒素、免疫复合物、肿瘤坏死因子等可刺激血管内皮细胞表达组织因子，从而启动凝血过程，引起弥漫性血管内凝血（disseminated intravascular coagulation，DIC），严重损害组织和器官。

② 凝血酶原的激活　凝血酶原（prothrombin）在凝血酶原酶复合物的作用下激活成为凝血酶（thrombin）。凝血酶具有多种功能，主要作用是使纤维蛋白原形成不溶于水的交联纤维蛋白多聚体。凝血酶也可使血小板活化，为凝血酶原酶复合物的形成提供有效的磷脂表面，加速凝血过程。

③ 纤维蛋白的形成　纤维蛋白原含有 3 对多肽链，其中纤维蛋白肽 A（FPA）和纤维蛋白肽 B（FPB）带有较多负电荷，凝血酶可将带负电荷的 FPA 和 FPB 水解后除去，转变成纤维蛋白（fibrin）单体。纤维蛋白单体以非共价键结合，形成能溶于尿素或氯乙酸中的可溶性纤维蛋白多聚体（图 1-6）。在Ⅻa 和 Ca^{2+} 的参与下，相邻的纤维蛋白发生快速共价交联，形成不可溶的稳定的纤维蛋白凝块。纤维蛋白能吸附凝血酶，这不仅有助于局部血凝块的形成，还可避免凝血酶向循环血液中扩散。从纤维蛋白分子中释放出的 FPA 和 FPB 可以反映凝血酶的活化程度，因此 FPA 和 FPB 的浓度测定也可用于临床高凝状态的预测。

无论是由内源性还是外源性激活途径启动的凝血机制，从因子 X 激活到纤维蛋

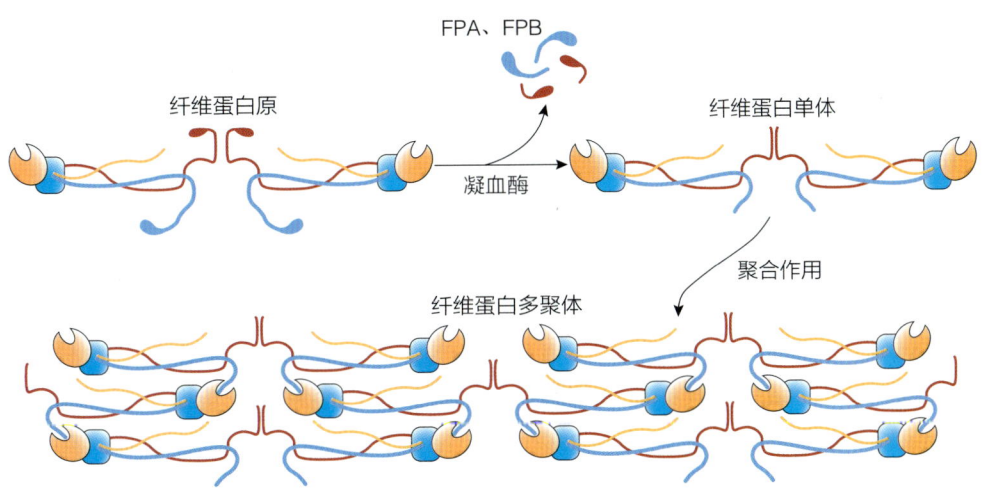

图 1-6　纤维蛋白的形成

> **想一想**
> 血清与血浆是同一种物质吗？

白形成的途径是共同的，也被称为凝血的共同激活途径（见图1-5）。血液凝固后1~2h，因血凝块中的血小板被激活，使血凝块回缩，释出淡黄色的液体，称为血清（serum）。

先天性缺乏因子Ⅷ、Ⅸ和Ⅺ的人，凝血过程较正常人缓慢，轻微的血管损伤经常可引起出血不止，分别称为甲型、乙型和丙型血友病（hemophilia A、B、C）。血友病患者血液的玻璃试管凝血时间（CT）明显延长，但加入组织因子后的凝血时间（PT）显示正常，表现为凝血过程中内源激活途径似乎比外源激活途径更重要。近30年以来，这种"内主外辅"的概念一直占主导地位。

（2）更新的凝血过程瀑布学说　经典的血液凝固瀑布学说之所以需要更新，是因为临床上发现内源性途径起始阶段的凝血因子Ⅻ、PK及HK缺陷患者并没有出血倾向；相反，因子Ⅻ与PK纯合子缺陷患者容易导致血栓形成，而因子Ⅶ（Ⅶa）的缺乏却可造成严重的出血。此外，既然外源激活途径同样可以启动凝血过程，因子Ⅷ与Ⅸ缺陷时为何不能由外源激活途径来补偿。上述两大矛盾一直冲击和困扰着凝血过程的经典瀑布学说。随着组织因子途径抑制物（TF pathway inhibitor，TFPI）的发现及深入研究，人们对TF和因子Ⅶ在血液凝固启动中的作用日益重视，并在传统凝血理论的基础上提出更新的观点。

更新的血液凝固瀑布学说认为，凝血过程分为起始、扩增、凝血酶大量形成和纤维蛋白形成阶段。起始阶段中，受损的血管释放TF并形成TF-Ⅶa复合物，从而启动外源激活途径，但由于TFPI的存在，外源激活途径的作用很短暂，只能形成少量凝血酶。然后进入扩增阶段。生成的少量凝血酶激活血小板和因子Ⅴ、Ⅷ、Ⅺ，通过"短路"的内源激活途径生成大量凝血酶。最后进入共同激活途径，完成正常凝血过程（图1-7）。

更新后的凝血理论认为由于存在TFPI的抑制作用，起始阶段仅能生成微量凝血酶，不能代偿因子Ⅷ、Ⅸ与Ⅺ缺陷而引起的甲型、乙型和丙型血友病，因此除了用替代法治疗血友病外（补充因子Ⅷ、Ⅸ、Ⅺ），还可通过消除TFPI作用来治疗。该理论还认为接触激活的内源性途径本身不参与生理凝血过程，所以因子Ⅻ、PK与HK缺陷患者不仅没有出血倾向还存在着血栓形成的可能。更新后的凝血理论强调内、外源性凝血系统并非截然分开而是互相联系的：外源激活途径的启动阶段生成少量的凝血酶反馈性激活内源激活途径。这些理论对于心脑血管病变、血友病、弥漫性血管内凝血、血栓形成机制的理解具有重要意义。

3. **血液抗凝系统和纤维蛋白溶解**

人们在日常活动中难免会经常发生轻微的血管损伤，体内的凝血系统会及时被激活。为什么体内循环的血液并未因此发生广泛的凝固，生理性止血也只局限于损伤部位呢？这是因为体内的生理性凝血过程在时间和空间上受到严格的控制，并且是一个多因素综合作用的结果，其中血液抗凝系统和纤维蛋白溶解在防止血液凝固反应的蔓延中起到重要作用。由于血液凝固的多个环节中都需要Ca^{2+}的参加，故通常用柠檬酸钠、草酸铵和草酸钾作为体外抗凝剂，它们通过结合血浆中的Ca^{2+}起到抗凝作用。

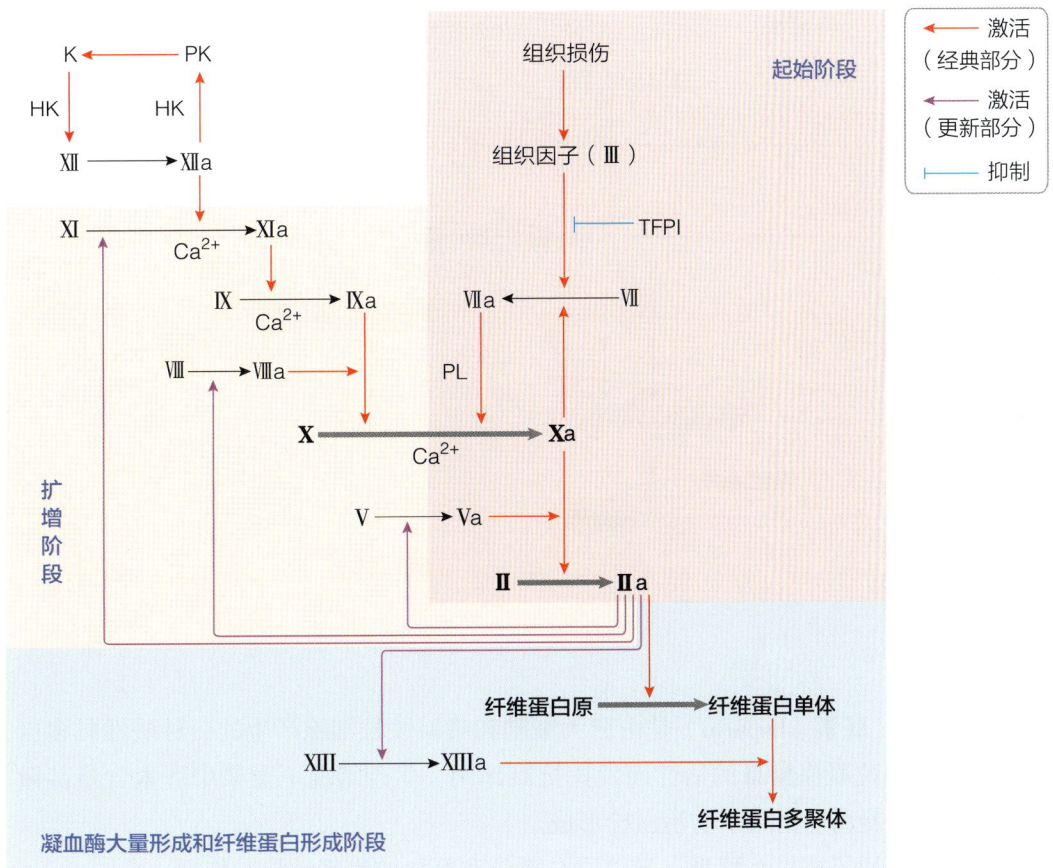

图1-7 更新后的血液凝固瀑布学说

由于少量柠檬酸钠进入血液循环不致产生毒性，因此常用它作抗凝剂来处理输血用的血液。

(1) 血液抗凝系统　正常人每毫升血浆中约含300单位凝血酶，当凝血反应在试管中发生时可被全部激活。但在体内生理性止血时，每毫升血浆所表现出的凝血酶活性一般不超过8～10单位，表明正常人体内存在着抗凝血酶活性物质。体内的生理性抗凝物质包括丝氨酸蛋白酶抑制物、蛋白质C系统和肝素等。

① 抗凝血酶Ⅲ　凝血酶和大多数凝血因子的活性中心都具有丝氨酸残基。血浆中含有多种丝氨酸蛋白酶抑制物，其中最重要的是抗凝血酶Ⅲ。抗凝血酶Ⅲ由肝细胞和血管内皮细胞产生，与凝血酶及凝血因子Ⅸa、Ⅹa、Ⅺa、Ⅻa分子活性中心的丝氨酸残基结合后抑制它们的活性。抗凝血酶Ⅲ本身的抗凝作用慢而弱，与肝素结合后其抗凝作用可增强2 000倍。内皮细胞表面的硫酸乙酰肝素与抗凝血酶Ⅲ结合可增强血管内皮的抗凝功能。

② 蛋白质C系统　蛋白质C系统是包括蛋白质C、凝血酶调节蛋白、蛋白质S等多种蛋白质在内的一类具有抗凝血功能的血浆蛋白。蛋白质C由肝合成，以酶原形式存在于血浆中。当凝血酶与血管内皮细胞上的凝血酶调节蛋白结合后，激活蛋白质C，抑制因子Ⅷa、Ⅴa、Ⅹ及凝血酶原的激活。活化的蛋白质C还有促进纤维蛋白溶解的作用。血浆中的蛋白质S是蛋白质C的辅因子，可使激活的蛋白质C的作用大

图1-8 抗凝血过程

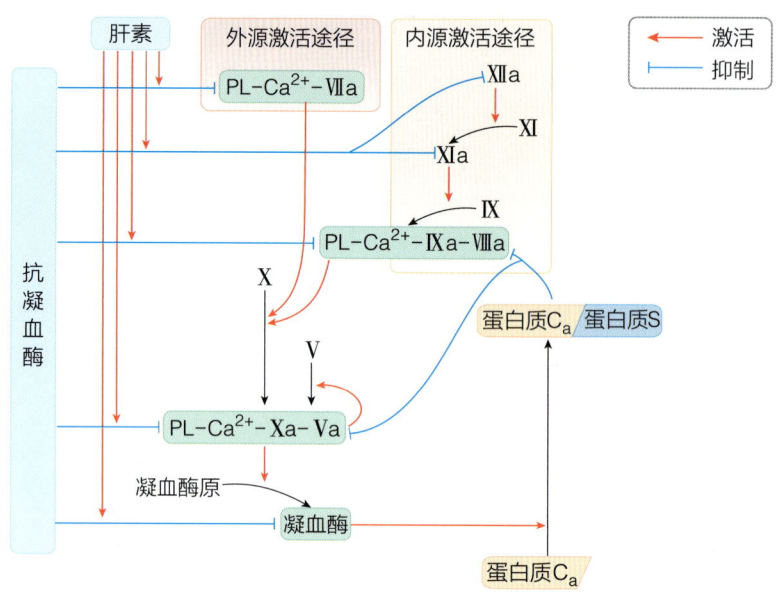

大增强。

③ 肝素　肝素（heparin）是由肥大细胞和嗜碱性粒细胞产生的一种酸性黏多糖，主要通过增强抗凝血酶Ⅲ的活性而发挥抗凝作用。生理情况下血浆中肝素含量甚微，临床上作为抗凝药广泛用于防治血栓形成。

图1-8概括了抗凝血酶Ⅲ、蛋白质C系统和肝素的生理性抗凝作用。

（2）纤维蛋白溶解　止血任务完成后，损伤部位所形成的止血栓将逐步溶解，以保证血管的畅通。血栓中纤维蛋白被分解液化的过程称为纤维蛋白溶解（fibrinolysis，简称纤溶），主要依赖于血液中的纤维蛋白溶解系统（简称纤溶系统）。纤维蛋白溶解可分为纤溶酶原转变为有活性的纤溶酶，以及纤维蛋白被纤溶酶降解两个基本阶段（图1-9）。血浆中还存在着抑制纤维蛋白溶解的两类纤溶抑制物，一类抑制纤溶酶原激活物的激活，另一类抑制纤溶酶的作用，即抗纤溶酶。正常情况下，血液中抗纤溶酶的含量高于纤溶酶的含量，使纤溶酶的作用不易发挥。但在血管受损发生血凝块或血栓后，由于纤维蛋白能吸附纤溶酶原和纤溶酶原激活物而不吸附它们的抑制物，因而纤溶酶大量形成和发挥作用，使血凝块或血栓发生溶解液化。纤溶系统活动亢进，可因止血栓的提前溶解而有重新出血的倾向；若纤溶系统活动低下，则不利于血管的再通，加重血栓栓塞。

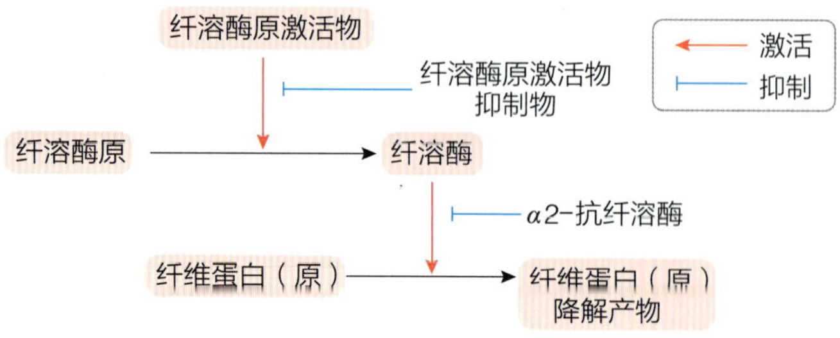

图1-9 纤维蛋白溶解

五、血型

在正常情况下红细胞是均匀分布在血液中的，当加入同种其他个体的血清时，有时可使均匀悬浮在血液中的红细胞发生凝集（agglutination）。奥地利病理学家Karl Landsteiner（1868—1943）根据当时已知的抗原和抗体结合的理论推断出，红细胞凝集的本质是抗原-抗体反应。在凝血反应中，红细胞膜上的抗原称为凝集原（agglutinogen），血清中与凝集原起反应的特异抗体则称为凝集素（agglutinin）。Landsteiner之后通过血液实验发现了红细胞的ABO血型系统。

血型（blood group）是以血液抗原形式表现出来的一种遗传性状，狭义的血型通常是指红细胞膜上特异性抗原的类型。除了红细胞外，人类白细胞和血小板表面也存在各自特有的血型抗原系统。因此，广义的血型包括血液各成分的抗原在个体间出现的差异，对血型的认识也不能局限于ABO血型及与输血相关的问题。血型在人类学、遗传学、法医学和临床医学各方面都有着广泛的应用价值。最近的研究表明，除人类外的许多动物也都具有各自的血型系统，包括家禽、家畜和非人灵长类。

与临床医学关系最为密切的是ABO血型系统和Rh血型系统。

1. ABO血型系统

（1）ABO血型的抗原和抗体　红细胞膜上糖蛋白所具有的糖链决定了ABO血型的抗原特异性。A和B抗原都是在H抗原的基础上形成的。在岩藻糖基转移酶的作用下，岩藻糖连接在4个糖基组成的前驱物质末端的半乳糖上，形成H抗原。在H抗原基础上，末端连接上乙酰半乳糖胺基，形成A抗原；末端连接半乳糖基，则形成B抗原。由此可见，A、B两种血型抗原的差异仅在于红细胞膜上糖链末端的一个单糖（图1-10）。O型红细胞虽然不含A和B抗原，但有H抗原。1981年，已有人用半乳糖苷酶作用于B型红细胞，切去B抗原上的半乳糖后使B型转变成O型。ABO血型系统存在天然抗体，新生儿出生后2~8个月开始产生，8~10岁时达高峰。因为天然抗体多属分子量较大的IgM，不能通过胎盘。因此，一般情况下，孕妇ABO血型与胎儿血型如果不合，不会使胎儿的红细胞发生凝集破坏。

（2）ABO血型分型　根据红细胞膜上是否存在A抗原和B抗原可将血液分为4型，即A、B、O和AB型。红细胞膜上含A抗原者为A型，其血清中只含有抗B抗

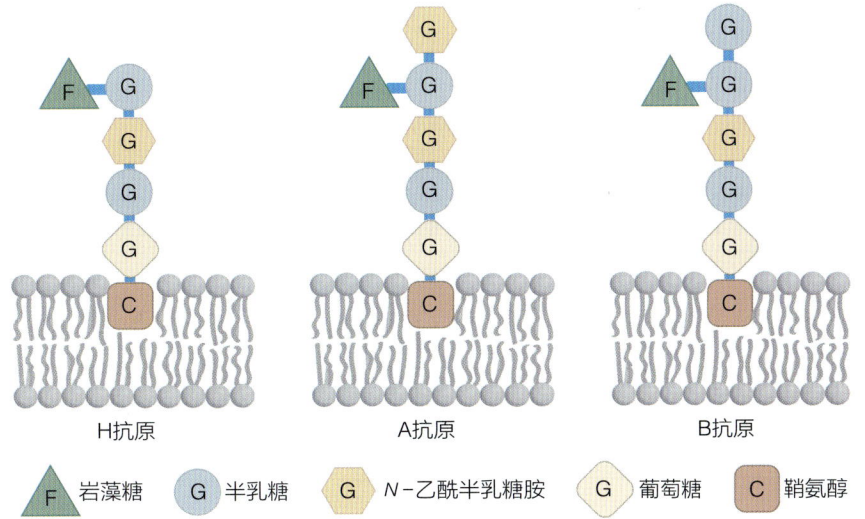

图1-10　H和A、B血型抗原

表 1-4　ABO 血型特征

血型	红细胞抗原（凝集原）	血浆抗体（凝集素）	可接受血型	抗原抗体
AB	AB	无	A、B、AB、O	
A	A	抗 B	A、O	
B	B	抗 A	B、O	
O	无	抗 A、抗 B	O	

> **拓展阅读 1-3**
> ABO 血型抗体的形成

体；含 B 抗原者为 B 型，其血清中只含有抗 A 抗体。含有 A 和 B 两种抗原者为 AB 型，AB 型血清中没有抗 A 和抗 B 抗体。A 和 B 两种抗原都没有者为 O 型，其血清中则含有抗 A 和抗 B 两种抗体（表 1-4）。

ABO 血型系统还有几种亚型，最重要的亚型是 A 型中的 A_1 和 A_2 亚型。A_1 型红细胞上含有 A 抗原和 A_1 抗原，A_1 型血的血清中只含有抗 B 抗体。而 A_2 型红细胞上仅含有 A 抗原，血清中含有抗 B 抗体和抗 A_1 抗体。同样，AB 型血型中也有 A_1B 和 A_2B 两种主要亚型（表 1-5）。虽然在我国汉族人群中 A_2 型和 A_2B 型者分别只占 A 型和 AB 型者的 1% 以下，但由于 A_1 型红细胞可与 A_2 型血清中的抗 A_1 抗体发生凝集反应，而且 A_2 型和 A_2B 型红细胞比 A_1 型和 A_1B 型红细胞的抗原性弱得多，在用抗 A 抗体作血型鉴定时，容易将 A_2 型和 A_2B 型血误定为 O 型和 B 型。

（3）ABO 血型遗传特征　人类 ABO 血型系统的遗传由 9 号染色体上的 A、B 和 O 这 3 个等位基因所控制。在一对染色体上只可能出现上述 3 个基因中的两个，分别由父母双方各遗传一个给子代。由于 A 和 B 基因为显性基因，O 基因为隐性基因，故血型的表现型只有 4 种而不是 6 种。血型相同的人其基因型不一定相同。利用血型的遗传规律，可以推知子女可能有的血型和不可能有的血型，因此也就可能从子女的血型表现型来推断亲子关系。

> **想一想**
> 为什么依据血型判断亲子关系时，只能做出否定的判断，而不能做出肯定的判断？

表 1-5　ABO 血型系统亚型的抗原和抗体

血型		红细胞上的抗原	血清中的抗体
A 型	A_1	$A + A_1$	抗 B
	A_2	A	抗 B + 抗 A_1
B 型		B	抗 A
AB 型	A_1B	$A + A_1 + B$	无抗 A，无抗 A_1，无抗 B
	A_2B	$A + B$	抗 A_1
O 型		无 A，无 B	抗 A + 抗 B

（4）ABO 血型的鉴定　ABO 血型的鉴定是利用抗原与抗体反应原理，采用红细胞凝集试验法。通过正、反定型可以准确鉴定出 ABO 血型。正定型是用已知的抗 A、抗 B 血清与受检者的红细胞混合，与抗 A 血清发生凝集者即为 A 型，与抗 B 血清发生凝集者即为 B 型，与抗 A、抗 B 试剂均发生凝集者即为 AB 型，与抗 A、抗 B 血清均不凝集者即为 O 型。反定型则是用已知 A 型血细胞和 B 型血细胞来测定血清中有无相应的抗 A 或 / 和抗 B 的抗体。

2. Rh 血型系统

1940 年，Landsteiner 等研究人员在进行动物实验时发现，用恒河猴（rhesus monkey）红细胞免疫家兔后产生的抗体可以引起约 85% 的白种人红细胞凝集，说明大多数人体的红细胞上存在与恒河猴同样的血型抗原，因而命名为 Rh 抗原。凡是红细胞膜上有 Rh 抗原的称为 Rh 阳性，没有的称为 Rh 阴性。Rh 阳性血型在我国人群中约占 99% 以上，个别少数民族人群约占 90%。在国外的一些民族中，Rh 阳性血型的人约为 85%（表 1-6）。Rh 阴性的 A、B、O 和 AB 血型的比例是 3：3：3：1。

（1）Rh 血型系统的抗原和抗体　Rh 血型系统是红细胞血型中最复杂的一个系统。已发现的 Rh 抗原有 40 多种，其中与临床关系密切的是 D、E、C、c 和 e 5 种。因 D 抗原的抗原性最强，医学上通常所指的 Rh 血型主要是根据其红细胞膜上含有 D 抗原。控制 Rh 血型抗原的等位基因位于 1 号染色体，表达产物是分子量为 $3.0 \times 10^4 \sim 3.2 \times 10^4$ 的蛋白质，其氨基酸序列决定了抗原的特异性。与 ABO 血型系统不同，人的血清中不存在抗 Rh 的天然抗体，当 Rh 阴性者接受 Rh 阳性的血液后，才会通过体液免疫产生抗 Rh 的抗体，输血后 2~4 个月血清中抗 Rh 抗体水平达高峰。

（2）Rh 血型与临床意义　因为人的血清中不存在抗 Rh 的天然抗体，Rh 阴性受血者在第一次接受 Rh 阳性血液的输血后，一般不产生明显的输血反应，但在第二次或多次再输入 Rh 阳性的血液时，即可发生抗原-抗体反应，输入的 Rh 阳性红细胞遭受破坏而发生溶血。

Rh 系统的抗体主要是小分子的 IgG，能透过胎盘。当 Rh 阴性的孕妇怀有 Rh 阳

表 1-6　不同血型的地域分布特征　　　　　　　（占比 /%）

国家或地区	ABO 血型				Rh 阳性
	A	B	AB	O	
英国	45	8	3	44	83
北欧	59	16	5	20	98
尼日利亚	24	21	3	52	95
中国（北京）	29	31	11	29	99
中国（广州）	24	26	6	44	99
日本	36	23	9	32	100
澳大利亚（原住民）	30	3	1	66	100
美国（原住民）	16	6	1	77	100

图 1-11 Rh 阴性母亲怀有 Rh 阳性胎儿的后果

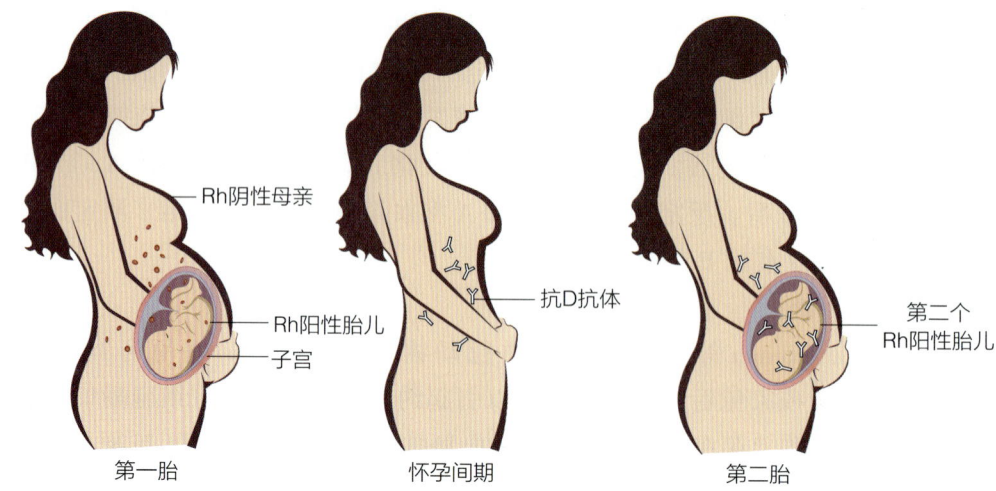

第一胎　　　　怀孕间期　　　　第二胎

性的胎儿时，Rh 阳性胎儿的少量红细胞或 Rh 抗原可以进入母体，刺激母体产生抗 Rh 抗体。一般只有在妊娠末期或分娩时才有足量的胎儿红细胞进入母体，而母体血液中抗体的浓度是缓慢增加的，故 Rh 阴性的母亲怀第一胎 Rh 阳性的胎儿时，很少出现新生儿溶血现象；但在怀第二胎时，母体内的抗 Rh 抗体可透过胎盘进入胎儿体内，引起新生儿溶血（图 1-11）。若在 Rh 阴性的母亲生育第一胎后，及时输入特异性抗 Rh 的免疫球蛋白，中和进入母体的 Rh 抗原，可预防第二次妊娠时新生儿溶血的发生。

3. 输血的原则

输血是抢救伤员生命、治疗疾病和保证一些手术得以顺利进行的重要手段。如果输血发生差错，会引发休克、弥漫性血管内凝血和急性肾功能衰竭，甚至导致死亡。为了保证输血的安全和提高输血的效果，必须遵守输血的原则。

（1）同型输血　输血前必须鉴定血型，保证供血者与受血者的 ABO 血型相合。要纠正把 O 型血的人称为"万能供血者"的提法。同样，也不能把 AB 型血的人作为"万能受血者"接受任何其他 ABO 血型供血者的血液。万不得已需要异型输血时（如 O 型血输给 A、B 或 AB 血型者），只能少量（小于 400 mL）、缓慢输入。此外，对于在生育年龄的妇女和需要反复输血的患者，供血者与受血者的 Rh 血型也要相合，特别要警惕 Rh 阴性受血者产生抗 Rh 抗体的情况。

（2）必须实施交叉配血检验　即使在 ABO 血型系统相同的人之间进行输血，输血前也必须进行交叉配血试验（cross-match test）。交叉配血试验既要把供血者的红细胞与受血者的血清进行配合检验，也要将受血者的红细胞与供血者的血清进行配合检验（图 1-12）。前者称为交叉配血主侧，检验血型鉴定是否有误。后者称为交叉配血次侧，为确认供血者和受血者的红细胞或血清中

> **想一想**
> O 型血的红细胞上没有 A 和 B 抗原，为什么不能作为"万能供血者"大量输给其他血型的人？

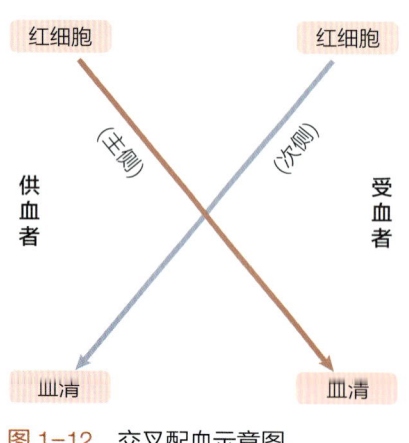

图 1-12 交叉配血示意图

是否还存在其他不相容的血型抗原或血型抗体。只有交叉配血试验的两侧都没有发生凝集反应才可以进行输血。

（3）倡导成分输血　成分输血是把人血液中的不同成分如红细胞、粒细胞、血小板和血浆，分别制备成高纯度制品，根据不同需求输注给患者。成分输血既增加了治疗的针对性，也能减少不良反应，并且大大地节约了血源。

六、血量和血液成分的稳态调节

由于血液涉及氧气输送、营养物质交换、代谢废物排泄、机体防御等关键生理过程，血量和血液成分的稳态对人体健康至关重要。身体中很多器官以不同的形式在血量和血液成分的稳态调节中发挥重要作用。

例如，在中度失血或大量献血的情况下，机体通过适度增加垂体抗利尿激素分泌、减少心房利尿钠肽分泌、提高交感神经的兴奋度、动员肾素-血管紧张素系统等调节，增强肾的水盐重吸收功能，减少尿液产生；由于血压有所降低，毛细血管滤过减少、重吸收增加，有利于恢复血浆与组织液的交换平衡；肝、脾、静脉等器官发挥一定储血库的作用，能在失血时释放储存血液，适应机体对循环血量需求的动态变化；消化系统通过适当饮食增加水盐和营养物质的摄入。通过这些调节，血量一般可在 1~2 h 恢复，蛋白质 1~2 天内可完全补足。血量减少也通过肾素-血管紧张素等系统促进骨髓造血，白细胞、血小板约 3 天可恢复，红细胞恢复较慢，大约在半个月内恢复。叶酸、维生素 B_{12} 及含铁的补血药剂等有助于提升血细胞生成。

与机体其他很多生理调控过程类似，血量和血液成分的稳态调节也是一个复杂、系统的调控体系，其中涉及细胞膜对水、电解质和营养物质的通透和跨膜转运、感受器和神经的兴奋、细胞间信号传递，以及心血管、泌尿、消化吸收、神经和内分泌等功能相互配合的调节。这些过程将在此后的各章中详细探讨。

※ 小结

高等动物的细胞生活在血液、组织液、淋巴液、脑脊液等细胞外液之中，细胞外液构成机体内细胞的内环境。内环境是细胞与外界环境进行物质交换的媒介。机体内细胞组织的新陈代谢及外环境多种因素的变化，都会影响体液的容量、渗透压、pH 等的稳定，引起内环境的改变。在神经系统和内分泌系统对机体各系统生理功能进行监控和及时调节之下，内环境的各种理化因素的变动都保持在较小范围，即维持稳态。内环境稳态是细胞维持正常功能的必要条件，也是机体维持正常生命活动的基本条件。

血液的血浆中存在各种营养物质和具有多种功能的血细胞，加之其在心血管系统中不断循环运行，使血液具备了特殊和重要的生理机能，包括运输功能、防御功能、缓冲功能和生理性止血功能。

体内循环流动的血液在特定的条件下会产生凝固，引发生理性止血。血液凝固是一系列复杂的酶促反应，最终将血浆中的可溶性纤维蛋白原转变成不溶性的纤维蛋白，其中需要多种凝血因子的参与。而血液中存在的抗凝系统和纤维蛋白溶解机制，使人体内生理性凝血过程在时间和空间上受到严格的控制。

血液以抗原形式表现出来的一种遗传性状称为血型。除了红细胞外，人类白细胞和血小板表面也存在各自特有的血型抗原系统，因此广义的血型应该包括血液各成分的抗原在个体间出现的差异。与临床医学关系最为密切的是 ABO 血型系统和 Rh 血型系统。由于血型的存在，输血时必须严格遵循输血原则。

※ 思考题

1. 等渗溶液和等张溶液有什么不同？
2. 试比较 T 细胞和 B 细胞在机体免疫反应中的作用。
3. 更新后的血液凝固瀑布学说与经典的血液凝固瀑布学说有哪些不一样？两者的相互关系是什么？
4. Rh 血型有什么特点与临床意义？

※ 推荐阅读

1. AVENT N D, REID M E. The Rh blood group system: a review [J]. Blood, 2000, 95(2): 375-387.

该文是有关 Rh 血型系统分子研究进展和相关临床应用的综述。

2. SMITH S A. The cell-based model of coagulation[J]. Journal of veterinary emergency and critical care, 2009, 19 (1): 3-10.

该文基于结合细胞在凝血过程中的重要作用来纠正传统的凝血理论所存在的不足。

3. HOUGIE C. The waterfall-cascade and authoprothrombin hypotheses of blood coagulation: personal reflections from an observer [J]. Journal of thrombosis and haemostasis, 2004, 2 (8): 1225-1233.

该文讨论了凝血机制瀑布学说的形成过程，以及对该理论存在不足之处的反思。

4. MAST A E, RUF W. Regulation of coagulation by tissue factor pathway inhibitor: implications for hemophilia therapy [J]. Journal of thrombosis and haemostasis, 2022, 20 (6): 1290-1300.

该文介绍了组织因子途径抑制因子（TFPI）抑制凝血过程的机制及相关临床应用研究。

（撰写：梅岩艾；审修：齐鑫、王世强）

第二章

生物膜对物质的通透和转运

　　细胞是生命活动的基本单位。机体的稳态调节在细胞水平有赖于物质的跨膜运动、信息的跨膜传递。这里的"膜"指的是生物膜（biomembrane），包括细胞膜（又称质膜）、细胞器膜、核膜等细胞的各种膜结构（图 2-1），主要是由膜脂和膜蛋白构成的。生物化学课程中会详细讨论构成生物膜的物质成分和结构特征。生理学关心的是，这样的膜结构可以实现什么功能，以及怎样实现这些功能。

　　首先，生物膜使细胞实现区室化（compartmentalization）。生物膜区分出了细胞外、细胞质、细胞核等区域，也形成了线粒体、内质网、高尔基体、溶酶体等膜性细胞器，从而在细胞内产生了各种相对隔离的亚区。各亚区的物质成分、理化性质（如电位、pH 等）的差别是跨膜物质运动、能量转换、信息传递的基本前提。

　　其次，生物膜选择性地实现物质的通透（permeation）和转运（transportation）。如果生物膜只阻隔物质却不允许其跨膜运动，或者允许所有物质无阻碍地运动，都是无生命的体系。根据近代物理学的观点，生命的基本特征之一是维持有序的低熵状态。生物膜对不同物质既有阻隔功能、又有通透和转运功能，两者相反相成，才能实现物质跨膜运动的有序性和选择性。

　　本章将由简单到复杂，讨论细胞膜对物质的通透和转运功能，以及因细胞膜对离子的通透和转运形成的膜电位。

图 2-1 细胞的生物膜系统

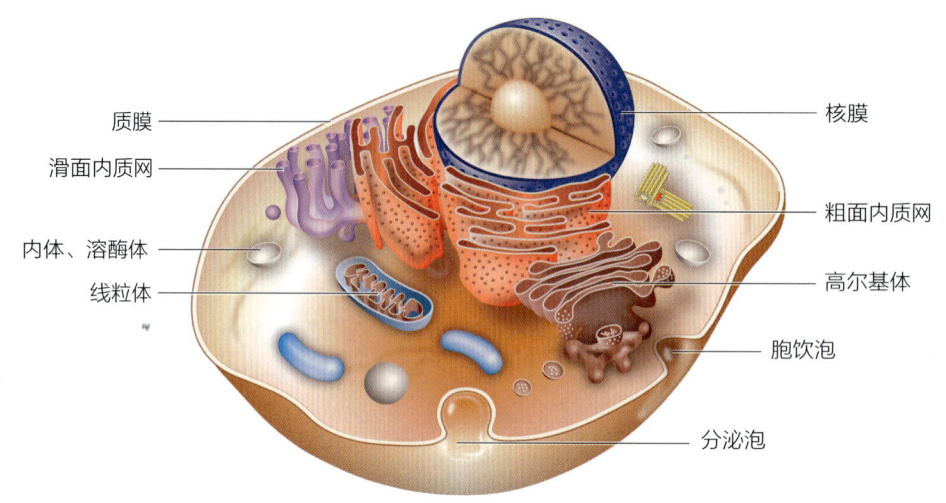

第一节 溶质与水的跨膜扩散

细胞膜对不同物质的通透能力和转运途径不同,这首先是由细胞膜的疏水性质及其中的转运蛋白决定的。细胞膜中的磷脂分子们疏水端相对,构成类似于液晶态的脂双层,其间镶嵌着各种不同结构、不同功能的膜蛋白。只要不在绝对 0 度,任何物质都处于热运动中。热运动会引起物质在空间上发生迁移,称为扩散(diffusion)。细胞膜将细胞外液与细胞内液隔开。细胞内、外的不同物质因性质不同,跨膜扩散的难易程度和具体方式也各不相同。

拓展阅读 2-1 细胞膜成分和结构的认识历程

一、简单扩散

我们先从简单的过程说起,不考虑膜蛋白的功能,只讨论脂双层的物质通透功能。

假定有足够的时间,理论上任何一个分子都有可能从生物膜的一侧迁移到另一侧。这是因为各种分子都处在无休止的热运动中,热运动中的分子通过碰撞发生相互作用。在此过程中,生物膜外的某溶质分子有一定的概率进入脂双层;同样,生物膜内的该分子也有一定的概率离开脂双层。如果某种溶质在细胞外浓度高、细胞内浓度低,那么该溶质的分子从细胞外成功地通过脂双层进入细胞内的总概率要大于相反方向成功迁移的总概率,这样,该溶质就会有跨膜净通量。

1855 年,Adolf E. Fick(1829-1901)提出了扩散定律或菲克第一定律,即:

$$\frac{dQ}{dt} = -DA\frac{dC}{dx} \qquad [2\text{-}1]$$

想一想
温度为什么会影响扩散速率?温度升高对扩散速率有怎样的影响?

其中,dQ/dt 表示在单位时间内通过截面积 A 迁移的物质的量;dC/dx 表示沿 x 方向浓度随距离的变化,即浓度梯度;负号表示扩散的方向与浓度梯度的方向相反;D 为扩

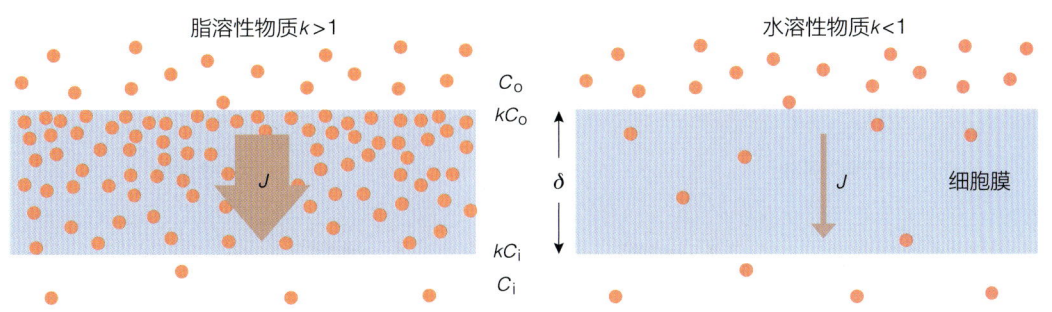

图2-2 不同油水分配系数下的简单扩散示意图

散系数。

菲克第一定律反映了一种分子的扩散速率受许多因素的影响。这种分子在空间上的浓度差越大，则扩散速率越大；进行扩散的横截面越大，则扩散速率越大。另外，温度是分子动能的体现。温度越高，或相同温度下分子越小，分子运动越快，则扩散系数越大，扩散速率也越大。在溶液中，溶质和溶剂的分子性质都会影响扩散系数。

当某物质通过脂膜扩散时，溶质在膜脂内和水中的溶解度通常是不同的。两者的比值被定义为该溶质的脂水分配系数 k。假设细胞外和细胞内溶质的浓度分别为 C_o 和 C_i，则该溶质在细胞膜面向细胞外的脂层表面和面向细胞内的脂层表面的浓度分别是 kC_o 和 kC_i（图2-2）。又由于细胞膜厚度是相对稳定的，根据菲克第一定律可得：

$$J = P(C_o - C_i) \quad [2\text{-}2]$$

其中，J 表示在单位时间内通过单位面积细胞膜扩散的物质的量，$P = Dk/\delta$ 是该物质对这种膜的通透性系数。

又由于生物膜的厚度（δ）是相对稳定的，在一定浓度梯度下，溶质跨膜扩散速率与溶质的脂溶性和扩散系数有关。脂溶性高的物质 k 较大，因而通透性较高；小分子物质 D 较大，因而在可比的条件下通透性较高。例如，非极性的脂溶性小分子（如 O_2、CO_2、N_2 等）可以很快透过脂双层；不带电荷的极性小分子（如水、尿素、甘油等）也可以透过脂双层，但速率较慢；分子量大一点的葡萄糖、蔗糖很难透过；带电荷的物质（如各种离子）是高度不通透的。各种物质的跨膜扩散速率也会受温度影响。

以上讨论的扩散过程无须转运蛋白的参与，简单遵从基本的物理规律，称为简单扩散（simple diffusion）。

二、易化扩散

许多不易通透细胞膜的物质，如葡萄糖，对细胞生命活动也至关重要。研究发现，这些非脂溶性或脂溶性较小的物质能够借助生物膜上的特定载体（carrier）或通道（channel）扩散进入细胞（图2-3）。这种扩散被称为易化扩散（facilitated diffusion）。

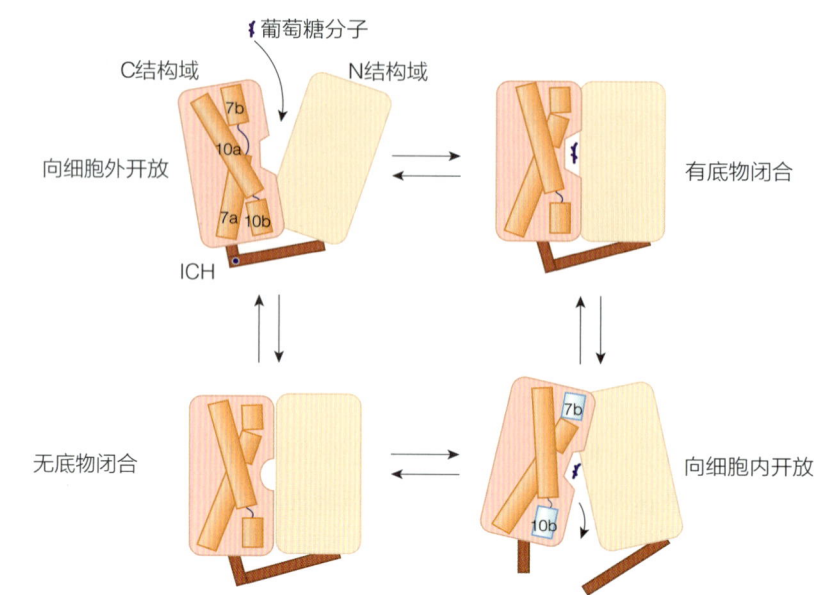

图 2-3 葡萄糖转运体转运机制示意图（颜宁教授供图）

动画 颜宁实验室揭示的葡萄糖易化扩散的分子过程

我们身体中的多数细胞通过易化扩散来获取葡萄糖和大多数氨基酸（请注意对比后面关于肠道和肾小管上皮细胞对葡萄糖和氨基酸的主动转运）。目前已经分离纯化出 5 种介导葡萄糖易化扩散的载体——葡萄糖转运体（glucose transporter，GLUT）。其中，GLUT1 广泛分布于多种组织，GLUT2 主要分布于肝，GLUT5 分布于小肠黏膜。肌肉和脂肪细胞中的 GLUT4 通常存在于胞内囊泡中，并可在胰岛素信号转导调控下插入细胞膜参与葡萄糖转运。2014—2015 年，颜宁实验室率先解析了人源 GLUT1、GLUT3 的晶体结构，阐明了葡萄糖跨膜易化扩散的分子机制（见图 2-3）。在未结合葡萄糖的状态，葡萄糖转运体的 C 结构域和 N 结构域之间的葡萄糖结合位点向胞外方向开放，胞内螺旋结构域（intracellular helical domain，ICH）像门闩一样确保 GLUT 向胞内方向的关闭。当葡萄糖分子沿胞外开口进入位点后，上述结构域发生系列构象变化，ICH 门闩打开，C 结构域与 N 结构域之间形成向胞内的开口，葡萄糖分子从位点解离并扩散到胞内。失去葡萄糖后，葡萄糖转运体又经过系列构型变化回到向胞外开放的状态。

根据大量研究，载体介导的易化扩散具有以下特点：

第一，载体介导的易化扩散具有高度的特异性。例如，葡萄糖进入细胞的过程是由右旋葡萄糖转运体介导的，左旋葡萄糖则不易进入细胞。

第二，易化扩散具有可逆性（图 2-3）。也就是说，膜两侧的溶质分子都可与载体蛋白结合形成复合体，将溶质分子转运到对侧去。只有当一侧的溶质浓度大于另一侧时，才会产生由浓度高的一侧到浓度低的一侧的净流量。

第三，载体介导的易化扩散具有饱和性。从本质上说，载体是一种介导物质跨膜的酶，被转运的物质便是底物。易化扩散的速率取决于结合了底物的载体数量。因此，如果细胞膜一侧底物浓度为 C，则该底物向对侧易化扩散的速率 J 遵从 Michaelis-Menten 方程（米氏方程），即：

$$J = \frac{J_{max}C}{K_m + C} \quad [2-3]$$

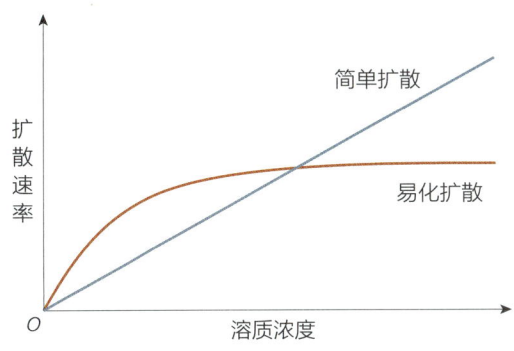

图 2-4 简单扩散和易化扩散的速率与溶质浓度的关系

其中，J_{max} 是载体被饱和的状态下易化扩散的最大速率，与载体分子的总量和构象转换速率有关；K_m 是达到最大扩散速率一半时的底物浓度，与载体和底物的亲和力近似反比关系。如果细胞膜另一侧也有底物，则该物质跨膜易化扩散的净速率是两个相反方向速率的差值。在易化扩散中，由于膜内载体蛋白的数目是一定的，当它们全都与溶质分子结合后，溶质易化扩散的速率达到顶点。此时，溶质的浓度即使再升高，易化扩散的速率也不会增加，出现饱和现象（图 2-4）。

第四，当载体转运结构类似的底物时，不同底物之间具有竞争性。此时，每个底物的 K_m 是不同的。当它们同时存在时，浓度低、亲和力小的底物的易化扩散会受到竞争性抑制。

第五，易化扩散具有可调节性。载体蛋白与某些激素的结合，或者载体蛋白受到的磷酸化等各种修饰，都可能影响其转运底物的速率。

不同于基于载体的易化扩散，基于通道的易化扩散速率要快上千倍。最早发现的通道是对钾、钠等特定离子通透的离子通道（ion channel，详见后文），后来还发现了能够通透水和尿素分子的水通道（water channel），以及对很多小分子和离子都有通透能力的孔径更大的通道或孔道（pore），比如两个细胞之间的缝隙链接。离子通道的孔径一般要契合离子的大小，通常在 0.3 nm 左右；而细胞与细胞之间缝隙连接的孔径可达 2 nm 左右，允许分子量小于 1 000 的水溶性小分子和离子通过。

三、渗透：水的跨膜扩散

水的存在是生命活动的主要前提之一，以至于到外星寻找生命首先要看是否有水的痕迹。水约占人体质量的 60%，其中约 2/3 分布于细胞内液，1/3 存在于细胞外液。细胞内与细胞外之间、细胞质与细胞器之间都存在水的跨膜扩散。水的跨膜扩散又称为渗透。第一章讲述的渗透压就是由于细胞膜两侧水浓度（溶质对水有"稀释"作用）的不同造成其渗透不平衡形成的。

人工脂膜的实验证明，水是可以跨膜扩散的，只是速率较慢。经典的观点认为水分子是通过简单扩散直接跨过脂膜的。虽然水是极性分子，但分子直径很小，约为 0.3 nm。有人认为水分子可以通过氢键在膜脂中形成类似冰的结构穿过脂膜。

近 20 年的研究证明，水分子主要是通过水通道实现跨膜扩散的。起初，人们发现某些细胞在低渗溶液中对水的通透性很高，很难用简单扩散来解释。如将红细胞移入低渗溶液后，红细胞很快吸水膨胀而发生溶血；相比之下水生动物的卵母细胞在低渗溶液中则不膨胀。因而，人们推测水的跨膜迁移还存在某种特殊的机制，并提出了水通道的概念（知识窗 2-1）。1988—1991 年，Peter Agre 在分离纯化红细胞膜上的

Rh 血型抗原时，发现了一个分子量为 2.8×10^4 的疏水性跨膜蛋白质，将其 mRNA 注入非洲爪蟾的卵母细胞中，则卵母细胞在低渗溶液中迅速膨胀并破裂。细胞的这种吸水膨胀现象会被 Hg^{2+} 抑制，这是已知的抑制水通透的处理措施。这一发现揭示了细胞膜上确实存在水通道，Agre 因而与离子通道的研究者 Roderick MacKinnon 共享了 2003 年的诺贝尔化学奖。

知识窗 2-1

水通道的分子结构与分类

目前已鉴定出多种水通道，广泛分布于动植物和微生物细胞。根据一种动物细胞水通道亚型的研究，水通道是由水孔蛋白（aquaporin，AQP）构成的四聚体。每个水孔蛋白单体包括 6 个跨膜 α 螺旋（M1-M6）和 5 个袢（图 2-5），其中 M1-M3 与 M4-M6 的氨基酸序列相似，但它们在膜中的朝向相反，共同围成一个直径 3.8 Å（1 Å = 0.1 nm）的孔道。其中，M2 和 M3 间的胞内袢与 M5 和 M6 间的胞外袢都有包含天冬酰胺（N）、脯氨酸（P）、丙氨酸（A）的保守序列，两者分别从内、外方向向孔道中心凹入，形成对水分子具有高度选择性的孔道内壁。某些水孔蛋白也可以通透一些小的极性分子，如甘油或尿素等。

水孔蛋白有 AQP1、AQP2、AQP3、AQP4、AQP5 等多种亚型，其表达量、磷酸化等分子修饰、与激素等分子的结合均可以调控细胞膜对水的通透性。其中，AQP1 在肾近端小管、红细胞、血管内皮、胃肠道、脑室壁等多种组织细胞中广泛分布，参与水的跨膜转运。AQP2 主要表达于肾集合管上皮细胞，部分 AQP2 分子储存在胞内囊泡上，在抗利尿激素（又称血管升压素）的作用下会转移到细胞膜上形成水通道，调控对水的重吸收，控制尿的生成。

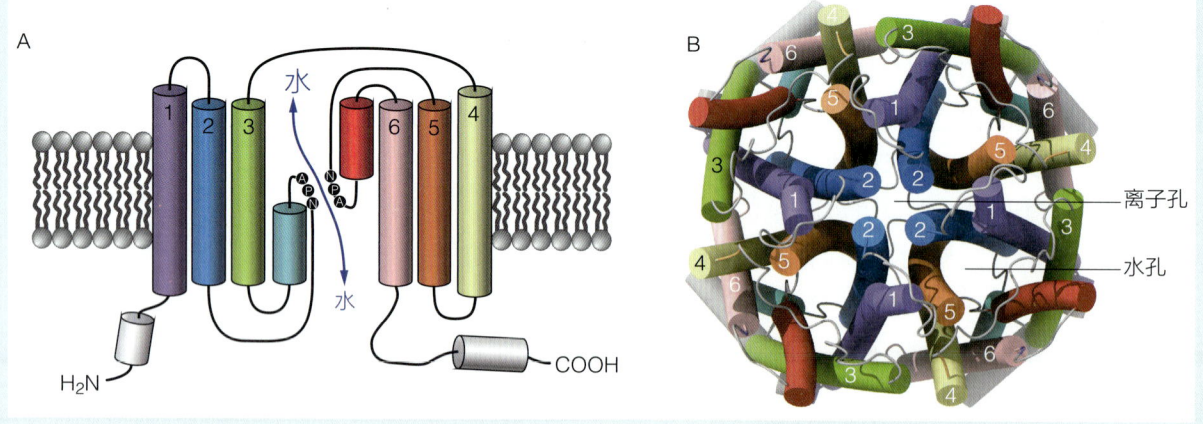

图 2-5 水孔蛋白的分子结构
A. 单个亚基的结构示意图；B. 水孔蛋白的四聚体结构（根据 4NEF 结构数据绘制）

第二节 主动转运

如果没有与某种能量来源相耦合，物质就总是沿着浓度梯度或电化学梯度迁移。这样的过程在生理学上被习惯性地称为被动过程。与此相对，主动转运（active transport）通过与某种能量的耦联，可以将特定物质逆电化学梯度进行跨膜转运。

一、钠、钾离子的主动转运

在静息膜电位下，虽然通过细胞膜的总电流为零，但由于 Na^+、K^+ 等离子的平衡电位与静息膜电位不同，不断有 Na^+ 流入细胞、也不断有 K^+ 流出细胞。如果没有能量供应，Na^+、K^+ 等离子的浓度梯度将逐渐降低，最终趋于物理化学课程上讨论过的 Donnan 平衡。但事实上，任何细胞的 Na^+、K^+ 浓度梯度都维持着远离 Donnan 平衡的状态。

1. 钠钾泵的基本概念

Na^+、K^+ 浓度梯度和静息膜电位在活细胞中之所以能够保持稳定，是因为这些细胞的细胞膜上都存在一种能够不断地将 Na^+ 运出细胞、将 K^+ 运入细胞的转运蛋白，称作钠钾 ATP 酶（Na^+–K^+ ATPase）或钠钾泵（图 2-6），有时简称为钠泵（sodium pump）。

钠钾泵广泛存在于几乎所有类型的动物细胞膜上。在典型的动物细胞中，钠钾泵对 ATP 的消耗可以用掉整个细胞 1/3 的能量。在神经细胞中，钠钾泵担负着在兴奋之

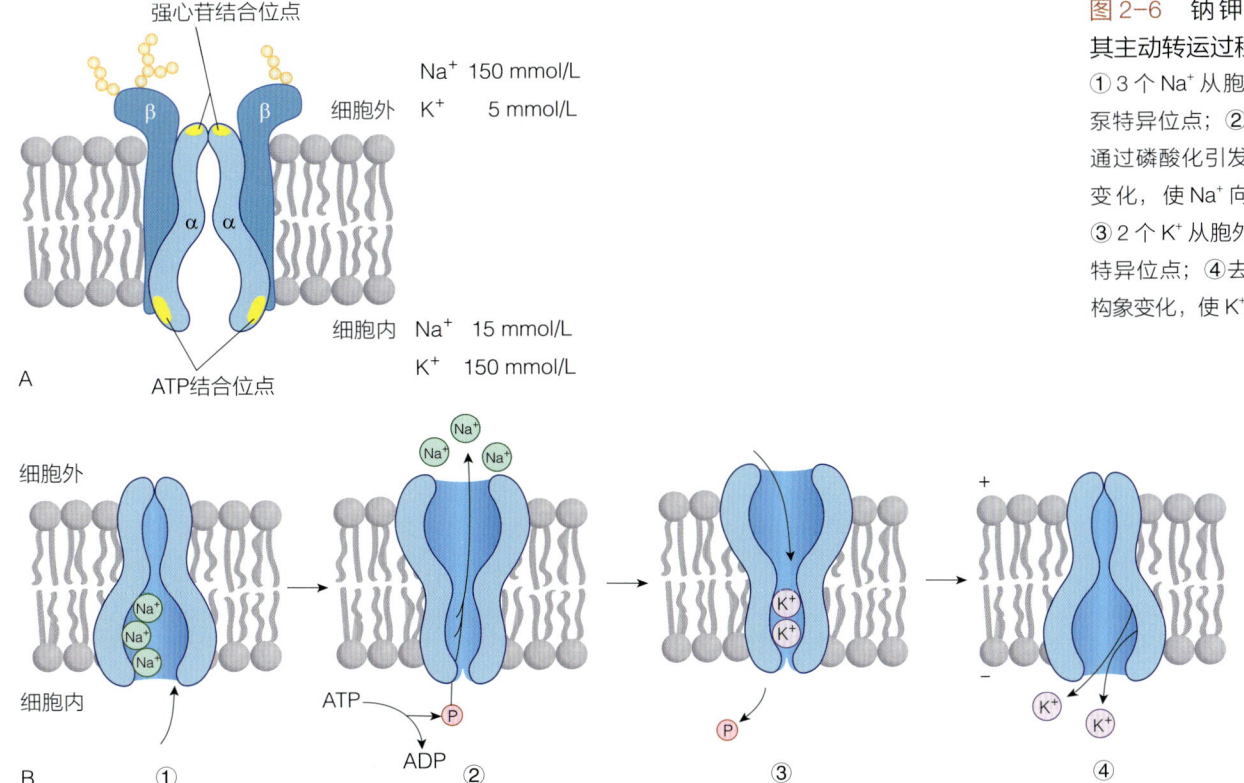

图 2-6 钠钾泵（A）及其主动转运过程（B）
① 3 个 Na^+ 从胞内结合钠钾泵特异位点；② ATP 的能量通过磷酸化引发钠钾泵构象变化，使 Na^+ 向胞外解离；③ 2 个 K^+ 从胞外结合钠钾泵特异位点；④ 去磷酸化引发构象变化，使 K^+ 向胞内解离

后使细胞内、外离子浓度恢复正常的任务，因此要消耗掉 2/3 的能量。

钠泵的存在最早由 R. B. Dean 在 1941 年提出，用以解释细胞内、外 Na^+ 可以相互交换的现象。1957 年，Jens C. Skou 分析并总结了前人的发现，提出了钠、钾离子的转运与 ATP 水解相耦联的机制，并因此获得了 1997 年诺贝尔化学奖。

2. 钠钾泵的功能

相对应于每一个水解的 ATP 分子，2 个 K^+ 被转运进入细胞，3 个 Na^+ 被运出细胞。这样便产生了钠钾泵的几个重要性质和功能：

第一，维持跨膜钠、钾浓度梯度。由于钠钾泵的存在，顺着电化学梯度通过离子通道流入细胞的 Na^+、离开细胞的 K^+ 最终都被逆电化学梯度运回，从而使细胞内 Na^+ 和 K^+ 的浓度保持稳定。在稳定状态的静息细胞中，Na^+ 流入细胞的速率应等于钠钾泵泵出 Na^+ 的速率，K^+ 流出细胞的速率应等于钠钾泵泵入 K^+ 的速率。

第二，维持细胞渗透平衡。如果用哇巴因（ouabain）阻断钠钾泵，一般动物细胞都会发生肿胀，有的甚至被胀破。这是因为细胞内存在大量带有负电荷但又不能跨膜通透的有机分子，使静息情况下从胞内流出细胞的离子总量少于流入细胞的离子总量。如果这种情况没有对冲机制，细胞内的渗透压就会逐渐升高，造成水向细胞内渗透。钠钾泵用细胞内 3 个 Na^+ 兑换细胞外 2 个 K^+，从而使泵出细胞的离子总量多于泵入细胞的离子总量。这个机制在维持细胞渗透平衡过程中发挥关键作用。

> **想一想**
> 学习完第三章之后，思考一下钠钾泵的活动如何影响细胞兴奋性。

第三，产生超极化电流。钠钾泵每运转一个周期便有一个净电荷流出细胞，由此产生了跨膜的泵电流。这一性质称为钠钾泵的生电性。钠钾泵电流促进了膜两侧的电荷分离，对细胞膜电位有超极化作用。由于钠钾泵产生的超极化电流，钠钾泵的活动能够影响可兴奋细胞的兴奋性。

3. 钠钾泵活动的调节

钠钾泵活动的调控受到多种因素的调节：①钠钾泵作为一种 ATP 酶，其活性首先受到底物浓度的影响，胞内 Na^+、ATP 浓度、胞外 K^+ 浓度的变化会使其活性发生相应变化。②钠钾泵作为一种膜蛋白，可受到膜脂成分和流动性的影响，能够提高膜流动性的脂类，包括带负电的磷脂酰丝氨酸和磷脂酰甘油，倾向于提高钠钾泵的活性。③钠钾泵的活动还受到激素的调节。例如，饮食会导致盐的摄入量变化，一些调节利尿作用和尿钠排泄的激素可通过调节肾和小肠的钠钾泵活动维持血液中 Na^+ 的稳态。

> **想一想**
> 等学习完第五章内容后请作一个完整解释，为什么钠钾泵的抑制剂有强心作用？

哇巴因和洋地黄（digitalis）等是钠钾泵的抑制剂。临床上常使用小剂量的此类药物抑制心肌细胞钠钾泵来增强心肌收缩力，因此这类药物通常被称为强心苷。

二、钙离子的主动转运

Ca^{2+} 是细胞内重要的信使物质，调控着基因转录、蛋白质修饰、卵子受精、神经传递、肌肉收缩、学习记忆，以及细胞的分裂、分化、发育和死亡等一系列的关键生命活动。Ca^{2+} 之所以能够完成如此众多、复杂的功能，与其在细胞中的精细调控是分不开的。血液和细胞外的 Ca^{2+} 浓度通常在 10^{-3} mol/L 水平，细胞内却在 10^{-7} mol/L 水

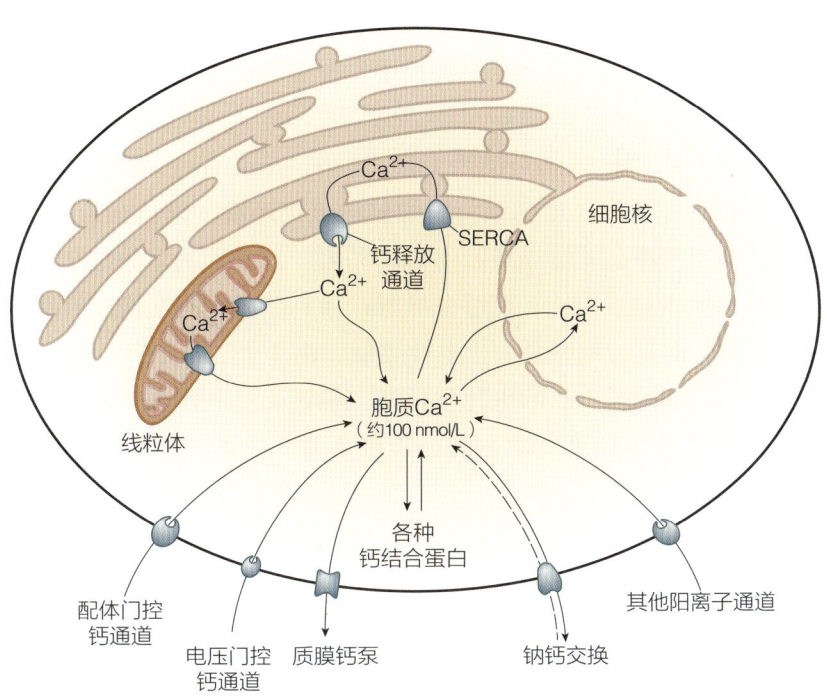

图 2-7 细胞 Ca^{2+} 转运系统

平。极低的细胞质 Ca^{2+} 浓度为 Ca^{2+} 行使信使功能提供了一个必需的空白背景，从而使微量的 Ca^{2+} 跨膜流动能够在特定的时间和胞内空间产生较大的 Ca^{2+} 浓度改变。在多数细胞中，胞内低钙环境的维持有赖于内质网（肌质网）钙泵、细胞膜钙泵及细胞膜钠钙交换体的主动转运（图 2-7）。

1. 肌（内）质网钙泵

动物细胞的内质网（包括肌细胞的肌质网）通常存在一种钙 ATP 酶，叫作肌（内）质网钙泵或肌（内）质网钙 ATP 酶（sarcoplasmic/endoplasmic reticulum Ca^{2+} ATPase，SERCA）。SERCA 通过消耗 ATP 将 Ca^{2+} 从细胞质逆电化学梯度运入内质网或肌细胞的肌质网。SERCA 的主要功能是维持内质网腔与细胞质之间的 Ca^{2+} 浓度梯度，同时对维持细胞质的低钙环境非常重要。

SERCA 在内质网上通常与另一分子受磷蛋白（phospholamban）形影不离。SERCA 的活性通常处于受磷蛋白一定程度的抑制之下。当受磷蛋白被磷酸化（如在交感神经递质刺激下）时，这种抑制作用解除，SERCA 的主动转运活性便提高了。

内质网腔中存在一种高容量、低亲和力的钙结合蛋白称作钙网蛋白（calreticulin），骨骼肌和心肌的内质网腔中有另一种类似的蛋白质称为钙集蛋白（calsequestrin），这类蛋白质的一个分子通常可以结合 40~50 个 Ca^{2+}，有助于内质网储存更多的 Ca^{2+}，也有利于控制内质网内的 Ca^{2+} 浓度（通常认为在 0.5 mmol/L 左右），使 SERCA 主动转运时需要克服的浓度梯度不至于太高。如果没有这些钙结合蛋白，要么钙贮量大幅减少，要么 SERCA 主动转运的能量负荷大幅增加。

2. 质膜钙泵

多数细胞的细胞膜也有一种钙 ATP 酶，称为质膜钙泵或质膜钙 ATP 酶（plasma

membrane Ca^{2+} ATPase）。它能够通过消耗 ATP 将 Ca^{2+} 从细胞内逆电化学梯度运出细胞。在细胞静息 Ca^{2+} 浓度的维持和精细调控中发挥重要作用。

3. 钠钙交换

另一种细胞膜 Ca^{2+} 转运机制是钠钙交换（sodium/calcium exchange）。研究者很早就发现，胞内外钠、钾浓度梯度的维持对细胞内低钙环境的维持很重要。前文提到，临床上用强心苷抑制钠钾泵能够提高胞内 Ca^{2+} 浓度，这是因为多数细胞的细胞膜上存在一种叫作钠钙交换体的蛋白质，能够介导 Na^+ 和 Ca^{2+} 的跨膜交换。有趣的是，这个交换不是一对一的，而是与钠钾泵的生电性类似，由 3 个 Na^+ 兑换 1 个 Ca^{2+}。

在通常情况下，细胞外 Na^+ 的电化学位高，钠钙交换利用 Na^+ 进入细胞所释放的电化学能将 Ca^{2+} 逆电化学梯度运出细胞，实现了对 Ca^{2+} 的主动转运。这是钠钙交换的顺式工作状态。

> 🔍 **请推导**
> 在给定的细胞内外 Na^+、Ca^{2+} 浓度下，钠钙交换的逆转电位。

但钠钙交换并非总是工作在顺式状态。在特殊情况下，如当细胞内 Ca^{2+} 浓度已经很低、钠钙交换已经平衡时，如果细胞外有 Na^+ 流入并产生去极化，钠钙交换就将进入反式工作状态。因此，钠钙交换的工作状态最终取决于跨膜内 Na^+ 浓度梯度、Ca^{2+} 浓度梯度和细胞膜电位。

钠钙交换作为细胞质 Ca^{2+} 移除的一种重要机制，存在于多种类型细胞中，特别是可兴奋细胞的细胞膜。与质膜钙泵相比，钠钙交换体对 Ca^{2+} 的亲和力较低，但转运速率较高，每秒可转运近 5 000 个 Ca^{2+}。神经元、心肌或平滑肌细胞等可兴奋细胞的兴奋会引发细胞内 Ca^{2+} 浓度的较大升高，钠钙交换是促使 Ca^{2+} 浓度迅速回落的主要机制之一。

除细胞膜外，线粒体、内质网等细胞内膜结构也发现有不同类型的钠钙交换体。它们对细胞内钙稳态的维持发挥重要作用。钠钙交换体分子结构和功能的异常会造成细胞钙稳态破坏，并与细胞凋亡和多种疾病有密切关系。

三、主动转运的一般规律

根据所利用能量的来源不同，主动转运分为原发性主动转运（primary active transport）和继发性主动转运（secondary active transport）。

1. 原发性主动转运

原发性主动转运是直接以 ATP 为能源的主动转运过程，其转运蛋白通常被称为泵（pump）。前文讨论过的钠钾泵、质膜钙泵、SERCA 参与的都是原发性主动转运，从转运离子的分子机制来看，它们都属于 P 型 ATP 酶。

P 型 ATP 酶是通过自磷酸化和去磷酸化往复循环完成转运的离子泵。P 型 ATP 酶的共同特点是其主要功能亚基有 10 个跨膜的 α 螺旋，在其胞质侧的结构中有一个高度保守、能与 ATP 结合并被磷酸化的天冬氨酸位点。按照现在较公认的模型，在 P 型 ATP 酶的一个运转周期内有 E1 和 E2 两种不同的构象。在 E1 态，离子泵因与细胞质中被转运的离子（在钠钾泵是 Na^+，在钙泵是 Ca^{2+}）亲和力高而与之结合，并在

Mg^{2+} 的参与下将 ATP 的 γ 磷酸基转移到保守的天冬氨酸残基上，成为磷酸化的 E1-P 状态。接着，ATP 水解释放的能量使离子泵完成构象变化进入 E2-P 状态，原细胞质一侧的离子结合位点暴露到另一侧，并因亲和力下降将其释放，同时结合另一种离子（在钠钾泵是细胞外的 K^+，在钙泵是细胞外或肌质网腔中的 H^+）。随后离子泵在磷酰基酶的催化下发生去磷酸化，构象转回 E1，完成一个离子转运周期。

F 型 ATP 酶是一类与 P 型 ATP 酶结构不同的氢泵，又称 F 型质子泵，存在于真核细胞线粒体内膜、叶绿体类囊体膜、细菌质膜上。这些结构的膜两侧通常存在着由氧化磷酸化、光合磷酸化等过程建立起来的 H^+ 电化学梯度。F 型 ATP 酶的功能是利用 H^+ 顺电化学梯度流动释放的能量，催化 ADP 和磷酸根合成 ATP，因此也叫作 ATP 合酶。

此外，在溶酶体、分泌小泡、液泡等细胞囊泡结构的膜上还存在一种 V 型 ATP 酶，也叫膜泡质子泵。其功能是利用 ATP 的能量将 H^+ 从细胞质泵入细胞器，以维持细胞质 pH 中性和细胞器内 pH 酸性。

事实上，以上所有离子泵的运转都是可逆的，它们都能够分解 ATP 并转运离子，也能够在相应离子的电化学梯度满足一定条件时合成 ATP。如果把 ATP、ADP、磷酸根及有关的离子都考虑在内，整个体系反应总是向自由能降低的方向进行。

> **请推导**
> 离子泵产生或分解 ATP 的逆转条件。

除离子泵外，还有一大类属于 ABC 家族的 ATP 酶。它们能利用 ATP 的能量，将氨基酸、多肽、蛋白质、脂类、离子，以及多种疏水物质和药物泵出细胞。ABC 家族成员广泛分布于从细菌到人的所有生物体中，能够将天然毒素和代谢废物排出细胞外从而保护自身；与此同时，它们也能够将脂溶性的抗癌药转运出细胞外，这也成为许多肿瘤、细菌抗药性的顽固机制。

2. 继发性主动转运

生物膜上除了 ATP 驱动的转运体，还有一类被称为协同转运体的载体蛋白。协同转运允许一种离子顺电化学梯度的流动与另一种物质逆电化学梯度的转运相耦联。这样，储存在前一种离子电化学梯度中的能量就可用于后一种物质的主动转运。前一种离子通常为 Na^+ 或 H^+，它们的初始电化学梯度是由钠钾泵或氢泵等参与的原发性主动转运建立和维持的。细胞能够通过建立离子的跨膜电化学梯度来储存能量，并将这种能量用于物质的逆电化学梯度转运。这种由离子的电化学梯度直接驱动的主动转运被称为继发性主动转运。

在继发性主动转运中，被协同转运的两种物质转运方向可以是相同的，称为同向共转运，其相应的载体蛋白叫作同向转运体（symporter）；也可以是相反的，称为反向共转运，其相应的载体蛋白叫作反向转运体（antiporter）或交换体（exchanger）。例如，小肠上皮细胞从肠道食糜中吸收葡萄糖、氨基酸，肾小管上皮细胞从原尿液中重吸收葡萄糖、氨基酸，都是依赖 Na^+ 电化学势的同向共转运。肾小管上皮细胞向原尿液分泌 H^+ 的钠氢交换，心肌细胞将 Ca^{2+} 运出细胞的钠钙交换等，都是反向共转运。

继发性主动转运蛋白与钠钾泵类似，至少有 Na^+ 和另一被转运底物两类结合位点。例如，依赖 Na^+ 的同向转运体一般有一个特异性结合 Na^+ 的位点，还有一个特异

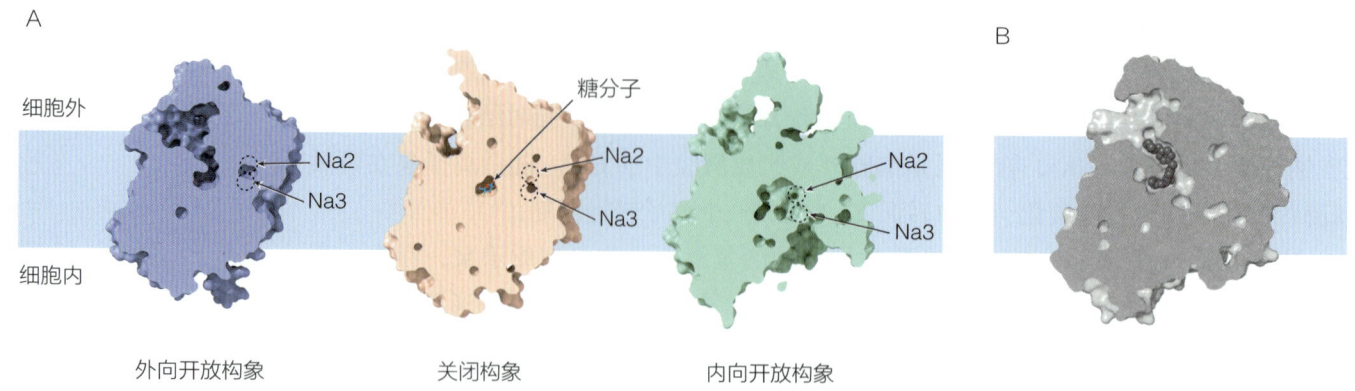

图 2-8 冷冻电子显微镜解析的钠-葡萄糖转运体主动转运机制

A. 转运体的糖结合位点、Na^+结合位点，以及在外向开放、关闭、内向开放状态下的结构剖面；B. 恩格列净进入底物口袋时的结构剖面。（陈雷教授供图，参见 Niu et al, Nature, 2022, 601: 280）

性结合底物的位点。两个位点都被结合后，转运体的构象发生转换，使原朝向细胞一侧开放的结合位点改为朝向细胞另一侧开放，从而 Na^+ 和底物均有机会脱离其位点，扩散到细胞膜另一侧（图 2-8A）。陈雷实验室发现，降糖药恩格列净（empagliflozin）可以特异性结合到钠-葡萄糖转运体 SGLT2 的底物口袋中（图 2-8B），抑制肾小管对葡萄糖的重吸收，从而通过尿液排出血糖达到降低血糖的目的。

第三节 离子的跨膜流动与细胞膜电位

由于离子有电荷，所以生物膜的脂双层对离子是高度不通透的，必须经过载体或跨膜的孔道才能实现跨膜流动。各种不同种类的离子通道是动物和植物细胞中离子跨膜流动的重要途径。如果细胞膜两侧电位（electric potential，按照国家名词标准，物理学和化学译为"电势"，生物学译为"电位"）相同（即电压为零），Na^+、Ca^{2+} 等可以从其浓度高的细胞外通过相应通道介导的易化扩散流入细胞，K^+ 可以从其浓度高的细胞内通过易化扩散流出细胞。当膜两侧离子浓度相同时，离子的热运动在膜两侧是平衡的，不会导致跨膜净扩散。如果此时给膜两侧施加电压，离子就会因细胞膜两侧的电位不同，向着与其电性相反的一侧移动，这是电泳效应（electrophoresis）。通常，细胞膜两侧既存在离子浓度差又存在电位差，因此离子通过离子通道的跨膜运动既有扩散效应，又有电泳效应。

一、离子通道的一般性质

1. 钾通道的分子性质

钾通道是生物演化中最早出现的离子通道之一。由于 K^+ 在几乎所有细胞的细胞内液都是主要的无机离子，因此钾通道是影响细胞功能的最基本的离子通道。

第一个钾通道的分子序列是从果蝇中克隆出来的。有一种突变型果蝇在被乙醚麻醉后出现腿部颤抖。1987 年，美国华裔生物学家叶公杼（Lily Yeh Jan）和詹裕农（Yuh-Nung Jan）等通过对比野生型和该突变型果蝇的唾液腺巨染色体，发现这个腿部颤抖的表型与果蝇 X 染色体上的一个突变有关。他们克隆出这个 *Shaker* 基因，并证明该基因编码一种电压门控钾通道。后来，人们在哺乳动物中也找到了相应的基因及很多其他钾通道基因。按照基因同源性，这些钾通道分为 4 个超家族：内向整流（inward rectification）钾通道 $K_{ir}1.x$–$K_{ir}7.x$、双孔（two-pore）钾通道 $K_{2P}1.x$–$K_{2P}17.x$、电压门控（voltage-gated）钾通道 $K_V1.x$–$K_V12.x$、钙激活性钾通道 $K_{Ca}1.x$–$K_{Ca}5.x$。

K_{ir} 超家族的钾通道在孔道序列上最简单。这个家族的蛋白质由两个跨膜 α 螺旋和连接两者胞外端的孔袢（pore loop）构成。哺乳动物 K_{ir} 超家族的钾通道结构与细菌中发现的钾通道一致，显示其进化上高度保守。多数其他阳离子通道的孔道结构域（pore domain）也包含这个基本结构。例如，K_{2P} 超家族的钾通道分子序列包含两个与此类似的孔道结构域；K_V 超家族的钾通道分子序列是在一个孔道结构域的氨基端加了 4 个 α 螺旋；而我们后面会经常讨论的电压门控钙通道和电压门控钠通道则由 K_V 钾通道依次演化而来（图 2-9）。多数钾通道是由 4 个相同的亚基围成的同源四聚体（图 2-10A），而电压门控钙通道和电压门控钠通道则有 4 个跨膜结构域，其中每一个相当于钾通道的一个亚基。

2. 离子通道的离子选择性

特定的离子通道只能选择性地通透特定种类的离子，这就是通道的离子选择性（ion selectivity）。根据离子选择性的不同，离子通道可分为钾通道、钠通道、钙通道、氯通道、非特异阳离子通道等。离子通道的离子选择性是相对的而不是绝对的，任何离子通道都不是绝对地只通透某一种离子，但不同离子通道对离子的选择性的确有很大差异。例如，电压门控钠通道虽然主要对 Na^+ 通透，但对其他离子也有通透性，如果以对 Na^+ 的通透性为 1，则对 Li^+ 为 1.1、对 NH_4^+ 为 0.27、对 Ca^{2+} 为 0.1、对 K^+ 为 0.083。相比之下，钾通道的选择性更强，有的钾通道对 K^+ 和 Na^+ 的选择比可高达 10 000∶1。然而，Rb^+ 却往往可以自由进出钾通道，Cs^+ 甚至常用作有些钾通道的阻断剂。非特异阳离子通道对 K^+ 和 Na^+ 的通透性一般比较接近，但对二价阳离子的通透性在不同非特异阳离子通道间有较大差异。

离子通道研究领域有一个难以理解的问题：为什么有些离子通道能够在高速通透离子的情况下对离子有极高的选择性？这不能用特定离子的高亲和结合位点来解释，因为亲和性越高，通透效率会越低。也不能用孔道大小来解释，因为 Na^+ 的直径（0.095 nm）比 K^+ 的直径（0.133 nm）小，却极难通过钾通道。后面这个事实同时也说明，离子通道并不是一个简单的孔道。直到 1998 年，Roderick MacKinnon 和同事用蛋白质晶体的 X 射线衍射分析技术解析了细菌钾通道的分子结构，这个问题才得到回答。MacKinnon 因此与研究水通道的 Peter Agre 共享了 2003 年的诺贝尔化学奖。

钾通道的分子结构显示，通道的内外入口处均有多个带负电的氨基酸残基，有利于增加附近阳离子浓度，也防止负离子进入通道。通道孔区的大部分相对宽大且有水，使得离子能够保持被水中 8 个氧原子包围的水合的状态。在通道由胞内向胞外的 2/3 处，通道变窄，来自 4 个孔袢上羧基的氧原子朝孔道整齐排列，构成与水合离子中尺寸相同的"氧笼"（oxygen cage）。进入氧笼的每个 K^+ 周围都有 8 个氧原子，与其

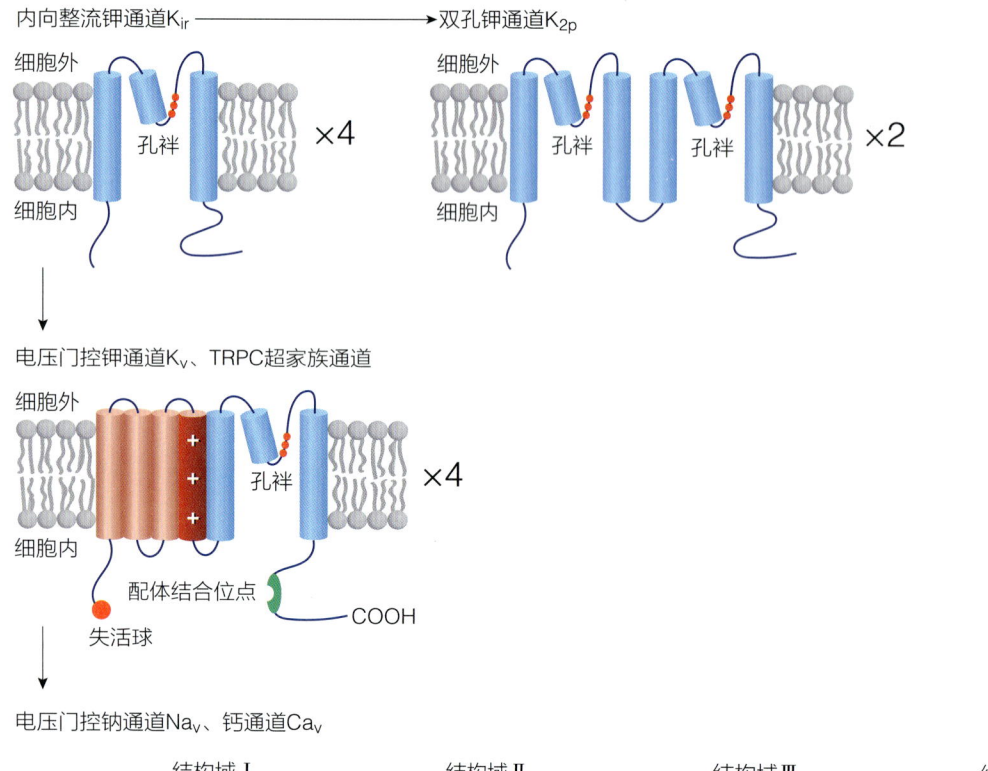

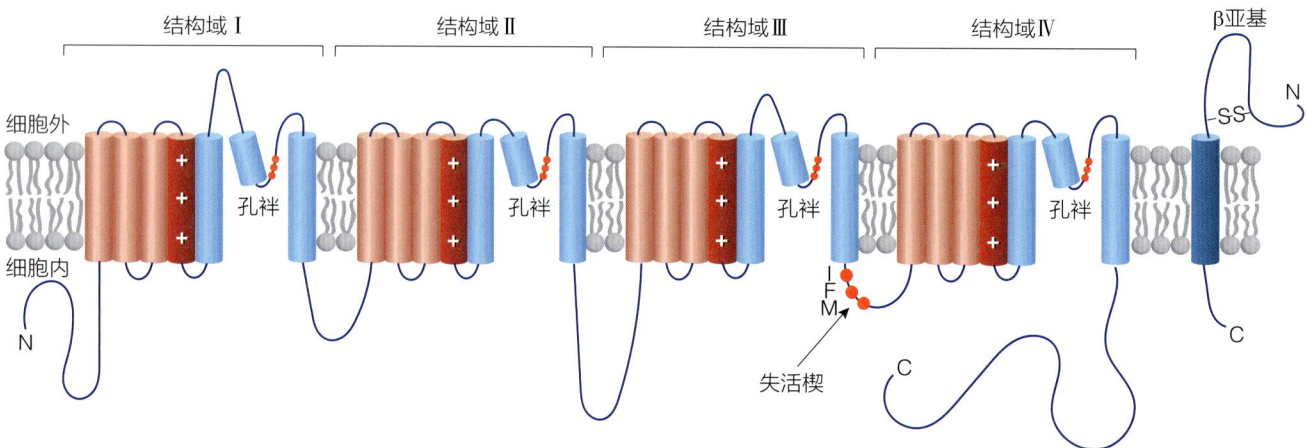

图 2-9 部分离子通道蛋白质序列的演化示意图

图中"×4"表示4个亚基构成1个通道；I：异亮氨酸；F：苯丙氨酸；M：甲硫氨酸

在水中的环境十分相似，大大降低了 K^+ 通过孔道的势垒，从而允许 K^+ 单列纵行通过孔道（图 2-10B）。而对于其他阳离子（如 Na^+），由于其体积较小，一般与5个水分子水合，不能与8个氧原子的氧笼匹配，势垒很高，通过率则很低。

3. 离子通道活动的随机性

离子通道并非像宏观的孔道一样无限制地允许离子自由通透。离子通道一般至少有开放、关闭两种状态，有的离子通道还存在一种失活状态，这些状态对应着通道蛋白的不同构象，一般只有开放状态才允许离子通过，并记录到电流（图 2-11）。一个离子通道处于开放状态的时间在总时间中的比率叫作开放概率（open probability，P_o）。不同的离子通道或同一离子通道在不同条件下的 P_o 各不相同。例如，图 2-11 中用异丙肾上腺素激活 cAMP 信号通路可提高电压门控钙通道的 P_o。

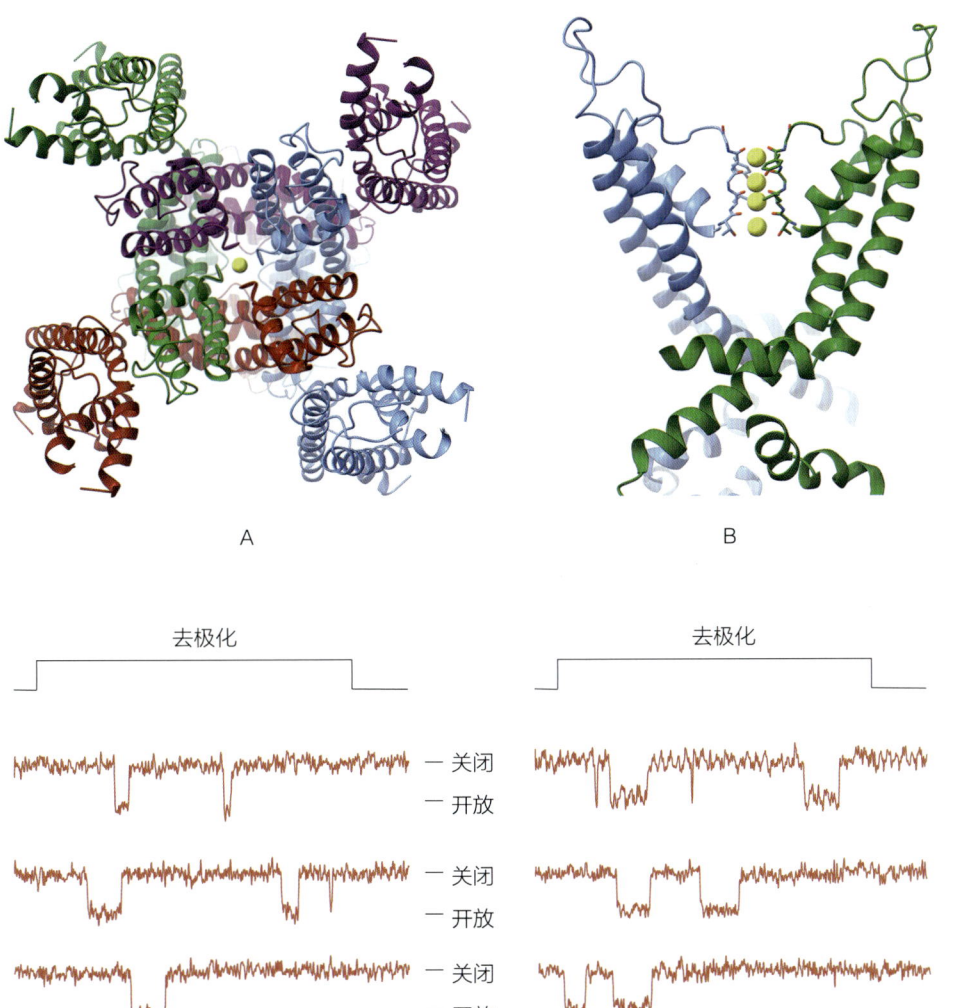

图 2-10 钾通道 $K_v3.1$ 的结构和离子选择性原理
A. 钾通道同源四聚体的交错嵌合结构；B. 钾通道的离子选择机制，图示两个亚基 S5-S6 孔衬氨基酸残基与钾离子的位置关系。（根据 7PHL 结构数据绘制）

图 2-11 电压门控 L 型钙通道的随机活动及其受到的异丙肾上腺素调控
实验条件中存在 L 型钙通道的激动剂 FPL64176（王世强教授供图，参见 Zhou et al, PNAS, 2009, 106: 18030）

由于离子都带有电荷，因此开放状态的离子通道在介导离子跨膜流动的同时便会产生电流。对于一个通透 X 离子的通道，如果通道开放时单通道电流幅度为 i_X，则细胞膜上 N 个这样的通道通透 X 离子的电流 I_X 为：

$$I_X = NP_O i_X \qquad [2-4]$$

一个钾通道在开放时，i_X 有的可达 10 pA，这个速率比载体蛋白对离子或分子的转运速率要快 1 000 ~ 10 000 倍。

二、离子通道的激活及其能量转换功能

多数离子通道在静息（resting，未激活但也未失活，available）状态下 P_O 很低。离子通道从低 P_O 状态转换为高 P_O 状态的过程即为激活（activation）。不同离子通道可被不同能量形式的刺激所激活并产生跨膜电流。因此，离子通道在细胞中发挥着能量

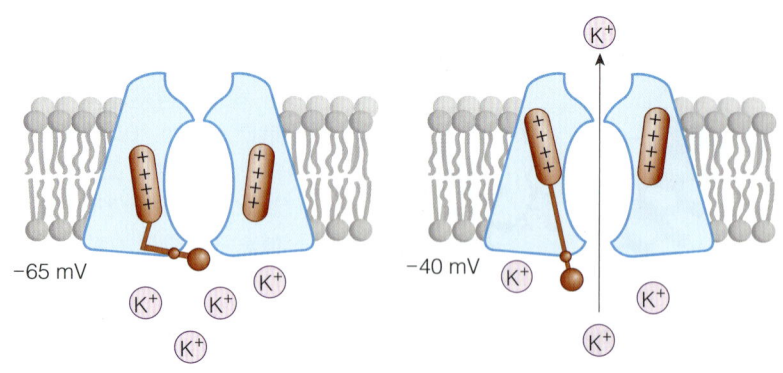

图 2-12 电压门控钾通道的门控原理示意图

转换器的作用。

根据激活因素的能量形式不同，离子通道有多种类别：

电压门控通道（voltage-gated channel）可因膜电位的改变而激活，包括电压门控钾通道、钙通道和钠通道等。每个钙通道或钠通道有 4 个结构域，每个结构域与电压门控钾通道的一个亚基同源，都有 6 个跨膜 α 螺旋 S1–S6（图 2-12）。其中 S4 高度保守，富含带正电的精氨酸（Arg）或赖氨酸（Lys）残基，被认为是通道的电压感受器。在静息的细胞中，细胞内相对细胞外的电位差一般在 −80～−60 mV，这种极化状态对 S4 产生向胞内方向的电学吸引；如果膜电位向正的方向改变，则对 S4 的电学引力减小，使通道发生构象转换的势垒降低，通道便被激活（图 2-12），并进入高 P_o 的状态（图 2-13）。

配体门控通道（ligand-gated channel）由特异性的化学物质与之结合而被激活，又称化学门控通道。这类通道往往是体内外信号物质的受体，在这种情况下又叫作通道型受体。配体门控通道本身或其调节亚基上存在配体结合位点。配体的结合降低了通道构象变化的势垒，使通道进入高 P_o 的状态。例如，运动神经末梢分泌的乙酰胆碱可激活骨骼肌 N 型乙酰胆碱受体（参见图 4-17），细胞内信使三磷酸肌醇（IP_3）可激活内质网的 IP_3 受体，两者分别属于细胞外配体门控通道（或递质门控通道）和细胞内配体门控通道。配体门控通道在细胞间信息传递和细胞内信号转导过程中发挥关键作用。

机械激活通道（mechanically-activated channel）是由机械应力变化激活的离子通道。内耳中的毛细胞、皮肤机械感受器、血管内皮细胞、心肌细胞等均表达有对牵张力、剪切力等机械应力敏感的离子通道。2010 年，Ardem Patapoutian 实验室报道了 Piezo 蛋白能介导机械力感知。肖百龙实验室分别于 2015 年和 2019 年首次报道了 Piezo1 和 Piezo2 蛋白的分子结构。根据分子结构的解析，Piezo 离子通道由 3 个弧形亚基围成一个直径约 24 nm、深约 9 nm 的碗状（更像火锅状）分子（图 2-14），每

图 2-13 不同膜电位下电压门控钙通道的开放活动

（王世强教授供图，参见 Wang et al, Nature, 2001, 410: 592）

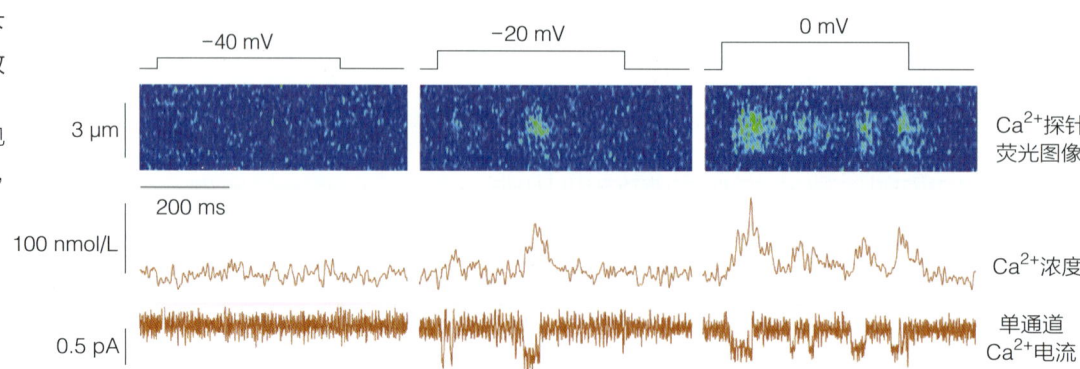

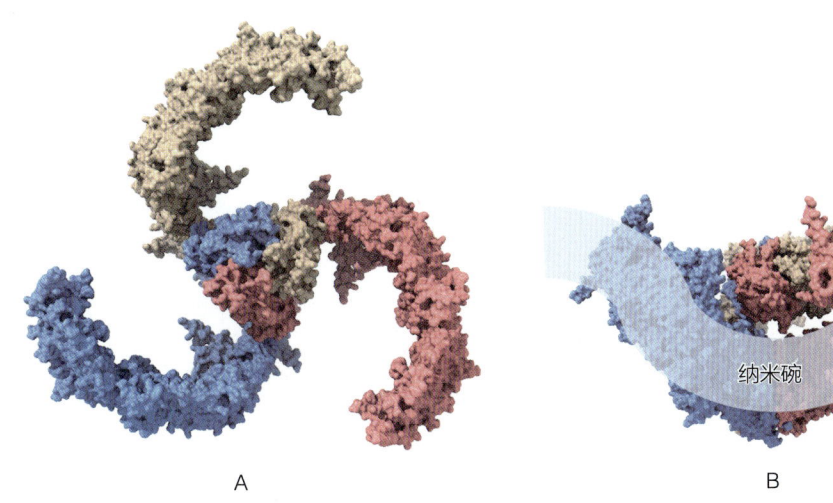

图 2-14 PIEZO 通道的三叶螺旋桨
A. 俯视图；B. 纳米碗结构。
（肖百龙教授供图）

个亚基的 2 500 多个氨基酸有 38 次跨膜，是已知跨膜次数最多的膜蛋白。对细胞膜的机械刺激可以转化为碗状结构的曲率变化，并通过分子内的杠杆结构引发孔道结构的直径变化，从而打开通道，将机械信号转换成电信号。由于 Piezo 机械激活离子通道的发现解释了触觉及循环、呼吸、排尿、骨骼重塑等调控中机械力的感受机制，Patapoutian 于 2021 年获诺贝尔生理学或医学奖。

温度敏感通道（temperature-sensitive channel）是由热刺激、冷刺激等温度变化激活的离子通道，它们多属于瞬时受体电位通道（transient receptor potential channel，TRPC）超家族。其共同结构也有 6 个跨膜 α 螺旋，并在第 5、6 α 螺旋之间有一个孔样（见图 2-9）。20 世纪末，David Julius 和合作者通过在不响应辣椒素的细胞中表达感觉神经元 cDNA 文库中的基因，鉴定出了一种对辣椒素敏感的离子通道蛋白，后来被命名为 TRPV1。他们发现这种蛋白质能够在感觉疼痛的温度下被激活。TRPV1 的实验为发现其他温度感应的离子通道提供了思路。后来，Julius 和 Patapoutian 各自独立地使用薄荷醇（menthol）鉴定出了一种能被冷刺激激活的离子通道 TRPM8。Julius 因为对温度感受机制的贡献，与 Patapoutian 分享了 2021 年诺贝尔生理学或医学奖。

除了以上种类的离子通道外，还有一些离子通道没有特异性的门控机制，称为非门控通道或漏通道（leak channel）。例如，K_{ir} 和 K_{2P} 超家族中的一些成员没有明显的激活和失活机制，并在细胞静息状态下维持一定的开放概率。这样的钾通道参与形成细胞对 K^+ 的背景通透性，是下面要讨论的细胞静息膜电位形成的重要机制。

各种离子通道除了其特异性门控机制外，其功能又受到磷酸化、酸碱度、氧化还原状态、辅助亚基、表达量等因素的影响，在细胞的生命活动中受到精细调控。

三、跨膜离子平衡与细胞静息膜电位

1. 离子的平衡电位

由于离子电荷的存在，驱动离子跨膜迁移的能量来源除了膜两侧的浓度梯度外，

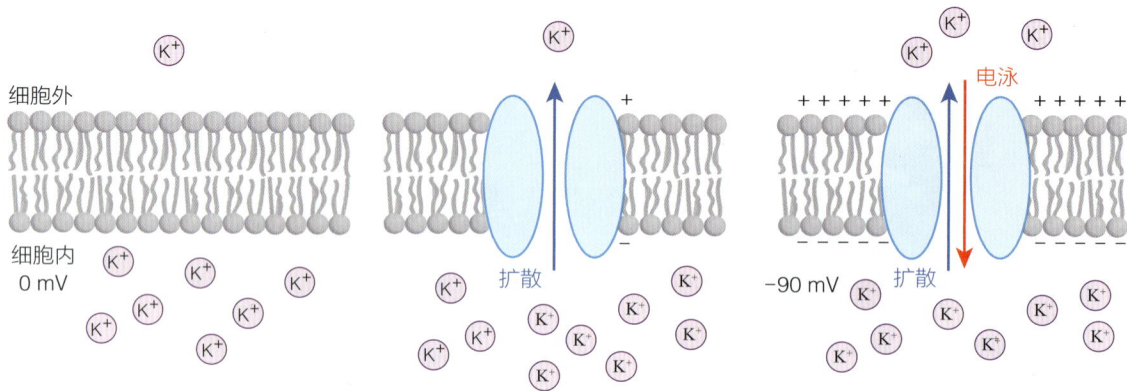

图 2-15 离子达到电-化学平衡的过程

还有膜两侧的电位差。细胞膜内侧相对细胞外的电位差称跨膜电位（transmembrane potential）或简称膜电位（membrane potential，V_m）。

在如图 2-15 所示的实验中，假设细胞膜只对 K^+ 通透，细胞内和细胞外的 K^+ 浓度分别为 $[K^+]_i = 120$ mmol/L 和 $[K^+]_o = 4$ mmol/L。如果细胞膜电位初始值为 $V_m = 0$，则细胞内的 K^+ 将沿浓度梯度向细胞外扩散，结果 V_m 变负。随着 V_m 的变化，跨膜 K^+ 电流越来越小，这是因为 K^+ 单纯由 V_m 驱动流向胞内的趋势逐渐抵消了其因浓度梯度扩散到胞外的趋势。当膜两侧浓度梯度产生的 K^+ 扩散效应与因电学梯度产生的 K^+ 电泳效应大小相等、方向相反时，其跨膜净电流 $I_K = 0$，即为 K^+ 达到了电-化学平衡；此时的膜电位叫作 K^+ 的平衡电位（equilibrium potential，E_K）。同样的道理，Na^+、Ca^{2+}、Cl^- 也都有各自的平衡电位。

那么，平衡电位的数值有多大呢？如果不考虑电场，当少量 n mol X 离子从浓度为 $[X]_i$ 的细胞内移动到浓度为 $[X]_o$ 的细胞外时，根据热力学定律，其自由能变化为 $\Delta G_C = -nRT \ln \dfrac{[X]_i}{[X]_o}$，其中 $R = 8.314$ J·K^{-1}·mol^{-1} 为气体常数，T 为绝对温度。但根据电学定律，在平衡电位 E_X 下，n mol X 离子的上述移动又会产生电势能变化 $\Delta G_E = -nZ_XFE_X$，其中 Z_X 为 X 离子的电荷数，$F = 96\,485$ C/mol 为法拉第常数（摩尔电量）。在平衡状态下，总自由能变化 $\Delta G_C + \Delta G_E = 0$，因此：

$$E_X = -\frac{RT}{Z_XF} \ln \frac{[X]_i}{[X]_o} \qquad [2\text{-}5]$$

这一方程由 Walther H. Nernst（1864—1941）于 1888 年推导出来，叫作能斯特方程（Nernst equation）。在接近室温的条件下，能斯特方程可以写为如下较为实用的形式：

$$E_X \approx \frac{60 \text{ mV}}{Z_X} \lg \frac{[X]_o}{[X]_i} \qquad [2\text{-}6]$$

大多数细胞的胞外 Na^+ 浓度大约是胞内浓度的 10 倍，胞外 Ca^{2+} 浓度大约是胞内浓度的 2 万倍，而胞外 K^+ 浓度大约是胞内浓度的 1/30。

> **算一算**
> Na^+、Ca^{2+} 和 K^+ 的平衡电位 E_{Na}、E_{Ca} 和 E_K 分别是多少毫伏？

2. 细胞的静息膜电位

上述平衡电位是假定某一离子跨膜净电流为零时所需的膜电位。不同离子达到平衡所需的平衡电位各不相同。细胞是一个多种离子共存的体系，细胞膜电位不可能同时满足每种离子的平衡。

图 2–16A 是用玻璃微电极直接测量细胞膜电位的实验装置示意图。充满溶液的玻璃微电极在微操纵器的调节下逐渐靠近细胞，此时示波器中显示微电极与细胞外液之间的电位差为 0 mV。玻璃微电极刺入细胞的一刹那，示波器中显示的电位差突然下落到 –70 mV 左右并保持稳定（图 2–16B、C）。在没有刺激的条件下，细胞的膜电位保持在一个稳定的静息水平，称为细胞的静息膜电位（resting membrane potential）。

对比细胞静息膜电位和 Na^+、K^+ 的平衡电位可见，Na^+ 和 K^+ 都未处于平衡状态。只要细胞膜对 Na^+、K^+ 有一定的通透性，则 Na^+ 不断流入细胞、K^+ 离子不断流出细胞。设 G_X 为细胞膜通透 X 离子的等效膜电导（membrane conductance，是膜电阻的倒数），则通过细胞膜的 X 离子电流的大小既与 X 离子电导的大小有关，又与细胞膜电位 V_m 与 X 离子平衡电位 E_X 的差值有关，即：

$$I_X = G_X (V_m - E_X) \quad [2\text{-}7]$$

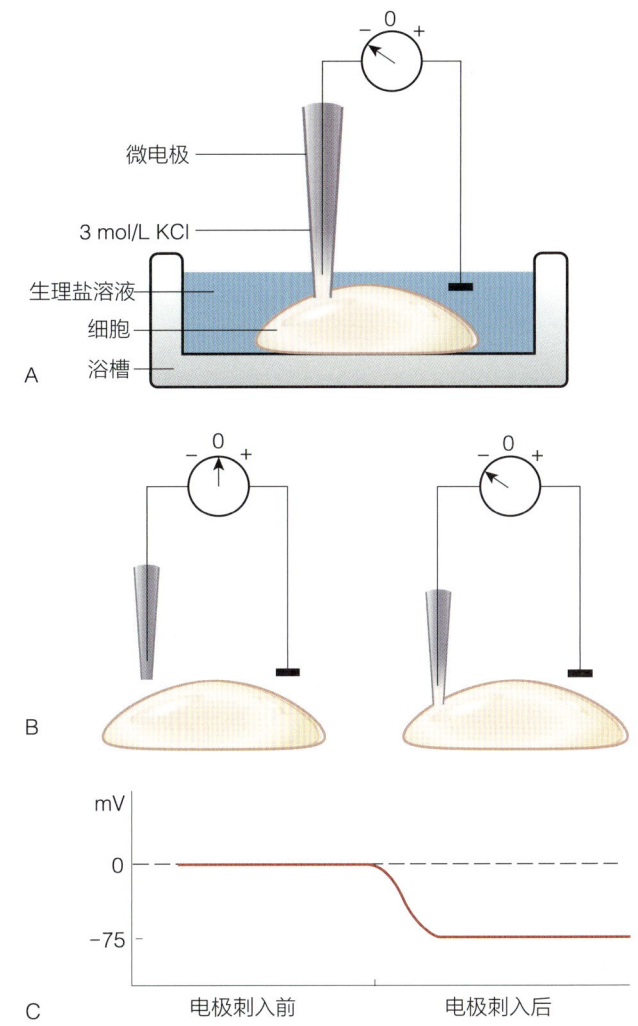

图 2–16 细胞的静息膜电位

在没有受到刺激的情况下，静息膜电位 V_m 通常保持不变，说明此时跨越细胞膜的所有离子流总和为 0。如果我们只考虑 Na^+、K^+ 两种离子流，并且不考虑钠钾泵的生电作用，则 $I_{Na} + I_K = 0$。由此可以得到：

$$V_m = \frac{G_{Na}}{G_{Na} + G_K} E_{Na} + \frac{G_K}{G_{Na} + G_K} E_K \quad [2\text{-}8]$$

上式叫作弦电导方程（chord conductance equation）。该方程描述了静息膜电位在数值上等于各种离子平衡电位的加权平均值，其中每种离子的权重由其分电导在总电导中所占的比例决定。如果考虑细胞膜通透的所有离子（但不考虑钠钾泵的生电作用），弦电导方程可以写成：

$$V_m = \sum_{j=1}^{n} \left(\frac{G_j}{\sum_{j=1}^{n} G_j} E_j \right) \quad [2\text{-}9]$$

弦电导方程是一个非常实用的公式，通过与能斯特方程连用，可以计算细胞静息膜电位与各种离子浓度、离子电导的关系。在实验研究中，弦电导方程常用以估算实验中配置的各种溶液对细胞膜电位的影响，或者为了改变膜电位，设计相应的溶液配方。

除弦电导方程外，1943年David E. Goldman（1910—1998）运用扩散理论导出了任一离子的跨膜电流与其通透性和细胞膜电位的关系，1949年Alan L. Hodgkin（1914—1998）和Bernard Katz（1911—2003）在此基础上提出了描述静息膜电位与细胞膜两侧主要离子的浓度和通透性的关系，这就是Goldman方程（Goldman-Hodgkin-Katz equation）或GHK方程：

$$V_\mathrm{m} = \frac{RT}{F} \cdot \ln \frac{P_\mathrm{K}[K^+]_\mathrm{o} + P_\mathrm{Na}[Na^+]_\mathrm{o} + P_\mathrm{Cl}[Cl^-]_\mathrm{i}}{P_\mathrm{K}[K^+]_\mathrm{i} + P_\mathrm{Na}[Na^+]_\mathrm{i} + P_\mathrm{Cl}[Cl^-]_\mathrm{o}} \qquad [2\text{-}10]$$

Hodgkin和Katz通过替换枪乌贼大轴突内外的Na^+、K^+、Cl^-浓度发现，K^+浓度的改变对膜电位影响最大，其次是Cl^-浓度，而Na^+浓度对膜电位影响较小。戈德曼方程对实验数据拟合得很好，并确定了枪乌贼大轴突细胞膜对不同离子的通透比例$P_\mathrm{K}:P_\mathrm{Na}:P_\mathrm{Cl}$为$1:0.04:0.45$。对动植物细胞的大量研究证明，细胞膜在静息状态下对K^+的通透性一般比对其他离子大一个数量级，因此静息膜电位一般是胞内为负，在$-80 \sim -50$ mV。

3. 离子通道的逆转电位

弦电导方程说明膜电位是多种离子按电导权重妥协平衡产生的。对钠通道、钾通道这样的选择性离子通道而言，一个通道主要贡献一种离子的电导。但非特异性离子通道，如果对多种离子通透，则对每种离子的电导都有贡献。比如，乙酰胆碱受体对Na^+和K^+都通透。如果膜电位与E_K相同，通过乙酰胆碱受体的只有内向Na^+流，没有K^+流；如果膜电位与E_Na相同，通过乙酰胆碱受体的没有Na^+流，只有外向K^+流；如果膜电位在E_K和E_Na之间，通过乙酰胆碱受体的既有内向Na^+流，也有外向K^+流，因此通过乙酰胆碱受体的净电流为两者的代数和（图2-17）。如果在某个膜电位E_R下流过某一通道的所有离子流的代数和刚好为0，那么在膜电位高于E_R和低于E_R时的通道净电流方向是相反的，这个电位E_R就被称作该离子通道的逆转电位（reversal potential）。

假定一个离子通道对n种离子都通透，其中对第j种离子的分电导为g_j，则：

$$E_\mathrm{R} = \sum_{j=1}^{n}\left(\frac{g_j}{\sum_{j=1}^{n} g_j} E_j\right) \qquad [2\text{-}11]$$

可以看到，式[2-11]与式[2-9]是相同的形式，都是弦电导方程。

如果一个离子通道只对Na^+和K^+两种离子通透，并且$g_\mathrm{Na}:g_\mathrm{K} = 1:k$，则由式[2-11]可以推出该通道离子选择比的$k$值。在与体液类似的环境中，乙酰胆碱受体的逆转电位大约在-15 mV，可知乙酰胆碱受体对Na^+和K^+的选择比基本上在$1:1$左右。因此，通

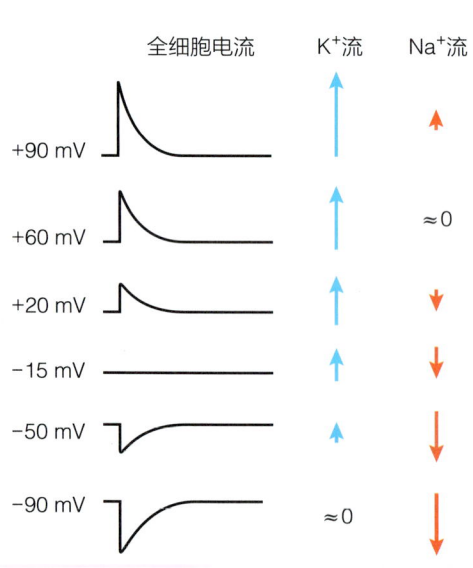

图2-17 一种对Na^+和K^+都通透的离子通道在不同电位下的离子流

过测量离子通道的逆转电位，可以研究离子通道的离子选择性。通过测量不同膜电位下的通道电流 I，也可以计算通道的总体电导 G：

$$G = \frac{I}{V_m - E_R} \quad [2\text{-}12]$$

4. 维持静息膜电位的钾电流

静息状态下，细胞膜对 K^+ 的通透性之所以高于其他离子，主要是不同细胞都表达有 K_{ir} 或 K_{2P} 超家族中的一些钾通道。这些钾通道没有明显的激活和失活机制，并在细胞静息状态下维持一定的开放概率。例如，I_{K1} 是 K_{ir} 家族的一种内向整流钾通道。整流原本是二极管的电学性质，即正向导通电阻很小，反向截止电阻很大。I_{K1} 在 K^+ 外流时电导不断减小，而 K^+ 内流时电导很大（图 2-18），因此称为内向整流电流。这里，"内向"指的是整流的方向，不是电流的方向。实际上，I_{K1} 在生理条件下始终是外向钾电流，膜电位越接近其逆转电位（在 K^+ 平衡电位 –90 mV 附近），I_{K1} 电导越大。这在许多细胞（如心肌细胞）静息膜电位的维持和稳定中发挥重要作用。

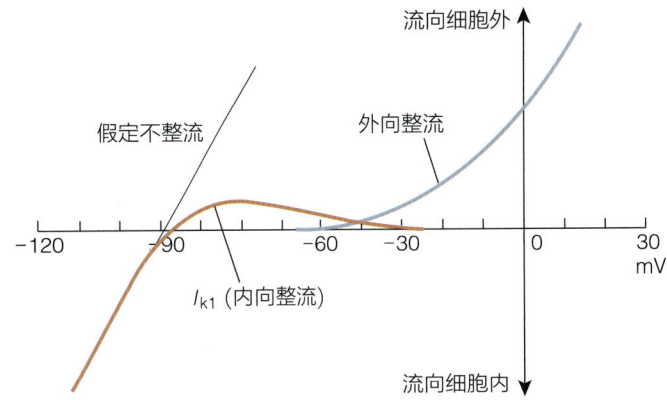

图 2-18 钾通道的整流性质

※ 小结

如果说细胞是细胞生命活动的基本单位，细胞膜就是胞内生命活动与其胞外环境的边界，是维系细胞内外物质成分迥然不同的屏障。但这个屏障不是简单地将物质隔离开，而是精细地调控着物质的跨膜运动。

根据分子量、脂溶性、是否存在相应载体，物质既可以通过简单扩散或易化扩散顺浓度梯度进出细胞膜，也可以通过原发性主动转运或继发性主动转运逆浓度梯度进出细胞。

由于金属离子带有电荷，离子借助离子通道的跨膜运动既受浓度梯度形成的化学位能差影响，也受膜两侧电位差的影响。当膜电位等于某种离子的平衡电位时，该离子沿电场方向跨膜移动刚好抵消其沿浓度梯度的跨膜扩散；其他情况下，某种离子的跨膜电流与膜电位偏离该离子平衡电位的程度成正比。当膜电位等于某离子通道的逆转电位时，通过该离子通道的不同离子流刚好相互抵消；其他情况下，通过某离子通道的电流与膜电位偏离逆转电位的程度成正比。当细胞膜处于静息膜电位时，整个细胞的内向电流与外向电流刚好达到平衡；当内向电流超过外向电流时，细胞膜电位发生去极化；反之则发生超极化。

※ 思考题

1. 请辨析离子的平衡电位、离子通道的逆转电位、细胞的静息膜电位这几个概念及其相互关系。

2. 如果考虑钠钾泵的作用，而且只考虑 Na^+、K^+ 两种离子的跨膜平衡，请推导细胞

膜电位与 Na^+、K^+ 的电导和平衡电位的关系。

3. 假定细胞内外的 Na^+、K^+ 浓度分别为 $[Na^+]_o$ = 120 mmol/L、$[Na^+]_i$ = 12 mmol/L、$[K^+]_o$ = 4 mmol/L、$[K^+]_i$ = 120 mmol/L，如果细胞对 Na^+、K^+ 的电导比例 G_K/G_{Na}=10，请计算静息膜电位的大小是多少？如果 G_{Na}/G_K = 10，又是什么情况呢？

4. 假定一个离子通道只对 Na^+ 和 K^+ 两种离子通透，并且 $g_{Na} : g_K = 1 : k$，测得该通道的逆转电位为 E_R，如何计算 k 值？

※ 推荐阅读

1. DOYLE D A, MORAIS CABRAL J, PFUETZNER R A, et al. The structure of the potassium channel: molecular basis of K^+ conduction and selectivity [J]. Science, 1998, 280(5360): 69-77.

该文首次解析细菌钾通道的结构，MacKinnon 因此获得 2003 年的诺贝尔化学奖。

2. AGRE P. Aquaporin water channels (Nobel lecture) [J]. Angew and te chemie international edition, 2004, 43(33): 4278-4290.

该文是 Agre 关于水通道的诺贝尔奖演讲稿。

3. DENG D, XU C, SUN P C, et al. Crystal structure of the human glucose transporter GLUT1 [J]. Nature, 2014, 510: 121-125.

此为颜宁实验室发表的论文，揭示了谷氨酸易化扩散的机制。

4. BERRIDGE M J, BOOTMAN M D, RODERICK H L. Calcium signalling: dynamics, homeostasis and remodeling [J]. Nature reviews molecular cell biology, 2003, 4: 517-529.

该文是关于钙离子各种转运机制的综述。

（撰写：王世强；审修：董云伟）

第三章

细胞的兴奋

上一章我们讨论了细胞膜对物质通透和转运的基本原理。这些基本原理是解释各种细胞功能的基础。例如，细胞膜通常对 K^+ 通透性高而对 Na^+ 通透性低的性质可以解释细胞的静息膜电位为什么为负值；读者们也通过作业题计算了当细胞膜对 Na^+ 通透性高而对 K^+ 通透性低时，细胞膜电位的预期值变为正值。这是膜电位的两种主要情形。当细胞膜的电压门控通道、配体门控通道，以及对其他能量形式敏感的离子通道被激活时，膜电位就会因 Na^+ 和 K^+ 等离子通透性的相对变化而出现动态变化。

本章将讨论膜电位动态变化发生的条件、过程、机制和意义。

第一节　刺激与动作电位的发生

感受环境变化并做出相应反应，是单细胞和多细胞生命的普遍特征。比如，原生生物草履虫在水中游动，碰到障碍物会发生逃避反应，并改换游动方向；你在饥饿时，闻到饭菜飘出的香味，顿时口中生津。生物体不仅能对外界信息做出反应，内环境变化也会引起反应。例如，饭后血糖的升高，引起胰岛细胞分泌胰岛素；血液中胰岛素的升高使肝、肌肉和脂肪组织加速糖摄取等。

一、刺激与兴奋的概念

在生理学上，各种能够引发机体反应的内外环境变化都称为刺激（stimulation）。上述事例中，碰到障碍物、闻到饭菜香味、血糖的升高都对机体特定的细胞构成了刺激。生理学实验研究中，常用电刺激来研究一些细胞或组织对刺激的反应机制。这是因为电刺激可以由电子仪器产生，可精细地控制刺激的幅度、时程和变化模式。

机体受到刺激后特异性地发生反应，如上面提到的改换运动方向、口中生津、胰岛细胞分泌胰岛素等。这个过程通常包含了 3 个必要环节：一是对内外环境刺激信息的感受；二是信息的传导和处理；三是根据处理后的信息做出生理反应。对单细胞生物而言，以上 3 个功能环节显然是在同一个细胞内发生的。但对多细胞动物而言，这个过程必然需要机体不同部位、不同功能分化的细胞之间协调配合、共同实现。因此，从腔肠动物开始，便逐渐分化出专门应对内外环境刺激的反应系统，包括感受器细胞、神经细胞、肌肉和腺体细胞等。并且适应机体对信息的编码、传输和处理的需求，这些细胞能够产生一种特殊的膜电位信号——动作电位。通常，上述这几类细胞被称为可兴奋细胞（excitable cell）。当这些细胞发生动作电位时，我们通常也说细胞发生了兴奋（excitation）。

例如，我们如何感受气味？研究发现，鼻腔黏膜嗅细胞的细胞膜上存在能与气味分子特异性结合的膜蛋白，叫作嗅受体。嗅受体结合了气味分子后能够通过胞内信号转导激活一种环式核苷酸门控的阳离子通道，后者介导的阳离子流能够引起嗅细胞兴奋。兴奋的嗅细胞神经末梢能分泌一种信使分子，叫作神经递质。神经递质能激活下游神经元上相应的配体门控离子通道，引发阳离子流导致下游神经元兴奋。这样，通过兴奋–胞外信使–兴奋的交替"接力"，感受信息沿神经传入中枢（脑）进行处理，中枢发出的运动信息继而传到效应器（唾液腺），最终导致唾液的分泌。因此，多细胞生物的每个细胞如同单细胞生物一样，都是一个集感受胞外信息到做出生理反应（例如分泌信使分子）于一体的功能单位；而细胞之间的功能组合可以实现更复杂、更高级的功能，从而使机体具有更强大的适应能力。

二、膜电位对刺激电流的被动反应

在上述过程中，气味分子作用于嗅细胞、神经递质作用于下游神经元都引发了阳离子内流。那么这些电流如何引起细胞反应呢？

在图 3-1A 的实验中，细胞中插入了两个玻璃微电极。左边的微电极 a 连接一个可控的电流源用来给细胞提供电流，好比刺激引发离子通道开放形成的离子流。右边的微电极 b 连接一个电压跟随放大器，用来检测细胞膜电位。当微电极刺入细胞的一刹那，微电极 b 的电位将由 0 变为 –70 mV 左右，这样测到的便是细胞的静息膜电位。如果微电极 a 没有电流，则膜电位在静息水平保持恒定。

我们先用一种非可兴奋细胞（例如神经胶质细胞）进行实验。当微电极 a 给细胞以电流 I 时，微电极 b 可以检测到膜电位 V_m 随时间的变化。如果电流 I 是流出细胞的（外向的），细胞膜静息状态原有的内负外正的极化程度趋于增加，叫作超极化（hyperpolarization）；如果 I 是流入细胞内的（内向的），细胞膜内负外正的极化状态趋于减小，叫作去极化（depolarization）；当内向电流 I 终止时，已经去极化的膜电位趋于恢复，叫作复极化（repolarization）。

我们注意到，虽然微电极 a 给出的电流 I 是阶跃性的，但膜电位的变化却不是阶跃性的，而是一个慢慢上升、刺激停止后又慢慢下降的过程图 3-1B。这是为什么呢？

我们知道，细胞膜是一层很薄的脂膜，两侧存在电解质溶液，因此具有膜电容（C_m）（图 3-2A）。另一方面，细胞膜也不是对离子完全不通透，膜中的离子通道（例如形成静息膜电位的钾通道）有一定概率的随机开放（哪怕有时概率很低），离子转运体也有随机活动，我们可以用膜电阻（R_m）来表征离子跨膜运动的难易程度。

虽然微电极 a 给出的电流 I 是阶跃性的，但膜电位的变化呈现慢慢上升、刺激停止后又慢慢下降的过程，反映了膜电容的充放电过程。按照图 3-2B 的等效电路，给细胞注入的电流 I 分为两支，一支给电容充电，另一支流过电阻，即：

$$I = \frac{C_m dV_m}{dt} + \frac{V_m - V_0}{R_m} \qquad [3\text{-}1]$$

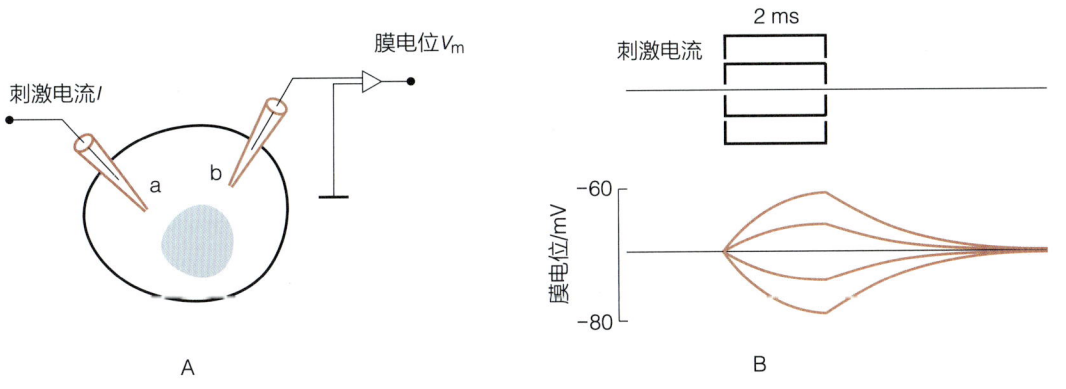

图 3-1 研究细胞膜电学性质的实验

A. 记录细胞对电刺激反应的实验示意图；B. 在阶跃性刺激电流作用下细胞膜电位的变化

图 3-2 细胞膜简化的等效电路

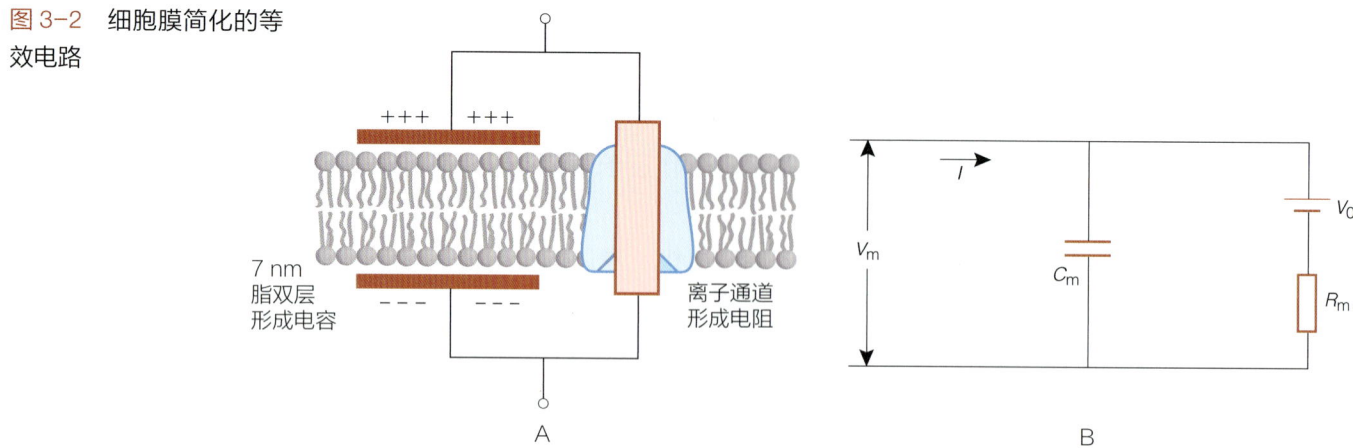

如果在 $t=0$ 时给以阶跃性刺激 I 并保持恒定，由上述微分方程可以导出膜电位与刺激电流的关系：

$$V_m = IR_m \left(1 - e^{-\frac{t}{\tau}}\right) + V_0 \quad [3\text{-}2]$$

其中，$\tau = R_m C_m$ 为细胞膜的时间常数（time constant）。这个公式非常重要，在电生理实验中经常用于拟合阶跃性电流产生的电位变化，从而准确测量细胞的膜电阻和膜电容。多数细胞的膜电容约在 $1\ \mu F/cm^2$，测量细胞膜电容是目前估算凸凹不平的细胞膜总面积的唯一可靠方法。

上述推导说明，由于膜电容的存在，膜电位在通电和断电时的反应均是指数过程。电刺激引起的上述电位变化是完全遵从电学原理的，称作电紧张电位（electrotonic potential），通常也称为被动反应（passive response）。刺激电流越大，电紧张电位越高。因此，细胞膜的被动反应是等级性的（graded），相当于电子信息中的模拟信号（analog signal）。

> 想一想
> 细胞表面积增加或膜电阻增加，分别对细胞膜的时间常数、细胞膜电位变化快慢和幅度高低产生怎样的影响？

三、可兴奋细胞的主动反应

现在，我们改用可兴奋细胞（例如神经元）来进行与图 3-1A 类似的实验。当电极 a 给一个神经元以小的阶跃性电流时，产生了电紧张电位，然后随着电流的终止，膜电位逐步回落。当电极 a 给出的电流增加时，电紧张电位的幅度也增加（图 3-3）。这个情况与非可兴奋细胞一致，说明可兴奋细胞也可以因其膜电容和膜电阻的存在，对电刺激产生被动反应。

现在我们继续增加刺激电流，起初膜电位仍按照预想的过程发生电紧张电位，然而，当膜电位去极化到 $-50\ mV$ 左右时，完全不同的过程发生了：膜电位偏离电紧张电位的轨迹，急转直上，迅速到达了 $+30\ mV$ 左右；然后又迅速回落到接近静息膜电位的水平（图 3-3）。这个快速的去极化和复极化过程就是

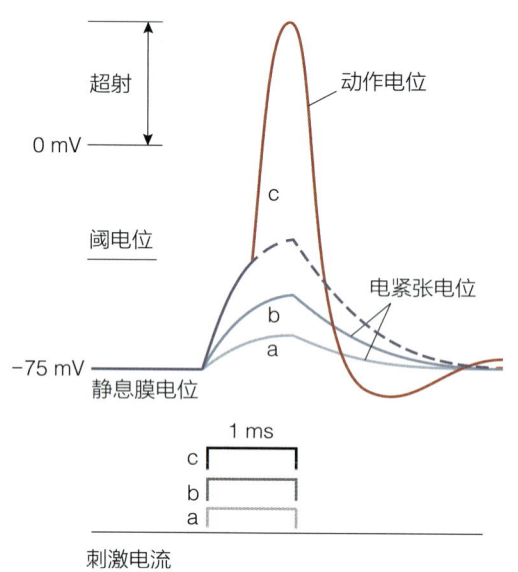

图 3-3 电流刺激下的电紧张电位（阈下被动反应）和动作电位（主动反应）

一次动作电位（action potential）。

在这个动作电位发生的过程中，引发动作电位需要达到一个最低膜电位，叫作阈电位（threshold potential）。从刺激开始到引发动作电位的时间实际上也是膜电位由静息电位达到阈电位所需的时间，称为动作电位的潜伏期（latency）。动作电位一旦开始，膜电位迅速上升，进入快速去极化。快速去极化到 0 时，膜电位并不停止，而是继续反极化为内正外负，这个现象叫作超射（overshoot）。超射之后，膜电位迅速回落，发生快速复极化。仔细观察会发现，动作电位复极化后往往不是马上回到静息膜电位，而是出现相对较慢的后电位（after-potential）。有的后电位比静息膜电位更负，叫作超极化性后电位，或者后超极化（after-hyperpolarization）；有的则更正，叫作去极化性后电位，或者后去极化（after-depolarization）。动作电位发生后，膜电位动员了细胞自身的能量和不同于简单电阻、电容的生物学机制，因此电刺激引发动作电位的过程被称为主动反应（active response）。

如果继续增加刺激电流的强度，电紧张电位到达阈电位引发动作电位的潜伏期缩短，但动作电位的幅度、快速去极化和复极化过程都不改变。根据是否达到阈电位，动作电位要么不发生，要么发生；一旦发生，就不可逆转地达到其最大幅度。这在生理学上被称为"全或无"（all-or-none）的性质。

从信息学角度，在现代信息技术（例如计算机网络、高清电视）中，高保真的信息是通过数字信号传输的。如果我们把发生动作电位看作"1"，未发生看作"0"，一个全或无的动作电位的序列就可以被看作数字信号（digital signal）。看来，大自然产生的生命活动和人类文明产生的工程技术最终都在"进化"中选择了"数字化"来编码信息。

> 拓展阅读 3-1
> 感受器电位引起动作电位的不同方式

四、动作电位的不同形态

图 3-3 描绘的是神经轴突上最简单的动作电位形式，实际上多数细胞的动作电位更为复杂（图 3-4）。例如，骨骼肌动作电位持续时间只有几毫秒，而心肌细胞（参见图 5-16）、子宫平滑肌细胞的动作电位则要几百毫秒；骨骼肌和有些神经元的动作电位也有一个低位的平台；胃肠平滑肌的动作电位在高位发放，并且依赖于基本电节律。不同细胞动作电位形态的差别主要是由于参与动作电位的离子通道在种类、数量、状态上的不同。

令人惊讶的是，单细胞动物草履虫前端受到刺激也会发生一个具有低位平台的动作电位，虽说大致形态酷似哺乳动物骨骼肌动作电位，但因其去极化依赖 Ca^{2+} 电流，因此要慢一个数量级。草履虫存在动作电位说明由 Ca^{2+} 电流介导的动作电位在动物进化的很早期就已经发挥信息编码和信息传播的作用了。

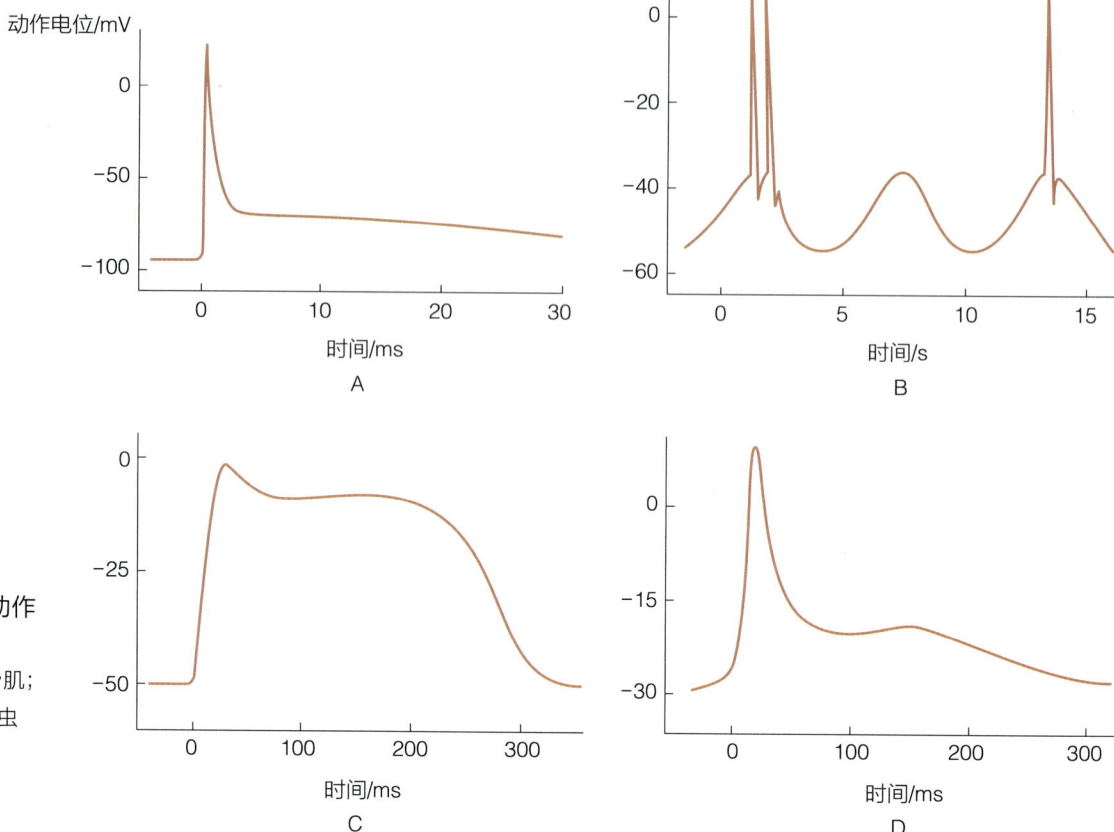

图 3-4 不同形态的动作电位
A. 骨骼肌；B. 胃肠平滑肌；C. 子宫平滑肌；D. 草履虫

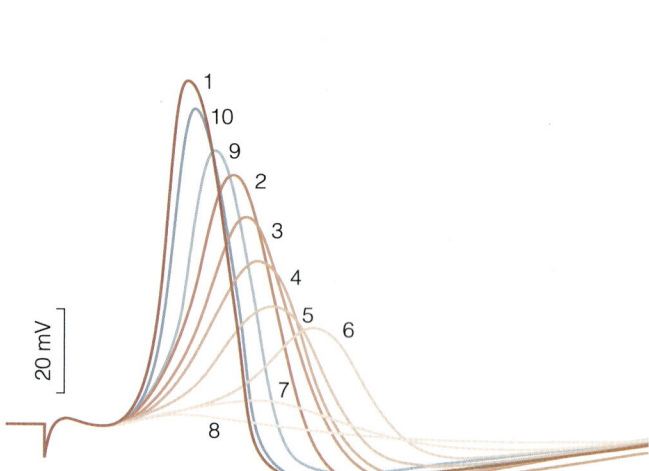

图 3-5 Hodgkin 和 Katz 的海水取代实验
图中曲线 1 是当枪乌贼大轴突在海水溶液中时记录到的动作电位；曲线 2-8 是用等渗葡萄糖溶液取代海水的过程中记录到动作电位幅度的下降；曲线 9、10 是恢复海水溶液后 30 s 和 90 s 的动作电位（改自 Hodgkin & Katz, J Physiol, 1949, 108: 37-77）

第二节 兴奋的离子机制

人类对兴奋机制的探索是一段非常曲折但富有教益的科学史话，不仅奠定了认识人脑的基础，甚至也推动了电学的发展和电能的利用（知识窗 3-1）。

一、离子学说

1. 离子学说的提出

1949 年，英国生理学家 Hodgkin 和 Katz 对动作电位与离子的关系进行研究，发现如果用氯化胆碱或葡萄糖取代人工海水溶液中的氯化钠，枪乌贼大轴突就不能产生动作电位；若部分取代，则去极化的速度和幅度都会降低（图 3-5）。根据这些事实，他们对 Bernstein 的膜学说进行了修正，提出了钠学说，后来称为离子学说（ionic theory）。

知识窗 3-1

兴奋机制的近代探索

1. 对生物电的认识

关于兴奋的科学研究始于18世纪后期。1780年，意大利医生 Luigi Galvani（1737—1798）将蛙腿拴在阳台的铁栏杆上，观察到蛙腿碰到栏杆时发生收缩。为排除"大气电"的作用，他找了一个密闭的房间，将蛙腿放在铁板上，用铜丝接触，蛙腿发生痉挛性收缩。然而用玻璃、橡胶、石头等代替金属进行实验，蛙腿并不抽动。1791年，Galvani 发表了《论肌肉运动中的电作用》一文，提出"动物电"的概念，认为两种金属与蛙腿构成回路，通过放电能使蛙腿抽动。这篇文章引起了意大利自然哲学教授 Alessandro Volta（1745—1827）的注意，但他质疑电流是否真的来自蛙腿。1800年，Volta 将两块不同金属与浸有酸溶液的湿布接成回路，发现电流的产生。他把这种电流称作 Galvani 电流，把这个装置叫作 Galvani 电池。他还发现若干个电池串联起来能得到更强的电流，这便是著名的 Volta 电堆。Volta 电堆的发明第一次为人类提供了一种持续产生电流的装置，开辟了电力应用的广阔道路。

Volta 不赞成 Galvani 关于电来自蛙腿的猜想，但 Galvani 并不服气，继续设计不用任何金属的实验来证明动物电的存在。他发现，把一条蛙肌直接与神经接触有时也会引起肌肉收缩。

1843年，德国科学家 Emil Du Bois-Reymond（1818—1896）研究了神经或肌肉的横切面相对于完整表面存在的负电位，后来称为损伤电位，发现当神经受到刺激后，完整表面与损伤断面间的电位差暂时消失，这是首次证明神经活动的确伴随电信号（动作电位）。

2. 兴奋的膜学说

19世纪末，德国生理学家 Julius Bernstein（1839—1917）对损伤电位和动作电位进行研究，并用 Nernst 的离子扩散平衡理论解释实验现象。1902年，Bernstein 提出膜学说来阐述动作电位的机制。他认为神经和肌肉表面的膜对离子是选择性通透的，并且对钾离子的通透性比对钠离子的通透性高，从而呈现内负外正的极化状态。细胞受到刺激时，细胞膜的离子选择性被破坏，对所有离子的通透性都暂时增加，膜的极化状态趋于消失，产生去极化；其后细胞膜的离子选择性恢复，产生复极化。去极化部位相对未去极化部位有电位差，由此产生的局部电流使相邻部位的细胞膜离子选择性也被破坏，使去极化扩展到新的部位。

Bernstein 的膜学说比较完美地解释了当时的实验事实，被普遍接受了近40年。直到1939年，Alan L. Hodgkin（1914—1998）和 Andrew F. Huxley（1917—2012）将金属微电极插入两端封闭的枪乌贼大轴突测量动作电位。枪乌贼大轴突由枪乌贼两侧星状神经的许多轴突融合而成，直径有近1 mm粗。Hodgkin 和 Huxley 发现，刺激引起大轴突动作电位时，膜电位迅速去极化到0 mV后并不停止，而是继续超射到+40 mV才开始恢复。如果按照膜学说，兴奋时是细胞膜离子选择性被破坏，去极化最多只能到0 mV。因此，超射的发现对兴奋的膜学说部分内容提出了有力的挑战。

离子学说认为动作电位发生时，细胞膜并不是对所有离子都可通透，而是先对 Na^+ 的通透性选择性地增加，从而 Na^+ 流入细胞产生去极化和超射；几分之一毫秒后对 K^+ 的通透性增加，而对 Na^+ 的通透性回落，从而 K^+ 流出细胞产生复极化。按照离子学说，膜电位去极化引起钠电导增加，由此产生的 Na^+ 内流使膜电位进一步去极化，引起钠电导进一步增加（图3-6）。这是个典型的正反馈过程，称为 Hodgkin 循环

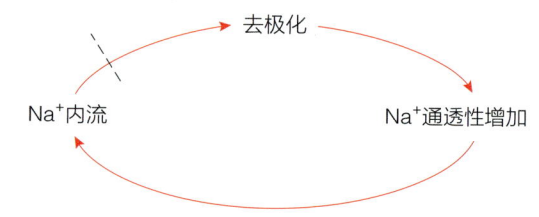

图 3-6 Hodgkin 循环
虚线表示电压钳阻断正反馈之处

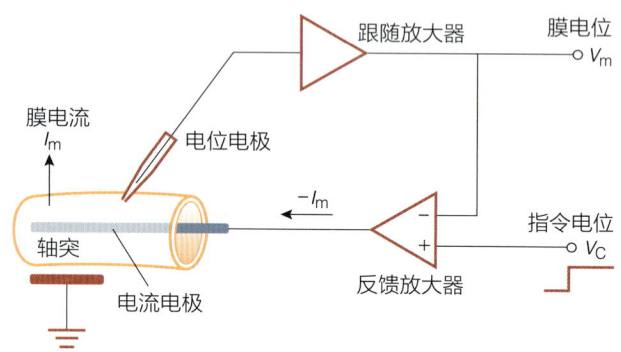

图 3-7 电压钳原理示意图

算一算

请查阅一下大轴突内外液成分，并计算取代前后 Na^+ 的平衡电位。

（Hodgkin cycle）。由于 Hodgkin 循环的存在，动作电位一旦开始，Na^+ 就在很短的时间内迅速涌入细胞，直至超射。

2. 电压钳实验对离子学说的证明

由于膜电位和离子流都在迅速变化，很难分清何种离子流在何种情况下以怎样的方式被激活。同时，膜电位在变化过程中不断对膜电容进行充放电也引入了额外的电流干扰。为了精确分析离子电导的变化与膜电位的关系，必须使膜电位能够被控制。1949 年，Kenneth S. Cole 和 George Marmont 设计了电压钳（voltage clamp）技术，后来 Hodgkin 和 A. F. Huxley 又对该技术进行了改进。图 3-7 示意了电压钳实验的原理：将两根微电极插入大轴突，一根与电位跟随放大器相连，用于记录膜电位 V_m；同时，指令电位 V_C 与膜电位 V_m 信号分别输入反馈放大器的正、负输入端进行比较，产生的负反馈电流经另一根微电极注入细胞，使 V_m 随时保持与 V_C 一致。当 V_m 被钳制在某一特定电位时，Hodgkin 循环也就被阻断了（见图 3-6），此时无论离子通道电流如何变化，通过反馈放大器注入细胞的电流必然刚好补偿细胞膜流出的电流。因此，通过反馈放大器注入电流的大小可以精确获得跨膜离子流 I_m 的变化。

1952 年，Hodgkin 和 Huxley 运用他们改进的电压钳技术系统地研究了枪乌贼大轴突的离子电流与膜电位的关系。在图 3-8 的实验中，当膜电位由 -60 mV 阶跃性地去极化到 0 mV 附近时，膜电流 A 出现复杂的变化：先是一个持续增加的内向电流，一个多毫秒后逐渐转换成外向电流。如果离子学说是正确的，这个复杂电流应当是包含了去极化激活的钠电流和钾电流的混合电流。为了将两种电流分开，Hodgkin 和 Huxley 当年想到的办法是用氯化胆碱取代细胞外人工海水溶液中 90% 的氯化钠，并将膜电位钳制在取代后 Na^+ 的平衡电位上，这样便分离出单纯的钾电流 B。再从总电流中减去钾电流，得到单纯的钠电流 A-B。

后来，人们发现河鲀毒素（tetrodotoxin，TTX）可以非常特异性地阻断电压门控钠通道（图 3-9）、四乙铵（tetraethylammonium，TEA）可以特异性地阻断大轴突中电压依赖性的钾电流。用这些药物对钠电流和钾电流进行分离，得到与 Hodgkin 和 Huxley 一致的结果。

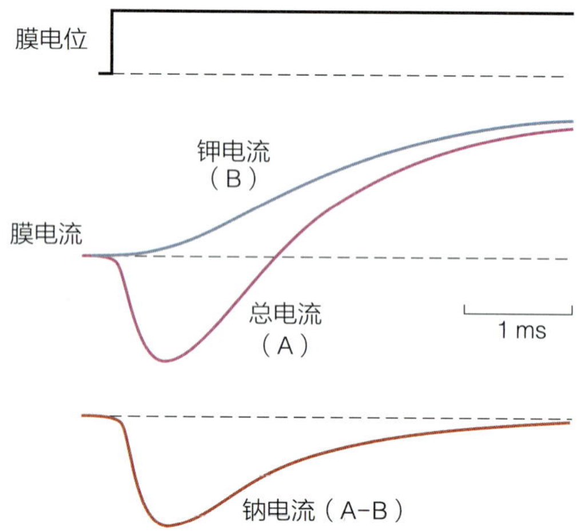

这些结果显示，内向的钠电流在去极化后激活很快，而外向钾电流激活较慢，证明动作电位早期膜电位的变化由 Na^+ 内流主导，产生去极化和超射。但钠电流激活后很快就自行消失，此时即使进一步去极化也不能再激

图 3-8 Hodgkin 和 Huxley 分析钾电流和钠电流的实验
（改自 Hodgkin & Huxley, J Physiol, 1952, 166: 449-472）

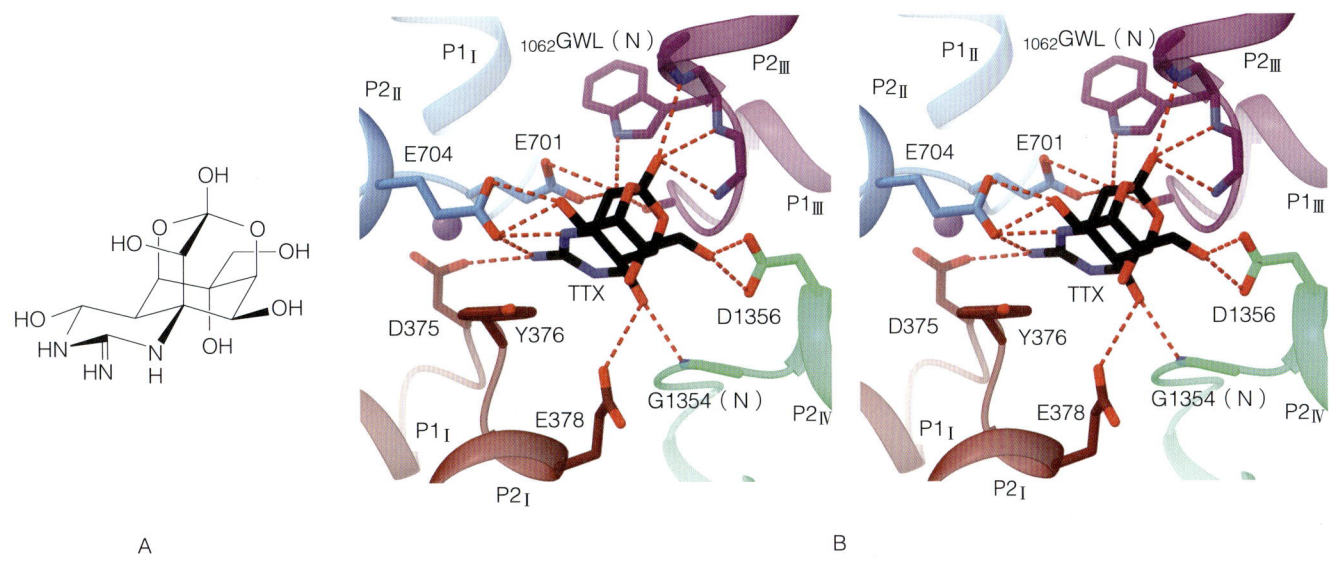

图 3-9 河鲀毒素特异性阻断钠通道
A. 河鲀毒素结构示意图;
B. 颜宁实验室解析的河鲀毒素与钠通道 4 个孔祥螺旋上氨基酸残基的相互作用,用两眼分别向左右图的远方注视,可以看到立体图像(根据 6A95 结构数据绘制;颜宁教授供图,Shen et al, Science, 2018, 362: eaau2596)

活,这个现象称为失活(inactivation)。随着钠通道很快失活、钾电流不断激活,外向的钾电流很快超过钠电流而主导膜电位的变化,动作电位迅速复极化。因此,电压钳实验证明了离子学说对动作电位的解释是正确的。

3. 电压门控通道模型的提出

在图 3-8 的实验中,钾电流在阶跃性去极化后为什么不是马上增加,而是需要一个时间过程逐渐激活呢?Hodgkin 和 Huxley 设想,膜内存在一些带电的颗粒控制着离子的闸门(现在叫作离子通道),这些门控颗粒响应去极化的动力学符合马尔可夫随机过程。直观地说,处于关位的颗粒以概率 α_n 进入开位,进入开位的颗粒以概率 β_n 回到关位,这些颗粒的行为相互独立,且 α_n 和 β_n 不随时间而变化,则处于开位的颗粒数百分比 n 的变化可描述为:

$$\frac{dn}{dt} = \alpha_n(1-n) - \beta_n \qquad [3\text{-}3]$$

假定 n 的初始值为 0,极限值为 1,对这个微分方程进行求解,可以得到 n 的简化形式:

$$n = 1 - e^{-\frac{t}{\tau_n}} \qquad [3\text{-}4]$$

其中,τ_n 是 n 变化的时间常数。由此可见,如果 K^+ 的闸门只由一个颗粒所控制,那么离子电导 g_K 就会在去极化阶跃之后呈指数上升,直至接近该电位下的最大开放电导 G_K。然而图 3-8B 中去极化引起的钾电流变化不符合单指数曲线。Hodgkin 和 Huxley 发现,只有假定离子闸门由 4 个相同且独立的颗粒来控制,才能很好地拟合实验中得到的钾电流的变化。他们于是提出了参与动作电位的钾电导数学模型:

$$g_K = G_K n^4 \qquad [3\text{-}5]$$

与钾电导不同,钠电导先激活后失活。Hodgkin 和 Huxley 用 3 个激活门控颗粒 m 和 1 个失活门控颗粒 h 来解释钠电导的激活和失活过程:

$$g_{Na} = G_{Na} m^3 h \qquad [3\text{-}6]$$

其中，G_{Na} 为钠通道最大开放电导，$\dfrac{dm}{dt} = \alpha_m(1-m) - \beta_m m$，$\dfrac{dh}{dt} = \alpha_h(1-h) - \beta_h h$。

假定 m 的初始值为 0，极限值为 1；h 的初始值为 1，极限值为 0，则：

$$m = 1 - e^{-\frac{t}{\tau_m}} \qquad [3-7]$$

$$h = e^{-\frac{t}{\tau_h}} \qquad [3-8]$$

因 m 是升函数，而 h 是降函数，两者相乘，很好地模拟了枪乌贼大轴突去极化后钠电流先增加后减小的过程。根据对实验数据的拟合，m 的时间常数 τ_m 为 0.1~0.5 ms，h 的时间常数 τ_h 约为 1 ms，均比 n 快将近一个数量级，也就是说钠电导比钾电导激活快得多，而且钠电导在去极化过程中迅速失活，这是动作电位期间先以钠内流为主、后以钾外流为主的关键原因。

上述式 [3-5] 和 [3-6] 便是著名的 Hodgkin-Huxley 方程（H-H 方程）。H-H 方程可以推广为适用于几乎所有离子通道的通用形式 $g = G\varphi^a \chi^b$。其中，G 为最大开放电导，a 和 b 分别为激活门控颗粒和失活门控颗粒的个数，φ 和 χ 分别为形如 m 和 h 的动力学方程。H-H 方程不仅成为计算神经生物学的理论基础，还可以根据电生理数据对离子通道的分子性质进行预测。

> 拓展阅读 3-2
> Hodgkin-Huxley 模型

Hodgkin 和 Huxley 对带电门控颗粒的理论预测得到闸门电流（gating current）的实验支持。在细胞膜的钠电流和钾电流都阻断的情况下，对细胞膜进行较大幅度的去极化（比如 250 mV）可探测到一种极为短暂的小电流，这种小电流被认为是控制离子闸门的带电颗粒随电场有所移动而产生的，因此称作闸门电流。根据电压门控钾通道和钠通道的分子结构（见图 2-9），现在认为 Hodgkin 和 Huxley 提出的带电门控颗粒是真实存在的，就是通道结构中带正电的 S4 螺旋。H-H 方程中钾电导 4 个相同且独立的带电颗粒的假设与钾通道的 4 个独立亚基的构造（见图 2-10A）非常吻合。有意思的是，Hodgkin 和 Huxley 在提出式 [3-6] 时指出，用 m^3 对钠电流的拟合并不理想，推测控制钠电流激活的带电颗粒之间独立性不好，这一点也与钠通道中 4 个结构域（相当于钾通道的 4 个独立亚基）相互连接（见图 2-9）造成自由度下降的情况非常吻合。

Hodgkin 和 Huxley 通过电压钳实验和相应的理论分析，建立了现代电生理学的实验和理论体系，成为定量研究神经信息传递和各种细胞电活动的基础。他们运用简单的数理知识，比现代分子生物学提前了近半个世纪，精准地洞察到了钾通道和钠通道的关键分子性质。由此可见，将定量的实验手段和数理方法结合起来在原创性科学研究中是多么重要。

二、膜片钳与离子通道研究

1. 膜片钳的原理

Hodgkin 和 Huxley 根据在枪乌贼大轴突上的研究提出了离子通道的概念，认为 Na^+ 和 K^+ 是通过独立的通道进出细胞的，而且两种通道激活过程的随机动力学不同。

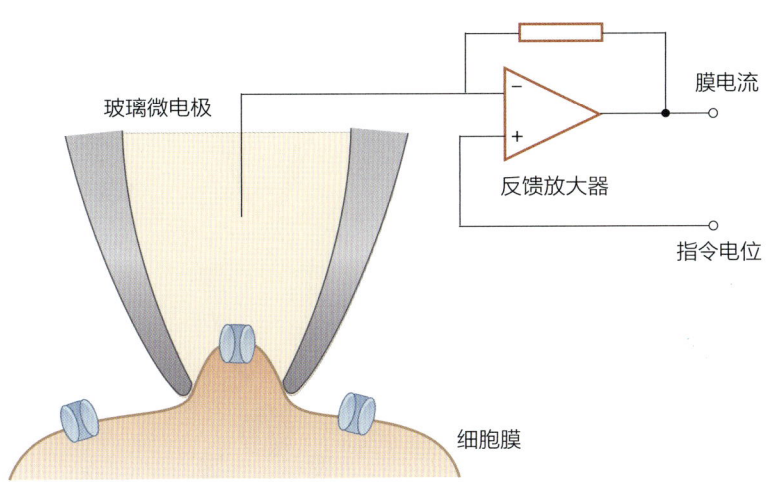

图 3-10 膜片钳技术原理图

1976年，Erwin Neher 和 Bert Sakmann 发明了膜片钳（patch clamp）技术（图 3-10），实现了对单个离子通道活动的记录，并于 1991 年获得诺贝尔生理学或医学奖。之后，单通道和全细胞的电生理技术与分子生物学技术相结合，从分子水平阐明了大量离子通道的生理特性，并为解释不同细胞的兴奋过程及其在疾病中的变化提供了基础。

膜片钳技术是用玻璃微电极吸住一片直径只有 $1\sim2\ \mu m$ 的细胞膜，形成 $10\sim100\ G\Omega$ 的高阻封接，以防止微弱电流的泄漏，从而对这小片膜上仅有的一个或几个离子通道进行记录。从电学技术上说，膜片钳使用了电压钳的原理，利用负反馈回路，将微电极尖端所吸附的细胞膜的电位"钳"在一定水平上。膜片钳的微电极一方面与反馈放大器的负输入端相连，用于感受细胞膜电位，同时又与放大器的输出端相连，用于将负反馈电流注入细胞。当膜片电位与放大器正输入端的指令电位出现差异时，反馈放大器就会向微电极注入与离子通道电流大小相等但方向相反的电流，从而使膜片电位保持不变。因此，膜片钳可以通过反馈电流的大小精确测定指令电位下离子通道的电流。

2. 膜片钳技术的不同应用形式

根据研究目的的不同，膜片钳的应用有 5 种方式（图 3-11），其中第 1、2、3 种方式用于单通道研究；第 4、5 种方式用于对整个细胞的膜电流进行研究。

第 1 种，细胞吸附式（cell-attached）。经热抛光的微电极与细胞膜接触，通过负压形成高阻封接，即可对膜片进行电压钳，并记录离子通道的电流。此时，膜片实际得到的电压应是指令电压与静息膜电位之和。这种记录形式不破坏细胞的完整性，记录的是细胞正常内环境条件下离子通道的活动。此种方式的缺点是不利于控制细胞内环境。1976 年，Neher 和 Sakmann 最早记录离子通道活动就是用这种形式。这是后面各种形式的必经步骤。

第 2 种，内面向外式（inside-out）。高阻封接形成后，将微电极轻轻提起，使其与细胞分离，电极尖端形成的小泡在空气中短暂暴露后破裂，之后将带有膜片的电极移回溶液中即可进行实验。此时膜片的电位直接由指令电位控制。这种记录形式容易

图 3-11 膜片钳的不同应用方式

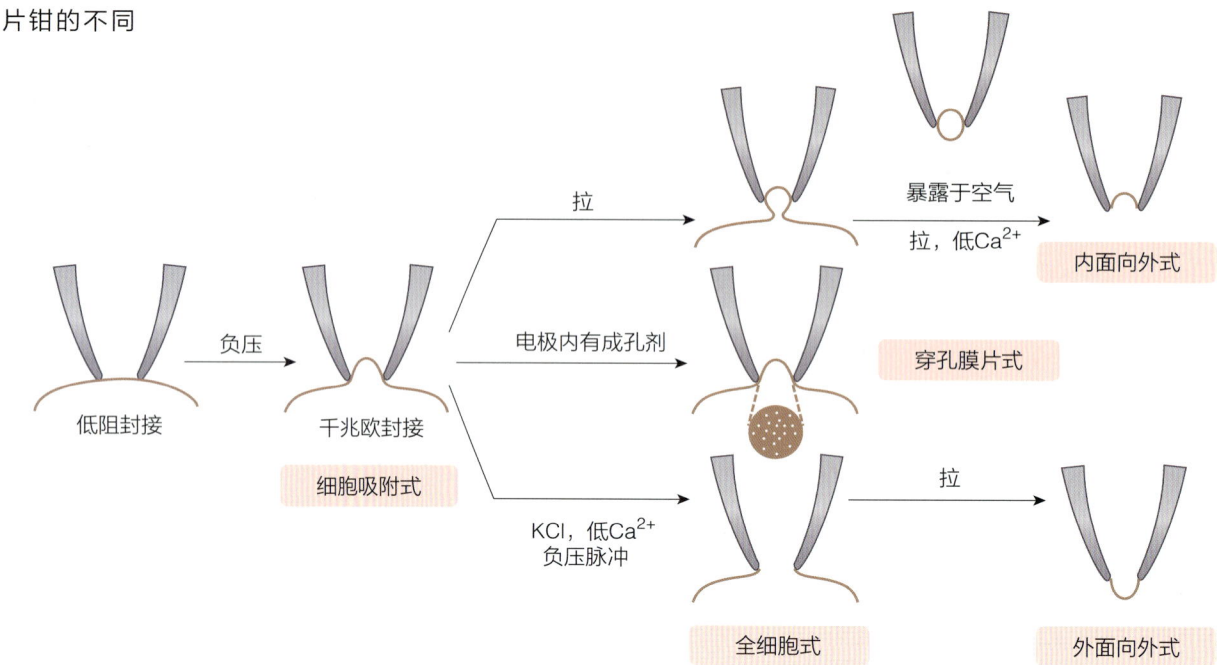

改换细胞内液，便于研究第二信使及药物从胞质一侧对离子通道的调控作用，有利于排除细胞质中的复杂因素。

第 3 种，外面向外式（outside-out）。在细胞吸附式的基础上，继续在微电极内施以较强的脉冲式负压使膜片破裂，再将微电极慢慢从细胞表面提起，这时，微电极连带的细胞膜残片由于疏水作用自行融合形成膜片。这种记录形式与内面向外式相反，容易控制细胞外液的条件，用于研究胞外信使和药物对离子通道的作用，但难度较大。

第 4 种，全细胞式（whole-cell）。在细胞吸附式的基础上，吸管内施以负压或电脉冲使膜片破裂，电极内液与细胞质直接相通。全细胞方式既可以做电压钳，记录整个细胞膜的总电流；又可以做电流钳，测量静息膜电位，或者通过给细胞一定刺激电流，记录动作电位。全细胞式的优点是保持细胞的完整性，并可通过微电极内液改变胞内成分或施加药物。但微电极对细胞质的透析作用也容易使细胞内小分子流失，造成某些依赖胞内环境的电流（如钙通道电流）随时间衰减（rundown）。因此，电极内液应尽可能接近细胞内生理状况，通常应含有维持磷酸化和能量代谢的有关物质。

以上是经典膜片钳的 4 种方式。第 5 种是为了克服全细胞式下电流随时间衰减的问题而设计的，叫作穿孔膜片式（perforated patch）。这种方式在操作上与细胞吸附式完全相同，但微电极内加入了制霉菌素或两性霉素等能在细胞膜成孔的物质。片刻后，这些抗生素在膜片上形成很多一价阳离子能自由通透的孔道，因此既可进行全细胞电压钳实验，又避免了胞内活性物质流失，克服了全细胞式记录的缺点。

在全细胞式或穿孔膜片式下，玻璃微电极与细胞外液接地电极之间的电阻是由玻璃微电极与细胞质的电阻 R_s（称为串联电阻）和细胞质与细胞外的电阻 R_m（即膜电阻）串联构成的，只有在 R_S 远小于 R_m 的情况下，玻璃微电极才能对细胞膜电位实行有效控制。相对全细胞式中微电极与细胞之间被打通，穿孔膜片上抗生素形成的小孔 R_S 比较大，因而穿孔膜片式只适用于记录表面积较小的或者膜电流较小的细胞。

3. 钠通道活动的膜片钳记录

1980 年，Fred J. Sigworth 和 Neher 用膜片钳方法记录到单个钠通道的电流（图 3-12）。如何证明膜片电流（I_P）记录的是钠通道活动呢？Sigworth 和 Neher 的实验证据包括：①它们被钠通道特异性阻断剂 TTX 所阻断；②在膜片两侧电压（V_P）逐步接近 Na^+ 平衡电位时，通道电流的幅度逐步减小；③电极内 Na^+ 浓度降低时，通道电流的幅度也减小。

I_P 随时间的变化显示通道的开放和关闭事件是"全或无"的，而且开放或不开、什么时间开、开多长时间具有随机性。但开放概率在时间上并不是均匀的，而是在 V_P 去极化后的前几毫秒概率较高，去极化 10 ms 以后很少开放。对重复去极化刺激产生的 I_P 进行平均，得到的平均电流变化趋势与图 3-8 中记录到的枪乌贼轴突钠电流基本一致。根据式 [2-4]，平均电流曲线反映了通道开放概率随时间的变化，体现了钠通道迅速激活并很快失活的电生理性质。

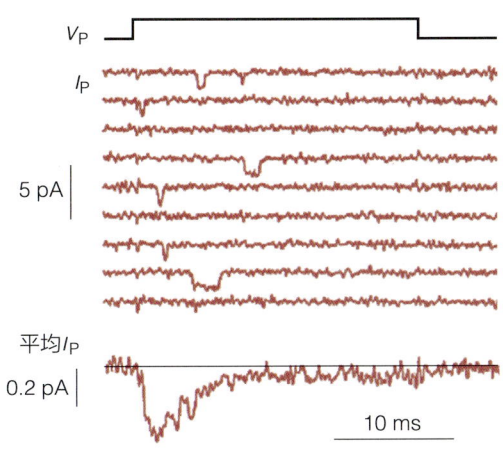

图 3-12　用细胞吸附式膜片钳在培养的大鼠肌细胞上记录的钠通道电流

V_P 去极化从 -30 mV 到 +10 mV；下方为 300 条记录的平均结果（引自 Sigworth & Neher, Nature, 1980, 287: 447-449）

三、电压门控通道的激活与失活

1. 激活曲线和可用率曲线

在细胞水平，通道的开放概率越高，该通道贡献的膜电导就越高。通过电压钳或者全细胞式膜片钳测定不同膜电位 V_m 下的通道电流 I 随时间的变化，可以按照式 [2-12] 计算该通道电导 G 随时间的变化（图 3-13），并得到电压门控通道的开放概率随膜电位而变化的曲线，称为该通道的激活曲线（activation curve）（图 3-14 右侧曲线）。离子通道的激活曲线符合 Boltzmann 方程：

$$\frac{G}{G_{max}} = \frac{1}{1 + e^{-s(V_m - V_{1/2})}} \quad [3-9]$$

其中，s 是曲线的陡度系数，能反映通道闸门的等效电荷数；$V_{1/2}$ 是电导 G 达到其最大值 G_{max} 一半时的电位，与通道激活前后两种构象的能差有关。

激活曲线直观地呈现了通道激活所需的阈电位是一个范围，而不是一个数值。图 3-14 的激活曲线显示，钠通道在 -50 mV 左右有少量激活；随着去极化，钠通道开放概率迅速提高；到 -20 mV 接近全部激活（具体数值会因通道的类型、亚基配置、蛋白质修饰而不同）。这便解释了为什么动作电位在快速去极化的过程中会发生 Hodgkin 循环。

通过电压钳或者全细胞式膜片钳还可以研究通道在不同膜电位下可激活的通道比

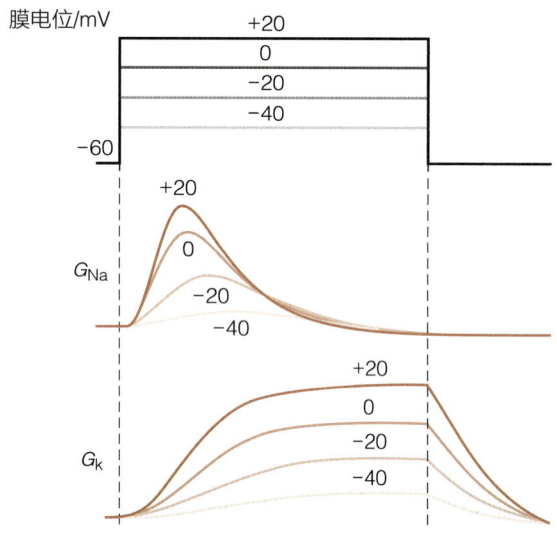

图 3-13　钠电导和钾电导随时间及膜电位的变化

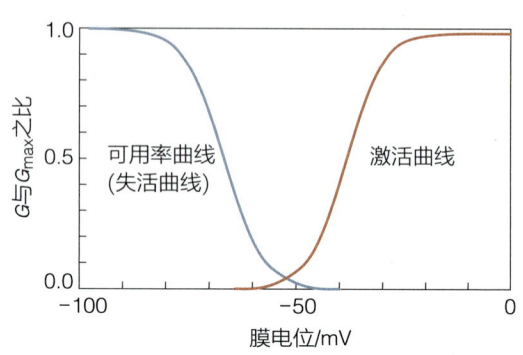

图 3-14　钠电导的稳态激活曲线和可用率曲线

例，称为可用率曲线（availability curve）（图 3-14 左侧曲线）。可用率曲线反映了通道的失活情况，也符合 Boltzmann 方程。可用率曲线显示，钠通道在 -80 mV 左右有少量失活，到 -50 mV 则绝大多数钠通道都会失活。

上述激活曲线和可用率曲线都是稳态情况下测定的。通道激活和失活都有一定的时间常数（式 [3-7]、式 [3-8]）。动作电位中的钠电流就是在钠通道激活后尚未来得及失活的瞬间产生的。

利用激活曲线和可用率曲线可以分析细胞的兴奋性。如果静息膜电位在 -70 mV 附近，大约有四分之一的钠通道处于失活状态。如果静息膜电位偏向去极化方向，虽然离钠通道阈电位更近，有利于提高兴奋性；但同时钠通道可用率下降，又有损于兴奋性；如果静息电位接近 -50 mV，绝大部分钠通道在没被激活的情况下就失活了，此时细胞就丧失了兴奋性。因此，膜电位变化对兴奋性的影响是复杂的。

2. 钠通道失活的机制

在 Hodgkin 和 Huxley 提出的模型中，钾通道（式 [3-5]）只具有激活门（n 门），而钠通道既具有激活门（m 门）又具有失活门（h 门）。根据分子生理学和结构生物学研究，激活门是钾通道 4 个亚基或钠通道 4 个结构域中位于通道内衬的 S6 螺旋组成的虹膜样结构，其孔径可以受到带正电的 S4 螺旋随电压位移的影响（图 3-15，蓝箭头）。钠通道失活门的分子机制则长期难以定论。Clay M. Armstrong 等根据电生理实验的有关现象提出了球链（ball and chain）结构的失活门假说，认为是钠通道胞内侧一种可活动的球链结构堵塞了开放状态的通道，导致钠通道失活（图 3-16，右上）。作为支持这一假说的证据之一，在枪乌贼轴突中放入适量蛋白水解酶可抑制钠通道失活，但不影响钠通道激活。分子生理学研究证明，将钠通道Ⅲ、Ⅳ结构域的连接袢（Ⅲ-Ⅳ袢）中的 3 个疏水氨基酸残基 Ile-Phe-Met（IFM）替换为中性亲水残基，则钠通道的失活机制严重受损或完全丧失，因此推测Ⅲ-Ⅳ袢的这个部位就是 Armstrong

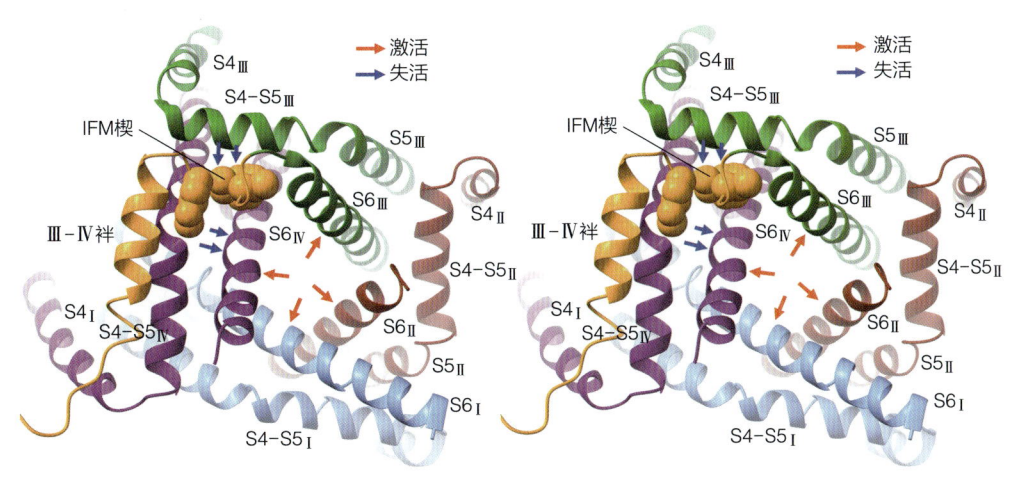

图 3-15 钠通道激活和失活机制

用两眼分别向左右图的远方注视，可以看到立体图像。（根据 6AGF 结构绘制；颜宁教授供图，Yan et al, Cell, 2017, 170: 1-13）

所说的球链结构。

2017—2019 年，颜宁等解析了电鳗和人源钠通道的结构，发现 Ⅲ-Ⅳ 袢并非堵住通道口，而是限制了 S6 虹膜样结构的扩展。根据不同状态钠通道结构的差异推测，膜电位去极化导致带正电的 S4 向胞外一侧移动约 7 Å（1 Å = 0.1 nm），通过 4 个结构域的 S4-S5、S5、S6 的协同作用使 S6 虹膜结构孔径扩张（图 3-15，蓝箭头），通道开放。同时 Ⅲ-Ⅳ 袢也发生位移，使 IFM 结构"楔"入第 Ⅲ 结构域 S4-S5 连接螺旋和 S6 螺旋、第 Ⅳ 结构域 S4-S5 连接螺旋和 S6 螺旋四者之间的缝隙里（图 3-15 红箭头），楔住了 S6 虹膜结构，通道不能有效打开，进入失活状态。颜宁等发现的 IFM 楔（Ile-Phe-Met plug）机制说明钠通道的失活并非独立于激活门的另一道闸门的关闭，而是对激活门的限制（图 3-16，右下）。

在图 3-13 的电导记录中，钾电流似乎是不失活的，这其实是因为观测时间较短。事实上这种钾通道也是失活的，只不过比钠通道的失活慢很多，从而可以保证动作电位复极化完成。对 Kv1.4 等钾通道的研究表明，钾通道氨基端肽链上带正电的氨基酸

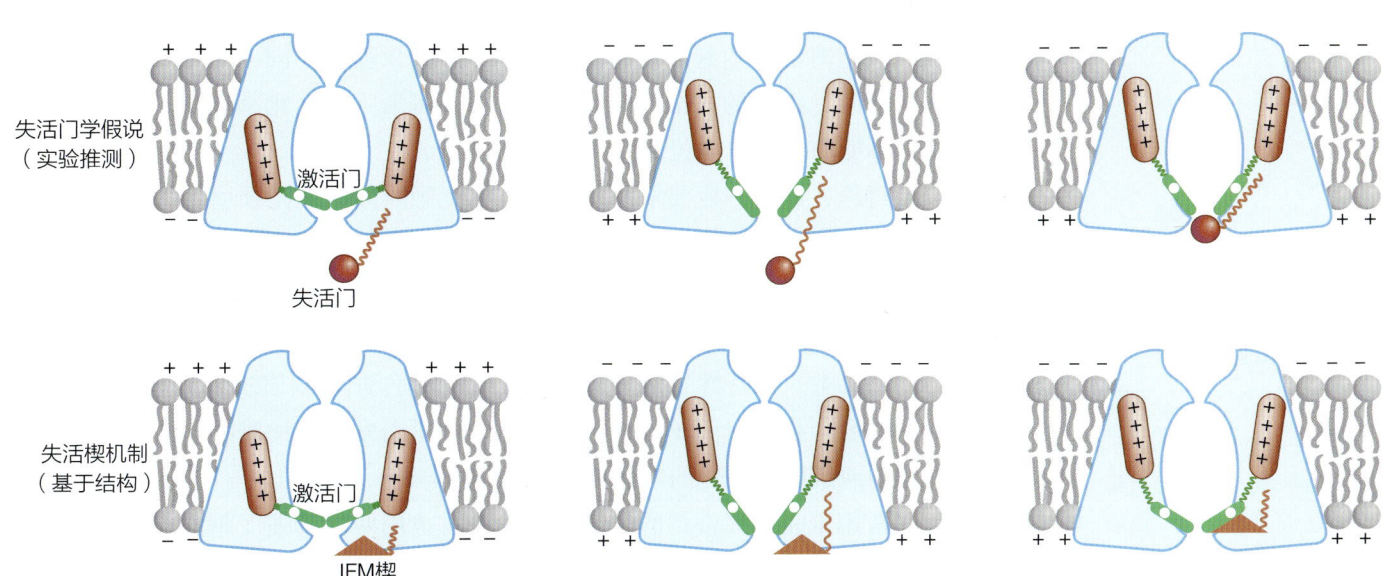

图 3-16 钠通道激活与失活机制示意图

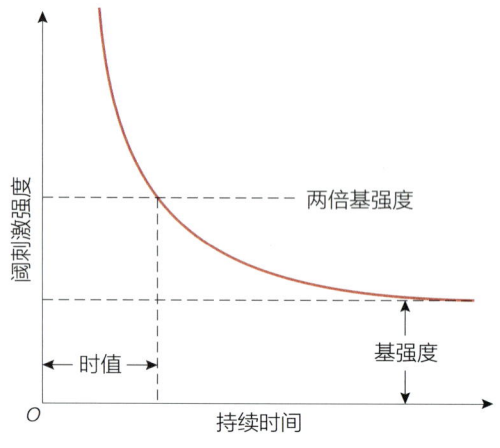

图 3-17 阈刺激的强度 - 持续时间关系曲线

残基会被导入孔道，导致 N 型失活。钾通道还有一种涉及孔祥及 S6 的 C 型失活机制。此外，有的钾通道的 β 亚基也参与通道失活。

四、引发兴奋的条件

1. 刺激的要素

根据钠通道的激活曲线，刺激产生的电紧张电位要进入阈值范围才能引发动作电位，这就需要刺激本身达到一定强度（strength）。刚好能够引发动作电位的最小刺激叫作阈刺激（threshold stimulus）。高于阈刺激的刺激当然也能引发动作电位，叫作阈上刺激（suprathreshold stimulus）。使细胞膜去极化但未达到阈电位的刺激称为阈下刺激（subthreshold stimulus）。

刺激能否使膜电位达到阈电位并引发动作电位，不仅取决于刺激的强度，还取决于刺激的持续时间（duration）。如果刺激电流的持续时间缩短，只有更大的刺激强度才能激发动作电位。根据实验测定，阈刺激的刺激强度与刺激持续时间的关系类似于一条双曲线，叫作阈刺激的强度 - 持续时间关系曲线（图 3-17）。如果刺激持续时间足够长，阈强度 I 将趋于一个最小值，这个最小的阈强度叫作基强度（rheobase）I_0。

1907 年，Louis Lapique 提出一个经验公式来拟合强度 - 持续时间关系曲线：

$$I = \frac{I_0}{1 - e^{-\frac{t}{k}}} \qquad [3\text{-}10]$$

对比式 [3-10] 和式 [3-2] 可见，强度 - 时间关系曲线反应的就是电紧张电位到达特定电位（阈电位）的条件。事实上，在 20 世纪初，还没有记录和研究细胞膜电位变化的条件。在这种情况下，Lapique 没有用更直观的双曲线来拟合强度 - 时间关系，是对刺激引起兴奋的物理过程有比较深刻的洞察。

前面关于刺激强度和时间的讨论都假定刺激是阶跃性的。如果刺激不是阶跃性的，而是经过一定时间才达到一定的强度，其刺激效果就会不同。研究发现，当刺激强度变化率较慢时，细胞的兴奋性会有损失；如果刺激强度变化率慢到一定程度，任何刺激强度都不能引起动作电位。

根据以上讨论，满足一定要求的刺激强度、刺激时间、刺激强度变化率都是引发动作电位的必要条件，被并称为刺激的三要素。

2. 兴奋性

兴奋性（excitability）是生理学中一个十分重要的概念，泛指机体受到刺激发生反应的能力。狭义上，兴奋性通常是指可兴奋细胞发生动作电位的难易程度。

阈刺激的强度 - 持续时间关系曲线完整地体现了引发兴奋的难易程度，因此，是判定可兴奋组织或细胞兴奋性的定量依据。

基强度是常用于表征兴奋性的数值指标。有时也用两倍基强度刺激所需的时间来判断兴奋性，称为时值（chronaxie）（见图 3-17）。

> 想一想
> 结合图 3-14，想一想为什么刺激强度变化率足够慢，较强刺激也不能引起动作电位。

> 想一想
> 如果兴奋性下降，阈刺激强度变低还是变高？强度 - 持续时间关系曲线将向左偏移还是向右偏移？

> 想一想
> 基强度、时值与兴奋性的关系分别应该怎样表述？

3. 兴奋后兴奋性的变化

动作电位的频率变化是神经系统编码信息的主要方式之一。神经细胞能够发放动作电位的最高频率决定着其对信息的携带能力。那么，一次动作电位之后细胞是否可以马上发生下一次动作电位呢？

在图 3-18 的实验中，首先给细胞一个阈刺激，细胞产生动作电位；然后间隔不同时间给第二个刺激，叫作检验刺激（test stimulus），来检验细胞兴奋性的变化。当两个刺激间隔时间较短时，检验刺激如果与兴奋前的阈刺激相同，通常不能引发动作电位。这说明兴奋后的一段时间内细胞兴奋性降低，这段时期叫作不应期（refractory period）。

在不应期的前期，检验刺激的强度增大到任何强度都不能引发动作电位。这个时期兴奋性趋于 0，叫作绝对不应期（absolute refractory period）。绝对不应期的长短与动作电位从去极化开始到复极化结束的时程有关：神经轴突的绝对不应期一般不超过 1 ms，神经元胞体要长一些，心肌细胞最长，可达数百毫秒。

在绝对不应期之后的不应期里，兴奋性逐渐恢复，但仍低于兴奋前的水平，叫作相对不应期（relative refractory period）。在相对不应期，有一部分钠通道从失活状态恢复到可激活的关闭状态，同时还有很多钾通道没有关闭，细胞发生动作电位需要比原来的阈刺激更大的刺激强度才能引发 Hodgkin 循环。

在相对不应期后的一段时期内，低于原来阈强度的刺激有时也会引发兴奋，这段时期叫作超常期（supranormal period）。有的细胞在超常期之后兴奋性又比正常稍低，叫作低常期（subnormal period）。

> **想一想**
> 结合图 3-14，如何解释绝对不应期？

> **想一想**
> 结合图 3-3 和图 3-14，想一想为什么引发 Hodgkin 循环需要更大的刺激？

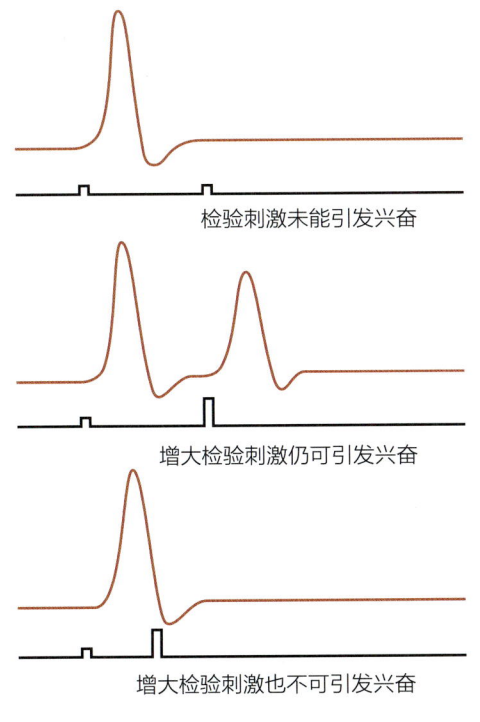
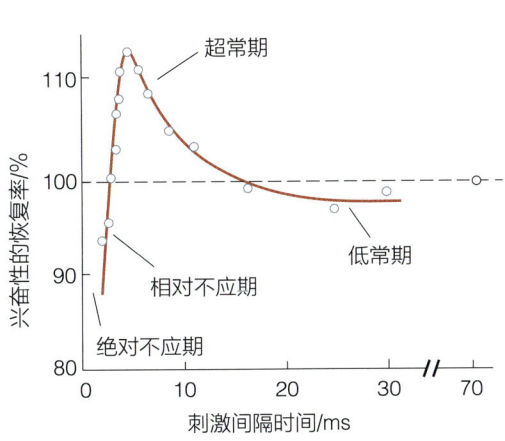

图 3-18 兴奋后兴奋性的测定

A. 实验示意图；B. 在猫隐神经测到的兴奋性随兴奋后时间的变化。（改自 Gasser & Grunfest, Amer J Physiol, 1936, 117: 129）

> **知识窗 3-2**
>
> ### 刺激后兴奋性的变化
>
> 如果刺激没有引起动作电位和不应期，是否就不影响细胞的兴奋性呢？
>
> 这次，给神经纤维一个短暂的阈下去极化刺激，没有引发动作电位，然后间隔不同时间给以检验刺激。当刺激间隔较小时，低于原来阈刺激的检验刺激也能引发动作电位。这个现象叫作阈下刺激的总合。
>
> 如果给神经纤维一个时程较长的阈下去极化电流，停止后用检验刺激测试，会发现细胞的兴奋性降低，这个现象叫作阴极后抑制（postcathodal depression）。相反，如果先给予一个较长的超极化电流，断电后检验发现细胞兴奋性升高，这个现象叫作阳极后增强（postanodal potentiation）。而且，在一定范围内，超极化电流越强，阳极后增强也越显著。当超极化电流增强到一定程度，断电时可直接导致兴奋，叫作阳极断电兴奋。当然，阳极断电兴奋所需的电流比阴极通电兴奋要大。阴极后抑制和阳极后增强现象反映了在持续的兴奋性或抑制性电流作用下，细胞的兴奋性发生了适应（accommodation），以至于断电后出现相反方向的变化，并重新适应。
>
> **🔍 想一想**
>
> 预习一下第四章第二节，想一想阈下刺激的总合是时间总合还是空间总合？
>
> 结合图 3-14，想一想为什么会出现阴极后抑制？

不应期的长短是与可兴奋细胞的生理功能相适应的。由于不应期的存在，兴奋过程并不是连续的，而是间断的；由于不应期的存在，兴奋不会向上游回传。神经细胞和骨骼肌细胞的不应期很短，有利于神经信息编码和肌肉收缩力的大范围精细调控；而心肌细胞不应期很长，可以保证心脏泵血的节律和力量相对稳定（详见第五章）。

第三节　兴奋在神经纤维上的传导

1844 年，德国著名生理学家 Johannes P. Müller（1801—1858）将神经传导电信号的速度比作光速，认为不可测量。6 年之后，他的学生 Hermamn von Helmhaltz（1821—1894）运用他自己设计的仪器设备，准确地测定了兴奋的传导速度。他先刺激坐骨神经靠近腓肠肌的一端，然后再刺激远离腓肠肌的一端，分别测量出每次从刺激到肌肉反应的时间。他发现，刺激神经远端引起肌肉反应所需的时间长一些。量出远端与近端之间的长度，除以这个时间差，便算出兴奋传导的速度。Helmhaltz 发现，神经传导速度并不太快，蛙坐骨神经传导速度的平均值为 27 m/s，比电场的传播速度慢多了，说明神经冲动的传导不同于电流在金属导线中的传导，否定了那种把神经冲动的传导与电流传导等同起来的假说。

一、神经轴突的电缆性质

要理解神经冲动的传导机理,我们首先要考察一下神经轴突的电学性质。典型神经元的重要形态特征是拥有细长的突起,包括或多或少的树突和一条轴突。特别是轴突,在大型动物中甚至可达数米长。对于这种细长的神经纤维,我们不仅要考虑膜电阻和膜电容,还要考虑细长的细胞质随长度产生的轴向电阻。这与解决跨洋电缆遇到的问题是相同的。19世纪后叶,跨大西洋电话的发展推动了对电缆性质的物理学研究。1946年,Hodgkin 和 William A. Rushton 最先将电缆模型应用于神经纤维(图3-19)。

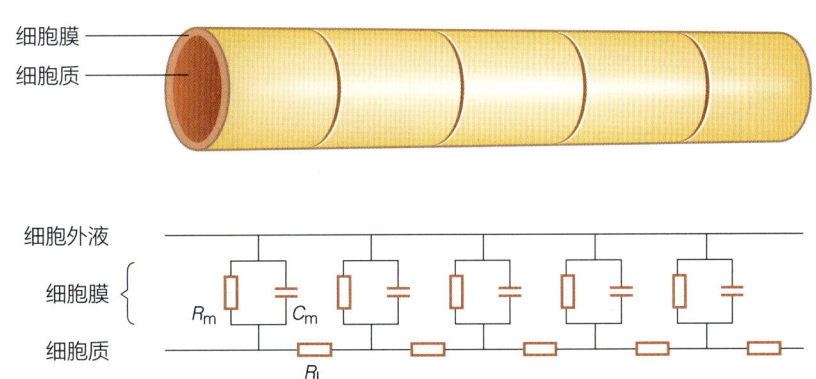

图3-19 神经轴突的电缆性质

假定轴突膜结构连续且单位长度的膜电容 C_m 和膜电阻率 R_m 处处相等,细胞质单位长度的轴向电阻率 R_L 远大于胞外组织液的电阻率,则神经纤维的电学性质可以用图3-19的等效电路来分析。为简单起见,我们设想在轴突一点注入一个小电流,该电流造成注入点的电压变化为 U_0(图3-20)。当整个轴突的电位分布达到稳定状态时,所有的电容可以忽略不计。此时在距离电流注入点 x 和 $x+dx$ 的两个无限接近的点之间,电压 U_x 和轴向电流 I_x 的变化分别为:

$$dU_x = -I_x (R_L\, dx) \quad [3\text{-}11]$$

$$dI_x = -U_x / (R_m/dx) \quad [3\text{-}12]$$

> 🔍 想一想
> 公式 [3-12] 是怎样得到的?

设 U_x 的极限值为0,求解微分方程组 [3-11] 和 [3-12],可以得出:

$$U_x = U_0 e^{-\frac{x}{\lambda}} \quad [3\text{-}13]$$

其中,

$$\lambda = \sqrt{\frac{R_m}{R_L}} \quad [3\text{-}14]$$

为该轴突的长度常数。如果用单位长度单位直径的膜电阻率 r_m 和轴向电阻率 r_L,则 λ 与直径 d 的关系为:

$$\lambda = \sqrt{\frac{d r_m}{4 r_L}} \quad [3\text{-}15]$$

上式说明,电信号在神经纤维上随距离的衰减也是指数函数。当 $x = \lambda$ 时,$U_x = 0.37\, U_0$。因此,长度常数代表神经纤维中的电信号衰减掉63%的距离。实验测

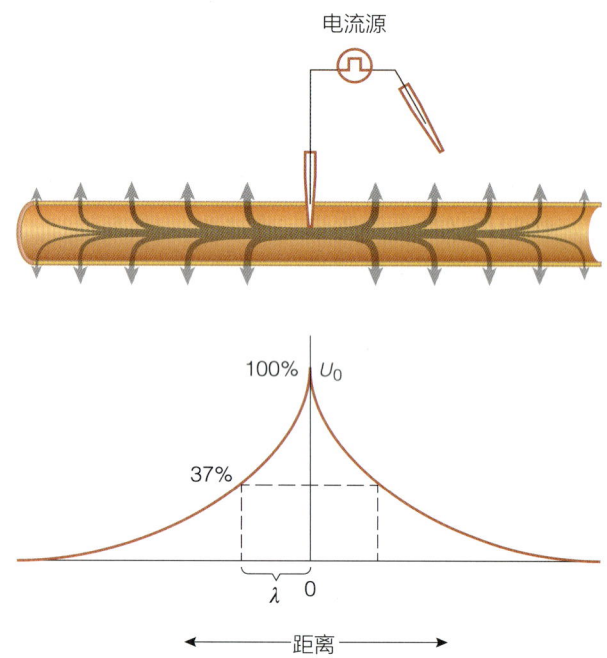

图 3-20　阈下电流注入引起的神经轴突膜电位分布

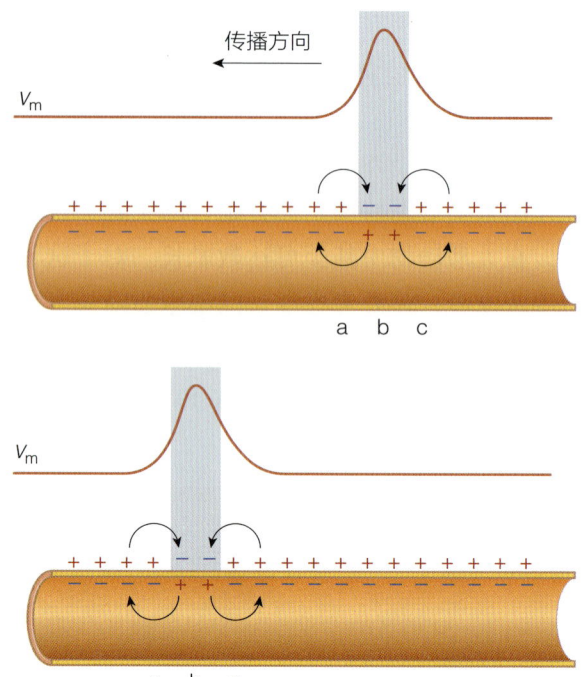

图 3-21　动作电位在神经轴突形成的局部电流
a. 动作电位尚未到达的区域；b. 动作电位正在发生的区域；
c. 动作电位已经结束的区域

得，100 μm 直径的蛙骨骼肌纤维的长度常数约为 2 mm。一般无髓鞘神经纤维直径在微米尺度，其长度常数要短很多。

根据以上讨论，如果没有动作电位，膜电位变化随着传播距离的增加迅速衰减，不足以将信息精确可靠地传输到毫米以外；即使在毫米以内，也无法区分是长距离传来的大信号还是短距离传来的小信号。在现代信息技术（例如计算机网络、高清电视）中，高保真的信息传输是通过数字化的方式实现的。其实，这一原理在动物进化的早期（软体动物开始出现神经网），就被神经系统用以传导信息了。这个"数字化的"生物电信号就是动作电位。现在我们来看一看，这个"数字化的"动作电位是否能够长距离传播。

二、神经轴突动作电位的传导

在图 3-21 中所示的神经纤维上，动作电位正从右向左传播。图中的两条曲线描绘的分别是两个不同的时刻细胞膜电位沿神经纤维的分布。当神经纤维某处发生动作电位时，根据神经轴突的电缆性质，去极化（内正外负）会导致未发生动作电位的区域（内负外正）的电容放电，形成局部电流（local current）（图 3-21）。动作电位临近区域电容放电去极化达到一定程度也会到达激活钠通道的阈电位，则临近区域也发生了动作电位。这样循环往复，动作电位发生的区域就会不断向前推进，从而从轴突一

> 🔍 想一想
> 曲线的最高峰、峰的左侧、峰的右侧分别对应动作电位的哪个过程？

端传导到另一端。

在这个过程中，动作电位产生的局部电流实际上相当于对临近未发生动作电位的区域提供了刺激。而临近区域的动作电位一旦发生，也是"全或无"的。对比图 3-21 的两条曲线可见，尽管动作电位在两个不同时刻传播到不同位置，但动作电位的幅度几乎完全一致，这与电紧张电位在轴突上随距离而衰减的现象形成鲜明对比。动作电位在传导的过程中不衰减，是动作电位"全或无"性质的另一种体现。

动作电位沿轴突的传播是通过局部电流引发临近区域去极化实现的。长度常数 λ 代表神经纤维上某一点的电位变化对邻近区域的电学影响力。λ 越长，则动作电位通过局部电流对临近区域产生的去极化效应越强，动作电位传播的速度就越快。研究表明，神经纤维传导动作电位的速度与 λ 成正比。根据式 [3-14]，要提高传导速度，就要提高 R_m 与 R_L 的比值。枪乌贼大轴突就是生物演化中通过增加神经纤维直径降低 R_L 来提高传导速度的典型例子。

> 🔍 想一想
> 能否根据公式 [3-13] 推出传导速度与 λ 的关系？

> 🔍 算一算
> 如果直径从 2 μm 增加到 800 μm，枪乌贼大轴突兴奋传导速度可以增加多少倍？

三、有髓鞘神经轴突动作电位的跳跃传导

随着动物的进化，机体反应速度越来越快，神经系统越来越复杂，不可能通过增加大量神经纤维的直径解决传导速度的问题。在脊椎动物神经系统中，神经纤维是通过髓鞘提升 R_m 来提高神经传导速度的（图 3-22）。

在外周神经中，髓鞘是由 Schwann 细胞围绕轴突层层包裹，包绕的层数最多可达上百层，这意味着髓鞘可包含两三百层细胞膜，使有效膜电阻增加 300 倍以上。在中枢神经系统中，少突胶质细胞围绕神经轴突生长，形成髓鞘。根据电缆模型，髓鞘使长度常数变长，有效提高了局部电流的传播距离。

但髓鞘也不是将轴突完全裹住的，而是周期性地中断，暴露出轴突的细胞膜。这种结构叫作 Ranvier 结（Ranvier node）。在有髓鞘神经纤维上，局部电流受到髓鞘阻碍，只有在 Ranvier 结处才能穿过细胞膜，引发去极化，导致动作电位的发生。其结果是，动作电位从一个 Ranvier 结处跳到另一个 Ranvier 结处，这样就大大地提高了传导速度。这种冲动传播称为跳跃式传导（saltatory conduction）（图 3-23）。

髓鞘的出现有很大的进化意义。除了通过增加长度常数加快动作电位的传导速度外，髓鞘还大大减少了膜电容，使膜时间常数减小，从而去极化、复极化都很快。这样动作电位可以以更高的频率发放，提高了动作电

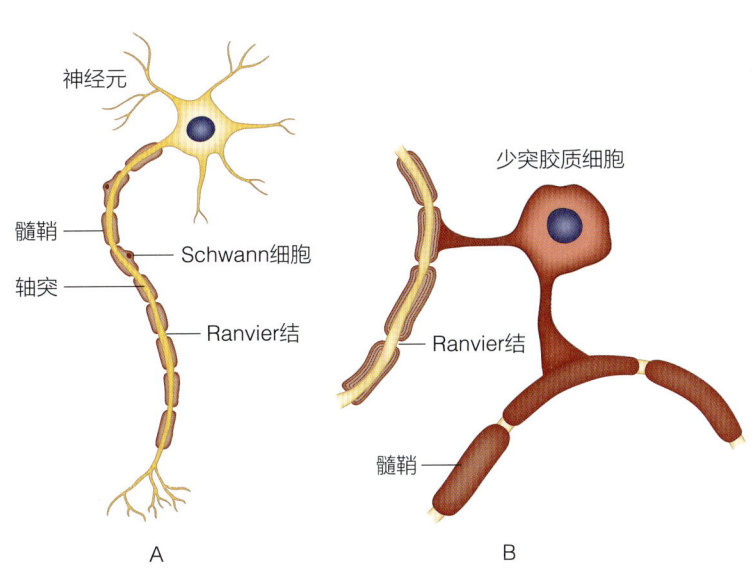

图 3-22　神经轴突的髓鞘
A. 在外周神经元，Schwann 细胞包绕轴突形成髓鞘；B. 在中枢神经元，少突胶质细胞包绕轴突形成髓鞘

图 3-23 Ranvier 结与动作电位的跳跃传导

上图为有髓鞘神经轴突局部电流的分布；下图为动作电位传播时间和传播距离的关系

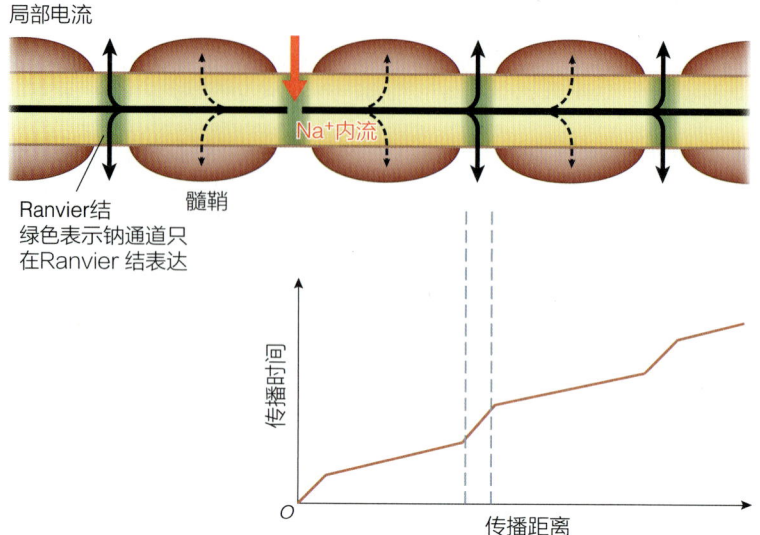

位对信息的编码能力。同时，由于动作电位被限制在郎飞结处，所以大大降低了神经传导过程中的能量消耗，有效解决了长时间处理复杂信息时的神经疲劳问题。因此，髓鞘对神经系统的信息传输和处理能力是极为重要的。

四、细胞外记录的神经干动作电位

前面讨论的动作电位都是用微电极插入细胞内，记录的是细胞膜内侧相对膜外的电位变化。在研究过程中，特别是在胞内记录方法发明之前，或者只需知道动作电位发放的时间而不关心其幅度的情况下，细胞外记录也是神经生理学研究的常用方法。

图 3-24 所示的实验是对蛙的坐骨神经干进行刺激，并用引导电极和参考电极在细胞外记录其动作电位。当动作电位途经引导电极的位置时，会在示波器上记录到一个负向电位变化（电生理胞外记录中，通常规定向上为负、向下为正，因此引导电极连接示波器负输入端）；当动作电位途经参考电极时还会产生一个相反的变化。这样两电极记录到的电位差便先是一个负向变化，再跟随着一个正向变化，称为双相动作电位。如果用机械损伤、麻醉剂或高钾溶液在参考电极之前阻断动作电位的传导，动作电位就不会传到参考电极，这样只会记录到一个负向电位变化，称为单相动作电位。

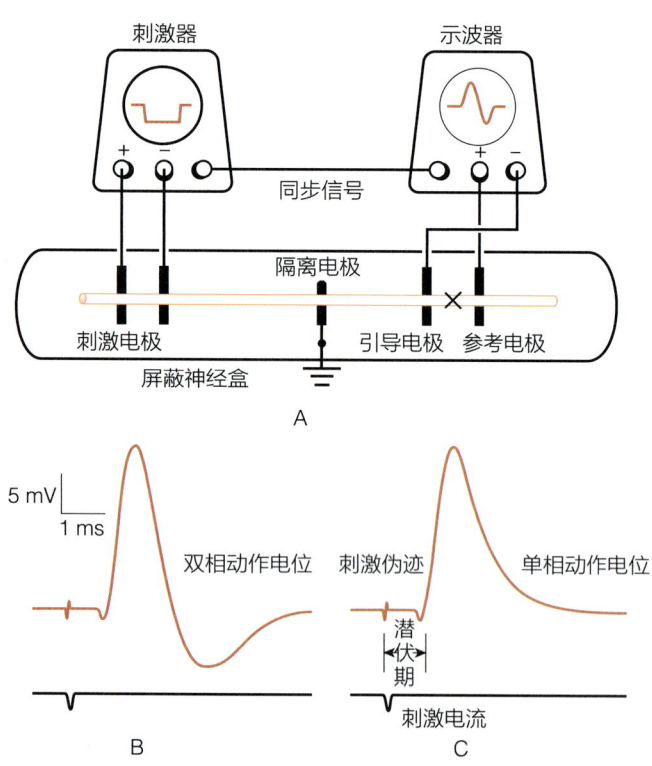

图 3-24 细胞外记录的神经干动作电位

A. 记录神经干动作电位的实验装置；B. 双相动作电位；C. 单相动作电位（如果 X 处被阻断）

无论单相还是双相动作电位，都只能反映动作电位发生的时间，而不能反映其幅度。通常胞内记录的动作电位一般从 –80 ~ –70 mV 的静息膜电位超射到 +30 ~ +50 mV，幅度为 100 多 mV，但在蛙坐骨神经干记录的胞外动作电位幅度一般只有 5 ~ 20 mV。如果动作电位来自单根神经纤维，其胞外记录通常不足 1 mV。

当神经干较长时，如果挪动引导电极与刺激电极之间的距离，动作电位的潜伏期就会发生相应的变化。这个实验常用于测定神经传导速度。

如果引导电极离刺激电极的距离较长，不同传导速度的神经纤维虽然同时被刺激，但动作电位传到引导电极的时间就会有明显差异。这样记录到的单相动作电位会在一个大峰后面出现几个小峰，叫作复合动作电位（compound action potential）（图 3–25）。

脊椎动物的外周神经可按照传导速度和功能分为几类。A 类纤维指在外周神经中有髓鞘的纤维。依据传导速度，进一步将 A 类纤维细分为 α（80 ~ 120 m/s）、β（30 ~ 80 m/s）、δ（5 ~ 30 m/s）纤维。γ 纤维专指支配肌梭的运动神经。B 类纤维由自主神经系统中有髓鞘纤维组成，它们的传导速度在 A 类纤维传导速度的低端范围。C 类纤维由无髓鞘纤维组成，它们的传导速度很低（不到 2 m/s）。

> **想一想**
> 如何解释坐骨神经干双相动作电位上下两个时相不对称？能否找到 3 个原因？

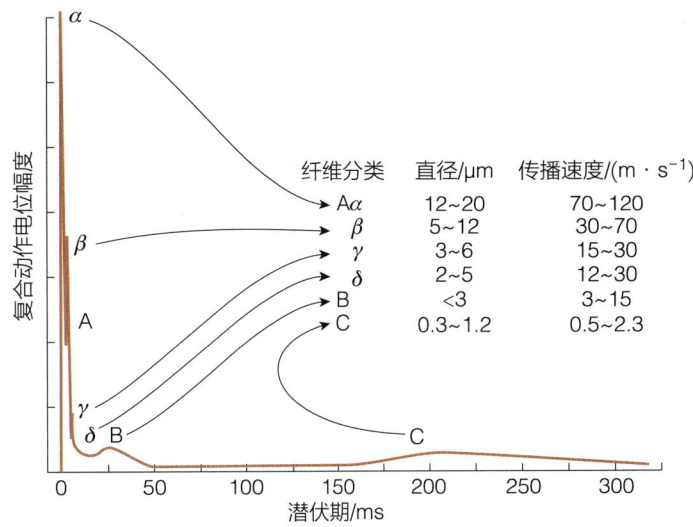

图 3–25　细胞外记录的复合动作电位体现了不同神经纤维的传导速度

※ 小结

受到刺激做出相应反应是生命体的基本功能特征。这种刺激既来自内环境因素的变化，也可以是外环境因素的变化。生理学用兴奋性的概念来表征机体对刺激做出反应的能力。兴奋在广义上泛指机体对刺激发生相应反应的过程，在狭义上专指动作电位的发生，因此能够发生动作电位的细胞被称为可兴奋细胞。

可兴奋细胞发生动作电位需要其膜电位从静息膜电位水平去极化并达到阈电位。到达阈电位前的去极化过程一般（自律细胞除外）是刺激引发的被动反应，其在细胞膜上的扩布遵从电学规律，随距离而衰减。达到阈电位后，电压门控钠通道（或电压门控钙通道）的激活、钠（钙）离子内流与细胞膜去极化三者之间构成正反馈，发生 Hodgkin 循环，迅速将膜电位推向超射。细胞膜去极化也激活了钾通道，由此引起的钾离子外流与钠（钙）通道的失活过程相配合，推动膜电位复极化，有的情况下（例如神经纤维）出现超极化后电位。随着有关电压门控通道的激活、失活与恢复，细胞膜兴奋性在动作电位后先后经历绝对不应期（心肌细胞有效不应期）、相对不应期、超常期、低常期。

动作电位发生区域与其临近区域间的局部电流引发后者去极化，达到阈电位也会发生动作电位，这样动作电位就向临近区域不断传播。增大轴突的直径或通过髓鞘适当增加轴突绝缘性均可增加动作电位的传播速度。由于动作电位的幅度是"全或无"的，由跨膜离子浓度梯度和相应离子通道的激活程度决定，因此动作电位在传向临近区域的过程中是不衰减的，从而为机体传输信息提供了保障。

※ 思考题

1. 请列举引发细胞膜发生去极化的不同情况或机制（你能想出 5 种以上吗？）

2. 用全细胞式膜片钳技术给细胞一个几毫伏的电压阶跃 ΔU（确保不激活电压门控通道），可以测量到一个怎样的膜电流变化？如何根据这个膜电流变化测定细胞膜电容？

3. 神经轴突的动作电位复极化后期，钠通道已经失活，钾通道依然开放，为什么会出现后超极化？

4. 对于一个直径 20 μm 的球形细胞，如果细胞膜电容为 1 μF/cm^2，不考虑其他转运电流，那么单纯因钠通道开放从 −70 mV 去极化到 +30 mV，有多少个钠离子进入细胞？胞内钠浓度有多大改变？

5. 实验测得，直径 100 μm 的蛙骨骼肌纤维的长度常数约为 2 mm。假定神经轴突细胞膜和细胞质的电导率与蛙骨骼肌相同，请估算一下 1 μm 直径的无髓鞘神经纤维的长度常数约是多少？根据你的推算，R_m、R_L 与纤维的直径各是什么关系？在其他因素相同的情况下，电信号在纤维上扩布的远近与神经纤维的直径又是什么关系？

※ 推荐阅读

1. HODGKIN A L, HUXLEY A F. Currents carried by sodium and potassium ions though the membrane of giant axon of Loligo [J]. The journal of physiology, 1952, 116(4): 449-472.

该文是 Hodgkin 和 Huxley 用膜片钳分析动作电位离子流的经典实验论文。

2. HODGKIN A L, HUXLEY A F. A quantitative description of membrane current and its application to conduction and excitation in nerve [J]. The journal of physiology, 1952, 117(4): 500-544.

该文是 Hodgkin 和 Huxley 通过定量分析建立动作电位经典理论的论文。

3. YAN Z, ZHOU Q, WANG L, et al. Structure of the Na 1.4-b1 complex from electric eel [J]. Cell, 2017, 170: 1-13.

此为颜宁等解析真核细胞钠通道并揭示其激活和失活机制的重要论文。

（撰写：王世强；审修：李大鹏）

第四章

细胞间的信息传递

从单细胞生物到多细胞生物，随着进化，生物体变得越来越复杂。对多细胞的后生动物（metazoan）来说，其特征是机体由大量形态有分化、功能有分工的细胞构成，如人体由大约75万亿个细胞组成。细胞是构成机体的基本结构和功能单位，细胞间相互联系、相互通信才能使机体的生命活动保持稳态。细胞间互相通信的生理信号主要有两类：电信号和化学信号。电信号是细胞膜电位的变化，化学信号是细胞分泌到细胞外液中的分子。一般地，电信号在同一细胞上的传播过程称为传导（conduction）；电信号或化学信号在细胞间的传播过程叫作传递（transmission）；细胞外信号分子通过与细胞膜上或细胞内受体结合，引发细胞内的一系列信号传递级联反应、调节细胞功能的过程称为细胞信号转导（signal transduction）。水溶性信号分子及前列腺素等脂溶性信号分子可以与细胞膜受体结合，启动细胞内信号转导的级联反应，将细胞外的信号跨膜转导至细胞内；脂溶性信号分子可进入细胞内，与细胞质或细胞核内的受体结合，引发细胞特定的应答反应。

本章主要讨论细胞之间通过突触（synapse）进行的电传递和化学传递及相应的信号转导机制。

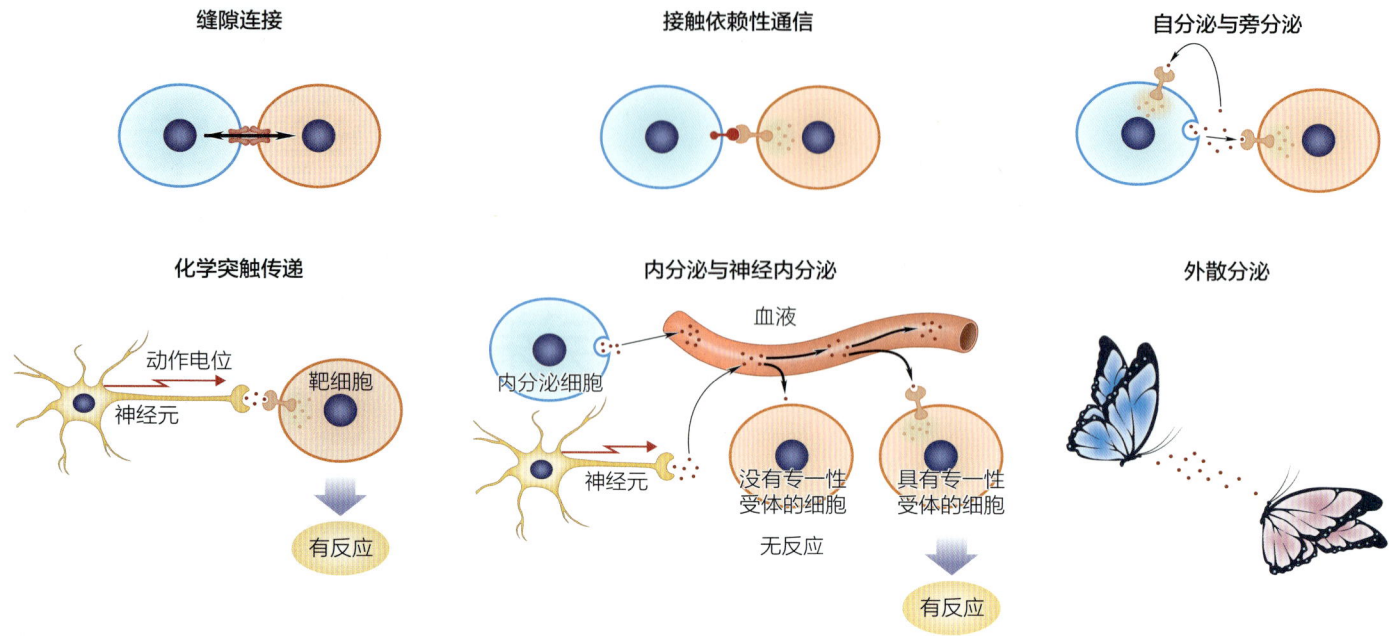

图 4-1 细胞间通信的基本方式

细胞间通信一般有 6 类基本的方式（图 4-1），包括：①缝隙连接（gap junction），允许相邻细胞的细胞质之间进行物质和信息的交流，并且电信号可以直接在两个细胞之间传递，也称为电突触（electrical synapse）传递；②接触依赖性通信（contact-dependent communication），细胞间直接通过细胞膜上信号分子与靶细胞膜上受体分子相互作用介导细胞间的通信，如细胞-细胞黏着介导免疫应答；③自分泌（autocrine）和旁分泌（paracrine），化学信号通过细胞外液短距离扩散，作用于细胞本身或邻近细胞；④化学突触（chemical synapse）传递，神经元之间或者神经元与效应器细胞之间以化学信号分子为媒介，通过特化的突触结构进行快速和特异性信息传递；⑤内分泌（endocrine）与神经内分泌（neuroendocrine），化学信号从内分泌细胞或神经末梢分泌进入血液并循环到全身，广泛影响机体功能；⑥外散分泌（ectocrine），是指挥发性化学信使被分泌到体外，通过外部环境影响同种其他个体的生理功能和行为，以这种形式发挥作用的化学物质也称为外激素或信息素（pheromone）。外激素是昆虫之间相互交流的重要形式，某些脊椎动物也可能存在信息素。前述细胞间通信方式的前 3 类只能在邻近细胞之间传递信息，后 3 类通过神经元细长的轴突、血液循环或在空气中的扩散可以实现远程通信。

第一节 缝隙连接与电传递

缝隙连接是动物细胞间普遍存在的一种连接方式，存在于除成熟精子、血细胞和骨骼肌细胞的几乎所有细胞中，对细胞的新陈代谢、内环境稳定、增殖和分化、凋亡和坏死等生理过程具有重要的调节功能。

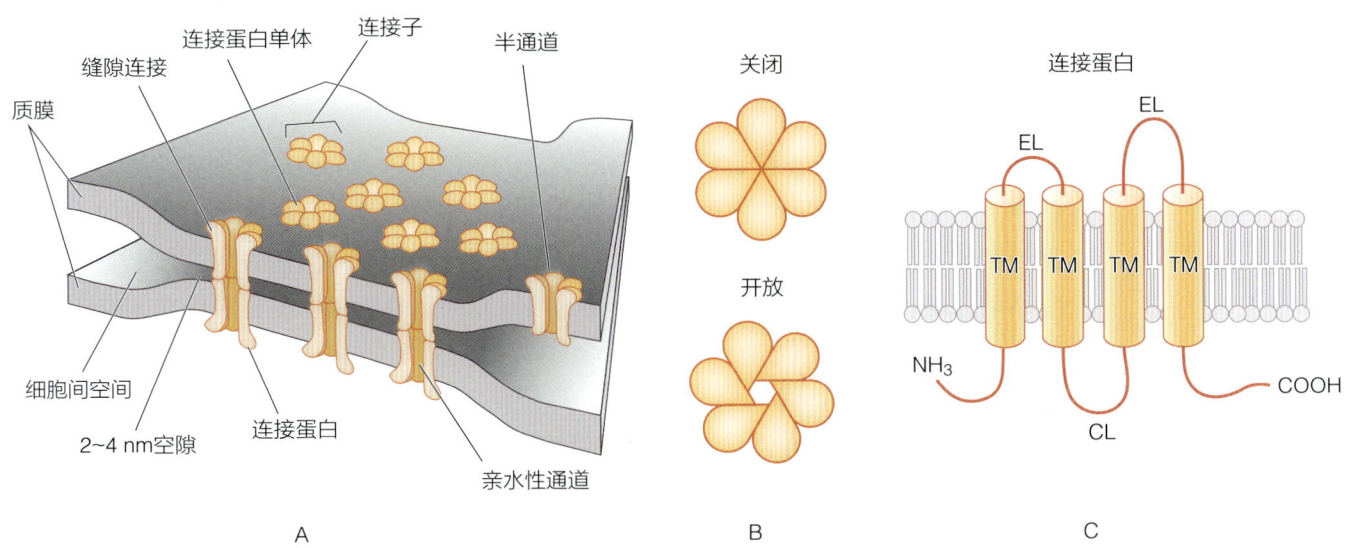

图 4-2 缝隙连接的结构及连接蛋白
A. 两个细胞之间的缝隙连接，每个缝隙连接通道由两个半通道或连接子组成，而这些连接子本身又由6个连接蛋白构成；B. 钙离子、pH 影响缝隙连接半通道开关示意；C. 每个连接蛋白具有4个跨膜结构域、2个细胞外袢及3个细胞质结构域

一、缝隙连接

缝隙连接由两个相邻细胞上的连接蛋白（connexin 或 pannexin 等）结合而成（图 4-2）。连接蛋白在细胞膜上以六聚体（connexin）或八聚体（pannexin）孔道的形式存在，称为连接子（connexon 或 pannexon）或半通道（hemichannel）。相邻细胞的同样半通道胞外一侧相互对接形成缝隙连接通道。缝隙连接使细胞之间的距离靠近到约为 3.5 nm，而相比之下，化学突触的细胞膜间距约为 20 nm。

不同细胞的缝隙连接并不完全相同，连接蛋白的表达也具有一定的组织特异性。连接蛋白有两种不同的蛋白质家族，在脊椎动物中为 connexin，而无脊椎动物为 innexin，脊椎动物中枢神经系统中发现的 pannexin 与 innexin 相似。这两种类型的连接蛋白缺乏明显的序列相似性，但两者具有类似的结构和功能，是生物趋同进化的典型例子。目前已知人类连接蛋白家族有 21 个成员，由 21 个同源基因编码，分为 5 个亚组（α、β、γ、δ 或 ε），常用缩写 Cx 加蛋白质分子量表示。例如，Cx43 是分子量为 4.3×10^4 的 connexin，其相应的基因是 *GJα1*（后面的字母和数字表示亚家族和克隆顺序），具有 4 个跨膜螺旋、2 个胞外袢和一个胞内袢，氨基端和羧基端结构域均位于细胞内。

连接子 6 个亚单位扭转可使缝隙连接通道进入开放状态，而缝隙连接在开放时仅允许分子量小于 1 000 的分子通过。离子和小分子（如氨基酸、ATP 和 cAMP 等）可以直接通过细胞扩散传递，大分子则不能通过缝隙连接。缝隙连接也是电信号在细胞之间直接传递的主要方式，相邻细胞间可以通过缝隙连接进行物质、能量和信息的交换，参与细胞间代谢耦联和电耦联。缝隙连接通信的调节可分为慢调节和快调节。慢调节主要是对连接蛋白表达和磷酸化水平的调节；快调节也称为"门控调节"，由细胞内外 Ca^{2+} 浓度、pH 等因素调节。

> 想一想
> 细胞内外的 Ca^{2+} 浓度调节缝隙连接的开关有何意义？

二、电传递

电突触通过缝隙连接直接将局部电流从一个细胞传递到另一个细胞，类似于神经纤维上的电紧张扩布。电突触有两个重要特点：①双向性。电突触的电流方向大多数是双向的，但也有只能向一个方向产生流动的电突触（整流电突触），如小龙虾的巨型运动突触。②快速性。缝隙连接介导的细胞间局部电流几乎没有潜伏期，有利于细胞网络的同步活动。例如，海兔在释放墨汁的避敌反射中通过电突触实现快速应激反应。

在哺乳动物出生前后，大脑皮层锥体细胞、皮层下神经元、丘脑中间神经元等多以电突触联系（知识窗 4-1）。但这种联系随发育而下调，逐渐被发育成熟的化学突触联系所取代。电突触在哺乳动物个体发育过程中先于化学突触产生又于化学突触成熟后衰退，可能在哺乳动物大脑环路的形成中发挥作用。

知识窗 4-1

哺乳动物脑中的电突触

在神经信号是化学传递还是电传递的争论结果几乎确定的时候，1959 年科学家第一次在螯虾中清楚地证明了电突触传递的存在。在哺乳动物脑中是否存在电突触呢？其作用又是什么？

对于第一个问题答案是肯定的。脑的电突触最常见形式为缝隙连接。缝隙连接蛋白（connexin，Cx）是构成缝隙连接通道的基本功能蛋白质。根据其分子量进行命名，其中有 9 种缝隙连接蛋白在哺乳动物的中枢神经系统中有表达，分别命名为 Cx26、Cx32、Cx33、Cx36、Cx37、Cx40、Cx43、Cx45、Cx46。神经元上主要表达 Cx26、Cx32、Cx36，星形胶质细胞上主要表达 Cx30 和 Cx43，Cx43 具有明显优势；少突胶质细胞上主要表达 Cx32、Cx45；松果体细胞主要表达 Cx26。总体来讲，在成年哺乳动物中枢神经系统中表达最强的就是 Cx43。Cx32 的表达量则位居其次，它主要分布在端脑皮层、中脑和基底神经节神经元中。在哺乳动物幼年时，缝隙连接在神经元及胶质细胞中均有高表达，但成年后在神经元中的表达明显减少，而在胶质细胞的中表达始终较高。

缝隙连接参与中枢神经系统中神经元之间、胶质细胞之间、神经元和神经胶质细胞之间信息传导等多种生理功能。随着人们在哺乳动物神经系统不同区域相继发现电突触，特别是揭示了神经系统发育过程中电突触的先导作用及与神经环路形成的密切相关性，对其功能认识的拓展也愈发丰富。

第二节 化学突触传递

一、化学传递

多细胞生物另一主要的细胞间通信方式是化学传递，即一个细胞分泌的化学物质作用于周围或距离较远的靶细胞上的受体（receptor），进而调节靶细胞的功能。这些化学物质被称为信号分子（signal molecule），包括激素（hormone）、神经递质（neurotransmitter）、细胞黏附分子（cell adhesion molecule）等。信号分子根据其化学性质可分为3类：①气体性信号分子，包括H_2S、NO和CO等，可以自由扩散进入靶细胞；②疏水性信号分子，包括甾类化合物和甲状腺素等，由于具有疏水亲脂的性质，其可穿过细胞质膜与细胞内受体结合；③亲水性信号分子，包括水溶性小分子和肽类激素、神经递质，这类信号分子不能通过细胞膜，需要通过与靶细胞表面受体结合发挥作用。

神经系统使用化学信号与电信号相组合的方式进行细胞间通信。电信号以动作电位的形式沿着神经轴突传播，引发轴突末梢分泌化学信号。化学信号分子如果穿过狭窄的细胞外空间扩散到另一个细胞并快速产生效应，一般称为神经递质。如果化学信号影响神经元的作用较慢，则有时也称为神经调质。

二、化学突触传递的基本机制

1. 化学突触的结构与分类

化学突触广泛存在于神经元之间、神经元和感受器细胞或效应器细胞（如肌肉、腺体细胞等）之间。典型的化学突触由突触前膜（presynaptic membrane）、突触间隙（synaptic cleft）、突触后膜（postsynaptic membrane）构成（图4-3）。神经元的突触前膜一般位于轴突末端膨大形成的终扣（terminal bouton）；突触后膜多数为树突上凸起的树突棘（dendritic spine），也有的位于胞体。突触前膜与突触后膜并没有直接接触，两者之间的突触间隙一般为20 nm。突触间隙阻止了电信号（动作电位）从一个细胞向下一个细胞的直接传递。突触前神经末梢中有大量含有神经递质的囊泡，称为突触囊泡（synaptic vesicle）。不同的突触内所含突触囊泡的大小和形态不完全相同，多数神经末梢同时含有大、小两种囊泡。多种神经递质可共存于同一个神经末梢，该现象称为递质共存（coexistence of neurotransmitter）。含有小分子神经递质（如乙酰胆碱、氨基酸类和儿茶酚胺类递质）的囊泡大多锚定在突触前膜的活性区（active zone）内，一般体积较小；含有神经肽类递质的突触囊泡均匀分布于突触前末梢内，大而具有致密中心。在电镜图像中可以看到（见图4-3A），突触前膜和突触后膜均有明显的电子致密层，突触前膜的电子致密层反映的是充满神经递质的突触囊泡，突触后膜的电子致密层反映的是神经递质的受体和大量支架蛋白。

根据神经元之间形成突触的部位，中枢神经系统的突触主要有轴-体突触（axo-

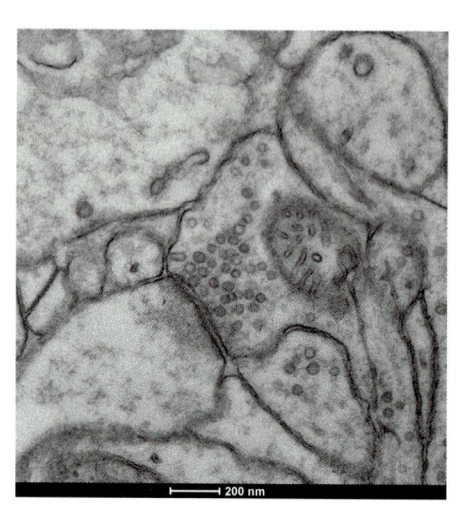
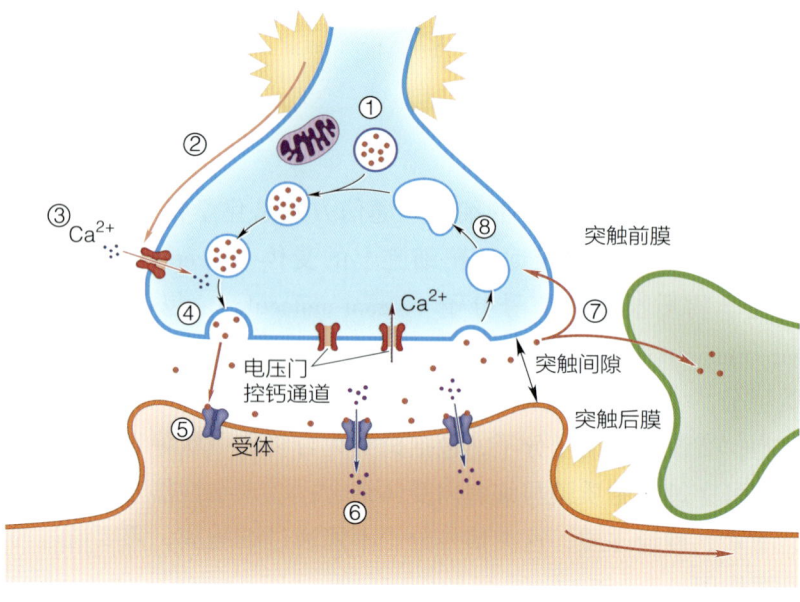

图 4-3 化学突触的电子显微结构（A）与信号传递过程（B）
①神经递质合成并储存在囊泡中；②动作电位使轴突末端去极化；③去极化打开电压门控钙通道，钙离子进入轴突末端（即突触前膜）；④钙离子触发突触囊泡的锚定并发生胞吐作用释放神经递质；⑤神经递质扩散通过突触间隙，与突触后膜受体结合；⑥突触后膜受体变化启动了突触后受体离子通道开放，产生突触后电位；⑦突触间隙的神经递质会被酶破坏或者被重吸收进入胶质细胞；⑧突触囊泡再循环

somatic synapse）、轴-树突触（axo-dendritic synapse）、轴-轴突触（axo-axonic synapse）3种经典类型。由于中间神经元参与神经回路的复杂性，还发现有树-树突触、树-体突触、树-轴突触、体-树突触、体-轴突触、体-体突触等多种特殊形式的突触。突触也可能是复合性的，例如，在海马的锥体细胞一个树突棘可以和突触前神经元的轴突形成多个突触。

传统观点认为化学突触传递是单向的，信息从突触前细胞传递到突触后细胞。目前研究发现，有一些突触的突触间隙两侧细胞膜均能释放作用于对侧的神经递质，这种突触称为交互突触（reciprocal synapse）。有的化学突触则与电突触共存形成一个连接结构，称为混合突触（mixed synapse）。

根据突触前膜递质释放发挥作用的范围，突触分为定向突触（directed synapse）和非定向突触（non-directed synapse）。定向突触的信息传递模式也称为专线传递（wiring transmission），是通过界限分明的封闭型突触实现的。非定向突触的信息传递模式也称为容积传递（volume transmission），突触前膜释放的递质通过扩散影响周边区域的靶细胞（知识窗4-2）。例如，在交感神经中，轴突末梢存在成串的曲张体，每个曲张体会释放去甲肾上腺素来调节附近一组血管平滑肌细胞。

2. 化学突触传递的基本原理

动作电位是神经系统编码信息的基本单位。当突触前神经元的动作电位传至轴突末梢时，突触前膜去极化，引起膜上的电压门控钙通道开放，细胞外 Ca^{2+} 进入末梢轴浆内，导致轴浆内 Ca^{2+} 浓度瞬时升高，触发突触囊泡位移，并与突触前膜融合，囊

> 想一想
> 脑中神经元与神经元之间为什么不是单线联系，而存在交互突触或者混合突触多种形式？

> **知识窗 4-2**
>
> ## 容积传递
>
> 　　神经元容积传递是一种非典型突触性的化学传递，这种传递依赖于神经元释放的神经递质或神经调质在细胞外液中扩散，并通过作用于其他神经元或胶质细胞上的受体来传递信息。与突触传递相比，神经元容积传递的速度较慢，但影响范围更广，可以调节整个神经网络的活动。神经元容积传递可以与突触传递相互作用，共同调节神经元的活动和突触可塑性。
>
> 　　典型的神经元容积传递包括神经递质如多巴胺、去甲肾上腺素、5-羟色胺等在细胞外液中的扩散，以及神经肽如内啡肽、强啡肽等在细胞外液中的传递。这些神经递质和神经肽可以通过作用于其他神经元或胶质细胞上的受体来调节神经元的活动和突触传递。容积传递不仅发生在神经元之间，也发生在神经胶质细胞之间，甚至发生在神经元和胶质细胞之间。来源于脉络丛和室周器官的细胞因子，可以通过细胞外空间扩散作用于远端细胞。
>
> 　　脑中的容积传递是神经系统实现其功能的重要机制之一。通过容积传递，神经系统可以更加灵活和广泛地调节神经元活动、实现长距离信息传递、参与神经免疫调节，以及影响突触可塑性和神经发育等过程。

泡内神经递质在突触间隙迅速扩散，与突触后膜上特异性的通道型受体或 G 蛋白耦联受体结合，改变突触后膜对 Na^+、K^+、Ca^{2+} 或 Cl^- 等离子的通透性，引起突触后电流（postsynaptic current）（图 4-3）。突触后电流引发的突触后膜去极化或超极化的电位变化，称为突触后电位（postsynaptic potential）。运动神经与骨骼肌的突触又称为运动终板（motor end-plate），因此骨骼肌的突触后电位又称为终板电位（end-plate potential）。

> 🔍 **想一想**
> 突触前膜神经递质的释放为什么选择钙离子来启动？

突触后电位是一种局部的电紧张电位，其幅度由突触前兴奋的频率和突触的性质决定，不能长距离传播。当突触后去极化达到钠通道的激活阈电位时，则突触后细胞发生全或无、可传播的动作电位。从突触前膜兴奋到突触后膜兴奋之间存在一个时间延迟，称为突触延搁（synaptic delay），反映了上述过程所需的时间。

在中枢神经系统，突触后电位可分为兴奋性突触后电位（excitatory postsynaptic potential，EPSP）和抑制性突触后电位（inhibitory postsynaptic potential，IPSP）（图 4-4）。兴奋性递质（如乙酰胆碱、谷氨酸等）与突触后膜上特异性受体结合时，会增加突触后膜对 Na^+ 和 Ca^{2+} 的通透性，从而引发兴奋性突触后电流，导致突触后膜产生去极化的电位变化，即产生 EPSP。抑制性递质（如 γ-氨基丁酸等）与突触后膜上特异性受体结合时，会增加突触后膜对 Cl^- 或 K^+ 的通透性，引发抑制性突触后电流，这样就阻碍了 EPSP 的发生，或使突触后膜呈现超极化的 IPSP。

3. 突触整合与神经回路

中枢神经系统（central nervous system，CNS）的功能是由数量众多的神经元通过复杂的神经联系和信息整合（integration）产生的（图 4-5）。突触前神经元的轴突一般分出很多侧支，将兴奋信息传给多个突触后神经元，这种信息传递方式称为辐散

图 4-4 突触后电位产生机制

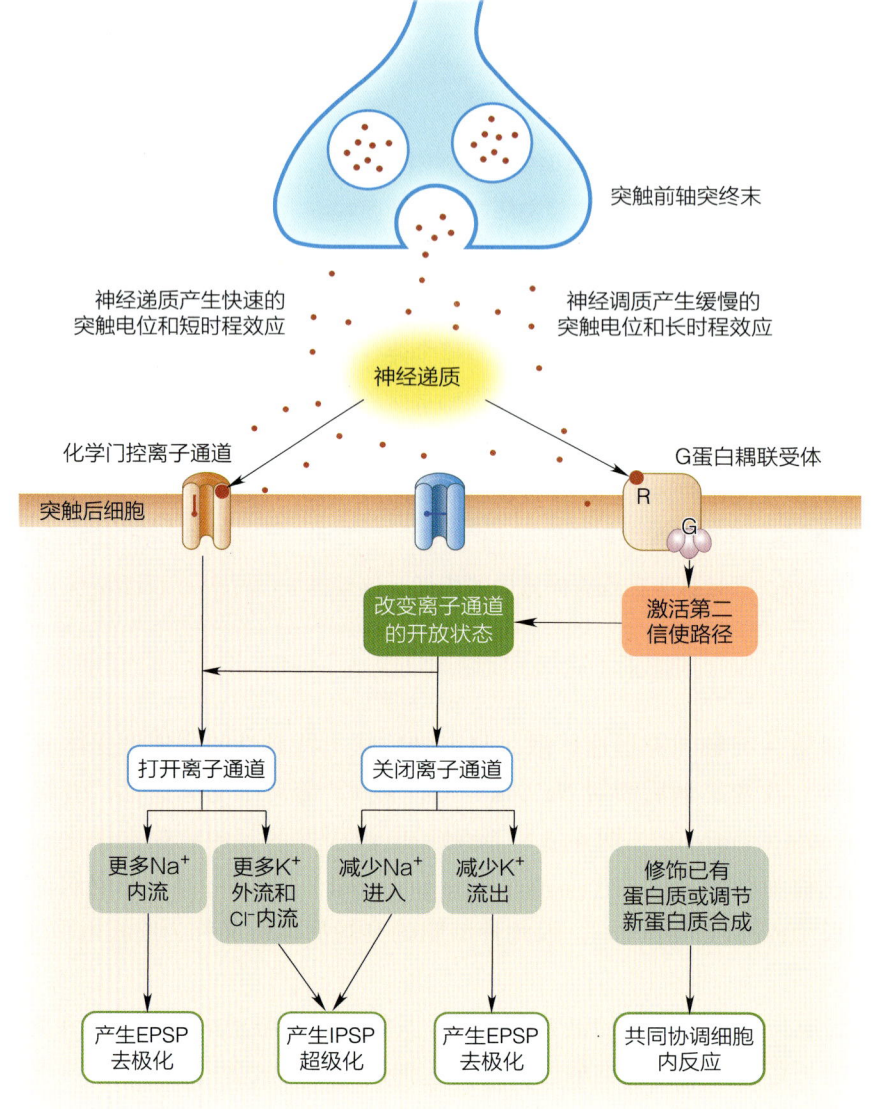

（divergence）。例如，肌梭的传入冲动一方面兴奋支配同名肌和协同肌的运动神经元，另一方面通过传入侧支与抑制性中间神经元建立兴奋性连接，进而抑制支配对抗肌的运动神经元。这种称为传入侧支性抑制或交互性抑制的方式，可以保证屈肌和伸肌活动的协调控制（参见第十三章）。突触后神经元胞体或树突分支也可以接收多个神经元传来的信息，这种信息传递方式称为会聚（convergence）。例如，小脑的浦肯野神经元具有数量巨大的树突分支和密集的树突棘，可以接收上万个神经元的信息。中枢神经系统有大量中间神经元，中间神经元的轴突除了将信息传给下游神经元，还可以反过来将信息直接或间接地传递给前一个神经元形成回返（recurrence），这种信息传递方式称为反馈（feedback）。反馈既可以是正反馈，使前一个神经元在较长的时间内重复发放冲动；也可以是负反馈，使前一个神经元兴奋活动迅速削弱或终止。例如，脊髓运动神经元兴奋骨骼肌的同时，发出轴突侧支与闰绍细胞建立突触联系；闰绍细

胞通过回返性抑制的方式，终止该运动神经元的活动。

当两个或多个突触前神经元会聚在单个突触后神经元的树突或胞体上时，突触后细胞的反应取决于突触前神经元的总输入。不同突触所产生的突触后电流包括兴奋性突触后电流（EPSC）和抑制性突触后电流（IPSC）。突触后膜电位的变化趋势由同时产生的 EPSC 和 IPSC 的总和决定，突触后神经元对各种突触前信号的综合处理过程称为整合。当突触后电流的瞬间总和结果为超极化电流时，突触后神经元表现为抑制；相反，当突触后电流瞬间总和使突触后神经元去极化并达到阈电位水平，就会在轴突基部的轴丘处引发一个可传播的动作电位（图4-6）。同一个神经元上不同突触同时发生的突触后电位之间产生的累加效应称为空间总和（spatial summation）。同一突触相继发生的突触后电位之间产生的累加效应称为时间总和（temporal summation）。多数神经元在轴突基部的轴丘处兴奋

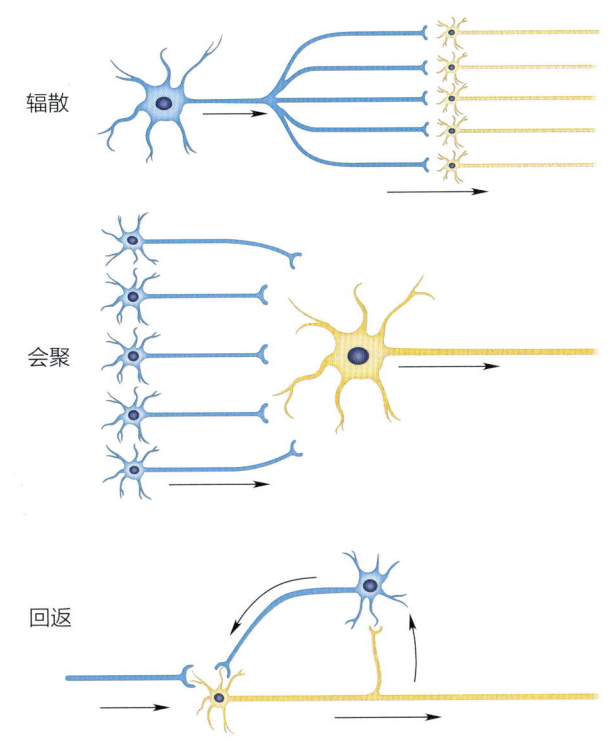

图 4-5 中枢神经系统的突触整合方式

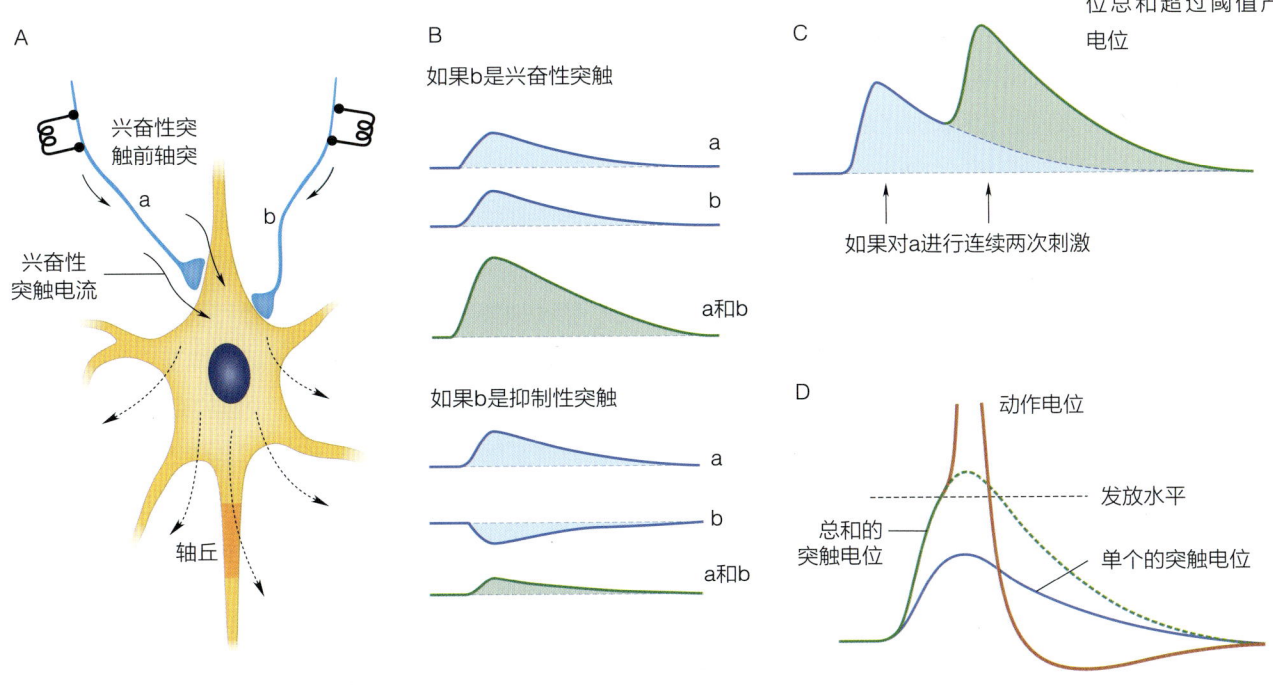

图 4-6 突触传递的空间总和与时间总和

A. 神经元连接形成突触模式；B. 突触后神经元的空间总和；C. 突触后神经元阈值下的时间总和；D. 突触后电位总和超过阈值产生动作电位

> **想一想**
> 突触后神经元整合不同来源的突触后电位后,为什么会在轴突起始处(即轴丘)决定动作电位的发放?

的阈值最低,因而突触后电位通过时间总和和空间总和在轴丘处决定动作电位是否发放。但在小脑浦肯野神经元,动作电位的发放是在轴突的第一个分叉处决定的。

4. 突触传递可塑性

神经系统改变突触传递效能的能力称为突触可塑性(synaptic plasticity)。依据可持续时间的长度,突触可塑性可划分为短时程可塑性(short-term synaptic plasticity)和长时程可塑性(long-term synaptic plasticity)。长时程增强(long-term potentiation,LTP)和长时程压抑(long-term depression,LTD)是突触的活动引起的持久性突触功能改变,涉及突触结构的质量或数量的变化(知识窗 4-3)。神经系统通过 LTP 和 LTD 来适应内外环境复杂的变化,如学习和记忆的神经机制。LTP 和 LTD 也被报道与临床上抑郁症和其他精神疾病有关。

突触传递是神经系统信号传递过程中最脆弱的环节。突触的受体暴露于细胞外液中,使得它们比细胞内受体更容易受药物影响。近年来的研究表明,各种神经系统疾病与突触传递相联系,这些疾病包括帕金森病、精神分裂症和抑郁症等。涉及神经肌肉接头的外周神经系统疾病也备受重视,如重症肌无力。影响突触传递的药物,尤其是对中枢神经系统突触产生作用的药物,如咖啡因、尼古丁和酒精,是已知最古老且广泛使用的药物之一。一些用于治疗精神分裂症、抑郁症、焦虑症和癫痫等疾病的药

知识窗 4-3

突触可塑性

突触可塑性是指神经细胞间的连接,即突触,在某些因素的作用下,其连接强度的活动发生依赖性变化的特性,长期以来一直被认为是学习和记忆的重要结构基础。突触可塑性的主要表现形式为长时程增强(LTP)和长时程压抑(LTD)。

海马 LTP 和 LTD 产生的条件十分相似,简单来说,高频刺激可以诱导 LTP,而低频刺激却诱导 LTD。LTP 的形成过程如下:在正常突触传递时,神经元的传入末梢释放的谷氨酸神经递质只能使 AMPA 受体激活,引起 Na^+ 内流从而使膜电位去极化,快速引发下一个神经元的动作电位。当一定频率和强度的刺激使突触后膜去极化到一定程度时,堵塞 NMDA 受体通道的 Mg^{2+} 将被排斥出去,谷氨酸递质得以与 NMDA 受体结合,调控 Ca^{2+} 内流,使突触后膜内 Ca^{2+} 水平急剧升高。Ca^{2+} 继而与钙调蛋白(CaM)结合,激活钙调蛋白依赖性蛋白激酶(CaMKⅡ),在细胞内促发一系列生化级联反应,增加膜上 AMPA 受体表达,从而改变膜的性质。突触后膜上的 AMPA 受体数量是衡量一个突触强度的重要指标,AMPA 受体数量的增加有助于 LTP 产生。而 LTD 是通过激活一系列钙调磷酸酶(calcineurin)使得 AMPA 受体去磷酸化,倾向于从突触后膜上内吞入细胞质,从而减少突触后膜上的 AMPA 受体的过程。Ca^{2+} 能够同时作用于钙调蛋白和钙调磷酸酶,之所以高频刺激和低频刺激能形成截然不同的两种结果,是因为相比起钙调蛋白,Ca^{2+} 对钙调磷酸酶具有更高的亲和力。在少量的 Ca^{2+} 浓度上升时,钙调磷酸酶首先被激活,促进 LTD 的进程;而在突触前强刺激的作用下,大量 NMDA 受体激活才能引起足够浓度的 Ca^{2+} 增强,启动 CaMKⅡ 途径,从而产生 LTP(参见第十四章)。

物均是通过影响突触传递而起作用的。因为中枢神经系统内突触连接的复杂性，突触传递问题导致的疾病很难厘清，因此许多中枢神经系统疾病，包括精神疾病，其病因或药物作用机制仍未被完全了解。

三、信使分子——神经递质

1. 神经递质的概念

神经元分泌的信号分子数量很多，这些分子可以作为神经递质、神经调质或神经激素发挥作用。一般认为，经典的神经递质应符合以下条件：①存在于神经系统的一定区域内；②突触前神经元能合成这种物质；③在突触前结构中有储存这种物质的囊泡，当神经冲动传导到神经末梢时，突触囊泡中存储的这种物质可以被释放到突触间隙；④当这种物质通过在突触间隙的扩散，到达突触后膜并作用于突触后膜的相应受体，引起突触后膜产生兴奋性突触后电位或抑制性突触后电位；⑤存在使该物质失活的酶或摄取回收该物质的机制，使其作用迅速停止；⑥在突触后膜人工施加这种物质，其效果必须和刺激突触前膜释放该物质时引起的效果类似，施加突触后膜受体的阻断剂，可以抑制这种物质的作用。神经递质是把突触前的电信号（动作电位）转化为突触间隙的化学信号，通过与突触后膜受体的作用，再转化为突触后细胞的电信号（局部电位）。

神经递质和神经调质的区别在于神经信号分子所结合的受体，许多神经信号分子可以同时发挥神经递质和神经调质的作用。一般来说，神经递质通常作用于离子通道型受体从而引发快速、局部空间点对点的突触传输；而神经调质则通常通过G蛋白耦联受体（G protein-coupled receptor，GPCR）启动分子信号级联，以相对缓慢、长距离和扩散方式进行突触传输。不同的神经递质或神经调质可以同时存在于同一神经元内，即递质共存，通过共释放（co-release）的方式来协调某些生理功能活动。一些神经调质和神经递质也作用于突触前神经元，成为自分泌信号和旁分泌信号调节突触活动。在自分泌调节中，由突触末梢释放的神经递质或神经调质既可以作用于本突触前膜上的自身受体（autoreceptor）反馈调节自身的释放，还可以作用于本突触前膜上的异身受体（heteroreceptor），调节其他递质或调质的释放。

神经递质按其结构可分为7类（表4-1）：胆碱类、生物胺类、氨基酸类、肽类、嘌呤类、气体类和脂类。外周神经系统主要的神经递质是乙酰胆碱和去甲肾上腺素。中枢神经系统的神经元也产生和释放许多激素，如下丘脑释放激素、催产素和血管升压素，参与神经内分泌调节。

在突触前神经元轴突末端，经典的神经递质储存在突触囊泡中。一些囊泡"停靠"在突触前膜最靠近突触间隙的活性区，等待信号刺激释放。其他囊泡作为储备库，聚集在停靠点（docking site）附近。轴突末端还含有线粒体，产生腺苷三磷酸（ATP），用于神经递质代谢与释放。

与储存在囊泡中的经典神经递质不同，有一些气体分子可作为神经递质在神经系

表 4-1　一些常见的神经递质和神经调质

分类	受体	分类	受体
胆碱类		肽类	
乙酰胆碱	N1-2，M1-5	P 物质和速激肽类	均为 GPCR
生物胺类		阿片肽类	
去甲肾上腺素	α1-2，β1-3	脑-肠肽类	
多巴胺	D1-5	神经肽 Y 等	
5-羟色胺	5-HT1-7	嘌呤类	
组胺	H1-4	腺苷	A1-3
氨基酸类		ATP	P2X，P2Y
谷氨酸	mGluR1-8，AMPA/KA，NMDA	气体类	
天冬氨酸	NMDA	一氧化氮	可溶性鸟苷酸环化酶
γ-氨基丁酸	$GABA_A$，$GABA_B$，$GABA_C$	一氧化碳	可溶性鸟苷酸环化酶
甘氨酸	GlyR	硫化氢	影响二硫键
		脂类	
		花生四烯酸及衍生物	GPCR
		神经活性类固醇	非基因途径 GPCR，离子通道型受体

> **想一想**
> 中枢神经系统的神经递质为什么会包含从小分子气体分子到大分子多肽等多种类型？为什么会保留着 NO 这种不定向扩散的气体分子来作为神经递质？

统功能中起广泛的作用，其不需要被储存在囊泡中，也不需要与膜受体结合。例如，一氧化氮（NO）半衰期只有 2~30 s，通过激活鸟苷酸环化酶产生第二信使环磷酸鸟苷（cGMP）影响细胞活动。又如，海马 CA1 区等神经元能释放 NO，NO 能使谷氨酸的释放增加，兴奋 NMDA 受体，在突触的长时程增强中起作用（见后文图 4-13）。外周副交感神经末梢释放的乙酰胆碱也可引起血管内皮细胞释放 NO，使血管舒张。近年来的研究表明，NO 广泛参与机体的生理调控，包括心血管活动的调控、神经递质释放的调节、免疫系统的激活等，具有重要的生理作用。

2. 神经递质的合成与释放

小分子神经递质，如乙酰胆碱、生物胺类和氨基酸，在突触前神经元轴突末端合成并包装进囊泡，这种囊泡具有低电子密度，直径在 40~60 nm。它们合成所需的酶在细胞体中产生并通过慢速轴浆运输被带到轴突末端（图 4-7）。多肽神经递质须在细胞体中合成前体肽，在内质网剪切成信号肽，然后转运到高尔基体和修饰酶一起包装到囊泡中，这些囊泡通过快速轴浆运输从细胞体移动到轴突末端。含肽的囊泡电子密度高，直径在 90~250 nm，在囊泡内，前肽经过一系列修饰形成活性肽。例如，一个前肽可修饰成 3 个共同分泌的活性肽：促肾上腺皮质激素（adrenocorticotropic hormone，ACTH）、γ-脂蛋白和 β-内啡肽。

突触前神经元轴突末端的神经递质被储存在囊泡中，它们通过胞吐作用释放到突触间隙中（图 4-8）。神经元的细胞胞吐与其他类型细胞的胞吐相似，但速度更快。阻断神经递质释放的神经毒素，包括破伤风毒素和肉毒杆菌毒素，是通过抑制细胞胞吐过程的特定蛋白质来发挥其作用的。介导突触囊泡与突触前膜融合进而发生胞吐的蛋白质主要包括以下几种：①可溶性NSF附着蛋白受体（soluble NSF attachment protein receptor，SNARE），是最重要的介导囊泡与突触前膜融合的蛋白质家族。它包括小突触小泡蛋白（synaptobrevin，也称为vesicle-associated membrane protein，VAMP，v-SNARE）、突触融合蛋白（syntaxin，也称t-SNARE）和SNAP-25（也是一种t-SNARE）。这些蛋白质通过形成复合物，将囊泡和突触前膜紧密连接在一起，促进融合过程的进行。② Munc-18，是一种SM蛋白（Sec1/Munc18家族），在突触囊泡与突触前膜融合的过程中起着重要的调节作用。它与SNARE蛋白相互作用，帮助调节SNARE复合物的形成和稳定性，从而促进融合的进行。

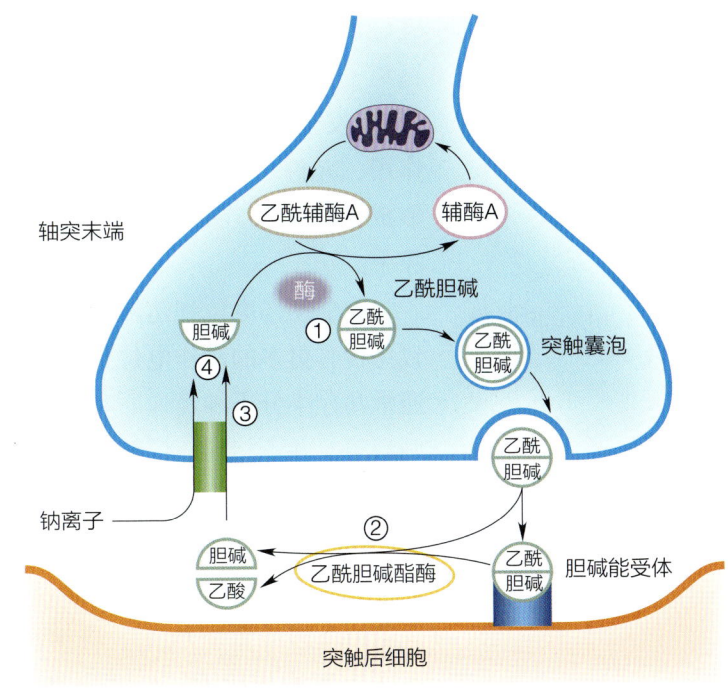

图4-7 乙酰胆碱的合成与降解
①由乙酰辅酶A和胆碱合成乙酰胆碱；②突触间隙乙酰胆碱被乙酰胆碱酯酶快速降解；③胆碱与钠离子共转运回轴突末端；④胆碱再循环生成新的乙酰胆碱

经典的小分子神经递质突触囊泡向细胞膜募集（recruitment）后，一般经过锚定（docking）、成熟（priming）、触发（trigging）、融合（fusion）等过程将神经递质释放至突触间隙（图4-8）。电压依赖性钙通道与

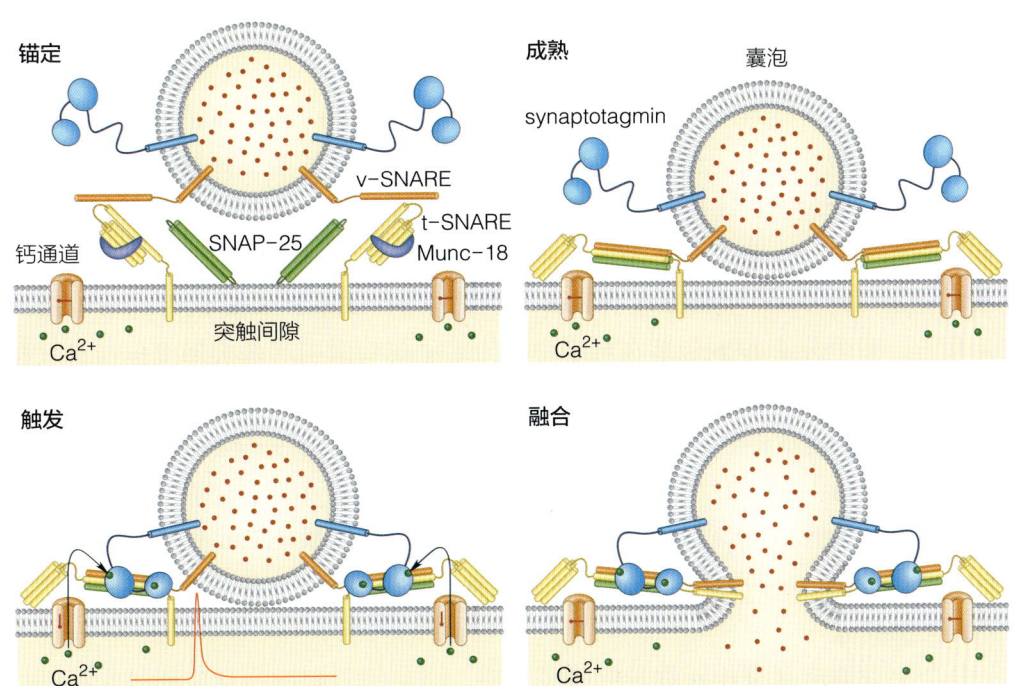

图4-8 神经递质的释放过程

> **拓展阅读 4-1**
> 钙非依赖而电压依赖性分泌

> **想一想**
> 为什么不同强度的刺激会导致突触囊泡与突触前膜融合开孔释放神经递质的模式不同？

突触囊泡距离很小，当电信号传递到突触前膜时，它激活了钙通道，使细胞内的钙离子浓度升高。升高的钙离子浓度导致囊泡上的突触结合蛋白（synaptotagmin，p65）发生构象变化。这个构象变化解除了其他蛋白质对 SNARE/SM 复合体的抑制作用，允许 3 种 SNARE 蛋白相互作用。通过这种相互作用，囊泡与突触前膜之间形成了稳定的连接，促进了它们的融合和胞吐作用，从而释放神经递质到突触间隙中。

单个动作电位到达轴突末端引起神经递质的释放是相对恒定的。更强的刺激会导致每秒有更多的动作电位到达轴突末端，这导致更多的神经递质释放。一个轴突末端通常共存小分子神经递质和肽类递质，都独立包装在各自的囊泡里，导致它们释放的刺激频率并不相同。低频刺激下通常只有小分子神经递质释放，而在高频刺激下大分子多肽类神经递质才会被释放。

在经典神经递质释放的胞吐模型中，囊泡的膜成为轴突末端膜（突触前膜）的一部分，然后在远离活性区域的膜通过内吞作用形成新的囊泡。回收的囊泡然后被新合成的神经递质重新填充。将神经递质集中到囊泡中的转运子是 H^+ 依赖性的反向转运子。囊泡使用 H^+–ATP 酶将 H^+ 集中在囊泡内，然后通过转运子将 H^+ 转换成神经递质。

突触囊泡与突触前膜的融合模式也存在一种"吻–逸"型胞吐（kiss-and-run exocytosis），即神经递质在释放过程中，囊泡膜并非完全纳入突触前膜，而只是形成一个瞬时的融合孔，囊泡内容物部分或者完全被释放，囊泡则从融合孔被拉回，又回到细胞质中。

3. 量子释放

在电子显微镜揭示突触囊泡前，Fatt 和 Katz 在运动终板上观察到，即使在没有神经兴奋情况下，也会出现约 1 mV 的自发去极化现象（图 4-9），且这种去极化现象的出现与神经兴奋诱发的电位具有相同的时间进程。当给予乙酰胆碱（acetylcholine，ACh）受体拮抗剂箭毒溶液，自发微终板电位（miniature end-plate potential，mEPP）的幅度降低并最终消失。而给乙酰胆碱酯酶抑制剂新斯的明，其幅度和时间进程增加。药理学实验表明，这种电位是由于神经终末自发地释放离散量 ACh 引起的，而不是单个 ACh 分子。通过单个 ACh 受体的电流引起约 1 μV 的电位变化，一个自发微终板电位是由约 1 000 个 ACh 受体的开放所产生的。Fatt 和 Katz 认为 ACh 释放的单位是量子，多个分子 ACh 包装在量子中。为了了解刺激引起的突触电位与自发释放的量子间的关联，Fatt 和 Katz 通过减少胞外钙、增加胞外镁，从而降低诱发的突触电位的幅度，在上述条件下，反应以阶跃方式波动。有些刺激完全不产生反应，有些刺激产生幅度约为 1 mV 的反应，大小与波形和微终板电位相似，还有一些反应大小是微终板电位的 2 倍、3 倍或 4 倍等。这些有显著意义的结果使 Fatt 和 Katz 提出了量子释放（quantal release）假说。随后，对突触囊泡结构的电子显微镜观察直接证明了量子即是突触囊泡。

每个突触囊泡含有相同数量的神经递质，因此测量靶细胞反应的幅度可以指示

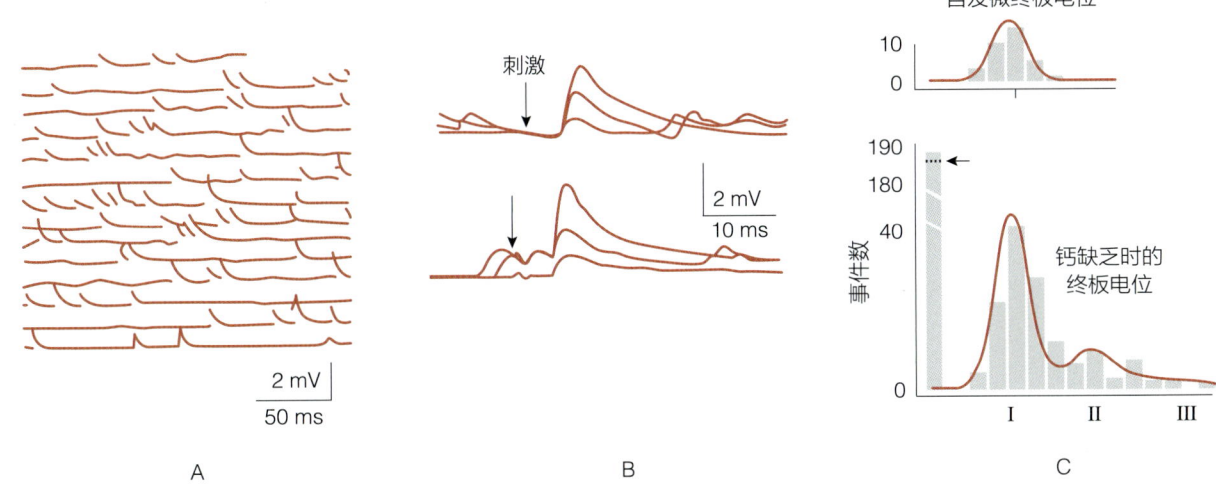

图 4-9　蛙神经肌肉接头处终板电位的量子性质
A. 微终板电位的原始记录（改自 Fatt & Katz J Physiol，1952，117：109-128）。B. 钙缺乏时的终板电位响应刺激的变化（箭头：运动神经元刺激）。C. 自发微终板电位（上图）和低钙时刺激诱发的终板电位（下图）的振幅分布。箭头表示失败次数，连续曲线是根据泊松分布计算得出的。诱发事件振幅直方图的峰值是自发电位平均振幅的1倍、2倍和3倍。（B 和 C 改自 del Castillo & Katz，J Physiol，1954，124：560-573）

有多少囊泡释放了其内容物。在脊椎动物神经肌肉接头，量子（突触囊泡）数量在 200～300。每个量子含多少分子呢？经测量，在神经肌肉接头处，一个量子所含的 ACh 分子在 7 000 个，其中大约有 2 600 个 ACh 分子到达突触后膜与受体结合，开放约 1 300 个 ACh 通道，产生约 1 mV 的 mEPP。而在中枢神经系统，无论是突触处的量子数还是单个量子中的分子数目都要少。

> 🔍 **想一想**
> 以脊椎动物神经肌肉接头为例，什么因素决定了一个量子（突触囊泡）包含的 ACh 分子数目？

4. 灭活与再生循环

神经信号具有一个关键特征，即持续时间短。这是突触间隙中的神经递质被迅速清除或失活导致的。神经递质与受体的结合是可逆的，神经递质与受体未结合/结合的比率处于相对恒定状态，如果突触间隙神经递质被清除，那么与突触后受体结合的神经递质会与受体解离，从而终止神经递质的作用。

从突触间隙中去除未结合的神经递质可以通过多种方式完成（图 4-10）。一些神经递质分子只是从突触扩散出去，与受体分离。其他神经递质被突触间隙中的酶失活。例如，突触间隙的 ACh 通过细胞外基质和突触后细胞膜上的乙酰胆碱酯酶（acetylcholinesterase，AChE）迅速分解为胆碱和乙酸，而胆碱在钠依赖性协同转运蛋白上被转运回突触前轴突终末，用来制造新的乙酰胆碱。

许多神经递质通过转运回突触前细胞或邻近的神经元或胶质细胞中，而从突触间隙中被清除。例如，去甲肾上腺素通过 Na^+ 依赖性共转运体转运回突触前轴突末端时，其作用就终止了。去甲肾上腺素回到轴突末端，或被转运入囊泡，或被单胺氧化酶（monoamine oxidase，MAO）等细胞内酶分解。

图 4-10 神经递质的灭活
①神经递质被重吸收到轴突末端再利用，或者转运进入胶质细胞；②突触间隙的酶灭活；③神经递质扩散出突触间隙

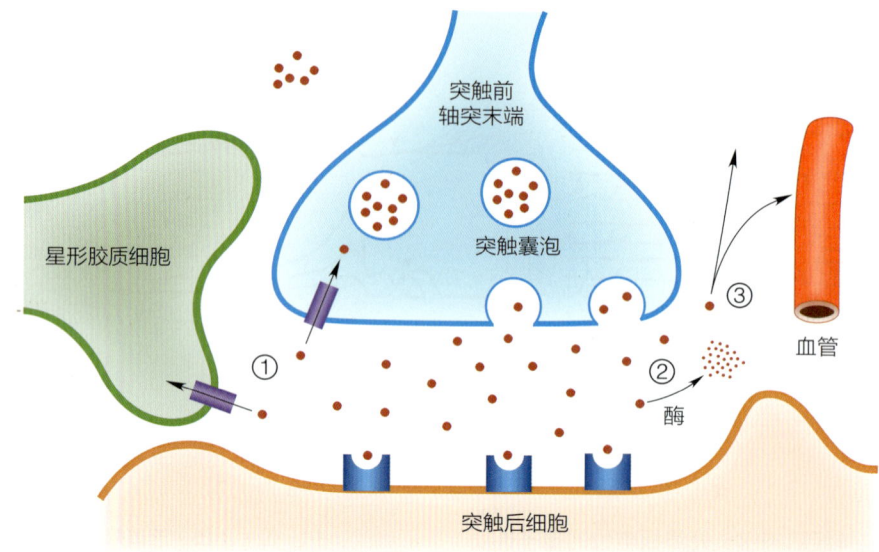

四、受体

在细胞间通信中，细胞发出的信号分子必须被靶细胞接收才能触发靶细胞的应答，接收信息的分子称为受体（receptor），此时的信号分子被称为配体（ligand）。受体位于细胞膜上或在细胞内，能把识别和接收的信号正确无误地放大并传递到细胞内部，进而引起生物学效应。信号分子与其受体结合的位置在很大程度上取决于该化学物质是亲脂性还是亲水性的。亲脂性信号分子可扩散通过细胞膜的磷脂双分子层，并与胞质受体或核受体结合，受体激活通常会启动基因表达并合成新的蛋白质。这一过程相对缓慢，细胞的反应可能在数小时或更长时间内。在某些情况下，激活的受体也可以关闭或抑制基因活性。

亲水性信号分子不能通过细胞膜的磷脂双分子层扩散。这些信号分子只能与细胞膜上的受体蛋白结合（图 4-11）。一般来说，膜受体分为四大类：①化学门控（配体门控）离子通道，也称离子通道型受体（ion channel receptor）；② G 蛋白耦联受体；③酶联型受体（enzyme-linked receptor）；④整合素受体（integrin receptor），一种介导细胞和其外环境（如细胞外基质）之间连接的跨膜受体。在化学突触中，神经系统的受体主要是离子通道型受体和 G 蛋白耦联受体。

第三节 离子通道型受体介导的突触传递

化学突触传递由动作电位引发神经末梢释放神经递质，与突触后膜上的离子通道型受体（促离子型受体，ionotropic receptor）结合，受体本身即为离子通道（也称配体门控离子通道），其结果是，离子通道构象改变，通道打开，离子跨膜流动，引起

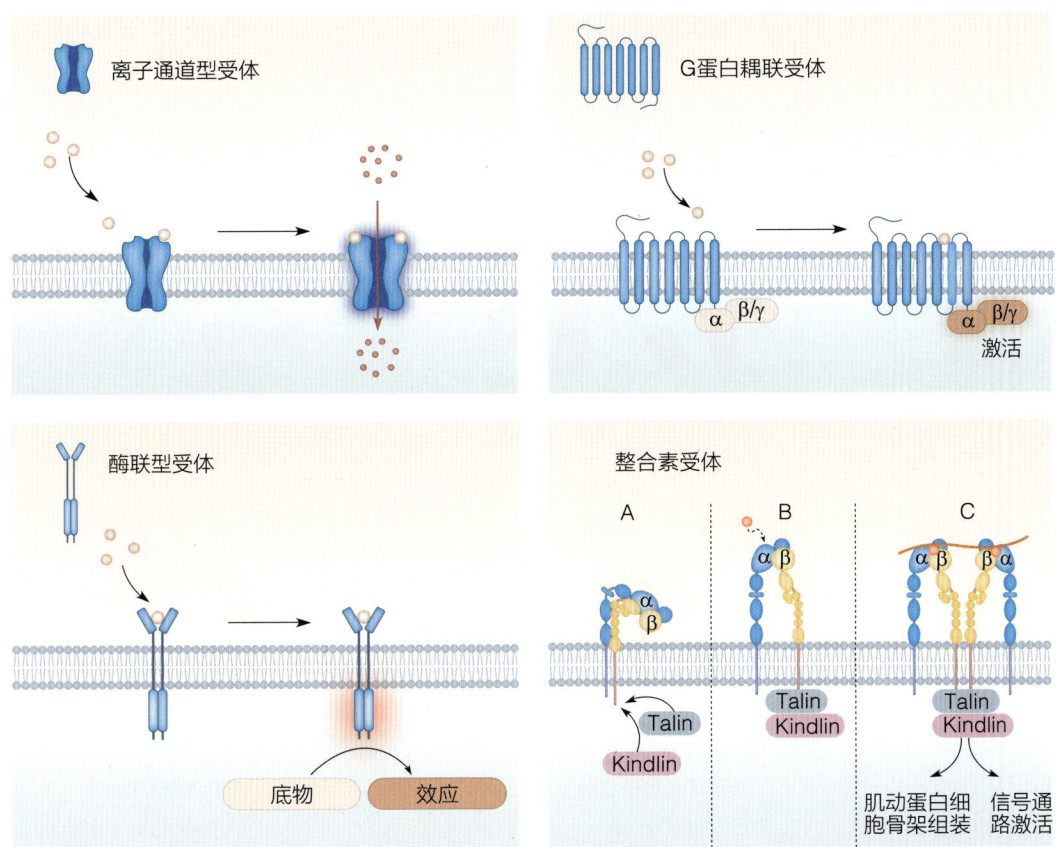

图 4-11　四类主要的膜受体

膜电位改变。这个过程在数毫秒内完成，称为快突触反应，这种化学突触传递称为直接突触传递。在哺乳动物中枢神经系统，化学突触有兴奋性突触，也有抑制性突触。

兴奋性突触主要是以谷氨酸（天门冬氨酸）为神经递质激活兴奋性的离子通道型受体，使阳离子进入突触后膜，将膜电位向激发动作电位的阈值驱动。抑制性突触则以 γ-氨基丁酸（γ-aminobutyric acid，GABA）或甘氨酸为神经递质激活抑制性的离子通道型受体，使阴离子通透性增加，突触后细胞内超极化。

脊椎动物中所有神经递质门控的离子通道可划分为三大亚族（图 4-12）：①离子通道由 5 个亚基构成，每个亚基包含 4 个跨膜螺旋，如乙酰胆碱受体，也包括 GABA、甘氨酸和 5-羟色胺门控的离子通道；②离子通道包含 4 个亚基，每个亚基有 3 个跨膜螺旋，如谷氨酸门控的离子通道；③离子通道包含 3 个亚基，每个只有 2 个跨膜螺旋，如 ATP 门控的离子通道。

离子通道型受体由配体结合部位与离子通道两部分组成，阳离子通道的孔道氨基酸残基多带负电荷，而阴离子通道则多带正电荷，故它们能选择性地通过阳离子或阴离子。不同类型的受体所含亚基数目及种类虽不相同，但其基本结构是相似的。一些离子通道型受体对单一离子具有特异性，如 Cl^-，但有些受体的特异性较差，如非特异性的单价阳离子通道（表 4-2）。

单个化学突触不只释放一种递质，许多递质可通过直接结合膜离子通道（膜外

侧视图：一个亚基

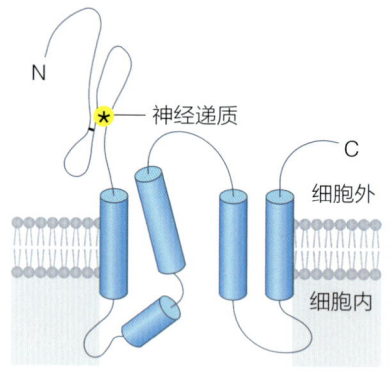
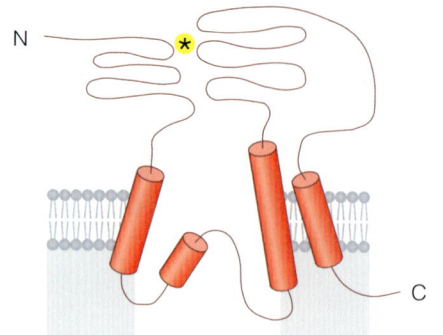
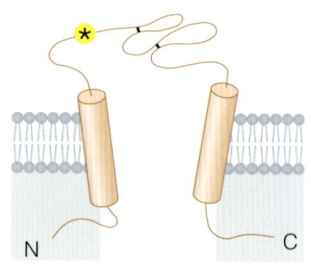

表面视图：所有亚基

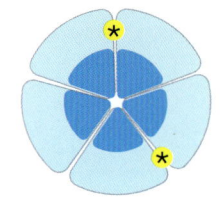
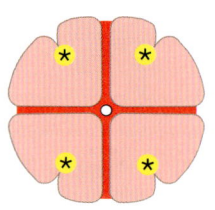
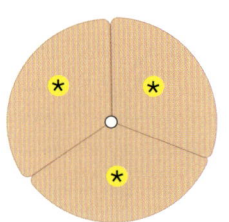

乙酰胆碱受体、GABA_A受体、甘氨酸受体、5-羟色胺受体　　　离子通道型谷氨酸受体　　　ATP结合P2X受体

图 4-12　脊椎动物离子通道型受体三大类型

表 4-2　离子通道型受体（配体门控离子通道）

配体（受体）	亚基数	单个亚基跨膜数	选择通透的离子
直接传递			
γ-氨基丁酸（GABA_A）	5	4	Cl^-
甘氨酸（GlyR）	5	4	Cl^-
乙酰胆碱（N1 神经元型）	5	4	Na^+、K^+
乙酰胆碱（N2 肌肉型）	5	4	Na^+、K^+
谷氨酸（AMPA/KA）	4	3	Na^+、K^+
谷氨酸（NMDA）	4	3	Na^+、K^+、Ca^{2+}
5-羟色胺（5-HT3）	5	4	Na^+、K^+
ATP（P2X）	3	2	Na^+、K^+、Ca^{2+}
间接传递（GPCR）			
↑cAMP			↓K^+（5-HT4,6,7）
↓cAMP			↑K^+、↓Ca^{2+}（D2,α2,A1）
↑IP_3、DAG			↑Ca^{2+}（M1-3,P2Y,mGluR1,5），↓K^+（α1,5-HT2）

侧）并开放通道迅速发挥作用，也可以通过 G 蛋白耦联受体途径间接激活离子通道（细胞质侧）的机制缓慢地发挥作用（见图 4-4）。化学突触传递通过突触后膜离子通道受体最终导致细胞膜电位改变，离子通道受体通过将化学信号再变成为电信号而完成神经系统神经元间的电信号传递。神经肌肉接头标本的研究为解析化学性突触传递机制提供了关键依据。

一、N 型乙酰胆碱受体介导的突触传递

1. 神经肌肉接头的结构

神经肌肉接头是电信号从运动神经元向骨骼肌（运动终板）以化学信号方式传递的突触。因为解剖结构在光镜下可见（图 4-13）而肌细胞较大，能同时用数个电极进行记录，故它是最早进行解剖学、生理学和生物化学特性研究的突触之一，由此揭示了化学突触传递的很多基本特性，如神经递质释放的机制、受体理论、突触后电位机制等，而这些也广泛适用于其他化学突触，构成突触传递的基本理论。

运动神经轴突终末膨大形成轴突小扣，其中含有突触囊泡，内充满 ACh。肌纤维相对于轴突小扣发生广泛性皱褶，其上具有大量 ACh 受体，为烟碱型乙酰胆碱受体。突触间隙含有大量的乙酰胆碱酯酶，是由突触后细胞所分泌的，它主要位于皱褶处。乙酰胆碱酯酶分解 ACh，使 ACh 的作用迅速终结。

2. 终板电位

应用离体神经肌肉接头标本，用电刺激运动神经产生动作电位，同时在肌肉细胞用玻璃微电极记录膜电位变化。刺激运动神经后，在几毫秒内肌纤维会发生短暂的去极化。这种短暂的去极化即为突触后肌纤维产生的突触电位。在肌纤维上突触后膜

图 4-13 神经肌肉接头的结构示意图

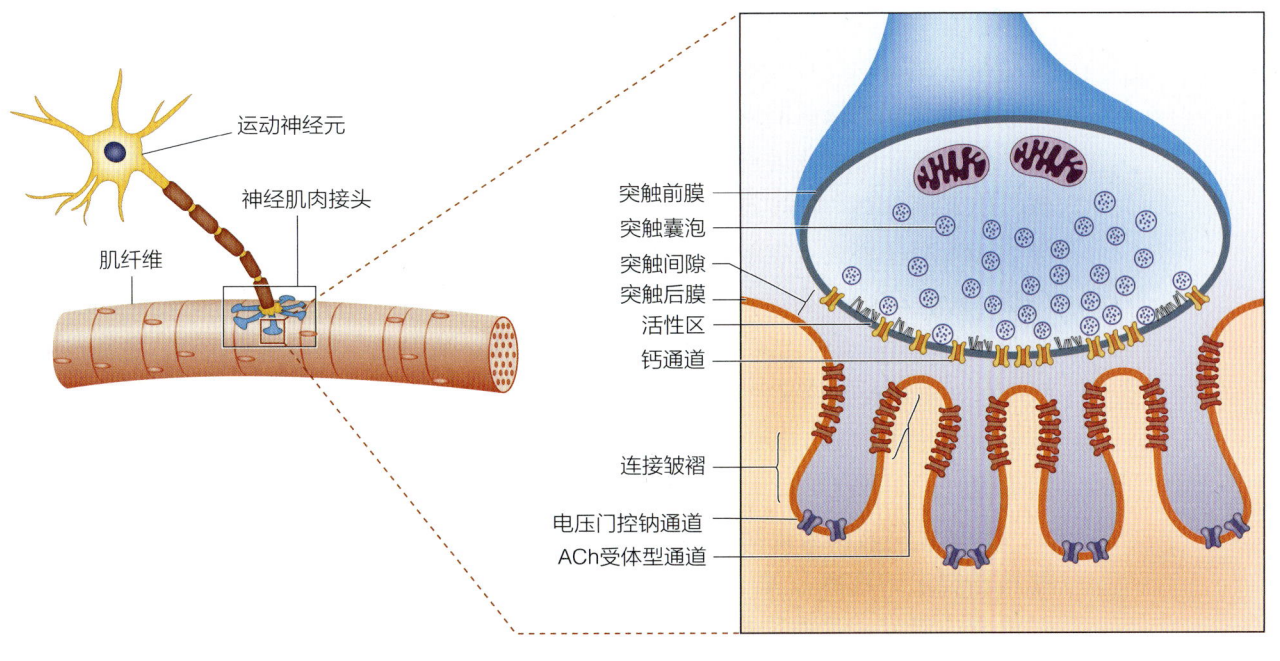

与神经元接触的终板部位，记录的电位最大，这种去极化现象被称为终板电位（end-plate potential，EPP）。为了探讨终板电位的产生机制，人们应用同位素示踪方法进行研究，结果显示 ACh 导致突触后膜对 Na^+、K^+、Ca^{2+} 的通透性增加，而对 Cl^- 没影响。在此基础上应用电压钳技术，人们发现突触后（肌肉细胞）膜电位为负时，乙酰胆碱释放引发内向电流，而在膜电位为正时，则为外向电流，电流-电压关系近似线性。当膜电位为 0 mV 时，电流由内向变为外向，即逆转电位（reversal potential），该电位约等于 0 mV。如果乙酰胆碱引起的电流仅由一种离子造成，则逆转电位应等于该离子的平衡电位，逆转电位和平衡电位是净电流为 0 时的膜电位。然而乙酰胆碱引起的电流的逆转电位与 Na^+、K^+、Cl^- 离子平衡电位均不相同，结果分析说明，乙酰胆碱激活的离子通道让 Na^+、K^+ 及其他阳离子通过，但不允许 Cl^- 等阴离子通过，与同位素测定结果相符。生理条件下的终板电流是由阳离子引起的内向电流，其 Na^+ 内流量大于 K^+ 外流量。这个内向电流引起了肌肉细胞去极化，产生终板电位。

3. 烟碱型乙酰胆碱受体

乙酰胆碱怎样导致突触后膜的电位变化呢？神经肌肉接头的骨骼肌终板部位含大量的乙酰胆碱受体（acetylcholine receptor，AChR），其本身也是离子通道。这种受体是烟碱型乙酰胆碱受体（nicotinic acetylcholine receptor，nAChR），为配体门控离子通道，也分布在神经节、中枢神经系统等处介导 ACh 的作用。由于乙酰胆碱受体在生物体中大量存在（尤其是电鳐的电器官，富含一种和骨骼肌十分相像的乙酰胆碱受体），这种受体也成了研究神经递质受体功能的模型。通过生化手段纯化及基因克隆发现，电鳐 AChR 是跨膜蛋白，由 5 个亚基构成（见图 4-11）：2 个 α、1 个 β、1 个 γ、1 个 δ 亚基。AChR 的 5 个亚基均包含 4 个跨膜螺旋（M1、M2、M3 和 M4 区），所有亚基的 M2 螺旋共同构成中间孔道。AChR 关闭状态下，这些跨膜螺旋构成疏水屏障，阻止离子出入。2 分子 ACh 与 AChR 结合诱导 2 个 α 亚基旋转，改变 M2 螺旋的构象，离子通道打开允许阳离子通过。nAChR 包含 2 个 ACh 结合位点，只有当 2 个位点都与 ACh 结合时，通道才打开。

> 🔍 **想一想**
> 烟碱型乙酰胆碱受体结合两个 ACh 分子才打开通道有何功能性意义？

4. 神经肌肉接头的兴奋传递过程

当动作电位到达运动神经元的神经末梢时，触发电压门控钙通道开放，Ca^{2+} 内流，使末梢内 Ca^{2+} 浓度增加，引起含有 ACh 的突触囊泡在突触前膜活性区的融合，导致 ACh 分子释放入突触间隙。ACh 用不到 1 ms 的时间弥散穿过突触间隙到达突触后膜，并和 nAChR 相结合。2 个 ACh 分子和 1 个 nAChR 结合引起 ACh 受体通道开放。由于 Na^+ 电压驱动力比 K^+ 较高，导致 Na^+ 内流，从而使突触后膜去极化，进而产生终板电位，而终板电位又使肌肉细胞电压门控钠通道开放，膜电位到达阈值从而引起动作电位的发放。肌肉细胞动作电位再驱动肌肉细胞内 Ca^{2+} 水平升高，使肌丝滑动、肌肉收缩。

一些化学物质会影响神经肌肉接头的突触传递，这些发现可帮助人们对化学突触传递理论的理解，如 19 世纪法国生理学家 Claude Bernard（1813—1878）最早对箭毒的研究。这些物质可分为两类，一类影响受体，一类影响胆碱酯酶。激活受体并开放离子通道的物质称为激动剂（agonist），与受体结合但不能开放离子通道的物质称为拮抗剂（antagonist）。植物生物碱尼古丁（此类受体名称由此而来）及合成的卡巴胆碱等是激动剂。而筒箭毒碱和 α- 银环蛇毒是拮抗剂。筒箭毒碱与受体的结合是可逆的，而 α- 银环蛇毒与受体的结合是不可逆的。乙酰胆碱酯酶易被胆碱酯酶抑制剂所阻断（如新斯的明和毒扁豆碱）。神经终末的 ACh 释放也易被干扰剂所影响，离子如 Ca^{2+} 和 Mg^{2+}，神经毒素如肉毒杆菌毒素会通过影响突触蛋白阻断囊泡和细胞膜的融合。

二、离子通道型谷氨酸受体介导的兴奋性突触传递

中枢神经系统主要的兴奋性神经递质是谷氨酸，脊椎动物中枢神经系统大多数突触是谷氨酸能兴奋性突触。无论是兴奋性、抑制性还是调节性神经元，几乎所有的神经元都表达谷氨酸受体，且可被谷氨酸激活。谷氨酸受体有很多亚型，各种谷氨酸受体可分为两种基本类型，即配体门控离子通道，或称为离子通道型谷氨酸受体，以及和 G 蛋白耦联的代谢型谷氨酸受体（metabotropic glutamate receptor，mGLuR）。

离子通道型谷氨酸受体曾被分为 3 类，按照各自的选择性激动剂命名：① AMPA（2-amino-3-hydroxy-5-methylisoxazole-4-propinoic acid，2- 氨基 -3- 羟基 -5- 甲基异噁唑 -4- 丙酸）受体；②红藻氨酸（kainic acid，KA）受体；③ NMDA（N-methyl-D-aspartate，N- 甲基 -D- 天冬氨酸）受体。由于 AMPA 受体和红藻氨酸受体特性类似，它们被统称为非 NMDA 受体。离子通道型谷氨酸受体都由 4 个亚基构成，每个亚基包含 7 个模块区域：一个氨基端区域，一个配体结合区域，一个由 3 个跨膜螺旋（M1、M3 和 M4）和一个孔袢（M2）组成的跨膜区域，以及一个羧基端区域。

AMPA 受体是快速的谷氨酸门控离子通道，主要由 GluA1、GluA2、GluA3、GluA4 四种亚基组成同型四聚体，也有异型四聚体，不同的 AMPA 受体可由不同的亚基构成，大多数 AMPA 受体都包含 GluA2 亚基。谷氨酸与 AMPA 受体结合时引起配体结合区域的构象变化，从而改变跨膜螺旋的构象，使离子通道开放，允许 Na^+ 和 K^+ 通过。部分 AMPA 受体除 Na^+ 和 K^+ 以外，Ca^{2+} 也可通过。这些受体在突触后神经元接近静息电位时，介导谷氨酸能突触的突触传递。由于静息电位下 Na^+ 的驱动力远大于 K^+，AMPA 受体开放形成阳离子的净内流，使突触后神经元去极化。

NMDA 受体通常是由两个 GluN1（也称 NR1）和两个 GluN2（也称 NR2）亚基构成的异型四聚体，每个亚基都包含一个谷氨酸结合位点。GluN1 由 1 个单一基因编码，而 GluN2 则有 4 种变体，GluN2A、GluN2B、GluN2C 和 GluN2D，分别由 4 个不同的基因编码。NMDA 受体是高通透性阳离子通道，对 Na^+、K^+ 和 Ca^{2+} 具有通透性。NMDA 受体与 AMPA 受体特性不同，它不仅受谷氨酸门控，也受膜电位影响，并需要甘氨酸作为协同激动剂。低甘氨酸浓度下，谷氨酸开放通道的能力则显著下降，但高浓度甘氨酸也会引起 NMDA 受体的内吞。在膜电位为负的情况下，NMDA

图 4-14 突触后 AMPA 受体和 NMDA 受体的共存和相互作用
①谷氨酸神经递质释放扩散，与 AMPA 受体和 NMDA 受体结合；②通过 AMPA 通道净钠离子进入，使突触后细胞去极化；③去极化使 NMDA 的镁离子排出，打开 NMDA 通道；④钙离子通过 NMDA 通道进入细胞质；⑤钙离子激活 CaMKⅡ 路径；⑥突触后细胞的旁分泌增强谷氨酸的释放

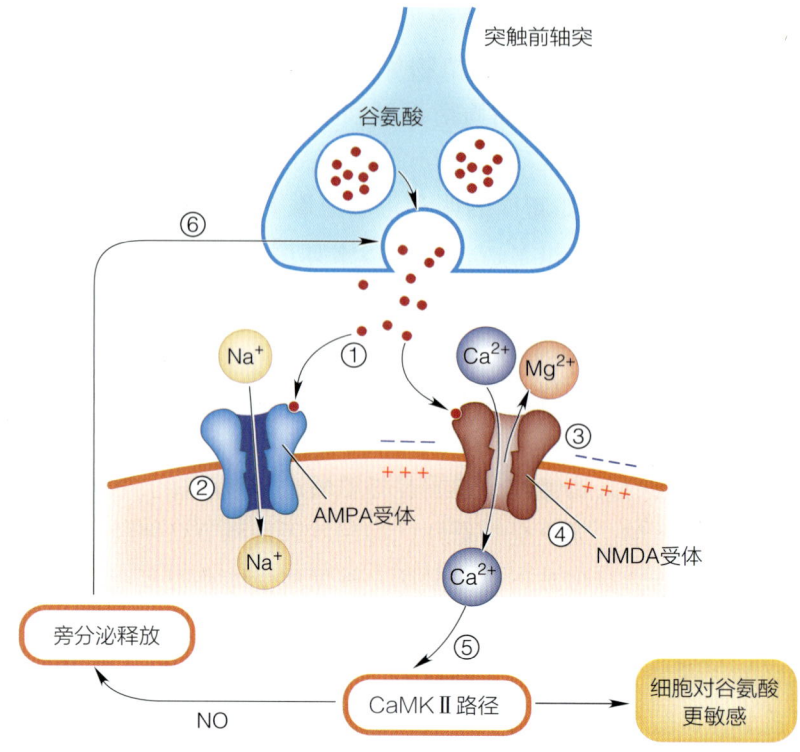

受体的膜外区通道出口被一个 Mg^{2+} 阻塞，因此即使与谷氨酸结合，通道也不会开放（图 4-14）。但是突触后膜去极化 Mg^{2+} 会被移除。NMDA 受体在突触前膜释放谷氨酸，且突触后膜去极化两个条件同时满足的情况下开放。这种特性在突触可塑性和学习记忆过程，以及受神经活动调控的神经系统发育中非常重要。NMDA 受体激活后具有很高的 Ca^{2+} 电导。AMPA 受体和 NMDA 受体经常在同一突触上共同表达，AMPA 受体提供初始的去极化，移除阻塞 NMDA 受体的 Mg^{2+}，而后 NMDA 受体与 AMPA 受体共同造成后续的去极化。NMDA 受体开放后，流入的 Ca^{2+} 参与突触后细胞内的多项重要生化功能。

不同类型的神经元会表达由不同亚基构成的 AMPA 受体和 NMDA 受体，不同亚基的排列组合使 AMPA 受体和 NMDA 受体具有了多种多样的功能和调节特性。且这些亚基构成会随着发育过程产生变化，并受突触活动本身的调控。

三、介导抑制性突触传递的离子通道

脊髓反射中，感觉输入与同侧屈肌及对侧伸肌运动神经元间由中间神经元来连接，中间神经元释放抑制性神经递质，引起突触后运动神经元超极化，当受刺激时完成脊髓反射。这种快速的抑制活动由神经递质甘氨酸（脊髓和脑干内）和 GABA（中枢多数区域）介导，通过分别作用于离子通道型甘氨酸受体（glycine receptor）和 GABA 受体（GABA receptor）实现。GABA 是脊椎动物中枢神经中分布最广泛的抑制性神经递质，大量见于小脑和新皮质，GABA 能神经元是抑制性中间神经元。GABA

> 想一想
> AMPA 受体和 NMDA 受体在突触后的共存有何意义？镁离子对通道的阻塞有什么功能？

由谷氨酸通过谷氨酸脱羧酶的作用合成,通过 GABA 转氨酶降解。其突触后受体至少有 3 种亚型,称为 $GABA_A$、$GABA_B$ 和 $GABA_C$ 受体。

$GABA_A$ 受体的晶体结构类似烟碱型乙酰胆碱受体,由 5 个亚基组成(见图 4-12),亚基类型有 α、β、γ、δ、ε 等,每个亚基都具有由不同基因编码的数个亚型。$GABA_A$ 通常包含 2 个 α 亚基、2 个 β 亚基、1 个 γ 亚基。不同受体亚型由不同的亚基组合,且 γ 亚基有时会被其他诸如 δ 和 ε 亚基取代。甘氨酸受体由 2 个 α 亚基和 3 个 β 亚基组成,有 4 个甘氨酸的结合位点。$GABA_A$ 受体和甘氨酸受体都是配体门控型离子通道,且选择性通透阴离子,主要是 Cl^-。$GABA_A$ 受体还有苯二氮䓬类和巴比妥类药物的结合位点,苯二氮䓬类药物可以增加 Cl^- 通道开放的频率,巴比妥类药物则能延长 Cl^- 通道开放的时程,这样,这些药物与受体结合后增强了 GABA 的抑制性作用。有研究表明,乙醇也会增强 GABA 的作用,因此应注意饮酒对药物的影响。此外,最常用的抗癫痫、抗焦虑及助眠药物都与 $GABA_A$ 受体结合来发挥效用。

GABA 的另一种抑制性作用是通过代谢型 $GABA_B$ 受体实现的,该受体与 G 蛋白耦联,影响胞内信号转导通路,使 K^+ 通道开放。K^+ 通道开放,K^+ 外流引起超极化,使得神经元更难通过兴奋性输入达到发放动作电位的阈值。$GABA_B$ 受体主要存在于神经末梢或轴突末端,故它在突触前调节神经递质的释放。

> **想一想**
> GABA 受体选择 Cl^- 跨细胞膜内流为什么能抑制神经元兴奋?鉴于乙醇对 GABA 受体的影响,饮酒会影响哪些药物的作用?

第四节　介导突触传递的 G 蛋白耦联受体

在中枢神经系统中,神经递质除作用于离子通道型受体引起快速的突触传递,还能通过影响代谢型受体进行缓慢的调制传递。这种调制传递通过细胞内信号通路导致离子通道活性或其他神经元内代谢过程的改变,被称为间接传递。绝大多数代谢型受体都属于 G 蛋白耦联受体(G protein-coupled receptor,GPCR)超家族,其信号转导涉及一种异三聚体 GTP 结合蛋白,简称 G 蛋白(G protein)。GPCR 构成了哺乳动物中最大的基因家族,在神经传导、神经元的生长和发育、学习与记忆、对外界刺激的感应,以及很多其他生理过程的调控中起重要作用(表 4-3)。40% 左右的临床药物作用靶点为 GPCR。

表 4-3　G 蛋白耦联受体介导的突触传递

递质	受体	G 蛋白	效应器
去甲肾上腺素	β1,β2	→ G_S →	↑腺苷酸环化酶→ ↑cAMP→ ↑蛋白激酶 A
多巴胺	D1,D5		
5-羟色胺	5-HT4,5-HT6,5-HT7		
组胺	H2		
促皮质释放激素	CRF1,CRF2		
胰高血糖素	胰高血糖素		

续表

递质	受体	G 蛋白	效应器
乙酰胆碱	M1，M3，M5	→G_q→	↑磷脂酶 C → 三磷酸肌醇→Ca^{2+} 二酰甘油→ 蛋白激酶 C
去甲肾上腺素	α1		
谷氨酸	mGluR1，mGluR5		
5-羟色胺	5-HT2A，5-HT2B，5-HT2C		
组胺	H1		
ATP	P2Y1，P2Y2，P2Y4，P2Y6		
P 物质	NK1		
缓激肽	B2		
血管升压素	V1		
乙酰胆碱	M2，M4	→G_i→	↓腺苷酸环化酶→ ↓cAMP → ↑钾通道开放→ 抑制
去甲肾上腺素	α2		
谷氨酸	mGluR2，mGluR3，mGluR4，mGluR6，mGluR7，mGluR8		
氨基丁酸	$GABA_B$		
5-羟色胺	5-HT1		
阿片类	Δ，κ，μ		
促生长素抑制素	SST1-5	→G_o→	↓钙通道关闭→ ↓递质释放
大麻素	CB1		

一、G 蛋白耦联受体及信号转导

1. G 蛋白耦联受体

尽管 GPCR 所结合的细胞外信号分子（配体）千差万别，但它们在分子结构上都属于同一超家族（人类基因组中约有 1 000 个编码这类受体的基因），每种受体都由一条 7 个跨膜的肽链构成，因而也称之为 7 次跨膜受体。其氨基端在胞外、羧基端在胞内，有 3 个膜外袢和 3 个膜内袢（图 4-15A）。胞外袢附近和跨膜螺旋内部有配体的结合部位，也有一些 GPCR 主要以氨基端与配体结合。胞内第三个袢的氨基端和第二袢的一些氨基酸残基决定受体与 G 蛋白相互作用的特异性，胞内第三个袢的羧基端部分也参与受体与 G 蛋白的相互作用。GPCR 与配体结合后，通过构象变化结合并激活 G 蛋白。羧基端和胞内第三袢含有多个苏氨酸（Thr）和丝氨酸（Ser）残基，可被 PKC、PKA 和 G 蛋白耦联受体激酶（G protein-coupled receptor kinase，GRK）磷酸化，募集 β- 制动蛋白（β-arrestin），引起受体失敏。

根据编码 7 个跨膜结构域序列的进化保守情况，可将 GPCR 分成多个亚家族，如 A 类（rhodopsin-like）、B1 类（secretin receptor-like）、B2 类（adhesion receptor）、C 类（metabotropic glutamate receptor-like）、F 类（frizzled-like/taste 2 感受器）等 5 类。

其中，A 类包含了绝大多数的 GPCR。GPCR 的多样性使这些受体能识别和响应各种各样的配体，如光能、化合物、离子、神经递质、神经调节肽、激素、糖蛋白，以及其他蛋白质。

2. G 蛋白

G 蛋白是由 Gα、Gβ 和 Gγ 三种亚基构成的三聚体，人类基因组内有 16 个 Gα 亚基、5 个 Gβ 亚基和 13 个 Gγ 亚基的变体。这些亚基不同的排列组合可形成许多不同变体 G 蛋白三聚体，它们各自与不同的 GPCR 结合并激活特定的胞内信号传导。此外还有一类单一亚基的 G 蛋白，称为小 G 蛋白。参与 GPCR 信号转导的 G 蛋白通常是异源三聚体，根据 Gα 亚基的结构和作用差异，G 蛋白主要分为 4 类：即 G_S、$G_{i/o}$、$G_{q/11}$、$G_{12/13}$ 家族。

静息状态下，G 蛋白的 3 个亚基聚合成三聚体，其中 α 亚基与鸟苷二磷酸（guanosine diphosphate，GDP）相结合。当配体与 GPCR 受体结合，GPCR 受体构象变

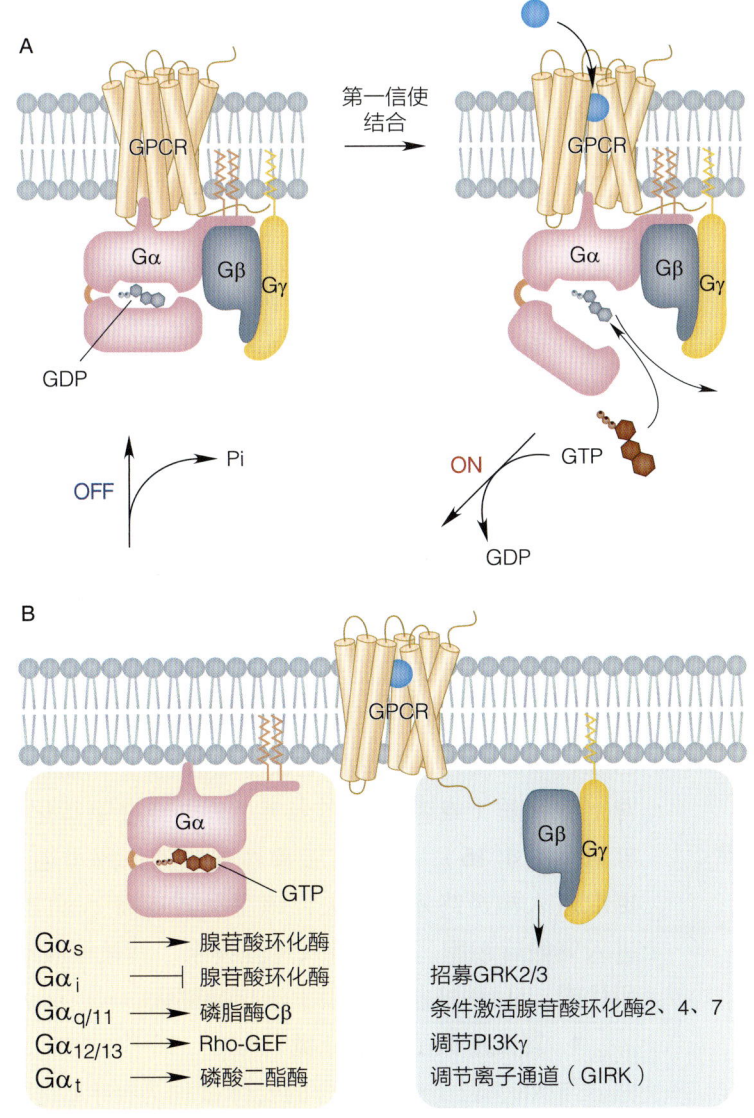

图 4-15　G 蛋白耦联受体与 G 蛋白结构示意图及信号通路

A. G 蛋白耦联受体三聚体的激活原理；B. 经典的 GPCR 信号通路。Gα 和 Gβγ 激活（→）或抑制（—）多种效应因子，进而调节不同第二信使或下游通路

化引起 G 蛋白构象改变，鸟苷三磷酸（guanosine triphosphate，GTP）取代 GDP 与 α 亚基结合，导致 Gα 亚基与 Gβγ 亚基解离，游离的 Gα 亚基和 Gβγ 亚基与下游蛋白质结合发挥其生理作用（图 4-15B）。而活化的 α 亚基具有 GTP 酶活性，可将 GTP 水解为 GDP 并与 GDP 结合，与 GDP 结合的 α 亚基重新和 βγ 亚基结合成三聚体，从而终止了 G 蛋白的作用，使其回到静息状态。G 蛋白这种有活性和无活性状态的转换称为 G 蛋白循环。

拓展阅读 4-2　GPCR 的电压依赖性

3. G 蛋白效应器

G 蛋白效应器是指活化的 α 亚基和 βγ 亚基直接作用的靶蛋白，主要包括离子通道（由 βγ 亚基直接作用）和多种酶（由 α 亚基激活）。效应器酶主要包括腺苷酸环化酶、磷脂酶 C、磷脂酶 A2、鸟苷酸环化酶和磷酸二酯酶。它们都能通过生成（或分解）第二信使以实现细胞外信号向细胞内的转导。第二信使（second messenger）是指激素、递质、细胞因子等信号分子（第一信使）作用于细胞膜后产生的细胞内信号分子，它们能够将细胞外信号分子携带的信息传递到细胞内部。一些较重要的第二信使有：环磷酸腺苷（cAMP）、三磷酸肌醇（inositol triphosphate，IP_3）、二酰甘油（diacylglycerol，DAG）、环磷酸鸟苷（cGMP）和 Ca^{2+} 等。这些第二信使调节各种蛋白激酶和离子通道的活性，通过靶蛋白构象的变化引发级联反应和细胞功能的改变。

二、肾上腺素受体的信号转导

去甲肾上腺素（norepinephrine，NE）是中枢神经系统及自主神经系统肾上腺素能神经元产生的神经递质，其作用于肾上腺素受体（adrenergic receptor），这些受体属于 GPCR（知识窗 4-4）。肾上腺素（epinephrine）也能作用于肾上腺素受体，但在中枢神经系统中其作用较少，大部分由肾上腺嗜铬细胞产生（也产生部分 NE），在此作为激素发挥作用（参见第十一章）。儿茶酚胺（catecholamine）是去甲肾上腺素、肾上腺素和另一种重要的神经递质多巴胺的总称，其合成路径为：以酪氨酸为原料，在神经终末的细胞质，由酪氨酸羟化酶羟化形成多巴，这是儿茶酚胺生物合成的限速步骤。多巴被多巴脱羧酶转化为多巴胺，多巴胺进入突触囊泡被多巴胺 -β- 羟化酶转化为 NE；在肾上腺髓质（或者神经终末），NE 再经过甲基化反应形成肾上腺素（图 4-16）。儿茶酚胺神经递质的作用可通过主动转运再摄取进入神经终末而消失，该主动转运需要 ATP，也能被摄取进入突触后细胞。一旦进入神经终末，其被单胺氧化酶（MAO）所代谢。MAO 抑制剂可用于治疗抑郁症。

1. 肾上腺素受体的分类

与 NE、肾上腺素结合的受体被称为肾上腺素受体，是典型

图 4-16　儿茶酚胺的结构与合成路径

> **知识窗 4-4**
>
> ### G 蛋白耦联受体的研究历程
>
> G 蛋白耦联受体（GPCR）是一个庞大的受体家族，参与了许多细胞信号转导过程。有意思的是，基础的研究源于不怎么相干的 3 个领域：G 蛋白、肾上腺素受体和视紫红质。
>
> 20 世纪 70 年代和 80 年代，美国生物化学家 Alfred G. Gilman 和 Martin Rodbell 的系列工作揭示了 G 蛋白在激素信号转导中的作用，为 GPCR 信号转导领域的研究奠定了基础，他们因此获得了 1994 年的诺贝尔生理学或医学奖。
>
> 20 世纪 60 年代末，Robert J. Lefkowitz 开始利用放射学方法来追踪细胞受体，尤其是针对激素的受体。借助这种方法，他找到了数种受体，特别是 β 肾上腺素受体（简称 β 受体）。20 世纪 80 年代，Brian K. Kobilka 加入了 Lefkowitz 的研究团队，从浩瀚的人类基因组中分离出编码 β 受体的基因。在分析这个基因时，他们发现这个基因与视网膜上捕获光的受体（视紫红质）非常相似。2007 年，Brian Kobilka 和 Raymond Stevens 解析出 β 受体的结构。2011 年，Lefkowitz 和 Kobilka 通过 X 射线晶体衍射的手段解析出了 β 受体被激素激活、向细胞发送信号时的结构，他们因突破性地揭示 GPCR 的内在工作机制，于 2012 年获得诺贝尔化学奖。
>
> 而视紫红质的研究历史很长，人们怎么也没想到这是第一个 GPCR。1877 年，德国生理学家 Franz Böll（1849—1879）发现，在暗中视杆细胞为红色，见光 20 s 后变成黄色、60 s 后成为无色，他的解释是视杆细胞中存在色素，称为"红色物质"。德国海德堡的 Wilhelm Kühne 在 1878—1882 年间集中研究视网膜，发表了 22 篇论文，Kühne 将 Böll 发现的视杆细胞色素称为"视紫"（visual purple），认为其是一种蛋白质。他分离纯化了视紫，发现其分子本身就对光有反应，这是世界首次发现细胞膜上的蛋白质，称为"视紫红质"（rhodopsin）。1983 年，美国的 Hargrave 等和苏联的 Ovchinnikov 等分别获得牛视紫红质的全部氨基酸序列，发现视紫红质也是 GPCR。视紫红质是被光子激活的 GPCR，而肾上腺素受体等是被化学分子激活的 GPCR。

的 G 蛋白耦联型受体，可分为 α 和 β 两种类型（简称 α 受体和 β 受体）。其中，α 受体主要有 α1 和 α2 两种亚型。α1 受体主要分布于血管、胃肠，以及膀胱括约肌、泌尿生殖器的平滑肌和肝等处。交感神经系统通过 α1 受体发挥血管收缩作用。α2 受体主要分布于去甲肾上腺素神经末梢突触前膜，可限制 NE 和其他神经递质（如 5-HT 和谷氨酸）的释放。β 受体主要有 β1、β2 和 β3 三种亚型。β1 受体主要分布在心脏及肾的球旁细胞中，交感神经系统通过 β1 受体增强心脏功能；β2 受体主要分布在血管平滑肌、细支气管平滑肌、膀胱平滑肌、子宫平滑肌、骨骼肌和肝中；β3 受体主要在脂肪组织，与脂肪分解有关。在不同的组织中，肾上腺素受体的类型和密度有所差异。例如，α 受体和 β 受体均在血管平滑肌有分布，但 α 受体主要存在于皮肤、肾和胃肠的血管平滑肌，NE 和肾上腺素的作用是兴奋性的（血管收缩）；而 β 受体存在于骨骼肌和肝的血管，NE 和肾上腺素的作用是抑制性的（血管舒张）。这种组织器官功能的差别是由于受体亚型差异导致的信号转导路径不同。

2. 肾上腺素受体与交感神经

交感神经系统（sympathetic nervous system）的神经元轴突末梢释放去甲肾上腺素，引起心肌收缩加快心率，也引起大多数血管收缩而升高血压。去甲肾上腺素结合并激活心肌细胞上的 β1 肾上腺素受体，此受体与 G_s 类型（激活型 G 蛋白，stimulatory G protein）的 α 亚基结合导致 G 蛋白解离（图 4-15B）。G_s-GTP 与腺苷酸环化酶结合并将其激活，促进 ATP 转变为 cAMP，cAMP 浓度升高，使得 cAMP 依赖性蛋白激酶（cAMP-dependent protein kinase，也称蛋白激酶 A 或 PKA）被激活，PKA 磷酸化心肌细胞膜上的电压门控钙通道，使其开放概率升高。Ca^{2+} 通过该通道进入胞内，促进心肌收缩，进而加快心率。PKA 是一种丝氨酸/苏氨酸激酶，由 2 个调控亚基和 2 个催化亚基构成。在没有 cAMP 的情况下，这 4 个亚基构成一个无活性的四聚体，通常与分布在细胞内特定位置的各种蛋白激酶 A 蛋白激酶锚定蛋白（A kinase anchoring protein，AKAP）结合。cAMP 与 PKA 的调控亚基结合使其与催化亚基分离，被释放的催化亚基则可以开始对底物进行磷酸化。PKA 可以磷酸化多种底物，对神经元兴奋性的影响可以是短暂的，也可能持续很长时间。

NE 与 α1 受体结合激活一种 G_q 亚型的 G 蛋白（图 4-15B），活化的 G_q 激活磷脂酶 C（phospholipase C，PLC）。PLC 催化膜上的磷脂酰肌醇-4,5-二磷酸（PIP_2）水解，产生两种重要的第二信使：DAG 和 IP_3。IP_3 促使内质网内 Ca^{2+} 释放，升高 Ca^{2+} 水平，引发系列效应。在血管平滑肌，Ca^{2+} 激活钙调蛋白（calmodulin，CaM），形成 Ca^{2+}/CaM 复合体，激活 CaM 激酶调节肌丝滑动。Ca^{2+}/CaM 复合体可调控多个信号通路。而 DAG 与蛋白激酶 C（protein kinase C，PKC，一种丝氨酸/苏氨酸激酶）结合并激活。PKC 和 CaM 激酶都可将包括离子通道和受体在内的多种底物磷酸化，从而改变其活性。乙酰胆碱、谷氨酸、5-羟色胺受体等代谢型受体的一些类型也可通过磷脂酶 C 信号转导途径发挥作用。

三、M 型乙酰胆碱受体与副交感神经信号传递

以乙酰胆碱（ACh）为神经递质的胆碱能神经系统在中枢神经系统内分布广泛，参与几乎所有脑功能。在外周神经系统中，运动神经元支配骨骼肌活动的神经递质也是 ACh。ACh 也是调节内脏活动的自主神经系统重要的神经递质。ACh 作用的受体称为胆碱能受体，可分为毒蕈碱受体（muscarinic receptor，M receptor）及烟碱受体（nicotinic receptor，N receptor），简称 M 受体和 N 受体。N 受体前已述及。M 受体激活时呈现副交感神经的效应，包括心脏活动抑制，内脏平滑肌收缩，消化腺、汗腺分泌增加等，这些效应可被 M 受体拮抗剂阿托品（atropine）阻断。

1. M 受体的分类

M 受体作为 G 蛋白耦联受体，根据基因编码和氨基酸序列的差异可分为 5 种（M1~M5）亚型。各亚型在不同组织器官中类型和密度不同。在外周，M 受体分布于大多数副交感节后纤维支配的效应细胞、汗腺细胞和骨骼肌血管的平滑肌细胞，

如 M2 受体主要分布于心脏，M3 受体和 M4 受体存在于多种平滑肌中，M4 受体还见于胰腺腺泡和胰岛组织，介导胰酶和胰岛素的分泌。有的组织器官同时分布两种及以上 M 受体亚型，起着不同的生理作用。在脑内，M1 受体含量丰富，在大脑皮层、海马、基底神经节等都有分布，与神经肌肉接头不同，中枢胆碱能神经元终末大多没有真正的突触，ACh 在脑内更多是非定向释放，作用弥散，属于容积传递类型。尽管受体亚型不同基因编码不同，但对激动剂和阻断剂的作用是一致的。M1 受体激动剂毛果芸香碱（pilocarpine）能缩小瞳孔，可用于治疗青光眼。而 M3 受体拮抗剂溴化泰乌托品（tiotropium bromide）能放松气管平滑肌，其雾化吸入剂被用作强效持久平喘药。

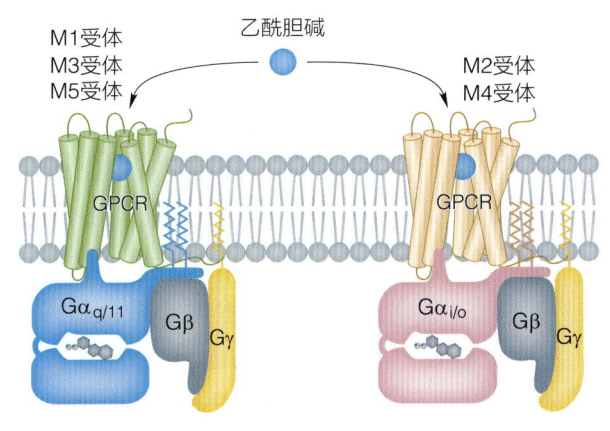

图 4-17　两类 M 型乙酰胆碱受体信号转导示意图

2. M 受体的信号传递

根据耦联的 G 蛋白亚型和下游信号通路的差异，M 受体的 5 个亚型可以分为两组（图 4-17）。奇数命名的受体（主要是 M1 和 M3）与 G_q 亚型 G 蛋白耦联，G_q 型 α 亚基刺激 PLC，使细胞膜磷脂 PIP_2 分解为第二信使 IP_3 和 DAG。在脑中它们大多位于突触后，产生兴奋性作用。这些受体实际上不是在突触位点的膜上，而是在突触外，对非定向释放的 ACh 起反应。偶数编码的受体（M2 和 M4）与 G_o 和 G_i 耦联，它们主要是突触前的受体，抑制递质的释放，但有一些是突触后的受体，引起突触后抑制。

M2 受体介导了迷走神经调节心脏活动的信号传递。迷走神经（副交感神经之一）兴奋会导致心跳减慢和心肌收缩减弱。ACh 是怎样发挥作用的呢？ACh 由迷走神经末端释放，作用于窦房结和心肌的 M2 受体，激活抑制性 G_i 型 α 亚基，使腺苷酸环化酶失活，从而减少了 cAMP 生成（与前述 NE 作用相反），使胞内 Ca^{2+} 水平下降，从而减弱了心肌收缩力。而 G 蛋白激活解离的 βγ 亚基与一类 G 蛋白耦联内向整流型 K^+（G protein-coupled inward-rectifier K^+，GIRK）通道结合并将其激活，使得 K^+ 外流，使心肌细胞超极化，从而减缓心率。

迷走神经促进胃肠道运动和消化液的分泌，这是由于 ACh 作用于 M1 受体和 M3 受体并激活 G_q 蛋白 α 亚基，从而激活磷脂酶 C，产生 IP_3，导致 Ca^{2+} 动员而使收缩性增加。

自主神经系统的交感神经和副交感神经在调节内脏活动时处在对立平衡中，其物质基础是两种神经系统不同的神经递质去甲肾上腺素和乙酰胆碱，作用于不同的受体、G 蛋白及效应物，产生综合平衡的结果。

> **想一想**
> 迷走神经对心脏的调控作用为什么会与对胃肠道的作用相反？

四、其他 G 蛋白耦联受体介导的神经递质信号传递

神经系统完成各种复杂的信息处理，运用了大量多种多样的神经递质发挥作用。

而其中大量调节神经网络功能的突触传递是由 G 蛋白耦联受体介导的,称为代谢型受体。神经递质多肽的受体全为此种类型。

1. 代谢型谷氨酸受体

代谢型谷氨酸受体(mGluR)广泛分布于中枢神经系统内,共有 8 种亚型,即 mGluR1~8,可分成 3 组:Ⅰ组(mGluR1,5),Ⅱ组(mGluR2,3),Ⅲ组(mGluR4,6,7,8)。第一组主要是突触后受体,与 G_q 蛋白耦联,作用于 $PLC-PIP_2-IP_3$ 通路,导致膜的去极化和兴奋性增加,IP_3 和 NMDA 受体在诱导产生长时程增强方面具有协同作用。第二组主要在突触前谷氨酸能神经末梢上,与 G_o 蛋白作用,抑制电压依赖性钙通道,减少递质释放,构成对谷氨酸释放的负反馈调控。而位于突触后时,则激活内向整流钾通道,使神经元超极化,与第一组作用相反。第三组激活 G 蛋白 α 亚基抑制 AC 酶的活性。mGluR 不介导快速的神经传递,而在神经元和神经胶质细胞中能激活胞内信号的级联反应,产生缓慢而持续的变化。

2. 5-羟色胺受体

5-羟色胺(5-hydroxytryptamine,5-HT)神经元胞体位于脑干的中缝核(raphe nucleus)等核团,但神经轴突却支配脑的广大区域,并向下伸展到脊髓,其功能多样。5-HT 受体的数量和种类繁多。在这些受体中,5-HT3 受体是一个配体门控的阳离子通道,既位于突触前也分布在突触后,与烟碱型受体高度同源,在脑内分布很广泛。其他的 5-HT 受体都是 G 蛋白耦联,激活不同的 G 蛋白,如 G_o/G_i、G_q 或 G_s。这些受体也在突触后或者突触前有分布,一些神经元表达不止一类受体。因此 5-HT 对单个神经元和突触通路的总体作用是复杂和多变的,不易从这些作用推断对脑功能的影响。

3. 多巴胺受体

多巴胺能神经元有自发放电,释放的多巴胺可影响多巴胺受体。其有 5 种受体亚型(D1~D5)。D1 受体或 D5 受体结合能够激活腺苷酸环化酶和磷脂酶 C,而 D2~D4 受体结合则抑制腺苷酸环化酶,使钾通道开放,且抑制钙通道。因此,多巴胺的突触后作用可因不同的靶神经元发生很大的变化,相当复杂。几乎所有的多巴胺能神经元都有自身受体,存在于它们的末梢和胞体-树突区域,多数是 D2 受体,其激活可以抑制神经元的放电(胞体或树突上)或抑制多巴胺的释放(末梢)。

黑质的多巴胺能神经元选择性退变,导致纹状体多巴胺能神经末梢的丢失,呈现帕金森病症状,给予多巴胺前体 L-二羟基苯丙氨酸(L-多巴),能显著改善病症。多巴胺能神经元从腹侧被盖区到伏隔核的投射构成奖赏系统神经网络。这也是成瘾药物可卡因的主要作用位点,它抑制多巴胺转运体,增加伏隔核多巴胺的释放量。而尼古丁通过不同的机制也增加伏隔核多巴胺的释放。

知识窗 4-5

心脏神经递质系统的新发现

近年来，我国著名心脏医学专家陈义汉院士连续发现谷氨酸、GABA、乙酰胆碱等神经递质系统也存在于心脏中。

2021年，陈义汉团队首次报道，心房肌细胞和窦房结起搏细胞存在类似大脑皮层谷氨酸能神经元的内源性谷氨酸递质系统，包括表面膜下富含谷氨酸囊泡，细胞内存在谷氨酸代谢酶、离子型谷氨酸受体（iGluR）和谷氨酸转运体。iGluR激动剂可引起iGluR通道电流并降低大鼠心房肌细胞兴奋性阈值，而iGluR拮抗剂显著降低大鼠心房的兴奋传导速度，并抑制房颤等心律失常的发生。在窦房结起搏细胞中，针对谷氨酸递质系统的干预可以显著性地改变心率。

2024年，该团队发现房室结起搏细胞拥有一个完整的GABA能系统，包括GABA囊泡、代谢酶、离子型受体和转运体等。GABA可激活房室结细胞的配体门控通道，提高起搏细胞的阈电位，进而降低房室结细胞的兴奋性，并控制心房到心室的兴奋传导，有利于保证心房和心室的有序收缩。针对该系统的干预可以有效地预防和治疗房室传导阻滞，GABA离子型受体缺陷会大大增加致命性室性心律失常的易感性，并损害心脏的泵血功能。

同年，陈义汉团队进一步在人和小鼠心室肌细胞中发现了乙酰胆碱递质系统，包括乙酰胆碱递质囊泡、转运体、代谢酶和不同亚型的乙酰胆碱受体。乙酰胆碱通过N受体产生内向电流，从而增强心室肌细胞的兴奋性，促进兴奋在细胞间的传导。这与副交感神经调控心脏的M受体迥然不同。研究还发现，乙酰胆碱递质系统关键组分的缺陷与致命性室性心律失常密切相关，对该系统的干预可防止室性心动过速和心室纤颤。

这一系列发现颠覆了传统生理学认知，揭示了谷氨酸、GABA和乙酰胆碱等神经递质在神经系统之外的新功能，建立了心脏活动调节的新理论，为多种心律失常的机制研究和新药研发提供了新思路。

※ 小结

细胞间通信可通过局部联系和远距离方式完成，主要通过电传递和化学传递进行信息传递。化学传递通常包括以下几个步骤：①特定的细胞释放信号分子；②信号分子经扩散或进入血液循环到达靶细胞；③信号分子与靶细胞的特异性受体结合；④受体对信号进行转换并启动细胞内信号转导系统的级联反应；⑤靶细胞产生生物学效应。

电传递的结构基础为缝隙连接，又称电突触。突触是神经系统细胞间传递信息最基本的结构和功能单位。完整的化学突触传递是电信号—化学信号—电信号的依次传导过程，包括突触前神经元动作电位引起递质释放、递质分子通过突触间隙并与突触后膜的受体结合产生兴奋性或抑制性突触后电位、突触后电位通过总和到达阈电位引起突触后反应等。由于不同的神经递质与不同受体的多种亚型选择性结合启动了不同的胞内信号通路，突触传递又有快传递和慢传递之分。离子通道受体介导快速的突触传递，而与G蛋白耦联的代谢型受体介导慢突触传递。神经系统内存在着各种分子大小不等、种类繁多的兴奋性和抑制性神经递质，它们通过不同的作用方式和机制调控神经元与神经元、神经元与效应器细胞之间的信息传递。与经典的信使分子不同，内源性的气体分子作为小分子、可弥散的活性物质在机体各器官功能的调节中起着重要的作用。

※ 思考题

1. 细胞间通信有近距离方式（缝隙连接、细胞接触依赖、旁分泌和自分泌）和远距离方式（神经分泌、内分泌）。在多细胞动物演化过程中，这些细胞间通信方式会怎样演化？

2. 结合文献资料，分析电突触缝隙连接孔道的开关调控机制和影响因素。

3. 了解突触传递的过程和机制，分析除气体分子，神经递质为什么要储存在突触囊泡中并通过突触囊泡进行量子释放？神经递质储存进囊泡及释放过程都需要 ATP，是由轴突末端线粒体来制造，那么线粒体是怎么来的？

4. 神经递质的释放、肌肉的收缩、激素的分泌等细胞活动为什么都会以钙离子来介导？

5. 哺乳动物（包括人）脑含有丰富的神经递质，既有小分子的胺类，也有大分子的肽类。了解无脊椎动物到脊椎动物神经递质种类和作用的变化情况，试分析从原口动物到后口动物神经递质的演化规律。

6. G 蛋白有 G_s、G_q、$G_{i/o}$ 等几种亚型，信号转导路径差别很大甚至相反。G 蛋白亚型在原口动物中的分布是怎样的？从原口到后口动物演化过程，哪种亚型可能是最原始的？

※ 推荐阅读

1. FURSHPAN E J, POTTER D D. Transmission at the giant motor synapses of the crayfish [J]. The journal of physiology, 1959, 145(2): 289-325.

该文精心选定实验样本，巧妙设计实验，确定了电突触的存在。

2. FATT P, KATZ B. An analysis of the end-plate potential recorded with an intra-cellular electrode [J]. The journal of physiology, 1951,115(3): 320-370.

实验结果的分析非常重要。该文精密分析实验结果，在功能上确定神经递质的量子释放。

3. KUFFLER S W, YOSHIKAMI D. The number of transmitter molecules in a quantum: an estimate from ionophoretic application of acetylcholine at the neuromuscular synapse [J]. The journal of physiology, 1975, 251(2): 465-482.

该文确定单个量子释放包含的分子数。科学研究手段很重要。

4. STEYER J A, HORSTMANN H, ALMERS W. Transport, docking and exocytosis of single secretory granules in live chromafin cells [J]. Nature, 1997, 388(6641): 474-478.

该文展示了囊泡锚定和分泌的微观形态。可视化是科学研究重要手段之一。

5. ROSENBAUM D M, RASMUSSEN S G, KOBILKA B K. The structure and function of G protein-coupled receptors [J]. Nature, 2009, 459: 356-363.

该文系统综述了 G 蛋白的研究。

（撰写：项辉、杨巍；审修：王世强）

第五章

肌细胞的收缩功能

机体不断地根据内外环境的刺激信号做出调节和反应。其中，有关运动的调节和反应一般由肌肉组织作为最终效应器。根据肌细胞的结构和收缩功能，可将肌肉组织分为3类，即骨骼肌、心肌和平滑肌。大多数骨骼肌通过肌腱附着于骨骼，其兴奋导致肌肉收缩并产生张力以支撑身体或使骨骼运动，同时还产生热量（体温调节中骨骼肌是主要的产热器官）。心肌是构成心脏的肌肉，其有节律的收缩使心脏完成泵血功能。平滑肌大多参与构成血管壁、中空内脏器官和管道的壁，它们的收缩与舒张在循环、消化、呼吸、排泄、生殖等方面发挥关键作用。

本章重点学习骨骼肌、心肌和平滑肌的细胞结构、收缩机制，以及兴奋收缩耦联功能。

第一节　肌细胞收缩的结构与分子基础

一、肌细胞的结构

1. 横纹肌

在光学显微镜下观察，骨骼肌和心肌都呈现有规则的、明暗相间的横纹，故又被称为横纹肌。

骨骼肌（skeletal muscle）约占人体体重的 40%。骨骼肌组织由粗细不等的肌束（muscle bundle）组成，肌束外包以结缔组织膜（图 5-1A）。每一肌束包含很多肌纤维（muscle fiber），长短不一，短的仅数毫米，长的可超过 10 cm；直径 10～100 μm。肌纤维实际就是多核的骨骼肌细胞，发育过程中由许多成肌细胞（myoblast）融合而成。

心肌（cardiac muscle, myocardium）是心脏特有的横纹肌。心肌细胞较骨骼肌细胞短（约 100 μm 长、10～20 μm 粗）且有分支；细胞核呈卵圆形，有的细胞有双核甚至多核；胞质中含有丰富的线粒体和糖原（图 5-2A）。心肌细胞之间以闰盘（intercalated disc）连接，该处细胞膜特化形成紧密连接（tight junction）和缝隙连接（gap junction）。局部电流经缝隙连接从一个细胞传递给另一个细胞，因此兴奋可以通过电传递在心肌细胞之间迅速传播，使心室或心房组织可以同步收缩。

骨骼肌和心肌细胞的细胞膜又称肌膜（sarcolemma）、细胞质称肌质（sarcoplasm）（图 5-1B）。肌膜周期性垂直内凹，形成穿行于肌质的横管（transverse tubule，又称 T-tubule）。横管之间分布着功能特化的滑面内质网，称为肌质网（sarcoplasmic reticulum, SR）。肌质网与横管共同围成很多竹筒状结构，包绕着成束的肌原纤维（myofibril）。每束肌原纤维的直径为 1～2 μm，其长轴与肌细胞的长轴一致（图 5-1C）。

肌原纤维又由许多平行的肌丝构成，包括粗肌丝（thick filament）和细肌丝（thin filament）两种。粗肌丝直径约为 15 nm，主要由肌球蛋白（myosin）组成，又称肌球蛋白丝。细肌丝直径约 8 nm，主要由肌动蛋白（actin）构成，又称肌动蛋白丝。细肌丝一端整齐固定于由 α-辅肌动蛋白（α-actinin）等 Z 线蛋白形成的 Z 盘（Z disc），另一端深入粗肌丝之间（图 5-1D）。肌连蛋白（titin）丝从粗肌丝的头端伸出至 Z 线的附着位点，有助于保持粗肌丝和细肌丝的正确排列，并有利于收缩后肌小节（sarcomere）静息长度的恢复。在显微镜下，没有粗肌丝、只有细肌丝的区域较亮，称为明带（light band），又称 I 带。I 带中央的 Z 盘在显微镜下显示为一条暗线，称为 Z 线。有粗肌丝的区域较暗，称为暗带（dark band），也称 A 带。A 带长约 1.5 μm，中部只有粗肌丝、没有细肌丝的区域暗中稍亮，称为 H 区（H zone）。H 区中央又有一条暗线，是粗肌丝之间的柔韧连接结构，称为 M 线（M line）。组织学上把两相邻 Z 线之间的区域称为肌小节（图 5-1D、E）。骨骼肌肌小节在静息时长 2.1～2.5 μm，心肌的肌小节稍短。肌小节长度在肌肉收缩和舒张之间不断变化，是横纹肌收缩和舒张的基本单位。

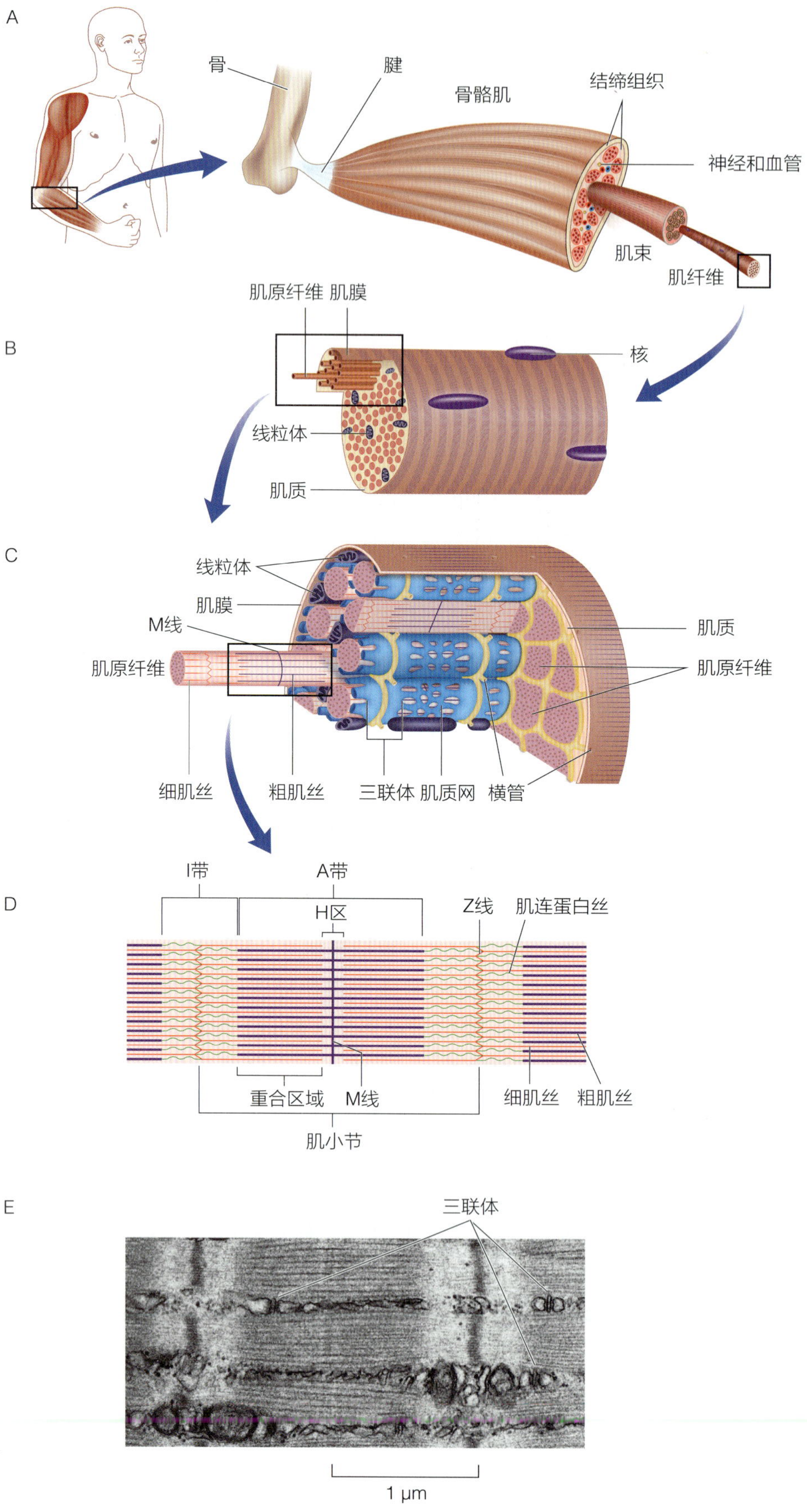

图 5-1　骨骼肌的结构

A. 骨骼肌的解剖结构；B. 肌纤维的细胞结构；C. 肌纤维的亚细胞结构；D. 肌小节的结构；E. 大鼠趾短屈肌肌小节电子显微图片（王世强教授供图）

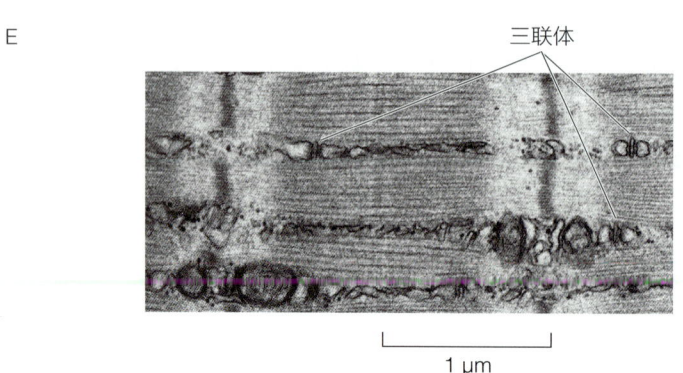

在每个肌小节内，粗肌丝与细肌丝相互平行排列，间隔10~20 nm。在每根粗肌丝周围有6根细肌丝，相邻的粗肌丝之间隔着共有的细肌丝（图5-3）。电子显微镜下，在粗细肌丝之间还可以看到从粗肌丝突出的横桥（cross-bridge）。这些横桥呈螺旋形排列在粗肌丝上，一圈6个，正好与6条细肌丝相接。粗肌丝、细肌丝的规则排列形成了收缩的结构基础。

2. 平滑肌

平滑肌（smooth muscle）细胞为梭形，可单独、成束或成层分布（图5-2B）。不同器官的平滑肌细胞大小不一，长50~400 μm，直径2~10 μm。平滑肌细胞膜向内凹陷形成许多小凹（caveola），但不形成真正的横管。较横纹肌而言，平滑肌细胞的肌质网不发达，呈小管泡状，分布在细胞膜下和小凹附近。平滑肌有发达的细胞骨架，除粗肌丝、细肌丝外，还有与Z线蛋白同源的致密体（dense body）和中间纤维（intermediate filament）等。分散在细胞质中的致密体之间由直径约10 nm的中间纤维相连，构成平滑肌的菱形网架（图5-4A）。致密体是细肌丝和中间纤维的共同附着点，一般认为致密体相当于横纹肌的Z线，在细胞内起着支架作用。细肌丝还可以通过细胞膜上的膜密区与细胞膜和细胞外基质相互作用，使平滑肌细胞能够实现组织整体的收缩和舒张。平滑肌中参与收缩的粗、细肌丝与横纹肌相比含量较少，两者间的相互排列也不甚规则。粗肌丝直径8~16 nm，均匀分布于细肌丝之间；细肌丝直径约5 nm，呈花瓣状环绕在粗肌丝周围。粗、细肌丝的数量比为1∶12~1∶30。收缩时平滑肌呈螺旋形扭曲，使平滑肌的长轴缩短（图5-4B）。

按功能，平滑肌又可分为单个单位平滑肌（single-unit smooth muscle）和多个单位

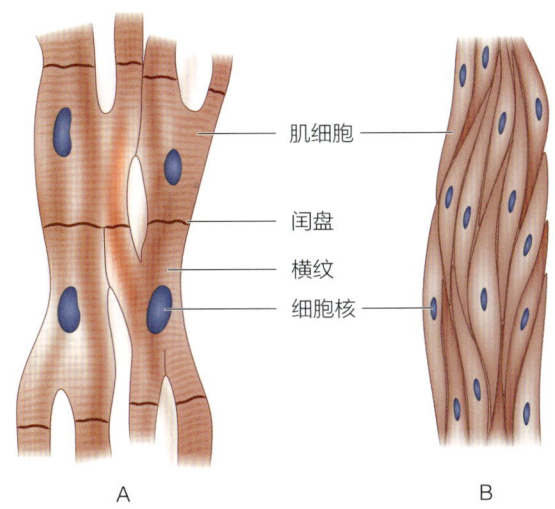

图5-2 心肌细胞和平滑肌细胞的形态
A. 心肌细胞；B. 平滑肌细胞

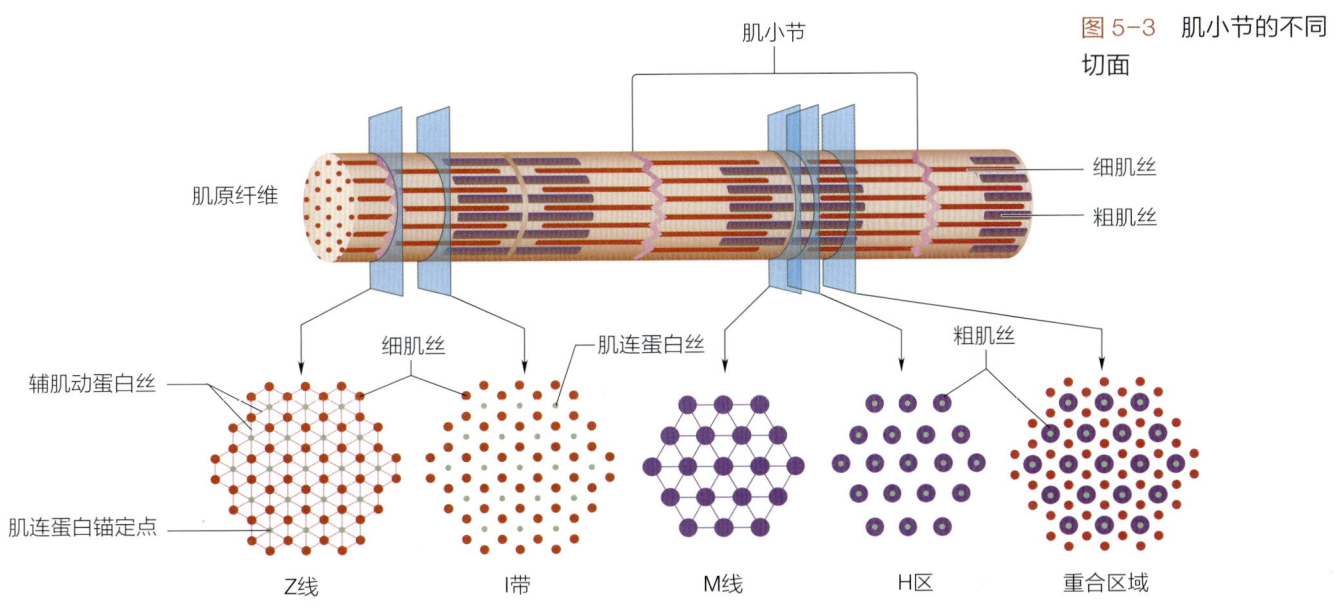

图5-3 肌小节的不同切面

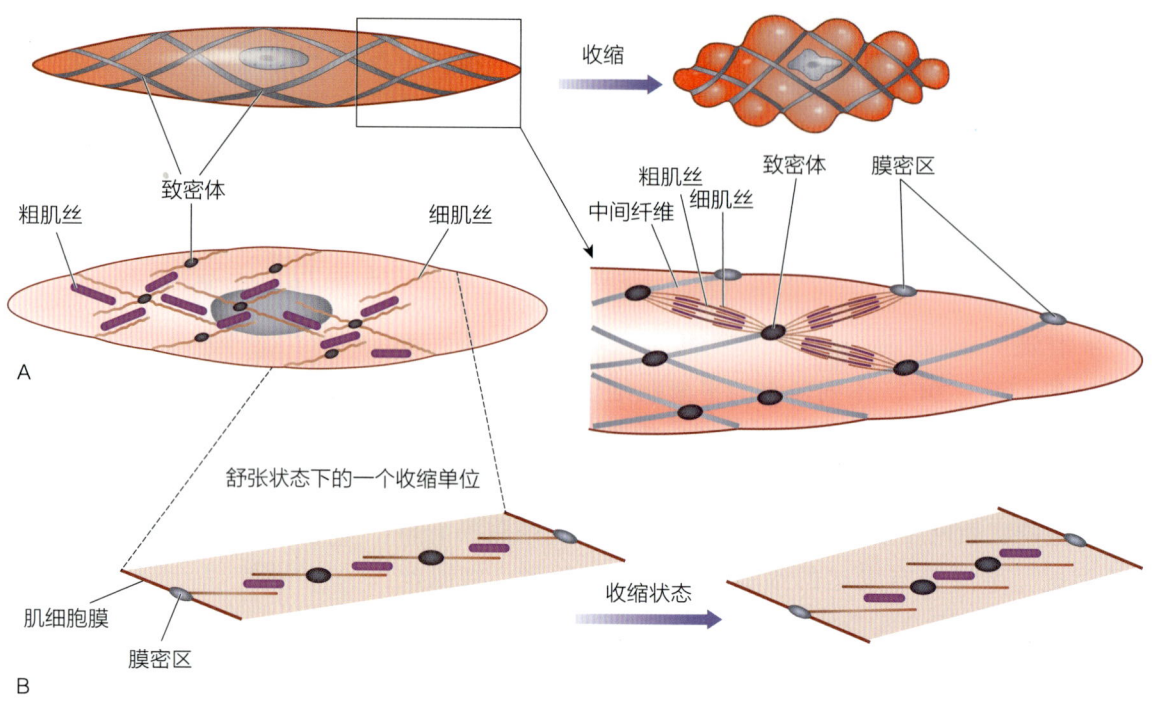

图 5-4 平滑肌的细胞结构与收缩

平滑肌。单个单位平滑肌又称内脏平滑肌（visceral smooth muscle），能自动产生节律性兴奋；相邻的平滑肌细胞之间存在缝隙连接，便于兴奋性的传播，能使许多平滑肌细胞像一个单元一样进行整体性收缩。多个单位平滑肌（multiunit smooth muscle）如竖毛肌、虹膜肌、大气管和大血管等的平滑肌，其细胞之间无直接联系，各细胞在活动时彼此独立，并受自主性神经纤维末梢的支配或体液因素的影响。支配多个单位平滑肌的神经元发出的传出纤维释放神经递质影响周围的肌纤维，一个肌纤维可以接受不止一个神经元的影响。

二、参与收缩的蛋白质分子

1. 肌动蛋白

肌动蛋白丝（actin filament）又称微丝（microfilament），是组成细胞骨架（cytoskeleton）的 3 种骨架纤维之一，另外两种分别是微管（microtubule）和中间纤维。这些骨架纤维都是由不同的蛋白质亚基组成的线性高分子链。微管的功能包括辅助细胞内运输，与其他蛋白质共同装配成纺锤体、中心粒、鞭毛及神经管等结构。中间纤维（见图 5-4）的主要功能是支持细胞结构。

组成肌动蛋白丝（F 型肌动蛋白）的亚基为肌动蛋白单体（G 型肌动蛋白）。肌动蛋白单体是椭球状的蛋白质，分子量 $4.2 \times 10^4 \sim 4.8 \times 10^4$，每个单体上有与肌球蛋白横桥相结合的位点。肌动蛋白单体分子相互连接成串珠状分子链，两条分子链又聚合成双螺旋链，形成细肌丝的主干（图 5-5）。与肌动蛋白丝共同组成细肌丝的还有原

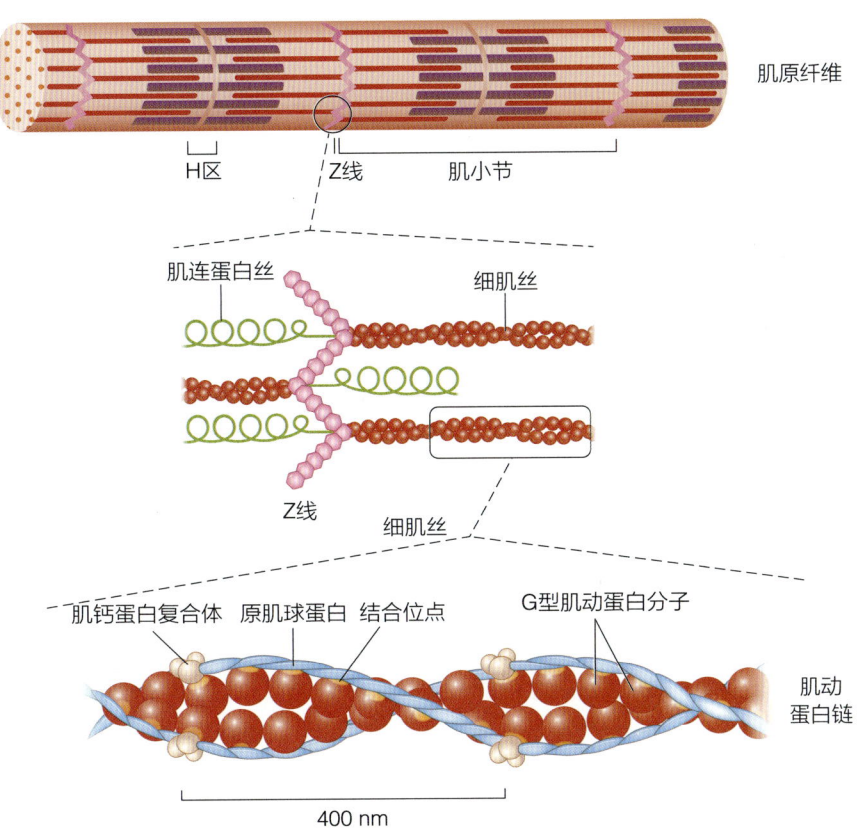

图 5-5 细肌丝的蛋白质组成和结构

肌球蛋白和肌钙蛋白。

2. 肌球蛋白

肌球蛋白（myosin）是分子马达（molecular motor）的一种，是能与微丝结合并产生分子位移的蛋白质。另外两种分子马达，驱动蛋白（kinesin）和动力蛋白（dynein）都是微管结合蛋白，它们能够载着膜泡微粒，甚至是线粒体等分子"货物"，在微管构成的轨道上定向移动，最终将"货物"运送到目的地。

所有分子马达蛋白都有相似的结构和功能特点：有一对相同的大型球状结构域，与一个长棒状结构域相结合，形成细长的"丫"状结构。两个球状结构域均有微管或微丝结合位点及 ATP 结合位点，其构象及与微管或微丝结合的角度会随着与 ATP 和 ADP 的交替结合而改变，其间 ATP 水解的能量转化为机械能，使分子马达与微管或微丝间产生相对移动。

肌细胞中的肌球蛋白分子量约为 4.8×10^5，长约 150 nm，由两条重链和两对轻链组成。重链的头部具有 ATP 酶活性，并能与肌动蛋白结合，而轻链具有激酶活性。肌球蛋白分子形似"豆芽"，两条重链的大部分相互缠绕，形成豆芽的杆（即尾部）；重链的剩余部分与轻链一起，形成豆芽的瓣（即头部）。300~400 个肌球蛋白分子组成一条粗肌丝。其杆部朝向 M 线，整齐排列聚合成束，头部有规律地由粗肌丝伸出并朝向细肌丝，形成横桥（图 5-6）。尾部与头部之间的颈部是 α 螺旋结构不稳定的易变区，横桥屈伸运动时该部位发生弯曲。

图 5-6 粗肌丝的蛋白质组成和结构

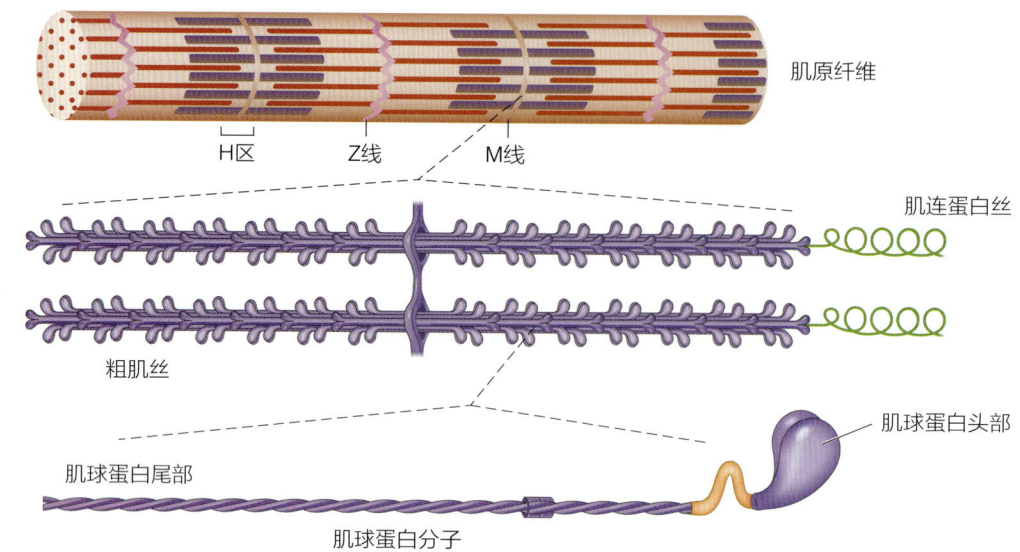

静息状态时，横桥呈 90° 垂直地排列在粗肌丝表面，以粗肌丝中轴为基准旋转排列；每个横桥与相隔约 14.3 nm 的相邻横桥相交成 60°。每根粗肌丝与周围的 6 根细肌丝相对应。粗肌丝的中段（H 区）仅由肌球蛋白分子的杆构成，没有横桥。横桥具有两个重要特性，即与肌动蛋白结合并兼具 ATP 酶的作用。

3. 调节蛋白

（1）原肌球蛋白

原肌球蛋白（tropomyosin，Tm）是细肌丝中与肌动蛋白链结合的蛋白质，由两条多肽链组成 α 螺旋构型。每条原肌球蛋白有 7 个肌动蛋白结合位点，可同 7 个肌动蛋白亚基结合，即跨越 7 个球状肌动蛋白单体（见图 5-5）。多条原肌球蛋白首尾相接形成一条连续的链。

（2）肌钙蛋白

肌钙蛋白（troponin，Tn）分子呈球状，由 3 个结构不同的亚基构成（故又被称为肌钙蛋白复合体），即肌钙蛋白 C（TnC）、肌钙蛋白 T（TnT）和肌钙蛋白 I（TnI）。骨骼肌的 TnC 分子有 4 个 Ca^{2+} 结合位点，心肌的 TnC 分子有 3 个 Ca^{2+} 结合位点。TnI 抑制肌动蛋白与肌球蛋白的相互作用。TnT 是能和原肌球蛋白相结合的亚基。肌钙蛋白以一定的间隔与原肌球蛋白结合（图 5-7）。静息状态时，原肌球蛋白恰好盖在肌动蛋白分子与肌球蛋白横桥结合的位点上，阻碍了两者的相互结合。肌细胞兴奋时，胞质 Ca^{2+} 浓度升高，结合了 Ca^{2+} 的 TnC 引起肌钙蛋白构象变化，牵动原肌球蛋白并使之移位，解除 TnI 对肌动蛋白的束缚，使肌动蛋白上与横桥结合的位点暴露，于是肌动蛋白与肌球蛋白开始相互作用，使肌肉收缩。当胞质 Ca^{2+} 浓度恢复到静息水平时，肌钙蛋白又恢复原来的构象，肌肉便发生舒张。

（3）钙调蛋白

平滑肌细胞没有原肌球蛋白、肌钙蛋白，所以细肌丝上的结合位点一直暴露在外。但横桥头部的 ATP 酶活性较低。Ca^{2+} 通过钙调蛋白（calmodulin，CaM）调节肌

想一想
横纹肌收缩过程中，肌球蛋白、肌动蛋白、原肌球蛋白和肌钙蛋白各自发挥了什么作用？

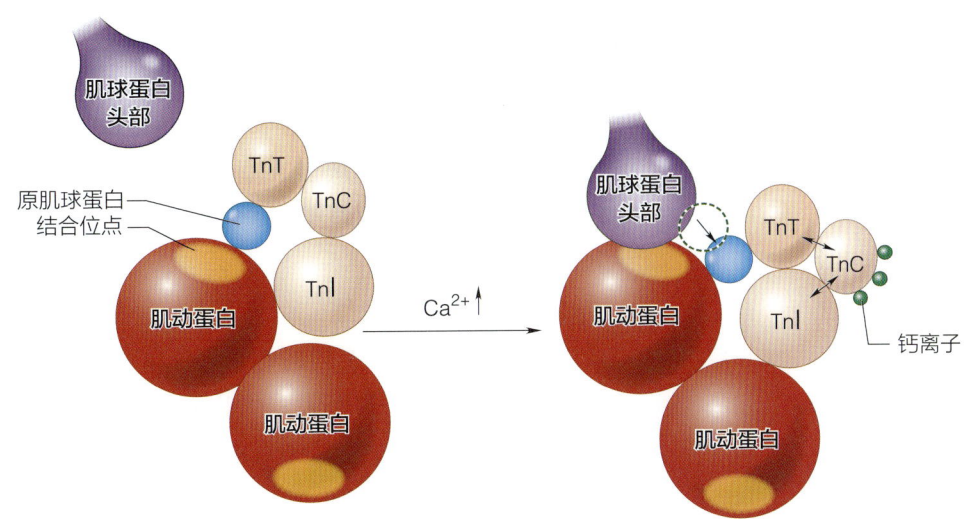

图 5-7 肌钙蛋白的结构及其与原肌球蛋白、肌球蛋白、肌动蛋白的位置关系

钙离子引发的肌钙蛋白复合体构象变化解除了肌球蛋白头部与肌动蛋白结合位点结合的空间障碍

球蛋白 ATP 酶活性，从而调节横桥活动。钙调蛋白也是一种钙结合蛋白质，存在于几乎所有的真核细胞中。Ca^{2+} 与钙调蛋白结合后会引起钙调蛋白构象的变化，增强钙调蛋白与许多效应物结合的亲和力。激素等可以通过影响细胞内 Ca^{2+} 浓度来调控钙调蛋白的活性。钙调蛋白参与的生化反应很多，涉及一些非常关键的酶，如调控 cAMP 合成与分解的腺苷酸环化酶和磷酸二酯酶、与蛋白质磷酸化及脱磷酸化有关的蛋白激酶和蛋白磷酸水解酶、能调节细胞内 Ca^{2+} 浓度的 Ca^{2+}-ATP 酶（钙泵），还有肌球蛋白轻链激酶（myosin light chain kinase，MLCK）等。

平滑肌兴奋时，细胞外 Ca^{2+} 的内流和肌质网的钙释放使胞质中 Ca^{2+} 浓度升高。钙调蛋白与 4 个 Ca^{2+} 结合后，激活 MLCK；MLCK 又从 ATP 上转移磷酸基团至肌球蛋白，增强肌球蛋白 ATP 酶的活性，诱发肌动蛋白、肌球蛋白的相互作用，进而激活横桥循环，导致平滑肌收缩（图 5-8）。

> 想一想
> 平滑肌舒张是一个怎样的过程？

三、肌丝滑行学说

1. 肌丝滑行学说

英国科学家 Andrew F. Huxley（1917—2012）和 Rolf Niedergerke（1921—2011）于 1954 年利用干涉显微镜测量出肌小节的精确长度，确认了前人在 19 世纪关于"肌肉缩短时 A 带宽度不变，而 I 带和 H 区变窄；肌肉被牵张时，A 带宽度仍不变但 I 带和 H 区变宽"的观察结果。同一年，Hugh E. Huxley（1924—2013）和 Jean Hanson（1919—1973）也报告了他们用相差显微镜观察到的结果，即肌小节缩短或被牵张时，肌球蛋白丝和肌动蛋白丝的长度不变，而肌球蛋白丝和肌动蛋白丝重叠的程度发生变化。根据这些实验证据，Andrew F. Huxley 和 Hugh E. Huxley 于 1954 年分别提出肌肉收缩的肌丝滑行学说（sliding filament theory），其基本内容为：肌肉收缩时肌纤维长度的改变源于肌小节的缩短，但肌小节内粗肌丝、细肌丝的长度并不缩短，只是它们的相对位置发生了改变,即由两端 Z 线发出的细肌丝受粗肌丝作用而向 M 线滑行,逐渐接近 M 线,直到相遇甚至相互重叠,因此 H 区的宽度变小,直到消失(图 5-9)。众多在肌原纤维中"串联"的肌小节缩短造成肌原纤维的缩短,引起整个肌细胞的收缩。

2. 长度-张力曲线

若将肌肉固定在不同的初长度(initial length)下记录电刺激后产生的张力,可以得到一条肌肉初长度与张力的关系曲线,从中发现肌肉存在着一个最适初长度(optimal initial length),在这一长度下,收缩能够产生最大的主动张力。肌肉的长度-张力关系曲线(length-tension relation curve)可以用肌小节长度的变化来解释(图 5-10)。

Andrew F. Huxley 等人设计了一套光电机械装置,可以调节和控制一段蛙的单根肌纤维的长度,并测出在不同长度时收缩所产生的张力,希望证明粗、细肌丝重叠的程度与肌小节收缩所产生的张力相关。他们测得粗肌丝长 1.6 μm,其中央没有突起的区域长 0.15~0.2 μm,细肌丝(包括肌小节一端的 Z 线)长 2.05 μm,Z 线厚约 0.05 μm。实验发现:当肌小节的长度由 3.65 μm 减小到 2.25 μm 时,张力呈线性增加,此时粗肌丝与细肌丝重叠的程度以及肌球蛋白横桥作用于细肌丝上的数目也呈线性增加;当肌小节的长度由 2.25 μm 减小到 2.00 μm 时,张力最大并保持不变,在这期间有效的横桥数没有改变(因为粗肌丝 0.2 μm 的中央区没有横桥);肌小节的长度小于 2.00 μm 后,张力降低,此时肌小节两边的细

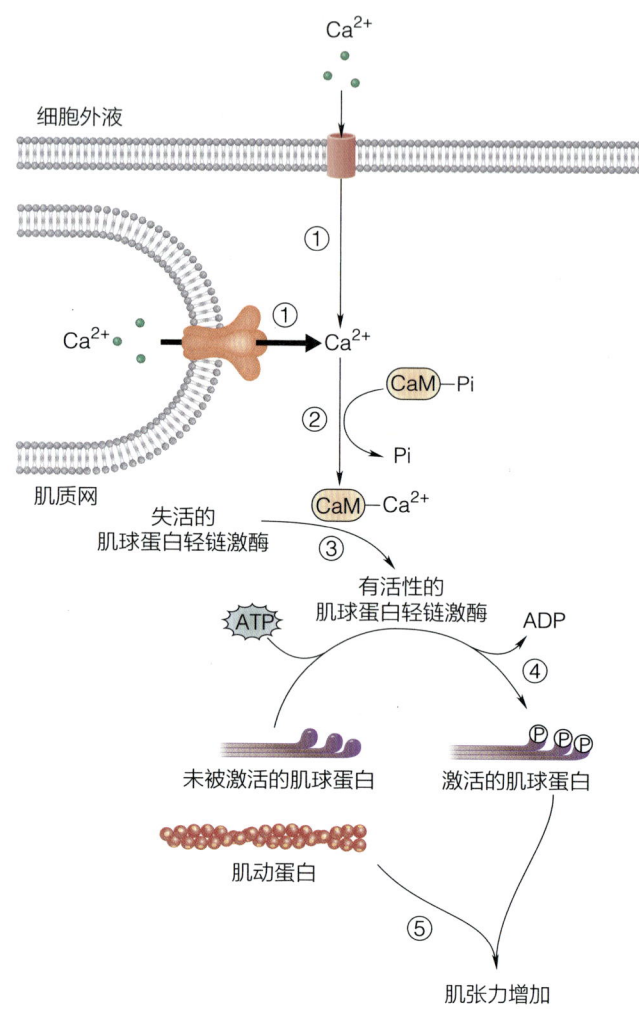

图 5-8 钙调蛋白与平滑肌收缩
①当钙离子进入细胞和从肌质网中释放时,细胞内钙离子浓度升高;②钙离子与钙调蛋白(CaM)结合;③钙离子-钙调蛋白复合体激活肌球蛋白轻链激酶(MLCK);④MLCK 磷酸化肌球蛋白头上的轻链,并且增加肌球蛋白的 ATP 酶活性;⑤活化的肌球蛋白横桥在肌动蛋白丝上划动,产生张力

> **想一想**
> 结合第六章介绍的心搏功能的异长自身调节现象,想一想静息时骨骼肌细胞和心肌细胞肌小节的初长度分别位于上述曲线中的哪一段?为什么?

肌丝在肌小节中部形成重叠,可能干扰横桥的作用而减少张力;当肌小节长度小于 1.65 μm,即粗肌丝两端都与 Z 线相接触后,能够作用于细肌丝的有效横桥数减少,张力大幅度降低。这些实测结果有效地验证了他们的假设,并表明肌肉收缩产生的张力与细肌丝接触的横桥数目成正比,最适初长度时粗肌丝、细肌丝之间的相对位置最佳,故肌肉可以产生最大的主动张力。

四、横桥活动与化学能转化为机械能的过程

肌肉收缩过程中,肌球蛋白横桥与相邻的肌动蛋白丝相互作用,通过肌球蛋白头

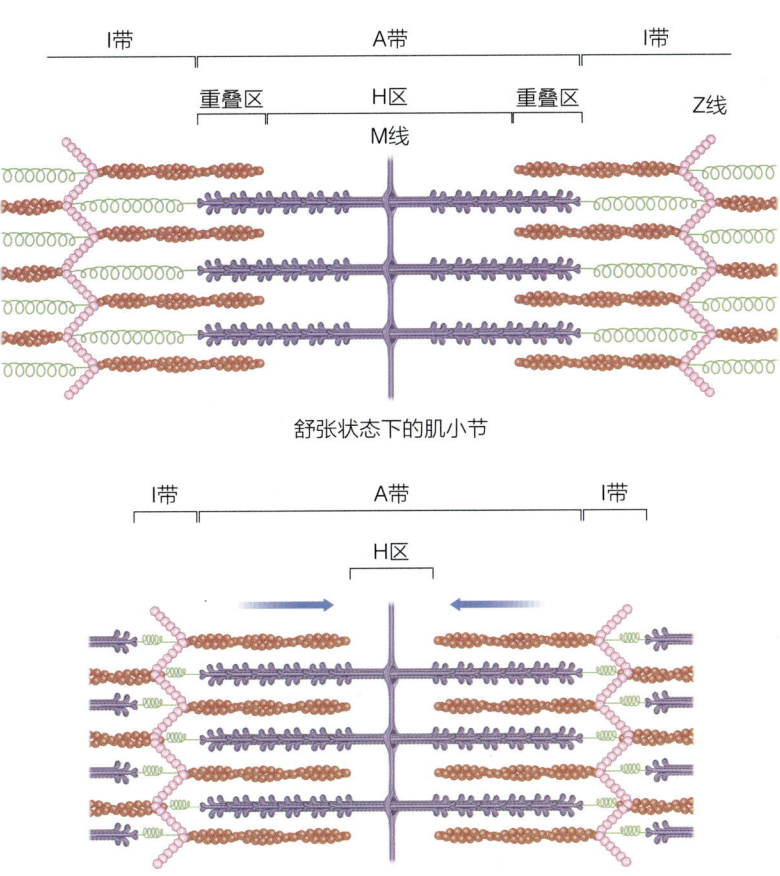

图 5-9 肌肉收缩时肌小节的变化

部的划动,把肌动蛋白丝划向肌小节的中央。从胞质 Ca^{2+} 浓度升高触发粗、细肌丝相互作用,引起肌丝滑行,进而肌原纤维产生收缩,肌细胞将化学能转化为机械能的具体过程包括以下步骤(图 5-11):

(1)静息时,横桥与细肌丝脱离,肌球蛋白头部与 ATP 结合。由于肌球蛋白头部具有 ATP 酶的活性,ATP 被水解为 ADP 和 Pi,肌球蛋白头部处于储能态,构象发生变化,但 ADP 和 Pi 并没有释放。

(2)神经传递来的兴奋信号,通过细胞膜、横管的传导,引起胞外 Ca^{2+} 内流或肌质网释放 Ca^{2+},胞质 Ca^{2+} 浓度上升;当 Ca^{2+} 浓度达到 10^{-6} mol/L 甚至 10^{-5} mol/L 时,肌动蛋白丝上的肌钙蛋白复合体与 Ca^{2+} 结合,并使原肌球蛋白移位,暴露出与肌球蛋白头部结合的结合位点。

(3)储能的肌球蛋白头部与肌动蛋白丝上的结合位点结合,引发肌球蛋白头部构象变化,横桥头部向 M 线划动,将细肌丝"拉"向肌小节中央,两相邻 Z 线间的距离变短。

(4)划动时消耗了储存在肌球蛋白头部的能量,

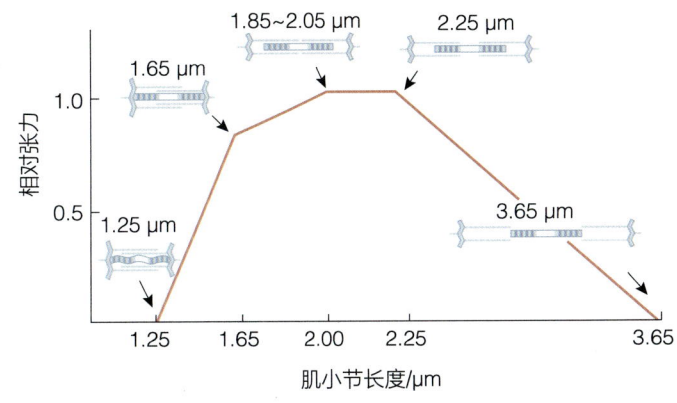

图 5-10 肌小节长度-张力曲线

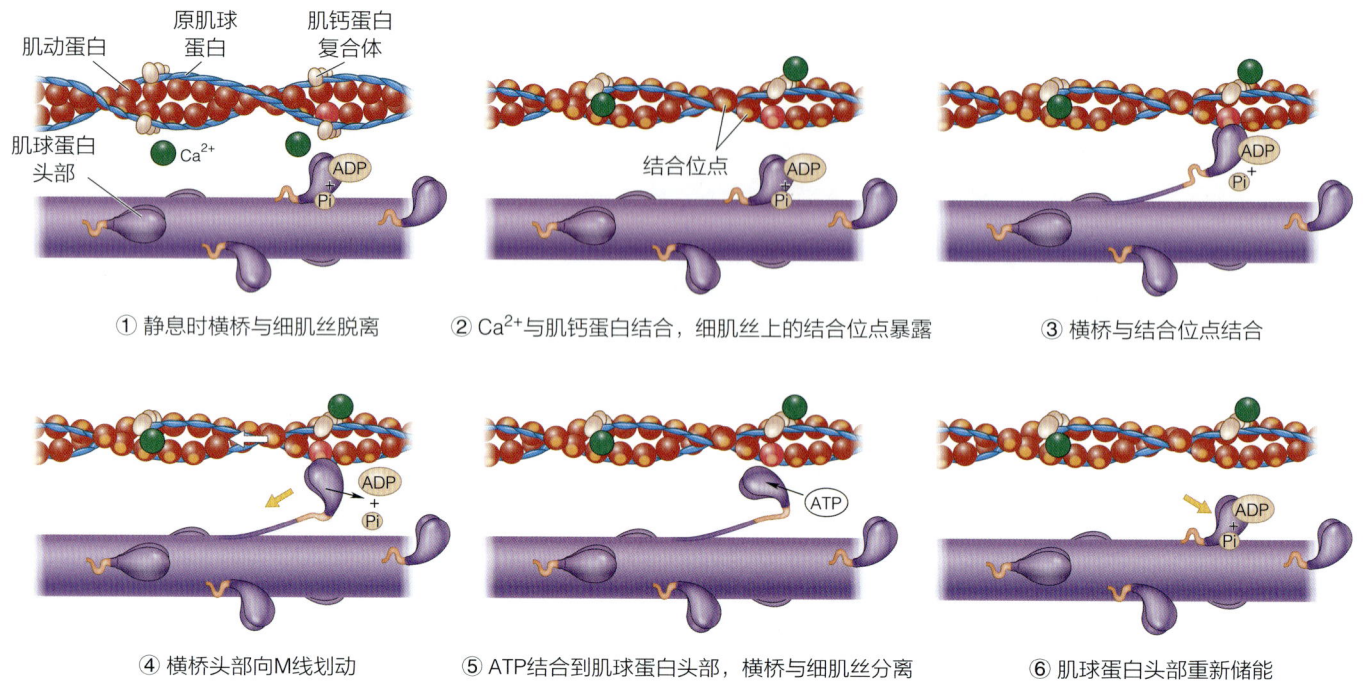

图 5-11 肌肉收缩过程的横桥活动

附着在头部的 ADP 和 Pi 脱离。新的 ATP 结合到肌球蛋白头部时，肌球蛋白头部与肌动蛋白丝分离，并且 ATP 再分解为 ADP 和 Pi，将能量储存到肌球蛋白头部，准备与肌动蛋白丝上的下一个结合位点结合。

每个肌小节中有很多横桥，且结合位点在肌动蛋白丝上线性排列，使横桥活动可以相互交替循环，直至细胞内 Ca²⁺ 浓度下降到 1×10^{-7} mol/L 以下。肌球蛋白头部每划动一次，可使一个肌小节缩短 10 nm；而在迅速收缩过程中，每个头部每秒循环运动 5 次。如果按每根肌球蛋白粗肌丝有 300 个头部结构（在青蛙肌肉中为 294 个）计算，肌动蛋白丝和肌球蛋白丝可以大约 15 μm/s 的速度相对划动，使得肌小节在 1/50 s 内能够缩短约 10% 的长度。

第二节 兴奋收缩耦联

肌细胞都是可兴奋细胞，无论是接收运动神经或上游细胞传来的兴奋，还是自发产生的兴奋，都是先产生动作电位，然后才出现肌细胞的收缩。通常把从肌细胞膜以电学变化为特征的兴奋到以肌丝滑行为基础的收缩联系起来的过程称为兴奋收缩耦联（excitation-contraction coupling）。由于肌丝滑行在细胞内 Ca²⁺ 浓度升高后才能启动，因此兴奋收缩耦联中最关键的是引发细胞内 Ca²⁺ 浓度升高的机制。

一、兴奋收缩耦联的结构与分子基础

细胞膜系统和肌质网系统及它们之间的钙信号转导是兴奋收缩耦联的结构和功能基础。

1. 细胞膜与横管

肌纤维的静息电位约为 –90 mV，超射为 30~50 mV。动作电位本身的物理作用很难直接影响到直径达几十到 100 μm 的肌纤维内部。肌细胞要对外产生强大的收缩力必须确保每个肌小节是同步的。骨骼肌和心肌细胞适应其躯体运动和血液循环的功能需求，从细胞膜衍生出横管系统，将兴奋信息送到每个肌小节。

横管是横纹肌细胞膜凹入细胞内形成的细管，垂直于肌纤维长轴。横管在 Z 线（心肌和部分骨骼肌）或明带与暗带交界（骨骼肌）的部位环绕每一束肌原纤维，并与同一水平围绕其他肌原纤维的横管相互连接成网。横管开口于细胞外间隙，细胞外液可经这些小孔进入横管内。肌膜上的动作电位可以通过横管传向肌细胞深部（见图 5-1C，图 5-12），控制肌质网钙释放。肌膜与横管膜均表达有电压门控 L 型钙通道（又称为二氢吡啶受体，dihydropyridine receptor）。L 型钙通道在动作电位发生时发生构象变化，是兴奋收缩耦联第一个关键步骤。

2. 肌质网

肌质网是肌细胞的滑面内质网。两条相邻的横管之间，肌质网围绕在每束肌原纤维的表面。相邻两横管间的整个肌质网的管腔互相通连，但其总体结构是一个封闭的囊。紧靠横管的肌质网称为连接肌质网（junctional SR）或终池（terminal cisterna）。肌质网两侧终池之间的肌质网走向和肌原纤维的纵轴基本一致，称为纵行肌质网（longitudinal SR）。骨骼肌肌质网较为发达，横管两侧的终池均融合成囊，构成终池－横管－终池结构，合称三联体（triad）。心肌细胞纵行肌质网相对纤细，终池相较于纵行肌质网稍膨大，与横管形成二联体（diad）。在三联体或二联体中，横管膜与肌质

> **想一想**
> 学完本章后，请思考骨骼肌和心肌细胞的膜系统结构如何与其功能相适应。

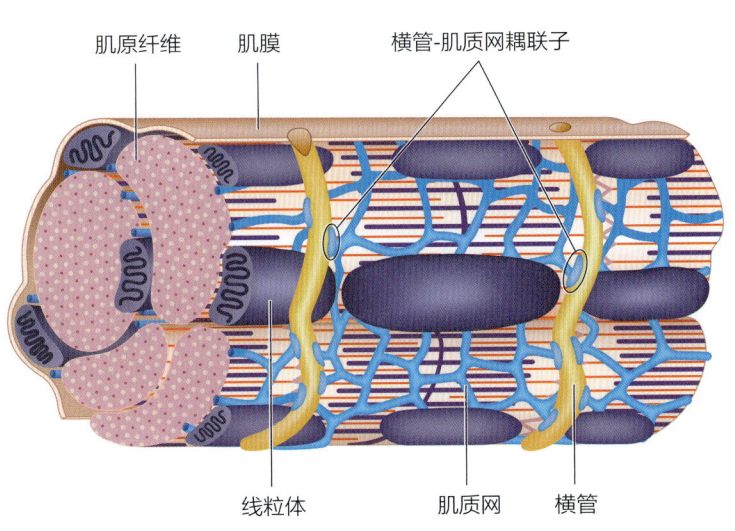

图 5-12 心肌细胞的结构

网膜通过不同亚型的 junctophilin 铆定在一起，二者之间的间隙为 12~15 nm。

肌质网是 Ca^{2+} 的储存库，肌质网膜上有丰富的肌质网/内质网钙ATP酶（sarcoplasmic/endoplasmic reticulum Ca^{2+}-ATPase，SERCA），能够将胞质内的 Ca^{2+} 逆浓度梯度泵入肌质网内，使肌质网内的 Ca^{2+} 浓度比细胞质中高数千倍。Ca^{2+} 可以通过肌质网钙释放通道释放到细胞质，使胞质 Ca^{2+} 浓度从静息状态的 1×10^{-7} mol/L 左右迅速升高到 1×10^{-6} mol/L，甚至 1×10^{-5} mol/L，是兴奋收缩耦联的第二个关键步骤。

肌质网钙释放通道主要有雷诺丁受体（ryanodine receptor，RyR）和三磷酸肌醇受体（inositol triphosphate receptor，IP_3R）两种。参与骨骼肌和心肌兴奋收缩耦联的主要是 RyR，因其可与一种从植物中提取出来的生物碱雷诺丁（ryanodine）特异性结合而得名。一个 RyR 分子由4个相同的亚基组成，每个亚基的分子量约为 5.5×10^5，是目前已知的最大的膜蛋白。RyR 主要有3种亚型，包括 RyR1（骨骼肌型）、RyR2（心肌型）和 RyR3（脑型），它们在序列上有较高的同源性，结构也相似，都有 Ca^{2+}、ATP、钙调蛋白等结合位点，能够被咖啡因激活，被雷诺丁阻断（图 5-13）。骨骼肌中的主要亚型是 RyR1，心肌中的主要亚型是 RyR2。RyR1、RyR2 与肌膜及横管膜上 L 型钙通道的位置关系有所不同（图 5-14）。平滑肌中3种亚型都有分布，不同部位的平滑肌中的 RyR 类型不尽相同。由于 RyR 钙释放在神经肌肉组织和心血管系统的重要功能，先天性或后天性通道调控缺陷均可引起细胞钙调控异常，导致神经肌肉疾病和心律失常性心脏病。目前已知有500多种 RyR 突变与各种疾病有关。

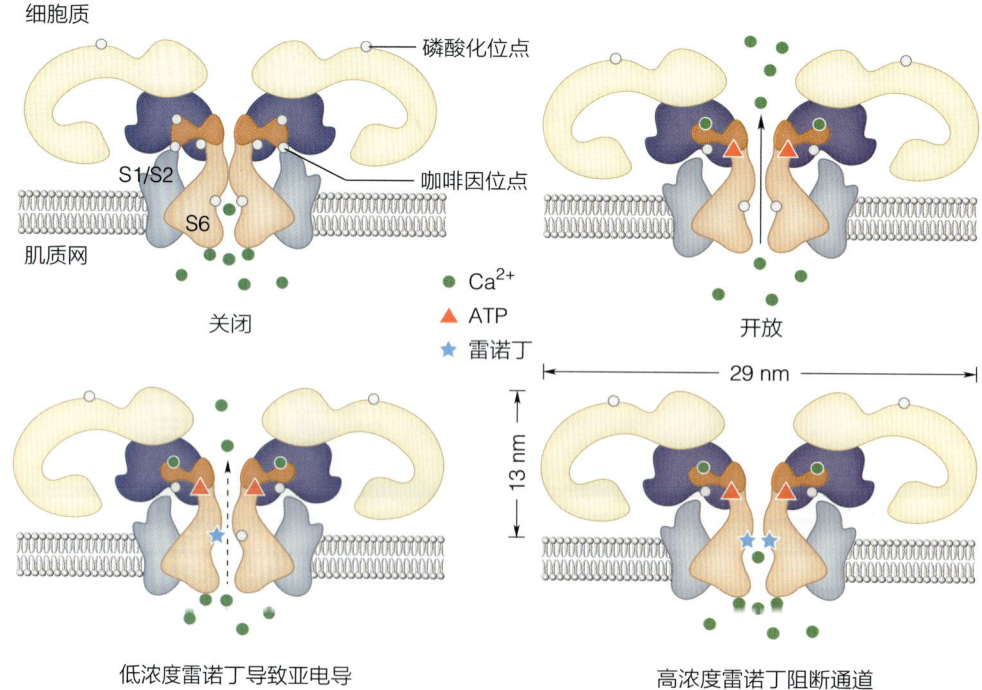

图 5-13 配体结合位点与 RyR1 状态的关系
（改自 des Georges et al, Cell, 2016, 167: 145-157; 范雪新等，生物化学与生物物理进展，2016，43: 1129-1138）

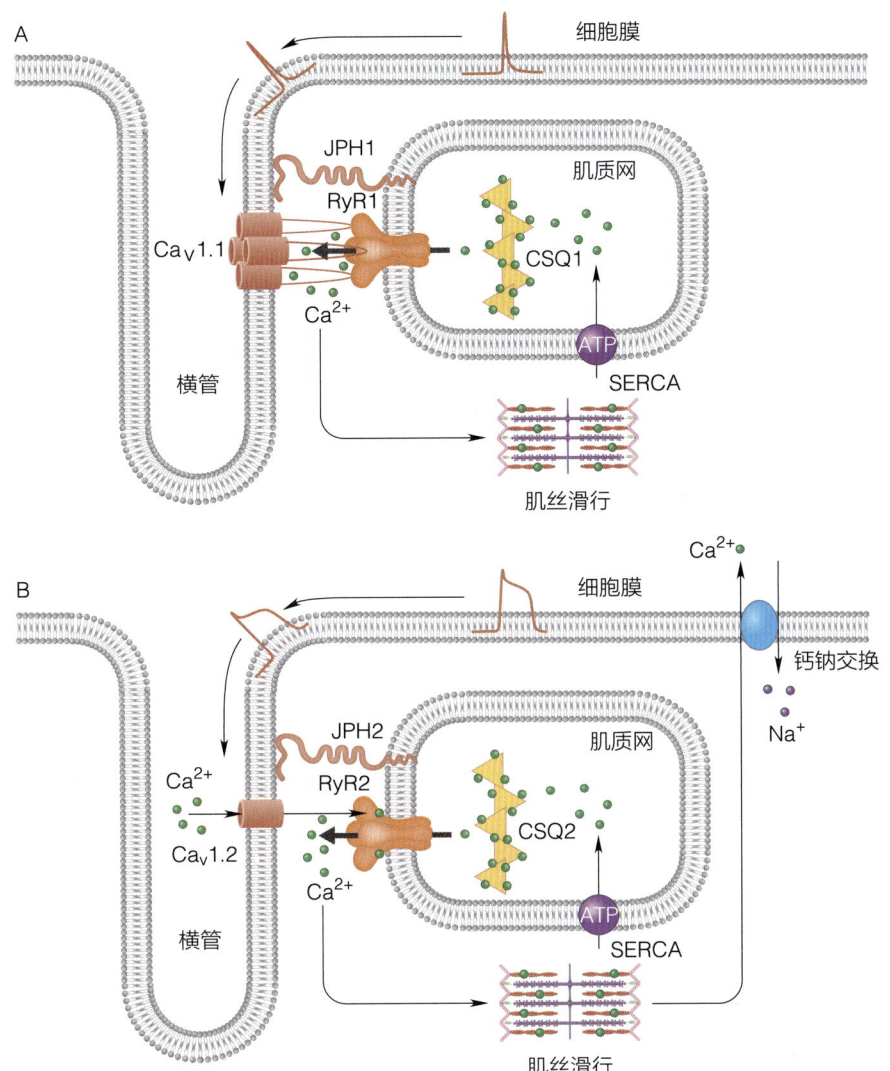

图 5-14 横管膜 L 型钙通道与肌质网膜 RyR 之间的信号转导
A. 骨骼肌；B. 心肌。
JPH: junctophilin; CSQ: calsequestrin; SERCA: 肌质网钙泵

二、骨骼肌的兴奋收缩耦联

1. 骨骼肌细胞的兴奋

骨骼肌细胞的动作电位与神经细胞类似，只需要几毫秒即可完成。来自中枢的兴奋沿着支配骨骼肌的运动神经传导至神经肌肉接头，神经末梢释放乙酰胆碱；乙酰胆碱激活运动终板膜的 N 型乙酰胆碱受体产生终板电位；在终板电位达到阈电位后，电压门控钠通道激活，通过 Hodgkin 循环产生快速去极化和超射；随着电压门控钾通道的激活和钠通道的失活，动作电位快速复极化。

骨骼肌动作电位能够引发横管膜上 L 型钙通道带正电的 S4 运动。但 L 型钙通道完全开放需要几十毫秒，而骨骼肌动作电位的持续时间只有几毫秒，所以在动作电位持续期间几乎不能引起 Ca^{2+} 内流，因而 Ca^{2+} 内流对动作电位的贡献很小。L 型钙通道在引起骨骼肌肌质网释放 Ca^{2+} 的过程中，是作为一个对电位变化敏感的信号转导分子，而不是作为离子通道发挥作用的。

2. 骨骼肌兴奋收缩耦联——电压依赖性钙释放

在骨骼肌中，横管膜上的 L 型钙通道与 RyR1 在分子结构上有直接耦联（见图 5-14A）。动作电位引起的 L 型钙通道构象变化可直接引发肌质网膜上大量 RyR1 同时发生构象变化并进入开放状态，进而 Ca^{2+} 爆发性地从肌质网释放出来，Ca^{2+} 与肌钙蛋白结合，启动肌动蛋白与肌球蛋白间的肌丝滑行。L 型钙通道作为膜电位的感受器，不仅在细胞去极化时介导 RyR1 的激活，也在细胞膜复极化时促使 RyR1 关闭。骨骼肌的这种钙释放控制机制被称为电压依赖性钙释放（voltage-dependent Ca^{2+} release）。

Ca^{2+} 浓度升高触发肌丝滑行的同时，也刺激了位于肌质网上的 SERCA。SERCA 利用分解 ATP 产生的能量将细胞质的 Ca^{2+} 逆浓度梯度转运至肌质网，使胞质内 Ca^{2+} 浓度在 30 ms 内恢复到静息水平。这样，细胞内 Ca^{2+} 浓度完成了一个从静息水平迅速上升又很快回落到静息水平的过程，称为钙瞬变（Ca^{2+} transient）。钙瞬变结束时，肌原纤维舒张，兴奋收缩耦联终止。

肌肉收缩反应的大小，依赖于释放进入胞质的 Ca^{2+} 的量。在实验条件下，肌质网释放 Ca^{2+} 的量与肌膜去极化程度有关。当肌膜去极化至 -50 mV 时，肌质网开始释放 Ca^{2+}；去极化达到 -20 mV 时，Ca^{2+} 的释放量达到最大。由于去极化信号或电信号从肌膜传到细胞内的肌小节只需不到千分之一秒，故所有细胞内的肌小节可以同时发生兴奋收缩耦联。

现在，我们可以将骨骼肌的兴奋收缩耦联过程概括为以下 3 个主要步骤：

（1）兴奋（动作电位）沿着肌膜传导至横管系统，激活肌膜及横管膜上的 L 型钙通道。

（2）L 型钙通道被激活后的构象变化引起与其耦联的肌质网 RyR1 释放 Ca^{2+}，使胞质中 Ca^{2+} 浓度迅速升高，启动肌丝滑行。

（3）胞质中较高的 Ca^{2+} 浓度刺激 SERCA，使其通过主动转运将 Ca^{2+} 转运至肌质网。一方面降低了胞质 Ca^{2+} 浓度，使兴奋收缩耦联终止；另一方面也保持了肌质网内的高 Ca^{2+} 浓度，以备下次兴奋收缩耦联的发生。

三、心肌的兴奋收缩耦联

1. 心肌细胞的兴奋

心肌细胞的动作电位（图 5-15）比神经、骨骼肌细胞都更为复杂。复杂的原因是参与动作电位的离子通道有的激活快，有的激活慢；有的失活快，有的失活慢，有的不失活。电生理研究中将心肌细胞动作电位分为如下时期。

0 期：上游心肌细胞兴奋时，经细胞间缝隙连接传来的局部电流使细胞膜去极化，达到阈电位后，电压门控钠通道被激活，Na^+ 快速进入细胞形成的钠电流 I_{Na} 与膜电位去极化之间形成 Hodgkin 循环，使膜内电位迅速超射到 +30 mV 左右，时间仅占 1~2 ms。I_{Na} 激活和失活都很快（时间常数约 1 ms），可以被河鲀毒素（TTX）所阻断。

1期：心肌细胞去极化过程中激活了瞬时外向钾通道（transient outward potassium channel，I_{to}），同时，在动作电位超射的过程中 I_{Na} 迅速失活，从而膜电位由 +30 mV 迅速下降到 0 mV 左右，占时约 10 ms。I_{to} 在神经细胞又称为 A 型钾通道（I_A），与推动神经动作电位复极化的钾通道是同一类通道，激活阈电位在 −40 mV 左右，其激活和失活的动力学都相对较快（时间常数 2~10 ms），可被 4 氨基吡啶（4AP）阻断。

2期：细胞膜的去极化过程中也激活了电压门控 L 型钙通道（$I_{Ca,L}$，孔道亚基是 $Ca_V1.2$）和延迟整流钾通道（delayed rectifier potassium channel，I_K）。$I_{Ca,L}$ 激活速度较慢（时间常数约 20 ms），失活速度很慢（时间常数约 100 ms），可被 Cd^{2+} 等二价离子或者二氢吡啶类药物阻断。延迟整流钾通道有慢激活（I_{Ks}）和快激活（I_{Kr}）等不同亚型，激活动力学都比较慢（时间常数 200~1 000 ms），对钾通道阻断剂四乙铵（TEA）

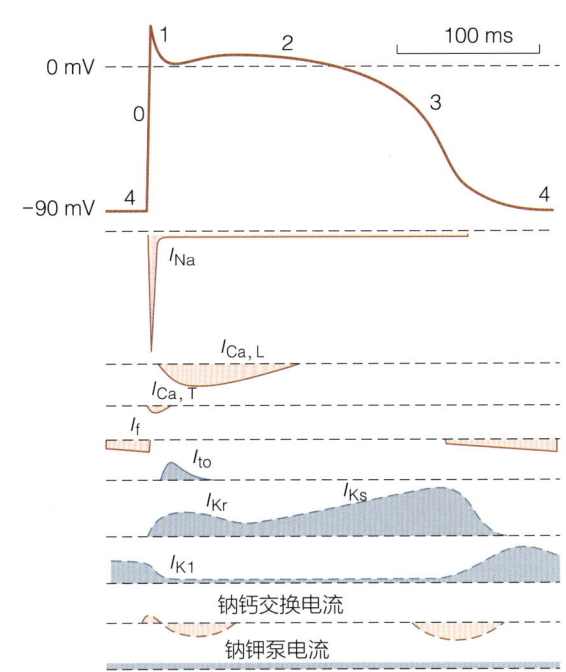

图 5-15　心室肌细胞的动作电位及其离子机制

敏感。延迟整流钾通道属于外向整流通道，在同等激活程度情况下电位越正，电导越大（参见图 2-18 中外向整流曲线）。由于 $I_{Ca,L}$ 和 I_{Kr} 激活速率与 I_{to} 的失活速率相仿，$I_{Ca,L}$ 充分激活时 I_{to} 已基本失活。这样去极化电流与复极化电流相对平衡，类似形成相持状态。人心室肌细胞的平台期可达 200~300 ms，心房肌细胞短一些。平台期使 Ca^{2+} 有足够长的时间通过 L 型钙通道流入细胞并触发肌质网钙释放，是兴奋收缩耦联的关键时期。

3期：随着平台期的持续，$I_{Ca,L}$ 逐渐失活，而慢激活型延迟整流钾通道 I_{Ks} 不断增大。这样，复极化电流逐渐占据优势，细胞膜复极化逐渐加速，膜电位从 0 mV 左右较快地下降到 −80 mV 左右，完成动作电位的复极化过程，占时约 100 ms。

4期：膜电位回到静息水平后，I_K 离子通道逐渐关闭（不是失活），动作电位期间失活的 I_{Na}、I_{to}、$I_{Ca,L}$ 等离子通道逐渐恢复到关闭但可激活的状态，钠钾泵的工作使 Na^+ 和 K^+ 浓度梯度保持稳态。此外，心肌细胞膜和横管膜表达有丰富的钠钙交换体，可以将细胞内一部分 Ca^{2+} 运出细胞，在终止兴奋收缩耦联中发挥一定作用。

心肌细胞的动作电位很长，相应的不应期也很长（图 5-16）。从动作电位的 0 期到 3 期，膜电位恢复到大约 −55 mV 这一段时期内，任何强度的第二个刺激都不会引起心肌细胞的兴奋，这一段时期是绝对不应期。当膜内电位由 −55 mV 继续恢复到 −60 mV 左右的

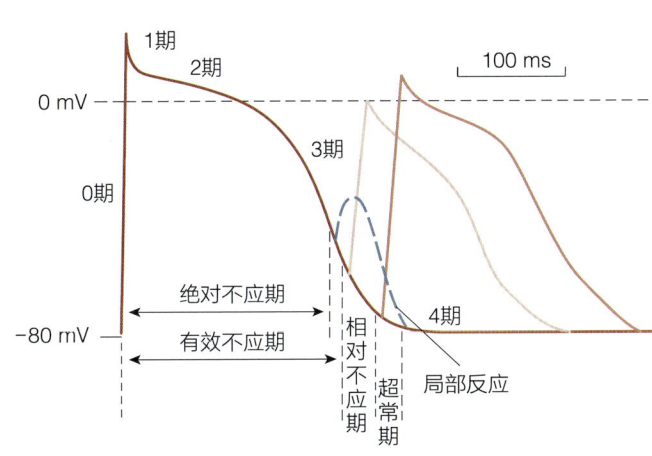

图 5-16　心肌细胞的动作电位及其不应期
图中彩色实线为可传播兴奋，彩色虚线为局部细胞兴奋

这一时期内，足够强度的第二个刺激可以引起被直接刺激的心肌细胞在一定程度上发生 Hodgkin 循环，产生兴奋。但在心肌组织，兴奋的传播是靠上游细胞产生的局部电流引发下游细胞去极化来实现的。由于此时钠通道只是部分恢复，钾电流还没关闭，被刺激细胞的兴奋引发的局部电流还不足以通过缝隙连接使邻近心肌细胞去极化达到（比平常更高的）阈电位。此时，虽然被刺激的局部细胞兴奋了，但整个心肌组织还不能产生可传播的兴奋，这段时期称为局部反应期（local response period）。这个局部反应是被刺激的心肌细胞钠通道激活产生的主动性兴奋反应，与电紧张电位中未激活钠通道的被动性局部反应在性质上是不同的。绝对不应期和局部反应期都是不会引起整个心肌组织发生可传播的动作电位的时期，合并称为有效不应期（effective refractory period）。从有效不应期结束到复极化基本完成的这一段时期内，强度高于正常阈值的第二个刺激可以引起可在心肌组织传播的动作电位，称为相对不应期。在相对不应期之后的一小段时期，心肌细胞的兴奋性高于正常，强度低于阈值的刺激也可引起细胞的兴奋，这段时期称为超常期。

> 想一想
> 心肌的不应期很长有何重要的生理学意义？

2. 心肌细胞兴奋收缩耦联——钙致钙释放

英国生理学家 Sydney Ringer（1835—1910）早在 19 世纪就发现，当去掉蛙心灌流液中的 Ca^{2+} 后，从蛙心记录到的心电图不受明显影响，但心脏的收缩停止，提示细胞外液中的 Ca^{2+} 在心肌兴奋收缩耦联中起关键作用。20 世纪 70 年代，Alexandre Fabiato 及其妻子精心制备了剥离细胞膜的心肌细胞，研究肌质网钙释放和细胞收缩的调控机制，提出钙致钙释放（calcium-induced calcium release）学说以解释心肌细胞兴奋收缩耦联机制。后来的很多研究证明，钙致钙释放是很多细胞产生和放大钙信号的基本机制。按照目前对钙致钙释放的认识，心肌细胞兴奋时，膜电位的变化使肌膜及横管膜上的 L 型钙通道开放，Ca^{2+} 由细胞外迅速流入胞质，使肌膜或横管膜与肌质网之间（二者之间的距离有十几纳米）局部空间中的 Ca^{2+} 浓度快速增加，形成钙火星（Ca^{2+} sparklet）。Ca^{2+} 与 RyR2 上的高亲和位点结合，RyR2 开放，Ca^{2+} 以钙火花（Ca^{2+} spark，知识窗 5-1）的形式从肌质网内释放出来（见图 5-14B 及封面图片），大量钙火花在心肌细胞内总合，使细胞质 Ca^{2+} 浓度从 1×10^{-7} mol/L 的静息水平瞬时升高到 1×10^{-6} mol/L 以上。胞质游离的 Ca^{2+} 浓度的上升刺激了肌质网的 SERCA 和细胞膜上的钠钙交换体，使其通过主动转运将 Ca^{2+} 加速转运至肌质网或交换至细胞外，完成细胞钙瞬变。在 Ca^{2+} 浓度回落的过程中，心肌细胞膜上钠钙交换的贡献占 10%~30%，肌质网钙泵的钙回收占 70%~90%。这个比例在不同物种有较大差异。

钙瞬变期间，Ca^{2+} 与肌钙蛋白结合并引起心肌细胞内肌丝滑行，启动细胞收缩。随着钙瞬变的结束，胞质 Ca^{2+} 浓度回落，引起肌肉舒张。

当机体处于运动或应激状态的时候，交感神经递质通过激活 β 肾上腺素受体 - 蛋白激酶 A-cAMP 信号途径可以使细胞膜或横管膜的 L 型钙通道、肌质网的 RyR2 和受磷蛋白等发生磷酸化。其中，L 型钙通道的磷酸化可以提高其兴奋期间的开放概率，从而为兴奋收缩耦联提供更强的触发信号；RyR2 的磷酸化可以提高 RyR2 对钙火星的响应性；受磷蛋白的磷酸化通过解除其对 SERCA 的抑制作用，增加肌质网钙回收

> 拓展阅读 5-1
> β 肾上腺素受体对心肌兴奋收缩耦联的调控

知识窗 5-1

钙火花的发现

钙致钙释放具有内在的正反馈自激属性，微小的钙信号如果不断级联放大就可能导致"倾囊而出"的不可控钙释放。在神经胶质细胞、受精卵等细胞中，钙致钙释放可以在细胞内相邻的钙释放通道之间形成连锁反应，产生在细胞内传播的钙波（Ca^{2+} wave）。然而，正常情况下，心肌细胞的钙释放既精细可控又不会发生钙波。为了解释这一矛盾，Michael D. Stern 于 1992 年提出了局部控制理论（local control theory），认为 RyR2 激活阈值很高，只能被最邻近的 L 型钙通道流入的 Ca^{2+} 所激活，而不受相邻耦联单位钙释放影响。1993 年，程和平和 William J. Lederer 等利用当时先进的激光共聚焦显微镜，以及钱永健（2008 年获诺贝尔化学奖）发明的快动力学 Ca^{2+} 荧光探针 Fluo-3，发现了心肌细胞中单个耦联单位产生的 RyR2 钙释放——钙火花。钙火花的发现为钙致钙释放的局部控制理论提供了有力证据。这篇论文被国际同行选入 20 世纪最杰出的 10 篇心脏研究论文。

2001 年，王世强和程和平等首次探测到单个 L 型钙通道产生的微小钙信号——钙火星（参见图 2-13 上方图像），并证明一个钙火星可以触发一个信号强度大几十倍、钙释放时间约 10 ms 的钙火花。这些研究从分子水平阐明，心肌细胞兴奋通过 L 型钙通道的开放概率精细控制每个耦联单位是否发生钙火花，从而通过钙火花时空叠加产生的钙瞬变强度控制心肌细胞的收缩力。

动画
钙火花与钙波

速率，从而增加下一心动周期兴奋收缩耦联的钙库储备。这 3 个方面都可以增加兴奋产生的钙瞬变幅度（图 5-17），继而通过肌钙蛋白构象变化暴露更多的肌动蛋白结合位点，增加参与肌丝滑行的横桥数量，从而增加收缩力。而肌质网钙回收加速也有利于心肌加快舒张，从而适应心率的提高。

> **想一想**
> 影响心肌细胞胞质 Ca^{2+} 浓度的因素有哪些？

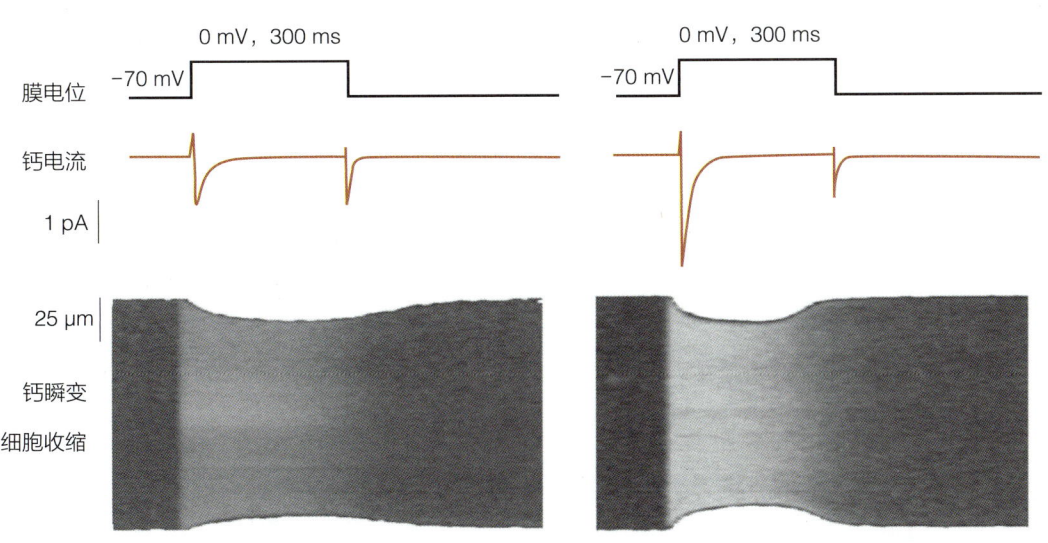

图 5-17 用全细胞膜片钳和钙成像在室温下记录的心肌细胞 L 型钙电流和钙瞬变
（王世强教授供图）

四、平滑肌的兴奋收缩耦联

与横纹肌细胞类似，平滑肌细胞的收缩也是由胞质 Ca^{2+} 浓度升高引发的。平滑肌肌膜上存在 L 型钙通道，兴奋时通道开放，引起胞外 Ca^{2+} 内流并进一步导致肌质网释放 Ca^{2+}。但因平滑肌的肌质网很不发达，导致细胞质中 Ca^{2+} 浓度升高的 Ca^{2+} 主要来自细胞外。也有研究表明，平滑肌收缩不依赖于细胞外的钙，认为肌膜上 L 型钙通道的构象变化激活了与它耦联的 G 蛋白，进而激活磷脂酶 C 并催化产生 IP_3，激活肌质网膜上的 IP_3 受体钙释放通道，使肌质网中的 Ca^{2+} 流入胞质。

另外，平滑肌细胞没有原肌球蛋白和肌钙蛋白复合体；Ca^{2+} 通过钙调蛋白影响肌球蛋白 ATP 酶（见图 5-8），从而调节横桥活动。肌球蛋白丝被 Ca^{2+} 激活后，ATP 分解的速度比骨骼肌慢得多，故平滑肌收缩很慢（平滑肌的单收缩可持续几秒甚至数十秒，而骨骼肌仅几分之一秒）。与骨骼肌和心肌相似，当胞质 Ca^{2+} 浓度下降到低于 1×10^{-7} mol/L 时，平滑肌的肌纤维舒张。因为 Ca^{2+} 被钙泵摄回内质网或移至胞外的过程都较慢，平滑肌的舒张也很慢。Ca^{2+} 浓度下降后，磷酸酶使肌球蛋白肽链上的磷酸基团分离，去磷酸化的肌球蛋白头部（横桥）就不能与肌动蛋白发生相互作用，导致肌肉舒张。

第三节　肌细胞收缩的生物力学

当骨骼肌受到一次短促刺激时，可发生一次动作电位，随后出现一次收缩和舒张，这称为单收缩（twitch，图 5-18A）。从施加刺激到肌肉开始收缩有几毫秒的潜伏期（latent period）；从开始收缩至收缩顶峰的时间称为收缩期（contraction phase）；从收缩顶峰至完全舒张的时间为舒张期（relaxation phase）。不同类别骨骼肌的收缩速度有所不同，快肌纤维的收缩期短至 10 ms，而慢肌纤维的收缩期可达 100 ms 或更长（图 5-18B）。

图 5-18　骨骼肌的单收缩

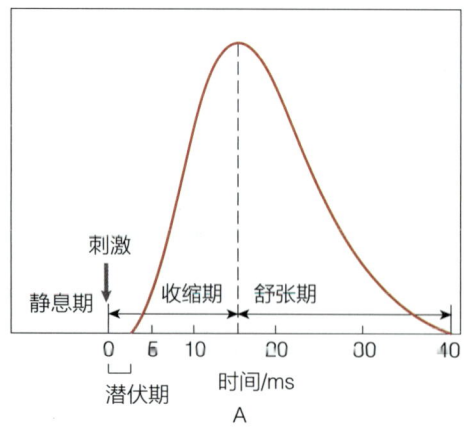
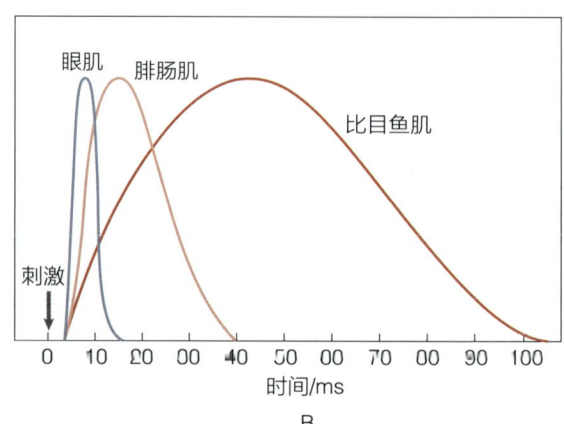

一、影响收缩力的因素

兴奋收缩耦联过程的各个环节都能影响肌细胞的收缩能力，其中活化横桥数和肌球蛋白的 ATP 酶活性是影响收缩能力的主要因素。在初长度一定的条件下，粗、细肌丝的重叠区提供了可能形成横桥连接的最大横桥数，但并非所有横桥都会形成活化横桥。活化横桥数与最大横桥数的比例，取决于兴奋后胞质 Ca^{2+} 浓度升高的程度和肌钙蛋白对 Ca^{2+} 的亲和力。凡能增加兴奋后胞质 Ca^{2+} 浓度和（或）肌钙蛋白 Ca^{2+} 亲和力的因素，均可增加活化横桥的比例，导致收缩能力的增强。

以心肌细胞为例，去甲肾上腺素增加收缩能力的原因之一，就是通过激活 β 肾上腺素受体，增加胞质 cAMP 浓度，使肌膜钙通道和肌质网钙通道的开放程度增加，导致心肌兴奋后胞质 Ca^{2+} 浓度升高程度增加。洋地黄类药物也可以增强心肌收缩力；其本身为钠钾泵抑制剂，钠钾泵转运 Na^+ 减少使胞内 Na^+ 浓度升高，导致钠钙交换增强以排出胞内多余的 Na^+，于是进入胞内的 Ca^{2+} 增加，胞质 Ca^{2+} 浓度升高，心肌收缩力增强。

二、等长收缩和等张收缩

收缩是肌细胞兴奋所发生的机械变化，这种变化表现出两种效应：一种是长度缩短，另一种是产生张力。在自然条件下，机体内的每条骨骼肌收缩时都同时发生不同程度的张力变化和长度变化。肌肉收缩时对一物体施加的力称为肌张力（tension），而物体对于肌肉的作用力称为负荷（load）。肌肉在体内或实验条件下可能遇到的负荷主要有两种：一种是在肌肉收缩前就加在肌肉上的，称为前负荷（preload），它使肌肉在收缩前即处于某种被拉长的初长度；另一种负荷为后负荷（afterload），是肌肉在开始收缩时才遇到的负荷或阻力，它不能增加肌肉收缩前的初长度，但能阻碍收缩时的缩短。如果固定骨骼肌两端，使它在收缩时几乎不发生长度变化而只表现为张力增加，这种收缩叫等长收缩（isometric contraction）。而等张收缩（isotonic contraction）则指收缩过程只有长度的缩短而无张力的改变。

1. 等长收缩与长度 – 张力曲线

由于肌肉在等长收缩过程中不能缩短，所以能够在等长收缩的基础上研究初长度对肌肉收缩过程产生张力的影响。当把肌肉固定在不同的初长度时，记录到的总张力分别来源于肌肉在受牵拉时产生的弹性回缩力（称被动张力）和刺激肌肉使其收缩时产生的张力（称主动张力）。初长度与主动张力（即总张力减去被动张力）的关系体现于我们前面讲的长度 – 张力关系曲线（见图 5-10），反映了能够与细肌丝结合的横桥数量对主动张力的决定性，以及肌小节长度对肌丝滑行的限制。对应于最适初长度（产生最大主动张力）的前负荷称作最适前负荷。

等长收缩时细肌丝与粗肌丝之间几乎不能产生相对位移，因而所消耗的能量没有

> **想一想**
> 哪些训练中运用了等长收缩?

用于做功,而是几乎全部变为热。等长收缩可以使某些关节保持在一定的位置,为其他关节的运动创造条件。骨骼肌的等长收缩运动也是常见的增强肌力和耐力的训练项目。

2. 等张收缩与张力 – 速度曲线

通常将前负荷固定于最适前负荷,再观察改变施加于肌肉的后负荷对肌肉收缩的影响。承受后负荷的肌肉收缩常分为两个过程:早期收缩时,主动张力小于后负荷,虽然与细肌丝结合的横桥数量逐渐增加,肌肉长度并不缩短(这一过程是等长收缩);一旦张力增加到相当于后负荷时,细肌丝与粗肌丝之间开始产生相对位移,肌肉开始缩短,之后张力将不再增加(等张收缩)。等张收缩的过程可记录为肌肉缩短曲线(图 5-19A)。后负荷越重,收缩速度越慢,潜伏期(包括兴奋收缩耦联时间,以及等张收缩前的等长收缩时间)越长。当后负荷大于肌肉收缩产生的最大张力时,肌肉的缩短速度为零,收缩将变为纯等长收缩。

> **想一想**
> 为什么后负荷越重,收缩速度越慢?

根据实验观察,肌肉收缩缩短的速度与后负荷成反比,形成一条近似双曲线的曲线,即张力 – 速度关系曲线(tension-velocity relation curve,图 5-19B)。曲线同纵坐标相交的点表示后负荷为零时,肌肉收缩能产生最大的缩短速度。而曲线同横坐标相交的点,收缩产生的速度为零,但产生的张力最大;此时的后负荷相当于或大于肌肉收缩能产生的最大张力,肌肉不能缩短。肌肉收缩产生的张力大小取决于每一瞬间与肌动蛋白结合的横桥数目。当后负荷增加时,横桥完成划动的过程减慢即横桥周期延长,这一方面导致肌肉缩短的速度变慢,另一方面也使每一瞬间有更多的横桥与细肌丝发生作用,从而产生张力的增加。

> **想一想**
> 正常状态下,骨骼肌收缩时都完成一定的机械功。试用你学过的知识分析影响肌肉收缩时完成机械功大小的因素有哪些。

三、不同类型的肌纤维

根据不同的分类方法,可将肌纤维划分为不同的类型。如根据收缩速度,可将

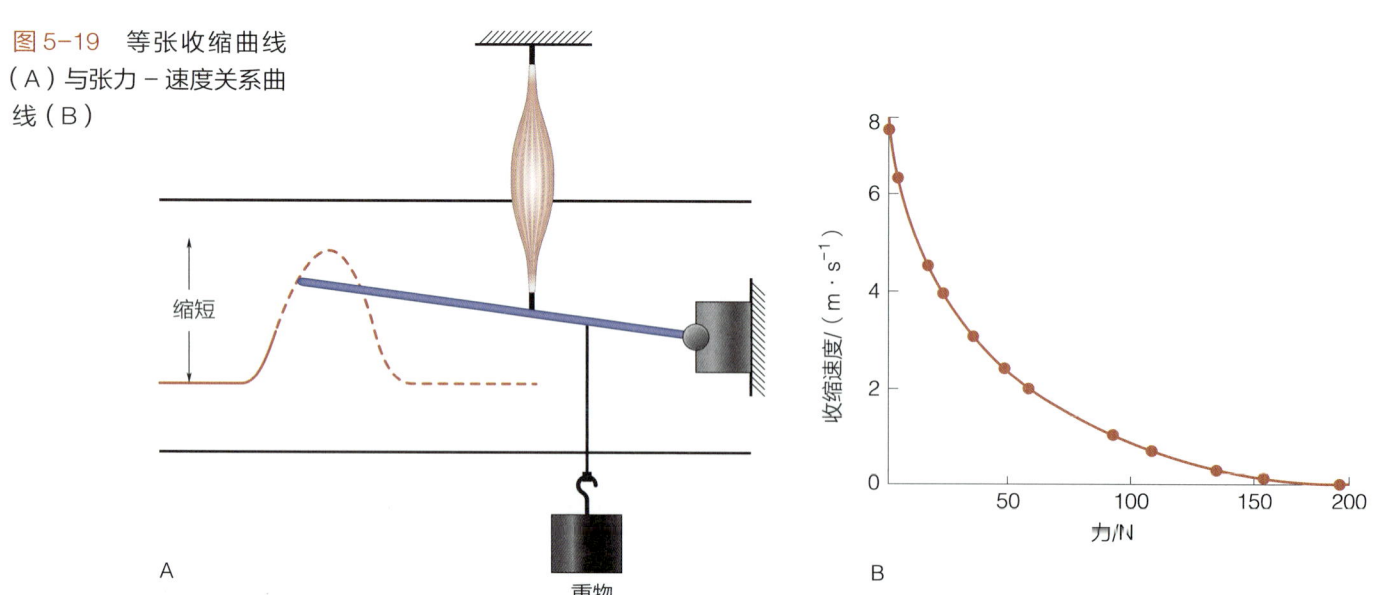

图 5-19 等张收缩曲线(A)与张力 – 速度关系曲线(B)

肌纤维划分为快收缩肌纤维（fast-twitch muscle fiber）和慢收缩肌纤维（slow-twitch muscle fiber）；根据收缩特性及色泽，也可将肌纤维划分为红肌纤维（red muscle fiber，对应慢收缩肌纤维）和白肌纤维（white muscle fiber，对应快收缩肌纤维）等类型。

不同的肌纤维其形态学特征有所不同，如快收缩肌纤维较慢收缩肌纤维粗，含有更多收缩蛋白，其肌质网及横管系统也较慢肌纤维更发达。慢收缩肌纤维含有较多的线粒体且线粒体的体积较大。在神经支配上，慢收缩肌纤维由较小的运动神经元支配，故神经纤维较细，传导速度较慢（一般为2~8 m/s）；而快收缩肌纤维由较大的运动神经元支配，其传导速度较快，可达8~40 m/s。

在生理学特征方面，不同的肌纤维也有不同。首先，快收缩肌纤维的肌质网较慢收缩肌纤维发达，所以收缩的速度较快。其次，由于快收缩肌纤维的直径大于慢收缩肌纤维，而且快收缩肌纤维运动单位中所包含的肌纤维数量也多于慢收缩肌纤维运动单位，故快收缩肌运动单位的收缩力明显大于慢收缩肌运动单位。第三，慢收缩肌纤维的线粒体中有氧代谢酶活性较高，肌红蛋白和细胞色素的含量也比较丰富，毛细血管网较为发达，因而慢收缩肌纤维的有氧代谢潜力较大，抵抗疲劳的能力比快收缩肌纤维强很多；而快收缩肌纤维含有较丰富的葡萄糖酵解酶，无氧酵解能力较强，所以在收缩时所需能量大都来自糖的无氧代谢，从而引起乳酸大量积累，最终导致肌肉疲劳。

每块肌肉均含有上述两种类型的肌纤维。以保持姿势为主要功能的肌肉，含有较多的慢收缩肌纤维；从事快速高灵敏动作的肌肉中则以快收缩肌纤维为主。

四、骨骼肌收缩强度的调节

1. 收缩的总和与强直收缩

给予阈上刺激时，肌肉会产生一次单收缩。紧接着再给第二次刺激，如果第二次收缩在前一次收缩的基础上发生，则可形成一次更大的收缩，这个现象叫作收缩总和（summation of contraction）。当一连串的重复刺激作用于神经肌肉标本时，如果频率较低，则产生一连串的单收缩（图5-20A）。增加刺激频率，各次单收缩逐步发生总和。如果总是在前次收缩的舒张期开始下一次的收缩，此时可以描记出一种锯齿形的收缩曲线，这种收缩称为不完全强直收缩（incomplete tetanus，图5-20B、C）。进一步增加刺激频率，使各次单收缩的融合越来越完全，以致不能区分每次收缩，肌肉维持较长时间的收缩状态。这种由于高频率重复刺激所引起的持续而强大的收缩称作完全强直收缩（complete tetanus），此时肌肉能产生最大的收缩力，可以是单收缩的3~4倍（图5-20D）。

产生完全强直收缩所需的最低刺激频率称为临界融合频率（critical fusion frequency）。临界融合频率与单收缩的收缩时间成反比，收缩时间越短则临界融合频率越高。产生强直收缩的刺激频率在不同的肌纤维中很不相同。30 Hz的刺激就可以使慢收缩肌纤维产生强直收缩，而使快收缩肌纤维产生强直收缩的刺激频率需要

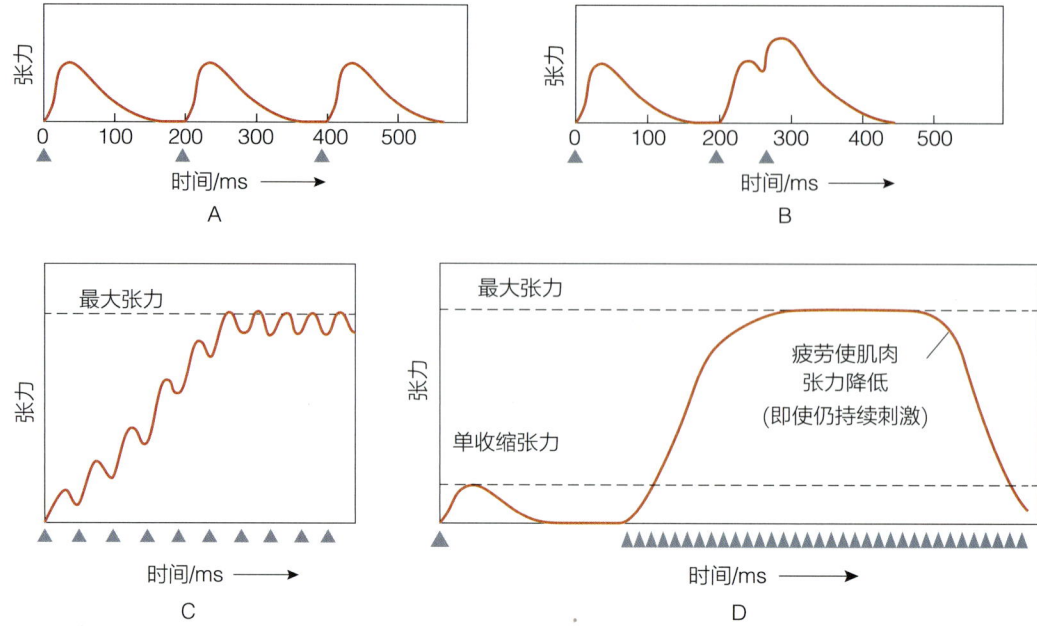

图 5-20 不完全强直收缩和完全强直收缩
A. 单收缩：两次刺激间肌肉完全舒张；B. 总和：相隔很近的刺激使肌肉不能够完全舒张；C. 总和导致不完全强直收缩：刺激间隔足以使肌肉在两次刺激之间轻微舒张；D. 总和导致完全强直收缩：肌肉维持稳定的张力

100 Hz 或更高。刺激频率如果很快，钙泵不能在短促的刺激间歇中把 Ca^{2+} 完全泵回到肌质网中，胞质 Ca^{2+} 可保持在高水平，逐步累加至饱和浓度，导致单收缩几乎完全融合成强直收缩。在生理条件下，支配骨骼肌的传出神经总是发出连续的冲动，所以骨骼肌的收缩都是强直收缩。即使在静息状态下，中枢神经也经常发放低频率的神经冲动至骨骼肌，使之产生一定程度的强直收缩，这种微弱而持续的收缩使肌肉呈现出一定的紧张度。

骨骼肌的绝对不应期只有 1~2 ms，而收缩期可达几十毫秒甚至 100 多毫秒，因此，相继发生的刺激可以落在肌肉的收缩期或舒张期，引起收缩总和与强直收缩。相比之下，心室肌的绝对不应期约 250 ms，几乎与整个收缩期的时间相当，因此不能产生强直收缩。心脏作为一个泵推动血液在体内循环，需要交替地收缩与舒张。如果心肌也像骨骼肌一样在连续刺激的作用下产生强直收缩，血液循环就会停止，但实际上不会发生这种情况，主要是因为心肌的不应期很长。

2. 运动单位募集反应

一个运动神经元和受其支配的肌纤维组成躯体运动的基本功能单位，称为运动单位（motor unit）。因为来自同一运动神经元的冲动通过轴突的分支同时传到它所支配的全部肌纤维，所以这些肌纤维可以同步收缩。不同运动单位的大小可以差别很大，从几条肌纤维到上千条肌纤维不等。中枢神经系统增加肌肉收缩效能的办法之一便是激活更多运动单位，以产生更大的张力，这一机制称为运动单位的募集（recruitment of motor unit）。

大多数肌肉有大小运动单位的精密匹配。这些大小不等的运动单位被按顺序募集，即最小的运动单位最先被募集，收缩产生的张力较小；随着运动需求的加强，会有越来越多和越来越大的运动单位参与收缩；而最大的运动单位最后被募集。许多小运动单位是对肌力进行精细调节的基础，这种按顺序募集的现象解释了为什么肌肉在轻负荷下比在较大负荷下更可能受到精细的控制。

※ 小结

表 5-1 概括了与收缩功能相关的部分重要结构和分子在骨骼肌、心肌、平滑肌三类肌细胞上的异同。

表 5-1　三类肌细胞的特点

特点	骨骼肌	心肌	平滑肌	
			一单位平滑肌	多单位平滑肌
粗肌丝和细肌丝	有	有	有	有
肌小节	有	有	无	无
横管	有	有	无	无
肌质网*	++++	++	+	+
细胞间的缝隙连接	无	有	有	很少
导致胞质 Ca^{2+} 浓度升高的钙来源	肌质网	肌质网和细胞外	细胞外和肌质网	细胞外和肌质网
调节蛋白	肌钙蛋白和原肌球蛋白		钙调蛋白	
收缩速度	慢、快	慢	很慢	很慢

* "+"的数目表示肌质网在该类型肌肉中的相对含量。

兴奋收缩耦联是指肌细胞兴奋时，动作电位沿肌膜或横管膜传播，通过激活膜上 L 型钙通道并触发肌质网钙释放，引发胞质 Ca^{2+} 浓度升高，最终引发肌肉收缩的过程。骨骼肌细胞中，动作电位激活横管膜上 L 型钙通道导致其构象变化，进而引起与其紧密接触的 RyR1 开放，使大量 Ca^{2+} 从肌质网释放入胞质。心肌细胞胞质 Ca^{2+} 浓度升高是钙致钙释放的结果，即动作电位使横管膜上 L 型钙通道开放，少量由胞外流入的 Ca^{2+} 触发肌质网上临近的 RyR2 开放并释放钙。平滑肌细胞也是肌膜上 L 型钙通道开放后 Ca^{2+} 内流引发钙致钙释放，但因肌质网很不发达，故胞质 Ca^{2+} 浓度升高主要依赖细胞外 Ca^{2+}。

胞质 Ca^{2+} 浓度升高后，肌动蛋白丝上的肌钙蛋白复合体与 Ca^{2+} 结合后构象改变，牵动原肌球蛋白移位，暴露出与肌球蛋白头部（横桥）结合的结合位点。储能的肌球蛋白头部与肌动蛋白丝上的结合位点结合，引发横桥向 M 线划动，将细肌丝"拉"向肌小节中央，两相邻 Z 线间的距离变短，肌肉收缩。划动后肌球蛋白头部与肌动蛋白丝分离，并进行新的储能。肌肉的收缩表现为长度的缩短和张力的增加。

肌肉缩短的幅度、速度，以及张力增加的幅度和速度取决于肌肉承受的负荷。肌肉收缩反应的大小取决于刺激的频率及参与的运动单位数量。

※ 思考题

1. 试分析 Ca^{2+} 在肌肉收缩和舒张过程中的作用。
2. 比较骨骼肌、心肌、平滑肌细胞兴奋收缩耦联的异同。
3. 分别改变前负荷或后负荷，对骨骼肌的收缩会产生什么影响？
4. 一根肌原纤维、单根肌纤维，以及一束肌肉产生的张力分别受哪些因素的影响？为什么肌纤维发生强直收缩时能够产生比单收缩时更大的张力？

※ 推荐阅读

1. DES GEORGES A, CLARKE O B, ZALK R, et al. Structural basis for gating and activation of RyR1 [J]. Cell, 2016, 167 (1): 145-157.

这篇论文是对 RyR1 结构的分析。

2. FABIATO A. Calcium-induced release of calcium from the cardiac sarcoplasmic reticulum [J]. American journal of physiology-cell physiology, 1983, 245 (1): C1-C14.

这篇论文是钙致钙释放的经典研究。

3. HEUSER J E. Structure of the myosin crossbridge lattice in insect flight muscle [J]. Journal of molecular biology, 1983, 169 (1): 123-154.

这篇论文阐述了昆虫飞翔肌的肌球蛋白横桥结构。

4. PENG W, SHEN H Z, WU J P, et al. Structural basis for the gating mechanism of the type 2 ryanodine receptor RyR2 [J]. Science, 2016, 354: 6310.

这篇论文是对 RyR2 结构的分析。

5. WANG S Q, SONG L S, LAKATTA E G, et al. Ca^{2+} signalling between single L-type Ca^{2+} channels and ryanodine receptors in heart cells [J]. Nature, 2001, 410: 592-596.

这篇论文从分子水平对钙致钙释放进行实验分析。

（撰写：柴真；审修：梁鑫、王世强）

第二篇
器官和系统生理学

第二篇

常量元素表味肥料

第六章

血液循环

　　血液在由心脏和血管组成的心血管系统内循环流动,起着运输营养和代谢物质的作用。心血管系统由心脏、动脉、毛细血管和静脉组成。心脏将血液泵出,并由血管将血液分配到各器官、组织;血液在心血管系统中按一定的方向流动,最后流回心脏。心血管系统受神经和体液因素的调节,自身对内外环境的变化也有一定的适应性反应。机体通过这些调节,使血液循环与机体的代谢需求相适应,保证机体的整体协调。

　　本章分循环系统进化、心脏生理、血管生理和心血管活动的调节4个部分阐述,希望读者通过本章各节的学习,掌握:①心动周期中心肌电活动、机械收缩和瓣膜开闭如何相互配合实现其泵血功能,以及怎样评价心脏泵血功能;②血液在心血管中流动所涉及的基本动力学、动脉血压和静脉血压的形成和影响因素;③微循环的组成,以及组织液生成和回流的机制及意义;④心血管活动的自身调节、神经反射调节,以及体液调节的过程及其生理意义。

第一节 循环系统的进化

体液循环由开放式到封闭式以及心脏器官的逐步形成,是循环系统进化发展的重要标志。

一、开放式和封闭式循环系统

单细胞原生动物、海绵和腔肠动物等多细胞动物均没有循环系统,只有负责运输的水管系统。多细胞动物发展到更高的阶段才出现具有管道的循环系统。循环系统又分为开放式和封闭式两种。开放式循环系统中的血液由心脏泵出,经过动脉进入开放的、称为血窦的体液腔。血窦是内脏器官细胞之间的空隙,细胞直接浸浴在血液之中。开放式循环系统的血压通常很低,一般不超过 5~10 mmHg(1 mmHg≈133.32 Pa)。脊椎动物、部分无脊椎动物具有封闭式循环系统,包括心脏、动脉、毛细血管、静脉,血液在这套系统中周而复始地循环。体液循环由开放式到封闭式是心血管系统进化发展的一个标志。

二、心脏的进化

血液循环系统进化发展的另一个标志是心脏器官的演变。脊椎动物在进化过程中出现了具有中空腔室、能搏动的心脏,但心脏中没有纵隔。鱼类的心脏开始出现静脉窦、心房、心室和动脉圆锥4个部分,全身的血液从静脉流入静脉窦,再到心房和心室。心室将全部血液经动脉圆锥推入鳃内,在鳃内经过毛细血管时进行氧和二氧化碳的交换,再流回到身体各部分。鱼的血液在体内每循环一周,只经过心脏一次(图 6-1A)。

两栖类动物因为用肺呼吸,除了体循环外还形成了肺循环,心房中出现了纵隔,形成左心房与右心房。右心房与静脉窦相连,左心房与肺静脉相连。动脉圆锥分别与大动脉、肺皮动脉相通。来自身体各部分的血液经静脉窦进入右心房,再流入心室。心室收缩时,将血液送入肺皮动脉再进入肺和皮肤,另一部分送入大动脉再到全身。血液在肺内毛细血管中进行气体交换后经肺静脉流入左心房再次进入心室。两栖类动物只有一个心室,由于动脉圆锥中有纵向螺旋瓣的作用,仍能将来自肺的氧合血与来自全身的静脉血区分开,分别输入体循环和肺循环。两栖类动物只有一个心室但已经出现肺循环与体循环,因此血液全身循环一周,要经过心脏两次(图 6-1B)。

爬行动物心脏的动脉圆锥中出现了纵隔,将动脉圆锥的一部分与大动脉相连,另一部分与肺动脉相连。心室中也出现了并不完整的心室间隔,但动脉血液和静脉血液在心室中仍有一些混合(图 6-1C)。鸟类和哺乳类的心房和心室则完全分为左、右两个,肺动脉与右心室相连,大动脉与左心室相连,动、静脉血液不再混合(图 6-1D)。由此可见,脊椎动物在演化中随着心脏结构复杂程度的提高,血液循环也趋于完善,

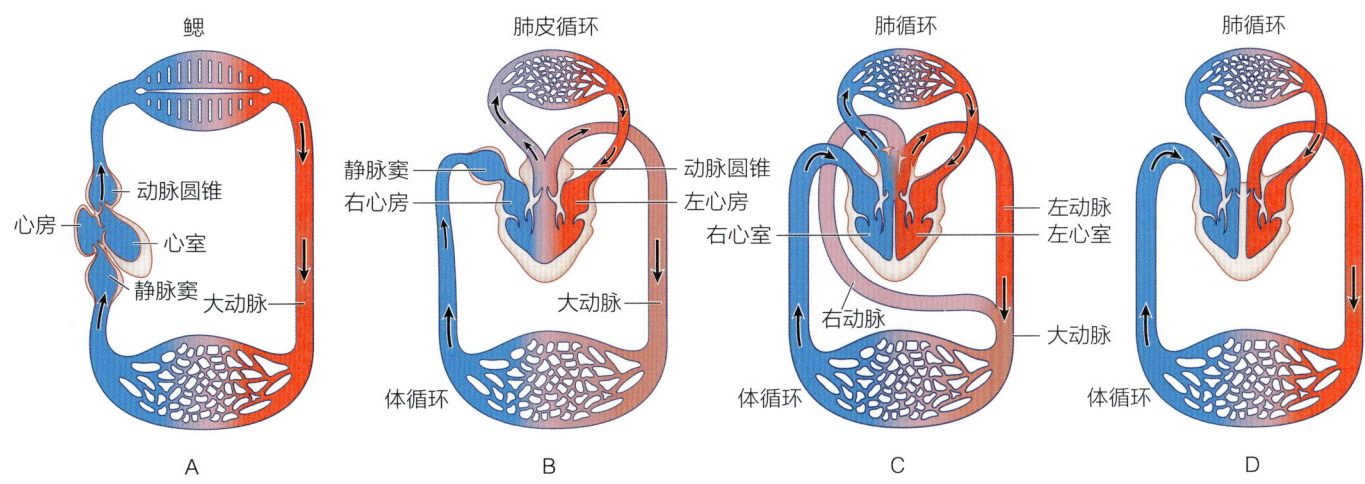

图 6-1 不同脊椎动物的心脏结构
A. 软骨鱼；B. 两栖类；C. 部分爬行类；D. 鸟类和哺乳类

动、静脉血混合的程度降低，更有利于氧的利用。鸟类和哺乳类大多数是恒温动物，这也与血液循环系统的进化完善有关。

1628年，英国医生 William Harvey（1578—1657）发表了《心血运动论》，系统地总结了他所发现的血液循环运动规律及其实验依据。Harvey 的血液循环理论认为，血液从左心室流出，经过主动脉流经全身各处，然后由腔静脉流入右心室，再经肺循环回到左心室。人体内的血液是循环不息地流动着的，是心脏搏动所产生的作用。

拓展阅读 6-1
血液循环的发现

第二节　心脏生理

心脏是由心肌组织和瓣膜结构共同组成的空腔器官，是血液循环系统中的动力装置。生命过程中，心脏不停地进行收缩和舒张交替的活动，在房室瓣和动脉瓣协助下，推动血液沿单一方向循环流动。

1981年，加拿大科学家 Adolpho J. de Bold 及其同事们发现了心房利尿钠肽（atrial natriuretic peptide，ANP），揭示心脏除了作为血液循环动力器官外，还具有内分泌功能。

一、心脏的泵血功能

心脏活动呈现周期性的特征，每个周期中心肌电活动、机械收缩和瓣膜活动相互配合，实现其泵血功能。

1. 心动周期

心脏每收缩和舒张一次所构成的一个机械活动周期，称为心动周期（cardiac cycle）。一个心动周期中，心房与心室的机械活动均可划分为收缩期和舒张期。心动周期也是分析心脏机械活动的基本单元。

在一个心动周期中，心房和心室各自按一定的顺序进行收缩与舒张相交替的机械

想一想
心率增快对心脏的持久活动会有什么影响？

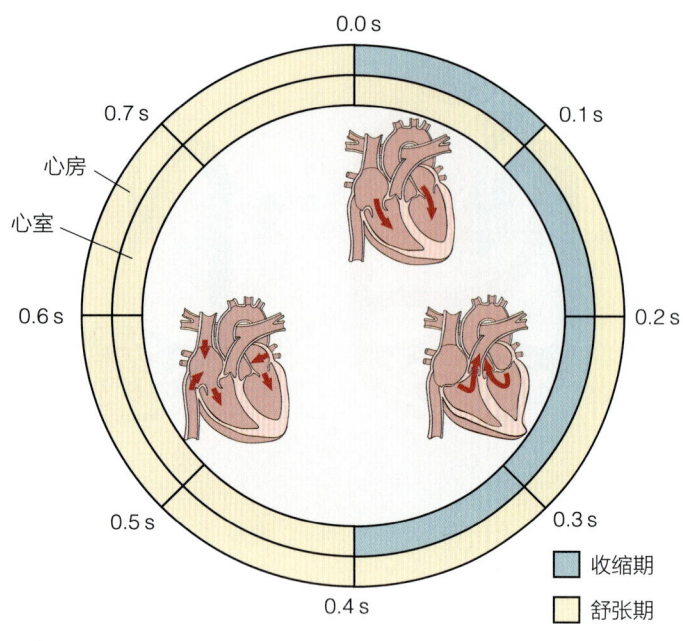

图 6-2 心动周期

活动，左、右两侧心房或两侧心室的活动几乎是同步的。无论心房或心室，收缩期均短于舒张期。以成年人心率每分钟 75 次计算，一个心动周期平均为 0.8 s，其中心房收缩期约为 0.1 s，心房舒张期约为 0.7 s；心室收缩期约为 0.3 s，心室舒张期约为 0.5 s（图 6-2）。其中，约有 0.4 s 的时间心房和心室都处于舒张状态，称为全心舒张期，有利于血液回流，也有利于冠状动脉充盈，并防止心肌疲劳。

2. 心脏泵血的动力学

著名的美国心血管生理学家 Carl J. Wiggers（1883—1963）早在 19 世纪 20 年代就提出将心动周期分为 8 个时相的设想。最早的一份完备的心动周期图是由 Thomas Lewis（1881—1957）于 1920 年完成的。Lewis 的图解中显示了心动周期中各个时相的主动脉、心室、心房压力，以及主动脉血流量和心室容积。由于心动周期中左、右两侧心房和心室的活动几乎是同时发生的，区别仅在于左心室的压力高于右侧，所以我们以左侧心房和心室为例，通过经典的 Lewis 心动周期图阐明心脏泵血的动力学过程（图 6-3）。

（1）心房的初级泵功能　心房开始收缩之前，心脏处于全心舒张状态，此时的心房和心室内压力都很低，接近于大气压，约为 0 Pa（以大气压为零）；此后由于静脉血不断流入心房，心房压相对高于心室压，此时房室瓣仍处于开启状态，血液顺房室压力梯度由心房进入心室，使心室充盈。同时因为心室压远比主动脉压（约 80 mmHg，即 10.6 kPa）低，故半月瓣是关闭着的。心房开始收缩后，将心房内血液挤入仍处于舒张状态的心室，使心室的血液充盈量进一步增加。心房收缩持续约 0.1 s，随后进入舒张期。

心房的收缩可使心室的充盈量再增加 10%～30%，起到初级泵或启动泵的作用。如心房的初级泵作用丧失，尽管对安静状态下的心脏泵血功能影响不大，但在心率加快、心室顺应性下降而影响心室的被动充盈时，心房的初级泵作用对心室充盈就显得很重要。

（2）心室收缩期　根据心室内压力、血流方向及瓣膜开闭状态，心室的收缩期可人为地划分为等容收缩期、快速射血期和减慢射血期。心房收缩期结束进入舒张期后，心室即开始收缩。随着心室肌的收缩，心室压逐步升高，当超过心房压时，心室内血液从心室向心房的反流推动房室瓣关闭，血液不会回流入心房。在心室收缩早期，心室压远低于主动脉压而主动脉瓣未开放。此时房室瓣和主动脉瓣都处于关闭状态，心室成为一个封闭的腔，心室肌收缩不引起心室容积的改变，但引起心室压的急剧上升，因此称为等容收缩期（isovolumic contraction period）。当左心室压超过主动脉

想一想

哪些情况下会导致心室剩余血量增加或减少？

压时（接近 80 mmHg），主动脉瓣被打开，血液迅速流入主动脉。此阶段射入主动脉的血液量约占总射血量的 2/3，血液流速很快，称为快速射血期（rapid ejection period）。快速射血期心室的容积明显缩小，但因心室肌的强烈收缩，心室压继续上升并达到峰值，主动脉压也随之升高。之后由于心室内血液减少及心室肌收缩强度减弱，主动脉压和心室压开始降低，进入减慢射血期（reduced ejection period）。实际上，在主动脉瓣关闭之前，心室压已经略低于主动脉压，但心室收缩引起的血液惯性作用推动心室内血液继续通过动脉瓣进入主动脉（见图 6-3）。射血期末，约有与心室收缩期射出血量相等的剩余血量留在心室腔中。功能正常心脏的剩余血量相对恒定。

（3）心室舒张期　心室舒张期也可划分为等容舒张期、快速充盈期和减慢充盈期。射血期结束后，心室肌开始舒张，心室压下降，主动脉内的血液向心室方向反流，推动半月瓣关闭，在主动脉压曲线的降支上产生了一个切迹（见图 6-3）。此阶段心室压仍高于心房压，房室瓣继续处于关闭状态，心室又暂时成为一个封闭的腔。心室压急剧下降但心室的容积不变，称为等容舒张期（isovolumic relaxation period）。当心室压低于心房压时，房室瓣开放，血液从心房向心室内快速充盈，形成快速充盈期（rapid filling period）。随着心室血液的充盈，心室压和心房压接近相等，血液充盈的速度开始减慢，进入减慢充盈期（reduced filling period）。心室减慢充盈期的特征是心房压、心室压、静脉压和心室容积都在逐步增加。

右心室的泵血过程与左心室基本相同，但由于肺动脉内压力仅为主动脉内压力的 1/6，因此在心动周期中，右心室内压力的变化幅度比左心室要小很多。

从以上的心室射血和充盈过程的描述可见，心动周期中心室肌的收缩和舒张是造成心室内压力变化并推动血液在心房、心室及主动脉之间流动的主要动力。而心脏和大动脉瓣膜的单向启闭，是等容收缩期和等容舒张期的心室内压力大幅度升降实现的保障。如果某一瓣膜关闭不全或狭窄，可影响血液的单方向流动，妨碍心

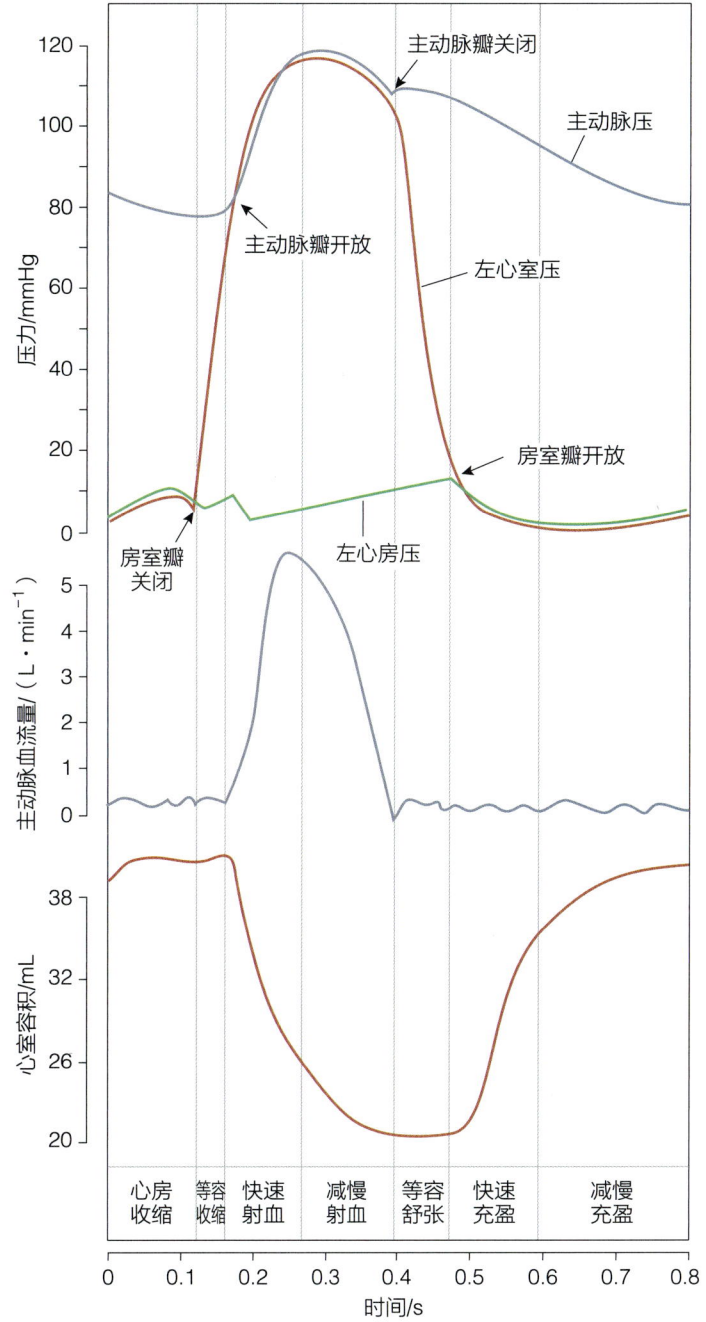

图 6-3　Lewis 的心动周期图解

拓展阅读 6-2
二尖瓣狭窄和关闭不全

脏泵血功能的正常进行。

3. 心输出量与心率

（1）每搏输出量与每分钟输出量　一次心跳由一侧心室射入动脉的血液量称为每搏输出量（stroke volume），是心室舒张末期容积与收缩末期容积之差值。正常成年人，左心室舒张末期容积约为 125 mL，收缩末期容积约 55 mL，每搏输出量约为 70 mL。一侧心室每分钟射入动脉的血液总量为心输出量（cardiac output），等于心率与每搏输出量的乘积。正常生理情况下左、右两侧心室的输出量基本相等。

心输出量是反映心脏功能的主要参数之一。心输出量与机体新陈代谢水平相适应，可因性别、年龄及其他生理情况而不同。健康成年男性静息状态下的心输出量约为 5 L/min；女性比同体重男性的心输出量约低 10%；个体青年时期的心输出量高于老年时期。心输出量在剧烈运动时可高达 35 L/min，麻醉情况下则可降低到 2.5 L/min。

（2）心率　一分钟内心脏完成心动周期的次数称为心率。正常成年人在安静状态下，心率（heart rate）的范围为 60~100 次/min。心率在不同生理情况下会发生较大变动，如安静或睡眠时的心率较慢，运动或情绪激动时心率加快。在完整机体中，心率受神经和体液因素的控制（详见本章第四节）。在一定范围内，心率加快可使心输出量增加。但如果心率过快超过 160~180 次/min，或心率过慢低于 40 次/min，心输出量都会减少。

> 🔍 **想一想**
> 为什么这两种情况下的心输出量都会减少？

（3）心脏泵血功能的评价　心脏的泵血功能通常用单位时间内心脏射出的血量和心脏做的功作为指标。

① 心指数　以单位体表面积（m²）计算的心输出量称为心指数，是心功能常用的评定指标。群体调查资料表明，人体静息时的心输出量与体重并不成正比，而与体表面积成正比。中等身材的成年人体表面积为 1.6~1.7 m²，安静和空腹状态下心输出量为 5~6 L/min，故心指数为 3.0~3.5 L/（min·m²）。心指数随年龄段或生理状态不同而改变。10 岁时静息心指数最大，可达 4 L/（min·m²）以上，之后随年龄增长而逐渐下降，到 80 岁左右时静息心指数接近于 2 L/（min·m²）。

② 射血分数　心脏每一次心室收缩时并未将心室内血液全部射出。每搏输出量占心室舒张末期容积的百分比为射血分数（ejection fraction），即：

$$射血分数 = \frac{每搏输出量（mL）}{心室舒张末期容积（mL）} \times 100\% \quad [6-1]$$

健康成年人每搏输出量较大时，射血分数可以达到 55%~65%。正常情况下，每搏输出量与心室舒张末期容积相适应，随着心室舒张末期容积增加而增加，射血分数很少变动。但对于心室异常扩大、心室功能减退的患者，心室的每搏输出量虽然可能与正常人没有明显差异，但射血分数明显下降。因此用射血分数评定心脏的泵血功能比单纯用每搏输出量评价更合理。

③ 心脏做功量　心室一次收缩射血所做的机械功称为每搏功，包括将一定容积的血液提升至一定的压力而增加的血液的势能和推动血液向前流动而增加的势能。势能等于搏出量乘以射血压力，动能等于 1/2×（血液质量×流速²），因此：

每搏功 = 每搏输出量 × 射血压力 + 动能   [6-2]

射血压力是射血期心室压与心室舒张期末压之差，实际应用中简化为用平均动脉压代替射血期心室压，以左心房平均压（约 6 mmHg）代替心室舒张期末压。由于血流动能在整个搏功中所占比例很小，故可忽略不计。以左心室为例，可用下式计算每搏功：

左心室每搏功（J）= 每搏输出量（L）×（1/1 000）×（主动脉平均动脉压 − 平均左心房压 mmHg）×（13.6 g/cm^3）× 9.807（N/kg）

左、右心室的每搏输出量几乎相等，但肺动脉平均压约为主动脉平均压的 1/6，故右心室做功量也只有左心室的 1/6 左右。

每分功（minute work）是指心室每分钟所做的功，等于每搏功乘以心率。

二、心脏的节律性兴奋

神经系统支配在体心脏的各种功能，如心率和心肌的收缩强度。但完全离体、没有神经支配的心脏，在保证人工灌注含氧的电解质溶液的情况下，其节律性收缩可以持续数个小时。心脏移植患者的心脏失去了神经支配，也依然能很好地生活并适应各种应激情况。上述例子说明心脏具有自动发生节律性兴奋的能力。

1. 心脏节律活动的发生

心肌组织在没有外来刺激的情况下自动发生节律性兴奋的特性，称为自动节律性，简称自律性（autorhythmicity）。

（1）心脏的特殊兴奋和传导系统　心脏为何能够自发地跳动？这是 19 世纪有关心脏研究的主流问题，并且一直存在着肌源性学说和神经源性学说两种不同的观点。多位心脏和解剖学家经历了近 70 年的研究积累证明，心房和心室内的一些细胞可以引发心脏自发地搏动，这些细胞主要位于心脏的特殊传导系统。

哺乳动物心脏的特殊传导系统由不同类型的、特殊分化的心肌细胞所组成，这类细胞具有产生和传导兴奋的功能，主要包括窦房结、房室交界、房室束和末梢浦肯野纤维（图 6-4）。

① 窦房结　窦房结呈半月形，长 10~15 mm，位于上腔静脉与右心房交界的心外膜下。窦房结含有起搏细胞（pacemaker cell）和过渡细胞。起搏细胞具有自律性；过渡细胞将起搏细胞产生的兴奋向外传播到心房肌，本身不具有自律性。

② 房室交界　房室交界也称为房室结，正常情况下是窦房结产生的兴奋由心房传至心室的唯一必经途径。房室交界分为房结区、结区和结希区 3 个功能区域。结区中的细胞只具有传导性，房结区和结希区内细胞都具有传导性和自律性。

③ 房室束　房室束也称希氏束，行走于室间隔内，在室间隔膜部开始分为左、右两束支，分别分布于右心室和左心室，房室束主要含浦肯野细胞。

④ 浦肯野细胞及其分支浦肯野纤维网　它们是左、右束支的最后分支，从心内膜向心外膜延伸，并与心室肌细胞接触。

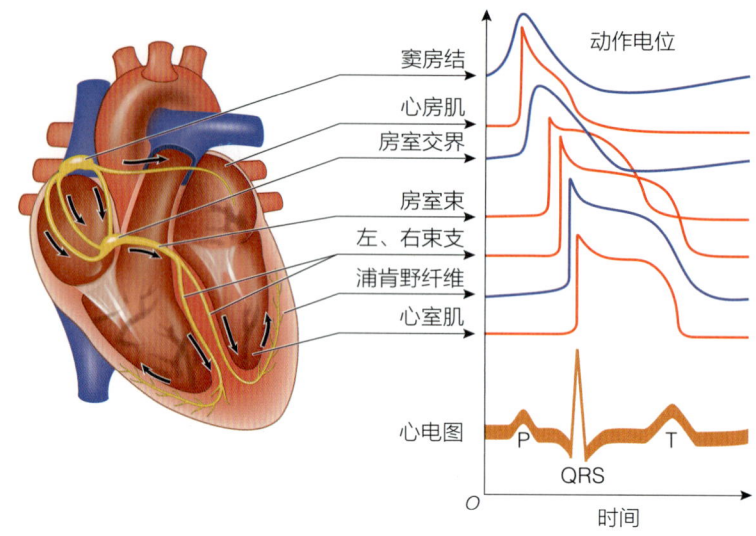

图 6-4 心脏的特殊传导系统

（2）正常起搏点和异位起搏点　心脏特殊传导系统内不同部位自律细胞的自律性存在差异。窦房结细胞的自律频率最高约 100 次 /min，浦肯野细胞的自律频率最低仅 25 次 /min，房室交界和房室束的自律频率介于两者之间，分别为 50 次 /min 和 40 次 /min。正常情况下，心脏总是依照自律频率最高的部位所发出的自律性兴奋进行活动。窦房结的自律频率最高，它产生的兴奋依次激动心房肌、房室交界、房室束、心室内传导组织和心室肌，引起整个心脏的兴奋和收缩。正常情况下，窦房结是主导整个心脏兴奋和搏动的部位，故称为正常起搏点（normal pacemaker）。由窦房结的自律性兴奋所形成的心脏节律称为窦性节律。正常人窦房结的自律性活动处于迷走神经的抑制性控制下，因此心率通常为 75 次 /min。

在正常情况下，心脏其他部位的自律细胞并不表现出自身的自律性，只是起着传导窦房结起源的兴奋的作用，是潜在起搏点（latent pacemaker）。在某些病理情况下，窦房结兴奋的产生和传导受阻，或潜在起搏点的自律性增高超过了窦房结，心房或心室就会接受当时情况下自律性最高的兴奋节律，那些异常的起搏部位就成了异位起搏点（ectopic pacemaker）。例如，发生完全性房室传导阻滞时，心电图上常出现窦房结兴奋引起的心房节律和心室节律分离现象，心房节律为 60 ~ 100 次 /min，而心室节律仅为 30 ~ 40 次 /min。临床上，异位心律通常以异位起搏点出现的部位来命名，如房室结性心律、室性心律等。心脏起搏点的位置、频率、传导顺序发生异常可导致心律失常，严重的心律失常（如心室颤动）是心源性猝死的最主要原因。

那窦房结又是如何控制潜在起搏点活动的呢？目前认为的控制形式包括抢先占领（capture）和超速驱动阻抑（overdrive suppression）。

① 抢先占领　当窦房结的自律性兴奋频率高于其他潜在起搏点时，潜在起搏点细胞在其 4 期自动去极化尚未达到阈电位水平之前，就已经接受从窦房结发出并传导过来的兴奋的刺激，产生动作电位。由于窦房结这种抢先占领的作用，使潜在起搏点本身的自律性不能表现出来。

② 超速驱动阻抑　潜在起搏点在自律性兴奋频率最高的窦房结兴奋的驱动下被动兴奋，一旦窦房结的驱动作用被中断，潜在起搏点需要一定时间，才能从被抑制的状态下恢复其自身的兴奋，此现象称为超速驱动阻抑。因此，当窦房结病变失去对潜在起搏点的控制后，会出现短暂的心脏停搏，然后心室才按其自身潜在起搏点的节律发生兴奋和搏动。研究表明，超速驱动阻抑的程度与两个起搏点自律性兴奋频率的差异呈平行关系，频率差异越大，抑制效应越强，驱动中断后，停搏的时间也越长。形成超速驱动阻抑的机制是当自律细胞受到超速驱动时，单位时间内产生的动作电位频率增加，致使钠泵活动增强，外来的超速驱动停止后，增强的钠泵活动并不立即终止，而是要维持一定的时间才能恢复，导致膜电位呈现超极化状态，须待其自身的电活动恢复使4期自动去极化达到阈电位水平后，才可发生起搏活动。

> **想一想**
> 为什么窦房结兴奋传导受阻后，取代其作为起搏点的首先是房室交界而不是心室内自律组织？使用心脏起搏器的患者因故需要暂时中断起搏器时，应该注意什么问题？

（3）起搏细胞的兴奋　窦房结和房室结自律细胞都能够自发产生动作电位（图6-5）。窦房结动作电位有两个显著特征：一是去极化和复极化都十分缓慢，二是复极化后会自动去极化。

窦房结起搏细胞表达电压门控钙通道，但几乎不表达电压门控钠通道，因而不会像神经和骨骼肌细胞那样产生快速的去极化，因此被称为慢反应自律细胞。当细胞膜去极化达到 –40 mV 左右的阈电位时，动力学较慢的电压门控钙通道被激活，产生动作电位的上升相（0期）。窦房结细胞表达 L（long-lasting）型和 T（transient）型两种钙通道。其中，L 型钙通道（$I_{Ca,L}$）的激活电位在 –40～–30 mV，激活后失活形成的全细胞电流波形与钠通道电流很像，但激活速度和失活速度较钠通道慢几十倍。T 型钙通道（$I_{Ca,T}$）的激活电位在 –50 mV 左右，激活速度和失活速度介于钠通道和 L 型钙通道之间。以钙电流为主的动作电位虽然去极化速率很慢，但依然能产生超射。

> **想一想**
> 窦房结细胞没有钠电流，动作电位为何依然能产生超射？

窦房结表达的主要复极化离子通道是延迟整流钾通道（I_K），有快激活（I_{Kr}）和慢激活（I_{Ks}）等不同亚型。I_K 的激活过程比 L 型钙通道更慢。动作电位去极化过程中缓慢激活了 I_K，同时，电压门控钙通道逐渐失活，动作电位复极化（3期）。人的窦房结动作电位复极化历时约 100 ms，最低可到 –70 mV 左右。

与神经和骨骼肌细胞不同，窦房结细胞在复极化后并不能稳定在静息膜电位，而是激活了一种超极化激活环核苷酸门控阳离子通道（hyperpolarization-activated cyclic nucleotide-gated cation channel，HCN通道），产生缓慢去极化（4期），称为起搏电位（pacemaker potential）。起搏电位达到钙通道的激活阈值便导致下次动作电位的发生。20世纪70年代后期，多个实验室在研究兔窦

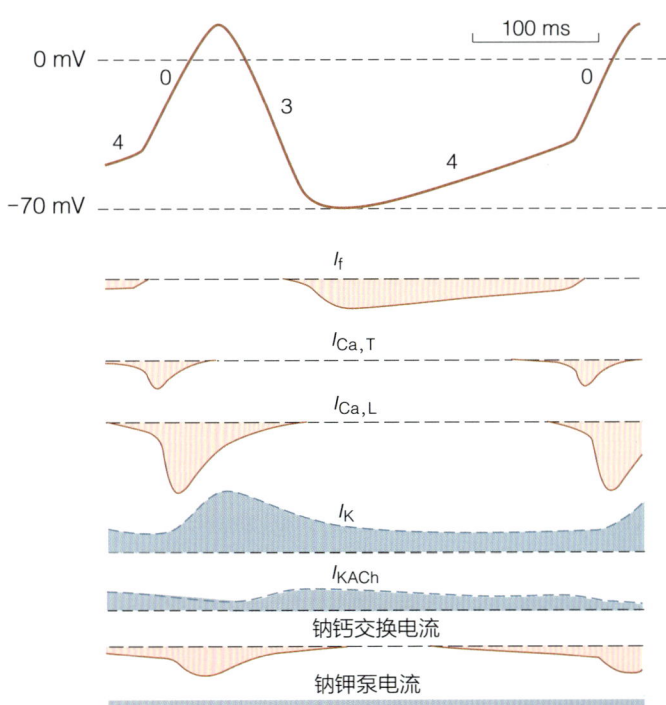

图 6-5　窦房结起搏细胞的动作电位

房结细胞起搏机制时发现了一种超极化激活的电流，因其与此前发现的去极化激活的离子通道全然不同，研究者将其称为"funny"电流（I_f）。I_f是一种非特异性阳离子流，逆转电位在 -15 mV 左右。随着 I_K 通道在 -70 mV 附近关闭，I_f 开始主导膜电位的缓慢去极化过程。由于介导 I_f 的 HCN 通道存在于细胞膜，因此，基于 I_f 的起搏机制称为膜钟（membrane clock）。

20 世纪 90 年代，Stephen L. Lipsius 等多个实验室注意到钠钙交换和细胞内钙释放对心房和窦房结细胞起搏活动的调节作用。Edward G. Lakatta 实验室在 21 世纪初对肌质网钙释放与起搏电位的关系进行了系列研究，发现用雷诺丁阻断肌质网钙释放通道 RyR2 后，起搏电位去极化速率显著降低。Lakatta 据此提出，肌质网钙释放刺激钠钙交换产生内向电流是起搏电位加速去极化的重要机制。这种基于肌质网钙释放和钠钙交换的起搏机制叫作钙钟（calcium clock）。

I_f 是一个超极化激活的电流，会随着起搏电位的去极化逐渐减弱。肌质网钙释放刺激产生的钠钙交换电流有效地补充了起搏电流，对起搏电位的加速去极化到达动作电位阈值有重要作用。因此，心脏起搏点的自动节律性目前认为是在膜钟和钙钟密切配合下产生的。

除了窦房结和房室结，心室的浦肯野细胞也能够自发产生动作电位。浦肯野细胞动作电位与心室肌细胞动作电位一样，分为 0 期、1 期、2 期、3 期和 4 期 5 个时相（参见图 5-16），其动作电位形态和形成的离子机制除 4 期以外，与心室肌细胞也基本一致。浦肯野细胞 4 期除极机制则与窦房结相似，包括内向 I_K 电流减弱和内向 I_f 离子流的增强。由于浦肯野细胞兴奋时由钠通道开放产生快反应动作电位，因此被称为快反应自律细胞。

（4）决定和影响自律性的因素 如上所述，自律细胞 4 期自动除极是其自律性的基础。自律性高低受到以下 3 个因素的影响：

① 4 期自动去极化的速率 4 期自动去极化的速率与膜电位从最大复极化电位到达阈电位所需的时间有关。去极化速率增快，则所需时间缩短，自律性增高；反之，4 期自动去极化的速率减慢导致自律性兴奋的频率降低（图 6-6A，曲线 b）。4 期自动去极化的速率取决于净内向电流增长的速度。儿茶酚胺可以增强窦房结的 I_f 和 $I_{Ca,T}$，加快 4 期自动去极化的速率，加快心率。

② 阈电位水平 阈电位（threshold potential，TP）水平上移，与最大舒张电位之间的距离增大，达到阈电位所需时间延长，导致自律性降低（图 6-6B，曲线 b）。反之，则自律性升高。阈电位水平上移可见于细胞外钙离子浓度增加时，生理情况下不是影响自律性的主要因素。

③ 最大舒张电位水平 当最大舒张电位（maximum

> **想一想**
> 请你比较分析窦房结细胞、心脏浦肯野细胞和心室肌细胞的电生理特点。

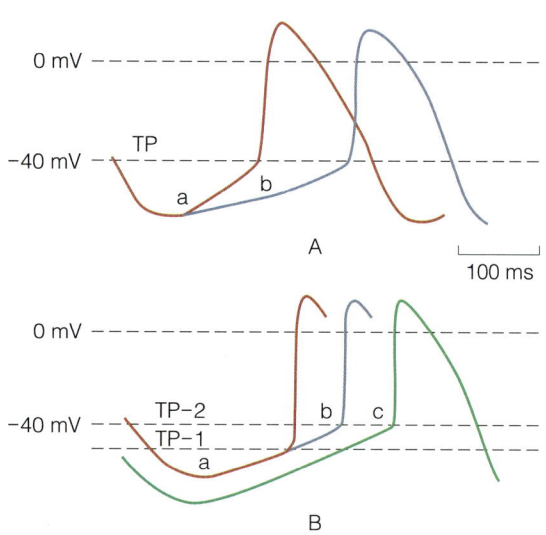

图 6-6 决定和影响自律性的因素
A. 4 期自动去极化速率对自律细胞动作电位发放频率的影响。a 为正常对照，b 为 4 期自动去极化速率减慢时的动作电位发放；B. 阈电位（TP）水平和最大舒张电位（MDP）水平对自律细胞动作电位发放频率的影响。a 为正常对照，b 为阈电位水平从对照（TP-1）上移（TP-2）时的动作电位发放，c 为最大舒张电位增大时的动作电位发放

diastolic potential，MDP）增大时，其与阈电位之间的差距增大，达到阈电位水平所需时间延长，故自律性降低（图6-6B，曲线c）。反之，则自律性升高。迷走神经兴奋时，末梢释放的乙酰胆碱（ACh）与膜受体结合，使窦房结细胞对K^+通透性增加，最大舒张电位增大，自律性降低使心率减慢。

2. 心脏节律性兴奋的传导

心脏节律性兴奋的传导主要通过特殊传导系统，传导性的高低用兴奋的传播速度来衡量。

（1）心脏内节律性兴奋传播的途径和特点　窦房结发出的兴奋首先沿着普通的心房肌纤维辐射状传播，贯穿整个右心房，并通过特殊的房间前束，也称巴克曼束（Bachmann's bundle）直接将冲动传导到左心房。兴奋沿着特殊心房肌组成的"优势传导通路"（preferential pathway）迅速传到房室交界区。然后经房室束和左、右束支传到浦肯野纤维网，引起心室肌兴奋。心脏内兴奋的传播是以心肌细胞间的缝隙连接（gap junction）为基础的，兴奋以局部电流的形式通过这些低电阻通道直接、快速地扩布至相邻的细胞，实现心肌细胞的同步活动。

不同心肌细胞的传导性不同。普通心房肌的传导速度较慢，约为 0.4 m/s，而"优势传导通路"的传导速度可达 1.0~1.2 m/s；心室肌的传导速度约为 1 m/s；心室内浦肯野纤维的传导速度可达 4 m/s。由于浦肯野纤维呈网状分布于整个心室壁，房室交界的兴奋能沿着浦肯野纤维网迅速地传导至整个左、右心室。在特殊传导系统中，房室交界区的传导性最低，仅 0.02 m/s。窦房结兴奋在房室交界区传导速度减慢导致一段时间的延搁，这个现象称为房室延搁（atrioventricular delay）。当房室交界区发生病理性变化而影响窦房结兴奋下传时，可导致不同程度的房室传导阻滞。

> **想一想**
> 如果没有房室延搁，将会导致什么状况的发生？

（2）决定和影响心脏兴奋传导的因素　心肌的传导性与心肌细胞的结构特点和电生理特性有关，主要受以下因素影响：

① 细胞的结构　细胞的直径与细胞内的电阻成反比关系，心房肌细胞、心室肌细胞和浦肯野细胞的直径都大于窦房结和房室交界的细胞，因此传导兴奋的速度很快。结区细胞直径最小约 3 μm，传导速度最慢。

细胞间缝隙连接的数量和功能状态也是影响传导性的重要因素。在窦房结和房室交界区，细胞间的缝隙连接数量较少，因此传导速度较慢。在某些病理情况下，如心肌缺血时，细胞间缝隙连接可以关闭，使兴奋的传导速度明显减慢。

② 0期去极化的速率和幅度　心肌细胞兴奋的传播同样是通过局部电流实现的，因此 0 期去极化的速率越快，兴奋传导速度也越快。另一方面，0 期去极化的幅度越大，细胞膜上兴奋部位和未兴奋部位之间的电位差就越大，形成的局部电流也就越强，兴奋传导速度也就越快。

③ 邻近未兴奋部位膜的兴奋性　邻近未兴奋部位膜的静息电位与阈电位之间的差距增大时，膜的兴奋性降低，去极化达到阈电位水平所需的时间延长，传导速度减慢。如果邻近未兴奋部位处于有效不应期，则兴奋传导受阻。

3. 期前收缩和代偿间歇

与骨骼肌和神经细胞相比，心肌细胞的有效不应期相对较长，一直延续到舒张期开始之后。因此，心肌不会像骨骼肌那样产生完全强直收缩，而始终是收缩和舒张相交替的活动。正常情况下，窦房结产生的每一次兴奋传导到心房和心室时，心房肌和心室肌前一次兴奋的不应期已经结束，因此能产生一次新的兴奋和收缩。如果在心室肌的有效不应期之后、下一次窦房结兴奋到达之前，心室受到一次外来刺激，则可产生一次提前出现的兴奋和收缩，分别称为期前兴奋（premature excitation）和期前收缩（premature systole）。期前兴奋也有它自己的有效不应期，因此当紧接在期前兴奋之后的一次窦房结兴奋传到心室时，如果落在期前兴奋的有效不应期内，则不能引起心室的兴奋和收缩，形成一次兴奋和收缩的"脱失"。这样，在一次期前收缩之后往往会出现一段比较长的心室舒张期，称为代偿间歇（compensatory pause）（图6-7），然后再恢复窦性节律。由于代偿间歇后心搏的收缩力较正常心搏强，就会引起心慌的感觉。

> **想一想**
> 期前收缩后一定都会出现代偿间歇吗？

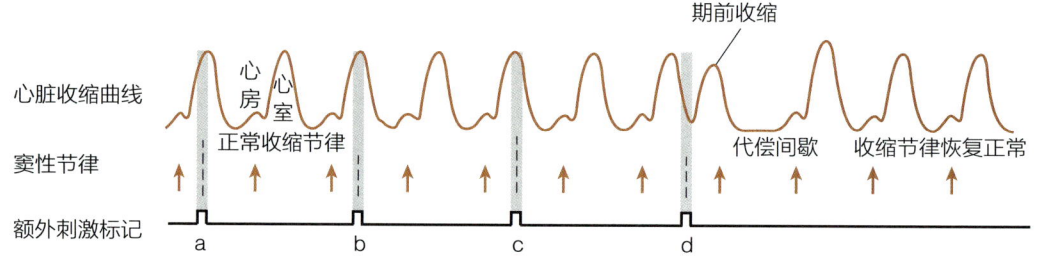

图 6-7 期前收缩和代偿间歇
额外刺激 a、b、c 落在有效不应期内，不引起反应；额外刺激 d 落在相对不应期内，引起期前收缩和代偿间歇

三、心脏功能的检测

在临床医学实践和科学研究工作中，对心脏功能检测最常用的手段有心电图记录、心音听诊和超声心动图观测。

1. 心电图

在每个心动周期中，心脏从起搏点到心房、心室相继兴奋都伴随着生物电的变化，通过置于体表一定部位的测量电极引导出来并描记在特殊的记录纸上，即为心电图（electrocardiogram，ECG）。心电图是心脏兴奋的发生、传播及恢复过程直接而客观的指标。

荷兰生理学家 Willem Einthoven（1860—1927）在 1903 年首次记录到心电图，并因此获得 1924 年的诺贝尔生理学或医学奖。

（1）心电图导联　将两个电极置于体表两点并与心电图机连接，即可描记出心电图。放置电极并与心电图机连接的方式，称为心电图导联（lead）。常规使用的心电图导联方法有 12 种。其中，肢体导联的电极分别放置在左腕（L）、右腕（R）和左踝（F），L-R、F-R、F-L 的电位差动态变化便分别是 Ⅰ、Ⅱ、Ⅲ 标准肢体导联的心电图（图 6-8A）。用 5 kΩ 电阻将 R、L、F 电极中的两个连在一起，与第三个电极构

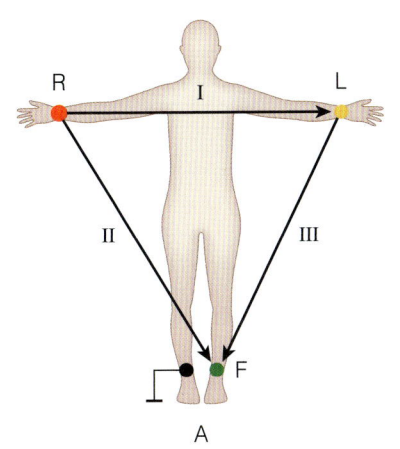
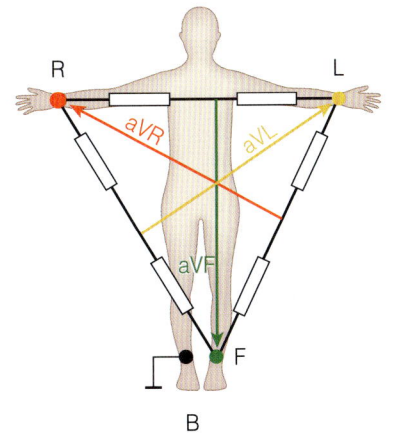

图 6-8 标准肢体导联（A）和加压单极肢体导联（B）心电图的连接方式

成 aVR［R-（L+F）/2］、aVL［L-（R+F）/2］、aVF［F-（L+R）/2］加压单极肢体导联（图 6-8B）。这样，Ⅰ、Ⅱ、Ⅲ、aVR、aVL、aVF 组成 6 个相邻夹角 30°的肢体导联用以反映心脏额平面的心电矢量动态。与额平面垂直，在心前区特定位置放置的 6 个电极与中心电端（L+R+F）构成 V1~V6 单极胸导联（图 6-9），用以反映心脏前后平面的心电矢量动态。

（2）心电图波形及其生理意义　用标准导联引出的心电图各波，由 Einthoven 命名为 P、Q、R、S、T 波（图 6-10）。U 波是后来发现并命名的，但并不是在每一个导联中都可明显见到。在心电图中，各波的形状有特定的意义，各波及它们之间的时程关系也具有理论和实践意义（表 6-1）。

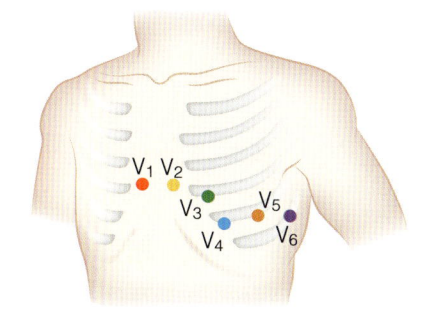

图 6-9 单极胸导联心电图的连接方式

（3）心电图检测的意义和应用　心电图反映心脏兴奋的电活动过程，对心脏基本功能和病理研究都具有重要参考价值。其应用主要包括：①分析与鉴别各种心律失常类型；②确定心肌梗死的病变期、病变部位、范围和演变过程；③了解某些药物和电解质紊乱对心肌的损害；④作为一种电信息的时间标志，常为心音图、超声心动图、阻抗血流图等心功能测定同步描记。人类和动物心电图对于心脏的比较生理学和药理学的研究也有重要的参考价值。新开发的心电发射器已成功通过远距离无线接收系统获得心电的变化，可用于测试运动员、宇航员及活动中的动物的心脏功能，也使得研究特殊环境下人类和动物的心脏活动成为可能。

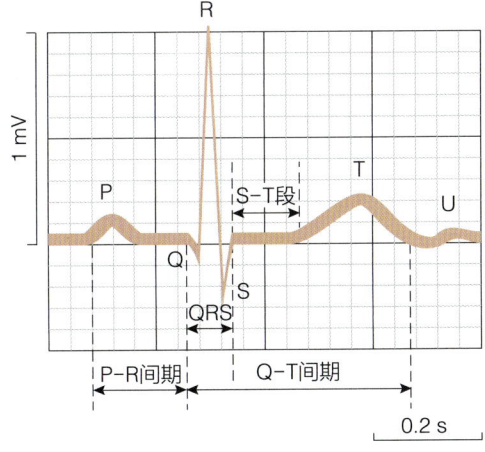

图 6-10 心电图各波（标准肢体导联Ⅱ）

2. 心音

心动周期中，心肌收缩、瓣膜启闭、血液流速改变对心血管壁的作用，以及形成的涡流等因素引起的机械振动，可通过周围组织传递到胸壁。用听诊器可以在胸部相关部位听到这些振动形成的声音，称为心音（heart sound）。若用传感器将这些机械振动转换成电信号记录下来，便得到心音图（phonocardiogram）。

表 6-1　心电图各波形的特点及生理学意义

波形	持续时间 /s	波幅 /mV	生理学意义
P 波	0.08～0.11	0.05～0.15	反映左、右两心房去极化过程
QRS 波群	0.06～0.10	因导联而异	反映左、右两心室去极化过程
T 波	0.05～0.25	0.10～0.80	反映心室复极化过程
U 波	0.10～0.30	小于 0.05	可能与浦肯野纤维网的复极化有关
P-R 间期	0.12～0.20		对应窦房结产生的兴奋从心房传至心室所需的时间
Q-T 间期	0.32～0.44		对应心室去极化和复极化全过程所需的时间
S-T 段	0.05～0.15	基线	对应心室肌细胞全部处于动作电位平台期，为各部分间无电位差的时期

正常心脏在一次搏动过程中可产生 4 个心音，分别称为第一、第二、第三和第四心音。多数情况下用听诊器只能听到第一和第二心音。部分健康儿童和青年可听到第三心音。40 岁以上的健康者可能出现第四心音。心脏的某些病变可以产生杂音或其他异常的心音。因此，听取心音或记录心音图对于心脏疾病的诊断有一定意义。

第一心音发生在心室收缩期，第二心音发生在心室舒张期，分别标志着心室收缩期和心室舒张期的开始。第一心音是由房室瓣突然关闭、心室射血引起的大血管扩张及产生的涡流所发生的低频振动引起的。第二心音则与主动脉瓣和肺动脉瓣关闭引起的振动有关（表 6-2）。第三心音出现在心室舒张早期，可能与心室舒张早期血流从心房突然冲入心室，使心室壁和乳头肌等发生振动有关。第四心音出现在心室舒张的晚期，与心房收缩有关，也称心房音。正常情况下心房收缩不产生心房音，但异常强烈的心房收缩和左心室壁顺应性下降时可产生心房音。

表 6-2　第一心音与第二心音的比较

比较项目	第一心音	第二心音
音调	较低	较高
持续时间	较长	较短
听诊最响部位	心尖部	心底部
主要成因	房室瓣关闭	主动脉瓣和肺动脉瓣关闭
生理意义	标志着心室收缩期开始	标志着心室舒张期开始

3. 超声心动图

超声心动图（echocardiography）是一种利用现代电子技术和超声原理检查心脏的对人体无创伤、无痛苦、重复性强的检查技术，可以直接观测到心脏各腔室形态和大小，还包括心肌厚度、瓣膜形态和活动度等，已成为心脏整体和局部收缩，以及舒张功能检测、心脏瓣膜功能评估不可或缺的手段。随着计算机技术发展的突飞猛进，超声心动图已经从一维（M 型）发展为二维和三维显像。

第三节 血管生理

一、血管的结构与功能特点

1. 血管的组织结构

除毛细血管以外，血管壁从血管腔内面向外一般依次分为内膜、中膜和外膜。内膜（tunica intima）由内皮细胞、内皮下层、内弹性膜组成。在中动脉的横切面上，内弹性膜使血管壁收缩而呈波浪状，可作为内膜和中膜的分界线。中膜（tunica media）由平滑肌细胞、胶原纤维和弹性纤维组成。平滑肌纤维的舒缩活动可以控制血管口径的大小，能调节进入器官的血流量。动脉血管壁的中膜明显比静脉血管壁的中膜厚。外膜（tunica adventitia）由疏松结缔组织组成。在外膜与中膜交界处还有外弹性膜相隔，并有小血管、淋巴管和神经分布。

2. 血管分段的结构特征

从生理功能上，可将血管分为以下几类（图 6-11）。

（1）动脉 动脉是运送血液离开心脏的血管，从左、右心室发出后，反复分出许多分支。根据其管径大小，动脉分为大动脉、中动脉、小动脉和微动脉 4 级。各级动脉是相互移行的，其间没有明显的分界。

管径在 10 mm 以上的动脉属于大动脉，如主动脉、髂总动脉等，其管壁中有多层弹性膜和大量弹性纤维，平滑肌较少，故又称弹性动脉（elastic artery）。除大动脉外，其余在解剖学中有具体名称的动脉，如肝动脉、肾动脉等都属于中动脉（medium-sized artery）。中动脉的特点是管壁的平滑肌很丰富，因此也称为肌性动脉（muscular artery）。中动脉平滑肌的舒缩活动控制管径的大小及进入器官的血流量，又称为分配血管。管径小于 1 mm 的是小动脉，在 0.3 mm 以下的是微动脉，它们的中膜平滑肌收缩时可使管径变小、增加血流阻力，是毛细血管前的阻力血管。

（2）毛细血管 毛细血管（capillary）是数量最多、分布最广的血管，分支多而且互相吻合成网。毛细血管的管壁结构简单，由一层内皮细胞、基膜和薄层结缔组织构成，其管径仅为 4~10 μm，只可容纳 1~2 个红细胞。毛细血管是血液与周围组织进行物质交换的部位。

（3）静脉 静脉在引导血液从组织回流到

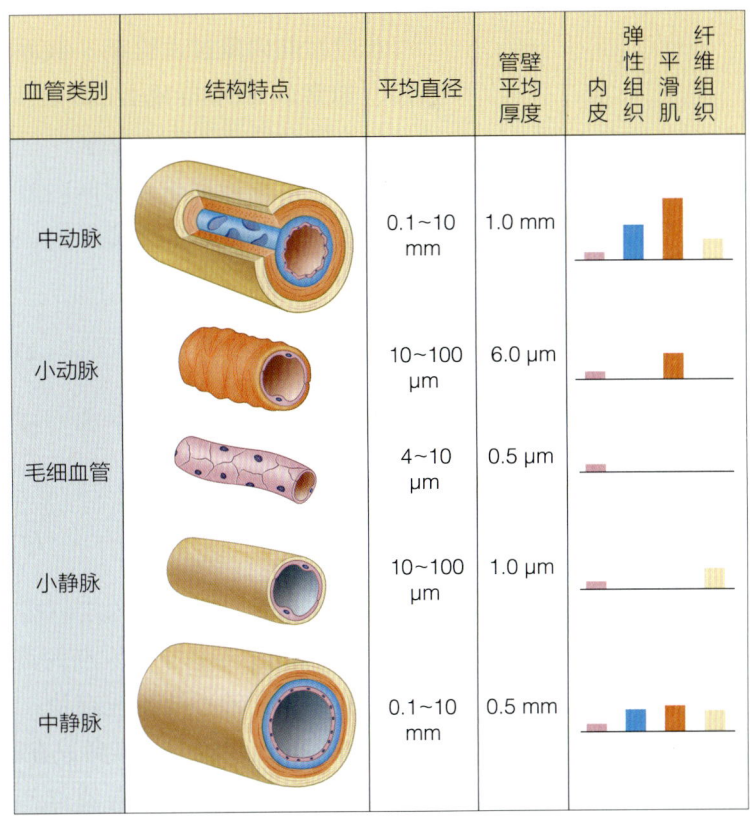

图 6-11 各段血管的结构

心脏的过程中，由小到大逐级汇合，管径逐渐增大的同时管壁逐渐增厚。根据管径的大小，静脉分为大静脉、中静脉、小静脉和微静脉 4 级。静脉管壁虽然也分内膜、中膜和外膜 3 层，但因其管壁的内层和外层弹性膜不发达，3 层膜之间常无明显分界。与相应的动脉比较，静脉数量较多，口径较粗，管壁较薄，故其容量较大、可扩张性较强。由于静脉的口径发生较小变化时，其容纳的血量就可发生很大的变化，但压力的变化较小，因此静脉也称为容量血管。此外，管径在 2 mm 以上的静脉，管腔内有瓣膜，瓣膜是由内膜凸入管腔形成的，起着防止血液逆流的作用。小静脉和微静脉是毛细血管后的阻力血管。

二、血流动力学

血液在心血管中流动的力学称为血流动力学（hemodynamics），涉及血压、血流阻力、血流量和血量等生理概念。法国生理学家泊肃叶（Jean-Louis-Marie Poiseuille，1799—1869）为了解"心脏力"与"循环量"之间的关系，研究了水在刚性管道中流动的规律，并基于此提出了一系列的原理，即泊肃叶定律（Poiseuille law）。但由于血管系统并非一个刚性的管道，而是形状不一、具有弹性和可扩张性的管道系统，血液也不是物理学中的理想液体，因而血流动力学既具有与一般流体动力学相同的基本规律，又有其自身的特殊规律。

1. 血流速度与血流量

单位时间内流过血管某一截面的血量称为血流量（blood flow），也是血流的容积速度，通常以 mL/min 或 L/min 表示。血液在血管内流动时，血流速度与血流量成正比，与血管的横截面积成反比。

泊肃叶定律指出单位时间内液体的流量（Q）与管道两端的压力差（$P_1 - P_2$）及管道半径（r）的 4 次方成正比，与管道的长度（L）成反比，这些关系可用下式表示：

$$Q = K \frac{r^4}{L} (P_1 - P_2) \quad [6\text{-}3]$$

等式中的 K 为常数。后来的研究证明它与液体的黏滞度（η）有关，因此泊肃叶定律又可写成：

$$Q = \frac{\pi (P_1 - P_2) r^4}{8\eta L} \quad [6\text{-}4]$$

血液在血管内流动的方式包括层流（laminar flow）和湍流（turbulent flow）。在层流的情况下，液体中每个质点的流动方向都与血管的长轴平行，但各质点的流速不同。血液在血管轴心处流速最快，越靠近管壁流速越慢（图 6-12A）。若用小针头将某种染料注入到层流中，染料只在这一层中流动，不与其他层次混合。当血液的流速加快到一定程度后，血流各质点产生不规则运动，即可形成湍流（图 6-12B），此时泊肃叶定律已不再适用。英国物理学家 Osborne Reynolds（1842—1912）证明，流体在达到临界速度以前是层流,而在到达临界速度之后变为湍流。此时的液体质点不再局限于特定层,发生快速的径向和环流混合运动,还可能出现旋涡。用小针头注入的染料会立即混入液体中。一定量的液体在同一管道中流动,湍流所需的压力大于层流。湍流的压力差与血流量的平方成正比,而层流的压力差与血流量的1次方成正比。

Reynolds 证明出现湍流的临界速度为:

$$V_c = K \frac{\eta}{\rho r} \qquad [6\text{-}5]$$

式中,V_c 是临界速度(cm/s),η 是黏滞度(P),ρ 是密度(g/cm^3),r 是管道半径(cm),K 是常数,称为 Reynolds 数。很多流体(包括血液)的 Reynolds 数接近 1 000。

在整个心动周期中,主动脉中的血流平均速度只有临界速度的一半,但在心脏收缩开始的射血期内血流速度会超过临界速度。剧烈运动时,心输出量增加 4~5 倍,主动脉血流速度超过临界速度,可出现湍流。湍流有旋涡和震动,并产生噪声(见图 6-12)。

2. 血流阻力

血液在血管内流动时所遇到的阻力即为血流阻力,因血液流动时发生摩擦而产生,其消耗的能量一般表现为热能。这部分热能不可能再转换成血液的势能或动能,故血液在血管内流动时压力会逐渐降低。

血流阻力不能用仪器直接测量而需通过计算得出。因为血液在血管中的流动与电荷在导体中的流动有相似之处,欧姆定律也适用于血流关系,即血流量与血管两端的压力差成正比,与血流阻力 R 成反比,可用下式表示:

$$Q = \frac{P_1 - P_2}{R} \qquad [6\text{-}6]$$

在一个血管系统中,若血流的形式为层流,只要测得血管两端的压力差和血流量,就可根据上式计算出血流阻力。如果比较上式和泊肃叶定律的方程式[6-4],则可推导出计算血流阻力的方程式,即:

$$R = \frac{8\eta L}{\pi r^4} \qquad [6\text{-}7]$$

根据上式可以看出,血流阻力与血管的长度和血液的黏滞度成正比,与血管半径的4次方成反比。由于血管的长度很少变化,因此血流阻力主要由血管口径和血液黏滞度决定。阻力血管口径增大时,血流阻力降低,器官血流量就增多。机体因此可以通过控制各器官阻力血管的口径来调节各器官之间的血流分配。血液黏滞度(blood viscosity)是水的 4~5 倍,受

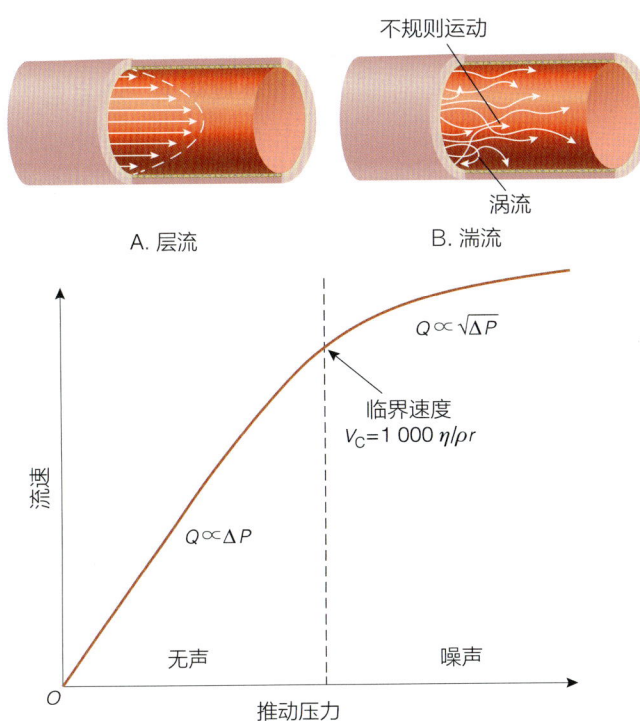

图 6-12 血液的层流与湍流
图中箭头方向指示血流的方向,箭头长度表示流速

到血细胞比容、血流剪切率（shear rate）和温度等的影响。

三、血压

血管内的血液对于单位面积血管壁的侧压力称为血压（blood pressure）。血压是推动血液在血管内流动的动力。不同血管内的血压分别称为动脉血压、静脉血压和毛细血管血压。临床上所说的血压通常是指体循环的动脉血压，数值用 mmHg 或 kPa 表示，1 mmHg 约等于 0.133 kPa。

1. 动脉血压

动脉血压（arterial blood pressure）是指动脉血管内血液对血管壁的压强。

（1）动脉血压的形成　血压形成的前提是心血管系统内有足够的血液充盈，可用循环系统平均充盈压来反映。用电刺激造成实验动物心室颤动，使心脏射血和血流暂时停止，循环系统中各处的压力很快达到平衡，所测得压力相同，即为循环系统平均充盈压。其数值的大小取决于血量和循环系统容量之间的相对关系。人的循环系统平均充盈压接近 7 mmHg（约 0.933 kPa）。

血压形成的一个基本要素是心脏射血。心室肌收缩时所释放的能量可分为两部分：一部分是推动血液流动的动能；另一部分是势能（即压强能），形成对大动脉血管壁的侧压从而使血管壁扩张。当心脏舒张时，扩张的大动脉发生弹性回位，将一部分势能转变为动能，推动血液在血管中继续向前流动（图 6-13）。心脏射血是间断性的，因此动脉血压会形成周期性的变化。

另一个要素是小动脉和微动脉对血流的阻力，以及大动脉管壁的可扩张性。假如不存在外周阻力，心室射出的血液将全部流至外周，心室肌收缩释放的能量全部表现为血流的动能。由于小动脉和微动脉对血流有较大的阻力，以及主动脉管壁有较大的可扩张性，左心室一次收缩所射出的血液，只有 1/3 流至外周，其余 2/3 被暂时储存在主动脉内，主动脉压随之升高。心室舒张时，射血停止，被扩张的主动脉管壁弹性回缩，将心室收缩期储存的那部分血液继续推向外周，使主动脉压在心室舒张期仍能维持在较高的水平（图 6-13）。

（2）动脉血压的测定　血压测定有直接法和间接法。临床上人体动脉血压测定通

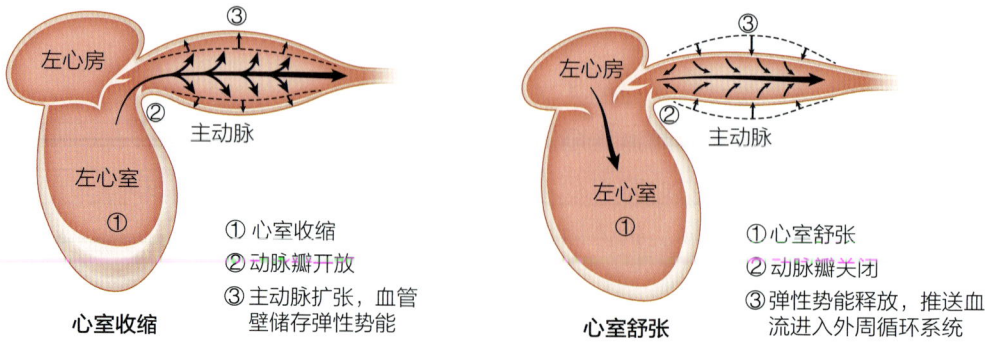

图 6-13　大动脉弹性与血压形成

常采用俄国医师 Nicolai S. Korotkoff（1874—1920）发明的听诊间接测定法：将血压计的橡皮袖带缠在手臂上部后将空气打入气带，使带内压力升高到 200 mmHg 左右，完全阻断袖带下肱动脉内血流。将听诊器放在袖带下肱动脉上方并逐渐放出带内空气，当袖带压刚低于肱动脉收缩压时，血流以很高的速度穿过部分阻塞的动脉，湍流引起的第一个振动声对应的血压计上的压力读数，即为收缩压。当袖带内压力等同于舒张压时，振动声变得低沉，持续时间更长。袖带内压力下降到低于舒张压时则振动声全部消失。这是由于血液平静地流过完全开放的血管，不再产生湍流（图 6-14）。

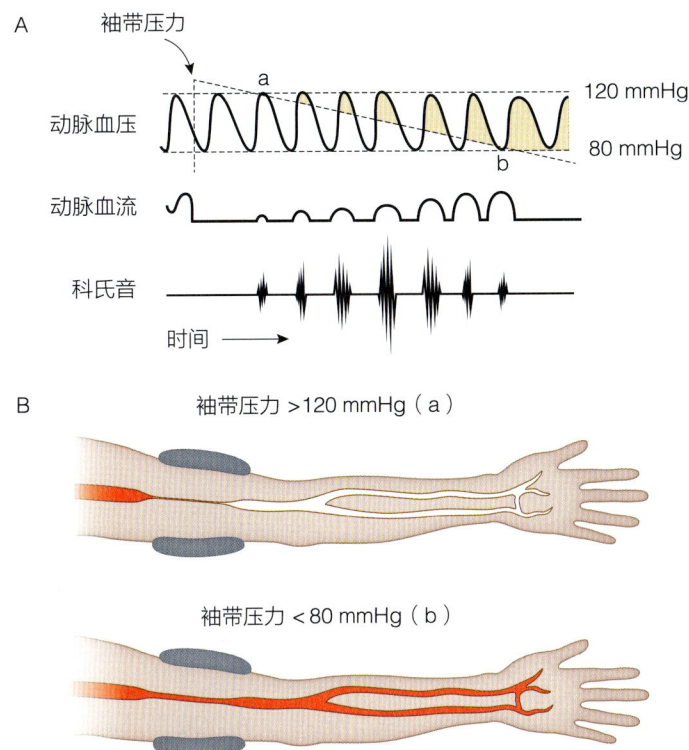

图 6-14　血压测量的原理

A. 测量血压时，袖带压力、肱动脉内压力和血流，以及听诊器听到声音的对应关系。虚线表示血压计袖带内压力。袖带压力降至收缩压（a）以下时出现第一个振动声，直到袖带压力接近舒张压（b）时消失；B. 袖带压力与肱动脉被挤压程度关系的示意图

（3）动脉血压的正常值　通常所说的动脉血压是指主动脉压。因为大动脉中血压下降幅度较小，故通常将在上臂测得的肱动脉血压代表主动脉压。心室收缩时，主动脉压急剧升高，在收缩期的中期达到最高值，此时的血压值称为收缩压（systolic pressure）。心室舒张时，主动脉压下降，在心室舒张末期达到的最低值称为舒张压（diastolic pressure）。我国健康青年在安静状态时的收缩压为 100～120 mmHg，舒张压为 60～80 mmHg。按世界卫生组织的标准，当人体血压为收缩压≥140 mmHg 和/或舒张压≥90 mmHg，即可诊断为高血压。正常人的收缩压随年龄增加而升高，故高血压病的发病率也随着年龄的上升而升高。

收缩压和舒张压的差值称为脉搏压（pulse pressure），平均为 30～40 mmHg。心动周期中每一瞬间动脉血压的平均值，称为平均动脉压（mean arterial pressure，MAP），其数值计算公式为：

$$\text{MAP} = 舒张压 + 1/3（收缩压 - 舒张压） \quad [6\text{-}8]$$

健康者动脉血压在日常生活中基本恒定，但也常有生理性变动。血压在运动时、进食后及情绪激动时升高，而在睡眠时、心情轻松愉快时稍降。此外，正常人左、右臂血压差值可达 5～10 mmHg。

（4）影响动脉血压的因素　凡能影响心输出量、外周阻力和血液充盈程度的因素，都能影响动脉血压（图 6-15）。

① 心脏每搏输出量　其他因素不变时，每搏输出量增加主要引起收缩压的升高，这是因为心室收缩期射入主动脉的血量增多，管壁所受的张力也更大。在一般情况下，收缩压的高低主要反映心脏每搏输出量的多少。

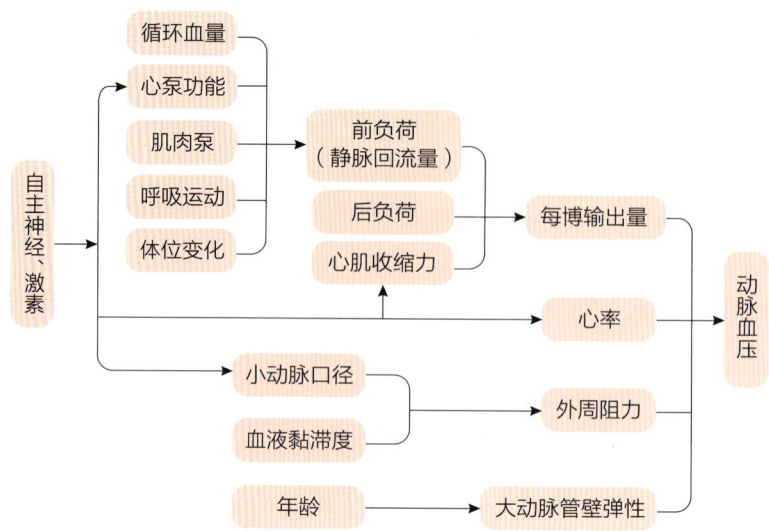

图 6-15 影响动脉血压的因素

② 心率　当心率加快时，由于心室舒张期缩短，在心室舒张期内流至外周的血量减少，存留在主动脉内的血量增多，导致舒张压和收缩压都有升高。由于动脉血压升高使血流速度加快，心室收缩期有较多的血液流向外周，收缩压升高不如舒张压显著，脉搏压因此减小。心率减慢时，则相反。

③ 外周阻力　外周阻力增加时血液流向外周的速度减慢，心室舒张末期存留在主动脉内的血量增多，使舒张压和收缩压都有升高。血压升高使血流速度加快，心室收缩期动脉内血量增加不多，收缩压的升高不如舒张压明显，故脉搏压相应减小。在一般情况下，舒张压的高低主要反映外周阻力的大小。

④ 主动脉和大动脉的顺应性　由于主动脉和大动脉的弹性贮器作用，动脉血压的波动幅度明显小于心室内压的波动幅度。老年人的动脉管壁硬化，顺应性变小，大动脉的弹性贮器作用减弱，故脉搏压增大。

拓展阅读 6-3　血管顺应性

⑤ 循环血量和血管系统容量的比例　循环血量和血管系统容量相适应时产生一定的体循环平均充盈压。正常情况下，血管系统充盈程度的变化不大。机体失血后循环血量减少，尽管血管系统的容量没有明显改变，体循环平均充盈压的下降也会使动脉血压降低。在某些情况下，如果循环血量不变而血管系统容量增大，也会造成动脉血压下降。

（5）动脉脉搏　心动周期中，动脉内的压力发生周期性的波动。这种周期性的压力变化可引起动脉血管发生搏动，称为动脉脉搏（arterial pulse）。

2. 静脉血压和静脉回心血量

静脉在功能上不仅作为血液回流入心脏的通道和血液储存库，还能有效地调节回心血量和心输出量，使循环机能适应机体在各种生理状态时的需要。

（1）静脉压　静脉压是指静脉内血液对血管壁的侧压力。当体循环血液经过动脉和毛细血管到达微静脉时压力已降得很低，回流过程中继续降低，越接近心脏的静脉其压力越低，因此静脉压以水柱压表示（1 cmH$_2$O 约为 98 Pa）。

① 中心静脉压　中心静脉压指胸腔内大静脉或右心房的压力，正常成人约为

4~12 cmH$_2$O。中心静脉压取决于心脏泵血功能和静脉回流速度。心脏泵血功能良好时，能将回流入心脏的血液快速射入动脉，中心静脉压较低；静脉回流速度加快时则中心静脉压升高。因此，中心静脉压不仅可反映静脉回心血量也可了解心脏的功能状态。

② 外周静脉压 外周静脉压指各器官内静脉的血压，正常人约为 13 cmH$_2$O，但不同部位有所不同。颈外静脉压和肘前静脉压约为 10 cmH$_2$O，足背静脉压约为 19 cmH$_2$O。当心脏泵血功能减退使中心静脉压升高时，影响外周静脉回流将导致外周静脉压升高。

（2）影响静脉回流的因素 在体循环中，静脉回心血量取决于外周静脉压与中心静脉压之间的压力梯度。压力梯度的形成主要依赖于心脏的收缩力，同时也受体位、呼吸运动、骨骼肌收缩和静脉瓣的影响（图 6-16）。

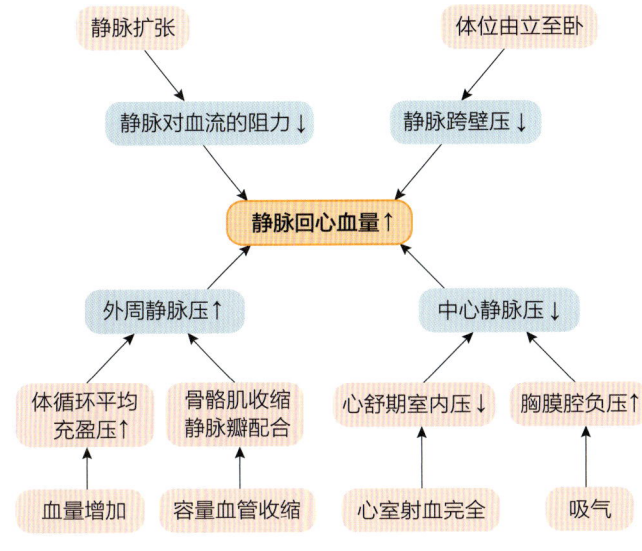

图 6-16 影响静脉回流的因素

Q 想一想
这些因素是如何影响静脉血液回流的？

四、微循环与淋巴系统

1. 微循环的结构与功能

微循环是指微动脉和微静脉之间的血液循环，它们的基本功能是进行血液和组织液之间的物质交换，同时保证各组织器官的血液灌流量并调节回心血量。如果微循环功能障碍，将会直接影响各器官的生理功能。

（1）微循环的组成和血流通路 典型的微循环由微动脉、后微动脉、毛细血管前括约肌、真毛细血管、通血毛细血管、动静脉吻合支和微静脉等部分组成，血液可通过微循环的 3 条途径由微动脉流向微静脉（图 6-17）。

① 迂回通路 血流从微动脉经后微动脉、毛细血管前括约肌、真毛细血管，最后汇流至微静脉。真毛细血管交织成网穿行于细胞之间，管壁薄且通透性高，血流通行缓慢，是血液与组织进行物质交换的主要场所，也称为营养通路。真毛细血管的特点是交替开放，安静时骨骼肌中只有约 20% 处于开放状态，运动时开放数量增加。

② 直捷通路 血流从微动脉经后微动脉、通血毛细血管至微静脉。这条通路较直，血流速度较快，经常处于开放状态。直捷通路的作用是使一部分血液通过微循环快速返回心脏。

③ 动静脉短路 血流通过动静脉吻合支直接回到微静脉。动静脉吻合支的管壁厚，有完整的平滑肌层。该通路多分布在皮肤、手掌、足底和耳郭，其口径变化与体温调节有关。当环境温度升高时，吻合支开放使血流量增加，有利于散发热量。

（2）微循环的影响因素 微循环血流量与整体的循环血量密切相关。安静状态下

图 6-17 微循环的组成

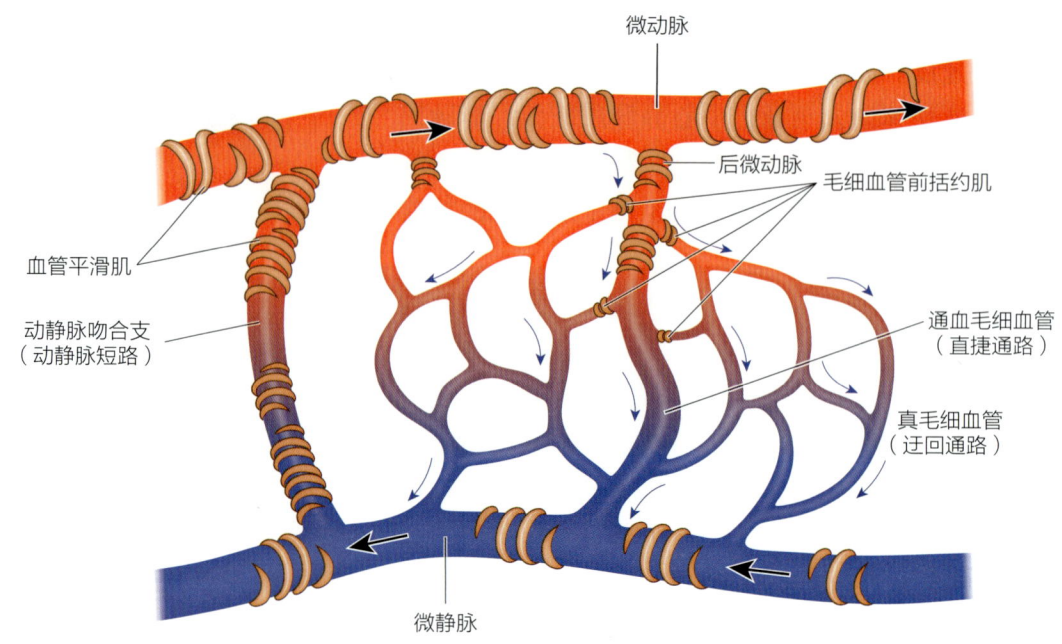

20% 真毛细血管开放时，即可容纳全身血量的 5%～10%，具有很大的潜在容量。当某些因素引起全身微循环真毛细血管大量开放时，会导致静脉回心血量和心输出量减少，使动脉血压明显下降。

微动脉是毛细血管前的阻力血管，在微循环中起着"总闸门"的作用，其口径大小决定进入微循环的血流量。微动脉平滑肌主要受交感缩血管神经和一些缩血管活性物质（如儿茶酚胺、血管紧张素等）的影响。当交感神经兴奋或者缩血管活性物质浓度增加时，微动脉收缩就会使毛细血管前阻力增大，提高了动脉血压，却减少了微循环的血流量。

后微动脉和毛细血管前括约肌在微循环中起着"分闸门"的作用，它的活动直接影响到真毛细血管的血流量。后微动脉和毛细血管前括约肌几乎不受交感缩血管神经的支配，主要受局部体液因素的调节。当局部血液供给不足或组织代谢增强时，氧分压降低，CO_2、H^+、腺苷和组胺等舒血管物质增多，后微动脉和毛细血管前括约肌舒张，真毛细血管开放，血流量增加。代谢产物被运走和 O_2 的供应恢复后，后微动脉和毛细血管前括约肌在体液缩血管物质的影响下恢复收缩状态。如此周而复始，在缩血管物质和局部舒血管物质的交替作用下，真毛细血管网交替开放，对局部血流分配进行自身调节（详见后文图 6-29）。

2. 组织液的生成与回流

组织液存在于组织、细胞的间隙内，绝大部分呈胶冻状，不能自由流动，也不会因重力作用而流至身体的低垂部位。组织液中只有极小一部分呈液态，可自由流动。组织液中各种离子成分与血浆相同，但其蛋白质浓度很低。细胞通过细胞膜与组织液发生物质交换；组织液与血液之间则通过毛细血管壁进行物质交换。

毛细血管长约 1 mm，直径 4～10 μm，恰好允许红细胞通过。据粗略估计，人体全身约有400亿根毛细血管,全长大约有96 000 km,总有效交换面积将近1 000 m²。

（1）毛细血管内外的物质交换　毛细血管内外物质交换包括扩散、吞饮（又称胞饮）及滤过-重吸收等方式。根据内皮细胞的结构特点,分为连续毛细血管（continuous capillary）和有孔毛细血管（fenestrated capillary）。连续毛细血管主要分布于结缔组织、肌组织、肺和中枢神经系统,其内皮细胞相互连续,基底膜完整,细胞质中有吞饮小泡（又称胞饮泡）。细胞连接允许水和水溶性小分子通过,吞饮小泡可输送液体和蛋白质等。有孔毛细血管主要存在于胃肠黏膜、内分泌腺和肾血管球等,其内皮细胞很薄,有许多贯穿于细胞、直径为60~80 nm的孔,能透过大分子物质。O_2、CO_2和脂溶性物质可直接透过内皮细胞的胞膜和胞质。

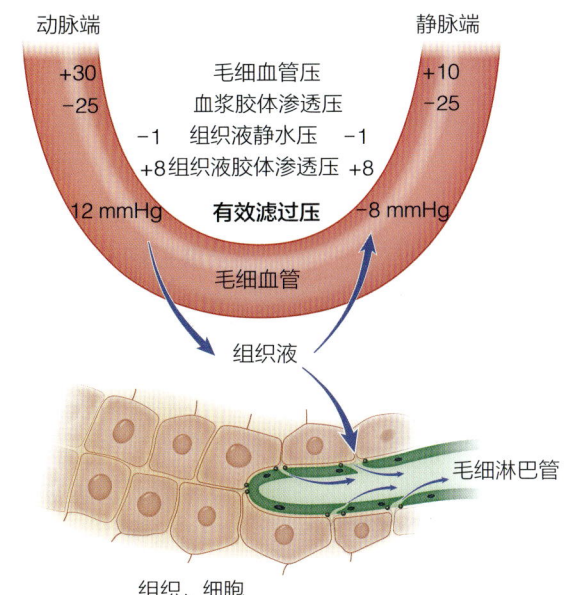

图6-18　组织液生成与回流示意图

（2）组织液生成与回流的机制　英国生理学家Ernest H. Starling（1866—1927）在1915年提出了毛细血管网滤过和重吸收液体的假说,认为在毛细血管中存在两种作用于流体和溶质的推动力。这两种推动力由毛细血管内外4种因素构成：毛细血管血压和组织液胶体渗透压组成组织液的滤过力；血浆胶体渗透压和组织液静水压组成组织液的重吸收力。这两对力量之差就是有效滤过压。有效滤过压为正值时组织液生成；有效滤过压为负值时则组织液回流入血液（图6-18）。有效滤过压公式如下：

有效滤过压 =（毛细血管血压 + 组织液胶体渗透压）-（血浆胶体渗透压 + 组织液静水压）　　　　　　　　　　　　　　　　　　　［6-9］

如图6-18显示,有效滤过压在毛细血管动脉端大于12 mmHg,静脉端约等于 -8 mmHg,导致毛细血管动脉端滤过的液体约90%在毛细血管静脉端重吸收回血液。剩余的10%组织液进入毛细淋巴管,生成淋巴液返回循环系统,由此构成组织液生成与回流的动态平衡。

（3）影响组织液生成与回流的因素　正常情况下,组织液的生成与回流维持着动态平衡,是保证血浆与组织液含量相对稳定的重要因素,一旦这种动态平衡失调,将引起脱水或水肿的不良后果。凡影响有效滤过压和毛细血管壁通透性的因素,都会影响组织液的生成与回流。如心脏功能衰竭时,因中心静脉压升高静脉回流受阻导致毛细血管血压升高时,可引起组织液生成增加和组织水肿；急性肾病时血浆蛋白大量丢失,血浆胶体渗透压降低时,也可引起组织液生成过多和组织水肿。

拓展阅读6-4
心力衰竭

3. 淋巴系统与淋巴回流

组织液进入淋巴管即成为淋巴（lymph）。淋巴系统（lymphatic system）是组织液回流入血液的一个重要的辅助系统。

（1）淋巴系统的组成　哺乳动物的淋巴系统由分布于全身的淋巴管网和淋巴器官组成,后者包括淋巴结、脾等。最细、最末端的淋巴管称为毛细淋巴管,人体除脑、软骨、角膜、晶状体、内耳、胎盘外，都有毛细淋巴管分布，数量与毛细血管相近。全身的淋巴管最后汇合成两条大的淋巴导管，即身体左侧的胸导管和右侧的右淋巴导管，分别进入左、右锁骨下静脉。胸导管是全身最粗、最长的淋巴管，汇集左上半身和整个下半身回流的淋巴，约占全身淋巴总量的3/4。右淋巴导管汇集右上半身回流的淋巴，约占全身淋巴总量的1/4。淋巴管壁的平滑肌和瓣膜共同构成"淋巴管泵"，推动淋巴向心的单一方向流动。

（2）淋巴的生成　毛细淋巴管起始端内皮细胞的边缘像瓦片般互相覆盖，形成向管腔内开启的单向活瓣。当组织液积聚在组织间隙内时，组织中的胶原纤维和毛细淋巴管之间的胶原细丝将互相重叠的内皮细胞边缘拉开，使内皮细胞之间出现较大的缝隙。由此，组织液包括其中的血浆蛋白质可以自由地进入毛细淋巴管，生成淋巴。组织液压力升高能加快淋巴的生成速度。

（3）淋巴回流的生理意义　淋巴回流入血液循环系统具有多重生理意义，主要包括：①回收蛋白质。淋巴回流是组织液中蛋白质回到血液循环的唯一途径。每天有75~200 g蛋白质由淋巴带回血液，使组织液中的蛋白质浓度保持在较低水平。②运输脂肪和其他营养物质。由肠道吸收的脂肪80%~90%通过小肠绒毛的毛细淋巴管被输送入血液，因此小肠的淋巴呈乳糜状。③调节血浆和组织间液的液体平衡。正常成人在安静状态下大约每小时有120 mL淋巴进入血液循环，每天生成的淋巴总量为2~4 L，大致相当于全身的血浆总量。④防御功能。淋巴回流还能清除组织液中不能被毛细血管重吸收的较大的分子，以及组织中的衰老红细胞和细菌等。

第四节　心血管活动的调节

一、心血管活动的自身调节

1. 心搏功能的自身调节

心搏功能的自身调节是从心脏本身来阐述控制心输出量的因素及其作用机制。

（1）异长自身调节　与骨骼肌一样，心肌初长度是影响其收缩功能最重要的因素。最早揭示这一规律的是德国生理学家Otto Frank（1865—1944）。1895年，Frank用游离的蛙心进行实验时发现，收缩前心肌初长度越长，其收缩时产生的张力越大，并因此提出了容积-压力的数学计算公式和左心室做功的理论机制。1914年，Starling又用哺乳动物的实验进一步证实了Frank的发现，并观测到在生理范围内，心室收缩产生的张力随着心室舒张末期容积的增加而增大（图6-19）。由于Frank和Starling的共同贡献，后人把心室舒张末期容积与心室收缩力的正相关关系称

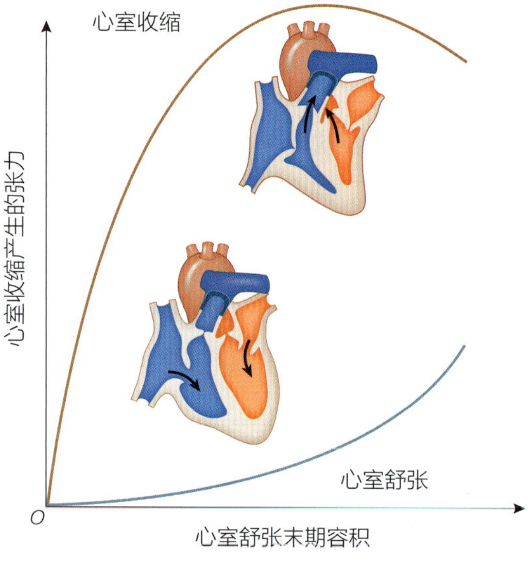

图6-19　心室舒张末期容积与心室收缩产生张力的关系曲线

为"Frank-Starling 定律"。这种不需要神经和体液参与，仅通过改变心肌初长度而调节心脏每搏输出量的方式，称为异长自身调节（heterometric autoregulation）机制。

Starling 的实验是用保留肺循环的离体犬心脏连接人工灌注系统，通过改变灌注压模拟静脉回流的增加或减少，来观测对每搏输出量的影响。由此绘制的每搏输出量与心室舒张末期压力之间的关系曲线，称为 Starling 曲线或心室功能曲线（ventricular function curve）（图 6-20）。在完整心脏中，心室舒张末期容积相当于心室的前负荷，因此心室功能曲线也反映了前负荷-初长度与每搏输出量的关系。

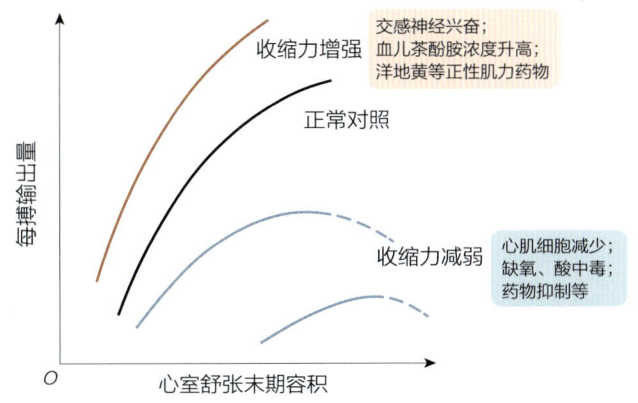

图 6-20 影响心肌收缩能力的因素
心肌收缩能力减弱时，心室功能曲线向右下方移动。右侧是影响心肌收缩能力的主要因素。图中曲线的虚线部分表示心肌收缩能力超过最大范围时所对应的心室功能曲线降支

通常情况下，心室射血量与静脉回心血量相平衡，从而维持心室舒张末期压力和容积于正常范围。当某种原因造成静脉回心血量超过心室射血量时，心室舒张压增高，通过 Starling 机制增加每搏输出量，可使之与回心血量重新达到平衡。Starling 机制的主要作用是对每搏输出量进行精细的调节，如当体位改变或者左、右心室每搏输出量不平衡等情况下所出现的心室容积微小变化等。在循环功能发生幅度较大、持续时间较长的改变时，如剧烈运动和劳动强度增大等，异长调节机制不能使心每搏输出量满足机体的需要，必须通过调节心肌的收缩能力来加强心泵功能。

心室舒张末期的血液充盈量是静脉回心血量和心室射血剩余血量的总和。因此，影响静脉回心血量和心室射血剩余血量的因素都可以通过前负荷的改变影响心每搏输出量（图 6-21）。

🔍 想一想
心率增快、外周静脉压增高或心室顺应性降低对心每搏输出量会产生什么影响？

（2）后负荷对每搏输出量的调节　后负荷是指肌肉开始收缩后遇到的负荷，对心室肌而言，大动脉血压起着后负荷的作用。因此，动脉压的变化可影响心室肌的收缩，从而影响每搏输出量。在心肌初长度、收缩能力和心率都不变的情况下，如果动脉压增高，心室等容收缩期的室内压也随之增高，导致等容收缩期延长而射血期缩短；同时，射血期心室肌纤维缩短的程度和速度都减小，射血速度减慢，每搏输出量减少。反之，大动脉血压降低则有利于心室射血。

整体情况下，后负荷的改变可以反过来引起异长自身调节和等长自身调节机制。例如，当动脉压突然升高使每搏输出量减少时，心脏射血后的心室舒张末期容积增大，心肌初长度增加。此时，异长自身调节机制使心肌收缩力增强，心输出量增加并使心室舒张末期容积逐渐恢复正常。但如果动脉血压持续增高，心室肌将因收缩活动长期加强而逐渐发生肥厚，最终导致不可逆的病理性纤维化和心泵功能的减退。

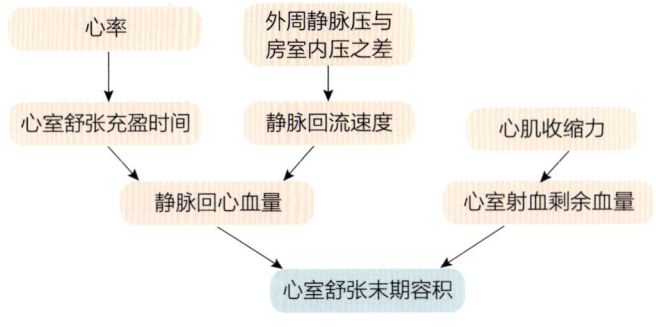

图 6-21 影响心室舒张末期容积的因素

（3）等长自身调节 人体在运动或进行较强的体力活动时，心脏的每搏输出量和每搏功可成倍增加，但心室舒张末期容积或动脉压可以没有明显增加，说明还存在着其他与心脏前、后负荷无关的调节机制。心肌这种不依赖于负荷而能改变其收缩强度和速度的特性，称为心肌收缩能力（myocardial contractility）。图 6-20 表明，心肌收缩能力增强可使心室功能曲线向左上方移位，在同样的前负荷条件下，心脏泵血功能明显增强。因为收缩能力是通过与初长度无关的心肌内在功能状态改变调节心脏泵血功能的，这种机制称为等长自身调节（homometric autoregulation）。

心肌收缩能力受多种因素的影响。凡能影响心肌细胞兴奋收缩耦联过程各个环节的因素都会影响心肌收缩能力。其中，活化横桥数和肌球蛋白的 ATP 酶活性是最主要因素。增加细胞内 Ca^{2+} 浓度和肌钙蛋白对 Ca^{2+} 的亲和力可增加活化横桥数，甲状腺激素和体育锻炼能够提高肌球蛋白 ATP 酶的活性。

2. 血管活动的自身调节

（1）肌源性自身调节 机体内许多血管平滑肌本身经常保持一定程度的紧张性收缩。用罂粟碱、水合氯醛等药物抑制平滑肌活动后，紧张性收缩消失，在血管壁受到牵张时会增强，因此称为肌源性自身调节。当某一器官血管的灌注压突然升高时，血管平滑肌受到牵张刺激，肌源性收缩活动增强，使器官的血流量保持相对稳定。肌源性自身调节现象在肾血管表现特别明显，以至于肾动脉血压在 80～180 mmHg 范围内变动时，肾血流量仍能保持相对恒定。在脑、心、肝、肠系膜和骨骼肌的血管也能观察到此现象，但在皮肤血管中不存在此种机制。

（2）代谢性自身调节机制 详见本章第三节"微循环与淋巴系统"中的微循环的影响因素相关论述。

二、心血管活动的反射性调节

当机体处于不同的生理状态，如变换体位、运动、睡眠时，或当机体内、外环境发生变化时，可引起各种心血管反射，使循环功能适应于当时机体所处的状态或环境的变化。

1. 血管和心脏的神经支配

（1）支配血管的神经 除真毛细血管外，血管壁都分布有平滑肌，而绝大多数血管平滑肌的活动都受到神经调节。调节血管平滑肌活动的神经纤维可分为缩血管神经（vasoconstrictor nerve）和舒血管神经（vasodilator nerve）两大类（知识窗 6-1）。

① 缩血管神经 缩血管神经属于交感神经。其节前神经元位于脊髓胸、腰段的中间外侧柱内，末梢释放的递质为乙酰胆碱（ACh）；其节后神经元位于椎旁和椎前神经节内，末梢释放去甲肾上腺素（NE）（图 6-22）。血管平滑肌细胞膜上存在 α 和 β 两类肾上腺素受体：α 受体被激活导致血管平滑肌收缩；β 受体激活则导致血管平滑肌舒张。去甲肾上腺素与 α 受体结合的能力比其与 β 受体结合的能力强，因此缩血管神经兴奋时主要引起血管收缩效应。

知识窗 6-1

交感缩血管神经和舒血管神经的发现

缩血管神经是由法国生理学家Claude Bernard（1813—1878）在1851年的实验中偶然发现的。Bernard原本是想证实神经冲动沿交感神经传导并引起化学变化使皮肤产热的假说，推测切断家兔颈部的交感神经可以导致兔耳的温度下降。出乎意外的是，他观察到切断兔颈部一侧交感神经可使同侧兔耳的血管扩张，兔耳颜色变红、温度升高。这个现象说明交感神经经常性地传导神经冲动到血管，使血管维持一定程度的收缩状态，当交感神经被切断则血管舒张。此后他进一步用电流刺激被切断的交感神经外周端，发现兔耳血管收缩、颜色由红变白，证实了交感神经中有缩血管神经。这是自Harvey发现心的运动后，人类对血液循环认识又一重要的进展。

Bernard发现缩血管神经后，人们在哺乳动物身体的各部分几乎都找到了缩血管神经，但是对使血管舒张的神经支配知之甚少。1854年，Bernard又发现了舒血管神经的存在。他切断支配犬颌下腺的鼓索神经，再刺激该神经外周端时犬出现唾液分泌，从颌下腺静脉流出的血量也明显增加，提示鼓索神经可能是一条舒血管神经，使颌下腺的血管舒张。1874年，德国生理学家Friedrich Goltz（1834—1902）发现刺激被切断的坐骨神经一端也具有明显的舒血管效应，而此前一般都认为坐骨神经是缩血管神经。但此后Goltz的学生重复上述实验时，却得到了相反的缩血管效果。Goltz并没有反驳学生的结论而是鼓励他们发表了与自己意见相左的论文，同时通过继续反复实验证明自己关于坐骨神经是舒血管神经的结论是正确的。此后，生理学家们重复了Goltz师生的工作，发现Goltz的实验是在切断坐骨神经让动物休息几天后才进行的刺激实验，得到了血管舒张效应；而Goltz的学生们是在切断坐骨神经后立即进行刺激实验，得到了血管收缩的效应。这是因为在坐骨神经中既有舒血管神经，也有缩血管神经。切断坐骨神经后立即刺激外周端，其中的缩血管神经占优势，而缩血管神经被断离后溃变很快，在三四天内就会失去兴奋性，而舒血管神经在切断后6~10天还能保持兴奋性。此后，生理学家们逐步发现了支配其他血管的舒血管神经。

人体内多数血管只接受交感缩血管神经的单一支配。缩血管神经在不同血管中分布的密度由高到低依次为皮肤血管、骨骼肌血管、内脏血管、冠状血管和脑血管。在安静状态下，交感缩血管神经持续发放1~3次/s的低频冲动，使所支配的血管维持一定的口径，称为交感缩血管紧张（sympathetic vasoconstrictor tone）。不同生理状况下，交感缩血管神经的冲动发放频率在小于1次/s至8~10次/s的范围内变动，使血管口径在很大范围内发生变化，从而调节不同器官的血流阻力和血流量。

② 舒血管神经　舒血管神经根据神经起源分为交感舒血管神经和副交感舒血管神经，两者神经末梢释放的递质都是乙酰胆碱。交感舒血管神经没有紧张性活动，当机体处于情绪激动状态和进行防御反应时才发放冲动，使骨骼肌血管舒张、血流量增多。脑、唾液腺、胃肠道的腺体和外生殖器等器官除接受交感缩血管神经支配外，还接受副交感舒血管神经支配，作用是抑制血管平滑肌的收缩，使血管舒张。副交感舒血管神经的活动主要对所支配器官组织的局部血流起调节作用，因此对循环系统总外周阻力的影响很小。

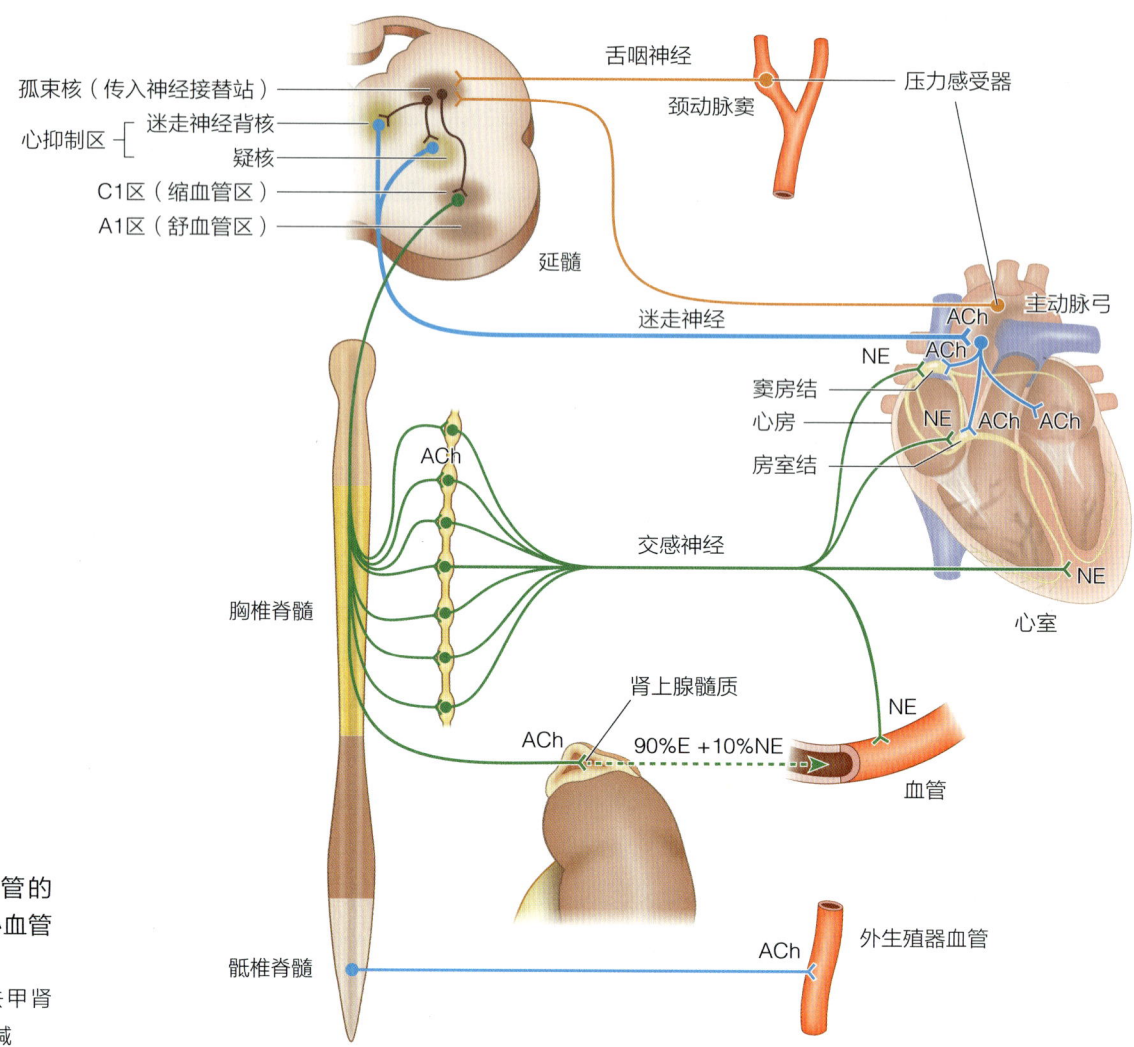

图 6-22 心脏及血管的神经支配与延髓的心血管反射中枢

E：肾上腺素；NE：去甲肾上腺素；ACh：乙酰胆碱

（2）心脏的神经支配　支配心脏的传出神经为心交感神经和心迷走神经。

① 心交感神经及其作用　心交感神经的节前神经元位于脊髓第1~5胸段的中间外侧柱，节后神经元位于星状神经节或颈交感神经节内。节后神经元的轴突组成心脏神经丛，分布于窦房结、房室交界、房室束、心房肌和心室肌（图6-22）。

心交感节后神经元末梢释放的去甲肾上腺素与心肌细胞膜上的 β- 肾上腺素受体结合，通过增加自律细胞和心室肌细胞钙内流，导致心率加快、房室交界的传导加快、心房肌和心室肌的收缩能力加强。这些效应分别称为正性变时作用（positive chronotropic action）、正性变传导作用（positive dromotropic action）和正性变力作用（positive inotropic action）。

② 心迷走神经及其作用　支配心脏的副交感神经节前纤维行走于迷走神经主干中，节前神经元的细胞体位于延髓的迷走神经背核和疑核。心迷走神经在胸腔内与心交感神经一起组成心脏神经丛，进入心脏与心内神经节细胞发生突触联系。心迷走神经的节后神经支配窦房结、心房肌、房室交界、房室束及其分支，在心室肌中分布较少。

心迷走神经节后神经末梢释放乙酰胆碱，作用于心肌细胞膜的 M 型胆碱能受体，通过抑制钙内流和自律细胞 4 期的内向 I_f 电流，导致心率减慢、房室传导速度减慢及心房肌收缩能力减弱，即具有负性变时作用、负性变传导作用和负性变力作用。

③ 支配心脏的肽能神经元　免疫细胞化学方法证明，心脏中存在多种肽类神经纤维，它们释放的递质有神经肽 Y（neuropeptide Y）、血管活性肠肽（vasoactive intestinal polypeptide）、降钙素基因相关肽（calcitonin gene-related peptide）、阿片肽（opioid peptide）等。目前对于分布在心脏的肽能神经元的生理功能尚不清楚。

2. 心血管中枢

在中枢神经系统中，与心血管反射有关的神经元集中区域或核团称为心血管中枢。脊髓、延髓及中枢神经系统的高级部位都有心血管中枢的存在。它们各司其职，又互相密切联系。

（1）延髓的心血管中枢　延髓中存在调节心血管活动的最基本中枢，是 19 世纪 70 年代德国 Carl Ludwig 实验室通过横断动物脑干实验发现的。目前认为，延髓心血管中枢至少包括 4 个部位的神经元（见图 6-22）。这些神经元都具有紧张性活动。

① 缩血管区　缩血管区位于延髓头端的腹外侧部的 C1 区。是交感缩血管和心交感神经元的胞体所在部位。这些神经元含有肾上腺素，它们的轴突下行到脊髓的中间外侧柱。心交感紧张和交感缩血管紧张性活动都起源于此区神经元。

② 舒血管区　舒血管区位于延髓尾端腹外侧部的 A1 区，在 C1 区的尾端。其中的神经元含有去甲肾上腺素，兴奋时抑制 C1 区神经元的活动，导致交感缩血管紧张性降低，血管舒张。

③ 传入神经接替站　传入神经接替站位于延髓的孤束核。核内的神经元接受由颈动脉窦、主动脉弓和心脏感受器传入的信息，再发出神经纤维到延髓和中枢神经系统其他部位，继而影响心血管活动。

④ 心抑制区　心抑制区位于延髓的迷走神经背核和疑核，是心迷走神经元细胞体所在部位。

（2）延髓以上的心血管中枢　延髓以上的高级神经中枢对心血管活动也有重要的调节作用。刺激下丘脑中不同的部位可以引起加压或减压反应。大脑边缘系统的结构，如颞极、额叶的眶面、扣带回的前部、杏仁核、海马等，能影响下丘脑和脑干其他部位的心血管神经元的活动，并和机体各种行为的改变相协调。刺激小脑的一些部位也可引起心血管活动的反应，这种效应可能与姿势和体位改变时伴随的心血管活动变化有关。

大脑皮层高级中枢在心血管活动中起着重要的调节作用。例如，人在情绪紧张时会出现心动过速和高血压；在羞愧或发窘时伴有减压反应，同时皮肤血管舒张而表现为面红耳赤等。在人和动物身上都可以建立心血管活动的条件反射。例如，以无关刺激与皮肤冷刺激或热刺激结合，可以建立人的血管收缩或血管舒张条件反射，而且只用与条件刺激有关的语词也能引起受试者的条件反射。

3. 压力感受性反射

当动脉血压突然升高时，可引起压力感受性反射（baroreceptor reflex），使血压回降。这一反射因此曾被称为减压反射（depressor reflex）。

（1）压力感受性反射的反射弧　压力感受性反射的感受装置是位于颈动脉窦和主动脉弓血管外膜下的感觉神经末梢（图6-23A）。这些压力感受器并不是直接感受血压的变化，而是感受血管壁的牵张程度。当动脉血压升高时，动脉管壁受到的牵张刺激增加，压力感受器发放的神经冲动也就增多。在一定范围内，压力感受器的传入冲动频率与动脉管壁扩张程度成正比。由图6-23B可见，在一个心动周期内，随着动脉血压的波动，感受器传入冲动频率也发生相应的变化。

颈动脉窦压力感受器的传入神经纤维组成颈动脉窦神经。窦神经加入舌咽神经并进入延髓，与孤束核神经元发生突触联系。主动脉弓压力感受器的传入神经纤维行走于迷走神经主干内，然后进入延髓到达孤束核。家兔的主动脉弓压力感受器传入神经纤维自成一束，与迷走神经伴行，称为主动脉神经或减压神经。压力感受器的传入神经冲动到达孤束核后，可通过延髓内的神经通路抑制延髓C1区神经元活动，使交感神经紧张性活动减弱；孤束核神经元还与延髓内、脑桥和下丘脑的一些神经核团发生联系，减弱交感神经紧张性活动。此外，压力感受器的传入冲动到达孤束核后还与迷走神经背核和疑核发生联系，使心迷走神经的活动加强（见图6-22）。

（2）压力感受性反射效应　动脉血压升高时，压力感受器传入冲动增多，通过中枢机制，使心迷走神经紧张加强，心交感神经紧张和交感缩血管神经紧张减弱，其效应为心率减慢、心输出量减少、外周血管阻力降低，故动脉血压下降（图6-24）。反之，当动脉血压降低时，压力感受器传入冲动减少，导致血压回升。

电生理记录表明，主动脉弓和颈动脉压力感受器传入神经在正常血压水平时也不间断发放冲动传入中枢，提示这个反射不但能对血压升高进行调节，也能对血压下降

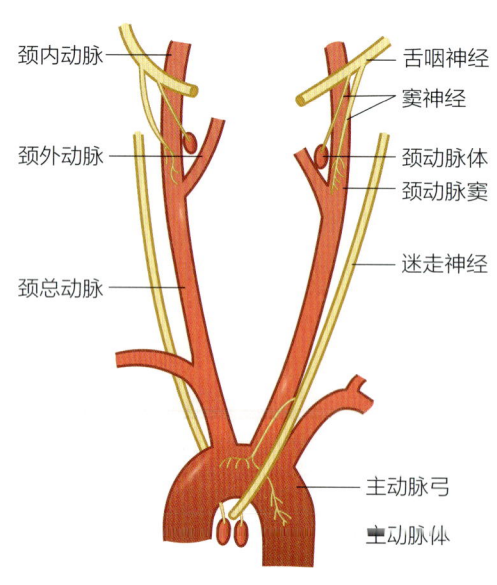

图6-23　颈动脉窦和主动脉弓的压力感受器
A. 颈动脉窦和主动脉弓的压力感受器和化学感受器；
B. 压力感受器传入神经纤维在不同颈动脉压力时的放电频率

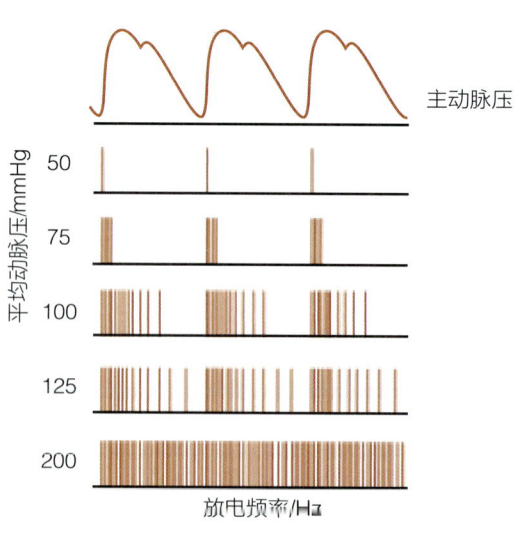

进行调节,因而在血压的自动调节中起缓冲作用。

(3) 压力感受性反射的生理意义　压力感受性反射在对动脉血压进行快速调节的过程中起重要作用。日常生活中,当人由躺卧位起立时,头部位置比心脏高出约 50 cm,如果没有压力感受性反射的调节作用,颅内血压将会从 100 mmHg 骤然下降至 40～50 mmHg,导致脑缺血反应。由于这个反射的调节限制了血压过分波动,延缓了颅内血压的下降,生理学中也将动脉压力感受器的传入神经称为缓冲神经(buffer nerve)。研究者在动物跑步实验中观察到,随着跑步机坡度增大,正常犬的动脉血压仅出现平均 12 mmHg 的小幅波动;切除两侧缓冲神经后,动物血压变动明显增大至平均 50 mmHg。但是,切除缓冲神经的动物一天中血压的平均值并不明显高于对照组,提示压力感受性反射在动脉血压的长期调节中并不起重要作用。

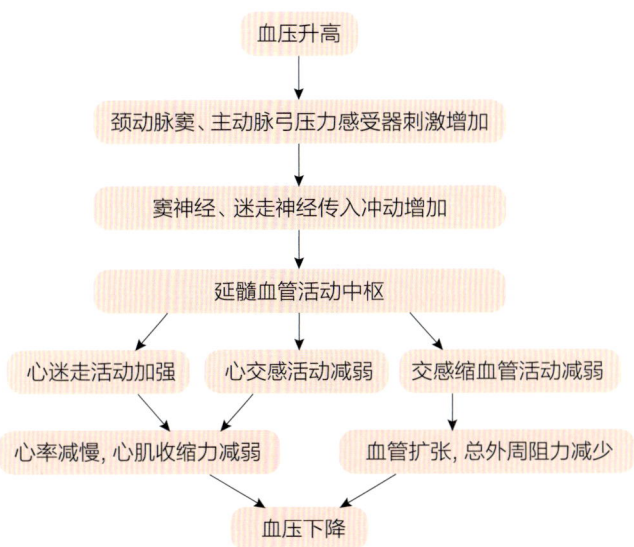

图 6-24　血压升高时的压力感受性反射

在动物实验中可将颈动脉窦区与循环系统其余部分隔离开,但仍保留感受器通过窦神经与中枢的联系。应用这样的动物模型,人为地改变颈动脉窦的灌注压,就可以获得体循环动脉压的变化数据,并画出压力感受性反射功能曲线(图 6-25)。该曲线表明,当窦内压在正常平均动脉压水平(大约 100 mmHg)的范围内发生变动时,压力感受性反射最为敏感,纠正偏离正常水平的血压的能力最强。而动脉血压偏离正常水平愈远,压力感受性反射纠正异常血压的能力愈低。在慢性高血压患者或实验性高血压动物中,压力感受性反射功能曲线向右移位。这种现象称为压力感受性反射的重调定(resetting),表示在高血压的情况下压力感受性反射的工作范围发生改变,持续在较高的血压

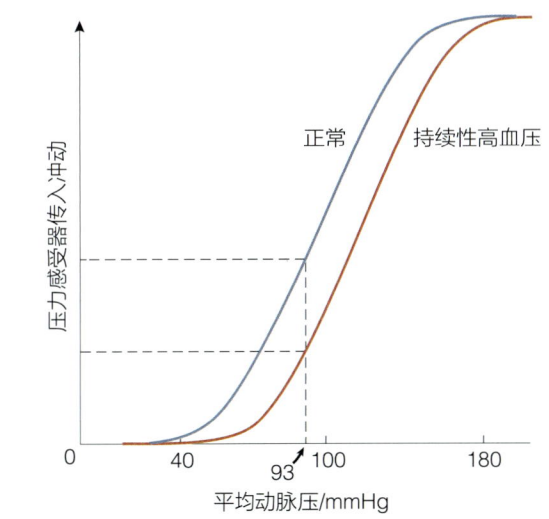

图 6-25　正常人与慢性高血压患者的压力感受性反射功能曲线

水平上进行工作,故动脉血压维持在比较高的水平。压力感受性反射重调定的机制比较复杂。重调定可发生在感受器的水平,也可发生在反射的中枢部分。

除了调节血压,颈动脉窦和主动脉弓压力感受器还被发现参与呼吸的调节。比利时生理学家 Corneille Heymans(1892—1968)因发现颈动脉窦和主动脉弓在呼吸运动中也具有调节作用而获得 1938 年诺贝尔生理学或医学奖。

4. 心肺容量感受器反射

心肺感受器是存在于心房、心室和肺循环大血管壁上的一类感受器,其传入神经纤维行走于迷走神经干内。引起心肺感受器兴奋的适宜刺激是机械牵张,主要由血容量增多而引起,因此心肺感受器也称为容量感受器。当心房、心室或肺循环大血管压

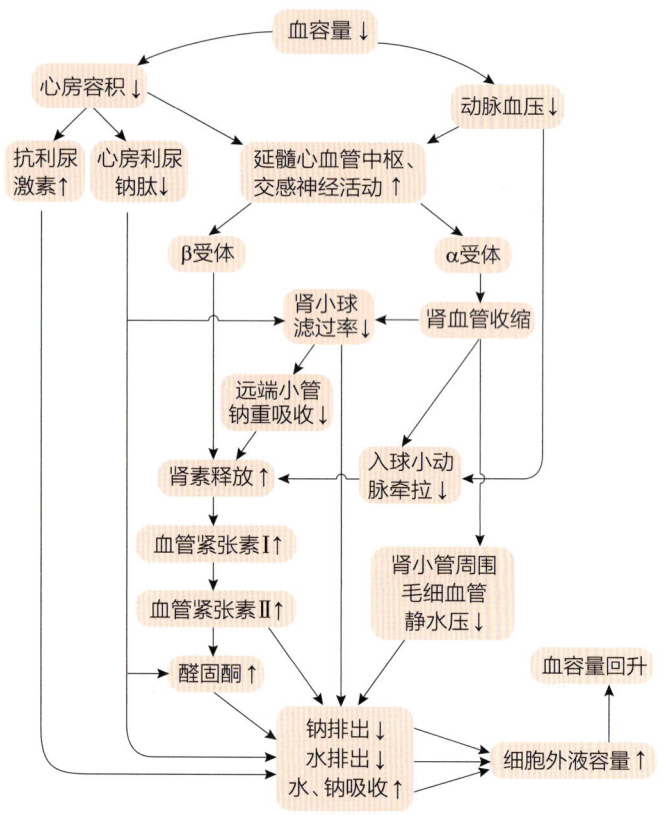

图 6-26　容量感受性反射

🔍 拓展阅读 6-5
运动对心血管系统的影响

力升高或血容量增多时，容量感受器产生兴奋，反射效应是交感紧张性降低，心迷走活动加强，导致心输出量减少、外周血管的阻力降低、血压下降。容量感受器引起的反射还通过增加肾血流量和肾排水、排钠，在体液的量和成分调节中也起到重要作用。当血容量降低时，反射过程则相反（图 6-26）。

5. 颈动脉体和主动脉体化学感受性反射

在颈动脉体和主动脉体内，存在对缺氧、CO_2 分压或 H^+ 浓度过高的化学感受器（见图 6-23）（详见第七章）。化学感受性反射平时对心血管活动并不起明显的调节作用，在低氧、窒息、失血、动脉血压过低和酸中毒情况下，化学感受器传入中枢的频率增加，导致心输出量增加、血压升高。

三、心血管活动的体液调节

心血管系统除接受神经调节外，还接受体液因素的调节，而且这两种调节因素是相互关联的。心血管系统的体液调节因素根据其分布和功能特征可分为全身性调节因素和局部性调节因素。

1. 全身性体液调节因素

（1）肾上腺素和去甲肾上腺素　肾上腺素和去甲肾上腺素由肾上腺髓质分泌（其中肾上腺素占 80%，去甲肾上腺素占 20%），它们是重要的心血管系统全身性体液调节因素。肾上腺素能神经末梢释放的递质去甲肾上腺素也有一小部分进入血液循环。

因为与不同的肾上腺素受体结合能力的差异，肾上腺素和去甲肾上腺素对心血管系统的作用既有共性，也有特性。肾上腺素既可与 α 肾上腺素受体也可与 β 肾上腺素受体结合。心脏中主要是 β 受体，肾上腺素与之结合产生正性变时和变力作用，使心输出量增加。肾上腺素对血管的作用取决于血管平滑肌上 α 和 β 受体分布的情况。皮肤、肾、胃肠、血管平滑肌上 α 受体数量占优势，肾上腺素促使这些器官的血管收缩；骨骼肌和肝血管平滑肌上的 β 受体占优势，低剂量的肾上腺素与 β 受体结合，引起血管舒张，外周阻力减小。大剂量时则兴奋 α 受体，引起血管收缩。去甲肾上腺素主要与 α 受体结合，也可与心肌的 $β_1$ 受体结合，但与血管平滑肌的 β 受体结合的能力较弱。静脉注射去甲肾上腺素，可使全身血管广泛收缩，动脉血压升高，血压升高通过压力感受性反射活动加强，常同时导致心率减慢（图 6-27）。临床应用时，肾上腺素作为强心剂，而去甲肾上腺素为升压药。

（2）肾素－血管紧张素　肾素是由肾近球细胞合成和分泌的一种酸性蛋白酶，经肾静脉进入血液循环。肾素可使由肝生成的一种糖蛋白血管紧张素原（angiotensinogen）

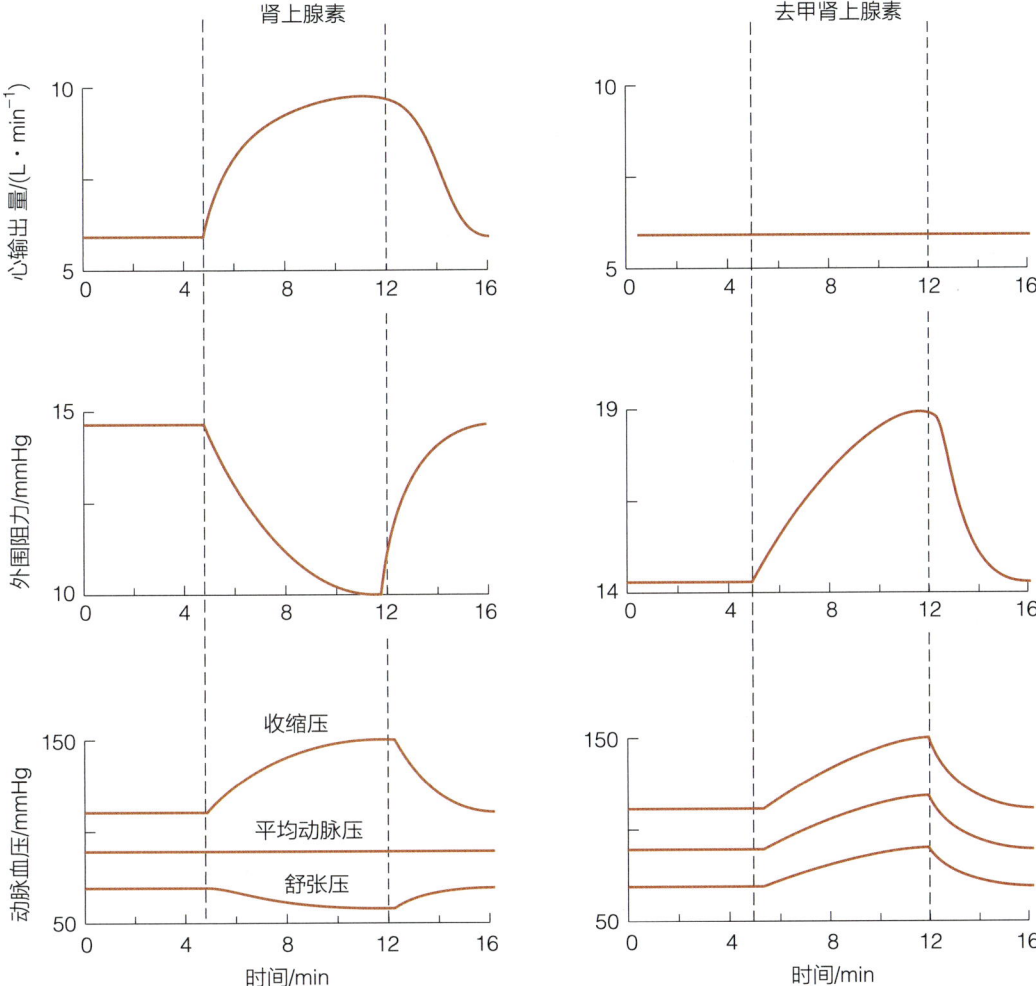

图6-27 静脉注入肾上腺素与去甲肾上腺素对心血管的不同效应

水解成十肽的血管紧张素Ⅰ。血管紧张素Ⅰ在肺循环中被血管紧张素转化酶进一步水解成八肽的血管紧张素Ⅱ，后者受到血浆或组织中血管紧张素酶A的作用，失去一个氨基酸成为七肽的血管紧张素Ⅲ（详见第九章）。

血管紧张素Ⅱ和血管紧张素Ⅲ通过与血管平滑肌和肾上腺皮质等细胞的血管紧张素受体作用，引起相应的生理效应，其中以血管紧张素Ⅱ的作用最为重要。血管紧张素Ⅱ具有极强的缩血管作用，约为去甲肾上腺素的40倍。此外，血管紧张素Ⅱ也可刺激肾上腺皮质球状带细胞合成和释放醛固酮，后者促进肾小管对Na^+的重吸收，使细胞外液量增加。血管紧张素Ⅲ的缩血管效应仅为血管紧张素Ⅱ的10%~20%，但刺激肾上腺皮质合成和释放醛固酮的作用较强。肾素-血管紧张素的升高血压机制约需20 min才能全部生效，相较于肾上腺素和去甲肾上腺素的作用机制，其启动慢但持续时间长很多。

（3）血管升压素　血管升压素是由下丘脑视上核和室旁核一部分神经元内合成的肽类激素。这些神经元的轴突行走于下丘脑垂体束中并进入垂体后叶，在生理需要时从其末梢释放进入血液循环。血管升压素在肾集合管可促进水的重吸收，减少尿液生成,故也称为抗利尿激素(详见第九章)。

血管升压素作用于血管平滑肌上相应的受体,引起血管平滑肌收缩,是已知的体内最强的缩血管物质之一。在正常情况下,血浆中血管升压素浓度升高时首先出现抗利尿效应;只有当其血浆浓度明显高于正常时,才引起血压升高。在失水、失血等情况下,血管升压素释放增加,对机体保留液体量和维持动脉血压都有重要的作用。

(4)阿片肽 体内的阿片肽有多种。垂体释放的β-内啡肽和促肾上腺皮质激素来自同一个前体。在应激等情况下,β-内啡肽和促肾上腺皮质激素一起被释放入血液使血压降低。血浆中的β-内啡肽可进入脑内并作用于某些与心血管活动有关的神经核团,使交感神经活动抑制、心迷走神经活动加强。内毒素、失血等强烈刺激可引起β-内啡肽释放,并可能成为引起循环休克的原因之一。针刺穴位也可引起脑内阿片肽的释放,这可能是针刺使高血压患者血压下降的机制之一。除中枢作用外,阿片肽也可作用于外周的阿片受体。血管壁的阿片受体在阿片肽作用下,可导致血管平滑肌舒张。

2. 局部性体液调节因素

体内多种组织和细胞均能产生特异的调节心血管活动的活性物质,这些活性物质主要在其形成的局部调节血管平滑肌的舒缩活动和血管壁通透性,如缓激肽、前列腺素等;也有随血液循环到全身发挥调节作用的,如内皮素。

(1)血管内皮生成的血管活性物质 血管内皮是指衬在心脏和血管腔面的单层细胞组织,内皮细胞可以生成并释放多种血管活性物质,调节血管平滑肌舒张或收缩。

① 血管内皮生成的缩血管物质 血管内皮细胞可产生多种缩血管物质,称为内皮源性缩血管因子(endothelum-derived vasoconstrictor factor,EDCF),近年来研究得较深入的是内皮素。内皮素(endothelin)由21个氨基酸构成,是已知的最强烈的缩血管物质之一。给动物注射内皮素可引起持续时间较长的升血压效应。在生理情况下,血管内血流对内皮产生的切应力可使内皮细胞合成和释放内皮素。

② 血管内皮生成的舒血管物质 血管内皮生成和释放多种舒血管物质。内皮细胞可以合成前列环素(prostacyclin,也称前列腺素I_2,即PGI_2),血管内搏动性血流对内皮细胞产生的切应力可使其释放PGI_2并使血管舒张。

目前认为,内皮细胞生成的内皮源性舒血管因子(endothelium-derived relaxing factor,EDRF)是更为重要的一类舒血管因子。EDRF的化学结构尚未明确,但多数人认为可能是一氧化氮(NO)。EDRF激活血管平滑肌内的鸟苷酸环化酶,使cGMP浓度升高,游离Ca^{2+}浓度降低而使血管舒张。血流对血管内皮细胞产生的切应力、低氧可引起EDRF的释放。其他如P物质、5-羟色胺受体、ATP等,可激活内皮细胞膜上相应受体使其释放EDRF。有些缩血管物质,如去甲肾上腺素、血管升压素、血管紧张素Ⅱ等,也可使内皮细胞释放EDRF,减弱缩血管物质对血管平滑肌的直接收缩效应。

(2)其他舒血管活性物质 图6-28归纳了调节血管舒缩活动的神经和体液因素。

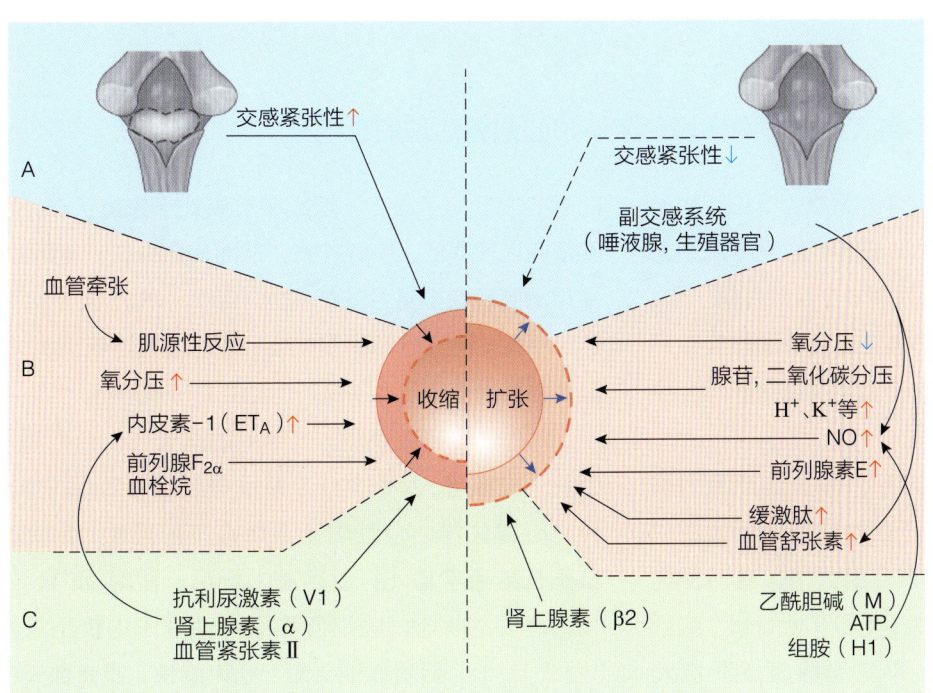

图 6-28 血管舒缩活动的神经和体液调节
A. 神经调节；B. 局部体液调节因素；C. 全身性体液调节因素。括号内为相应的受体

四、动脉血压的长期调节

动脉血压的神经调节在短时间内血压发生变化的情况下起到迅速调节作用。当血压在数天、数月或更长时间内发生变化时，神经反射的快速效应已不能将血压调节到正常水平。在此情况下，机体可通过肾对细胞外液量的调节实现血压和血容量的长期调节，故也称为肾-体液控制机制。肾-体液控制机制的活动也可受体内若干因素的影响，其中较重要的是血管升压素和肾素-血管紧张素-醛固酮系统（参见第九章）。

血压的调节是一个复杂的过程，有许多机制共同参与。每一种机制都在一个方面发挥调节作用，但不能完成全部的、复杂的调节。神经调节一般是快速的、短期的调节，主要是通过对阻力血管口径及心脏活动的调节来实现的；而长期调节则主要是通过肾对细胞外液量的调节实现的。

此外，特殊条件下，如潜水、微重力环境等对心血管活动也会产生重大影响（知识窗 6-2）。

※ 小结

心脏不停歇地进行收缩和舒张交替的活动，推动血液沿单一方向循环流动。每个心动周期中，心肌电活动、机械收缩和瓣膜活动相互配合实现其泵血功能。心脏泵血功能可通过心指数、射血分数、心脏做功量和心脏泵血功能储备进行评价。在临床医学实践和科学

知识窗 6-2

宇宙飞行微重力环境对宇航员心血管活动的影响

2022年6月5日，陈冬、刘洋、蔡旭哲3位宇航员执行神舟十四号飞行任务，7月25日他们顺利进入中国空间站的问天科学实验舱，进行为期6个月的在轨工作。在长时间的空间飞行中，宇航员的生理健康面临复杂环境的威胁，其中失重导致的心血管功能改变是影响宇航员健康的一个主要因素。

平均动脉压是衡量心脏功能和外周大动脉阻力情况的重要指标。人体平均动脉压在地球表面和太空中存在显著差异。人在地球表面直立姿势下，重力使血液从头到脚呈梯度分布，大致为头部70 mmHg、胸部100 mmHg、足部200 mmHg，平均动脉压逐渐增大（图6-29A）。空间站和卫星在近地轨道运行，近地轨道上的物体承受约90%的地球地面重力，而轨道速度产生的离心力抵消了重力，造成宇航员处于失重状态，导致胸膜腔内压降低、胸腔扩张，从而使全身血液重新分布，平均动脉压在全身各处都约为100 mmHg（图6-29B）。这种平均动脉压分布的变化会导致心血管系统功能失调，具体体现为立位耐力不良、运动能力降低等症状。

此外，有研究表明，长时间的航天飞行会导致人体心脏结构重塑、体积减小，从而导致回心血量减少，并伴有心律失常、心脏功能下降等不良影响。因此，宇航员在结束宇宙飞行返回重力场后一段时间内会处于较为虚弱的状态，收缩压和平均动脉压均较正常为低（图6-29C），轻者表现头晕、心率增快，重者数天不能站立，易发生直立性晕厥等症状，需要一段时间的恢复训练才能再次适应地球重力环境下的正常生活。

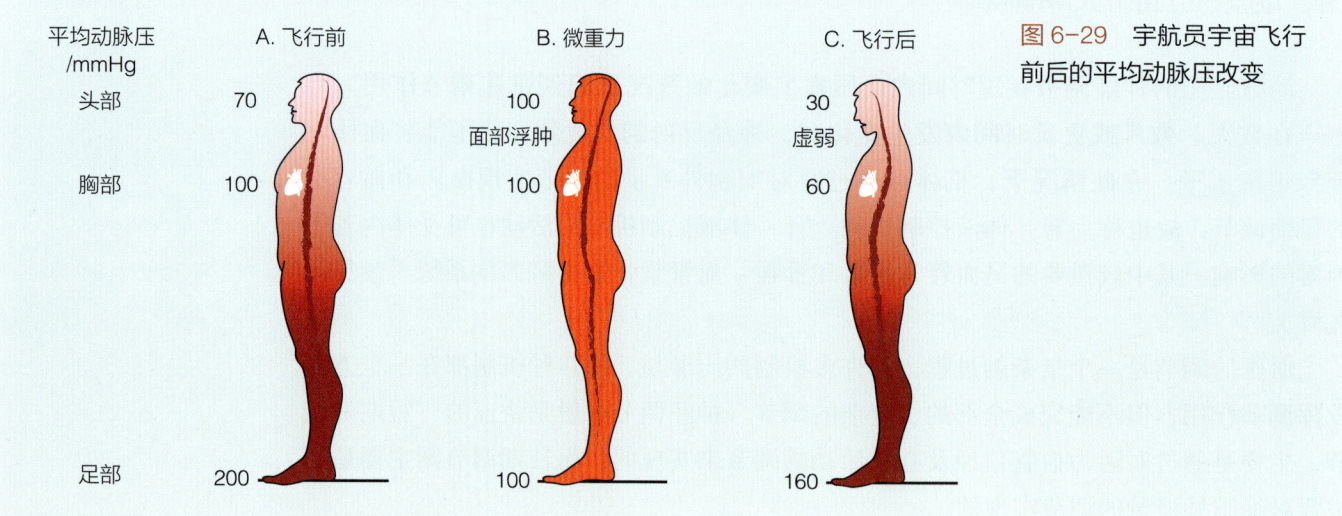

图6-29 宇航员宇宙飞行前后的平均动脉压改变

研究工作中，对心脏功能检测最常用的手段有心电图记录、心音听诊和超声心动图观测。

不论体循环还是肺循环，心室射出的血液都流经由动脉、毛细血管和静脉相互串联构成的血管系统，再返回心房。血液在心血管中流动的动力学涉及血压和血流阻力。与动脉血压形成有关的因素是心脏射血，可扩张大动脉管壁的弹性回缩，以及小动脉和微动脉对血流的阻力。静脉在功能上不仅作为血液回流入心脏的通道，还能有效地调节回心血量和心输出量，使循环机能适应机体在各种生理状态时的需要。在体循环中，静脉回心血量取决于外周静脉压与中心静脉压之间的压力梯度。

微动脉和微静脉之间的血液循环称为微循环，其基本功能是进行血液和组织液之间的物质交换。典型的微循环由微动脉、后微动脉、毛细血管前括约肌、真毛细血管、通血毛细血管、动静脉吻合支和微静脉等部分组成。微动脉在微循环中起着"总闸门"的作用，其口径大小决定进入微循环的血流量。后微动脉和毛细血管前括约肌在微循环中起着"分闸门"的作用，它们的活动直接影响到真毛细血管的血流量，主要受局部体液调节因素的调节。

心血管活动的调节包括自身调节、神经反射调节，以及局部和全身性体液调节。心搏功能的自身调节涉及与心肌初长度有关的异长自身调节、与心肌初长度无关的等长自身调节和后负荷影响3种方式；心血管活动的神经反射主要通过压力感受性反射、容量感受性反射等对阻力血管口径，以及心脏活动进行快速的、短期的调节。肾上腺髓质分泌的肾上腺素和去甲肾上腺素，以及肾素-血管紧张素是重要的心血管系统全身性体液调节因素。局部性体液调节因素主要有血管内皮生成的血管舒缩活性物质，激肽释放酶-激肽系统、前列腺素和组胺等。此外，通过肾对细胞外液量的调节可实现血压和血容量的长期调节。

※ 思考题

1. 血液之所以能在循环系统中单一方向流动的机制是什么？
2. 动脉血压和静脉血压的形成机制和影响因素有什么异同？
3. 与骨骼肌相比较，心室肌收缩时的前负荷和后负荷的来源和影响因素有哪些不同？
4. 压力感受性反射和容量感受性反射如何快速地调节血压变化？

※ 推荐阅读

1. IRISAWA H, BROWN H F, GILES W. Cardiac pacemaking in the sino-atrial node[J]. Physiological reviews, 1993, 73 (1): 197-227.

该综述文章全面阐述了窦房结起搏细胞的电生理特征，包括膜电流、起搏电流及调控机制。

2. STAUSS H M. Baroreceptor reflex function[J]. American journal of physiology-regulatory, integrative and comparative physiology, 2002, 283: R284-R286.

该论文是关于参与调节压力感受器反射功能的神经元通路和神经递质系统的研究。

3. DIFRANCESCO D. Funny channels in the control of cardiac rhythm and mode of action of selective blockers [J]. Pharmacological research, 2006, 53 (5): 399-406.

该论文描述了起搏电流 I_f 控制心脏节律及其在生物起搏器开发中的应用前景。

4. BOYETT M R, DOBRZYNSKI H. The sinoatrial node is still setting the pace 100 years after its discovery [J]. Circulation research, 2007, 100 (11): 1605-1614.

该论文总结了窦房结发现 100 年后,人们针对窦房结工作原理展开的研究并获得的新发现。

5. FISHER J P, YOUNG C N, FADEL P J. Autonomic adjustments to exercise in humans [J]. Comprehensive physiology, 2015, 5 (2): 475-512.

该论文阐述了自主神经系统介导人体运动状态下的心血管活动和血液动力学改变的神经机制。

6. SHEN M, FRISHMAN W H. Effects of spaceflight on cardiovascular physiology and health [J]. Cardiology in review, 2019, 27 (3): 122-126.

该论文总结了短时间和长时间微重力暴露对心血管生理和功能的影响,并讨论了当前降低太空飞行风险的对策和太空心血管研究的未来方向。

(撰写:梅岩艾、薛磊;审修:王世强、涂欣)

第七章

呼 吸

营养物质经过消化吸收进入体内，给人体提供能源。但是这些能源物质必须经过细胞内线粒体的氧化分解才能释放出所包含的能量，而氧化过程需要 O_2，最后产生 CO_2 和水。单细胞生物可直接从外环境中吸收 O_2，向周围环境释放 CO_2。而多细胞动物的大多数细胞不能直接与外环境交换 O_2 和 CO_2，必须经过作为内环境的体液，再与外环境交换气体。伴随动物的进化，出现了复杂的气体交换器官，并形成了一套完整的呼吸系统（respiratory system）。通过呼吸系统与血液循环系统的协同作用，机体不断吸入 O_2 并排出 CO_2，从而维持内环境的稳态和生命的正常新陈代谢。

呼吸（respiration）是机体摄取 O_2 或氧化物质、获取能量、排除代谢废气的过程。呼吸分为外呼吸（external respiration）和内呼吸（internal respiration）。外呼吸是指细胞内线粒体与外环境之间交换气体的过程。内呼吸是指细胞内线粒体氧化能源物质的过程，通常产生高能键、CO_2 和水等。本章重点阐述了呼吸过程中外环境与肺泡之间的气体交换（肺通气，pulmonary ventilation），肺泡与肺毛细血管血液之间的气体交换（肺换气，gas exchange in lungs），组织毛细血管血液和组织细胞之间的气体交换（组织换气，gas exchange in tissue），气体在血液中的运输、呼吸运动的调节，以及内呼吸和能量代谢。

第一节　动物呼吸系统的进化、结构与功能

一、非哺乳动物呼吸器官与呼吸方式的进化

低等水生动物没有特殊的呼吸器官，主要依靠水中气体的扩散和渗透进行气体交换。较高等的水生动物以鳃为主要呼吸器官。进化到两栖类动物，幼体用鳃呼吸，成体阶段则主要用肺兼用皮肤呼吸。爬行动物，肺则成为其唯一的气体交换器官。进化到鸟类，呼吸系统越来越复杂，出现了双重呼吸。

1. 鱼类

鳃是鱼类的呼吸器官。以硬骨鱼为例，鱼头两侧各有四个鳃弓，外有鳃盖加以保护。鳃弓前面为口腔，后面是鳃腔。每个鳃弓上有两行鳃丝，每一鳃丝腹面和背面又各有一行鳃板。鳃板是气体交换的表面，鳃板中血流方向与水流方向相反，形成一个逆流交换系统，有利于 O_2 进入血液（图 7-1）。鱼的呼吸运动是一系列通水活动，通过口腔、鳃盖肌的舒缩活动调节鳃腔压力，控制进入鳃腔水量，最后经过鳃板逆流交换系统完成气体交换。

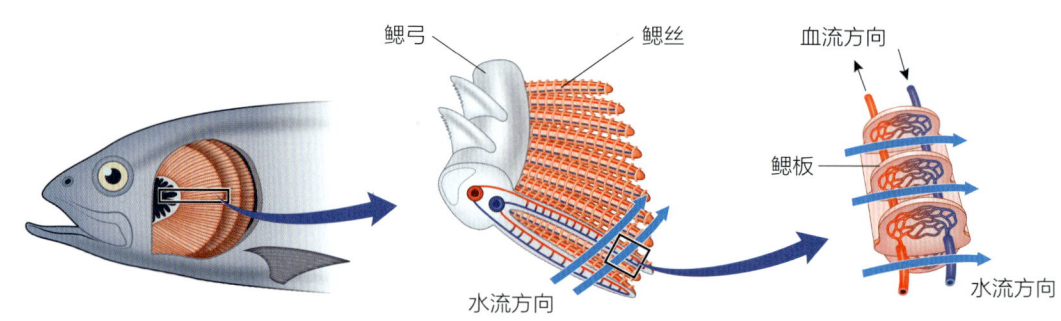

图 7-1　鱼鳃的结构和水流与血流的方向

2. 两栖类和爬行类

两栖类动物的肺较简单，以蛙类为例，蛙类的呼吸道极短，气管无分支直接与肺相连，肺呈囊状和蜂窝状结构，内壁有少数皱褶。肺被网状隔膜分成很多肺泡，呼吸面积有限。肺泡壁密布毛细血管，有利于气体交换，出现了肺循环和体循环（尚未完全分开）。空气进入蛙肺要靠一套"正压"系统（图 7-2）。

爬行类动物用肺进行呼吸，其肺内表面积比两栖类大，并出现了胸廓，可依靠肋间肌的收缩改变胸腔体积，将空气吸入肺部，完成呼吸过程。

3. 鸟类

鸟类除了具有肺外，还有许多薄壁气囊分布在身体各部分。鸟类的气管分成两支初级支气管，分别与一侧的肺及腹气囊相通。由初级支气管分出次级支气管通到其他气囊。肺内有许多副支气管，由副支气管再分出许多细小的毛细气管，这是进行气体交换的场所。鸟在静止时，主要靠肋间肌及腹部肌肉的运动，在肺部进行呼吸；而飞翔时，主要靠胸肌的运动使前后气囊收缩与扩张，完成呼吸。鸟类呼吸时气体的流动

图 7-2　蛙的正压通气机制示意图
A. 呼气前，蛙鼻孔张开，由于肌肉收缩使口腔底部下降，口腔扩张，腔内压力低于大气压力，空气经鼻流入口腔。此时气管口声门关闭；B. 声门张开，由于肌肉性体壁的压缩、肺壁上平滑肌的收缩及肺的弹性收缩，迫使肺中气体与口腔气体混合，鼻孔迅速关闭，少量气体经鼻孔呼出体外；C. 口腔底部上升，口腔内压力升高，迫使其中的空气经声门进入肺内；D. 鼻孔张开，声门关闭，口腔底部上升，口腔中的气体经鼻孔排出；E. 口腔底部上升或下降，使气体经鼻孔排出或流入口腔

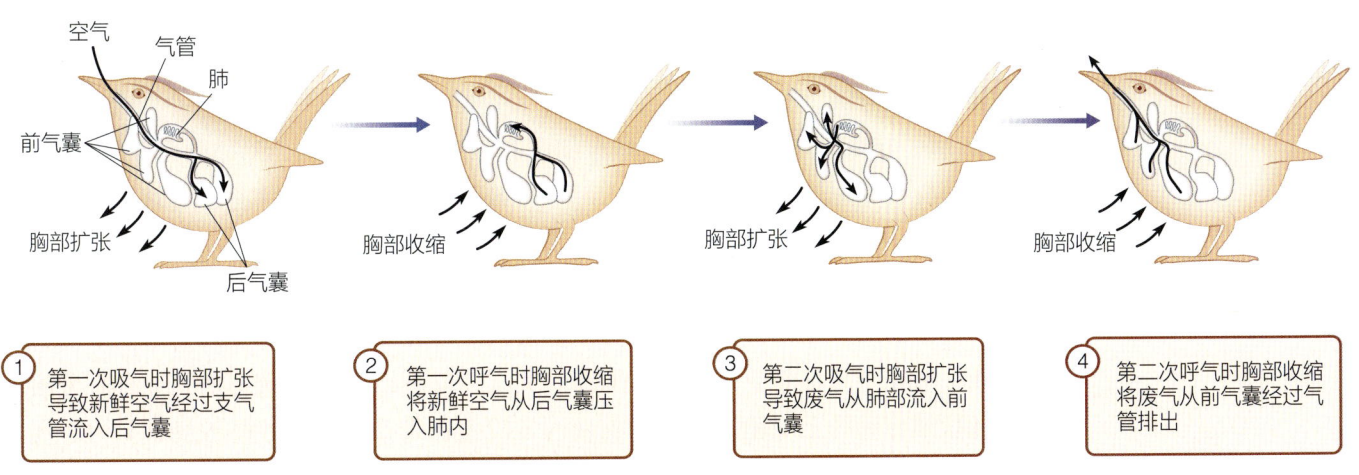

见图 7-3。通过薄壁气囊，鸟类在吸气和呼气时均能进行气体交换，这种呼吸方式称为双重呼吸。这是鸟类适应高空飞翔的一种特有呼吸方式。

图 7-3　鸟类的双重呼吸系统

二、哺乳动物的呼吸系统结构与功能

以下主要以人的呼吸系统为代表，介绍哺乳动物的呼吸系统的结构与功能。

1. 呼吸道的组成和功能

哺乳动物的呼吸系统由呼吸道和肺组成，如图 7-4 所示。

（1）呼吸道的组成

呼吸道（respiratory tract）是气体进出肺的必经通道，由鼻、咽、喉（上呼吸道）和气管、支气管及其肺内分支（下呼吸道）组成。随着气管的不断分支，气道数目成倍增加，口径减小，总横断面积增大，管壁变薄，整个呼吸道自上而下宛如一棵倒置的树，称为气管–支气管树。气管为 0 级，主支气管为 1 级，以此类推，到达肺泡囊

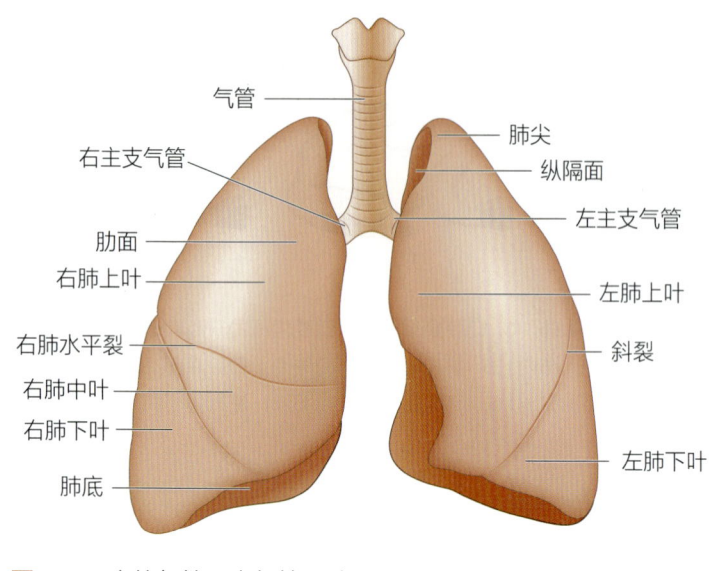

图 7-4 人的气管、支气管和肺

时为末尾一级，共分支 23 级。

(2) 呼吸道的功能

① 调节气道阻力 人的气管长 10~12 cm，直径约 2 cm，由马蹄铁形软骨支撑，保持气道畅通。气管及其分支直至细支气管，管壁均包含平滑肌。平滑肌受交感神经和副交感神经双重支配，分别调控气道扩张和收缩。交感肾上腺素能神经元可激活支气管平滑肌上的 β2 受体，使气道舒张，气流阻力减小。而副交感胆碱神经元能激活毒蕈碱受体（M 受体），使气道收缩，气流阻力增加。

自主神经系统对气道直径的影响可以引起气道阻力和气流变化。利用此原理，临床治疗中常用 β2 肾上腺素能受体激动剂（如肾上腺素）扩张气道，治疗哮喘。

② 保护功能 呼吸道对空气具有加温和湿润的作用。鼻、咽黏膜有丰富的血流，并有黏液腺分泌黏液，外界空气吸入时，可被加温湿润后进入肺泡，对肺组织具有保护作用。

呼吸道对空气具有过滤和清洁作用。首先，鼻腔中的鼻毛可阻挡空气中较大颗粒进入，鼻甲的形状则使许多颗粒可直接撞击或沉积在黏膜上，直径大于 10 μm 的异物颗粒几乎可完全从鼻腔空气中被清除掉。其次，气管以下的呼吸道黏膜上含有分泌黏液的杯状细胞和纤毛细胞，分泌的黏液通常覆盖在纤毛上。这些纤毛经常有力、规则而协调地摆动，不断地将它上面的黏液和附着其上的颗粒推向咽喉方向，然后通过咳嗽排出或吞咽进入消化管内。再次，在第 17 级细支气管至肺泡管末端的细管中有巨噬细胞，这些巨噬细胞可以吞噬吸入的颗粒或细菌，然后带着吞噬物向上游走至细支气管壁上的黏液层，随黏液排出。最后，呼吸道的分泌物中含有免疫球蛋白和其他物质，有助于防止感染和维持黏膜的完整性。此外，呼吸道受到机械或化学刺激时，还可引起防御性反射。

2. 肺泡的结构和功能

(1) 肺的基本结构

肺（lung）是人和其他陆生脊椎动物的最主要呼吸器官，是容纳气体和进行气体交换的场所。人和其他哺乳动物的肺居胸腔内纵隔两侧，左右各一。肺表面有脏胸膜，肺组织呈海绵状，质软而轻，富有弹性。因右侧膈下有肝且心脏位置偏左，故右肺宽而略短，左肺狭长。肺的形态呈半圆锥形，具有一尖、一底、两面、三缘。上端为肺尖，下端为肺底（又称膈面），外侧为肋面。左肺借由后上斜向前下的斜裂分为上、下两叶。右肺除有斜裂之外，另有一起自斜裂的水平裂，将右肺分为上、中、下三叶（见图 7-4）。纵隔面中央有一椭圆形凹陷，称肺门，是主支气管、肺动脉、肺静脉、神经和淋巴管出入肺之处。

肺组织由肺间质和肺实质组成。肺间质是指肺泡上皮细胞和毛细血管内皮细胞基底膜之间的间隙，包含肺小叶和肺泡间的结缔组织以及组织中的血管、淋巴管和神经等。肺实质是由导管部（支气管树）和呼吸部（主要是肺泡）组成。肺泡外面缠绕着丰富的毛细血管，肺毛细血管网是人体最大的毛细血管网。它覆盖 70~80 m^2 表面积，几乎跟肺泡表面积一样大。肺有两条独立的血液供给途径：一条是肺循环，把来自右心室的静脉血通过毛细血管网进行气体交换，使静脉血变成含氧丰富的动脉血然后流回左心房；另一条是体循环的支气管循环，由支气管动脉、毛细血管网和支气管静脉组成，提供营养给肺实质。

（2）肺泡的结构和功能

肺泡（pulmonary alveoli）是气体交换的场所，也是肺的功能单位。肺泡为半球状囊泡，直径约为 200 μm，人体肺泡总数为 3 亿~6 亿个，总面积约为 70 m^2，约是成人体表面积的 40 倍，为气体交换提供了广阔面积。肺泡壁由单层上皮细胞构成。肺泡上皮细胞按形态和功能分为两种不同类型：Ⅰ型肺泡上皮细胞［alveolar type Ⅰ (AT1) cell］，为扁平状上皮细胞，相互连接成薄膜状，覆盖约 95% 的肺泡表面，无细胞分裂功能，是实现肺和血液间气体交换的部位；Ⅱ型肺泡上皮细胞［alveolar type Ⅱ (AT2) cell］散在分布于Ⅰ型肺泡上皮细胞之间，体积小，呈立方体形或圆形，数量多于Ⅰ型肺泡上皮细胞，但仅覆盖约 5% 的肺泡表面，可分泌表面活性物质，降低肺泡表面张力，具有"干细胞"特性，可分化为Ⅰ型肺泡上皮细胞。

相邻肺泡之间的薄层结缔组织为肺泡隔（alveolar septum），其内含有密集的连续型毛细血管网与肺泡壁相贴。肺泡隔中含有大量弹性纤维，与吸气后肺泡的弹性回缩有关。如果肺泡弹性纤维退化变性，肺泡弹性将减弱，影响肺的气体交换功能，久而久之将使肺泡扩大，导致肺气肿。此外，肺泡隔内还有成纤维细胞、肺巨噬细胞、浆细胞和肥大细胞，还有淋巴管和神经纤维。相邻肺泡之间有相通的圆形小孔，称为肺泡孔（alveolar pore），直径 10~15 μm，是相邻肺泡间的气体通路。

呼吸膜（respiratory membrane）又称气血屏障（blood-air barrier），是指肺泡气体与毛细血管血液进行气体交换时所通过的结构。其由六层结构组成，自肺泡内表面向外依次为：含肺泡表面活性物质的液体层、肺泡上皮细胞层、上皮基底膜层、肺泡与毛细血管之间的间质层、毛细血管基底膜层和毛细血管内皮细胞层（图 7-5）。呼吸膜的平均厚度小于 1 μm，通透性强，有利于气体迅速交换。

（3）肺泡表面活性物质和表面张力

肺内有几亿个肺泡，而每个肺泡内表面都有一液-气界面，像肥皂泡一样具有使液体表面积缩小的张力。根据 Laplace 物理学定律，某种液体所形成的液泡回缩力（即液泡内部的压力），与该液体的表面张力成正比，与液泡的半径成反比。若表面张力系数相同，液泡的回缩力与液泡半径成反比，小液泡的回缩力大于大液泡。如果将两个大小不同的液泡相连通，则小液泡内的气体由于压力高将会向大液泡流动，导致小液泡不断萎缩，而大液泡则因过度膨胀失去稳定性（图 7-6A）。但肺泡内液-气界

拓展阅读 7-1
Laplace 定律

图 7-5 呼吸膜示意图

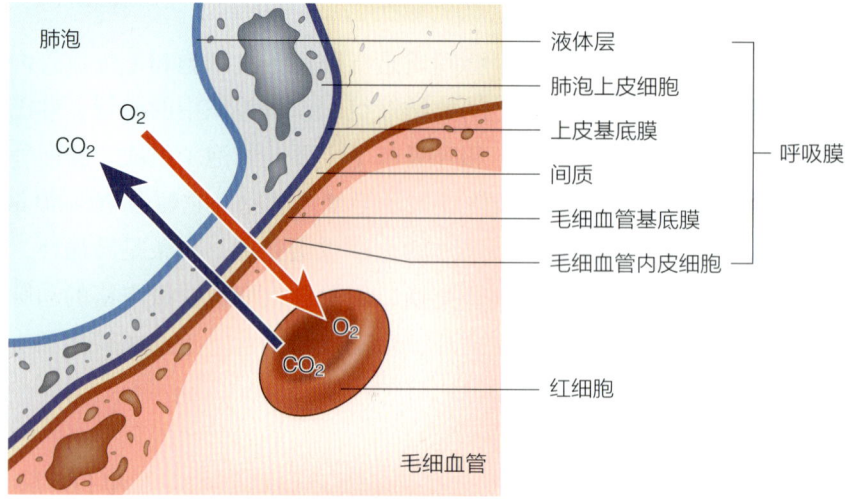

面由于存在一种特殊的表面活性物质，实际上并不会发生上述类似情况（图 7-6B）。

这种从肺泡内表面液体层中分离出的特殊表面活性物质，称为肺泡表面活性物质（pulmonary surfactant）。它是一类主要由Ⅱ型肺泡上皮细胞合成分泌的含脂类和蛋白质的混合物，其中脂类成分约占 90%，表面活性物质结合蛋白（surfactant-associated protein，SP）约占 10%。脂类中 60% 以上是二棕榈酰卵磷脂（dipalmitoyl phosphatidyl choline，DPPC）。DPPC 是双嗜性分子，一端是非极性疏水的脂肪酸，不溶于水，另一端是极性的，易溶于水。这些分子垂直排列于肺泡液-气交界面，极性端插入液体层，非极性端朝向肺泡腔，形成一层能降低肺泡表面张力的 DPPC 单分子层，且其密度可随肺泡的胀缩而改变。表面活性物质结合蛋白主要包括血浆蛋白和脂蛋白（SP-A、SP-B、SP-C 和 SP-D）。其中 SP-A 和 SP-D 是水溶性蛋白质，主要参与肺宿主防御功能；SP-B 和 SP-C 是脂溶性蛋白质，主要参与肺泡表面张力的调节；SP-B 最关键，其缺失可导致婴儿发生严重的呼吸衰竭。

肺表面活性物质可以降低肺泡表面张力，使肺泡的回缩力减小，具有重要的生理意义：①维持肺泡容积的稳定性。肺表面活性物质的密度可随肺泡半径变化，在肺泡

图 7-6 液泡（肺泡）表面张力
A. 大小不同的液泡连通，在表面张力的作用下小液泡内气体将向大液泡流动，导致小液泡萎缩、大液泡膨胀；
B. 由于肺泡内存在表面活性物质，肺泡具有稳定性

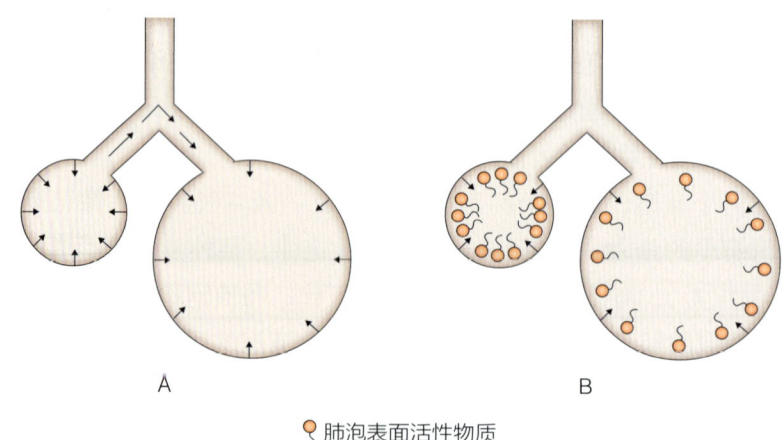

缩小（或呼气）时，表面活性物质的密度增大，肺泡表面张力减小，可防止肺泡塌陷；在肺泡扩大（或吸气）时，表面活性物质的密度减小，肺泡表面张力增加，可防止肺泡过度膨胀，维持了肺泡的稳定性；② 防止肺水肿。肺泡表面活性物质可降低肺泡表面张力（肺泡表面张力指向肺泡腔），从而可减弱表面张力对肺毛细血管血浆和肺组织间液的"抽吸"作用，从而防止肺水肿的发生；③ 减小吸气阻力，减少吸气做功。

　　胎儿的 AT2 细胞要在妊娠 6～7 个月后才开始合成和分泌肺表面活性物质，因此，早产儿可能因缺乏肺表面活性物质而导致肺不张或肺泡塌陷，从而引发新生儿呼吸窘迫综合征（neonatal respiratory distress syndrome，NRDS），严重者甚至危及生命。临床中对此类病症常采用糖皮质激素促进肺表面活性物质合成，或者吸入外源性肺表面活性物质进行治疗。此外，成年人患肺炎、肺血栓等疾病时，也可因肺表面活性物质减少而发生肺不张。

> 拓展阅读 7-2
> 常见呼吸系统疾病

第二节　肺通气

　　肺通气（pulmonary ventilation）是肺与外界环境之间进行气体交换的过程。实现肺通气的器官主要包括：呼吸道、肺泡、胸膜腔、膈和胸廓等。气体总是沿压力梯度进行运动，因此，必须在肺泡气与外界大气之间存在一定的压力差，机体才能实现肺通气。

一、肺通气的动力

1. 呼吸运动

　　肺通气的实现取决于推动气体流动的动力和阻止气体流动的阻力的相互作用。肺泡气与外界大气之间的压力差是实现肺通气的直接动力（direct force）。但是肺组织本身没有横纹肌，并不具有主动扩张和收缩能力，只能依赖胸廓的扩大和缩小而被动张缩。呼吸肌的收缩和舒张所引起的胸廓节律性扩大和缩小被称为呼吸运动（respiratory movement）。呼吸运动是实现肺通气的原动力（primary force）。

　　呼吸运动包括：吸气运动（inspiratory movement）和呼气运动（expiratory movement）。主要吸气肌是膈肌和肋间外肌，主要呼气肌是肋间内肌和腹肌。此外，还有一些辅助吸气肌，如斜角肌、胸锁乳突肌等，这些肌肉只在用力呼吸时参与呼吸运动。吸气运动是一个主动过程。平静吸气时，吸气肌收缩，胸腔扩大，肺容积随之增大，肺内压降低。当肺内压低于大气压时，外界气体进入肺内，这一过程称为吸气（inspiration）。呼气运动是一个被动过程。平静呼气时，呼气肌不参与运动，膈肌和肋间外肌舒张时，肺依其自身的回缩力而回位，牵引胸廓缩小，引起胸腔和肺容积减小，肺内压升高。当肺内压高于大气压时，气体由肺内排出，这一过程称为呼气

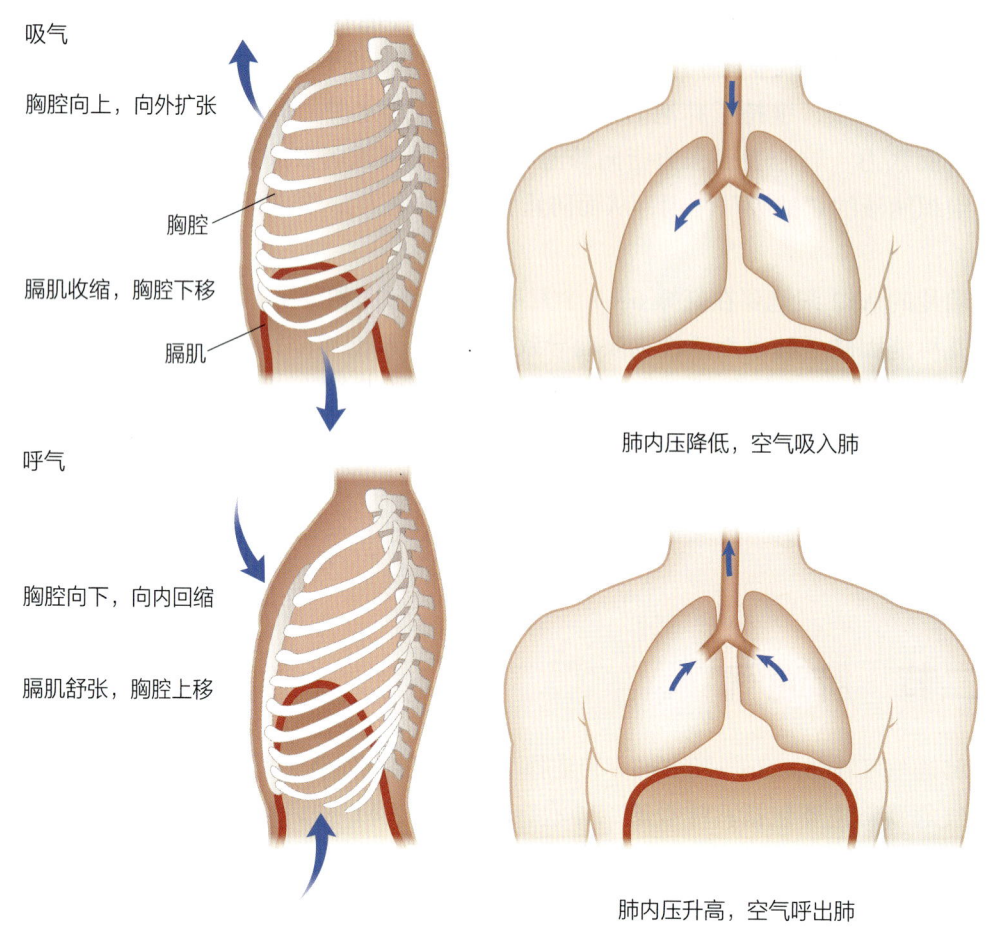

图 7-7 平静状态下呼吸运动的发生过程

（expiration）。平静状态下呼吸运动的发生过程如图 7-7 所示。

呼吸运动可分为不同的形式，正常人处于平静状态时平稳而顺畅的呼吸运动，称为平静呼吸（eupnea），频率为 12～18 次/min，小儿较快，老人偏慢。当机体运动、肺通气阻力增大或吸入气中 CO_2 含量增加而 O_2 减少时，呼吸运动加深加快，这种呼吸运动称为用力呼吸（forced breathing）。用力呼吸时呼气和吸气都是主动的过程。

在呼吸运动过程中，肋骨、胸骨和膈肌的运动是协同的。以膈肌舒缩活动为主的呼吸运动称为腹式呼吸（abdominal breathing）。以肋间外肌舒缩活动为主的呼吸运动称为胸式呼吸（thoracic breathing）。正常情况下，此两种呼吸形式可同时存在，只有在胸部或腹部活动受限时，才出现某种单一形式的呼吸运动。

2. 肺内压

肺泡内的压力称为肺内压（intrapulmonary pressure），在呼吸过程中呈周期性的变化。吸气时，肺容积随肺扩张而增大，肺内压随之降低，当低于大气压时，外界气体进入肺。随着肺内气体量的增加，肺内压又逐渐升高，至吸气末时，肺泡内的压力又恢复到与大气压相等。呼气时，肺内压随容积减小而升高，当高于大气压时，肺内气体流出。随着肺内气体量减少，肺内压也逐渐降低，全呼气末时，肺内压又降到与大气压相等，气流暂停。呼吸过程中肺内压的变化程度与呼吸运动的深浅、缓急及呼道是否通畅等有关。平静呼吸时，肺内压变化较小，在 2~3 mmHg。而用力呼吸时，肺内压将大幅波动，最高可达到 140 mmHg。

> **想一想**
> 人工呼吸利用的是什么肺通气原理？

3. 胸膜腔内压

（1）胸膜腔

胸膜腔（pleural cavity）是胸膜的脏层胸膜和壁层胸膜在肺根处相互转折移行所形成的一个封闭的腔隙，左右各一，互不相通，腔内没有气体，仅有一薄层浆液。胸膜腔内的浆液有两方面的作用：① 液体分子之间的内聚力，使两层胸膜紧贴在一起，不易分开，这样可以使肺随着胸廓的运动而张缩；② 润滑的作用，减小呼吸运动时两层胸膜之间的摩擦力。

（2）胸膜腔负压

胸膜腔内的压力称胸膜腔内压（intrapleural pressure），可用与压力计相连接的注射针头斜刺入胸膜腔内直接测定或通过测定食管内压间接反映胸膜腔内压（图 7-8）。平静呼吸时，胸膜腔内压始终低于大气压（负压），并随呼吸过程发生周期性的波动（图 7-9）。平静呼气末胸膜腔内压为 –5~–2 mmHg，吸气末为 –10~–5 mmHg。

胸内负压是在出生后形成的。在人的生长发育过程中，胸廓的发育速度较肺快，故胸廓的自然容积比肺的自然容积大。由于胸膜腔的密闭性及两层胸膜总是紧贴在一起，故从婴儿出生后第一次呼吸开始，肺即被牵引而总是处于一定程度的扩张状态。被扩张的肺所产生的弹性回缩力使肺趋于缩小，同时，由于肺回缩产生的内向牵引力也会使胸廓容积缩小。因此，胸膜腔负压的形成和作用与胸膜腔的两种力有关，一是肺内压（等于大气压），使肺泡趋于扩张；二是肺回缩压，使肺泡缩小。胸膜腔内压就是肺内压与肺回缩力这两种方向相反的力的代数和，即：

$$胸膜腔内压 = 肺内压（大气压）+（-肺回缩压）$$

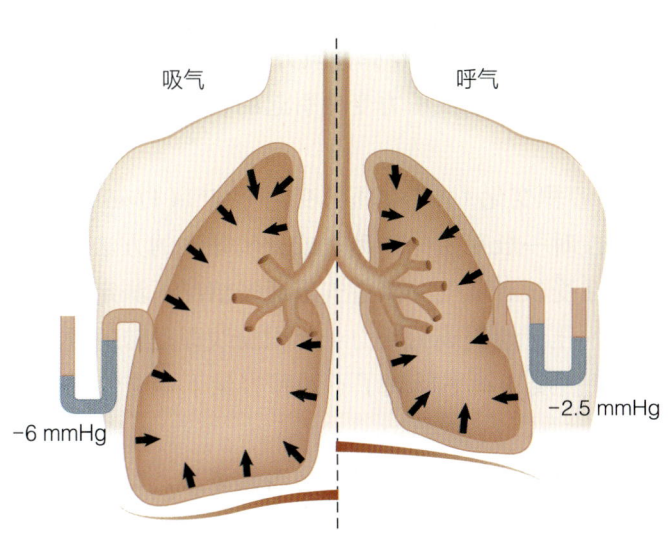

图 7-8 胸膜腔内压直接测量示意图

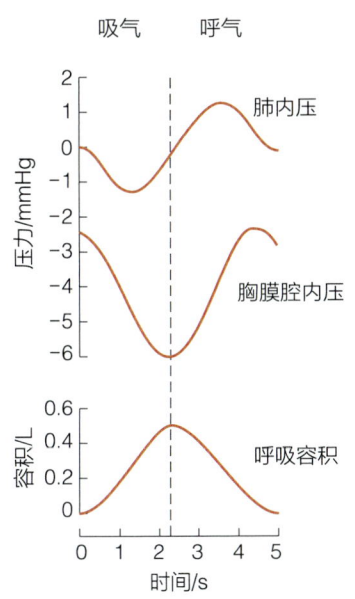

图 7-9 呼吸过程中压力和通气量的变化

若以大气压为 0 计，大于此值为正，低于此值为负，则：

$$胸膜腔内压 = - 肺回缩力$$

由此可见，胸膜腔内压的大小主要是由肺回缩力所决定的。

（3）胸膜腔负压的生理意义

胸膜腔内保持负压的生理意义主要包括：① 维持肺的稳定扩张状态而不至于萎陷；② 作用于胸腔内的腔静脉和胸导管等，使其扩张，有利于静脉血和淋巴液的回流。

> **想一想**
> 胸腔积液是怎样形成的？

胸膜腔保持其密闭性是胸膜腔内保持负压的一个重要前提，一旦密闭的胸膜腔遭受破坏而与大气相通（如胸壁外伤或肺组织损伤），空气便会进入胸膜腔内而形成气胸（pneumothorax）。此时，胸膜腔内负压消失，肺会因其自身的弹性回缩力而塌陷，胸廓的运动不能再引起肺的张缩，肺通气功能下降，同时静脉血和淋巴液回流也受到阻碍，导致循环血量减少，严重时将危及生命。此时，需要紧急处理使胸膜腔密闭恢复胸内负压。

二、肺通气的阻力

呼吸运动产生的肺通气动力，需要克服肺通气的阻力，才能实现肺的通气。肺通气阻力分为弹性阻力（elastic resistance，R）和非弹性阻力（inelastic resistance）。

1. 弹性阻力

肺和胸廓等弹性体对抗外力作用时所引起的变形的力称为弹性阻力。该阻力属于静态阻力，约占肺通气总阻力的 70%。弹性阻力的大小可用顺应性（compliance，C）的高低来衡量。

顺应性是指弹性组织在外力作用下发生变形的难易程度。变形能力强则顺应性大，对于肺来说，顺应性大则表示其易被扩张。反之，如果顺应性小则表示其不易扩张。顺应性是弹性阻力的倒数，即：

$$顺应性（C） = 1/弹性阻力（R）$$

顺应性的大小通常用单位压力变化引起的容积变化大小来表示。即：

$$顺应性（C） = 容积变化（\Delta V）/压力变化（\Delta P）（L/cm\ H_2O）$$

测定肺顺应性时一般采用分步吸气或分步呼气的方法，每次吸气或呼气后，在受试者屏气并保持气道通畅情况下测定肺容积的变化和胸膜腔内压，绘制成的压力 – 容积曲线即是肺的顺应性曲线（图 7-10）。曲线的斜率反映了不同肺容量下顺应性或弹性阻力的大小。

肺弹性阻力来自肺的弹性成分和肺泡表面张力，是吸气的阻力，呼气的动力。肺内的弹力纤维和胶原纤维等肺的弹性成分，在肺被扩张时，会被牵拉而产生与扩张方向相反的弹性回缩力，

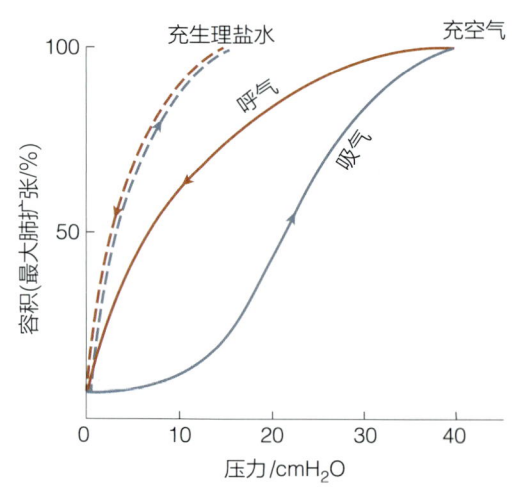

图 7-10　离体肺分别充空气和生理盐水时的顺应性曲线（1 cm H_2O = 0.098 kPa）

约占肺总弹性阻力的 1/3。肺泡表面张力约占肺总弹性阻力的 2/3。

2. 非弹性阻力

非弹性阻力包括气道阻力、惯性阻力和组织黏滞性阻力，属于动态阻力，约占肺通气总阻力的 30%。气道阻力是指气体流经呼吸道时气体分子间和气体分子与气道之间的摩擦阻力，约占非弹性阻力的 80%~90%。惯性阻力是气流在发动、变速、换向时因气流和气道组织的惯性所产生的阻止肺通气的力。组织黏滞性阻力是指呼吸运动中呼吸器官相对位移所发生的摩擦。平静呼吸时，呼吸频率低、气流流速慢，惯性阻力和黏滞性阻力均很小，可忽略不计。

气道阻力的大小可用单位时间内气体流量所需要的压力差来表示，即：

气道阻力 = 大气压与肺内压之差（$cm\ H_2O$）/ 单位时间内气体流量（$L·s^{-1}$）

健康成年人平静呼吸时，总气道阻力为 1~3 $cm\ H_2O·L^{-1}·s$。气道阻力越小，呼吸越省力。

> **想一想**
> 充空气和充生理盐水后，肺的顺应性曲线有何异同？

> **拓展阅读 7-3**
> 呼吸功

三、肺通气功能评价

肺容量（lung capacity）和肺通气量（pulmonary ventilation）是衡量肺通气功能的重要指标。

1. 肺容量

肺容量是指肺容纳的气体量。在呼吸运动中，吸入和呼出的气体容积都可以用肺功能仪器加以测量和记录，所绘制的曲线称肺量图（spirogram）。人体在进行不同程度的呼吸运动时肺容积和肺容量的变化如图 7-11 所示。肺容量由以下几个部分组成。

（1）潮气量（tidal volume，TV）　每次呼吸时吸入或呼出的气量称为潮气量。正常成年人平静呼吸时的潮气量为 400~600 mL。运动或情绪变化时，潮气量相应增大，最大可达肺活量大小。潮气量的大小取决于呼吸肌收缩的强度、胸和肺的机械特性以及机体的代谢水平。

（2）补吸气量（inspiratory reserve volume，IRV）和深吸气量（inspiratory capacity，IC）　平静吸气末，再尽力吸气所能吸入的气体量称为补吸气量，它反映吸气的储备

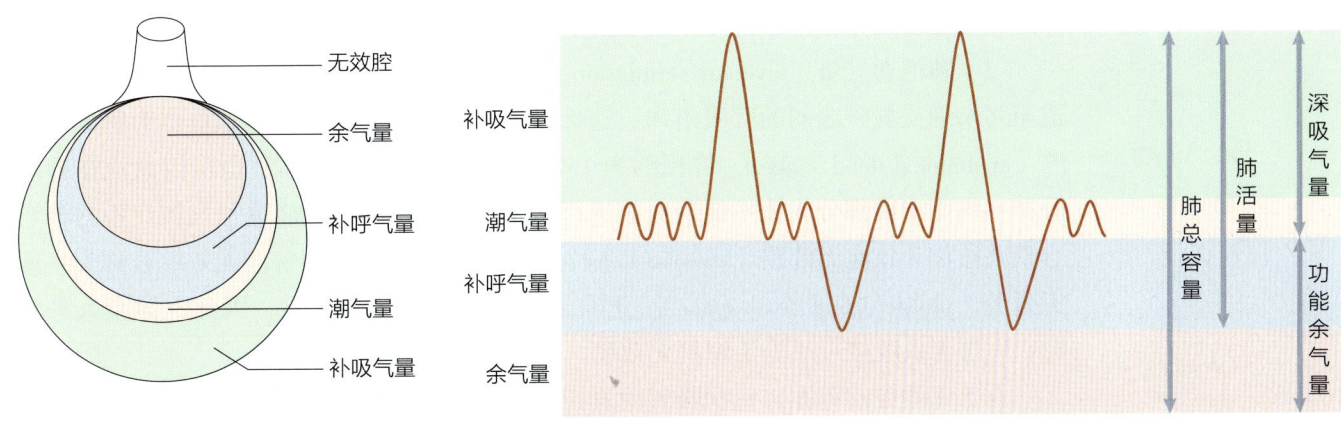

图 7-11　肺量图

量。正常成年人的补吸气量为 1 500～2 000 mL。潮气量与补吸气量之和等于深吸气量，是衡量最大通气潜力的重要指标。

（3）补呼气量（expiratory reserve volume，ERV）　平静呼气末，再尽力呼气所能呼出的气体量称为补呼气量，它反映了呼气的储备量。正常成年人的补呼气量为 900～1 200 mL。

（4）余气量（residual volume，RV）和功能余气量（functional residual capacity，FRC）　最大呼气末尚留存于肺内不能再呼出的气体量，称为余气量，它的存在可避免在低肺容积条件下肺泡发生塌陷。正常成年人的余气量为 1 000～1 500 mL。平静呼气末尚留存于肺内的气体量，称为功能余气量，其等于余气量与补呼气量之和，正常成年人约为 2 500 mL。肺气肿患者功能余气量增多，而肺实质病变时则减小。

（5）肺活量（vital capacity，VC）和时间肺活量（time vital capacity，TVC）　尽力吸气后，从肺内所能呼出的最大气量称为肺活量，是潮气量、补吸气量与补呼气量三者之和。它是肺功能测定的常用指标，反映了肺一次通气最大能力。正常成年男性的肺活量平均约为 3 500 mL，女性约为 2 500 mL。为了更好地反映肺呼吸的动态机能，需要测知在一定时间内肺活动所能呼吸的最大气体量，因此提出了时间肺活量的概念。它是指一次最大吸气后尽力尽快呼气，在一定时间内呼出的气量，是评价肺通气功能的较好指标。正常成年人在第 1、2、3 秒末的时间肺活量值，分别约为 83%、96% 和 99%，这些指标对于临床中鉴别阻塞性肺疾病和限制性肺疾病具有重要的指导意义。

（6）肺总量（total lung capacity，TLC）　肺所能容纳的最大气体量为肺总量，是肺活量与余气量之和。它的大小因性别、年龄、身材、运动锻炼情况和体位改变而有差异，成年男性平均约为 5 000 mL，女性约为 3 500 mL。在限制性通气不足时肺总量会有所降低。

2. 肺通气量和肺泡通气量

（1）肺通气量（pulmonary ventilation）　单位时间内吸入或呼出气体的总量称为肺通气量，它比肺容量更好地反映肺的通气功能。每分通气量（minute ventilation）是指每分钟吸入或呼出肺的气体总量，是潮气量与呼吸频率的乘积。平静呼吸时，正常成年人呼吸频率为 12～18 次/min，潮气量约为 500 mL，则肺通气量为 6～9 L/min。每分通气量随性别、年龄、身材和活动量不同而有所差异。

（2）肺泡通气量（alveolar ventilation）　每次吸入的气体，总有一部分留在上呼吸道至终末细支气管之间的呼吸道内，这部分呼吸道无气体交换功能，被称为解剖无效腔（anatomical dead space），容积约为 150 mL。进入肺泡的气体，也可因血流在肺内分布不均而造成部分气体不能与血液进行完全交换。这部分未能进行气体交换的肺泡容积则被称为肺泡无效腔（alveolar dead space）。肺泡无效腔和解剖无效腔合称为生理无效腔（physiological dead space）。正常人肺泡无效腔接近于零，因此，健康人平卧时，生理无效腔接近或等于解剖无效腔。

由于无效腔的存在，每次吸气时真正到达肺泡的新鲜空气量为潮气量减去无效腔容量，它是真正有效的肺通气量，称为肺泡通气量。

每分肺泡通气量（L）=（潮气量－解剖无效腔容量）× 呼吸频率（次/min）。

在潮气量减半和呼吸频率加倍或潮气量加倍而呼吸频率减半时，每分通气量相等，而每分肺泡通气量则因无效腔的存在发生明显变化（表7-1）。

> **想一想**
> 深而慢的呼吸和浅而快的呼吸，哪种效率更高？

表 7-1　不同呼吸频率的潮气量、肺通气量和肺泡通气量

呼吸频率/（次·min^{-1}）	潮气量/mL	每分肺通气量/mL	每分肺泡通气量/mL
32	250	8 000	3 200
8	1 000	8 000	6 800
16	500	8 000	5 600

第三节　肺换气和组织换气

呼吸气体与机体细胞之间的交换包括肺换气（肺泡和血液之间）和组织换气（血液和组织细胞之间 O_2 和 CO_2），它们都是通过气体扩散的方式实现的。

一、气体交换的原理

1. 气体扩散

气体之间的分压差是气体交换的动力，气体总是从分压高处向分压低处扩散。分压（partial pressure）是指混合气体中各气体组分具有的压力。气体分子从分压高处向分压低处发生净转移，这个过程就称为气体扩散（diffusion）。机体内呼吸气体的交换是以扩散的方式进行的，O_2 和 CO_2 扩散的动力是各自的分压差（ΔP）。

气体与液体表面接触时，气体扩散入液体中，气体压力越大，扩散量就越多。同样，溶解在液体中的气体分子有向外逸出的趋势，溶解的分子越多，逸出的就越多。溶解的气体分子从液体中逸出的力，称为张力（tension）。当单位时间内，气体扩散入和逸出的量达到动态平衡时，溶解气体的张力则等于某一种气体在液体中的分压。由此可见，气体不仅可以在气相区域之间进行扩散，也可以在气－液相之间以及液相区域之间进行扩散。肺换气和组织换气就是按这种规律进行的。

2. 气体扩散的速率和影响因素

单位时间内气体扩散的容积为气体扩散的速率（diffusion rate，D），它受到以下因素的影响：

（1）气体的分压差

混合气体的总压力是各组分气体的分压力的总和。即：

某气体的分压（P）= 混合气体的总压力 × 该气体的容积分数

空气是一种混合气体，其中每一种气体的容积分数和分压如表7-2所示。

表7-2 大气各组分气体的容积分数及其分压

	合计	O_2	CO_2	H_2O	N_2
容积分数 /%	100	20.71	0.04	1.25	78.00
分压 /mmHg	760	157.4	0.3	9.5	592.8

气体的分压差是气体扩散的动力,分压差越大,扩散越快,则扩散速率越大。

(2) 气体的溶解度

气体扩散进入液体的量,与该气体的分压和该气体在该溶液中的溶解度有关。气体分压越高,溶解在液体中的气体量越大。气体分压为 760 mmHg (101.3 kPa) 时,一定量液体所能溶解的某种气体量,称为溶解度(solubility, S)。溶解度的大小受温度和溶液中同时存在的其他分子的影响。表7-3 表明了部分气体在液体中的溶解度。

表7-3 气体的溶解度

气体	水	全血	血浆
O_2	2.386	2.36	2.14
CO_2	56.7	48	51.5
N_2	1.227	1.3	1.18

单位:mL/100 mL 液体,38℃,760 mmHg

(3) 气体的扩散系数

单位分压差下,单位时间内通过单位面积扩散的气体量,称为扩散系数(diffusion coefficient)。不同气体的扩散系数与该气体的溶解度成正比,与该气体的分子量(M_r)平方根成反比。从表7-3 看出,CO_2 在血浆中的溶解度约为 O_2 的 24 倍,CO_2(44)与 O_2(32)分子量的平方根之比为 1.14:1,故 CO_2 的扩散系数是约 O_2 的 21 倍(24÷1.14 = 21)。这是呼吸功能障碍时,更容易发生缺氧的重要原因之一。

除此之外,影响气体扩散速度的因素还有扩散面积(A)、扩散距离(d)和温度(T)等。气体扩散速率(D)与上述诸因素的关系用以下公式表示为:

$$D \propto \frac{\Delta P \cdot T \cdot A \cdot S}{d \cdot \sqrt{M_r}}$$

二、肺换气

1. 肺换气过程

无论气体在肺或组织交换,都是通过气体扩散进行的。O_2 和 CO_2 之所以能透过呼吸膜按一定方向扩散,关键在于肺泡气与血液之间、血液与组织之间的气体分压差,如表7-4 所示。

由表7-4 可知,静脉血流经肺毛细血管时,肺泡气中的 O_2 由于分压差而向血液

表 7-4 人在海平面和呼吸时体内各部气体的含量和分压

	气体	肺泡气	动脉血	静脉血	组织
含量 /(mL·100 mL^{-1})	O_2	14.4	19.0	14.4	–
	CO_2	5.6	48.5	52.5	–
分压 /mmHg	O_2	103	100	40	20~40
	CO_2	40	40	46	46~55

净扩散，血液中的 P_{O_2} 逐渐上升，最终接近肺泡气中的 P_{O_2}。CO_2 则向相反的方向净扩散，即从血液到肺泡中，这样，静脉血就变成了动脉血（图 7-12A）。

2. 影响肺换气的因素

除了以上通过影响气体扩散速率，从而影响气体交换的因素外，肺组织的结构也与肺换气密切相关。

（1）呼吸膜的厚度

肺泡气需要通过呼吸膜与血液中的气体进行交换。气体扩散速率与呼吸膜厚度成反比，膜越厚，单位时间内交换的气体量就越少。

呼吸膜很薄，总厚度不到 1 μm，易于气体自由扩散通过。O_2 和 CO_2 不必经过大量的血浆层就可以到达红细胞或肺泡，扩散距离短，交换速度快。通常情况下血液流经肺毛细血管的时间约为 0.75 s，当血液流经肺毛细血管全长 1/2 时，就已完成了气体交换（图 7-12B）。人在运动时，由于血流加速，缩短了气体在肺部的交换时间，这时呼吸膜的厚度和扩散距离对气体扩散的影响会更为重要。而肺水肿或肺纤维化患者由于呼吸膜增厚或膜的通透性降低，可能会导致低氧血症。

（2）呼吸膜的面积

正常人肺泡有 3 亿~6 亿个，安静时，呼吸膜的扩散面积约为 40 m^2，而运动时，扩散面积可达 70 m^2，扩散速率相应增加。肺气肿、肺不张、肺实质性病变等均可使呼吸膜面积减少，因而气体扩散量减少，最终影响肺的换气。

（3）肺泡通气与血流量的比值

肺泡气体交换的效率与肺泡通气量和肺血流量的配比也有关。气体交换中需要两个泵协调工作，一个是气泵，即通过呼吸肌的节律性收缩，每分钟向肺泡输入 O_2 和输出 CO_2；另一个是血泵，即通过右心室的活动，每分钟向肺泡周围毛细血管输入一定量的血液，借以运送部分 O_2 并将静脉血中的 CO_2 排入肺泡中。此两个泵需默契配合，才能完成肺换气。换言之，肺泡通气量和肺血流量必须保持在一个合适的比值。

通气/血流量比值（ventilation/perfusion ratio）是指每分钟肺泡通气量（$\dot{V}$）和每分钟血流量（$\dot{Q}$）之间的比值（$\dot{V}/\dot{Q}$）。正常成年人平静呼吸时的平均比值为 0.84，表示通气量与血流量比值适宜，意味着混合静脉血通过肺毛细血管时能全部成为动脉血，满足全身组织所需要的 O_2 和排出体内的 CO_2。$\dot{V}/\dot{Q}$ 增大，表示通气过剩，血流不足，相当于肺泡无效腔增大。若 $\dot{V}/\dot{Q}$ 降低，则意味着通气不足，血流过剩，就像发生

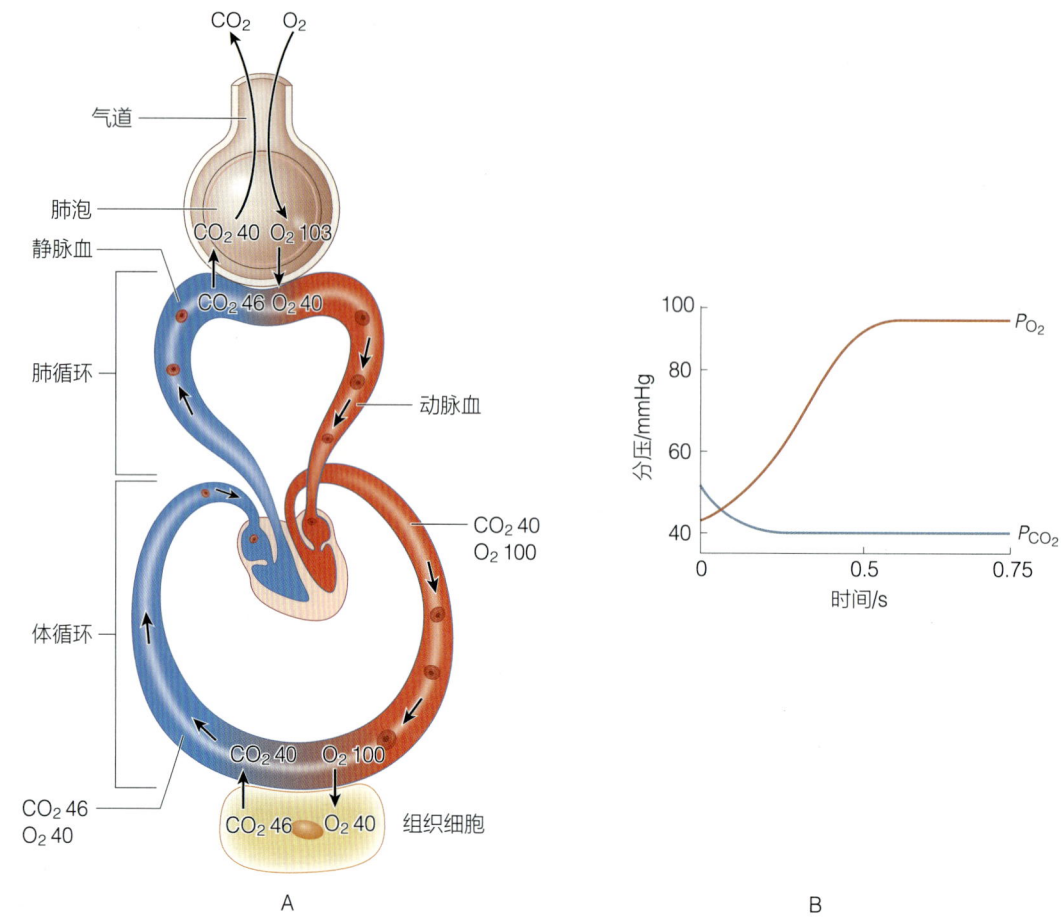

图 7-12 肺部呼吸气体的交换
A. 气体交换示意图；B. 肺部呼吸气体的交换速率
图中数字单位：mmHg

了功能性动静脉短路。$\dot{V}/\dot{Q}$ 可作为衡量肺换气功能的指标。

三、组织换气

组织换气与气体在肺内的交换原理和影响因素类似。动脉血经毛细血管流经组织时，组织内的 P_{O_2} 低于动脉血的 P_{O_2}，而 P_{CO_2} 高于动脉血的 P_{CO_2}。因此，O_2 由血液扩散进细胞，而 CO_2 则由细胞向血液扩散，从而动脉血变成静脉血（见图 7-12A）。气体在组织的交换都是发生于液相介质（血液、组织液、细胞内液）之间，并且组织换气量与细胞代谢水平和流经组织的血量有关。

第四节　呼吸气体在血液中的运输

呼吸气体（O_2 和 CO_2）在血液中的运输是实现肺换气和组织换气的中间环节。O_2 和 CO_2 在血液中的运输形式有两种：物理溶解和化学结合，以化学结合为主。而物理溶解量虽少，却是化学结合的前提。O_2 和 CO_2 从血液中释放出时，也需要先溶解后才能逸出。化学结合和气体溶解之间保持着动态的平衡。

一、O_2 在血液中的运输

1. O_2 在血液中运输的形式

1 L 体动脉血约含 203 mL O_2。这些 O_2 分别以物理溶解和化学结合的形式存在于血液中（表 7-5）。1 L 血液的血浆中只物理溶解约 3 mL O_2；而 1 L 血液中约有 200 mL O_2 与红细胞中的血红蛋白（hemoglobin，Hb）以化学形式结合。Hb 在血液 O_2 运输中发挥着重要作用。

表 7-5 血液中 O_2 和 CO_2 的量　　　　　　　　　　单位：mL/1 L 血液

气体	动脉血			混合静脉血		
	物理溶解	化学结合	总量	物理溶解	化学结合	总量
O_2	3	200	203	1.2	152	153.2
CO_2	26.2	464	490.2	30	500	530

（1）Hb 的分子结构

Hb 是由一个珠蛋白结合四个血红素构成，分子量约为 64 500。珠蛋白分子包括四条链：两条 α 链，每条链由 141 个氨基酸构成；两条 β 链，每条链由 146 个氨基酸构成。每条链中包含一个血红素，每个血红素由四个吡咯基组成一个环，中心有一个 Fe^{2+}，每个 Fe^{2+} 可结合一个 O_2 分子（图 7-13）。

（2）Hb 与 O_2 结合的特征

① 反应快、可逆，不需要酶催化，反应方向受 P_{O_2} 高低的影响。当血液流经 P_{O_2} 高的肺部时，Hb 与 O_2 结合，形成氧合血红蛋白（HbO_2）；而当血液流经 P_{O_2} 低的组织时，Hb 与 O_2 迅速解离，释放 O_2，成为去氧 Hb。

② Hb 与 O_2 结合前后，血红素的铁离子均是二价铁，因此，Hb 与 O_2 结合称为氧合（oxygenation），而不是氧化（oxidation）。当 Fe^{2+} 被氧化为 Fe^{3+} 时，Hb 与 O_2 可逆结合的能力丧失。

③ 1 个 Hb 分子可同 4 个 O_2 结合。正常人每 100 mL 血液中约含 15 g Hb，1 g Hb 可结合 1.34～1.39 mL O_2。在足够的 P_{O_2}（20 kPa 或 150 mmHg）下，全部 Hb 与 O_2 结合成 HbO_2，称为氧饱和。氧饱和时，每 100 mL 血液中，Hb 化学结合的最大 O_2 量，称为血红蛋白氧容量（oxygen capacity）。每 100 mL 血液中，Hb 实际结合的 O_2 量，称为血红蛋白氧含量（oxygen content）。血红蛋白氧饱和度（oxygen saturation）则是指 Hb

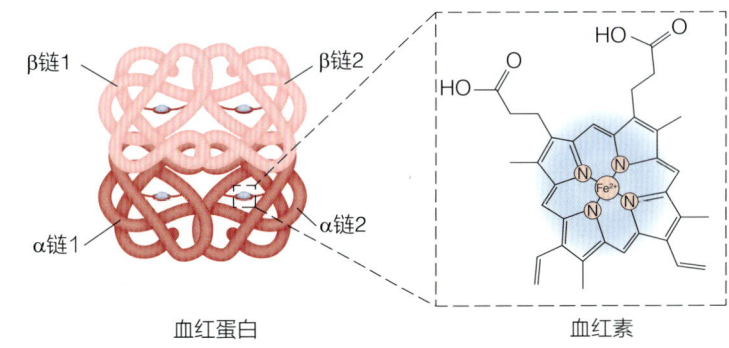

图 7-13　血红蛋白组成示意图

氧含量与氧容量的百分比。HbO_2 呈鲜红色，而去氧 Hb 呈紫蓝色，临床中缺氧时的发绀（cyanosis）现象就与去氧 Hb 含量过高有关。

④ 血红蛋白氧饱和度或血液氧含量最重要的决定因素是 P_{O_2}。以血液中 P_{O_2} 为横坐标，Hb 氧饱和度为纵坐标绘制的 P_{O_2} 与 Hb 氧饱和度关系的曲线，即是氧解离曲线（oxygen dissociation curve）。氧解离曲线呈"S"型，与 Hb 的变构效应有关。Hb 有两种构型，氧合 Hb 为疏松型（relaxed form，R 型），去氧 Hb 为紧密型（tense form，T 型）。R 型 Hb 对 O_2 的亲和力约为 T 型的 500 倍，二者可互相转换。当 Fe^{2+} 与 O_2 结合时，盐键逐步断裂，其分子构象逐渐由 T 型变为 R 型，对 O_2 的亲和力逐渐增加，因此，当 Hb 的 1 个 Fe^{2+} 与 O_2 结合后，都会增加其他 Fe^{2+} 与 O_2 的亲和力。相反，氧和 Hb 释放 O_2 时，Hb 分子逐渐由 R 型变为 T 型，对 O_2 的亲和力逐渐减弱，因此，当 HbO_2 的 1 个 Fe^{2+} 释放出 O_2 都会促进其他 Fe^{2+} 与 O_2 的解离。

以上特点就是 Hb 氧解离曲线呈"S"型的重要原因。

（3）Hb 与一氧化碳（CO）结合

Hb 与 CO 结合的亲和力约是 O_2 的 250 倍。即使在分压很低的情况下，CO 也能取代 O_2 与 Hb 结合，形成一氧化碳血红蛋白（carboxyhemoglobin），使运送到组织中的 O_2 显著降低，造成机体缺 O_2。因此，汽车尾气、通风不良煤炉或煤气泄漏导致的 CO 升高，危害很大，它们可能导致局部缺 O_2 而损伤脑的机能。

2. 氧解离曲线及其影响因素

（1）氧解离曲线

根据氧解离曲线变化的特点和功能意义，将其分为三段。曲线上段：相当于 P_{O_2}

知识窗 7-1

呼吸色素的种类

血红蛋白只是动物体内呼吸色素之一，分布最广，几乎见于全部脊椎动物。而不同种类的无脊椎动物也有不同的呼吸色素，包括：含铁的血红蛋白和血褐蛋白（hemerythrin），含钒的血绿蛋白（chlorocruorin）和含铜的血蓝蛋白（hemocyanin）等。由于这些含有不同金属元素呼吸色素的存在，使得很多无脊椎动物血液不止呈现红色，还会呈现其他颜色或无色。例如，乌贼的血是绿色的，对虾、河蟹的血是淡青色的，鲎的血是蓝色的等。

血蓝蛋白是 1927 年瑞典化学家 Theodor Svedberg（1884—1971）首先发现，分子量一般为 $5.0 \times 10^4 \sim 7.5 \times 10^4$，由 7 个或 8 个功能单位组成圆柱形结构。它在大多数软体动物和节肢动物体内负责运输 O_2，许多性质与血红蛋白相似。血蓝蛋白在 P_{O_2} 分压高时与 O_2 结合，而在 P_{O_2} 分压低时释放 O_2。它的氧合形式是淡蓝色的，而脱氧形式是无色的。与血红蛋白不同，血蓝蛋白并不包裹在血细胞内，而是悬浮在血液中。血蓝蛋白是一种多功能蛋白，它除了能运载 O_2 外，还与能量贮存、渗透压维持及蜕皮过程调节有关。此外，血蓝蛋白还具有酚氧化物酶活性和抗菌抗病毒的功能，是节肢动物和软体动物中的一种重要免疫分子。

在 60～100 mmHg，是 Hb 与 O_2 结合的部分。这段曲线较平坦，表明 P_{O_2} 的变化对 Hb 氧饱和度影响不大。居住在高原或患有某些呼吸系统疾病时，尽管吸入气或肺泡气 P_{O_2} 有所降低，但只要 P_{O_2} 不低于 60 mmHg，Hb 氧饱和度就仍能维持在 90% 以上，血液中仍可携带足够 O_2，不会导致显著缺氧。曲线中段：相当于 P_{O_2} 在 40～60 mmHg，该段曲线较陡，反映安静状态下血液对组织的供 O_2 的情况。曲线下段：相当于 P_{O_2} 在 15～40 mmHg，该段曲线较最陡，表明 P_{O_2} 稍变即可导致 Hb 氧饱和度发生显著变化。这一特点对供应组织活动所需的 O_2 很有帮助。

（2）氧解离曲线的主要影响因素

① pH 和 P_{CO_2}　由图 7-14 可见，pH 降低或 P_{CO_2} 升高，Hb 对 O_2 亲和力降低，曲线右移，有利于 O_2 释放；pH 升高或 P_{CO_2} 降低，Hb 对 O_2 亲和力增加，曲线左移，不利于 O_2 释放。pH 或 P_{CO_2} 对氧解离曲线的影响，称为波尔效应（Bohr effect），产生这一效应的机

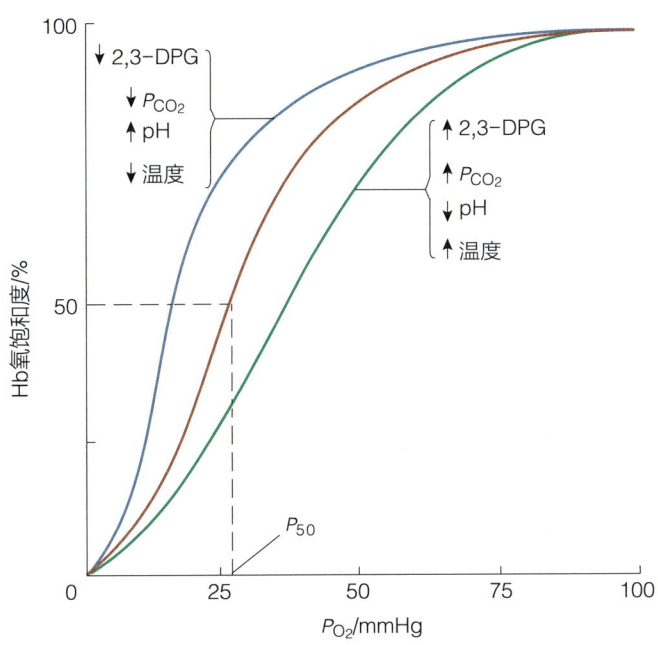

图 7-14　氧解离曲线及其影响因素
P_{50} 表示使氧饱和度达 50% 时的 P_{O_2}，正常情况下为 26.5 mmHg

制与 pH 改变时 Hb 的构型变化有关。当 pH 降低时，血液中增加的 H^+ 可与 Hb 多肽链某些氨基酸残基结合形成盐键，Hb 变为 T 型，与 O_2 亲和力降低；而当血液中 H^+ 降低时，则促进盐键断裂释放出 H^+，Hb 变为 R 型，与 O_2 亲和力增加。P_{CO_2} 升高可主要通过增加血液中 H^+ 浓度间接产生作用。波尔效应具有重要生理意义，它既可以促进肺毛细血管血液的氧和，又有利于组织中毛细血管内的血液释放 O_2。

② 温度　图 7-14 表明，温度升高时，Hb 对 O_2 亲和力降低，曲线右移，有利于 O_2 释放；温度降低时，Hb 对 O_2 亲和力增加，曲线左移，不利于 O_2 释放。运动时代谢活动增强，局部组织温度升高有利于 HbO_2 解离释放出更多 O_2，以满足组织代谢增加的需要。温度变化对氧解离曲线的影响可能与 H^+ 的活度有关。

③ 2,3-二磷酸高油酸　2,3-二磷酸高油酸（2,3-diphosphoglycerate，2,3-DPG）是红细胞无氧糖酵解的产物，对 Hb 与 O_2 亲和力调节有重要影响。在慢性缺氧、高山低氧、贫血等情况下，糖酵解增强，红细胞内 2,3-DPG 浓度加大，Hb 对 O_2 亲和力降低，曲线右移，有利于 O_2 释放，改善组织缺氧状态（图 7-14）。用抗凝剂枸橼酸 - 葡萄糖液保存 3 周后的血液，因糖酵解停止，红细胞内 2,3-DPG 浓度降低，Hb 对 O_2 亲和力增加，曲线左移，不利于 O_2 释放。

④ Hb 的类型和质量　Hb 与 O_2 的结合还受自身性质的影响。胎儿血红蛋白（fetal hemoglobin，HbF）对 O_2 亲和力高于成人，这有助于胎儿血液流经胎盘时从母体摄取 O_2。异常 Hb 运输 O_2 的功能也会降低，可引发某些严重疾病，如珠蛋白生成障碍会引起地中海贫血，而珠蛋白多肽亚单位改变则可能会引起镰状细胞贫血等。

二、CO_2 在血液中的运输

1. CO_2 的运输形式

血液流经组织毛细血管时，氧合 Hb 释放 O_2 供给组织，CO_2 则从细胞中扩散出来，经过组织液，进入血浆（图 7-15）。约 5% 的 CO_2 溶解在血浆中，另约 95% 的 CO_2 以化学结合的形式在血液中运输。化学结合的形式主要是碳酸氢盐（HCO_3^-；约 88%）和氨基甲酰血红蛋白（carbaminohemoglobin，HHbNHCOOH；约 7%）。

（1）碳酸氢盐

在血浆中，CO_2 经过水合作用（hydration）形成碳酸（H_2CO_3），而 H_2CO_3 水解成 HCO_3^- 与 H^+。由于血浆中没有催化这种反应的酶，CO_2 的水合作用进行缓慢。这些反应所产生的 H^+ 大部分被血浆蛋白所缓冲。绝大部分 CO_2 继续扩散经过血浆进入红细胞。

在红细胞中，含有高浓度的碳酸酐酶（carbonic anhydrase，CA），它可以催化 CO_2 和 H_2O 形成 H_2CO_3，且此反应极为迅速，不到 1 s 即可达平衡。H_2CO_3 又可迅速解离成 HCO_3^- 和 H^+，这些 H^+ 被 HbO_2 所缓冲，并释放 O_2。小部分 HCO_3^- 与 K^+ 在红细胞内结合形成 $KHCO_3$。而大部分 HCO_3^- 则由于红细胞内的浓度升高而扩散出红细胞进入血浆，与 Na^+ 合成 $NaHCO_3$。因此，在红细胞内不会由于产物的聚积而阻碍 CO_2 转变成 HCO_3^- 和 H^+。HCO_3^- 可穿出红细胞膜，然而 H^+ 不容易穿出细胞膜，造成细胞内正电荷增加，促使氯离子（Cl^-）从血浆中扩散进入红细胞，这一现象称为氯转移（chloride shift）。

在肺部由于 P_{CO_2} 较低，这个反应是逆向进行的。血浆中溶解的 CO_2 首先扩散入肺泡中，血浆中的 $NaHCO_3$ 持续产生 CO_2 溶解于血浆。红细胞中的 $KHCO_3$ 解离出的

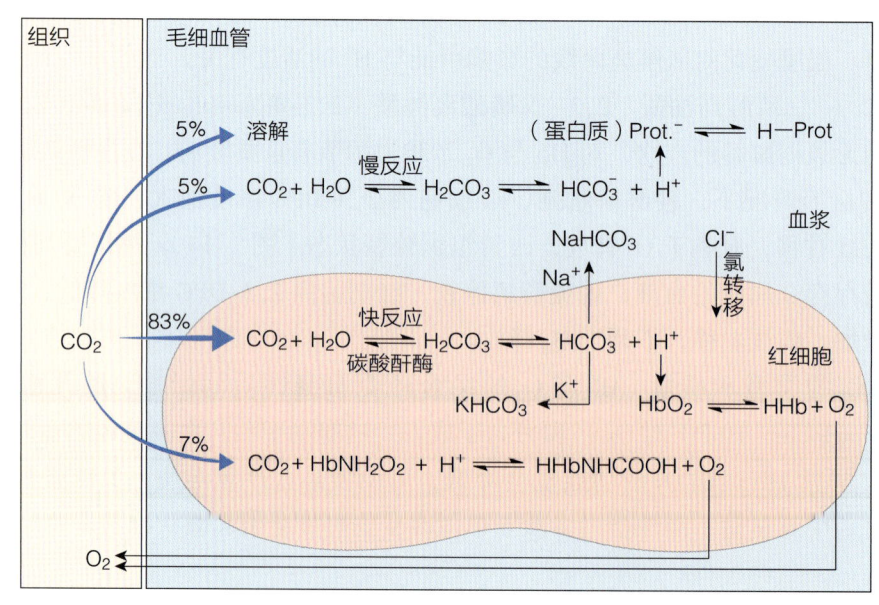

图 7-15 CO_2 在血液中的运输

HCO_3^- 与 H^+ 结合生成 H_2CO_3，而碳酸酐酶又迅速催化 H_2CO_3 分解成 CO_2 和 H_2O，CO_2 从红细胞扩散入血浆中，血浆中的 HCO_3^- 又进入红细胞进行补充，Cl^- 又被转运出红细胞。最终以 $NaHCO_3$ 和 $KHCO_3$ 运送的 CO_2，通过肺换气被排出体外。

（2）氨基甲酰血红蛋白

当 CO_2 从组织扩散到血液时，O_2 也正从血液扩散到组织。图 7-15 表明 HbO_2 释放 O_2 给组织成为去氧 Hb，与进入红细胞的 CO_2 结合成为 HHbNHCOOH。这一反应迅速、可逆，并且无须酶的催化，反应方向主要取决于 P_{CO_2}。

这一反应过程主要受氧合作用影响。去氧 Hb 与 CO_2 结合形成 HHbNHCOOH 的能力比 HbO_2 强。组织中，部分 HbO_2 解离 O_2 之后，变成去氧 Hb 会结合更多 CO_2。此外，去氧 Hb 酸性也比 HbO_2 弱，更易与 H^+ 结合，并可缓冲 pH 变化。在肺部，HbO_2 增多将促使 HHbNHCOOH 解离释放出 CO_2 和 H^+，并呼出体外。

2. CO_2 解离曲线

CO_2 解离曲线（carbon dioxide dissociation curve）是表示血液 P_{CO_2} 和 CO_2 含量关系的曲线（图 7-16）。血液中 CO_2 含量随 P_{CO_2} 的上升而增加。而与氧解离曲线不同，CO_2 解离曲线接近线性，无饱和点。因而，CO_2 解离曲线的纵坐标不用饱和度而用容积百分比表示。CO_2 解离曲线由两条（动脉血和静脉血）近乎平行的曲线组成，从图中可知血液流经肺时每 100 mL 血液约释放出 4 mL 的 CO_2。

从图 7-16 看出，在同样的 P_{CO_2} 下，动脉血（HbO_2）携带的 CO_2 更少，换言之，O_2 和 Hb 结合可促使 CO_2 释放，而脱氧 Hb 则更容易与 CO_2 结合，这一现象被称为霍尔丹效应（Haldane effect）。导致这种现象的主要原因为：① 去氧 Hb 酸性比 HbO_2 弱，更容易与 CO_2 结合生成 HHbNHCOOH；② 去氧 Hb 更易与 H^+ 结合，可及时中和 H_2CO_3 和 HHbNHCOOH 解离过程中产生的 H^+，提高血液运输 CO_2 的能力。CO_2 通过波尔效应影响 O_2 结合和释放，而 O_2 又通过霍尔丹效应影响 CO_2 结合和释放。可见，O_2 和 CO_2 的运输不是孤立进行的，而是相互影响的。

3. 血液中 CO_2 的运输和酸碱平衡

正常人血浆 pH 始终稳定在 7.35～7.45，主要是由于血液中存在缓冲系统以及肺（调节 CO_2 浓度）和肾（调节 HCO_3^- 浓度）的调节功能。

红细胞中的血红蛋白是一种两性电解质，具有缓冲酸碱度变化的能力。当与 O_2 结合时，其珠蛋白的一些基团解离，释放 H^+，酸性增强，可与 K^+ 形成 $KHbO_2$。当与 O_2 解离时，又可与 H^+ 结合，碱性增强。体循环毛细血管中，CO_2 进入血液后，导致血液趋于酸性，但由于此时 HbO_2 释放 O_2 后成为去氧 Hb，碱性增强，可与 H^+ 结合，缓冲了 pH 的变化。肺循环毛细血管中，CO_2 被排出后，会导致血液趋于碱性，但此时去氧 HbO_2 可与 O_2 结合，释放出 H^+，又缓冲了 pH 的变化。血红蛋白的这种缓冲作用，既可保障血液最大限度运输 CO_2，又可防止血液中 pH 剧

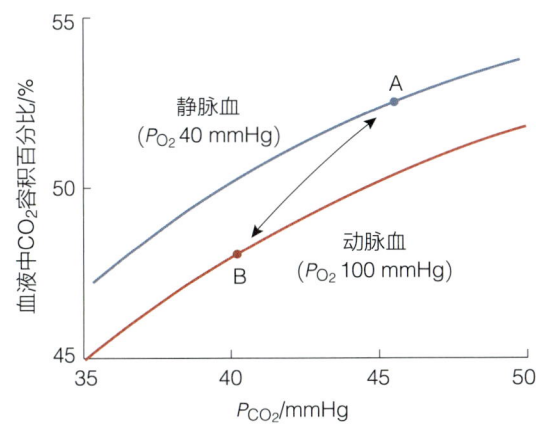

图 7-16 CO_2 解离曲线

A 点为静脉血，表示 P_{O_2} 为 40 mmHg，而 P_{CO_2} 为 45 mmHg 时 CO_2 的含量（约为 52 mL/100 mL 血液）；B 点为动脉血，表示 P_{O_2} 为 100 mmHg，而 P_{CO_2} 为 40 mmHg 时 CO_2 的含量（约为 48 mL/100 mL 血液）

烈波动。

血液中溶解的一部分 CO_2 能与 H_2O 形成 H_2CO_3，而 H_2CO_3 解离出的 HCO_3^- 又可分别在红细胞内和血浆中与 K^+ 和 Na^+ 结合形成 $KHCO_3$ 和 $NaHCO_3$。因而，在血红蛋白和血浆中分别形成了碳酸与碳酸氢盐的缓冲对，对于维持血液酸碱平衡具有重要作用。

呼吸活动本身在调节机体酸碱平衡中发挥着重要作用。呼吸系统发生病变，气体排出发生障碍时，可导致血液中 CO_2 潴留，血液 pH 下降，造成呼吸性酸中毒。而血液中 O_2 降低则可引起通气过度，致使大量 CO_2 排出体外，血液 pH 升高，造成呼吸性碱中毒。

第五节　呼吸运动的调节

呼吸运动和心脏跳动，都是有节奏的、日夜不停的活动。但这两种活动起因却大不相同。心肌具有自动节律性，而呼吸肌是骨骼肌，本身不会自动收缩。呼吸节律起源于呼吸中枢。呼吸肌的节律性舒缩活动受到中枢神经系统自主性和随意性双重控制。呼吸运动的频率和幅度可随机体内外环境的变化而改变。

随意控制系统位于大脑皮层，它可以有意识地控制正常的呼吸节律。刺激大脑皮层的某些区域可引起呼吸活动变化，也可在反射性呼吸活动的基础上建立条件反射。这些说明神经系统的高级中枢、大脑皮层对呼吸活动进行着调节与控制。

一、呼吸中枢

中枢神经系统内产生呼吸节律和调节呼吸运动的神经元细胞群称为呼吸中枢（respiratory center）。它们主要分布于脊髓、延髓、脑桥、间脑和大脑皮层等部位。它们在呼吸节律（respiratory rhythm）产生和呼吸运动调节中起着不同作用。正常呼吸运动是在各级中枢的协调配合下共同完成的。

1. 自动控制系统位于脑桥和延髓

1812 年 César J. J. Legallois（1770—1814）发现，切除家兔大脑、高位脑干的一部分以及小脑，呼吸节律性仍然存在。他首先提出了呼吸中枢的概念，认为维持节律性呼吸的中枢在延髓的中心。20 世纪 20 年代初期，英国生理学家 T. Lumsden 通过对动物脑干进行横切实验得到了关于呼吸中枢的一些重要事实材料。在动物脑桥上缘切断与中脑的联系（图 7-17，切面 A），麻醉动物呼吸无变化。切断两侧迷走神经，则引起呼吸变慢变深。而在脑桥的上三分之一，正在小脑脚之上切断与低位脑干的联系，而迷走神经保持完整（图 7-17，切面 B），引起呼吸略微变慢变深。若再切断两侧迷走神经，则呼吸停止于吸气状态，有时又被很短的呼气打断。而在脑桥的下缘切断脑干，完全排除脑桥的影响，有规律的呼吸节律消失，代之以喘息（图 7-17，切面 C）。而在延髓下缘和脊髓之间横切，则呼吸完全停止（图 7-17，切面 D）。通过

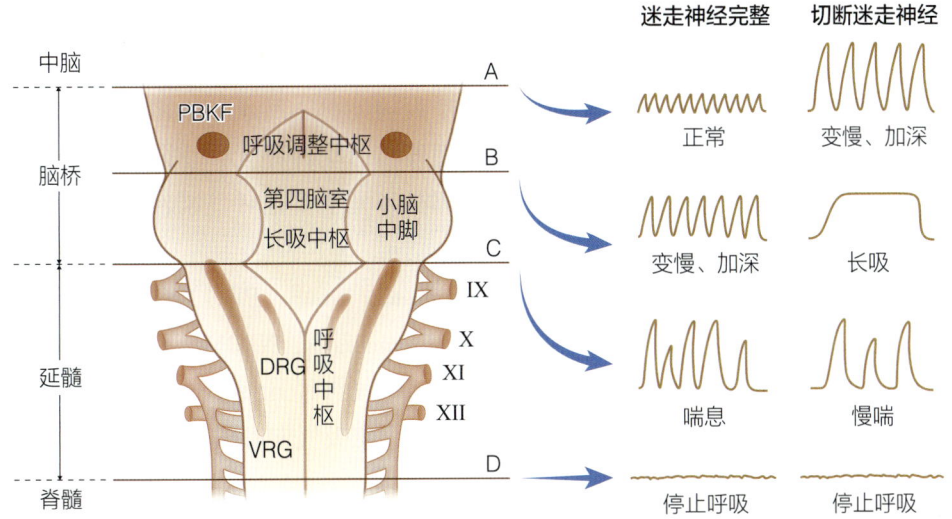

图 7-17 脑干呼吸有关核团（左）和在不同平面横切脑干后呼吸的变化（右）示意图

DRG：背侧呼吸组；VRG：腹侧呼吸组；PBKF：臂旁内侧核和KF核；Ⅸ、Ⅹ、Ⅺ、Ⅻ：分别为第9、10、11、12对脑神经；A、B、C、D为不同平面横切

以上研究得出如下结论：① 延髓有呼吸中枢，能发动及维持吸气、呼气。节律性的呼吸运动不是在脊髓产生的。脊髓只是联系高位呼吸中枢和呼吸肌的中继站，是整合某些呼吸反射的初级中枢。② 脑桥的中部和下部有长吸中枢（apneustic center），若不受控制，则会引起吸气痉挛或长吸呼吸（apneusis）。③ 脑桥的上部有呼吸调整中枢（pneumotaxic center，PC），与迷走神经传入冲动一起周期性地抑制长吸中枢的活动。

这种在延髓、脑桥中存在三级呼吸中枢的理论曾长期得到公认，后经过修正和补充，肯定了早期关于延髓有呼吸节律基本中枢和脑桥上部有呼吸调整中枢的推论，但由于实验动物是在麻醉状态下进行的，目前尚未证实脑桥中下部存在长吸中枢。

许多实验表明，延髓是最基本的呼吸中枢。用微电极记录研究发现，吸气或呼气时，有些神经元在吸气时发放神经冲动，而在呼气时停止发放，这些神经元叫作吸气神经元（inspiratory neuron）；而另一类数目较少的神经元在呼气时发放神经冲动，而在吸气时停止发放，这些神经元叫作呼气神经元（expiratory neuron）。呼吸的节律性是这两种神经元交互作用的结果。延髓内存在若干个解剖上和机能上都各有特点的呼吸神经元群（图 7-18）。这些呼吸神经元相对集中在背、腹两组的4个核团内：① 延髓背内侧的背侧呼吸组（dorsal respiratory group，DRG），主要集中于孤束核腹外侧区，绝大多数为吸气神经元。其主要是兴奋膈运动神经元，引起膈肌收缩而吸气。同时它也可接受来自第Ⅸ、Ⅹ对脑神经的传入纤维，传送来自肺、咽、喉部和外周化学感受器的感觉冲动。② 延髓腹外侧的腹侧呼吸组（ventral respiratory

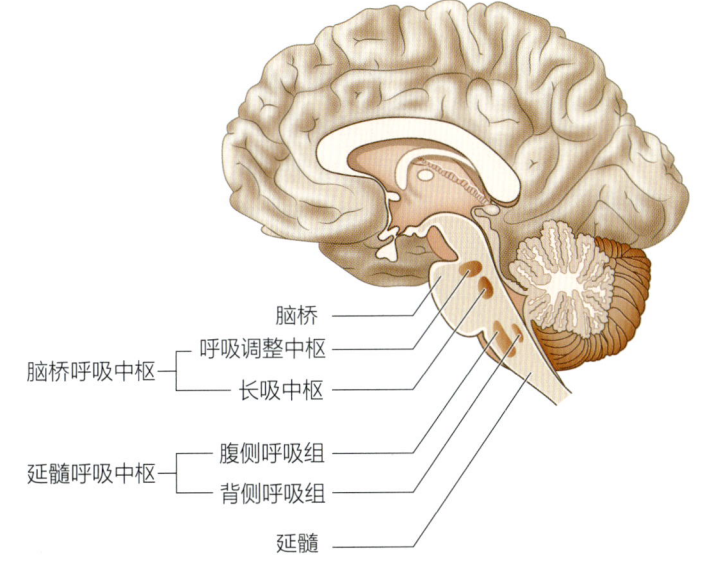

图 7-18 脑干的呼吸控制中枢

group，VRG），包括疑核（nucleus ambiguus，NA）和后疑核（nucleus retroambiguus，NRA）神经元，含有吸气和呼气神经元。疑核也接受舌咽神经和迷走神经的传入投射，其轴突也通过这两对神经支配同侧咽部呼吸辅助肌。后疑核前部神经元主要是吸气神经元，大部分轴突交叉下行支配对侧肋间外肌运动神经元，小部分支配同侧膈运动神经元，驱动肋间外肌和膈肌。后疑核尾部神经元主要是呼气神经元，其轴突也交叉下行支配对侧肋间内肌和其他呼气肌运动神经元。

脑桥头端背侧的脑桥呼吸组（pontine respiratory group，PRG）是呼吸调整中枢所在位置，包括臂旁内侧核（nucleus parabraehialis medialis，NPBM）和相邻的Kölliker-Fuse（KF）核，合称为PBKF核群。吸气时延髓吸气神经元发出冲动上行至呼吸调整中枢，使之产生冲动下行至延髓抑制吸气神经元，使吸气向呼气转换。

2. 随意控制系统位于高位脑

呼吸运动还受脑桥以上中枢（大脑皮层、下丘脑、边缘系统等）的调节。大脑皮层可通过皮层-脊髓束和皮层-脑干束在一定限度内直接随意控制呼吸运动，以保证呼吸相关活动的完成（如说话、唱歌等）。但是大脑皮层的指令只能暂时控制自动脑干中心，如果这种意识性自主换气引起血液中P_{CO_2}升高或P_{O_2}降低，呼吸运动将会被迫重新开始。

> 拓展阅读 7-4
> 呼吸节律形成的机制

总之，自动控制系统位于脑桥和延髓，延髓是最基本的呼吸中枢，控制着呼吸节律。脑桥存在长吸中枢和呼吸调整中枢，高位脑使得呼吸可以随意控制。

二、呼吸运动的化学因素调节

呼吸运动除了受神经调节外，还受化学因素的调节。例如：呼吸运动的深度和频率就受来自动脉血、组织液或脑脊液中的P_{O_2}、P_{CO_2}和H^+浓度变化的影响。

1. 外周化学感受器和中枢化学感受器

位于颈动脉体和主动脉体的外周化学感受器（peripheral chemoreceptor）是调节呼吸和循环的重要感受器。1927年，比利时生理学家C. Heymans父子用含有丰富CO_2的血液灌注狗的游离的肺循环，发现呼吸没有变化。但灌注游离的左心室和主动脉弓，或灌注游离的颈动脉体，呼吸却会增强。推测在颈动脉体和主动脉体中有外周化学感受器，能感受血液中O_2、CO_2和H^+浓度的变化，反射性地引起呼吸活动改变。不过颈动脉体和主动脉体中的化学感受器只对含大量CO_2的血液发生反应，而对小得多的血液CO_2含量生理性变化不起反应。

摘除动物外周化学感受器或切断其传入神经后，吸入CO_2仍能使呼吸加强。这提示在脑内可能还存在一些不同于延髓呼吸中枢但可影响呼吸活动的化学感受区。现已知延髓腹表面另有一个化学感受器，称中枢化学感受器（central chemoreceptor），它靠近第Ⅶ~Ⅺ对脑神经处，左右对称，分为头、中、尾三个区（图7-19A）。头区和尾区都有化学感受性，中区不具有化学感受性，但局部阻滞或损伤中区，动物通气量会降低，此时头区和尾区受刺激时的反应消失，这说明中区可能是头区和尾区传入冲动

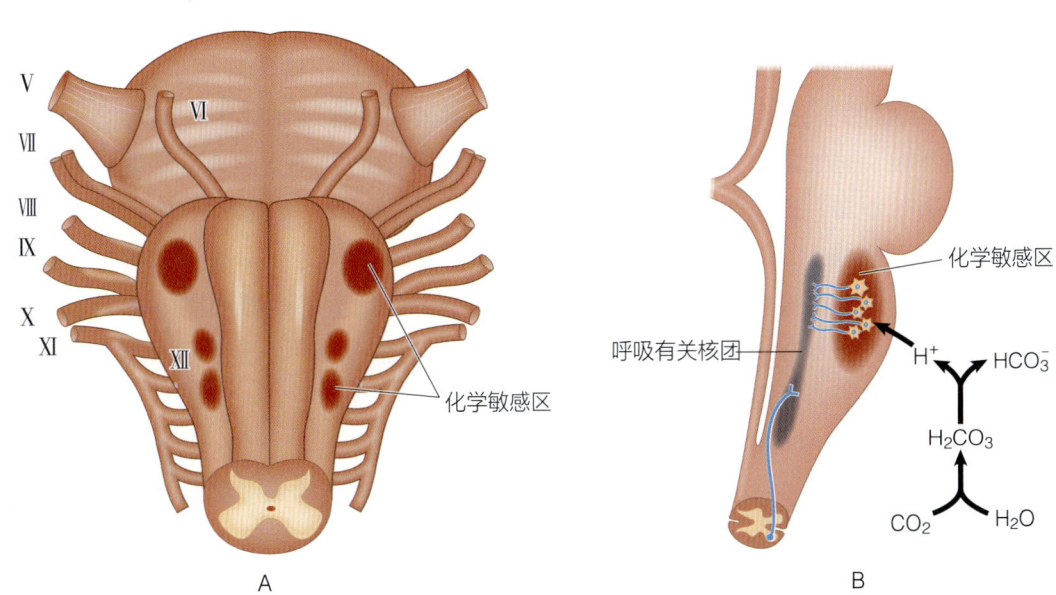

图 7-19 中枢化学感受器
A. 中枢化学感受器位置示意图；B. 中枢化学感受器受血液或脑脊液 P_{CO_2} 的影响

向脑干呼吸中枢投射的中继站。中枢化学感受器接受脑脊液和细胞外液 H^+ 浓度刺激，而不是 CO_2。但由于血液与脑细胞之间存在血脑屏障，脂溶性物质可自由通过而离子不易通过。因此，在正常情况下，中枢化学感受器细胞周围的细胞外液的酸度变化只能由流经脑的血液中 P_{CO_2} 改变引起。血液中 P_{CO_2} 升高，CO_2 穿过血脑屏障进入中枢化学感受器细胞，在细胞内水合成 H_2CO_3，再解离成 H^+ 和 HCO_3^-，使细胞内 H^+ 浓度升高，刺激中枢化学感受器细胞（图 7-19B）。中枢化学感受器将传入冲动输送到呼吸中枢，引起呼吸活动增强。

中枢化学感受器不感受缺 O_2 的刺激，但对 CO_2 的敏感性却比外周化学感受器高。中枢化学感受器的功能可能主要是通过肺通气影响脑脊液的 H^+ 浓度，保持中枢神经系统稳定的 pH 环境。而外周化学感受器则主要是在机体缺 O_2 时维持对呼吸的驱动。

2. CO_2、O_2 和 H^+ 对呼吸的调节

（1）CO_2 对呼吸的调节

CO_2 是中枢化学感受器正常的兴奋剂，然而血液中 P_{CO_2} 过低就不能通过中枢化学感受器兴奋呼吸中枢，导致呼吸暂停，而持久吸入高浓度的 CO_2 会引起呼吸中枢麻痹。吸入气中 CO_2 浓度适量增高时，肺泡气和动脉血中的 P_{CO_2} 也随之升高，呼吸加深加快，肺通气量增加（图 7-20A）。临床中给患者吸入 O_2 时，通常采用含 5% 左右的 CO_2 混合气体，用以达到刺激呼吸中枢的目的。但若 CO_2 浓度过高则会压抑中枢神经系统包括呼吸中枢的活动，引发呼吸困难、头痛、头晕、抽搐，甚至昏迷。

CO_2 刺激呼吸的作用通过两条途径实现：一是直接刺激中枢化学感受器，二是刺激外周化学感受器。前者在 CO_2 引起的通气反应中起主要作用，如果切断外周化学感受器的传入神经，CO_2 对呼吸运动的调节作用保持不变；而后者仅在 CO_2 含量增加较多时才较为重要。

（2）H^+ 对呼吸的调节

静脉快速注射酸性溶液会引起过度通气，而注射氢氧化钠溶液则引起通气降低。通气对 H^+ 浓度的变化不如对 P_{CO_2} 的变化敏感。对游离的颈动脉体灌注酸性溶液反射性地增加呼吸，通气量增大。切断动物外周化学感受器的神经支配后，注射酸性溶液仍可引起通气增加，这说明中枢的某些部位可能对 H^+ 敏感。血液中 H^+ 浓度增加，可导致呼吸加深加快，肺通气量增加；H^+ 浓度降低，则呼吸受到抑制，肺通气量降低（图 7-20A）。由于血液中 H^+ 浓度的变化不易影响中枢化学感受器周围的脑脊液，H^+ 可能是直接刺激呼吸中枢而引起相应变化。因此，血液中 H^+ 促进呼吸加强主要是通过外周化学感受器，特别是颈动脉体而起作用。

（3）缺 O_2 对呼吸的调节

缺 O_2 对中枢化学感受器无影响，但用低 O_2 血灌注游离的颈动脉体可导致通气增加。正常情况下动脉血中 P_{O_2} 的改变对呼吸运动调节作用不大，只有在机体严重缺 O_2 时才发挥作用。肺通气或肺换气功能障碍和吸入气 P_{O_2} 降低时，动脉血中 P_{O_2} 降低，呼吸运动加深加快，引起肺通气量增加；反之，则肺通气量降低（图 7-20A）。

缺 O_2 对呼吸的刺激完全是通过外周化学感受器实现的，若切断动物外周化学感受器传入神经后，急性低 O_2 对呼吸的刺激效应便会完全消失。缺 O_2 对呼吸中枢的直接作用是抑制。若没有外周感受器存在，逐步增加缺 O_2 会使呼吸中枢逐渐被抑制，最终停止呼吸。而有外周化学感受器存在，能随着缺 O_2 程度发放更多的反射冲动，对呼吸中枢起兴奋作用。缺 O_2 时外周化学感受器引起的呼吸反射，是机体一种重要的保护机制。但在严重缺 O_2 时，若外周化学感受器的反射作用不足以对抗缺 O_2 对中枢的直接抑制作用时，将会导致呼吸运动减弱。

> 🔍 **想一想**
> 严重肺气肿、肺心病患者为何不宜通过吸入纯 O_2 来改善其缺 O_2 状况？

（4）CO_2、O_2 和 H^+ 在呼吸调节中的相互作用

在以上影响呼吸运动的三个因素中，动脉血中 P_{CO_2} 和 H^+ 浓度升高以及 P_{O_2} 降低，均可以刺激呼吸，三者之间相互作用，对肺通气量的影响既可因总和而增大，也可相互抵消而减弱。如图 7-20B 所示，一种因素改变，另两种因素不加控制时，所得结果会发生显著变化。P_{CO_2} 升高时，H^+ 浓度也相应提高，两者作用的总肺泡通气量较单一作用显著增强。同样，H^+ 浓度增加时，因肺通气增大，增加 CO_2 排出量，P_{CO_2} 降低，部分抵消了 H^+ 的刺激作用，所以肺通气量的增加幅度较单独 H^+ 浓度升高时小。P_{O_2} 降低时，也因肺通气量增大，呼出较多 CO_2，P_{CO_2} 和 H^+ 浓度降低，从而减弱了缺 O_2 的刺激作用。

三、呼吸运动的反射性调节

肺牵张反射（pulmonary stretch reflex），又称黑-伯反射（Hering-Breuer reflex）是由 Ewald Hering（1834—1918）和 Josef Breuer（1842—1925）于 1868 年发现的。这个反射包括肺充气反射和肺放气反射：一是向肺内充气使肺膨胀，引起膈肌收缩的抑制，呼吸停止在呼气的位置；二是从肺内抽气使肺萎缩，引起膈肌的强烈收缩，

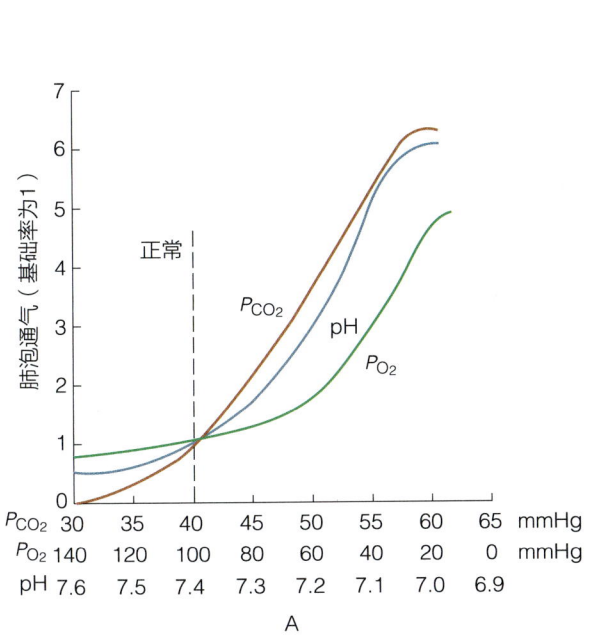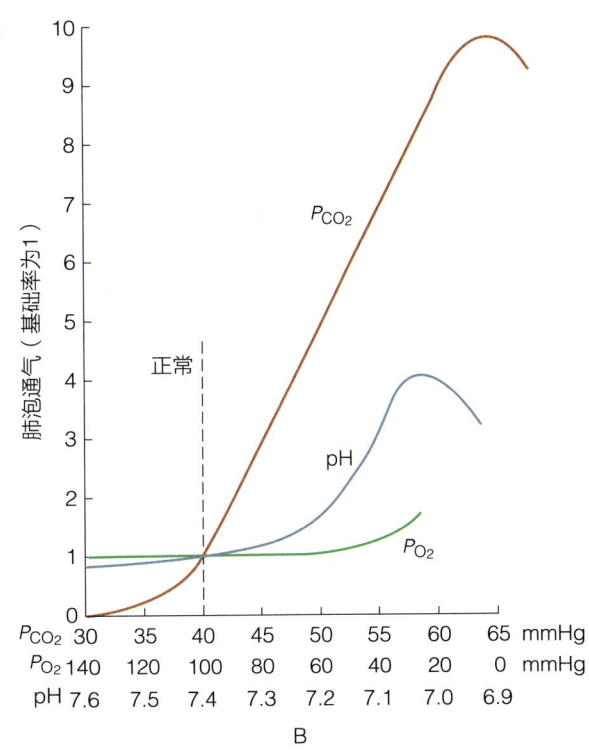

图7-20 动脉血中 P_{CO_2}、P_{O_2} 和 pH 改变对肺泡通气的影响
A. 维持 P_{CO_2}、P_{O_2}、pH 其中两个因素在正常水平,改变一种因素时肺泡的通气反应;
B. 改变 P_{CO_2}、P_{O_2}、pH 之一,不控制另两个因素时肺泡的通气反应

知识窗 7-2

运动时的呼吸调节

当人体处于运动状态或处于高海拔、潜水、高/低温、失重等特殊环境时,呼吸调节发生机制仍遵循一般情况下呼吸运动调节的原理,但其调节又有各自的特点。

运动时机体代谢活动增强,呼吸运动加深加快,肺通气量增加,其增加程度随运动量而异。运动初始,肺通气量骤增,可能与运动时肌肉和关节内的本体感受器受到刺激,反射性刺激呼吸有关,也可能与化学感受性反射调节有关。人体在剧烈运动时,血液中的 pH 下降、P_{CO_2} 升高和 P_{O_2} 下降,这些变化可通过化学感受性调节使肺通气量增加。运动中体温升高,也可能加快呼吸运动,增加肺通气量。运动停止后,肺通气量并不能立马恢复到平静呼吸时的水平,这是因为运动时机体耗 O_2 量大幅增加,而 O_2 供应不足,欠下了"氧债"(oxygen debt),运动停止后要有个偿还的过程。此时引起肺通气量增加的因素是由于高乳酸血症引起的 H^+ 浓度升高,而不是 CO_2 的增加或缺 O_2。

🔍 **想一想**
人体在高海拔、潜水等其他特殊环境时呼吸又是如何调节的?

> **想一想**
> 动物实验中，如果切断家兔双侧颈迷走神经时呼吸有何变化？原因是什么？

> **拓展阅读 7-5**
> 呼吸肌本体感受性反射和防御性呼吸反射

出现深吸。

肺牵张感受器主要位于支气管和细支气管壁的平滑肌层。吸气时，支气管和细支气管扩张，感受器兴奋，冲动由迷走神经传入延髓，抑制吸气神经元，引起呼气。呼气时，特别是深呼气时肺萎缩，对牵张感受器的刺激减弱，传入冲动减少，吸气神经元兴奋，引起吸气。这个反射可能提供了呼吸自我调节的机制。

不同种属动物肺牵张反射差异较大，兔和豚鼠最强，人的最弱。人在正常平静呼吸时肺牵张反射不起作用，但婴儿出生的最初几天存在这一反射。

第六节　内呼吸和能量代谢

内呼吸常被称为细胞呼吸，是细胞内线粒体将糖类、脂肪和蛋白质等能源物质的化学能转换为细胞能够利用的三磷酸腺苷（adenosine triphosphate，ATP），并生成 CO_2 和 H_2O 的过程。内呼吸过程中，除了物质代谢，同时伴随着能量的释放、转移和利用，称为能量代谢（energy metabolism）。内呼吸是能量代谢的核心过程，两者密切联系使得细胞能够维持正常的生物活动。

一、内呼吸与能量释放

1. 内呼吸分解代谢产生能量

糖类是多数动物和人体最主要的供能物质。内呼吸分解糖类物质的途径因供氧情况的不同而分为有氧呼吸和无氧呼吸，两种呼吸方式产生 ATP 的效率大不相同。在 O_2 供应充足的情况下，细胞进行有氧呼吸，葡萄糖在线粒体中被完全氧化，生成 CO_2 和 H_2O，1 mol 葡萄糖完全氧化所释放的能量可生成 32 mol ATP。在缺氧的情况下，细胞进行无氧呼吸，葡萄糖通过糖酵解途径，生成乳酸，1 mol 葡萄糖只能生成 2 mol ATP。正常情况下，大多数组织细胞可以获取足够的 O_2，因此，体内以糖的有氧氧化供能为主。糖酵解虽然只能释放少量能量，但在人体处于缺氧状态时极为重要，因为这是人体内能源物质唯一不需要 O_2 的供能途径。人在进行剧烈运动时，骨骼肌的耗氧量剧增，但由于呼吸、循环等功能活动只能逐渐加强，不能很快满足机体对 O_2 的需要，骨骼肌因而处于相对缺氧的状态，这种现象称为氧债。在这种情况下，机体只能动用储备在磷酸肌酸等分子中的高能磷酸键和进行无氧酵解来提供能量。在肌肉活动停止后的一段时间内，循环、呼吸活动仍维持在较高水平，因而可提供较多的 O_2，以偿还氧债。此外，某些细胞（如成熟红细胞），由于缺乏线粒体，也主要依靠糖酵解来供能。正常成年人脑组织则主要依赖葡萄糖的有氧氧化供能。而当发生低血糖时，可引起脑功能活动障碍，出现头晕等症状，重者可发生抽搐甚至昏迷。

脂肪酸的氧化分解可在心、肝、骨骼肌等许多组织细胞内进行。脂肪酸与辅酶 A 结合后，经过 β- 氧化，逐步分解为乙酰辅酶 A 而进入糖的氧化途径，生成 CO_2 和

H_2O，同时释放能量。

蛋白质的基本组成单位是氨基酸，主要用于重新合成蛋白质。但在高强度运动或饥饿状态下，机体也会依靠氨基酸供能。氨基酸的氧化分解主要在肝细胞内进行。氨基酸脱氨形成的碳骨架，经过三羧酸循环氧化分解，最终生成 CO_2、H_2O 和含氮废物，同时释放能量。

> 想一想
> 机体能量的来源和去路有哪些？

2. 呼吸商

营养物质经过内呼吸在体内氧化分解，消耗 1 L O_2 产生的 CO_2 量各不相同。通常把动物体在一定时间内 CO_2 产生量（体积）与 O_2 的消耗量（体积）的比值叫作呼吸商（respiratory quotient，RQ）。机体如果内呼吸时仅氧化糖类，则呼吸商为 1，仅氧化脂肪约为 0.7，仅氧化蛋白质约为 0.8。通过测量 RQ 可以反映机体内呼吸氧化分解释放能量主要消耗哪种营养物质。

> 想一想
> 糖类、脂肪和蛋白质的呼吸商是如何计算出来的？

二、ATP 是细胞的能量货币

ATP 被称作能量货币（energy currency），是细胞能够利用的能量形式。葡萄糖经过内呼吸后 40%～50% 的能量被转化储存在 ATP 中。在生物体中，ATP 不断地消耗和再生，维持着生命的高度有序状态。一个人每天大约需要消耗 45 kg ATP，但每一时刻储存在人体里的 ATP 不到 1 g。即每个细胞每秒钟大约可形成 1 000 万个 ATP，同时有同样量的 ATP 被水解。1 mol ATP 水解形成 ADP，可产生 30.54 kJ/mol 的能量。一个成年人每天摄入的食物分子经过内呼吸形成的 ATP，可提供大约 9 196 kJ 的能量。

内呼吸产生的能量也可通过 ATP 转移到磷酸肌酸中（图 7-21），但磷酸肌酸分解释放的能量不能直接供给生命活动需要，而只能在 ATP 因大量消耗而过分减少时，磷酸肌酸分解释放出所储存的能量，供由 ADP 合成 ATP，再由 ATP 分解释放能量供生命活动利用，因此 ATP 是生命活动所需能量的直接来源。

三、能量消耗和代谢率

细胞通过内呼吸把有机物中的能量慢慢释放出来。所释放能量总量的 50% 以上转化为热能，参与体温的维持，其余部分则储存于 ATP 的高能磷酸键中，用于各种耗能的生理活动，如：物质的逆浓度差转运、呼吸、心跳、运动等。

1. 影响能量消耗的因素

躯体运动可以消耗大量的能量，人体每天的能量消耗为 5 400～21 000 kJ，主要取决于基础代谢（basal metabolism）的水平和运动的强度。此外，环境温度、精神活动、食物的特殊动力效应、生长发育和年龄等也影响能量消耗。基础代谢是指基础状态下的能量代谢。基础代谢率（basal metabolic rate，

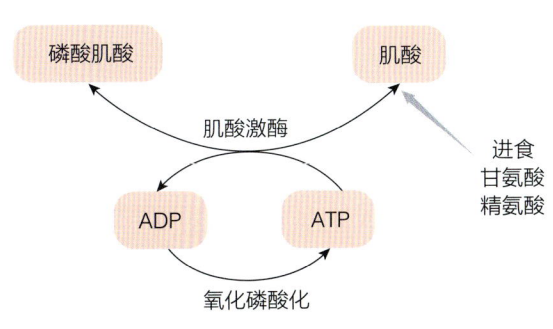

图 7-21 磷酸肌酸与能量的储存

> **想一想**
> BMR 什么情况下会升高?

BMR）则是指在基础状态下单位时间内的能量代谢。机体在基础状态下能量消耗主要用以维持血液循环、呼吸等基本生命活动，在这种状态下，代谢水平比较稳定。因此，BMR 常作为评价机体能量代谢水平的指标。

2. 能量代谢率的测定

能量代谢率也称代谢率（metabolic rate，MR）是指机体单位时间内消耗的能量。测量 MR 的方法主要包括：直接测热法（direct calorimetry）和间接测热法（indirect calorimetry），其中间接测热法较为常用。由于机体生理活动所需要的能量必须随时通过内呼吸来获取，因此，通过测定机体单位时间内产生能量的多少可计算出消耗能量的多少。间接测热法是根据一定时期内机体的耗 O_2 量、CO_2 产量和尿氮排泄量来推算所耗用的代谢物质的成分和数量，再据此计算出总产热量。

间接测热法的步骤包括：①测定机体在一定时间内的耗 O_2 量与 CO_2 排出量；②测定一定时间内从尿中排出的氮量；③求非蛋白呼吸商；④计算总产热量和能量代谢率。

※ 小结

呼吸系统由呼吸道和肺组成。肺泡是肺的功能单位，也是气体交换的主要场所。肺通气的实现取决于推动气体流动的动力和阻止气体流动的阻力的相互作用。呼吸运动是由呼吸肌在神经系统支配下有节律地收缩和舒张引起的，是实现肺通气的原动力。肺通气过程中，肺内压和胸膜腔内压随呼吸运动呈周期性变化，胸膜腔内压始终保持负压状态。

呼吸气体（O_2 和 CO_2）透过肺泡壁和肺毛细血管与血液中的气体进行交换（肺换气），通过血液循环运送至全身组织，再透过毛细血管壁和组织细胞膜与细胞进行气体交换（组织换气），这两种换气都是在气体压力差的作用下，通过物理扩散的方式实现的。

O_2 和 CO_2 在血液中主要以物理溶解和化学结合的方式运输，以化学结合为主。O_2 与血红蛋白结合后进行运输，而 CO_2 则以碳酸氢盐和氨基甲酰血红蛋白两种形式进行运输。

呼吸运动受到中枢神经系统自主性和随意性两方面的控制，分别由延髓、脑桥和大脑皮质完成。延髓的呼吸中枢被认为由吸气和呼气神经元组成。

化学因素（CO_2、O_2 和 H^+）通过化学感受器对呼吸运动进行调节。化学感受器因其所在部位不同，可分为外周化学感受器和中枢化学感受器。肺牵张反射是一种重要的负反馈反射调节，可有效防治肺萎陷或过度扩张。

机体生理活动所需要的能量必须随时通过内呼吸来获取。基础代谢率是评价机体能量代谢水平的重要指标。

※ 思考题

1. 体循环与肺循环之间是如何协调的？
2. 试分析一氧化碳中毒的机制？如何抢救一氧化碳中毒患者？

3. 生活中哪些活动或疾病，可能会导致人体 P_{CO_2} 的改变，从而影响酸碱平衡？

4. 思考为什么缺 O_2 对呼吸的加强作用远不如高浓度 CO_2 的作用？

※ 推荐阅读

1. WEST J B, WATSON R R, FU Z. The human lung: did evolution get it wrong? [J]. European respiratory journal, 2007, 29 (1): 11-17.

该文比较了哺乳动物和鸟类呼吸系统进化和构造的异同。

2. WHITSETT J A, WERT S E, WEAVER T E. Alveolar surfactant homeostasis and the pathogenesis of pulmonary disease [J]. Annual review of medicine, 2010, 61: 105-119.

该文概述了肺泡表面活性物质的分泌和种类，其稳态失衡将会引发肺部疾病。

3. PUTNAM R W, FILOSA J A, RITUCCI N A. Cellular mechanisms involved in CO_2 and acid signaling in chemosensitive neurons [J]. American journal of physiology-cell physiology, 2004, 287 (6): C1493-C1526.

该文概述了化学感受神经元中二氧化碳和酸信号的细胞机制。

4. WIDDICOMBE J. Reflexes from the lungs and airways: historical perspective [J]. Journal of applied physiology, 2006, 101 (2): 628-634.

该文概述了肺和气道反射的研究历史及其热点机制。

（撰写：李莲；审修：梅岩艾、廖旭东）

第八章

消化与吸收

　　消化（digestion）是指食物中的大分子营养物质被分解成结构简单、可被吸收的小分子物质的过程。吸收（absorption）是指经过消化形成的小分子物质通过胃肠道的上皮细胞进入胃肠道血液和淋巴液的过程。在高等动物中，食物的消化和吸收由消化系统完成。食物的消化和吸收是一个复杂的过程，包括磨碎、搅拌、推送、酶解、营养物质从消化道内转运进入血液循环等。人体所需的蛋白质、脂肪、糖类、维生素、矿物质和水六大营养素中，除维生素、矿物质、单糖和水可直接从食物中吸收，蛋白质、脂肪和多糖都需逐步分解成氨基酸或小分子肽、甘油一酯和脂肪酸、单糖方可被吸收。

　　本章重点介绍了人的消化系统组成和消化管平滑肌的生理特性、食物在消化管各段的消化特点和神经体液对消化过程的调控机制，以及糖、脂和蛋白质三大主要营养物质在消化系统吸收的特点。

第一节　消化系统的组成和一般功能

一、消化系统的组成

单细胞动物和少数低等的多细胞动物在细胞内消化它们的食物。大多数多细胞动物逐渐进化出了消化系统，在细胞外（消化道内）消化食物。腔肠动物和扁形动物还不具备消化系统，它们的消化管只有一个开口，既作为口也作为肛门使用，这种消化管称作消化循环腔。最原始的消化道见于线虫，这种消化道已有两个开口，肛门和口已经分开，这样食物的运动方向就是单向的了。但是，线虫的消化道只是一个简单的管状结构。环节动物蚯蚓的消化道已经具有不同的特化区域，分别执行食物的摄取、贮存、磨碎、消化和吸收功能。所有更高等的动物包括脊椎动物的消化道都具有类似的特化部分。另外需要指出的是消化道是与机体的外环境相连续的，也是外环境的一部分。脊椎动物的大肠中存在大量细菌，这些细菌在多数情况下并不会对人或动物产生危害，甚至还有益，如果进入机体的内环境就会造成严重感染。

人和其他脊椎动物的消化系统（digestive system）主要由两大部分构成，即消化道（digestive tract）和消化腺（digestive gland）。哺乳动物的消化道包括口腔、咽、食管、胃、小肠和大肠，主要的消化腺有唾液腺、肝、胰和散布在消化道内部的腺体，如食管腺、胃腺、肠腺等（图 8-1）。

通常食肉动物的肠比食草动物的短小，食草动物的小肠很长而且反复盘绕。另外，哺乳类中的反刍动物（如牛、羊等）的胃分成多个小室（囊），在那里微生物可帮助消化纤维素。其他食草动物如马和兔则在盲肠中消化纤维素。

二、消化道的结构和神经支配

1. 消化道的基本结构

不同动物消化道的结构有较大差别，本节主要描述人体消化道的结构。人的消化道（digestive tract，或称消化管）是一个长 7～9 m 的管道，包括口腔（oral cavity）、食管（esophagus）、胃（stomach）、小肠（small intestine）、大肠（large intestine）和肛门（anus），其中小肠又包括十二指肠（duodenum）、空肠（jejunum）和回肠（ileum），大肠包括结肠（colon）和直肠（rectum）。除口腔以外的消化管壁均可分为四层，由内向外依次为黏膜、黏膜下层、肌层和外膜（也称浆膜）。

黏膜与腔内食物直接接触，是进行消化和吸收的重要结构，其表面通常覆盖有一层黏液，有润滑和保护黏膜的作用。黏膜一般由上皮、固有层和黏膜肌层组成。由于消化道各段的功能不同，其上皮类型并不相同。口腔、食管和肛门的上皮为复层扁平

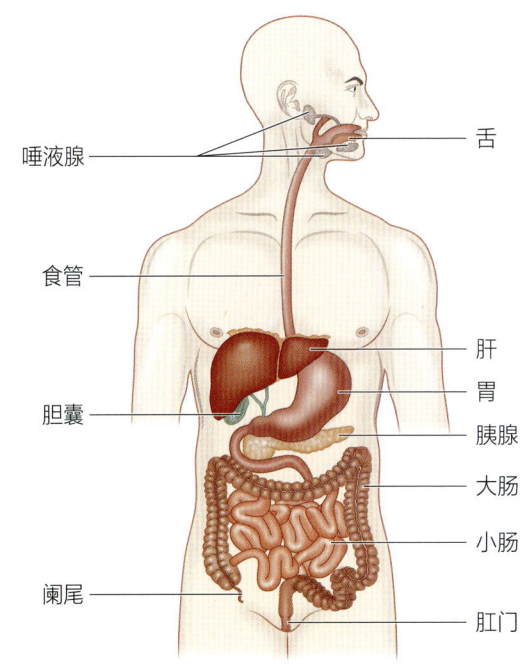

图 8-1　人体的消化系统

（鳞状）上皮，耐摩擦；胃、小肠和大肠的上皮为单层柱状上皮。在胃部，上皮可以下陷入固有层或黏膜下层，形成小消化腺，分泌黏液和消化酶。

黏膜下层由疏松结缔组织构成，内有较大的血管、淋巴管和黏膜下神经丛。除口腔、咽、食管上段和肛门外，消化道的肌层均由平滑肌组成，一般分为两层，内层环行，外层纵行。

2. 消化道神经支配

消化道的神经支配包括内在神经系统和外来神经系统两大部分，二者相互协调，共同调节消化道的功能。

（1）消化道的内在神经系统

消化道的内在神经系统（intrinsic nervous system）又称肠神经系统（enteric nervous system，ENS），由消化道管壁中的神经细胞所构成。从结构上看 ENS 包括两类神经丛，肌间神经丛（myenteric plexus）和黏膜下神经丛（submucosal plexus），前者位于纵行肌和环行肌之间，后者位于环行肌和黏膜之间（图 8-2）。人体 ENS 神经元的总数可达 10^8 个，约相当于脊髓内神经元的总数，而且神经元之间有着复杂的网络联系，包括两个神经丛之间的突触联系，可以看作是一个相对独立而完整的神经系统，因此也被称作"肠脑"。从功能上看，ENS 包括三类神经元：感觉神经元，负责探测消化道内的化学成分和机械张力变化；运动神经元，负责加强或抑制消化道内平滑肌的运动或消化腺的分泌；中间神经元，负责联系感觉神经元和运动神经元。总的来说，肌间丛影响平滑肌活动和消化道运动，而黏膜下丛主要影响腺体的分泌活动。

ENS 含有肾上腺素能和胆碱能神经元，以及释放其他递质（如 NO、肽类和 ATP）的神经元。这些神经元和效应器（平滑肌、腺体等）之间的相互作用允许神经反射在消化道内发生，独立于中枢神经系统（central nervous system，CNS）。尽管肠神经系统可以独立地控制消化道的活动，但正常情况下 ENS 与 CNS 是协同作用的，外来神经

图 8-2 消化道的内在神经及其与外来神经的关系

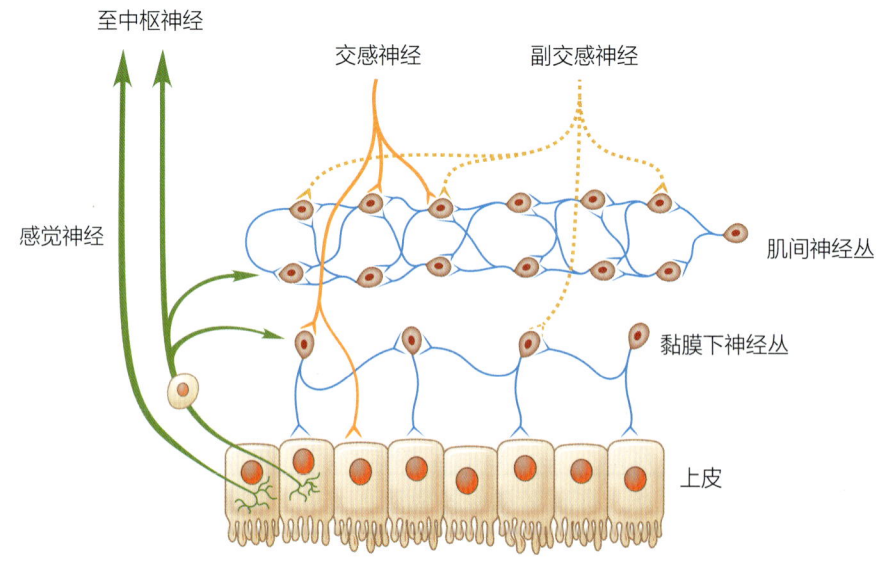

进入肠道并与内在神经形成突触，影响消化道的运动和分泌活动，也就是说存在两种反射弧——短反射和长反射。

（2）消化道的外来神经

除口腔、咽、食管上段和肛门接受躯体运动神经支配外，消化道的绝大部分主要接受自主神经系统的支配，包括交感神经和副交感神经，其中副交感神经对消化功能的影响更大。这些神经当中既有传出纤维也有传入纤维。在人体，支配消化道的交感神经起源于脊髓胸段 5~10 节和腰段 1~2 节，在腹腔神经节、肠系膜神经节和腹下神经节更换神经元，节后纤维释放去甲肾上腺素。交感节后纤维主要与 ENS 发生联系，少数纤维直接支配消化道平滑肌、血管平滑肌和消化道中的腺细胞。交感神经兴奋时，可导致消化道运动减弱，消化腺分泌抑制和血流量减少。

支配消化道的副交感神经有迷走神经和盆神经，迷走神经是第 X 对脑神经，由延髓发出，支配横结肠及其以上的消化道。盆神经从脊髓骶段发出，支配降结肠及其以下的消化道。副交感神经的节前纤维直接进入消化管或腺体，与 ENS 的神经元发生突触联系，换元后，节后纤维支配平滑肌细胞、腺细胞和上皮细胞。大部分副交感神经节后纤维释放乙酰胆碱，能加强胃肠运动，促进消化液分泌和胃肠激素的释放。

消化道与 CNS 的通信是双向的，传入神经元将消化道中各种感受器的信息传入到 CNS。这些信息包括胃肠内容物的体积、酸度、疼痛信号等。CNS 也能通过传出神经控制消化道的活动，这一功能主要是通过对内在神经系统活动的调控来实现的。例如，食物的视觉、味觉或嗅觉信号可以引起唾液和胃液的分泌，为消化活动做准备。食物对咽和食管的刺激信号可以传入到脑干，经整合后通过传出神经调节胃中的内在神经，引起胃液的分泌和胃的舒张。

> **想一想**
> 试总结一下 ENS 与 CNS 是怎样联系的？

三、胃肠激素

1. 胃肠激素的概念

散布于胃肠道黏膜和黏膜下的内分泌细胞以及位于胰腺内的内分泌细胞可产生多种激素，这些激素统称为胃肠激素（gastrointestinal hormone）。消化道是人体内最大、最复杂的内分泌器官，消化道中的内分泌细胞达 40 多种。大多数内分泌细胞的顶表面暴露于消化道管腔，食糜中的化学物质可以刺激这些细胞的分泌，分泌物从另外一侧的细胞膜进入血液，通过血液运输到达靶细胞。已发现的胃肠激素有 60 多种，均属多肽，其中一部分属于经典的激素，它们被细胞释放后进入血液循环，通过血液循环运送至靶细胞发挥作用，其他属于旁分泌或神经分泌激素。

近年来研究发现，许多胃肠激素在脑中也存在，而原先在脑中发现的某些肽类激素也存在于胃肠道中，这些在脑和胃肠道中双重分布的肽类被称作脑肠肽（brain-gut peptide）。P 物质是最早发现的脑肠肽。

1931 年，Ulf S. von Euler（1905—1983）和 John H. Gaddum（1900—1965）在研究体内乙酰胆碱分布时意外发现，马的脑和小肠提取物都可刺激家兔的肠平滑肌收缩，而且此作用不能被阿托品阻断，证明其不是乙酰胆碱，当时命名为 P 物质。40 年后，此物质从脑和肠中分离出来，证明其有效物质为同一分子，是一种由 11 个氨基酸残基组成的多肽。迄今已经被确认的脑肠肽至少有二十几种，如 P 物质、生长抑素、缩胆囊素、促胰液素、胰高血糖素、抑胃肽等。

2. 胃肠激素的生理作用

胃肠激素的生理作用主要有：①调节消化腺的分泌和消化道的运动；②调节其他激素的释放，如抑胃肽可以刺激胰岛素分泌（属于前馈作用）；③营养作用，如胃泌素促进胃黏膜细胞增生。

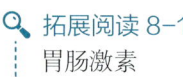
拓展阅读 8-1
胃肠激素

四、消化道平滑肌的生理特性

消化道平滑肌属于单一单位平滑肌（single-unit smooth muscle）。这种平滑肌具有大量的间隙连接，可以使动作电位在细胞之间直接传导，因此可以作为一个单位同时收缩或舒张。

消化道平滑肌具有肌肉组织的共性，如兴奋性、传导性和收缩性，但与其他肌肉组织相比还有一些特性。

1. 一般生理特性

（1）收缩和舒张缓慢　与骨骼肌相比，消化道平滑肌的收缩和舒张都很缓慢，潜伏期、收缩期和舒张期都比骨骼肌长得多。

（2）富有伸展性　消化道平滑肌在需要时能做很大的伸展，最大时可伸展 2~3 倍。

（3）具有紧张性　消化道平滑肌经常保持一种微弱的持续收缩状态即紧张性，这样可使消化道管腔内经常保持一定的基础压力，并使消化道保持一定的形态和位置。平滑肌的紧张性不依赖于中枢神经系统，是其本身的特性，但接受神经系统和激素的调节。

（4）具有自动节律性　消化道平滑肌可发生不依赖于神经和体液因素的节律性电活动和收缩，这种现象可在离体实验中得到证实，但是，平滑肌的自动节律性远没有心肌那样规律。

（5）对电刺激不敏感而对化学和牵张刺激以及温度变化敏感　平滑肌对电刺激较不敏感，用单个电脉冲刺激常常不能引起收缩。但对化学信号、牵张刺激以及温度变化非常敏感，如微量的乙酰胆碱或轻微的牵拉即可引起明显的收缩。

2. 电生理特性

消化道平滑肌的电活动包括静息电位、慢波和动作电位三种形式。

（1）静息电位　消化道平滑肌细胞的静息电位的绝对值比骨骼肌和神经元要小，约为 –50~–60 mV，而且不稳定，常发生较大波动。

（2）慢波或基本电节律　消化道平滑肌的膜电位不稳定，经常节律性地、自发地发生缓慢的去极化和复极化（图 8-3），幅度通常为 5~15 mV，频率为 3~12 次 /min，这种电位变化称为慢波（slow wave），也称作基本电节律（basic electrical rhythm，BER）。

人类胃平滑肌的慢波节律为 3 次 /min，十二指肠为 11～12 次 /min。

慢波起源于胃肠环行肌和纵行肌交界处的一种间质细胞——Cajal 细胞（interstitial Cajal cell，ICC）。ICC 是一种兼有成纤维细胞和平滑肌细胞特性的间质细胞，它与纵行肌和环行肌细胞形成间隙连接，这些间隙连接使慢波能够传导至纵行肌和环行肌。

慢波的幅度和频率可受内在神经和外来神经的调节，也可被激素调节。通常，交感神经兴奋可以降低慢波的幅度或抑制慢波，而副交感神经兴奋可增强慢波的幅度。

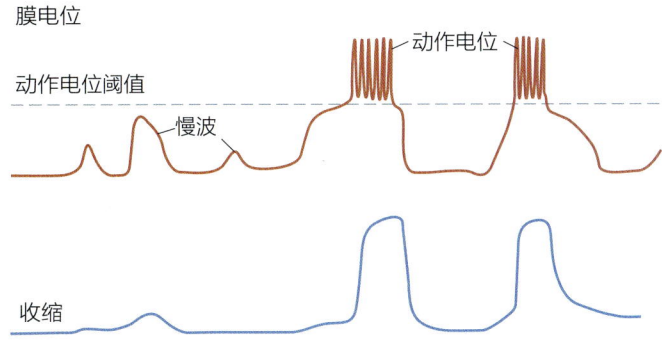

图 8-3　消化道平滑肌慢波和动作电位

（3）动作电位　在慢波的基础上，消化道平滑肌细胞也能产生快速的、幅度较大的电位变化，也就是动作电位（图 8-3）。动作电位通常叠加在慢波的波峰上，幅度为 60～70 mV，时程为 10～20 ms，可单个出现，也可连续出现多个动作电位。其上升支主要由 Ca^{2+} 内流导致，而降支主要由 K^+ 外流引起。

平滑肌的兴奋收缩耦联过程与骨骼肌有很大不同，具有多样性，相同的是，收缩活动都是由细胞质基质中的 Ca^{2+} 浓度上升导致的。当慢波去极化达到或超过某一临界值（也称机械阈，mechanical threshold）时，细胞内的 Ca^{2+} 浓度达到可以激活横桥的水平，引发平滑肌细胞低强度收缩，去极化幅度大则收缩强度也大。当慢波去极化达到或超过电兴奋阈值时，可引发动作电位，平滑肌细胞收缩增强，发生在慢波上的动作电位越多，平滑肌的收缩越强。由于动作电位一般只出现在慢波的波峰上，故慢波可以决定平滑肌的收缩频率。

第二节　口腔内消化和吞咽

食物的消化是从口腔开始的，唾液中的淀粉酶可以对食物中的淀粉进行初步消化。但由于食物在口腔中停留时间很短，这一作用很有限。

一、唾液的分泌

大多数后生动物都具有唾液腺，人有 3 对主要的唾液腺，即腮腺、颌下腺和舌下腺。另外，还有许多散在的小唾液腺。它们都是外分泌腺，导管开口于口腔中，分泌的液体通称唾液。成年人一般每天分泌 1.0～1.5 L 唾液。

1. 唾液的成分与作用

人类唾液接近中性，pH 为 6.6～7.1，成分中水分占 99%，无机物有 Na^+、K^+、Ca^{2+}、Cl^- 和 HCO_3^- 等，有机物主要有糖蛋白、唾液淀粉酶、溶菌酶、免疫球蛋白和血型物质等。有些动物的唾液中还含有抗凝血物质，如蚂蟥和吸血蝙蝠。毒蛇的毒腺也是由唾液腺演化而来的。

唾液的作用有：①湿润口腔和润滑食物，便于吞咽，这主要得益于唾液的黏液性状，即糖蛋白的作用；②清洁和保护口腔，唾液中的溶菌酶和免疫球蛋白有杀灭细菌和病毒的作用；③消化作用，唾液淀粉酶能将食物中的淀粉分解为麦芽糖，后者可以使人感觉到甜味。唾液淀粉酶在食物进入胃后，在pH下降至4.3~4.8以前仍可以发挥一段时间的作用。

2. 唾液分泌的调节

人在未进食时也有少量唾液分泌，约为0.5 mL/min，称为基础分泌。进食时的唾液分泌完全受神经调节，包括非条件反射和条件反射。非条件反射由食物对口腔的机械和化学刺激引起，传入信号沿第Ⅴ、Ⅶ、Ⅸ、Ⅹ对脑神经传到延髓的上涎核和下涎核，高级中枢位于下丘脑及皮层的味觉与嗅觉感受区。支配唾液腺的传出神经有副交感神经（在第Ⅶ、Ⅸ对脑神经中），也有交感神经，以前者的作用为主。副交感神经节后纤维释放ACh和血管活性肠肽（vasoactive intestinal peptide，VIP），可引起含水较多含酶较少的唾液分泌，阿托品可阻断ACh与M受体的结合，抑制唾液的分泌，使人感到口干。支配唾液腺的交感神经节后释放去甲肾上腺素，能引起含酶和其他有机物较多，比较黏稠的唾液分泌。条件反射是指食物的外观、气味甚至某些与食物有关的语言和文字也能引起唾液分泌，"望梅止渴"就与这一反射有关。

二、咀嚼和吞咽

1. 咀嚼

咀嚼（mastication）的作用主要是磨碎食物并把食物与唾液混合形成食团便于吞咽，由于人的唾液中含有唾液淀粉酶，故这种混合有助于对淀粉类物质进行部分消化，另外咀嚼动作还可以通过神经和体液途径调节胃、肠、胰等器官的活动，为进一步消化食物做好准备（图8-4）。

2. 吞咽

吞咽（swallowing）是指食团从口腔被输送到胃的过程。吞咽过程由三个步骤组成，第一步由口腔到咽，是随意动作，舌由前向后依次将食团软腭推进，食团向口腔深部推移；第二步由咽到食管上段，是一系列反射动作，食团抵达咽喉深部时，喉头向前方抬起，会厌（喉头盖）向下盖住食管前方的气管入口，食团进入食管。此时如果吞咽反射有异常，食团会误入气管；第三步食团沿食管下移入胃，主要由食管的蠕动来完成，也是一种反射活动，食团进入食管后，凭食管的蠕动及重力的作用向胃部移动。遮盖气管入口的会厌返回原先的位置。其中最复杂的是第二步。

哺乳动物的口腔顶壁由骨质的硬腭及软腭所构成，从而把鼻腔与口腔分开，在咀嚼时也能呼吸。鼻腔位于口腔的上方，而气管则位于食管的前侧，食物的通道与呼吸气体的通道在咽部交叉，要保证食物在咽部正确进入食管而不误入气管，就必须在神经系统控制下由相关肌肉配合正确完成这一系列动作。食团刺激咽部的感受器，信号

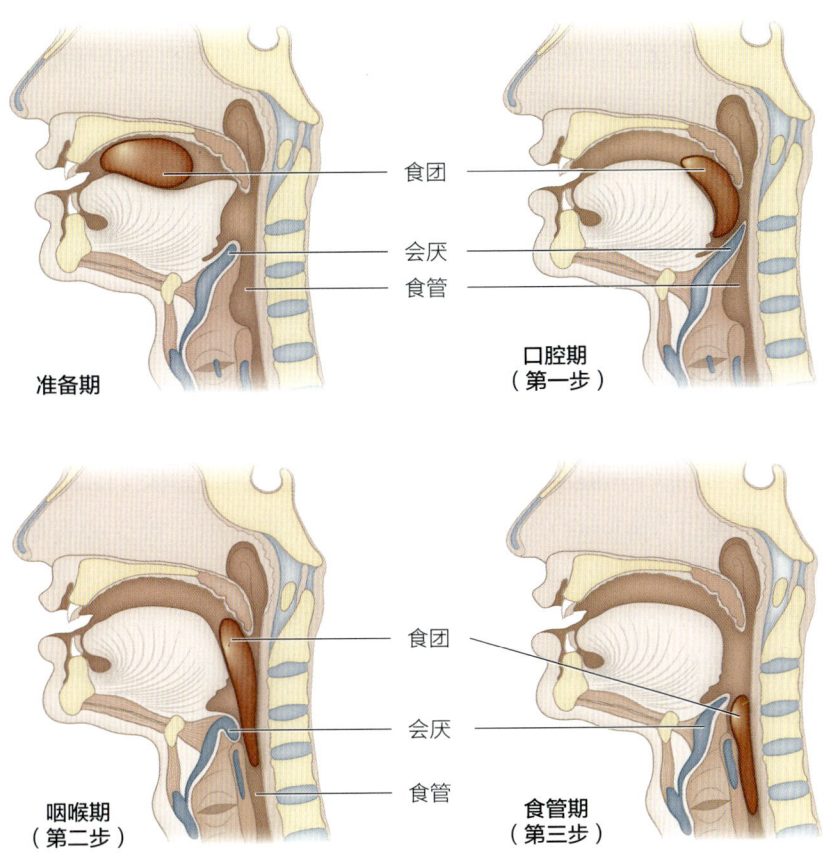

图 8-4 吞咽的过程

传到位于脑干的网状结构中的吞咽中枢,立刻发动一系列快速的反射动作,即软腭上举,咽后壁向前突出,封闭鼻咽通路,呼吸暂停;食管括约肌舒张,咽上缩肌收缩,食团被送入食管。整个过程约 1 s。

食团进入食管上段后即可引发食管蠕动。蠕动(peristalsis)是指空腔器官平滑肌的顺序收缩,即一个舒张波后面紧跟着一个收缩波,形成一种沿某一方向行进的波形运动(图 8-5)。在人体,食团在食管蠕动波的推动下经 8~10 s 可到达胃,人体以站

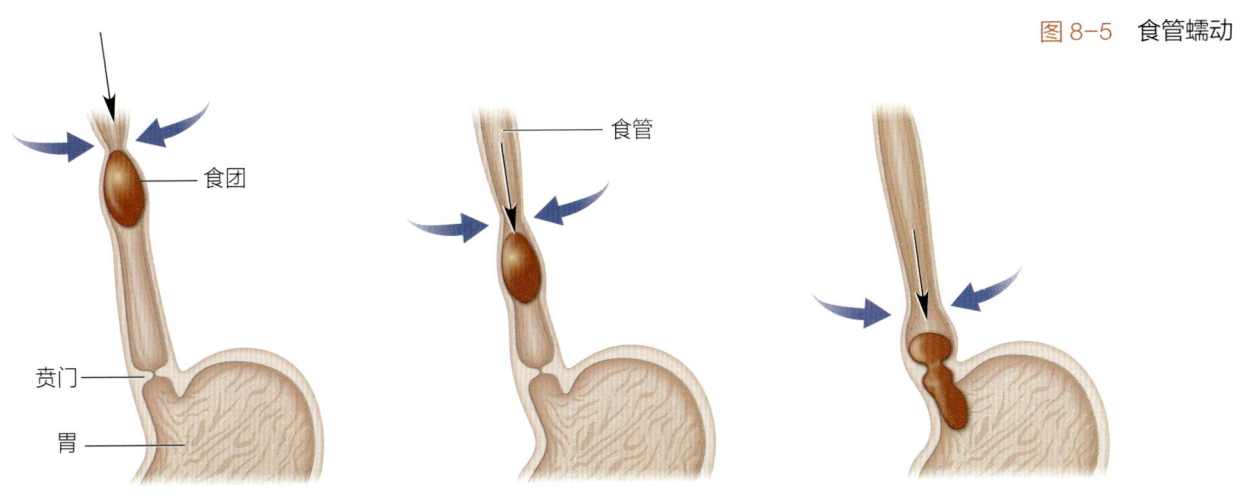

图 8-5 食管蠕动

立姿势吞咽食物时重力也可以起辅助作用，如果是咽水 1 s 内就可到胃，这主要是因为重力的作用。但是人体的吞咽过程并不依赖于重力，在太空失重的情况下，甚至采取倒立姿势时人体仍可以吞咽食物。

食管下端近胃贲门处虽然并不存在括约肌，但此处有一段长 3~5 cm 的高压区，比胃内压高 5~10 mmHg。在正常情况下，这一高压区能阻止胃内容物反流入食管，起类似括约肌的作用。

第三节　胃内消化

人的胃可分为贲门（cardia）、胃底（fundus of stomach）、胃体（body of stomach）、胃窦（antrum）和幽门（pylorus），胃底和胃体的上部主要用于接受和容纳食物，胃体中下部和胃窦的功能主要是混合、磨碎食物形成食糜（chyme）。由于胃蛋白酶的作用，在胃中能消化部分食物中的蛋白质，在胃酸使其失活之前，唾液淀粉酶也能在胃中发挥一小段时间的作用。除此之外，胃主要作为一个存储器或进料器，以适当的速率将食糜输送至小肠，这个速率是与小肠的消化和吸收功能相适应的。胃并不是消化的主要场所。

一、胃液的分泌

1. 胃黏膜和胃腺的结构要点

胃黏膜含有三种管状外分泌腺和多种内分泌细胞，其中外分泌腺包括：①贲门腺，位于贲门部，主要由黏液细胞构成，分泌稀薄的碱性黏液；②胃腺（泌酸腺），位于胃底和胃体，主要由三种细胞构成（图 8-6），壁细胞（parietal cell），分泌 HCl 和一种被称为内因子（intrinsic factor）的糖蛋白；主细胞（chief cell），分泌胃蛋白酶原（pepsinogen）；黏液颈细胞（mucous neck cell），分泌黏液；③幽门腺，分泌碱性黏液。

胃黏膜中的内分泌细胞主要有：①G 细胞，分布于胃窦部，分泌胃泌素（gastrin）和 ACTH 样物质；②D 细胞，分布于胃底、胃体和胃窦，分泌生长抑素（somatostatin）；③肠嗜铬样细胞（enterochromaffin cell，ECL cell），分布于泌酸区黏膜内，能合成和释放组胺。

2. 胃液的成分与作用

纯净的胃液是无色的、黏稠的、酸性的液体，pH 为 0.9~1.5。主要成分是水、盐酸、HCO_3^-、Na^+、K^+、Cl^- 等无机物以及胃蛋白酶原、黏蛋白、内因子等有机物。正常人每日分泌的胃液量为 1.5~2.5 L。

（1）盐酸

胃分泌的盐酸也称胃酸（gastric acid），由泌酸腺中的壁细胞所分泌。正常人在空

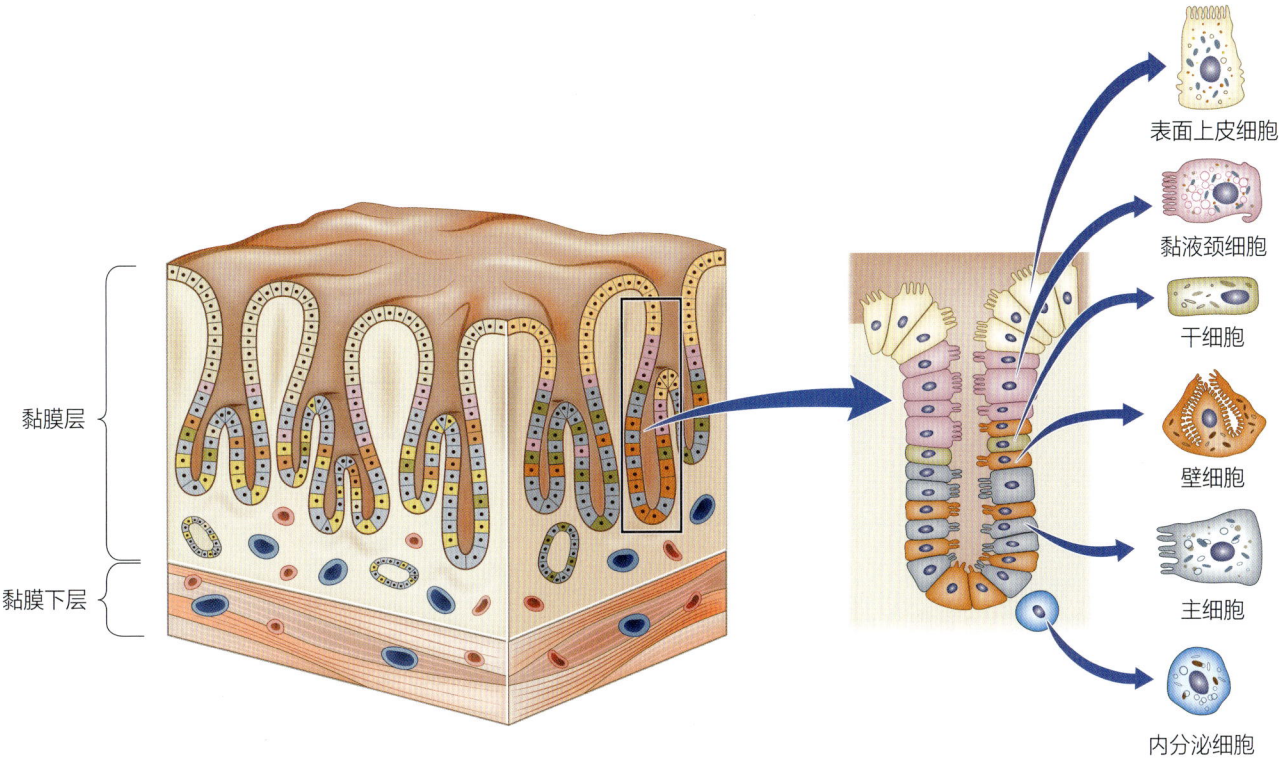

图 8-6 胃腺（泌酸腺）的结构

腹时，盐酸的排出量约为 0~5 mmol/h，称为基础酸排出量。进食后盐酸的排出量明显增加，最大排出量可达 20~25 mmol/h。

盐酸的分泌是一个主动过程，需要消耗能量（图 8-7）。壁细胞具有大量由顶端膜下陷形成的分泌小管，以增大顶端膜的面积，分泌小管的膜上有大量的质子泵（H^+/K^+-ATP 酶）。依赖 ATP 提供的能量，质子泵可以转运细胞内 H^+ 与细胞外 K^+ 等量交换；它能在壁细胞内外产生 1：3 000 000 的 H^+ 梯度，这一梯度远超过体内其他部位（如肾小管和集合管）质子泵所产生的梯度。质子泵被激活的同时，附近膜上的 K^+ 通道和 Cl^- 通道的通透性也增加，由质子泵运入胞质的 K^+ 又通过通道进入小管腔，以保证质子泵继续工作。Cl^- 通过其通道由胞质进入小管腔，与 H^+ 一起形成 HCl。

细胞质内的 H^+ 来自 H_2CO_3，碳酸酐酶催化 H_2O 和 CO_2 形成 H_2CO_3，H_2CO_3 随即解离，H^+ 被质子泵泵出胞质，HCO_3^- 则通过基底侧膜的 Cl^--HCO_3^- 转运体，与血浆中的 Cl^- 交换而进入血浆，这使得 H^+ 的分泌得以持续进行。也就是说壁细胞在分泌 HCl 的同时也将 HCO_3^- 释放入血液，由于 HCl 的分泌量很大，使得血液和其他细胞外液在餐后碱性增强，这一现象被称作餐后碱潮（postprandial alkaline tide）。

盐酸的生理作用包括：① 激活胃蛋白酶原，为胃蛋白酶提供酸性环境，帮助胃蛋白酶消解蛋白质。较强的酸性可以使蛋白质发生变性，容易被酶水解；② 杀灭细菌等微生物；③ 进入十二指肠后，可促进促胰液素和缩胆囊素的释放。

盐酸分泌过多，将损伤胃和十二指肠黏膜，诱发或加重溃疡病。若胃酸分泌过少，则可引起腹胀、腹泻等消化不良症状。

图 8-7　胃酸分泌机制

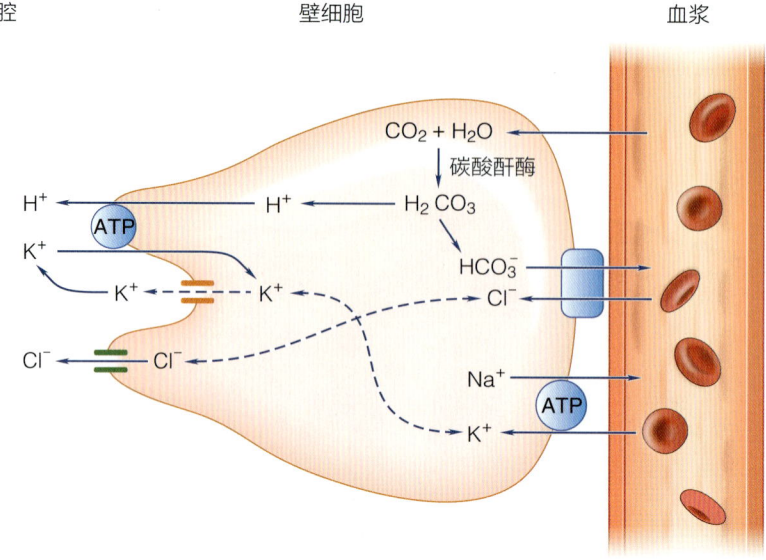

（2）胃蛋白酶原

胃蛋白酶原（pepsinogen）由泌酸腺的主细胞合成并分泌，是胃蛋白酶（pepsin）的前体。胃蛋白酶是第一个在动物中发现并获得的酶，由德国生理学家 Theodor A. H. Schwann（1810—1882）于 1836 年发现并命名。盐酸可以激活胃蛋白酶原，它提供了一个酸性环境，使胃蛋白酶原去折叠并以自身催化的方式切去一个 44 个氨基酸的肽段而被激活成为胃蛋白酶。胃蛋白酶是动物消化系统中的三个主要蛋白酶之一，它对疏水氨基酸之间的肽键水解效率最高，尤其是芳香族氨基酸如苯丙氨酸、色氨酸和酪氨酸之间形成的肽键。胃蛋白酶的水解产物是长度不同的多肽和少量的氨基酸。胃蛋白酶只有在酸性较强的环境中才能发挥作用，其最适 pH 为 2。随着 pH 的升高，其活性即降低，当 pH 升至 5 以上时就会失活，当 pH 升至 6 以上时，此酶即发生不可逆的变性。

> 想一想
> 为什么消化酶通常是以酶原的形式被分泌到消化道中？

> 拓展阅读 8-2
> 胃蛋白酶的研究历史

（3）黏液和 HCO_3^-

胃黏膜表面的上皮细胞，泌酸腺的黏液颈细胞、贲门腺和幽门腺均可分泌黏液，含有糖蛋白。胃黏膜表面的上皮细胞既分泌黏液也分泌 HCO_3^-，二者在黏膜表面形成一层厚 0.5 ~ 1 mm 的黏液 - 碳酸氢盐屏障，保护上皮细胞免受 HCl 和胃蛋白酶的破坏，这也是胃不会被自身消化的原因。HCl 是可穿过黏液层的，但它能够被黏液中的 HCO_3^- 所中和。另外，黏液还具有润滑作用和一定的保护黏膜免受机械损伤的作用。胃黏液屏障的破坏容易引发胃炎、胃溃疡等疾病（知识窗 8-1）。

> 拓展阅读 8-3
> 幽门螺杆菌与胃溃疡

（4）内因子

内因子（intrinsic factor）是由壁细胞分泌的糖蛋白，分子量约 55 000。它能与维生素 B_{12} 结合形成复合物，此复合物能与回肠壁上的特异性受体结合，促进维生素 B_{12} 吸收。缺乏内因子会导致维生素 B_{12} 缺乏，影响红细胞成熟，从而发生恶性贫血。外科胃切除、广泛性萎缩性胃炎以及某些贫血患者产生的自身免疫抗内因子抗体均能造成内因子缺乏。

> **知识窗 8-1**
>
> ## 溃 疡
>
> 由于胃壁中消化腺能够分泌高浓度的酸和胃蛋白酶原，人们通常会想到为什么胃没有把自身消化掉。事实上，体内存在多种保护胃不被消化的机制，主要有：①胃黏膜能分泌弱碱性的黏液在黏膜表面形成保护层，黏液中的蛋白质和 HCO_3^- 可以中和 H^+；②上皮细胞之间的紧密连接可以阻止 H^+ 向深层组织的扩散；③黏膜自身有很强的修复能力，损伤的上皮细胞能够不断被新生细胞替代。但是，在某些情况下，以上保护机制未能充分发挥作用，就有可能发生溃疡（ulcer）。事实上，除胃以外食管下部和十二指肠也会发生溃疡。如果溃疡损伤到组织中的血管就会引起消化道内出血，严重时溃疡会穿透整个管壁，使胃或肠的内容物进入腹腔。导致溃疡的因素有很多，主要包括某些药物、酒精、胆盐、酸分泌过多、细菌（如幽门螺杆菌）感染、精神压力以及遗传因素等。

3. 胃液分泌的调节

（1）促进胃液分泌的主要因素

刺激胃液分泌的内源性物质主要有乙酰胆碱（ACh）、胃泌素和组胺（histamine）。血液中胃泌素浓度升高和迷走神经的兴奋可以促进盐酸和胃蛋白酶原的分泌。

① 乙酰胆碱　支配胃的大部分迷走神经节后纤维末梢释放 ACh，ACh 可以与壁细胞膜上的 M 型受体结合，引起胃酸分泌，该作用可被 M 型受体的拮抗剂阿托品所阻断。另外，ACh 还可以兴奋胃黏膜内的肠嗜铬样（ECL）细胞，引起后者释放组胺，组胺也能刺激盐酸的分泌（图 8-8）。

② 胃泌素　胃泌素也称促胃液素，是一种重要的胃肠激素，由胃窦和小肠上部

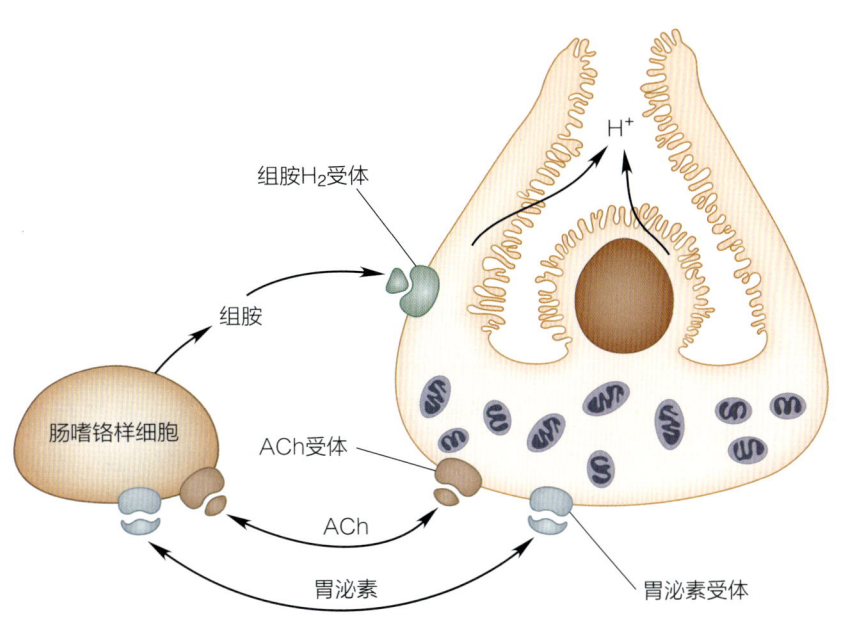

图 8-8　促进胃液分泌的主要因素

黏膜上的 G 细胞所分泌，在人体内有多种分子形式，主要有大胃泌素（34 肽）、小胃泌素（17 肽）和小小胃泌素（14 肽），人工合成的五肽胃泌素具有天然胃泌素的全部活性。胃泌素的作用很广泛，主要包括：促进壁细胞分泌 HCl 和主细胞分泌胃蛋白酶原；刺激 ECL 细胞释放组胺；促进消化道的生长；加强胃肠运动和胆囊收缩，促进胰液和胆汁的分泌。

③ 组胺　组胺是组氨酸脱羧基的产物，可作为神经递质，也与免疫反应有关。胃黏膜的 ECL 细胞可产生并释放组胺。组胺受体有 4 种，H_1 到 H_4，壁细胞表面有 H_2 受体，它与组胺结合后可以加强 HCl 的分泌，有的学者认为胃泌素和组胺对 HCl 的分泌都是必需的，它们结合不同的受体，只有两种受体都结合后 HCl 才会分泌。H_2 受体的拮抗剂西咪替丁能抑制胃酸分泌，可用于治疗消化性溃疡。

另外，咖啡因、乙醇以及茶和牛奶也可刺激胃液分泌。

（2）抑制胃液分泌的主要因素

生长抑素（somatostatin，SS）、前列腺素、上皮生长因子等都可以抑制胃泌素和胃酸的分泌。其中生长抑素的作用最强。

（3）消化期胃液分泌的调节

进食后胃液分泌开始增多。其分泌的调节可按刺激部位的不同，人为地分为头期、胃期和肠期三个时期，实际上这三个时期几乎是同时开始，互相重叠的。它们都受神经和体液的双重调节，但头期主要接受神经调节，肠期以体液调节为主。

① 头期　头期的胃液分泌量较大（约 30%），酸度和胃蛋白酶含量均较高，消化力强。头期分泌可用假饲实验加以证明。1889 年俄国生理学家巴甫洛夫（Ivan P. Pavlov，1849—1936）在具有胃瘘的狗身上切断食管，把切口两端分别缝在颈部皮肤上，做成一个食管瘘。这样动物可以吞下食物，但由食管瘘处漏出，不能进入胃内，叫作假饲（sham feeding）（图 8-9）。通过假饲实验发现，食物虽未进入胃内，但是，在进食后 5~10 min 即能引起胃液分泌，并且持续 2~3 h。假饲时，食物对口腔、咽喉部感受器的刺激信号由舌神经、舌咽神经和喉上神经进入脑干，经过下丘脑、边缘叶等中枢部位的整合，传出冲动经迷走神经到达胃腺，引起胃液分泌。如果在胃以上切断双侧迷走神经，则假饲时没有胃液分泌。

胃液分泌的头期既有上述那样的非条件反射也有条件反射。比如不给狗喂食，只让狗看到熟悉的食物或嗅到喜爱的食物的味道，也能引起胃液的分泌。条件反射的中枢在大脑皮层，传出路径同样是迷走神经。迷走神经释放的 ACh 可直接作用于壁细胞引起胃酸分泌，也可以刺激 G 细胞释放胃泌素间接引起胃酸分泌。这是一种神经-体液调节方式。

② 胃期　胃期的胃液分泌量最大（约 60%），

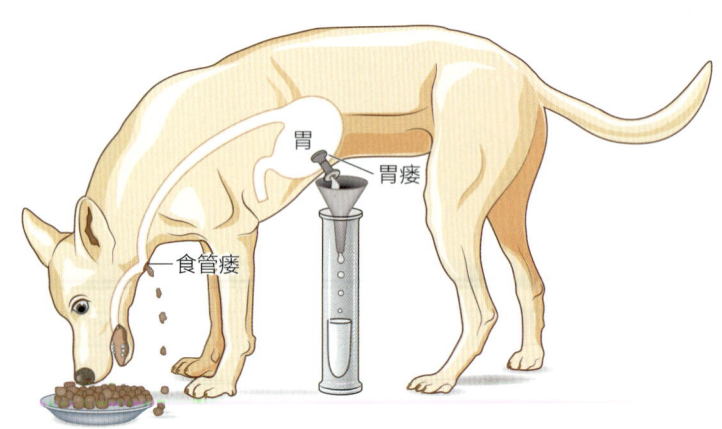

图 8-9　假饲

酸度也高，但胃蛋白酶含量较头期低。食物入胃后可以通过对胃的机械扩张刺激，引起迷走-迷走反射；内在神经尤其是黏膜下丛对胃液的分泌也有重要的调节作用。食物对幽门的刺激引起 G 细胞释放胃泌素；食物中的某些化学物质以及蛋白质的消化产物（肽和氨基酸等）直接作用于 G 细胞，导致胃泌素释放从而引起胃液分泌。

最早揭示胃期分泌调节的也是巴甫洛夫，这要借助他发明的另一种方法——巴甫洛夫小胃（图 8-10A）。19 世纪后叶以前，研究胃液分泌大多用急性动物实验方法，效果不佳。德国生理学家海登海因首先创造小胃法和慢性动物实验，但因海登海因小胃是同主胃分离的（图 8-10B），除血管仍然联系外，已基本上没有神经支配，不够理想。随后巴甫洛夫在 1888—1901 年之间，在海登海因小胃的基础上创造了有神经联系的巴甫洛夫小胃。他的方法是在不损伤肌肉层的情况下只将黏膜层切开并分别缝合，形成大小两个胃，小胃通到体外，用来收集胃液。大胃与小胃在分泌上完全分离而又有相同的神经支配。在具有胃瘘和巴甫洛夫小胃的狗身上可以探究食物进入胃后胃液分泌的情况。如果将食物由胃瘘直接塞入大胃内，30~60 min 后小胃开始分泌，持续数小时，这是由于食物直接刺激胃引起的分泌，也就是胃期分泌。

③ 肠期　肠期的胃液分泌量较小，酸度和胃蛋白酶含量都很低。食物进入小肠后可通过机械刺激和消化产物的化学刺激，使十二指肠黏膜 G 细胞释放胃泌素，进而刺激胃液的分泌。促胰液素（secretin）、血管活性肠肽（VIP）和抑胃肽（GIP）也参与了肠期的调控。在人类，胃液分泌的肠期对胃液分泌的作用不太重要。

（4）胃液分泌的抑制性调节

胃液分泌可以因缺乏刺激因素而减少，也可因为某些反射活动而抑制，"肠-胃反射"（enterogastric reflex）可以抑制胃液的分泌，这一机制的触发因素是食糜对十二指肠的扩张刺激、蛋白质部分消化产物、脂肪以及低 pH 引起支配胃的副交感神经活动减弱，交感神经活动增强，以及肠抑胃素（enterogastrone）的释放，抑制胃的排空和胃的分泌。

① 胃酸的作用　在胃内 pH < 1.2~1.5 时，HCl 可直接抑制 G 细胞释放胃泌素，也可以刺激生长抑素分泌，抑制 G 细胞释放胃泌素，减少胃酸的分泌；在十二指肠内

图 8-10　巴甫洛夫小胃和海登海因小胃

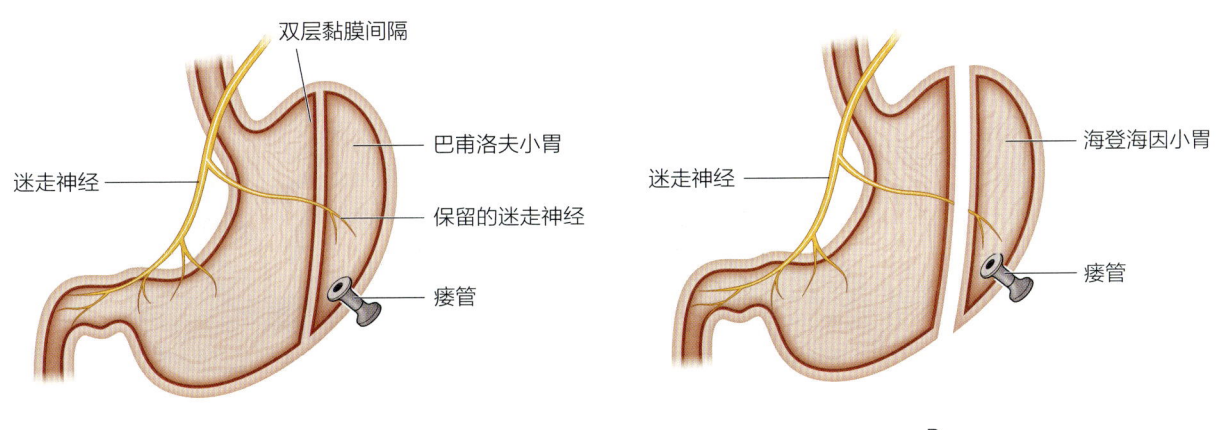

A　　　　　　　　　　　　B

pH < 2.5 时，HCl 可直接刺激球抑胃素和促胰液素的分泌，它们可以抑制胃酸的分泌。HCl 在胃内和十二指肠内抑制胃酸分泌属于负反馈调节。

② 脂肪的作用　在脂肪的刺激下，小肠上部可释放多种激素，如促胰液素、缩胆囊素、抑胃肽、神经降压素和胰高血糖素等，它们都有抑制胃液分泌和胃运动的作用，统称为肠抑胃素。

③ 高张溶液的作用　随着食物中的大分子物质不断被降解为小分子物质，食糜的渗透压上升。高渗食糜进入十二指肠后，通过肠-胃反射及分泌肠抑胃素抑制胃酸的分泌。

另外，前列腺素对进食、组胺和胃泌素等引起的胃液分泌有明显的抑制作用，它还能减少胃黏膜血流，但它抑制胃分泌的作用并非血流改变导致的。

二、胃的运动

1. 胃运动的形式

（1）容受性舒张　进食时胃的容积明显增大，可由约 50 mL 增大到 1 500 mL 或更大，但胃内压却不会明显升高，这是由于胃的主动舒张。进食动作和食物对咽、食管等处的刺激可以反射性地引起胃底和胃体平滑肌的舒张，称为容受性舒张。容受性舒张是通过迷走-迷走反射实现的，传出路径的节后纤维释放的递质可能是 VIP 和 NO。

（2）紧张性收缩　胃壁平滑肌经常保持一种张力较弱的收缩，可以使胃内保持一定的压力，有助于食物与胃液的混合和胃排空，还可以使胃保持一定的形状和位置。

（3）蠕动　进食后胃开始明显蠕动。蠕动波从胃的中部开始向幽门方向推进。人胃蠕动波的频率约为每分钟 3 次，与胃平滑肌的慢波节律一致，蠕动波约需 1 min 到达幽门，所以，通常是一波未平，一波又起。当幽门括约肌处于收缩状态时，食糜不能进入十二指肠，而是被迫返回，可以使食物与胃液充分混合（图 8-11）。

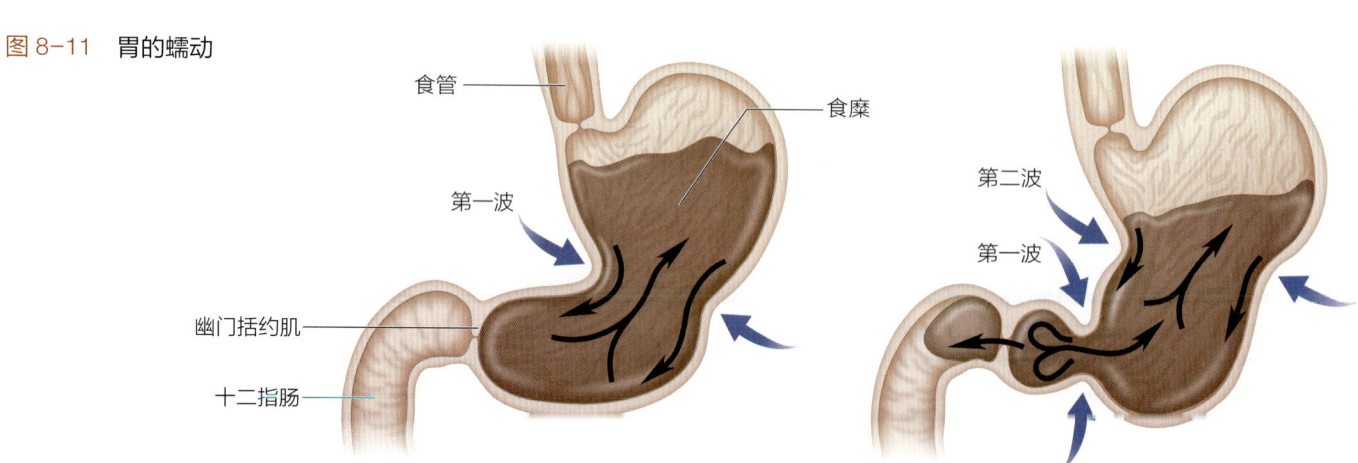

图 8-11　胃的蠕动

2. 胃运动的调节

胃的运动是平滑肌的慢波和动作电位引发的，受神经和体液因素的调节。支配胃的外来神经有迷走神经（副交感）和交感神经，通常副交感神经的兴奋可加强胃的运动，而交感神经的兴奋可抑制胃运动。但是值得注意的是胃的容受性舒张是由迷走-迷走反射调节的，也有学者提出迷走神经通过内在神经丛引起了胃运动。

3. 胃排空及其控制

（1）胃排空

食物由胃排入十二指肠的过程称为胃排空（gastric emptying）。胃排空的动力是胃收缩造成的胃内压和十二指肠内压之间的压差，幽门括约肌起控制阀的作用，当胃内压与十二指肠内压之差足以克服幽门部阻力时胃排空才能进行。

（2）影响胃排空的因素

食物的性状和成分可影响胃排空速率，一般情况下，稀的流体食物比稠的半固体食物排空快，颗粒细小的食物比颗粒大的食物排空快，糖类比蛋白质排空快，脂肪最慢。正常人摄入的混合食物完全排空的时间为 4~6 h。

要保证食物在小肠中消化和吸收的有效进行，胃排空的速率就要与小肠消化和吸收速率相适应，事实上人和动物体内的确存在这样一种机制，胃内容物可以促进胃排空，十二指肠内容物则可抑制胃排空。食物对胃的扩张刺激可以引起壁内神经丛反射和迷走-迷走反射，加强胃的运动，促进胃排空，胃内食物越多，这种效应就越强；食物的扩张刺激以及蛋白质消化产物的化学刺激还可以引起胃窦部的 G 细胞释放胃泌素，后者可促进胃体和胃窦的收缩，增加胃内压，但同时又能增强幽门括约肌的收缩，其综合效应是延缓胃排空。

进入十二指肠的酸、脂肪、脂肪酸、高渗溶液以及食糜本身的体积等均刺激十二指肠壁上的化学、渗透压和机械感受器，反射性地抑制胃的运动，这一机制称作肠-胃反射，在胃的分泌调节中已有叙述。肠-胃反射对酸刺激尤其敏感，当十二指肠内的 pH 降低至 3.5~4.0 时，即可通过肠-胃反射抑制胃排空。另外，当大量食糜，特别是酸或脂肪进入十二指肠后，可以引起小肠黏膜释放促胰液素、CCK、抑胃肽等胃肠激素，它们抑制胃的运动和胃排空。

> **想一想**
> 十二指肠内 pH 下降可抑制胃排空，试分析这一机制有什么生理意义

4. 呕吐

呕吐（vomiting）是胃（有时含十二指肠）内容物经口腔喷出的过程，呕吐前常出现恶心、心跳加快等症状。呕吐是一种复杂的反射活动，中枢位于延髓，传入信号可以来自身体许多部位的感受器，胃和小肠的扩张刺激、咽部的机械刺激、泌尿生殖系统的疼痛刺激、前庭器官受到较强的刺激（如晕车）均可引起这一反射，颅内压升高可直接作用于呕吐中枢引起呕吐。呕吐开始时先深吸气，声门关闭，食管下括约肌舒张，然后腹肌和膈肌收缩，腹内压急剧升高，驱使胃内容物经食管和口腔喷出。

呕吐能排出胃内的有害物质，具有保护意义，但频繁的呕吐会影响消化活动，严重时还会破坏水和电解质的平衡。

第四节　小肠内消化

人类的小肠全长 5~7 m，是消化道中最长的一段。小肠内消化是整个消化过程中最重要的阶段。胰腺、肝和小肠腺分泌胰液、胆汁和小肠液到小肠中，这些分泌液中含有种类齐全、含量丰富的消化酶，可以分解多糖、脂肪和蛋白质。食物在经过小肠后消化过程基本完成，未被消化的食物残渣从小肠进入大肠。食物在小肠内停留的时间随食物的性质而不同，混合性食物一般在小肠内停留 3~8 h。

一、胰液的分泌

胰（pancreas）兼有内分泌和外分泌功能，内分泌由胰岛进行。胰的外分泌组织产生胰液，通过胰管进入十二指肠，成人每日分泌 1~2 L 胰液。

1. 胰液的成分和作用

胰液（pancreatic juice）是富含消化酶和碳酸氢盐的碱性液体，pH 7.8~8.4，含有大量的 HCO_3^-，浓度约为血浆的 5 倍，由胰管的上皮细胞分泌，主要用来中和食糜的酸性。由于胰液中消化酶的最适 pH 都是接近于中性或弱碱性，所以这种中和效应对小肠内的消化是必需的。胰腺的管道上皮细胞通过顶面膜上的 Cl^-/HCO_3^- 交换体来分泌 HCO_3^-，而由 H_2CO_3 解离产生的 H^+ 则在细胞的基底侧膜与细胞外的 Na^+ 交换，Na^+ 则由 Na^+/K^+-ATP 酶以主动转运的方式泵出细胞。H^+ 进入胰的毛细血管并在静脉遇到由胃分泌 H^+ 时产生的 HCO_3^- 而被中和。Cl^- 通常不在细胞内积累，而是通过一种称作囊性纤维化跨膜调节因子（cystic fibrisis transmembrane conductance regulator，CFTR）的机制重新进入管腔。HCO_3^- 分泌对于 Cl^- 的依赖解释了为什么 CFTR 的突变能降低胰腺 HCO_3^- 的分泌。

胰液中含有多种消化酶，包括淀粉酶、蛋白酶、脂肪酶、核酸酶等，是所有消化液中消化力最强、消化功能最全面的一种。当胰液分泌障碍时，即使其他消化腺的分泌都正常，食物中的蛋白质和脂肪仍不能完全消化，但一般不影响糖的消化和吸收。

（1）胰淀粉酶（amylopsin）　与唾液淀粉酶一样，胰淀粉酶也是 α- 淀粉酶，可以水解淀粉和糖原的 α- 糖苷键，产生葡萄糖和麦芽糖。胰淀粉酶不需要激活，最适 pH 为 6.7~7.0，该酶活性很高，水解速度很快，食物中的淀粉与胰淀粉酶接触 10 min 就可被完全水解。

（2）蛋白水解酶　胰液中含有胰蛋白酶（trypsin）、胰凝乳蛋白酶（chymotrypsin）、羧基肽酶（carboxypeptidase）、弹性蛋白酶（elastase）。胰液中的蛋白水解酶都是以酶原形式分泌的，胰蛋白酶抑制物是存在于胰液中的一种蛋白质，它能防止因在胰管中的蛋白水解酶原被提前激活而诱发胰腺炎。当胰液进入十二指肠后，小肠液中的肠激酶（enterokinase）可激活胰蛋白酶原，激活后的胰蛋白酶又可以激活包括自身的前体在内的其他蛋白酶原和核酸酶原。

胰蛋白酶主要作用于由赖氨酸和精氨酸羧基端形成的肽键，除非其后是脯氨酸。

胰凝乳蛋白酶主要作用于由酪氨酸、色氨酸和苯丙氨酸羧基形成的肽键。这两种酶可将蛋白质水解为大小不等的多肽及少量氨基酸，而这些多肽又可在羧基肽酶和小肠产生的氨基肽酶的作用下被进一步水解。弹性蛋白酶主要水解弹性蛋白。

（3）脂肪酶与核酸酶　胰脂肪酶（pancreatic lipase）可以将甘油三酯水解为脂肪酸和甘油一酯。胰液中还含有 DNA 酶和 RNA 酶，它们也以酶原的形式分泌，可被胰蛋白酶激活，将核酸水解为核苷酸。

2. 胰液分泌的调节

胰腺外分泌接受神经和体液因素的双重调节，空腹时胰液很少分泌，进食过程和食物对消化道的刺激可引起其分泌，与胃液分泌类似，胰液分泌也可被人为地划分为头期、胃期和肠期，与胃液分泌不同的是肠期对胰液的分泌最为重要。

（1）神经调节　与胃液分泌的调节一样，包括条件反射和非条件反射。反射的传出神经主要是迷走神经，迷走神经节后纤维末梢释放 ACh，直接作用于胰腺细胞，也可通过引起胃泌素释放，间接引起胰腺分泌。神经调节主要在胰液分泌的头期中发挥作用。

（2）体液调节　调节胰液分泌的体液因素主要有两种，促胰液素和缩胆囊素。

酸性食糜进入十二指肠，刺激黏膜内的 S 细胞释放促胰液素（secretin）。此激素主要作用于胰管的上皮细胞，使其分泌大量的水和碳酸氢盐，对腺泡细胞分泌酶的促进作用很小。缩胆囊素（cholecystokinin，CCK）也称胆囊收缩素，脂肪和蛋白质及其分解产物刺激十二指肠和空肠上段黏膜，引起黏膜中的 I 细胞释放 CCK。CCK 的作用是促进胰腺分泌消化酶，促进胆囊平滑肌收缩，引起胆汁排放。

> 🔍 **想一想**
> 试比较一下唾液、胃液和胰液分泌的调节有何异同

除促胰液素和缩胆囊素以外，胃泌素也可以引起胰液的少量分泌，这可能是食糜将要进入十二指肠的一个信号。图 8-12 归纳了胰液分泌不同时期的调节机制。

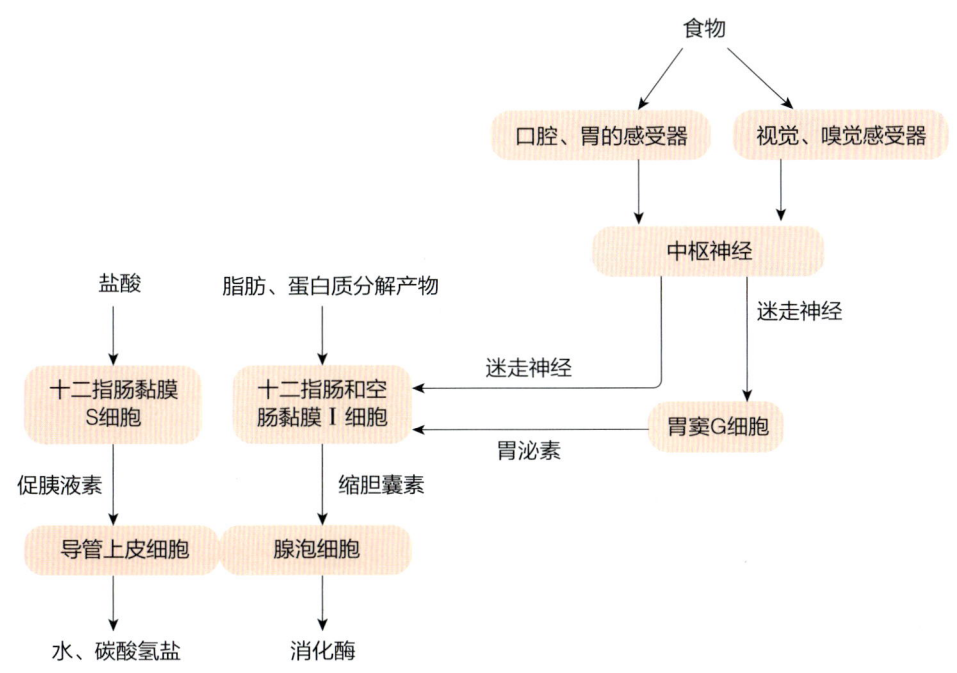

图 8-12　胰液分泌的调节

二、胆汁的分泌

脊椎动物的肝脏不分泌消化酶，但分泌消化脂肪所必需的胆汁。除了分泌胆汁外肝脏还有许多重要的功能。

1. 胆汁的成分和作用

胆汁（bile）是弱碱性的有色有苦味的液体。肝胆汁是指从肝脏分泌出来没有进入胆囊的胆汁，而在胆囊中储存并浓缩后的胆汁称作胆囊胆汁。胆囊胆汁的颜色较肝胆汁深，并因碳酸氢盐被胆囊吸收而呈弱酸性，pH 约为 6.8，成年人每天分泌的胆汁为 800~1 000 mL，人的胆囊可储存 40~70 mL 胆汁。

胆汁的无机成分有 Na^+、K^+、Cl^-、Ca^{2+}、HCO_3^- 等，有机成分包括胆盐、卵磷脂、胆固醇、胆色素和黏蛋白等。胆汁的成分由两种不同类型的细胞分泌，胆盐、胆固醇、磷脂和胆色素是由肝细胞分泌的，而大部分富含 HCO_3^- 的溶液是由胆管的上皮细胞分泌的。胆汁中的胆色素和胆固醇没有消化作用，它们由肝细胞从血液中提取并分泌到胆汁中，部分在小肠中被重吸收，部分随粪便排出体外，这是机体维持胆固醇稳态的机制之一。

（1）胆盐　胆盐（bile salt）是胆汁酸与 Na^+ 或 K^+ 形成的有机盐，约占胆汁中固体成分的 50%。胆汁酸是多种物质的总称，包括初级胆酸和结合胆酸。初级胆酸主要有胆酸（cholic acid）和鹅脱氧胆酸（chenodeoxycholic acid），都是以胆固醇为原料合成的；结合胆酸是初级胆酸与甘氨酸或牛磺酸结合形成的。胆汁中的胆盐主要是结合胆酸的盐，胆汁中也含有一部分以自由酸形式存在的胆汁酸。

胆汁中能够在消化中起作用的成分主要是胆盐和胆汁酸，它们都是双亲性分子，对于脂肪的消化是必需的。它们能像洗涤剂一样乳化脂肪，大大提高酶对脂肪的消化效率，帮助脂肪消化产物的吸收。

进入小肠的胆盐绝大部分（90%~95%）在完成其帮助脂肪消化和吸收的任务之后，于回肠末端被吸收，经血液重新回到肝脏，再分泌到胆汁中，这就是胆盐的肠肝循环（enterohepatic circulation），在一次进食后的消化期，胆盐可进行数次循环。随粪便排出的少量胆汁酸和胆盐，可由肝脏合成补充。

（2）卵磷脂　胆汁中所含的磷脂（phospholipid）主要是卵磷脂（lecithin），约占胆汁固体成分的 30%~40%，也是双亲性分子，因此也有乳化脂肪的作用，并参与混合微胶粒的形成。

（3）胆固醇　胆固醇（cholesterol）是体内脂肪代谢的产物之一，也是生物膜的成分和肝脏合成胆汁酸的原料。胆汁中的胆固醇约占胆汁成分的 4%。据研究，溶解 10 个分子的胆固醇，需要 60~70 个分子的胆汁酸或胆盐以及 20~30 个分子的卵磷脂。正常胆汁在胆囊内因水分被吸收而浓缩 4~10 倍，胆固醇并不析出，这是因为三者浓度同时增高而仍然保持正常含量比例的缘故。如果胆固醇占比过高则会导致胆结石（知识窗 8-2）。

> **知识窗 8-2**
>
> ## 胆 结 石
>
> 　　胆固醇经由胆汁分泌到肠道并排出体外，是机体保持血液中胆固醇稳态的机制之一，同时也是某些降胆固醇药物的作用机制。食物中的纤维能抑制胆盐的吸收，因此能降低血液中的胆固醇。这是因为更多的胆盐逃脱了肠肝循环，肝就会更多地利用血液中的胆固醇来合成胆盐。胆固醇不溶于水，它在胆汁中是存在于微团（micelle）中的，这种微团的直径只有几个纳米，胆盐分子排列在表面，其分子的亲水部分朝外，疏水部分朝内，胆固醇被包裹在中间。胆汁中不仅含有胆盐，还含有胆固醇和磷脂，三者的适当比例是形成微团的条件。肝分泌过多胆固醇或胆汁过度浓缩都会导致胆固醇浓度升高，当胆汁中的胆固醇浓度过高时，胆固醇就不能全部被包裹在微团中，从而形成结晶而沉淀，成为胆结石。另外，胆色素的沉淀也参与胆结石的形成。如果结石较小则可以通过胆总管进入小肠，但较大的结石会堵塞胆囊的开口处，阻碍胆囊收缩，导致胆囊平滑肌痉挛。更严重的情况是结石卡在胆总管中，阻止胆汁流向小肠，这会导致脂肪的消化和吸收以及脂溶性维生素的吸收障碍，还会导致黄疸的发生。除手术治疗外，有些药物也可以帮助溶解胆结石。

（4）胆色素　人胆汁中的胆色素（bile pigment）主要是胆红素（bilirubin），是血红素的代谢产物，约占胆汁固体成分的2%。胆色素在远端小肠及结肠中被细菌还原成尿胆素原，后者一部分随粪便排出，另一部分被吸收入血。血液中胆红素浓度过高可使皮肤、黏膜及巩膜变黄，称为黄疸。

2. 胆汁的分泌、排放与胆囊的作用

肝细胞分泌胆汁是连续的，但胆汁向十二指肠的排放是间歇式的，只在消化期才排放，这是因为胆囊（gall bladder）的作用。在消化间期，胆囊壁平滑肌舒张，Oddi括约肌处于收缩状态，肝脏分泌的胆汁几乎全部进入胆囊储存，在此期间由于Na^+和Cl^-被吸收，胆汁中的水分也随之被吸收，胆汁可以浓缩4~10倍。在消化期，由于Oddi括约肌舒张，胆囊收缩，胆囊中的胆汁以及来自肝脏的胆汁可经胆总管排入十二指肠（图8-13）。

3. 胆汁分泌和排放的调节

胆汁分泌和排放主要受体液因素的调节，神经因素也起一定的作用。

（1）体液因素

① 胃泌素　胃泌素对胆汁的分泌及胆囊平滑肌的收缩均有一定的刺激作用，也可先引起胃酸分泌，后者再作用于十二指肠黏膜，引起促胰液素释放而促进肝胆汁分泌。

② 促胰液素　促胰液素主要的作用是刺激胰液分泌，也有刺激肝胆汁分泌的作用。促胰液素主要作用于胆管系统而非作用于肝细胞，它引起的胆汁分泌主要是水和HCO_3^-含量的增加，胆盐的分泌并不增加。

③ 缩胆囊素　它通过兴奋胆囊平滑肌，引起胆囊的强烈收缩。缩胆囊素对Oddi

图 8-13 胆囊与胆管系统

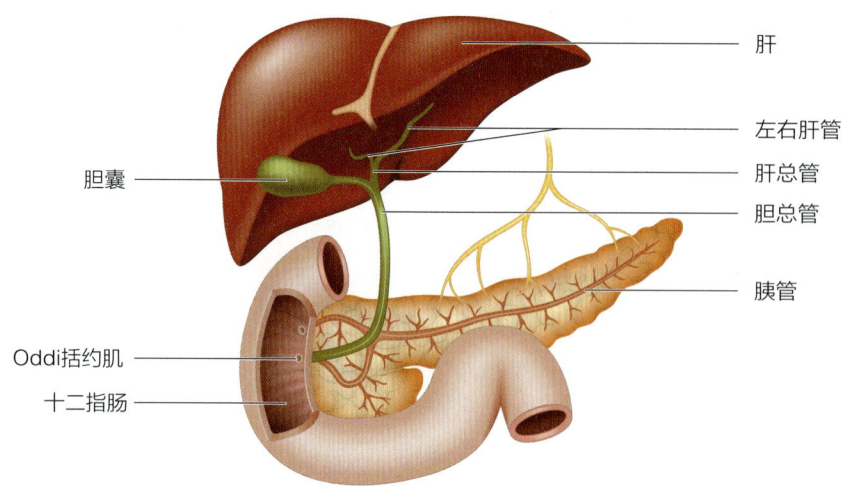

括约肌则有降低其紧张性的作用,因此可促使胆囊汁的大量排放。缩胆囊素也能刺激胆管上皮细胞,使胆汁流量和 HCO_3^- 的分泌增加,但其作用较弱。

④ 胆盐 经肠肝循环返回到肝脏的胆盐有刺激胆汁分泌的作用。实验证明,当胆盐通过胆瘘流失至体外后,胆汁的分泌量将显著低于正常水平。

(2) 神经因素

神经对胆汁分泌和胆囊收缩的作用均较弱。进食动作或食物对胃、小肠的刺激可通过神经反射引起肝胆汁分泌的少量增加,胆囊收缩也轻度加强。反射的传出途径是迷走神经,迷走神经除了直接作用于肝细胞和胆囊外,它还可通过引起胃泌素释放而间接引起肝胆汁的分泌和胆囊收缩。

三、小肠液的分泌

哺乳动物小肠的上皮细胞分泌小肠液,它是两种外分泌腺(伯氏腺和李氏腺)分泌物的混合物。成人每天的分泌量为 1~2 L。伯氏腺(brunner gland)也称十二指肠腺,位于十二指肠的上段,幽门与胰管开口之间,它分泌不含酶的碱性黏液,使十二指肠能够抵抗来自胃的酸性食糜。李氏腺(crypts of Lieberkühn)也称小肠腺,分布于整个小肠,它分泌另一种稀薄的富含酶的碱性液体。

1. 小肠液的成分和作用

小肠液是一种弱碱性液体,pH 约为 7.6,渗透压与血浆相等。大量的小肠液可以稀释消化产物,使其渗透压下降,有利于吸收。小肠液很快被重吸收,这种液体的周转为小肠内营养物质的吸收提供了媒介。小肠液中的 Na^+ 可以帮助单糖和氨基酸以继发性主动转运的形式吸收。小肠液还常混有脱落的肠上皮细胞、白细胞,以及由肠上皮细胞分泌的免疫球蛋白。近年来认为,真正由小肠腺分泌的酶只有肠激酶(enterokinase)一种,它能激活胰液中的胰蛋白酶原,成为有活性的胰蛋白酶。

2. 小肠液分泌的调节

食糜对黏膜的局部机械刺激和化学刺激都可引起小肠液的分泌。小肠黏膜对扩张刺激最为敏感，小肠内食糜的量越多，分泌也越多。一般认为，这些刺激通过肠壁内神经丛的局部反射引起肠腺分泌。胃泌素、促胰液素、缩胆囊素和血管活性肠肽都有刺激小肠分泌的作用。

四、小肠的运动

肠壁中的平滑肌的活动导致小肠的运动，其作用有：① 将内容物与各种分泌物混匀；② 使内容物与肠上皮表面紧密接触，利于吸收；③ 缓慢地推动内容物向大肠前进。

1. 小肠运动的形式

在消化期，小肠运动的形式有紧张性收缩、分节运动和蠕动，后两种运动形式是在紧张性收缩的基础上发生的；在消化间期，小肠的运动形式与消化期不同，呈周期性变化，称为移行性复合运动（migrating motor complex，MMC）。

（1）紧张性收缩（tonic contraction） 小肠的紧张性收缩在空腹时也存在，进食后显著增强。紧张性收缩使小肠保持一定的内压和形状，这有助于食糜（chyme）与黏膜密切接触，有利于食物与消化液的混合，也有利于物质的吸收。

（2）分节运动（segmental motility） 小肠的分节运动是一种以环行肌为主的节律性的收缩和舒张活动。当小肠被食糜充盈时，对肠壁的牵张刺激可引起肠段上一定间隔部位的环行肌同时收缩，将食糜分割成许多小团。随后，原来的收缩区转入舒张，原来的舒张区转入收缩，如此交替反复进行（图 8-14）。

分节运动在进食后才会出现，在小肠上部频率较高，下部频率较低，在人的十二指肠约为 11 次/min，回肠末段约为 8 次/min。分节运动的主要作用是使食糜与消化液充分混合，不明显推进食糜向大肠方向移动。

（3）蠕动（peristalsis） 小肠的蠕动波是由食团前部的环行肌舒张与纵行肌收缩和食团后部的环行肌收缩与纵行肌舒张形成的，通常是胃蠕动波的延续。蠕动是一种协调性很强的肠道运动形式，主要由肠神经系统（ENS）控制，因而可以发生在离体后的肠段。蠕动波的推进速度很慢，在人体为 0.5~2.0 cm/s。小肠蠕动的作用在于推动内容物向前行进，也有帮助食物与消化液混合的作用。但是，并不是每一个蠕动波都能贯穿整个小肠，事实上多数蠕动波只行进 3~5 cm 就消失了，而人小肠的总长度可达 6~7 m。在小肠还有一种行进速度很快、传播较远的蠕动称为蠕动冲（peristaltic rush），它可将食糜从小肠的始端一直推送到末端。

（4）移行性复合运动 在消化间期即空腹状态下，小肠运动的主要形式是周期性的移行性复合运动（MMC）。MMC

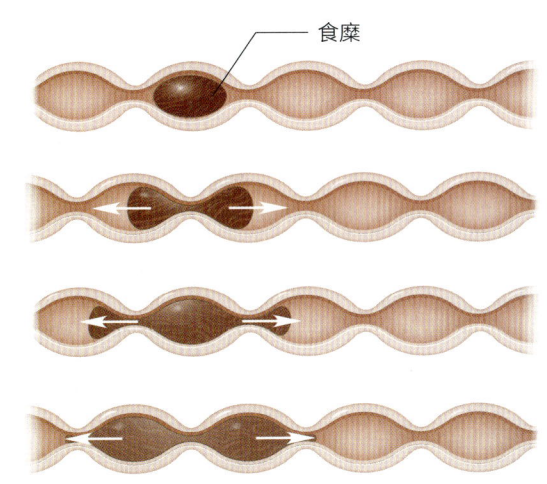

图 8-14 小肠的分节运动

起源于胃的中部，向大肠方向缓慢移行。

小肠 MMC 是一种周期性的时相性收缩，整个 MMC 周期可分为 4 个时相：Ⅰ 相为静止期，几乎没有收缩活动，持续约 40~50 min；Ⅱ 相为间断的不规则收缩期，持续约 40 min；Ⅲ 相为强力收缩期，以最大频率规律地收缩，十二指肠、空肠约为 12 次/min，回肠 10 次/min，持续约 10 min；Ⅳ 相为过渡期，持续约 5 min。MMC 周期平均为 90~120 min。

小肠 MMC 的生理学作用主要有：① 胃肠"清道夫"的作用，在下次进餐前清除黏液、脱落的上皮细胞，排出未消化的食物残渣；② 防止胃肠淤滞及肠道细菌过度增长；③ 产生饥饿信号，促进摄食活动。

2. 小肠运动的调节

（1）内在神经丛的作用　局部的机械和化学刺激在调节小肠运动中有非常重要的作用，当小肠受到扩张刺激时，平滑肌收缩加强。高张或低张溶液、低 pH，蛋白质消化产物如氨基酸和多肽也能刺激小肠的运动。这都属于局部反射，由内在神经丛负责整合。切断小肠的外来神经，小肠的蠕动仍可进行。

（2）外来神经的作用　一般来说，副交感神经的兴奋能加强小肠运动，而交感神经兴奋则产生抑制作用。副交感神经在小肠运动中的作用没有其在胃的运动中的作用那样重要。

想一想

试将小肠运动的调节与胃运动的调节做一比较，二者有何异同？

（3）体液因素的作用　小肠壁内的神经丛和平滑肌对各种化学物质具有广泛的敏感性。除两种重要的神经递质 ACh 和 NE 外，还有一些肽类激素和胺类物质可以对小肠运动产生影响，如胃泌素、P 物质和 5- 羟色胺可加强肠运动；而促胰液素、生长抑素和 VIP 等可抑制小肠的运动。

3. 小肠内容物向大肠的推进

位于回肠和大肠交界处的回盲括约肌（ileocecal sphincter）在多数时候都保持中等程度的收缩，但是，当蠕动波到达时可以引起其舒张，并使得食糜从小肠进入盲肠。然而，食糜对盲肠的扩张刺激则可以导致回盲括约收缩加强。回盲括约肌的关闭，可以延长食糜在小肠内的停留时间，有利于食物在小肠内的消化和吸收，同时也有防止大肠内容物（含有细菌）返回小肠的功能。

第五节　大肠的功能

人的大肠直径约为 6.5 cm，长度约为 1.5 m，分为盲肠、结肠和直肠。尽管大肠的直径远大于小肠，但因为缺少皱褶和绒毛，其黏膜的表面积却比小肠小得多。大肠的上部是盲肠，阑尾是一个手指形的突起，主要有免疫功能，并且能够在因为疾病导致大肠微生物群落发生改变时起到保存有益细菌的作用。结肠包括三个部分，升结肠、横结肠和降结肠。

人类的大肠没有重要的消化活动。大肠的主要功能一是储存消化吸收后的食物残渣，二是吸收水分和无机盐。草食性动物的盲肠很大，其中生活着大量的细菌和原生动物，它们能分解和消化纤维素，消化产物可被草食性动物吸收利用。人类的大肠也吸收一些细菌的产物，现在认为结肠中的细菌对人体健康有重要的贡献。

一、大肠液的分泌

大肠液中不含酶，是一种稀的碱性的黏液，含有 HCO_3^- 和 K^+，因此腹泻会引起机体缺 K^+，严重时还会导致酸中毒。

二、大肠的运动和排便

1. 大肠的运动

大肠的运动少而慢。大肠运动的形式主要有袋状往返运动和蠕动。袋状往返运动发生在结肠，是由环行肌的不规则收缩引起的，类似于小肠的分节运动，但速度更慢，可以使结肠形成一串结肠袋。邻近的位点发生交替收缩，结肠袋中的内容物向前后两个方向作短距离移动，对内容物起到混合和缓慢的揉搓作用。大肠蠕动的作用在于将内容物向远端推进。

2. 粪便的形成和排出

食物残渣在大肠内一般停留 10 h 以上，绝大部分水被大肠黏膜吸收，其余部分经细菌的发酵和腐败作用后，即形成粪便。

排便（defecation）是一种反射动作。平时直肠内没有粪便，当结肠的蠕动将粪便推入直肠后，刺激直肠壁内的感受器，传入冲动沿盆神经和腹下神经传至脊髓腰骶段的初级排便中枢，经脊髓上传至大脑皮层，产生便意。大脑皮层在一定程度上可控制排便活动，如果条件许可，即可发生排便反射，初级排便中枢通过盆神经发放冲动，使结肠和直肠收缩，肛门内括约肌舒张，同时抑制阴部神经使其传出冲动减少，肛门外括约肌舒张，将粪便排出体外。此外，膈肌和腹肌收缩，增加腹内压，协助排便。

如果大脑皮层经常抑制排便，就会降低直肠对粪便刺激的敏感性，从而不易产生便意。粪便在大肠内停留过久，水分吸收过多而变得干硬，引起排便困难，这是便秘最常见的原因之一。食物中的纤维素可以防止便秘。

拓展阅读 8-4
便秘与腹泻

三、肠道微生物

在人体和多数动物的肠道中存在着数量庞大的微生物，据估计人体大肠中的细菌数量可达 10^{14}，约占粪便质量的 20%~30%。这群微生物依靠动物的肠道生活，它们往往具有人或动物自身不具备的代谢功能。肠道微生物本身及其代谢产物不仅能调节人体健康，更在膳食和宿主之间起到了重要的桥梁作用。例如，某些未被消化的多糖（纤维素）被细菌转化成了短链的脂肪酸并被吸收，新的证据表明这些脂肪酸有可能在免疫、心血管活动和神经活动中发挥重要功能。大肠分泌的 HCO_3^- 能中和这些脂肪酸带来的酸性。这些细菌同时也合成少量的维生素，尤其是维生素 K，在食物中缺少维生素时，大肠产生的维生素就显得非常重要。

第六节　吸收

脊椎动物的吸收主要在小肠中进行，胃只能吸收少量的水和乙醇，大肠也只吸收水、无机离子和一些细菌代谢的产物。消化系统几乎不加区别地吸收所有摄入的营养物质，因此不能调节这些物质的平衡和稳态，当摄入的能源物质过剩时将会导致肥胖。

糖类、蛋白质和脂肪的消化产物大部分在十二指肠和空肠被吸收，回肠能主动吸收胆盐和维生素 B_{12}。食物中大部分营养在到达回肠时，通常已被吸收完毕，因此回肠是吸收功能的储备部分。小肠内容物在进入大肠后可被吸收的物质已非常少。本节主要描述碳水化合物，蛋白质、脂肪的吸收，核酸的情况与碳水化合物相似，我们不在此讨论。

一、小肠的结构特点和吸收机制

1. 小肠的结构特点

在人类，小肠是胃肠道中最长的一段（5~7 m），小肠内表面在结构上有一些显著的特点，以增大其表面积达 600 倍之多，为 250~300 m²。其一，黏膜层和黏膜下层形成大量的环形皱褶称作环状襞（circular fold）；其二，黏膜向肠腔内形成指状突起，数量巨大，称作绒毛（villi），绒毛长 0.5~1.5 mm，直径 0.2~0.3 mm，绒毛内部有毛细血管网和一根淋巴管，后者称作中央乳糜管（central lacteal），每平方毫米黏膜上约有 10~40 根绒毛；其三，绒毛表面的上皮细胞的顶端也有大量的微绒毛（原生质突起，长约 1 μm）。巨大的面积是吸收功能的基础（图 8-15）。

图 8-15　小肠黏膜的结构示意图

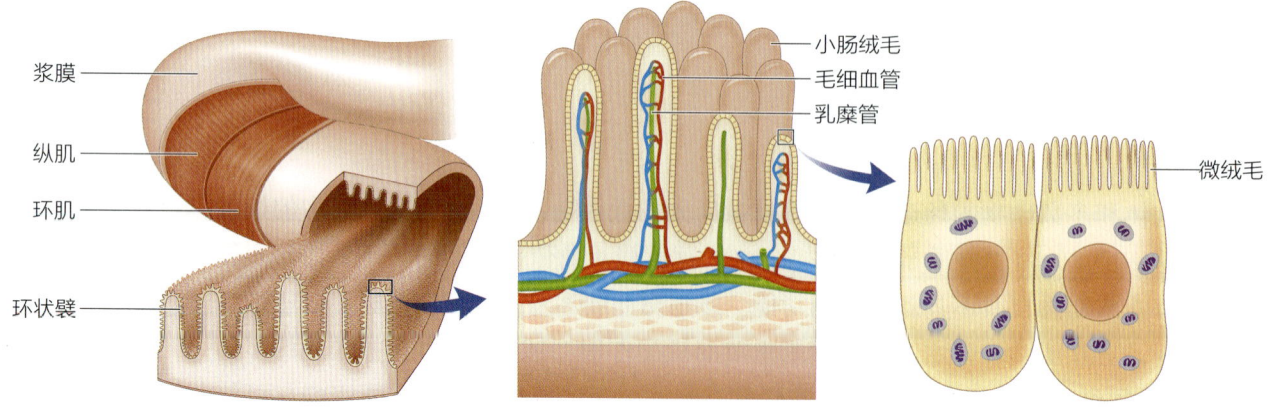

2. 吸收机制

吸收主要通过吸收细胞顶端的微绒毛（microvilli）进行，微绒毛的消化和吸收机制依赖多糖－蛋白复合物、与细胞膜密切接触的消化酶和细胞膜中的转运蛋白。在基底膜一侧，其他转运机制将这些物质运出吸收细胞，通过组织液，最终进入血液或淋巴。

多糖－蛋白复合物形成丝状的细胞外被，它们与微绒毛的膜是连续的，丝状的细胞外被是糖蛋白的糖链部分，其蛋白部分嵌在细胞膜中。另外，刷状缘（包括微绒毛和细胞外被）含有消化酶，包括二糖酶、氨基肽酶和磷酸酯酶等，这些酶完成消化的最后步骤，将部分消化产物分解成可吸收的分子。

吸收机制包括简单扩散、易化扩散、共转运、逆转运和主动转运。简单扩散可以穿过脂质双层或者水通道，通过脂质双层吸收的物质有脂肪酸、甘油一酯、胆固醇以及其他脂溶性的物质；水通道只允许水分子和一些小分子的溶质通过；单糖、氨基酸和小分子肽由于分子中含有极性基团或带有电荷，它们无法通过脂质双层，需要以易化扩散和继发性（次级）主动转运的方式跨过上皮细胞。

二、糖类的吸收

多糖只有被消化成单糖后才能被吸收。各种单糖的吸收速率有很大差别，在六碳糖中半乳糖和葡萄糖吸收最快，果糖次之，甘露糖最慢。

十二指肠和空肠上段吸收糖的能力最强，空肠下段和回肠吸收糖的能力逐渐减弱。葡萄糖和半乳糖通过上皮细胞质膜上的 Na^+－单糖同向转运体（SGLT）而被主动摄入至上皮细胞内（图 8-16），由于它们共用载体，所以葡萄糖和半乳糖的吸收存在竞争性。这一跨膜转运利用的是膜两侧的 Na^+ 的势能，由于 Na^+-K^+ 泵的作用，上皮细胞内 Na^+ 浓度很低，肠腔中 Na^+ 的存在可增加葡萄糖和半乳糖的吸收。葡萄糖和半乳糖在基底侧膜经同向转运体（GLUT2）转运出肠上皮细胞，这是一个被动转运过程。其他单糖的吸收机制与葡萄糖和半乳糖相似。

还有的单糖通过一种称作水解转运的机制被摄入吸收细胞，一个连接在膜上的糖苷酶能够水解二糖，但它同时又作为转运体或者与转运体耦联，将水解生成的单糖转运入细胞。

通过上皮细胞以后，单糖通过扩散进入小肠绒毛中间的毛细血管。这些毛细血管中的血液汇合后通过肝门静脉直接进入肝。在肝中，在胰岛素的影响下，葡萄糖被摄入肝细胞，合成糖原而贮存，在血糖浓度下降时又可分解成为葡萄糖，供肝细胞利用或重新进入血液以维持血糖浓度。

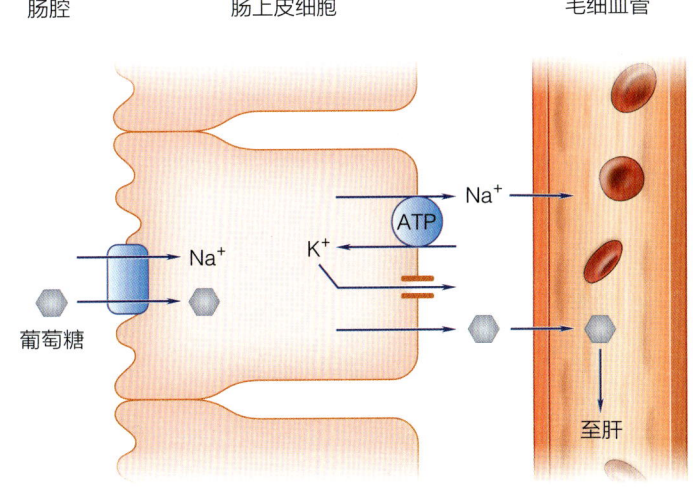

图 8-16 小肠上皮细胞吸收葡萄糖的机制

三、蛋白质消化产物的吸收

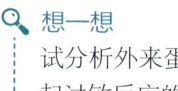
想一想
试分析外来蛋白质引起过敏反应的原因

在新生哺乳动物，少量蛋白质可以通过入胞作用进入吸收细胞，这一机制可以使新生个体摄取来自母亲乳汁中的免疫球蛋白，以增加自身的免疫力。这也是提倡母乳喂养的依据之一。其实婴儿吸收蛋白质的能力比某些动物的幼崽弱，如反刍动物和啮齿动物。随着年龄的增大，小肠直接吸收蛋白质的能力减弱。外来蛋白质如果被吸收不但没有营养价值，而且还会引起过敏反应。事实上，在除了婴儿期以外的其他阶段，几乎所有蛋白质都是在被消化成氨基酸和小分子肽后才被吸收的。

健康的成人每天需要摄入至少 40~50 g 蛋白质来供应必需氨基酸和补充代谢损失的氨基酸，维持氮平衡。消化酶本身以及脱落细胞中的蛋白质也会被消化。小肠的刷状缘含有大量的肽酶（peptidase），这些肽酶是膜蛋白的组成部分，它们的活性部位面向肠腔。胰液中的蛋白酶和刷状缘的肽酶消化蛋白质后的主要产物是小分子肽和氨基酸。小分子肽（主要是二肽、三肽和四肽）的浓度比氨基酸高 3~4 倍。小分子肽和氨基酸经刷状缘的质膜转运入肠上皮细胞。在肠上皮细胞中，小分子肽被肽酶水解，变成氨基酸再进入血液。

氨基酸和小分子肽的吸收机制与单糖的吸收机制类似，也是通过次级主动转运的方式进入上皮细胞。二肽或三肽的转运速度通常超过氨基酸的转运速度。上皮细胞的膜上具有高特异性的膜转运体，负责吸收小分子肽，这种转运体对二肽和三肽具有较高的亲和力，而对四肽或更大的肽的亲和力较低。其转运机制是 H^+-肽同向转运，动力来自 H^+ 跨膜的电化学势差，而 H^+ 的电化学势的建立是由质子泵完成，需要消耗能量。

氨基酸由特异性的氨基酸转运体将其通过刷状缘的质膜转运入肠上皮细胞，至少有 7 种不同的转运体已被发现。一些转运体依赖于 Na^+ 梯度，而另一些转运体与 Na^+ 无关。

四、脂类的消化和吸收

1. 脂肪的消化

由于脂肪的疏水性，它们的消化比较困难，这是因为胰脂肪酶是水溶性的，它的作用只能发生在脂肪滴的表面。脂肪必须经过特殊的二步处理才能有效地被脂肪酶水解（图 8-17）。第一步是乳化（emulsify），小肠分节运动的搅拌作用使脂肪分散成脂肪微滴（emulsion droplet），直径大约 1 mm。这种乳化作用是在胆盐和磷脂的帮助下在弱碱性环境下进行的，胆盐是双亲性分子，可以在水相溶液中分散脂肪。胰腺还分泌辅脂酶（colipase），这是一种双亲性的蛋白质，它能与脂肪酶结合并帮助脂肪酶保持在脂

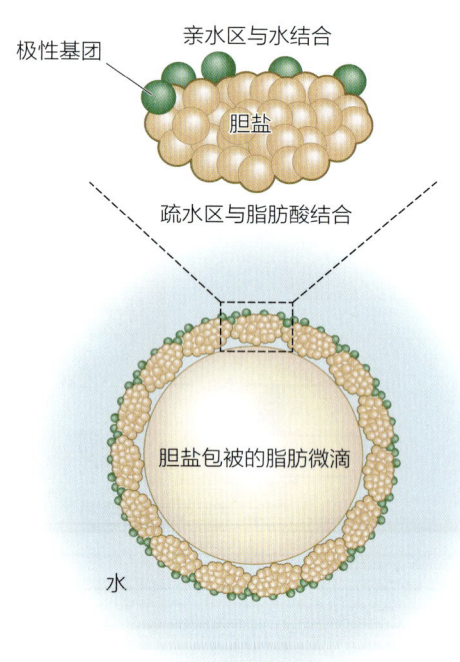
图 8-17　脂肪的乳化

肪微滴和微团的表面。第二步是在胆盐的帮助下形成微团,微团的脂肪核的直径约为乳化后脂肪微滴大小的十几万分之一(4~7 nm),胆盐和磷脂分子排列在表面。这极大地增大了胰脂肪酶的作用面积,同时也帮助脂肪消化产物和脂溶性维生素穿过上皮细胞表面的静水层,加快吸收速率。

2. 脂类的吸收

脂肪消化产物中的甘油一酯、脂肪酸以及食物中的胆固醇和脂溶性维生素等与胆盐一起形成微团,通过上皮细胞表面的静水层。这一步是脂类吸收的限速步骤。通过静水层后,它们通过扩散作用进入上皮细胞,而胆盐则重新回到肠腔中继续协助脂肪的消化和吸收。此外,刷状缘膜上的 Na^+ – 脂肪酸同向转运体可以运送长链脂肪酸通过质膜。

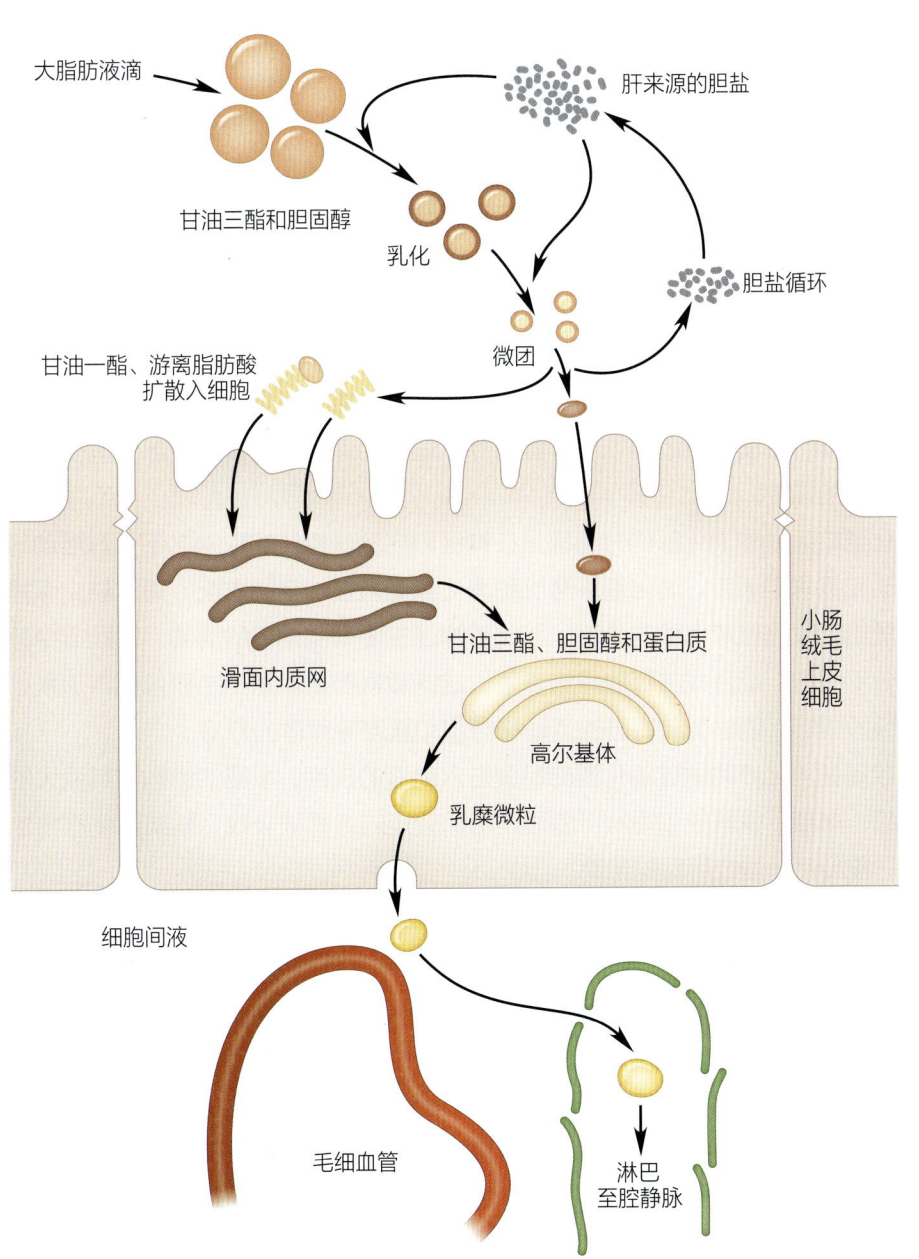

图 8-18 脂肪的消化和吸收

> **想一想**
> 试总结一下胆盐在脂肪消化和吸收中的作用

> **拓展阅读 8-5**
> 水、电解质和维生素的吸收

脂肪酸和甘油一酯在上皮细胞内重新合成甘油三酯，甘油三酯与磷脂、胆固醇和脂溶性维生素一起形成乳糜微粒（chylomicron）。乳糜微粒属于五种脂蛋白中的一种，它的外围是一层蛋白质，直径 80~500 nm，包含在高尔基体形成的小泡中，然后通过出胞作用从基底膜排出胞外，大部分进入中央乳糜管。淋巴最后经胸导管进入腔静脉，这一部分吸收的脂肪跳过了肝脏直接进入血液循环（图 8-18）。

十二指肠和空肠吸收脂肪最活跃，大多数摄入的脂肪在食糜到达空肠中段时已被吸收。正常粪便中的脂肪不是来源于摄入的脂肪，而是来源于结肠的细菌和脱落的肠上皮细胞。胆盐的吸收发生在回肠末端，也就是说胆盐是在完成其在肠腔中的使命后才被吸收的。

※ 小结

作为异养生物，动物必须从外界摄取营养物质来为自身提供能量，维持机体内环境的稳态，而这些营养物质必须经过消化后才能被吸收。消化是指食物中的大分子营养物质被分解成可被吸收的小分子物质的过程。在高等动物中，消化是在消化道内完成的，消化道由口腔、食管、胃、小肠和大肠构成。消化道的腔是机体的外环境，其中小肠是最为重要的消化场所。在消化中起关键作用的是由消化腺分泌的消化酶，消化腺分泌的消化液包括唾液、胃液、胰液、胆汁、小肠液和大肠液。唾液中含有淀粉酶，胃液中有胃蛋白酶原。胰液含有多种酶，是所有消化液中消化力最强、消化功能最全面的一种。消化道管壁上的平滑肌的收缩可使消化道运动，搅拌食物并以适当的速度推进食物或部分消化产物，以适应消化过程的需要。

消化道的运动和消化腺的分泌都是在神经和内分泌系统的控制之下，其活动与机体的整体活动和需求相适应。消化道平滑肌和消化腺受自主神经的支配，通常副交感神经可以加强平滑肌的收缩和消化腺的分泌，而交感神经主要抑制他们的活动。胃肠道中分布有大量的内分泌细胞，能合成并释放胃肠激素，这些激素都是多肽，主要包括胃泌素、缩胆囊素和促胰液素等，能够调节胃肠的运动和胃腺和胰腺等腺体的分泌。

吸收是指消化产物透过消化道的黏膜进入血液的过程，小肠的结构与其强大的吸收功能相适应。单糖、氨基酸和短肽可以通过协同转运的方式被吸收，脂肪消化产物的吸收较为复杂，需要胆汁酸或胆盐的帮助。

※ 思考题

1. 消化道的神经支配有何特点？
2. 试比较唾液、胃液和胰液分泌的调节有什么共同点和不同点。
3. 胃和小肠中有大量的蛋白酶，它们为何没有把自身消化掉？
4. 哪些因素可以影响胃酸的分泌？临床上常用的抑制胃酸的药物有哪些？它们的作用机制是什么？

5. 多糖、脂肪和蛋白质分别是怎样被消化的，它们的消化产物是以怎样的形式经什么途径被吸收的？

※ 推荐阅读

1. 王志均. 巴甫洛夫：一个从神坛上请下来的人 [J]. 生物学通报，1995，(3): 44-45.

该文简要介绍了俄国生理学家巴甫洛夫的生平和对生理学的贡献。

2. KONTUREK S J, KONTUREK P C, BRZOZOWSKI T, et al. From nerves and hormones to bacteria in the stomach; Nobel Prize for achievements in gastrology during last century [J]. Journal of physiology and pharmacology, 2005, 56(4): 507-530.

该文总结了过去 100 年中消化生理学领域获得过诺贝尔奖的科学发现。

3. BINDER H J. Development and pathophysiology of oral rehydration therapy for the treatment for diarrhea [J]. Digestive diseases and sciences, 2020, 65: 349-354.

该文阐述了补充水和电解质在治疗腹泻中的作用及机制。

4. MARSHALL B J, WARREN J R. Unidentified curved bacilli in the stomach of patients with gastritis and peptic ulceration [J]. The lancet, 1984, (8390): 1311-1315.

该文阐述了幽门螺杆菌的发现以及该细菌与胃炎和胃溃疡之间的关系。

5. FIELD M. Intestinal ion transport and the pathophysiology of diarrhea [J]. The journal of clinical investigation, 2003, 111(7): 931-943.

该文介绍了肠道离子的转运及腹泻的病理机制。

6. BORNSTEIN J C, COSTA M, GRIDER J R. Enteric motor and interneuronal circuits controlling motility [J]. Neurogastroenterology and motility, 2004, 16 (Suppl 1): 34-38.

该文介绍了消化道内在神经如何控制肠的运动。

（撰写：陈强；审修：袁崇刚、梅岩艾）

第九章

渗透调节与排泄

排泄（excretion）是指生物体把新陈代谢的终产物、体内过剩的物质及进入机体的异物（如药物）等排出体外的过程。人体有多种排泄途径，呼吸系统通过呼气运动排出 CO_2，同时带走少量水和挥发性物质；皮肤以不感蒸发和出汗的形式排出水，同时带出少量 NaCl、KCl、尿素和乳酸等；消化系统主要排出未能吸收的食物残渣，同时排出部分水、无机盐和胆色素等；泌尿系统是人体最重要的排泄系统，泌尿系统排出的代谢产物种类多、数量大。泌尿系统通过尿的生成（urine formation）实现排泄功能，肾是尿生成的器官，由肾生成的尿液经输尿管到达膀胱，膀胱是暂时储存尿液的器官，尿液最后通过尿道排出体外（图9-1）。肾通过尿生成，实现对机体水和电解质平衡、酸碱平衡、渗透压稳定、动脉血压等的调节功能。肾还可合成和分泌多种生物活性物质，如促红细胞生成素、肾素、1,25-二羟维生素D、前列腺素、激肽等。

本章重点阐述了人泌尿系统的组成、肾的功能结构特点、尿在肾内生成的具体过程、神经体液因素对尿生成的调节，以及肾如何通过尿生成实现对机体的水盐平衡、酸碱平衡和渗透压稳定的调节。

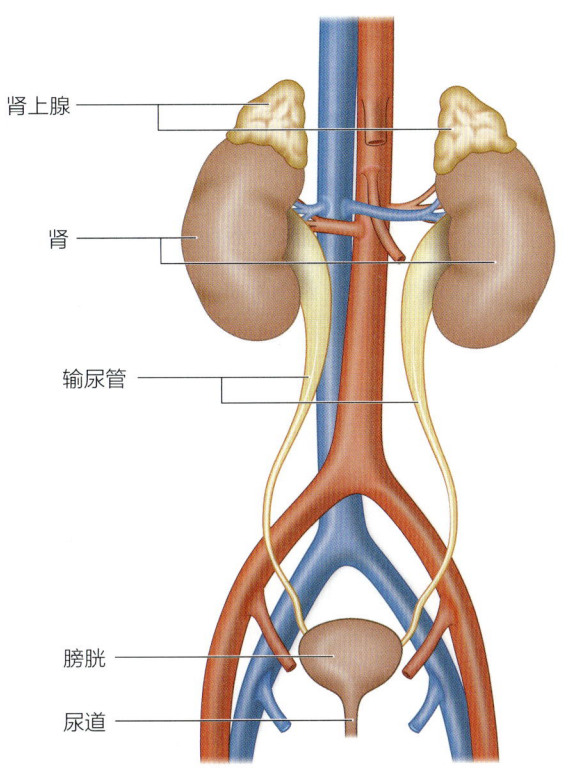

图 9-1　泌尿系统（不包括肾上腺的组成）

标注：肾上腺、肾、输尿管、膀胱、尿道

第一节　水、电解质及渗透压调节

一、细胞内外液、离子分布及渗透压

地球上的生命起源于海洋，海洋里的单细胞生物是最原始的生命形式，因此，水是地球上所有生物体赖以生存的基本物质。单细胞生物体的细胞膜将原始生命形式赖以生存的各种物质和细胞器与海洋环境分离开来，保证了细胞内容物的相对稳定，从而使得各种生命过程能够顺利进行。海水是原始生物体赖以生存的环境，海水中除了有海洋生物生存所需的营养物质外，还溶解了各种电解质，其中主要是 NaCl。因此，在生命诞生之初就适应生活在以 NaCl 为主的电解质溶液中。当原始的单细胞生物体进化为多细胞生物体后，体内大量的细胞并不能与外界环境直接接触，生物体有了细胞内液和细胞外液之分，细胞外液成为机体细胞生存的直接环境，即生理学中所指的内环境。细胞外液仍然保留了类似海洋环境的基本特征，是一种以水为溶剂，以 NaCl 为主的多种电解质溶液。

新陈代谢是生命的基本特征。原始海洋单细胞生物体从海水中获取生存所需的营养物质，代谢产物直接排出到海水中，排泄过程比较简单。生物体进化为多细胞生物体后，排泄过程也变得越来越复杂。当生物体进化出现排泄系统后，排泄系统承担了排出机体代谢产物的主要功能，泌尿系统就是高等生物体最主要的排泄系统。

生物体内含有大量的水。在人体，水约占体重60%。生物体内所含的水及溶解于其中的各种物质被称为体液，分为细胞内液和细胞外液。细胞内液和细胞外液在组成成分上有很大不同，大多数生物体的细胞内液有较高浓度的K^+、磷酸盐和蛋白质，但Na^+、Ca^{2+}、Cl^-等离子浓度远低于细胞外液（表9-1）。

表9-1　哺乳动物骨骼肌细胞内外液中主要无机离子浓度

离子	胞外浓度/（mmol·L^{-1}）	胞内浓度/（mmol·L^{-1}）
Na^+	145	12
K^+	4.5	155
Cl^-	116	4.2
Ca^{2+}	1	10^{-4}

注：表中Ca^{2+}浓度为游离Ca^{2+}浓度

细胞膜是一种高度特化的半透膜，除了少数脂溶性小分子物质（如O_2、CO_2及一些甾体类激素）外，大多数与生命活动相关的物质，包括小分子的无机离子都无法自由通过。然而细胞膜对水有一定的通透性，因此，细胞内外液中分布的各种离子形成的渗透压会影响水在细胞内外液之间流动。当细胞外液中渗透压降低时，在渗透压差的作用下，水分从细胞外进入细胞，引起细胞肿胀，而当细胞外液的渗透压升高时，会导致水分从细胞流出，引起细胞皱缩。细胞无论肿胀或是皱缩，都会严重影响各种生命活动的进行，因此，维持细胞外液渗透压的稳定是生命活动正常进行的重要环节。

二、不同环境中动物的渗透压调节

生物体在生存、繁衍和进化过程中，经历了从海洋生物到淡水生物、从水生生物到陆生生物等多种演化过程，随着生存环境的变化，自身发生了许多适应性的改变。大多数海洋无脊椎动物还不具备调节机体渗透压的功能，当周围环境——海水的渗透压发生变化时，机体渗透压也会相应发生改变，细胞外液的各种离子浓度也与海水的离子浓度相同，这类动物被称为变渗动物（metaosmotic animal），而随着生物进化，动物逐渐进化出一套能够自主调控体液渗透压的能力，这类生物体内渗透压能够保持相对稳定，称为调渗动物（osmotic animal）。

淡水中溶质浓度很低，渗透压远低于体液的渗透压，因此，生活中淡水中的动物一方面要抵抗水分进入细胞导致的肿胀，还要防止体内电解质的流失。生活在淡水中的两栖类动物（如青蛙）能够产生稀释的尿液，防止体内电解质的流失。海水的渗透压可达到1 000 mmol/L，远高于一般动物体内的渗透压。生活在海洋中的生物（如海洋硬骨鱼类）鳃除了承担呼吸任务外，还可将海水中摄入过多的盐主动排出体外。软骨鱼体液的渗透压几乎与海水相等，但体内NaCl的浓度却比海水低，软骨鱼通过直肠腺将体内过多的NaCl排出体外。海洋鸟类和爬行类动物通常情况下无法获得淡水，而在饮用海水时会摄入过多的盐，它们通过盐腺排出体内过多的盐。鸟类的盐腺位于眼眶上部，爬行动物的盐腺位于鼻部或眼部附近。盐腺能够对机体的盐负荷做出迅速反应。当体内的盐负荷升高后，数分钟内盐腺便开始分泌，而当过多的盐负荷消失，盐腺的分泌活动随即停止。生活在沙漠等极端缺水环境中的动物往往昼伏夜出，在高温的白天隐匿在凉爽的洞穴，避免体温升高水分丧失。此外，像沙漠鼠等动物能产生高渗的尿液，排出干燥的粪便以减少身体水分丢失，维持机体渗透压。骆驼能够避免发汗而导致机体水分丢失，因此在白天体温会升高；骆驼还通过排出干燥的粪便和高渗的尿液，避免过多水分的丢失，在缺水的情况下，骆驼甚至能够不排尿，而是将机体代谢产生的尿素暂时储存在体内。

动物进化出肾以后，肾不仅能够排出机体新陈代谢产生的终产物，还能对尿液进行浓缩和稀释，当机体水过剩时，通过排出稀释的尿液，排出体内过多的水分，而当机体水相对不足时，通过排出浓缩的尿液，减少机体水分的丢失。同时，肾还能调节机体盐的排出能力，机体盐负荷过剩时，盐的排出增加，而当机体盐负荷不足时，盐的排出减少甚至几乎不排出盐。因此，肾不仅是机体最重要的排泄器官，也在机体水和电解质平衡中起到关键作用。

第二节　肾的形态结构与血流灌注

一、肾的形态结构

人体有两个肾，形似蚕豆，在脊柱两侧，左右各一，每个肾重 120～150 g。肾为实质性器官，沿冠状面切开，可见肾实质和肾盂。肾实质分为皮质和髓质。皮质覆盖在髓质表层，主要由肾小体和肾小管组成（图 9-2）。髓质位于皮质深部，由 15～25 个肾锥体（renal pyramid）构成。锥体的底部朝向皮质髓质交界，而顶部伸向肾窦，终止于肾乳头（renal papilla）。在肾单位和集合管生成的尿液，经集合管进入肾小盏，再进入肾大盏和肾盂，最后经输尿管到达膀胱。肾盏、肾盂和输尿管壁有平滑肌，当平滑肌收缩时可促进尿液送入膀胱。膀胱是暂时储存尿液的器官，当膀胱内的尿液达到一定容积后，在神经系统的控制下通过排尿活动经尿道排出体外。

1. 肾单位

肾单位（nephron）是尿生成的基本功能单位。

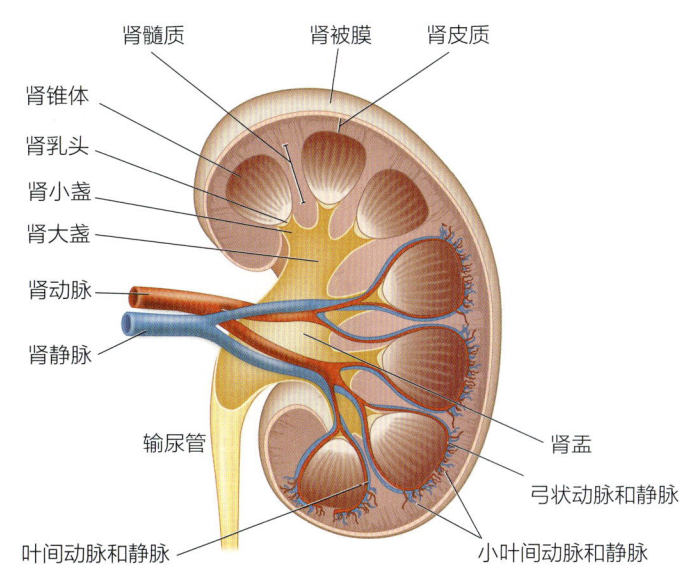

图 9-2　肾的基本形态

正常人每侧肾约100万个肾单位，它与集合管（collecting duct）共同完成尿生成过程。肾单位由肾小体（renal corpuscle）和肾小管（renal tubule）构成。肾小体则包括肾小球（glomerulus）和肾小囊，也称鲍曼囊（Bowman's capsule）两部分。肾小球是由入球小动脉（afferent arteriole）和出球小动脉（efferent arteriole）之间一团彼此吻合的毛细血管网盘曲而成。肾小囊有脏层和壁层两部分，脏层包绕在肾小球毛细血管外侧，与肾小球毛细血管内皮细胞和基底膜共同构成滤过膜，壁层则与肾小管相连。肾小管可分为近端小管（proximal tubule）、髓袢细段（loop of Henle）和远端小管（distal tubule）。近端小管可分为近曲小管和近直小管（髓袢降支粗段），远端小管又可分为远直小管（髓袢升支粗段）和远曲小管。髓袢按其走行方向又分为降支（descending limb）和升支（ascending limb）。髓袢降支包括髓袢降支粗段和降支细段；髓袢升支包括髓袢升支细段和升支粗段。远端小管与集合管（collecting duct）相连接。集合管在结构上不属于肾单位，但在功能上和远端小管有许多相似之处，在功能上是远端小管的延续。

肾单位按其所在部位不同，分为皮质肾单位（cortical nephron）和近髓肾单位（juxtamedullary nephron）。皮质肾单位的肾小体位于外皮质层和中皮质层，近髓肾单位的肾小体位于内皮质层，靠近髓质的位置。两种肾单位不仅在位置分布上有区别，在结构和功能上也有明显不同。二者结构和特点见图9-3和表9-2。

2. 球旁器

球旁器（juxtaglomerular apparatus）是位于肾小球附近的特殊细胞群，由球旁细胞（juxtaglomerular cell）、致密斑（macula densa）和球外系膜细胞（extraglomerular mesangial cell）三部分组成，也称为近球小体（图9-4）。

（1）球旁细胞　球旁细胞又称颗粒细胞，是入球小动脉中膜内的一群特化的肌上皮样细胞，细胞呈球形或卵圆形。球旁细胞内含分泌颗粒，能合成、储存和分泌肾素。

（2）致密斑　致密斑位于入球小动脉和出球小动脉的夹角处，是同一肾单位远

图9-3　皮质肾单位和近髓肾单位示意图

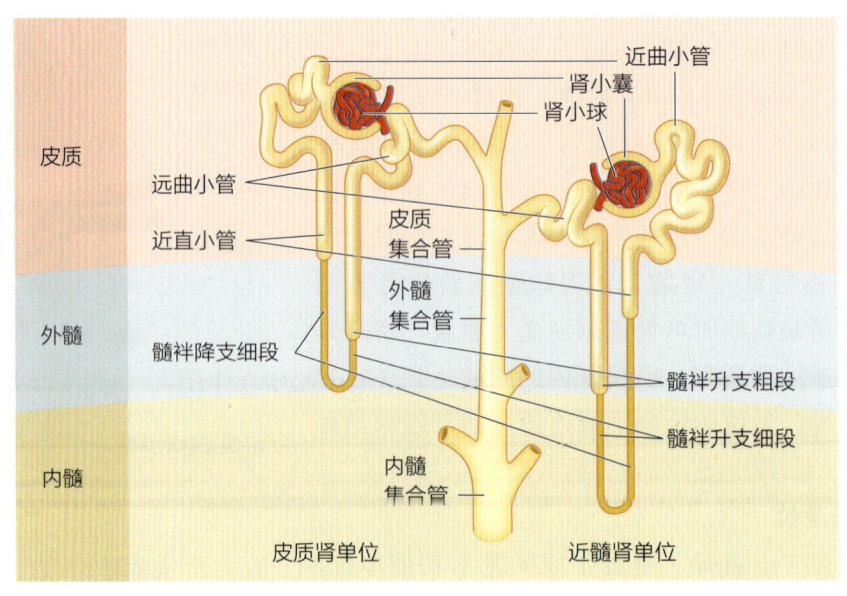

表 9-2 皮质肾单位和近髓肾单位的结构和特点

	皮质肾单位	近髓肾单位
分布	外皮质层和中皮质层	内皮质层
数量	多，占 85%～90%	少，占 10%～15%
肾小球体积	小	大
血管口径	入球小动脉 > 出球小动脉	入球小动脉 = 出球小动脉
出球小动脉分支	形成肾小管周围毛细血管网	形成肾小管周围毛细血管网和直小血管
髓袢	短，只达外髓质层	长，深到内髓质层
球旁器	有	无
功能	排泄，调节血压	与尿的浓缩和稀释有关

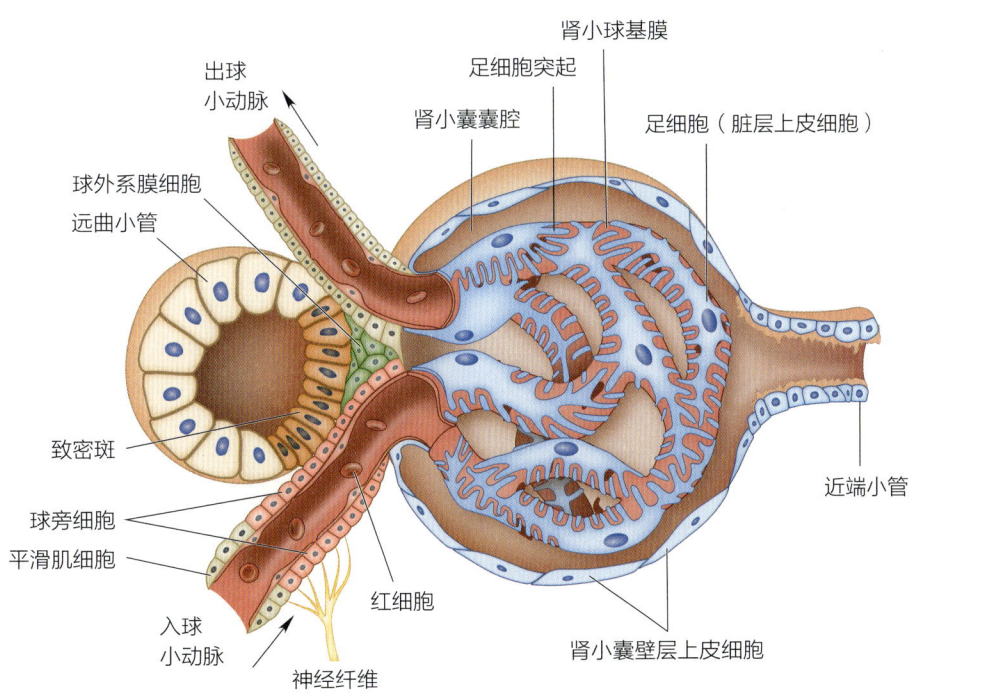

图 9-4　肾小球与球旁器

端小管起始部一群特化的高柱状上皮细胞。致密斑可感受小管液中 NaCl 含量的变化，并将信息传给入球小动脉和出球小动脉，调节其舒缩，影响肾小球滤过和球旁细胞肾素的释放（参见后文"管-球反馈"）。

（3）球外系膜细胞　球外系膜细胞是位于入球小动脉、出球小动脉和致密斑之间的一群间质细胞，球外系膜细胞不仅具有间质细胞的一般功能特征，还能在致密斑感受器和入出球小动脉、球旁细胞之间的信息传递中起中介作用。

3. 肾的血管分布

肾的血液供应来自腹主动脉分出的左、右肾动脉。肾动脉经肾门入肾后，分出数条肾间动脉，再依次分支形成叶间动脉、弓状动脉、小叶间动脉，然后沿途分出入球小动脉。入球小动脉分支形成肾小球毛细血管网，而后再汇集成出球小动脉。出球小

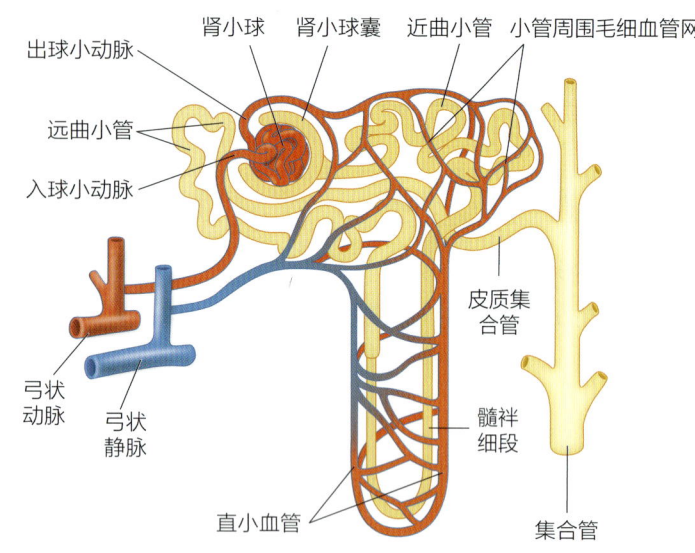

图 9-5 肾血管示意图

动脉离开肾小体后，再次分支形成肾小管周围毛细血管网和直小血管，而后依次集合成小叶间静脉、弓状静脉、叶间静脉，最后汇成肾静脉离开肾，汇入下腔静脉（图 9-5）。

4. 肾的神经支配

肾有丰富的交感神经支配。肾交感神经节前神经元胞体位于胸 12 至腰 2 节段的脊髓侧角，其纤维到达腹腔神经节和位于主动脉、肾动脉部的神经节。经换元后，节后纤维与肾动脉伴行进入肾，支配肾动脉（尤其是入球小动脉和出球小动脉）、肾小管和球旁细胞等。肾交感神经节后纤维末梢释放的神经递质是去甲肾上腺素，调节肾血流量、肾小球滤过率、肾小管的重吸收和肾素分泌。以往认为肾无副交感神经支配，但近来有资料显示肾同样受到副交感神经的支配，但与交感神经相比，副交感神经对肾功能的调节作用非常有限。

肾的各种感受器的感觉信息可经肾神经中的传入纤维进入脊髓，而后进一步到达高位中枢，从而调节肾和其他脏器的功能。

二、肾血流量的特点及其调节

1. 肾血流量的特点

肾的血流量（renal blood flow，RBF）十分丰富，按照单位组织质量的血供计算，肾是体内血供最丰富的器官。肾仅占体重的 0.5% 左右，但安静时正常成人每分钟的血流量约有 1 200 mL，相当于心输出量的 1/5～1/4，脑的 7 倍，心脏的 5 倍。肾血液供应的另一特点是血液要流经两级毛细血管网，第一级毛细血管网为肾小球毛细血管网，肾小球毛细血管网中的血压较高，约为主动脉平均血压的 40%～60%，有利于肾小球的滤过；第二级毛细血管网为肾小管周围毛细血管网，肾小管周围毛细血管网中的血压较低，且血浆渗透压较高，有利于水和物质的重吸收；另外，直小血管也呈 U 形，血液的双向流动有利于肾髓质高渗透状态的维持。

肾在完成尿生成过程时需要消耗大量能量，约占机体基础氧耗的 10%，氧耗最多的是肾小管，这与小管上皮细胞需要完成大量物质转运有关。肾的血供远大于氧耗所需的血供，可见有相当大的一部分是功能性而非营养性的。此外，肾的血流分布也很不均匀，约 94% 的血流供应肾皮质，约 5% 的血流供应外髓，剩余不到 1% 的血流供应内髓。

2. 肾血流量的调节

（1）肾血流量的自身调节　肾即使完全去除神经支配和外来体液因素的影响，动脉血压在一定范围（80~180 mmHg）内变动时，肾血流量仍能保持相对恒定，这一现象称为肾血流灌注的自身调节。

肾血流量自身调节的机制并不清楚，有多种学说试图解释这一现象。

① 肌原性学说　该学说认为，当肾灌注压升高时，肾入球小动脉血因压力升高而扩张，管壁中的平滑肌受到牵张刺激增大，肌细胞膜上的机械敏感性钙通道开放增加，Ca^{2+}内流增加，使血管平滑肌的紧张性收缩加强，血管口径并不会因血压升高而增大，因而肾血流量变化不大；反之，当灌注压降低时，肾入球小动脉血管平滑肌受到牵张刺激降低，平滑肌紧张性降低，于是肾血流量保持相对恒定。当动脉血压低于80 mmHg或高于180 mmHg时，已超出血管平滑肌的调节能力，此时，血压下降或升高，会引起肾血流量随血压的变化而变化。用罂粟碱、水合氯醛或氰化钠等药物抑制血管平滑肌的活动后，肾的自身调节随即减弱或消失，表明肾血流量的自身调节的确与血管平滑肌的功能活动有关。

② 管-球反馈学说　管-球反馈（tubuloglomerular feedback，TGF）是指流经远曲小管致密斑处小管液流量发生变化时，能反馈性影响肾小球滤过率的现象。当机体血压下降，肾血流灌注减少，肾小球滤过率下降，到达远端小管致密斑处的小管液流量减少时，致密斑发出信息反馈至肾小球，使入球小动脉和出球小动脉舒张，降低血流阻力，增加血流灌注，最终使肾小球滤过恢复正常。由于管-球反馈引起入球小动脉舒张比出球小动脉更加明显，会使肾小球毛细血管血压升高，肾小球滤过动力增加，滤出增加。如果机体血压持续降低，肾小球滤出持续下降，管-球反馈的信息也可通过影响近球细胞肾素释放，通过增加肾素释放和血管紧张素Ⅱ的生成，升高血压和肾灌注，同时减少水钠排出。相反，当血压升高使肾血流量和肾小球滤过率增加时，管-球反馈可使肾血流量和肾小球滤过率下降至正常。

管-球反馈的主要功能在于稳定单个肾小球滤过率，在稳定肾小球滤过的瞬时调节中有非常重要的作用。但若肾中大量肾单位的入出球小动脉收缩和舒张状态发生变化，则可影响肾的血流阻力，从而参与稳定肾血流量的调节。管-球反馈的作用非常明确，但其发生的具体机制并不清楚，可能与局部产生的腺苷、一氧化氮（NO）和前列腺素等有关。

至今，还没有一种学说能很好地解释肾血流的自身调节现象，但肾血流量的稳定，保证了肾的尿生成在很大范围内不随动脉血压的波动而发生明显变化，这对维持机体正常的尿生成功能有重要意义。

（2）肾血流量的神经和体液调节　入球小动脉和出球小动脉中的血管平滑肌受到丰富的交感神经支配。安静时，肾交感神经的紧张性活动使肾血管平滑肌处于一定程度的收缩状态。肾交感神经兴奋时，其末梢释放去的甲肾上腺素作用于肾血管平滑肌上的α受体，使肾血管收缩加强，肾血流量减少，但交感兴奋又可通过升高血压，增加肾脏灌注，因此，肾血流量的变化还取决于交感兴奋性升高的程度。

体液因素中，肾上腺髓质释放的肾上腺素和去甲肾上腺素、下丘脑释放的抗利尿激素、血管紧张素Ⅱ，以及内皮细胞分泌的内皮素等，均对肾血管有收缩作用，可引起肾血流量减少;而肾组织生成的 PGF$_2$、PGI$_2$、NO 和缓激肽等,对肾血管有舒张作用,可使肾血流量增加;而腺苷则引起入球小动脉收缩,肾血流量减少。

在通常情况下,血压在一定范围内变动时,肾主要依靠自身调节来维持血流量的相对稳定。神经和体液调节一般只在极端情况下影响肾血流,使肾血流与全身血液循环相配合,如在紧急情况下(大出血造成的血容量明显减少、伤害性刺激等),引起交感强烈兴奋,使肾血管收缩,肾血流量减少,从而保证脑、心等器官的血液供应。

第三节 肾小球的滤过

肾尿生成过程分为肾小球滤过和肾小管重吸收与分泌两个步骤。

肾小球滤过是尿生成的第一步。肾小球滤过是指当血液流经肾小球毛细血管网时,血浆中的部分水和溶质经过滤过膜进入肾小球囊的过程。肾小球的滤过是根据血浆中各种分子特性决定的,控制十分精细,因此,也被称为超滤。经肾小球滤出进入肾小球囊的液体称为超滤液,也叫原尿。用微穿刺的方法获取肾小囊内的液体进行分析,结果表明,液体中所含的各种晶体物质,如葡萄糖、NaCl、氨基酸、尿素和肌酐等的浓度与血浆基本相同(表 9-3),渗透压和酸碱度也与血浆相似,说明在肾小球发生的是滤过,而非分泌。

表 9-3 正常人终尿和血浆中一些物质浓度的比较

成分	血浆/(g·L^{-1})	原尿/(g·L^{-1})	终尿/(g·L^{-1})	终尿浓缩倍数
水	950	980	960	1.1
蛋白质	80	0.3	0	—
葡萄糖	1	1	0	—
Na$^+$	3.3	3.3	3.5	1.1
K$^+$	0.2	0.2	1.5	7.5
Cl$^-$	3.7	3.7	6.0	1.6
尿素	0.3	0.3	20.0	67.0
尿酸	0.02	0.02	0.5	25.0
肌酐	0.01	0.01	1.5	150.0
磷酸根	0.03	0.03	1.2	40.0
氨	0.001	0.001	0.4	400

一、滤过膜及其通透性

肾小球毛细血管内的血浆成分到达肾小球囊所需要经过的屏障结构称为滤过膜

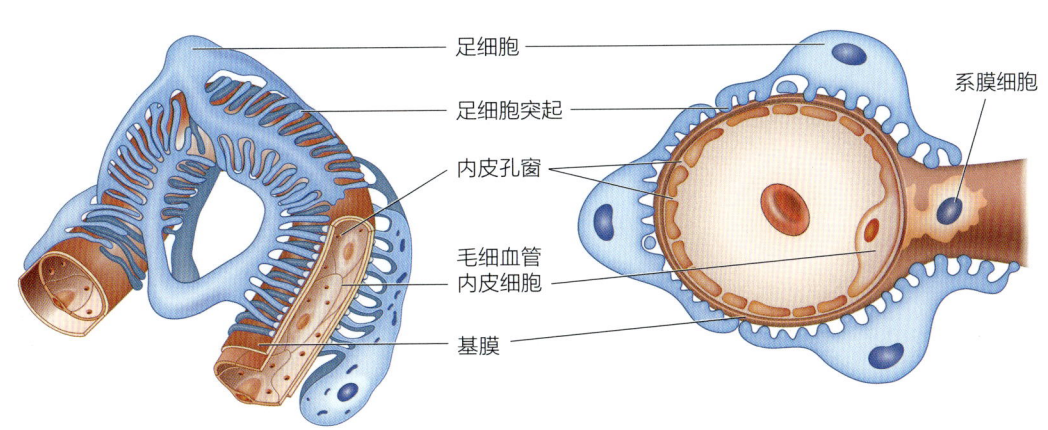

图 9-6 肾小球滤过膜的结构

（filtration membrane）（图 9-6）。

1. 滤过膜的构成

滤过膜由三层结构组成，内层是毛细血管内皮细胞（endothelial cell），中层是基膜（basal membrane），外层是脏层上皮细胞，也称足细胞（podocyte）（见图 9-6）。电镜下，毛细血管内皮细胞有许多直径为 70～90 nm 的小孔，称为窗孔（fenestration）。按照窗孔的大小，血浆中的水和绝大部分溶质，包括大部分蛋白质，都可通过窗孔，只有血细胞不能通过；但由于内皮细胞表面富含带负电荷的唾液酸蛋白和糖蛋白，使带负电荷的血浆蛋白难以接近和通过窗孔。基膜层为非细胞性结构，膜上有直径为 2～8 nm 的多角形小孔，称为网孔。膜上带负电荷的硫酸肝素和蛋白聚糖，是电荷屏障的组成部分。足细胞有很多突起，相互交错覆盖在毛细血管壁外侧，突起之间有裂隙（filtration slit），裂隙被一层蛋白质形成的膜性结构覆盖，这层膜性结构称作裂隙膜（slit membrane），膜上有直径 4～11 nm 的小孔，是滤过膜的最后一道屏障。裂隙膜上的主要蛋白成分有裂隙素（nephrin），足细胞素（podocin）等，由足细胞合成。

滤过膜的结构或功能异常时会有大量血浆蛋白滤出，形成蛋白尿。

2. 滤过膜的通透性

人两个肾的肾小球滤过膜总面积约 1.5 m^2，正常情况下这一面积不会有明显改变，但急性肾小球肾炎时，由于肾小球毛细血管阻塞或管腔变窄，部分肾小球丧失滤过功能，相当于有效滤过面积减小，肾小球滤过减少。

某种物质通过滤过膜的能力取决于分子大小及所带电荷。一般来说，物质通过滤过膜的能力与分子有效半径成反比。分子有效半径小于 2.0 nm 的中性物质（如葡萄糖）可以自由通过滤过膜；分子有效半径大于 4.2 nm 的物质则不能通过滤过膜；分子有效半径在 2.0～4.2 nm 时，随分子有效半径增大，通过滤过膜的能力下降。然而，分子量为 6.9×10^4，有效半径约为 3.6 nm 的血浆白蛋白却很少通过滤过膜，除了白蛋白有效半径较大外，还有一个重要的原因是白蛋白在血浆中带负电荷，与滤过膜上所带的负电荷相互排斥，阻碍了白蛋白接近和通过滤过膜。因此，滤过膜结构中所带的负电荷共同形成了影响滤过的另一道屏障——电荷屏障。电荷屏障与机械屏障一起，

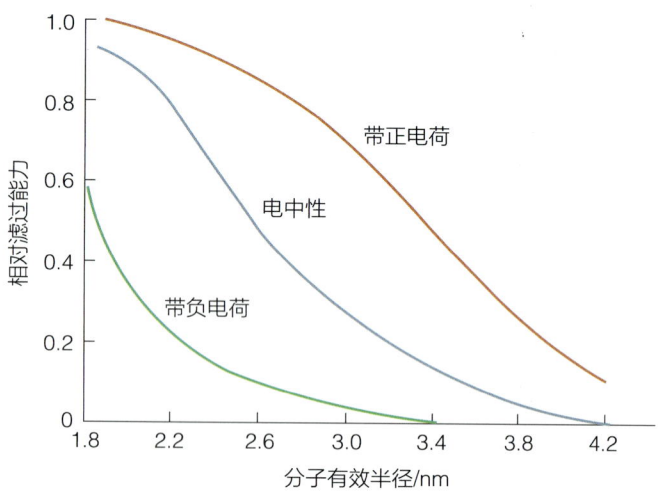

图 9-7 分子有效半径和带不同电荷对右旋糖酐通过滤过膜能力的影响

纵坐标：1.0 表示能自由通过；"0" 表示滤出量为 0

拓展阅读 9-1
肾清除率测定与功能评价

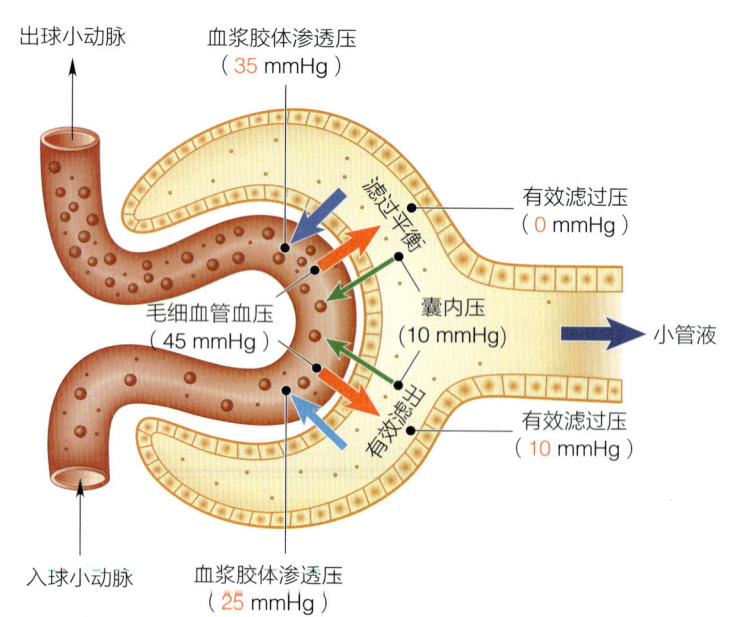

图 9-8 肾小球毛细血管入球端和出球端有效滤过压示意图

共同参与肾小球滤过功能的调节。用带不同电荷的右旋糖酐进行实验可观察到，即使分子有效半径相同，带正电荷的右旋糖酐更容易通过滤过膜，带负电荷的右旋糖酐很难通过。在某些病理情况下，因滤过膜带负电荷的蛋白质减少，电荷屏障效应下降，会导致带负电荷的血浆蛋白滤出增多，出现蛋白尿。可见，滤过膜的通透性不仅取决于滤过膜上微孔的大小，还取决于滤过膜所带的电荷（图 9-7）。

3. 肾小球滤过率及滤过分数

单位时间内（每分钟）两肾生成的超滤液的量称为肾小球滤过率（glomerular filtration rate，GFR）。成年人肾小球滤过率约为 125 mL/min，以此计算，每天两肾滤出的滤液量达 180 L。肾小球滤过率与肾血浆流量的比值称为滤过分数（filtration fraction，FF）。利用血细胞比容还可计算出肾血浆流量（renal plasma flow，RPF）。当肾血流量为 1 200 mL/min 时，肾血浆流量约为 660 mL/min，如果肾小球滤过率为 125 mL/min，则滤过分数为 125/660 × 100% = 19%。由此看出，当血液流经肾时，约 1/5 的血浆成分经滤过进入肾小囊腔，形成超滤液，剩余约 4/5 则通过出球小动脉流入肾小管周围毛细血管网。肾小球滤过率和肾小球的滤过分数是衡量肾功能的重要指标。临床上，急性肾小球肾炎患者肾血浆流量变化不大，但肾小球滤过率却明显下降，因此滤过分数是下降的；在急性失血性休克时，由于肾血流量明显下降，肾小球滤过率也是明显下降的，此时的滤过分数并没有明显下降。肾小球滤过率可采用检测肾对某种物质的清除率的方法进行推算。

促使肾小球滤过发生的动力是有效滤过压（effective filtration pressure，EFP）。有效滤过压是促进滤过的动力与对抗滤过的阻力之间的差值。滤过的动力包括肾小球毛细血管血压和肾小囊内胶体渗透压；滤过的阻力包括肾小球毛细血管内的血浆胶体渗透压和肾小囊内的静水压（图 9-8）。因此：

肾小球有效滤过压 =（肾小球毛细血管血压 + 肾小囊内胶体渗透压）-（血浆胶体渗透压 + 肾小囊内压）

正常情况下，肾小球毛细血管血压为 45 mmHg，并且从入球端到出球端下降很少，肾小囊内胶体渗透压几乎为 0，肾小球毛细血管入球端的血浆胶体渗透压约为 25 mmHg，出球端约为 35 mmHg，肾小囊内压约 10 mmHg（图 9-8）。因此：

肾小球入球小动脉端的有效滤过压 =（45 + 0）-（25 + 10）= 10 mmHg

肾小球出球小动脉端的有效滤过压 =（45 + 0）-（35 + 10）= 0 mmHg

可以看出，血浆在流经肾小球毛细血管网时，随着水分和小分子物质的滤出，血浆蛋白浓度不断升高，使得血浆胶体渗透压不断升高。当毛细血管中血浆胶体渗透压达到 35 mmHg 时，有效滤过压为 0，即达到滤过平衡（filtration equilibrium）（图 9-9）。应该注意的是，生理情况下，当血浆到达肾小球毛细血管全长约 2/3 时，已经达到滤过平衡。也就是说，生理情况下，不是肾小球毛细血管全段都有滤过作用，而剩余的部分则成为肾小球滤过膜的面积储备，当肾血流量增加，毛细血管内血流速度加快时，滤过平衡点向出球端移动，实际利用的滤过膜面积增大。

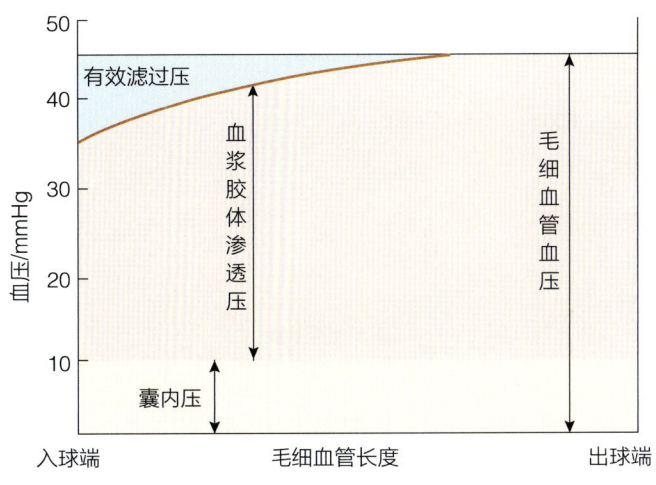

图 9-9 肾小球毛细血管血压、血浆胶体渗透压和肾小囊内压对有效滤过压的影响

二、影响肾小球滤过的因素

1. 滤过膜的面积和通透性

正常情况下，肾小球滤过膜有良好的通透性。但在病理情况下，滤过膜通透性会发生明显变化。如肾小球肾炎，由于肾小球滤过膜上所带的负电荷减少，电荷屏障效应下降，造成原来不易滤出的带负电荷的血浆蛋白大量增加，以致形成蛋白尿。

生理情况下，肾血流量稳定，所有肾小球处于活动状态，因而滤过膜的面积较为稳定。而在急性肾小球肾炎时，肾小球毛细血管内皮细胞炎性增生，肿胀变狭窄或阻塞，有效滤过面积减少，可引起肾小球滤过率降低。

2. 肾小球毛细血管血压

前已述及，当动脉血压在 80~180 mmHg 范围内波动时，通过肾的自身调节，肾血流量和肾小球毛细血管血压可保持稳定，故肾小球滤过率基本不变（图 9-10）。当血压波动超出肾自身调节范围时，肾小球毛细血管血压、有效滤过压和肾小球滤过率会发生相应的改变。在交感神经高度兴奋时，可引起入球小动脉强烈收缩，导致肾血流量下降，肾小球毛细血管血压下降，引起肾小球滤过率下降。

3. 囊内压

正常情况下，囊内压比较稳定。当发生尿路阻塞（肾盂或输尿管结石、肿瘤压迫等）时，尿液不能顺利排出，可逆行性引起囊内压升高，使有效滤过压下降，肾小球滤过率下降。

4. 血浆胶体渗透压

正常情况下，血浆胶体渗透压不会有大幅度变动，因此对肾小球滤过影响不大。

> 🔍 想一想
> 机体在大量失血导致动脉血压下降到低于 60 mmHg 时，尿生成有何变化？为什么？

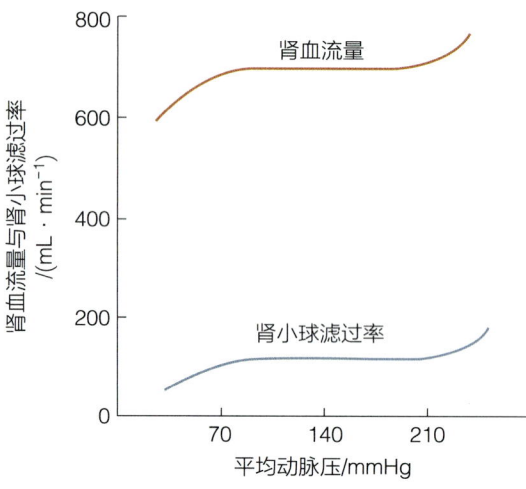

图 9-10 肾血流量、肾小球滤过率和动脉血压的关系

在静脉输入大量生理盐水，或急性肾损伤导致大量蛋白随尿排出，引起血浆蛋白浓度明显降低时，血浆胶体渗透压下降，会使有效滤过压升高，肾小球滤过率增加。

5. 肾血浆流量

通常情况下，肾血浆流量对肾小球滤过率的影响并非通过改变有效滤过压，而是主要影响肾小球毛细血管滤过平衡点。当肾血浆流量增多时，毛细血管内血流速度加快，肾小球毛细血管中血浆胶体渗透压上升的速度减慢，滤过平衡点向出球小动脉端移动，相当于滤过面积增加，肾小球滤过率随之增加；如果肾血浆流量进一步增加，肾小球毛细血管全长都达不到滤过平衡，于是全长都有滤过，肾小球滤过率增加更为明显。反之，当肾血浆流量减少时，肾小球滤过率下降。

第四节 肾小管与集合管的重吸收和分泌

重吸收和分泌是肾小管和集合管转运物质的两种基本形式。重吸收是指物质从肾小管液转运至血液的过程。分泌是指上皮细胞将自身产生的物质或血液中的物质转运至小管液的过程。

血液流经肾小球时，约有19%的血浆成分通过肾小球滤过膜进入肾小球囊腔中形成原尿。原尿从肾小球囊进入肾小管后即被称为小管液。小管液流经肾小管和集合管各节段后，经过重吸收和分泌，最终形成终尿。每天由两侧肾生成的原尿量约为180 L，而终尿量仅1.5 L左右，表明原尿中约99%的水被肾小管和集合管重吸收，此外，原尿中的其他物质被选择性重吸收，同时有些物质被肾小管上皮细胞主动分泌进入小管液。

一、肾小管与集合管重吸收的方式和途径

肾小管和集合管对物质的重吸收可分为主动重吸收和被动重吸收。主动重吸收是指肾小管上皮细胞逆浓度梯度或逆电位梯度，将小管液中的物质转运到小管周围组织间液，最后回到血液的过程。主动重吸收需要消耗能量。被动重吸收是指肾小管液中的物质顺电化学梯度进入小管周围组织间液，而后回到血液的过程。此外，当水分子被重吸收时，有些溶质可随水分子一起被携带转运，这一转运方式称为溶剂拖曳。被动重吸收不消耗能量，其主要方式有单纯扩散、易化扩散和渗透作用等。

肾小管和集合管重吸收物质的途径分为两种：跨细胞转运途径（transcellular pathway）和细胞旁途径（paracellular pathway）。跨细胞转运包括两个步骤，首先是肾小管上皮细胞将小管液中的溶质通过顶端膜转运进入细胞内，然后再跨过基底侧膜进

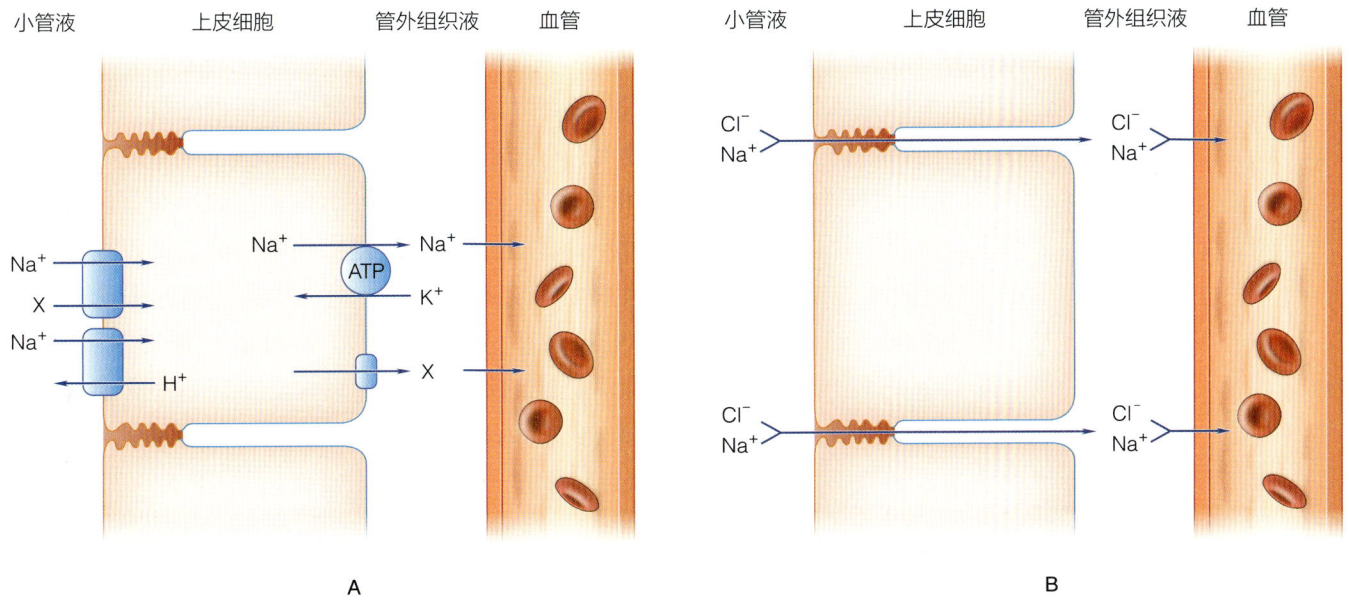

图 9-11 近端小管对物质重吸收示意图
A. 近端小管的前半段经跨细胞途径重吸收，X 代表葡萄糖、氨基酸、磷酸盐和 Cl^- 等；B. 近端小管后半段细胞旁途径重吸收

入组织间液，最后回到毛细血管内（图 9-11A）。肾小管各节段上皮细胞上分布的转运体不同，因此，各节段小管转运物质的种类不同；另外，在同一个肾小管上皮细胞上，分布在顶端膜上的转运体与基底侧膜上的也不同，因此，顶端膜和基底侧膜对各种物质的转运方式亦不相同。细胞旁途径转运是小管液中的物质通过小管上皮细胞的间隙进入组织间液的重吸收方式（图 9-11B）。

二、几种物质在肾小管与集合管的重吸收

肾小管各段物质重吸收的种类、方式和量均有很大差别。

1. Na^+、Cl^- 和水的重吸收

（1）近端小管　近端小管重吸收超滤液中约 67% 的 Na^+、Cl^- 和水。近端小管前半段和后半段重吸收 Na^+、Cl^- 和水的功能和机制有很大不同，约 2/3 在前半段以跨细胞转运途径重吸收，约 1/3 在后半段以细胞旁途径重吸收。

在近端小管的前半段，Na^+ 进入上皮细胞的过程与葡萄糖和氨基酸的重吸收、H^+ 的分泌相耦联。由于上皮细胞基底侧膜上钠泵将 Na^+ 从细胞内泵至组织间液，使细胞内 Na^+ 浓度显著低于小管液，于是小管液中的 Na^+ 借助顶端膜上的不同转运体顺浓度梯度进入上皮细胞内，Na^+ 进入细胞内时，借助 Na^+-H^+ 交换体将 H^+ 逆向转运分泌到小管液中；借助 Na^+-葡萄糖同向转运体和 Na^+-氨基酸同向转运体转运进入细胞时，将小管液中葡萄糖和氨基酸带入细胞。进入细胞内的 Na^+ 经基底侧膜上的钠泵被泵出细胞，进入组织间液，而进入细胞内的葡萄糖和氨基酸则以易化扩散的方式通过基底侧膜进入组织间液。由于 Na^+、葡萄糖和氨基酸等不断进入细胞间液，使细胞间液的渗透压升高，通过渗透作用，水被动重吸收进入组织间液。由于肾小管上皮细胞间连接较为紧密，细胞间液中的各种物质不能回到小管，使得小管间液静水压升高，促进

Na⁺和水、葡萄糖和氨基酸等从小管间液进入毛细血管。在近端小管前半段，进入小管液的 H⁺ 促进了 HCO_3^- 的吸收，而 Cl⁻ 不被重吸收，使小管液中 Cl⁻ 浓度不断升高。

当小管液进入近端小管后半段时，绝大多数的葡萄糖、氨基酸已被重吸收，而 Cl⁻ 浓度比管周组织间液中高，于是 Cl⁻ 顺浓度梯度经细胞旁途径进入组织间液。由于 Cl⁻ 被动重吸收使小管液中阳离子相对增多，造成管内外出现电位差，在这种电位差作用下，驱使小管液中的 Na⁺ 顺电位梯度通过细胞旁路进入组织间液。所以在近端小管后半段 Cl⁻ 通过细胞旁途径重顺浓度梯度进行吸收，而 Na⁺ 通过细胞旁途径重吸收是顺电位梯度进行的，NaCl 的重吸收都是被动的（图 9-11B）。随着 NaCl 等溶质从小管液进入组织间液，水也在渗透压的作用下被重吸收。在近端小管上皮细胞顶端膜和基底侧膜上有水孔蛋白 -1（aquaporin 1，AQP1）形成的水通道，允许水分子快速通过细胞膜，因此，在整个近端小管，小管液与血浆渗透压相同，属于等渗性重吸收。

（2）髓袢　在髓袢约有 20% 的 Na⁺ 和 Cl⁻ 被进一步重吸收，15% 的水被重吸收。髓袢降支细段对各种物质不易通透，但小管上皮细胞顶端膜和基底侧膜上也有水孔蛋白 -1，对水通透性较高，因此，小管液在向髓质深部流动过程中，在肾髓质组织间液高渗作用下水被重吸收，渗透压逐渐升高，到达髓袢底部折返处，渗透压最高。髓袢升支细段对水不通透，但对 Na⁺ 和 Cl⁻ 易通透，因此，当小管液流经髓袢升支细段时，NaCl 扩散进入组织间隙，渗透压逐渐下降。

髓袢升支粗段能够主动重吸收 NaCl，这一过程是通过 Na⁺-K⁺-2Cl⁻ 同向转运实现的（图 9-12）。首先，髓袢升支粗段上皮细胞基底侧膜上有 Na⁺ 泵，不断将胞内的 Na⁺ 转运到细胞外的组织间液中，使细胞内 Na⁺ 浓度下降，形成小管液与细胞内液之间的 Na⁺ 浓度梯度。髓袢升支粗段上皮细胞的顶端膜上有 Na⁺-K⁺-2Cl⁻ 同向转运体，可使小管液中 1 个 Na⁺、1 个 K⁺ 和 2 个 Cl⁻ 同向转运进入上皮细胞。进入细胞内的 Na⁺ 通过细胞基底侧膜的钠泵到达组织间液，2 个 Cl⁻ 顺浓度梯度经基底侧膜上 Cl⁻ 通道进入组织间液，而 K⁺ 则顺浓度梯度经顶端膜返回小管液。由于 2 个 Cl⁻ 进入组织间液，K⁺ 返回管腔内，使小管液呈正电位，这一电位差使小管液中的 Na⁺、K⁺ 和 Ca^{2+} 等阳离子顺电位差经细胞旁途径被重吸收。呋喃苯胺酸（呋塞米）可抑制 Na⁺-K⁺-2Cl⁻ 同向转运体，因此能抑制 Na⁺ 和 Cl⁻ 的重吸收，发挥利尿作用。

髓袢升支粗段对水的通透性很低，随着 NaCl 不断被重吸收，使小管液呈低渗，而组织间液呈高渗。髓袢升支粗段水和盐重吸收离性的特性，是髓质间质高渗环境的形成重要基础，也有利于尿液的浓缩和稀释。

（3）远曲小管和集合管　远曲小管和集合管重

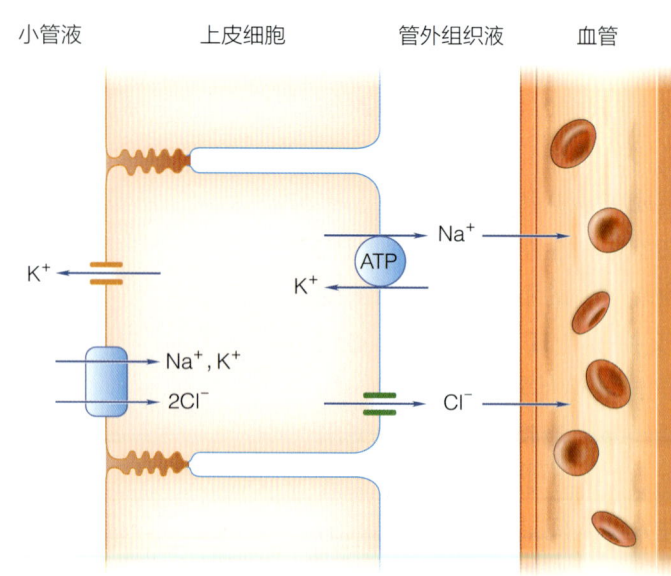

图 9-12　髓袢升支粗段对 Na⁺ 和 Cl⁻ 的重吸收示意图

吸收约12%的Na^+和Cl^-，同时重吸收一定量的水。此处对Na^+、Cl^-和水的重吸收可根据机体水、电解质需要进行调节。水的重吸收主要受抗利尿激素调节，而Na^+重吸收主要受醛固酮调节。

远曲小管顶端膜上有Na^+-Cl^-同向转运体（图9-13）。远曲小管对NaCl的重吸收是仍然依赖基底侧膜上Na^+泵的作用，Na^+泵不断将细胞内的Na^+转运到组织间液，在浓度梯度的驱使下，小管液中的Na^+和Cl^-经顶端膜上的Na^+-Cl^-同向转运体进入细胞内，Cl^-经基底侧膜上Cl^-通道扩散进入组织间液。远曲小管对水的通透性仍很低，随着对NaCl的主动重吸收，小管液渗透压不断降低。噻嗪类利尿药可抑制Na^+-Cl^-同向转运体，从而抑制NaCl重吸收，产生利尿效应。

集合管上皮细胞有两类，即主细胞（principal cell）和闰细胞（intercalated cell）（图9-14）。主细胞基底侧膜上的Na^+泵维持细胞内低Na^+，使小管液中Na^+顺浓度梯度经顶端膜上的Na^+通道进入细胞。随着Na^+的重吸收造成小管液呈负电状态，在电场力的驱使下，小管液中的Cl^-经细胞旁途径被动重吸收，K^+从细胞内分泌入小管液。阿米洛利可抑制主细胞顶端膜的Na^+通道，减少NaCl重吸收。闰细胞的功能与分泌H^+有关。

2. HCO_3^- 的重吸收

在一般膳食情况下，机体代谢产生的可挥发酸（如CO_2）主要由肺排出。肾则通过重吸收HCO_3^-以及分泌H^+和NH_3维持机体的酸碱平衡。

（1）近端小管　一般情况下，肾小球滤出的HCO_3^-几乎全部被肾小管和集合管重吸收。近端小管吸收超滤液中约80% HCO_3^-。小管液中HCO_3^-的重吸收是借助于小管上皮细胞顶端膜上的Na^+-H^+交换体实现的（图9-15）。血液中的HCO_3^-以钠盐（$NaHCO_3$）的形式存在，HCO_3^-不易透过顶端膜进入肾小管上皮细胞，滤液中的$NaHCO_3$解离成Na^+和HCO_3^-。顶端膜通过Na^+-H^+交换在Na^+进入细胞的同时，使细胞内H^+进入小管液，进入细胞的Na^+与HCO_3^-一起被转运回血。小管液中的HCO_3^-与分泌的H^+结合生成H_2CO_3，H_2CO_3迅速分解为CO_2和水。CO_2是高度脂溶性物质，能通过顶端膜进入细胞内，而后在细胞内的碳酸酐酶（carbonic anhydrase，CA）的催化下，与H_2O结合重新生成H_2CO_3。H_2CO_3又解离成H^+和HCO_3^-。H^+可再次进入小管液与HCO_3^-结合，而

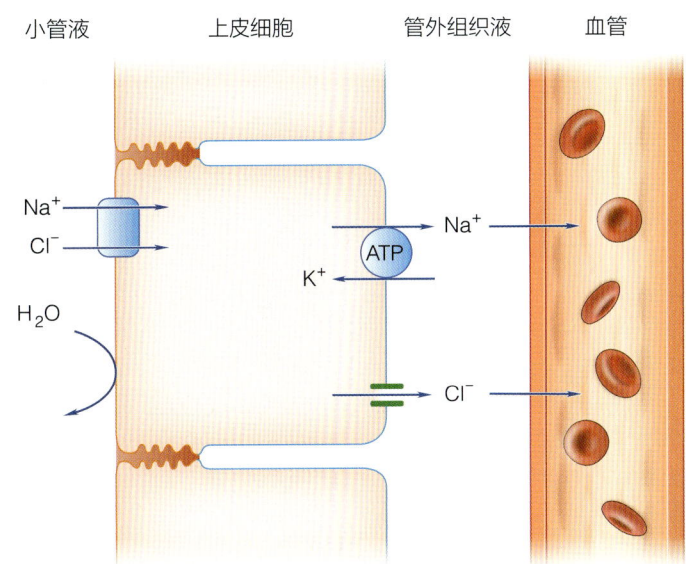

图9-13　远曲小管对Na^+和Cl^-的重吸收示意图

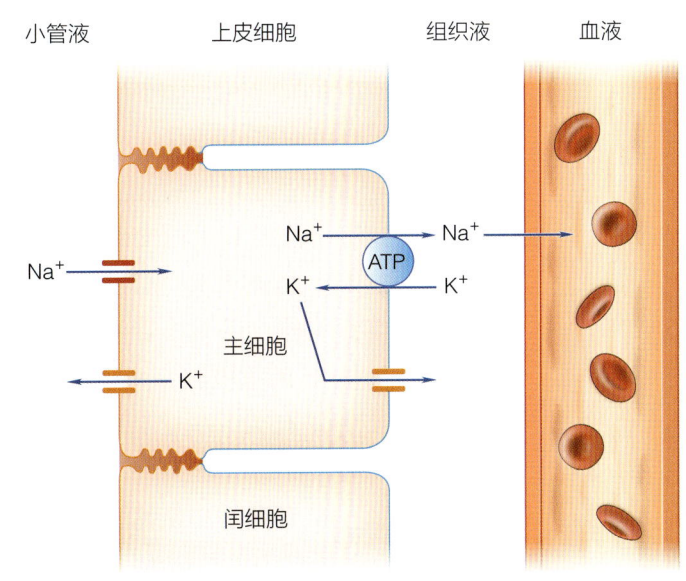

图9-14　集合管主细胞重吸收Na^+和分泌K^+的示意图

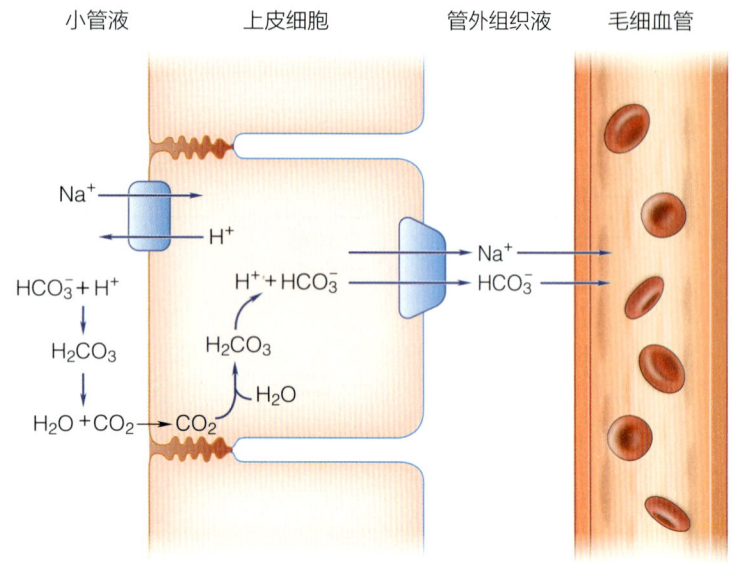

图 9-15 近端小管重吸收 HCO_3^- 机制示意图

HCO_3^- 与 Na^+ 一起被转运回血。

由此可见，近端小管重吸收 HCO_3^- 是与细胞分泌的 H^+ 结合后，以 CO_2 的形式进行的，而不是直接以 HCO_3^- 的形式重吸收。如果小管液中的 HCO_3^- 量超过了分泌的 H^+，HCO_3^- 就不能全部被重吸收，多余的 HCO_3^- 便随尿排出。小管上皮细胞分泌 1 个 H^+ 可以使 1 个 HCO_3^- 重吸收，因此，肾具有排酸保碱功能，通过排酸保碱作用，调节机体酸碱平衡。

（2）髓袢 髓袢对 HCO_3^- 的重吸收主要发生在升支粗段，机制同近端小管相似。

（3）远端小管和集合管 远端小管和集合管对 HCO_3^- 的重吸收也与 H^+ 分泌有关。集合管的闰细胞可主动分泌 H^+。进入小管液的 H^+ 与 HCO_3^- 结合生成 H_2CO_3，H_2CO_3 分解为 CO_2 和水，CO_2 通过顶端膜进入细胞内。因此，HCO_3^- 最后还是以 CO_2 的形式被重吸收。

3. K^+ 的重吸收

正常膳食情况下，每天从肾小球滤出的 K^+ 约有 35 g，2~4 g 由尿排出。实验表明，肾小球滤出的 K^+ 有 65%~70% 在近端小管重吸收，25%~30% 在髓袢重吸收，这些部位对 K^+ 的重吸收比例是固定的。远端小管和皮质集合管可重吸收 K^+，也可分泌 K^+，是调节 K^+ 重吸收和排出的关键部位。K^+ 重吸收的动力除了受小管液中 K^+ 浓度影响外，还与小管液的电位水平有关。当小管液呈正电位时，可抑制 K^+ 的分泌，增加 K^+ 的重吸收，而小管液电位水平与 Na^+、Cl^- 重吸收有关，此外，K^+ 的分泌还与 H^+ 分泌有关。在近端小管，Na^+-H^+ 交换和 Na^+-K^+ 交换有竞争关系，当机体发生酸中毒时，肾排出 H^+ 增加，Na^+-H^+ 交换增多，Na^+-K^+ 交换被抑制，可造成血 K^+ 升高。

4. 葡萄糖和氨基酸的重吸收

原尿中葡萄糖浓度与血糖浓度相等，但正常终尿中不含葡萄糖，表明葡萄糖在肾小管全部被重吸收。实验表明，重吸收葡萄糖仅发生在近端小管，尤其在近端小管前半段，其他各段肾小管均没有重吸收葡萄糖的能力。近端小管上皮细胞顶端膜上有 Na^+-葡萄糖同向转运体，小管液中的葡萄糖和 Na^+ 与同向转运体结合后被转运到细胞内，在 Na^+ 顺浓度梯度进入细胞的同时，葡萄糖被逆浓度梯度转运进入细胞，属于继发性主动转运。进入细胞内的葡萄糖则由基底侧膜上的葡萄糖转运体转至细胞间液。

近端小管对葡萄糖的重吸收有一定限度（图 9-16）。当血液中葡萄糖浓度超过（160~180 mg/100 mL）时，有一部分肾小管对葡萄糖的重吸收已达极限，小管液中的葡萄糖已不能全部被重吸收，尿中开始出现葡萄糖，此时的血浆葡萄糖浓度称为肾糖阈（renal threshold for glucose）。不同肾单位的肾糖阈并不完全一样，因此，当血糖浓度继续升高，越来越多的肾单位不能完全重吸收葡萄糖，于是尿中葡萄糖含量也随之增加；当血糖浓度升至 300 mg/100 mL 后，所有肾单位对葡萄糖的重吸收均已达极限，此时肾对葡萄糖的重吸收率为葡萄糖的最大转运率（maximal rate of transport of glucose），男性约为 375 mg/min，女性约为 300 mg/min。

小管液中氨基酸重吸收机制与葡萄糖相同，通过 Na$^+$-氨基酸同向转运以继发性主动转运的方式重吸收，体内有多种 Na$^+$-氨基酸同向转运体，分别重吸收酸性、碱性和中性氨基酸。

5. 钙的重吸收

血浆中的 Ca^{2+} 约 50% 呈游离状态，这部分 Ca^{2+} 能够从肾小球滤出进入小管液，其余部分与血浆蛋白结合，不能滤出进入小管液。经肾小球滤出的 Ca^{2+} 约 70% 在近端小管重吸收，与 Na$^+$ 重吸收平行；20% 在髓袢重吸收，9% 在远端小管和集合管重吸收，不到 1% 的 Ca^{2+} 随尿排出。

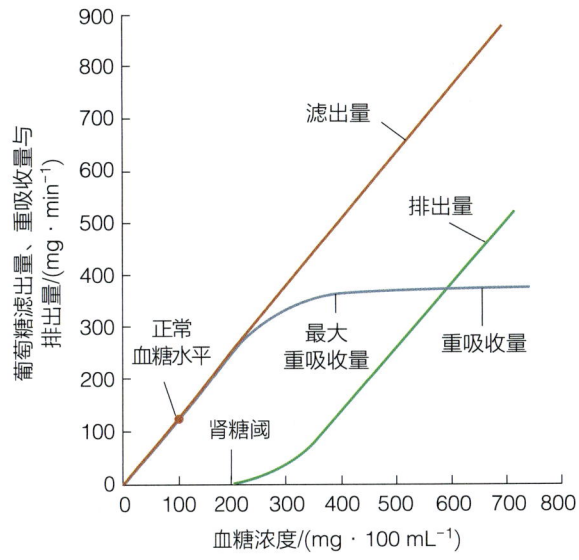

图 9-16　肾小管对葡萄糖的限制性重吸收

知识窗 9-1

为什么降糖药 Na$^+$-葡萄糖转运体抑制剂成为治疗糖尿病肾病的首选药物

在肾，Na$^+$-葡萄糖转运体特异性分布在近端小管上皮细胞的顶端膜，葡萄糖通过 Na$^+$-葡萄糖转运体以继发主动转运的方式进入细胞，再经基底侧膜，以扩散的方式转运出细胞，最终回到血液，因此，近端小管是肾能够重吸收葡萄糖的唯一节段。在近端小管上皮细胞顶端膜上分布的 Na$^+$-葡萄糖转运体有两类，即 Na$^+$-葡萄糖转运体 1 和 2。两种转运体的特点有所不同，Na$^+$-葡萄糖转运体 1 与葡萄糖的亲和力高，但转运容量小；而 Na$^+$-葡萄糖转运体 2 与葡萄糖的亲和力低，但转运容量大，是完成葡萄糖重吸收的主要转运体。

最初在家族性遗传性糖尿病患者中注意到这类患者的 Na$^+$-葡萄糖转运体 2 基因有缺陷，导致肾小管葡萄糖重吸收功能障碍，患者出现单纯性自发性糖尿，无其他临床病理表现，于是开发出 Na$^+$-葡萄糖转运体 2 的特异性抑制剂用于降低糖尿病患者的血糖水平。

在 Na$^+$-葡萄糖转运体 2 抑制剂进入临床之后，表现出良好的降糖效果，但由于 Na$^+$-葡萄糖转运体 2 抑制剂的作用靶点在肾，研究人员也特别关注这类药物的对肾的影响。

糖尿病有多种临床并发症，其中，肾损害是糖尿病最严重、发病率最高的并发症。国外有研究资料显示，超过 1/3 的糖尿病患者会出现严重的肾损伤，是导致终末期肾病的最主要原因。我国的糖尿病患者近年来快速增长，临床研究资料显示，我国糖尿病肾病患者呈快速增长态势，逐渐成为临床慢性肾损伤的重要原因。

其实，在 Na$^+$-葡萄糖转运体 2 抑制剂进入临床运用前，研究者就推测 Na$^+$-葡萄糖转运体抑制剂能缓解糖尿病引起的肾损害，其机制为葡萄糖在近端小管的继发主动转运重吸收需要消耗大量能量，随着血糖浓度的升高，肾小球滤出的葡萄糖增加，近端小管的葡萄糖重吸收负荷增大，肾小管损伤是糖尿病引起肾损伤的重要靶点之一。如果抑制葡萄糖在近端小管的重吸收,可以降低肾小管重吸收的能量消耗,缓解糖尿病引起的肾损伤。后续的基础研究和临床使用效果证实了最初的推测,Na$^+$-葡萄糖转运体抑制剂在降低血糖的同时,还能缓解糖尿病引起的肾损伤,为此,在临床新的糖尿病肾病临床治疗指南中 Na$^+$-葡萄糖转运体抑制剂已被推荐为首选药物之一。

> **想一想**
> 哪一类糖尿病肾病患者不能用 Na$^+$-葡萄糖转运体抑制剂治疗?

近端小管对 Ca^{2+} 的重吸收约 80% 以溶剂拖曳的方式经细胞旁途径重吸收,约 20% 经跨细胞途径重吸收。上皮细胞内的 Ca^{2+} 浓度远低于小管液,且细胞内电位低于小管液,在电化学梯度的驱使下 Ca^{2+} 从小管液扩散进入上皮细胞内,细胞内的 Ca^{2+} 则经基底侧膜上的 Ca^{2+}-ATP 酶或 Na^+-Ca^{2+} 交换机制逆电化学梯度转运出细胞。髓袢降支细段和升支细段对 Ca^{2+} 均不通透,仅髓袢升支粗段能重吸收 Ca^{2+}。升支粗段小管液为正电位,该段小管细胞膜对 Ca^{2+} 有通透性,故部分 Ca^{2+} 在此节段可经跨细胞途径被主动重吸收,还有一部分经细胞旁途径被动重吸收。在远端小管和集合管,Ca^{2+} 的重吸收是跨细胞途径的主动转运。

6. 其他物质的重吸收

正常情况下,小管液中的 HPO_4^{2-}、SO_4^{2-} 的重吸收也与 Na^+ 同向转运进行。进入小管液中的微量蛋白质可通过肾小管上皮细胞以吞饮方式被重吸收。

三、肾小管和集合管的分泌功能

在肾,肾小管上皮细胞将自身产生的物质转运至小管液的过程被称为分泌。肾小管上皮细胞将血液中的某些物质转运至小管液的过程被称为排泄。分泌和排泄都是物质经肾小管转运进入小管液,因此,二者通常被统称为分泌。集合管在组织结构上不属于肾单位,但在功能上是远端小管的延续也能进行物质分泌。

1. H$^+$ 的分泌

除髓袢细段外,各段小管都有分泌 H$^+$ 的作用,但 H$^+$ 的分泌主要在近端小管,H$^+$ 的分泌与 HCO_3^- 的重吸收耦联(具体见 HCO_3^- 的重吸收)。集合管上皮细胞可分为主细胞和闰细胞,闰细胞有很强的分泌 H$^+$ 的能力。闰细胞顶端膜上有两种质子泵,一种是 H$^+$-ATP 酶,另一种是 H$^+$-K$^+$-ATP 酶,均可将细胞内的 H$^+$ 泵入小管腔液中(图 9-17)。泵入小管液中的 H$^+$ 与 HCO_3^- 结合,形成 CO_2 和 H_2O,还可与小管液中的 NH_3 反应生成 NH_4^+;也可与 HPO_4^{2-} 反应生成 $H_2PO_4^-$,从而使小管液中的 H$^+$ 浓度降低。肾小管和集合管 H$^+$ 的分泌量与小管液的酸碱度有关。小管液 pH 降低,H$^+$ 分泌减少。闰细胞的质子泵可逆 1 000 倍左右的 H$^+$ 浓度主动转运 H$^+$,但当小管液 pH 降至 4.5 时,H$^+$ 分泌即停止。

2. K^+ 的分泌

前文已述,原尿中的 K^+ 几乎全部在近端小管和髓袢被重吸收,尿中排出的 K^+ 主要是集合管所分泌,K^+ 的分泌量决定于 K^+ 的摄入量。正常饮食(K^+ 的摄入量为 100 mmol/d),K^+ 的摄入量增多时,分泌量也相应增加;相反,低 K^+ 饮食后 K^+ 的分泌量减少。

K^+ 分泌与 Na^+ 的重吸收有关。集合管上皮主细胞顶端膜上有 Na^+ 通道,称为上皮钠通道(epithelial Na^+ channel,ENaC),基底侧膜上有 Na^+ 泵。Na^+ 泵的工作使得细胞内的 Na^+ 浓度维持在较低水平,促使 Na^+ 通过顶端膜的 Na^+ 通道进入细胞内,使小管液内带负电位,而顶端膜上还有 K^+ 通道,称为肾外髓钾通道(renal outer medullar K^+ channel,ROMK),于是细胞内的 K^+ 可顺电化学梯度进入小管液。因此,K^+ 的分泌与 Na^+ 的主动重吸收密切相关(图 9-18)。主细胞上的 Na^+ 泵、顶端膜上的 Na^+ 通道等都受到醛固酮的调控,因此,在醛固酮增加时,在促进 Na^+ 的主动重吸收的同时,还促进了 K^+ 的分泌。

3. NH_3 的分泌

远曲小管和集合管的上皮细胞在代谢过程中不断地生成 NH_3,NH_3 是脂溶性的,可通过远端小管和集合管顺浓度梯度向小管液自由扩散。分泌的 NH_3 与小管液中的 H^+ 结合生成 NH_4^+,NH_4^+ 与小管液中的强酸盐(如 NaCl 等)的负离子结合,生成酸性铵盐(如 NH_4Cl)并随尿排出,而强酸盐中的 Na^+ 则与 H^+ 交换进入肾小管上皮细胞,并与细胞内 HCO_3^- 一起被转运回血。因此,远曲小管和集合管分泌 NH_3 不仅促进 H^+ 的排出,还促进了 $NaHCO_3$ 的重吸收,这对于保持机体酸碱平衡具有重要意义。

4. 其他物质的分泌

肾小管还可将代谢产生的某些物质,如肌酐、对氨马尿酸等排入小管液。体内还有一些物质,如青霉素、酚红等,由于与血浆蛋白结合不能从肾小球滤出,但可在近端小管被主动分泌到小管液中而排出体外。进入体内的酚红,94% 由近端小管主动分泌进入小管液,并随尿液排出。因此,检测尿中酚红的排泄量可粗略判断近端小管的排泄功能。

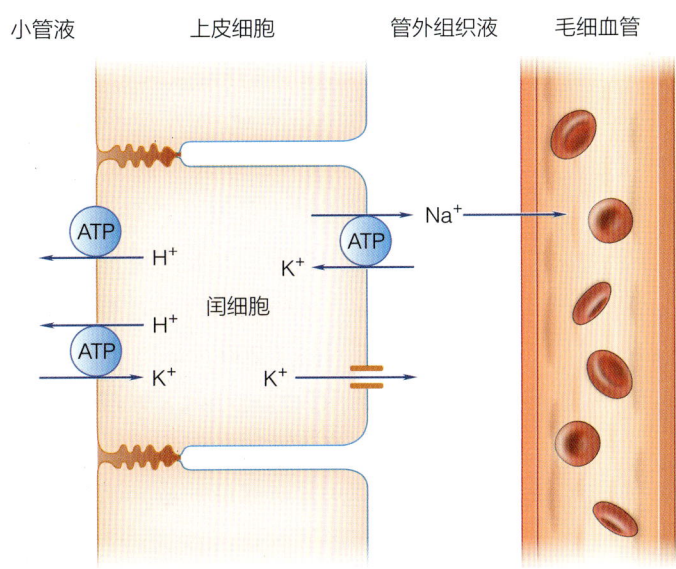

图 9-17 集合管闰细胞 H^+ 分泌示意图

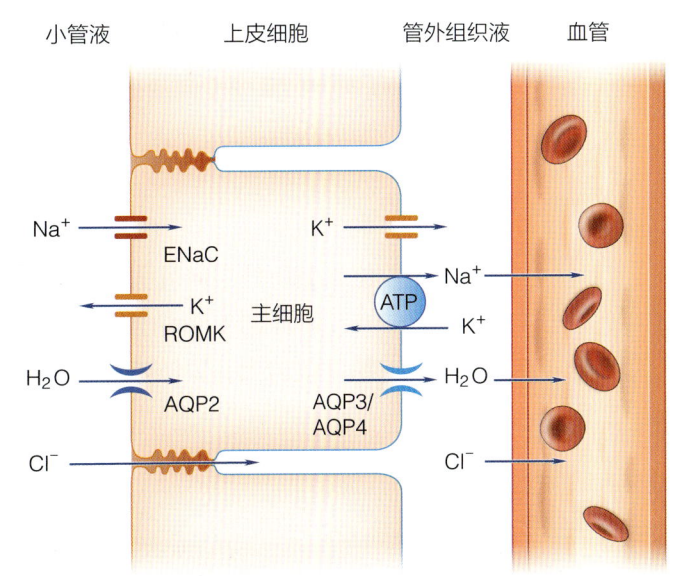

图 9-18 主细胞重吸收 Na^+ 和分泌 K^+ 示意图
ENaC:上皮钠通道;ROMK:肾外髓钾通道;AQP:水孔蛋白

第五节 尿液的浓缩和稀释

正常成年人终尿的排出量 1~2 L/d，其中 95%~97% 为水，固体成分仅占 3%~5%，尿液渗透压约为 50~1 200 mOsm/L，尿量和尿渗透压可受多种因素影响而发生很大的变化。临床上把每 24 h 尿量超过 2.5 L 称为多尿；24 h 尿量少于 400 mL 称为少尿；24 h 尿量少于 100 mL 称为无尿。

体内缺水时，肾重吸收的水多于溶质，肾排出的尿液渗透压比血浆渗透压高，最高可达 1 200 mmol/L，称为高渗尿；体内水过剩时，肾重吸收的溶质多于水，肾排出的尿液渗透压低于血浆渗透压，最低可至 50 mOsm/L，称为低渗尿；终尿渗透压等于血浆渗透压，称为等渗尿。

肾对尿液的浓缩与稀释过程是三个因素共同作用的结果：①肾小管与集合管对水与溶质的选择性通透及转运的特性；②抗利尿激素（antidiuretic hormone，AHD），也称血管升压素（vasopressin，VP），对集合管水通透性的调节；③肾髓质渗透压梯度。

一、肾髓质间质渗透压梯度及其形成

1. 肾髓质间质渗透压梯度

1951 年，Wirz 等人首次用冰点降低法测定鼠肾的渗透压，观察到肾皮质部组织间液（包括细胞内液和细胞外液）的渗透压与血浆的渗透压之比为 1.0，说明肾皮质部组织间液与血浆有相等的渗透压（即等渗）。而髓质部组织间液与血浆的渗透压之比由髓质外层向乳头部呈逐渐升高（图 9-19），具有明显的渗透压梯度。

髓袢的 U 形结构是形成髓质渗透压梯度的基础，髓袢越长，所形成的髓质渗透压梯度就越大，肾脏浓缩尿液能力越强。例如，沙鼠的肾髓质内层特别厚，它的肾乳头部侧髓质渗透压可达血浆渗透压的 20 倍；人的肾乳头部髓质渗透压最高为血浆渗透压的 4~5 倍；猪肾乳头部髓质渗透压只有血浆渗透压的 1.5 倍。

2. 肾髓质间质渗透压梯度的形成

肾髓质间质渗透压梯度的形成与逆流系统产生的逆流倍增效应有关。物理学上的逆流系统是指两管并列（降支和升支）且下端相连的 U 形管道，如果两管之间的隔膜对溶质不通透，只是一个简单的逆流系统，不会产生倍增效应（图 9-20A）；如若隔膜对溶质具有通透性，允许溶质在升支和降支之间交换，这样随着液体的流动，降支中的溶质浓度逐渐升高，而升支中的溶质浓度逐渐降低，即为由逆流系统所产生的逆流倍增效应（counter-current multiplication）（图 9-20B）。

肾小管髓袢的结构类似一个逆流系统（图 9-21）。小

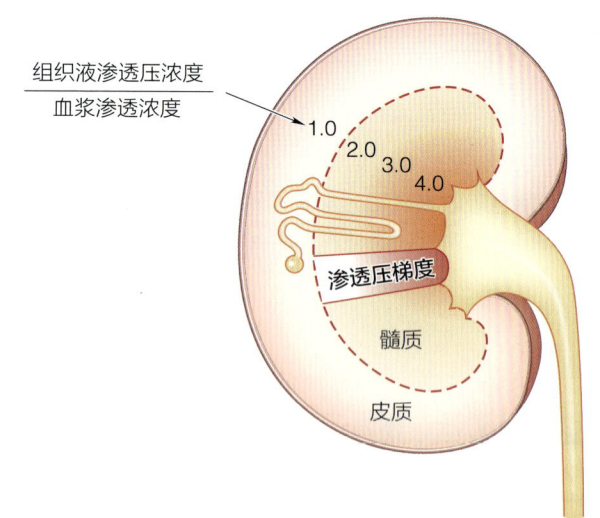

图 9-19 肾髓质渗透压梯度示意图
图中颜色越深，表示组织间液与血浆的渗透压之比越高

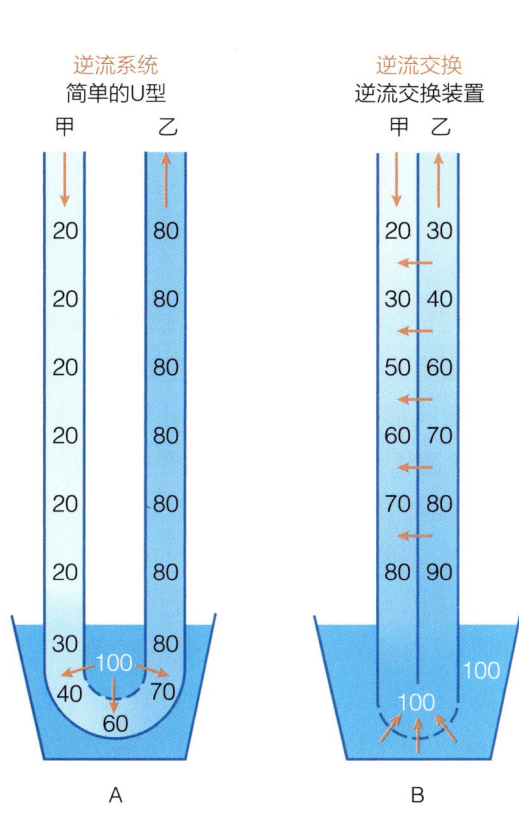

图 9-20 逆流交换原理示意图
数值表示某物质的相对浓度

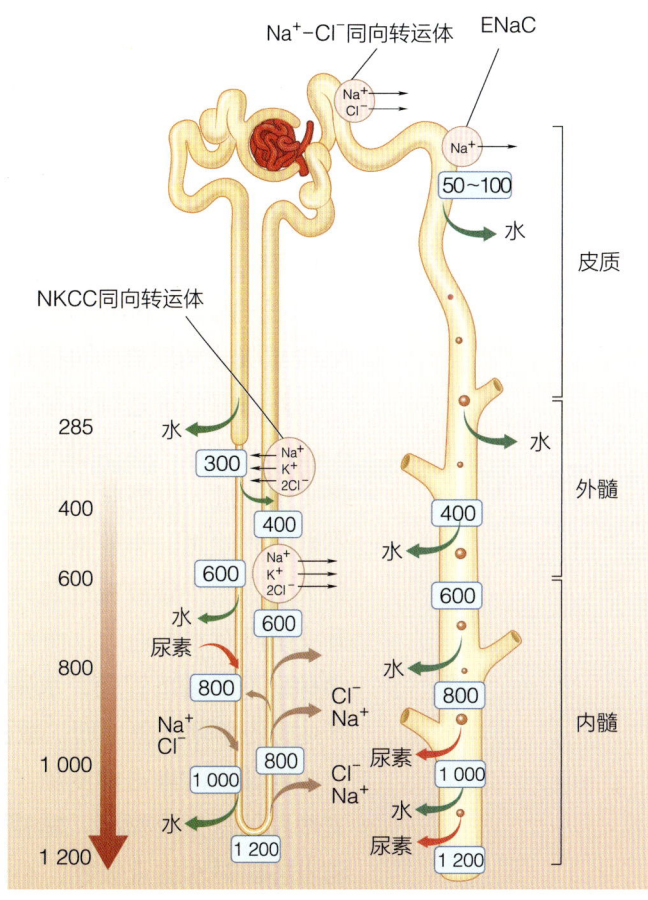

图 9-21 肾髓质渗透压梯度形成机制
NKCC：Na^+-K^+-$2Cl^-$同向转运体；ENaC：上皮钠通道

管液从近曲小管进入，经过髓袢处和远曲小管处两次折返最后从集合管流出。由于髓袢各段对水和 NaCl 的通透性不同（表 9-4），因而当小管液源源不断地流经髓袢时，髓袢的逆流倍增效应使进入组织间液的 NaCl 浓度呈现由外髓到内髓的梯度分布。同时，尿素在髓袢降支细段与集合管间不断的再循环使内髓部组织间液中的溶质浓度进

表 9-4　兔肾小管不同部位对水、Na^+ 和尿素的通透性

肾小管	水	Na^+	尿素
髓袢降支细段	易通透	不易通透	中等通透
髓袢升支细段	不易通透	易通透	不易通透
髓袢升支粗段	不易通透	主动重吸收（Na^+-K^+-$2Cl^-$）	不易通透
远曲小管	不易通透，存在 ADH 时易通透	主动重吸收	不易通透
集合管	不易通透，存在 ADH 时易通透	主动重吸收	皮质部与外髓部不易通透。内髓部易通透，存在 ADH 时通透性增加

一步增加。

（1）外髓部渗透压梯度形成　髓袢升支粗段位于外髓部，由于髓袢升支粗段能通过 $Na^+-K^+-2Cl^-$ 同向转运体重吸收 NaCl，而对水不通透，故升支粗段内小管液向皮质方向流动时，管内 NaCl 浓度逐渐降低，小管液渗透压逐渐下降；而其外周组织间液 NaCl 的渗透压也呈类似的梯度分布。故外髓部的渗透压梯度是由升支粗段 Na^+ 和 Cl^- 的重吸收所形成（图 9-21）。

（2）内髓部渗透压梯度形成　在内髓部，渗透压梯度的形成与髓袢升支细段对 NaCl 重吸收和尿素的再循环有密切关系。

外髓部的渗透梯度依赖髓袢降支细段和髓袢升支细段所构成的逆流倍增系统对 NaCl 的重吸收。由于髓袢降支细段对水具有高度通透性，但对 NaCl 等溶质不易通透。降支细段进入内髓部，在渗透压梯度（由尿素重吸收形成）的作用下，小管液中的水不断向外渗透，小管液的 NaCl 浓度逐渐升高，渗透压也逐渐升高，到髓袢折返处达最大值。当小管液流过髓袢底部折返而逆向流入髓袢升支细段后，与降支细段相反，升支细段对水不通透，而对 NaCl 有较高的通透性。小管液内的高浓度的 NaCl 顺着化学梯度不断透出管壁，水则留在管内。随着升支细段上行，小管液渗透压逐渐降低，产生逆流倍增现象，而扩散出来的 NaCl 则参与形成内髓部组织间液渗透压梯度。

内髓部的渗透梯度除了依赖升支细段 NaCl 的扩散，还依赖内髓集合管与髓袢升支细段的尿素再循环。髓袢升支、远曲小管、皮质和外髓部集合管对尿素都不通透，随着各段对水的重吸收，小管液体积明显下降，尤其当小管液到髓质达集合管，在抗利尿激素的参与下，髓质高渗透的作用下，小管液中的水不断被重吸收，致使小管内的尿素浓度不断升高，当小管液流到内髓部集合管时，尿素浓度水平很高。内髓部集合管对尿素有高通透性，在抗利尿激素的作用下，对尿素通透性增加，内髓部集合管的小管液中，高浓度尿素顺化学梯度从集合管内扩散到内髓部组织间液，与此处的高浓度 NaCl 一起形成内髓部的高渗状态。

髓袢降支细段对尿素具有中等程度的通透，从内髓部集合管透出的部分尿素可以从降支细段回到小管液，随小管液流经升支、远曲小管和外髓部集合管，当尿素回到内髓集合管时，又可再次进入内髓间质，形成了尿素再循环（urea recycling）（图 9-21）。尿素在内髓间质的循环利用，一方面避免尿素的过量排出，同时还参与内髓间质高渗环境的建立，有利于水的重吸收。由此可见，不同于外髓部，内髓部组织间液的高渗环境，是由髓袢升支细段扩散出来的 NaCl 以及内髓部集合管扩散出来的尿素两个因素共同形成的。

二、肾髓质间质渗透压梯度的保持

通过小管的逆流倍增作用，NaCl 和尿素进入肾髓质组织间液而形成高渗状态及渗透压梯度，肾髓质渗透压梯度的维持，是肾实现尿浓缩稀释功能的前提。肾髓质渗透压梯度的保持依赖直小血管的形态和逆流交换作用。直小血管与髓袢相并行，也呈 U

型，其降支和升支也构成一个逆流系统。当血液在降支中向下流动时，由于血液中的溶质浓度低于处于同一水平髓质组织间液的溶质浓度，组织液中 NaCl 和尿素等便顺着浓度梯度扩散到血管内，血液中的水则渗透到组织间液，于是降支中血液的渗透压逐渐升高。当血液折返逆流入升支时，血液内 NaCl 和尿素等溶质浓度及渗透压都比同一水平的髓质组织间液为高，于是血液中的 NaCl 和尿素又扩散回到组织间液，组织间液的水则渗透回血液中，使升支中血液的渗透压逐渐降低。经过升、降支中血液与肾髓质组织间液中的溶质和水的交换，使 NaCl 和尿素在组织间液和直小血管的升、降支之间循环。

正常情况下，在血液离开直小血管升支时，只会带走多余的水和溶质，使髓质的渗透压梯度得以保持。

三、影响肾髓质渗透压梯度形成的因素

髓袢的正常结构是形成髓质渗透压梯度的结构基础。婴儿肾由于髓袢尚未发育成熟，髓袢很短，不能很好地形成髓质渗透压梯度，故尿液浓缩能力有限，容易脱水。慢性肾盂肾炎致肾髓质纤维化或肾囊肿使肾髓质萎缩，都将使肾髓质渗透压梯度遭到破坏，从而使尿浓缩的能力降低。

髓袢升支粗段主动重吸收 NaCl 是形成肾髓质渗透压梯度的原始动力。临床上使用的强效利尿剂（呋塞米），能抑制 Na^+-K^+-$2Cl^-$ 同向转运体功能，抑制髓袢升支粗段对 Na^+ 和 Cl^- 的重吸收，导致外髓渗透压梯度形成障碍，内髓的渗透压梯度也无法形成，尿液浓缩能力下降，排出增多，产生很强的利尿作用。另外，血液尿素浓度也可影响渗透压梯度的形成，尿素是蛋白质代谢分解产物。在低蛋白血症时，由于体内尿素生成减少，影响了肾髓质高渗梯度的建立，所以尿的浓缩能力减弱。

四、尿液稀释和浓缩功能的实现

正常人所排出的尿液渗透压的高低与机体缺水或水过剩有关。远曲小管和集合管是调节机体水平衡的关键部位。在此过程中，抗利尿激素是调节远曲小管和集合管水重吸收的关键因素。

在体内水过剩时，抗利尿激素释放被抑制甚至停止，激素水平降低，远曲小管和集合管上皮细胞对水的通透性降低，小管液在流经髓袢升支粗段、远曲小管和集合管时，NaCl 不断被重吸收形成的低渗状态得以维持，排出低渗尿，最低可降低至 50 mOsm/L，尿量增加。

在抗利尿激素存在时，远曲小管和集合管上皮细胞对水通透性增加，小管液从外髓集合管向内髓集合管流动时，在髓质渗透压梯度的作用下，小管液中的水不断进入高渗的组织间液，使小管液不断被浓缩形成浓缩尿，最高可达 1 200 mOsm/L。

第六节 尿生成的调节

尿液的生成过程包括肾小球的滤过以及肾小管、集合管的重吸收和分泌功能。肾通过调节肾小球滤过、肾小管重吸收和分泌，以改变尿液的成分和排出量，参与机体内环境稳态的调节。有关肾小球滤过的调节已在前面做了介绍，本节只着重讨论肾小管和集合管转运功能的调节。

一、肾内自身调节

1. 小管液中溶质浓度

小管液中溶质所呈现的渗透压，是对抗小管液中的水分被重吸收的力量。小管液中溶质浓度高时，妨碍肾小管中水的重吸收，引起尿量增多，此现象称渗透性利尿（osmotic diuresis）。糖尿病患者或在实验中静脉注射高浓度的葡萄糖后，引起血糖增高，超过肾糖阈后，小管液中的葡萄糖没有被完全重吸收，导致小管液溶质浓度增高，产生渗透性利尿，出现多尿现象。临床上有时给病人使用可被肾小球滤过，但不被肾小管重吸收的物质（如甘露醇等），利用它来提高小管液中溶质的浓度，借以达到利尿和消除水肿的目的。

> **想一想**
> 在给家兔静脉注射20%葡萄糖溶液5 mL后，尿生成有何变化？为什么？

2. 球－管平衡

实验证明，当肾小球滤过率发生变化时，近端小管中 Na^+ 和水重吸收的量也随之增加，占肾小球滤过量的百分比能够保持不变，这一现象称为定比重吸收（constant fraction reabsorption）。例如，若肾小球滤过量从 125 mL/min 增加到 150 mL/min，近端小管重吸收量也从大约 81 mL/min（占肾小球滤过率的65%）增加到大约 97.5 mL/min，仍为肾小球滤过率的65%。这种小管重吸收的量随肾小球滤过率变化而变化的现象称为球－管平衡（glomerulotubular balance）。这种现象不仅发生在近端小管，在肾小管其他节段，包括髓袢升支粗段、远曲小管等也存在。

球－管平衡的机制尚未完全阐明，目前认为这一现象产生的原因主要与管周毛细血管压和血浆胶体渗透压改变有关。由于血浆蛋白在肾小球毛细血管基本不会被滤出，在肾血流量不变的前提下，当肾小球滤过率增加时，进入近曲小管旁的管周毛细血管的血液量就会减少，引起毛细血管内血压下降，血浆胶体渗透压升高，小管周围组织间液进入毛细血管动力增大，静水压下降，最后导致 Na^+ 和水重吸收动力增大，量增加。因此，重吸收比例维持在肾小球滤过率的 65%～67%。有实验证明，球－管平衡机制不依赖于神经和体液调节，在离体肾仍存在这一现象。

球－管平衡的生理意义在于避免尿量和尿钠排出量随肾小球滤过率的变化而出现大的变化。若不存在球－管平衡机制，当肾小球滤过率从 125 mL/min 增加到 126 mL/min 时（仅增加0.8%），尿量将从 1 mL/min 增加到 2 mL/min，即增加了一倍，尿量和尿钠的排出会剧烈变化。

二、神经调节

肾主要接受交感神经支配，肾交感神经分布于肾血管，主要是入球小动脉和出球小动脉，也支配肾小管和近球小体。

肾交感神经兴奋通过其末梢释放去甲肾上腺素影响尿生成。去甲肾上腺素与血管平滑肌上α肾上腺素能受体结合，使入球小动脉和出球小动脉收缩，但前者收缩更明显，使肾小球毛细血管的血浆流量减少，毛细血管压下降，故肾小球滤过率减少，最终使尿Na^+和水排出减少；去甲肾上腺素与肾小管上皮细胞α1肾上腺素能受体结合，增加近曲小管和髓袢上皮细胞重吸收Na^+，减少尿Na^+排出；去甲肾上腺素与近球小体β肾上腺素能受体结合，刺激近球小体中的颗粒细胞释放肾素，导致循环中的血管紧张素Ⅱ和醛固酮含量增加，增加肾小管对Na^+的重吸收，尿Na^+排出减少。

肾交感神经活动对肾功能的调节是通过多种反射实现的。刺激各种感受器，包括心肺感受器、动脉压力感受器和渗透压感受器等，都可引起肾交感神经活动的抑制，增加尿Na^+的排出。另外，在动物实验中发现，电刺激一侧肾神经的传入端，可引起对侧肾交感神经传出活动增强，减少对侧肾尿Na^+和水排出，这种现象称为肾-肾反射（renal-renal reflex）。

三、体液调节

影响肾尿生成的体液因素有很多，有的是通过全身性的作用影响尿生成，有的只是作用在肾脏局部；有的是直接效应，有的则是通过调节血压等间接效应影响尿生成。各种体液因素并不是孤立地产生调节作用，而是相互联系，并与神经调节互相配合，实现对尿生成的调节。

> 拓展阅读 9-2
> 其他影响尿生成的体液因素

> 拓展阅读 9-3
> 尿的排放及排尿异常

1. 抗利尿激素

抗利尿激素（ADH）是下丘脑的视上核和室旁核的神经元分泌的一种由九个氨基酸组成的肽类激素。它在神经元细胞体中合成后，经下丘脑-垂体束运输到神经垂体储存，在受到特异性刺激后释放出来。抗利尿激素的受体有两类。V1主要分布在血管平滑肌，激活V1可使血管收缩；V2分布在远曲小管和集合管上皮细胞，激活V2受体可提高远曲小管和集合管上皮细胞对水的通透性，从而增加水的重吸收，使尿液浓缩，尿量减少；另外，激活V2受体可增加髓袢升支粗段对NaCl的主动重吸收和内髓部集合管对尿素的通透性，从而增加髓质组织间液的渗透压，有利于尿液浓缩。

抗利尿激素调控远曲小管和集合管上皮细胞对水的通透性是通过调控水孔蛋白-2（aquaporin protein 2，AQP2）插入顶端膜实现的。远曲小管和集合管上皮细胞的基底侧膜上有水孔蛋白AQP3和AQP4，细胞对水的通透性主要取决于顶端膜上AQP2数量。当顶端膜上AQP2数量增加时，其对水的通透性升高，水分子通过顶端膜进入细胞，而后通过基底侧膜上的AQP3和AQP4进入小管周围的组织间液。

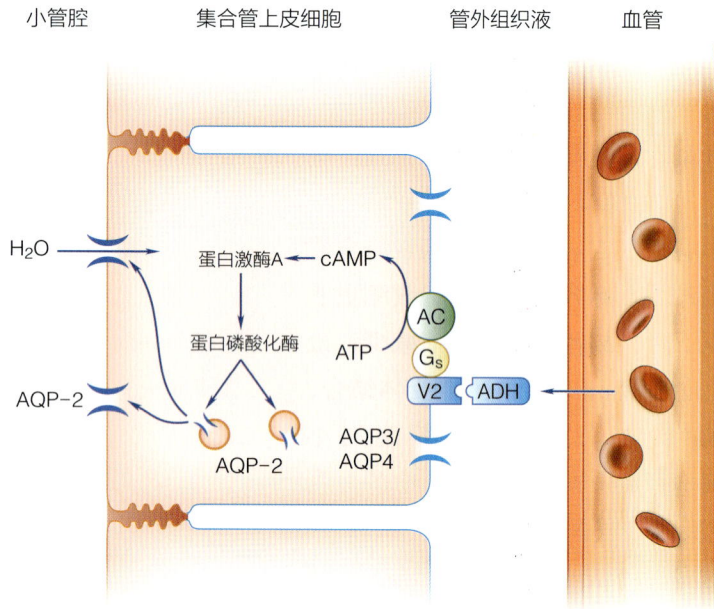

图 9-22 抗利尿激素的作用机制
AC：腺苷酸环化酶；AQP：水孔蛋白；ADH：抗利尿激素

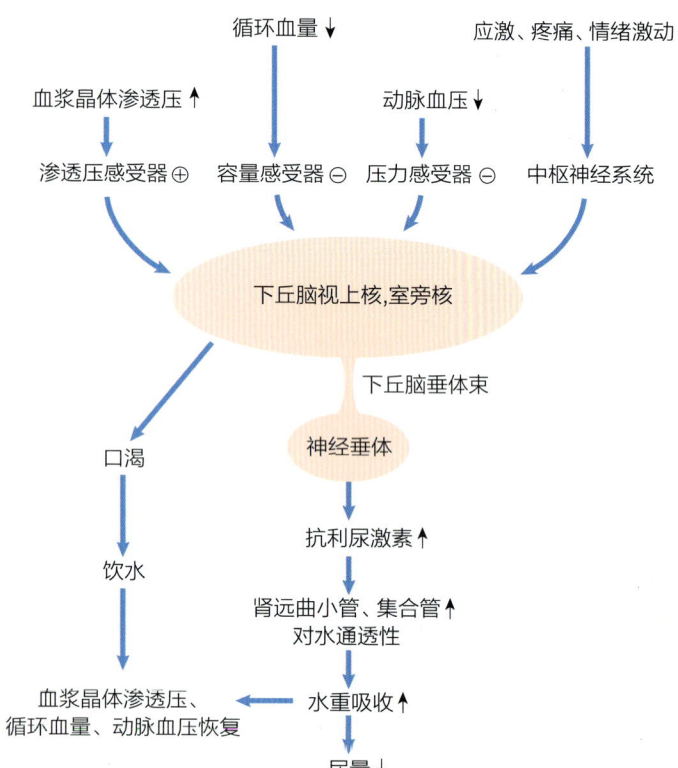

图 9-23 抗利尿激素释放的调节机制

抗利尿激素的作用机制如图 9-22 所示。抗利尿激素与远曲小管和集合管上皮细胞顶端膜上的 V2 受体结合后，激活膜内的腺苷酸环化酶，使上皮细胞中 cAMP 的生成增加；cAMP 增加激活上皮细胞中的蛋白激酶 A，蛋白激酶 A 使囊泡内 AQP2 磷酸化，触发含有 AQP2 的囊泡向顶端膜移动，并镶嵌在顶端膜上；顶端膜上的 AQP2 含量增加，细胞对水通透性增加，在髓质渗透压梯度的作用下，流经远曲小管和集合管的小管液中的水被大量重吸收，使小管液逐渐被浓缩，形成高渗尿。反之，抗利尿激素减少时，小管液中水被重吸收的量减少，尿被稀释。遗传或病理原因导致抗利尿激素不足或缺乏时，可因水重吸收受阻，引起尿崩症。

抗利尿激素的释放受多种因素的调节和影响，其中最重要的是血浆晶体渗透压、循环血量和动脉血压改变。

（1）血浆晶体渗透压　在正常生理状态下，血浆晶体渗透压的改变是调节抗利尿激素分泌的最重要因素。正常人血浆渗透压约为 300 mOsm/L，引起抗利尿激素分泌的血浆渗透压阈值为 280 mOsm/L。血浆渗透压低于阈值时，分泌停止，血浆中抗利尿激素浓度可接近于 0；当血浆渗透压达到阈值后，每升高 1%，抗利尿激素浓度可升高 1 pg/mL，正常血浆中抗利尿激素浓度为 0~4 pg/mL。血浆抗利尿激素浓度达 5 pg/mL 时可以引起渴觉，刺激饮水行为。血浆渗透压改变影响抗利尿激素分泌是通过刺激下丘脑第三脑室前部渗透压感受器（osmoreceptor）而实现的，这是一种反射活动。渗透压感受器对不同溶质引起的血浆渗透压升高的敏感性是不同的。Na^+ 和 Cl^- 形成的渗透压是引起抗利尿激素释放最有效的刺激；甘露糖和蔗糖也能刺激抗利尿激素分泌，但葡萄糖和尿素则没有作用。

临床上，大量发汗、严重呕吐或腹泻等情况使机体失水时，血浆渗透压升高，可刺激下丘脑渗透压感受器（图 9-23），引起抗利尿激素分泌增多,导致尿液浓缩和尿量减少;相反,大量饮清水后,血浆渗透压降低,抗利尿激素分泌减少,远曲小管和集合管对水通透性下降,水的重吸收减少,而溶质的重吸收不受抗利尿激素影响,机体排出大量的低渗尿,使体内多余的水排出体外。正常人快速饮入大量清水约 30 min 后尿生成就开始增加,约第 1 h 末达最高值;随后逐渐下降,2~3 h 后恢复到原来水平。大量饮用清水后引起尿量增多的现象,称为水利尿(water diuresis),它是临床上用来检测肾稀释能力的一种试验。如果饮用等量的等渗盐水(9 g/L NaCl 溶液),则排尿生成速率的变化不如饮用清水那样显著,原因是生理盐水不会改变血浆晶体渗透压,尿量的变化主要由刺激容量感受器引起(图 9-24)。

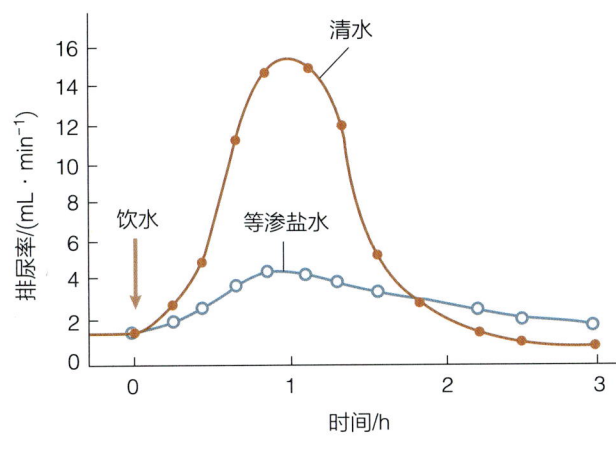

图 9-24 饮一升清水和饮一升等渗盐水的排尿率比较

(2)循环血量和动脉血压改变 循环血量过多(增加 5%~10%)时,通过刺激容量感受器(volume receptor),抑制下丘脑释放抗利尿激素,从而引起利尿,排出了过剩的水分,循环血量因而得以恢复正常;反之,循环血量减少时,则发生相反的变化。

动脉血压的改变也可通过压力感受器对抗利尿激素的释放进行调节。当动脉血压在正常范围时,压力感受器传入冲动对抗利尿激素的释放起一定的抑制作用,当动脉血压低于正常水平时,抗利尿激素释放增加。

容量感受器和压力感受器在调节抗利尿激素释放时,其敏感性比渗透压感受器要低,一般需循环血量或动脉血压降低 5%~10% 时,才能刺激抗利尿激素释放。

(3)其他因素 恶心是引起抗利尿激素分泌的有效刺激;疼痛、应激刺激、血管紧张素 II 和低血糖可刺激抗利尿激素分泌;某些药物,如尼古丁和吗啡,也可刺激抗利尿激素分泌;乙醇可抑制抗利尿激素分泌,故饮酒后尿量可增加。

2. 肾素-血管紧张素-醛固酮系统

肾素-血管紧张素系统在肾尿生成的调节中也发挥重要作用。该系统与肾上腺皮质球状带释放醛固酮的活动密切相关,故称为肾素-血管紧张素-醛固酮系统(renin-angiotensin-aldosterone system)。颗粒细胞分泌的肾素是调控这一系统活性的限速环节,有关肾素-血管紧张素系统的组成,参见第六章血液循环。

拓展阅读 9-4
肾素-血管紧张素系统的概念变迁

(1)肾素分泌的调节 肾素的分泌受多方面因素的调节,包括肾内机制、神经机制和体液因素。肾内机制与入球小动脉处的牵张感受器和致密斑感受器有关。当循环血量减少,动脉血压下降时,对入球小动脉壁的牵张刺激减弱,引起肾素释放量增加;同时,由于入球小动脉的血压降低和血流量减少,肾小球滤过率将减少,滤过的 Na^+ 量也减少,到达致密斑的 Na^+ 流量也减少,激活致密斑的 Na^+ 浓度感受器,也可引起肾素释放量的增加;近球小体中的颗粒细胞受交感神经支配,肾交感神经兴奋时,其末梢释放的去甲肾上腺素作用于近球细胞上的 β 受体,引起肾素的释放量增加;体液中的前列腺素、肾上腺素和去甲肾上腺素等也可直接刺激颗粒细胞,促使肾素释放增加；而血管紧张素Ⅱ、抗利尿激素和一氧化氮等可抑制肾素的释放。

（2）血管紧张素Ⅱ对尿生成的调节作用　血管紧张素Ⅱ对尿液生成的调节包括：①刺激醛固酮的合成和分泌。醛固酮促进节远曲小管和集合管上皮细胞对 Na^+ 的重吸收和 K^+ 的分泌。②可直接促进近曲小管对 NaCl 的重吸收，使 NaCl 排出减少。③刺激垂体后叶释放抗利尿激素，增加远曲小管和集合管对水的重吸收，使水排出减少。④使出球小动脉和入球小动脉血管平滑肌收缩。入球小动脉收缩，可肾血流量下降，肾小球滤过率下降；而出球小动脉收缩，使肾小球毛细血管压上升，有效滤过压增加，肾小球滤过率增加。一般情况下，当血管紧张素Ⅱ升高时，机体血压升高，肾的灌注压升高，但由于血管紧张素Ⅱ对入球小动脉收缩作用大于出球小动脉，因而对肾小球滤过压影响不大，肾小球滤过率保持稳定；而当血管紧张素Ⅱ急剧升高时，会引起入出球小动脉强烈收缩，肾血流阻力增大，血流量下降，肾小球滤过率降低。这种情况往往发生在急性大失血，或极度紧张，交感神经高度兴奋，尿生成的调节与整体的血流供应相适应；作用于下丘脑引起渴觉和饮水行为。

（3）醛固酮的功能　醛固酮是肾上腺皮质球状带分泌的一种激素，可促进远曲小管和集合管主细胞对 Na^+ 重吸收，同时促进 K^+ 或 H^+ 的分泌，随着对 Na^+ 重吸收增加，对 Cl^- 和水的重吸收也增加。醛固酮进入远曲小管和集合管的上皮细胞后，与胞质受体结合形成激素-受体复合物；复合物进入细胞核，作为转录因子调节靶基因的转录，受醛固酮调控的下游靶基因被称为醛固酮诱导蛋白（aldosterone induced protein，AIP）。肾中最主要的醛固酮诱导蛋白包括：顶端膜 Na^+ 通道蛋白，能够促进小管液中 Na^+ 进入细胞；Na^+ 重吸收增加使小管腔内负电位（绝对值）加大，间接促进 K^+ 的分泌和 Cl^- 重吸收；基侧膜的 Na^+ 泵，能够促进细胞内的 Na^+ 被泵出细胞并将细胞外 K^+ 泵入细胞，降低胞内 Na^+ 浓度，提高胞内的 K^+ 浓度，有利于 Na^+ 的重吸收和 K^+ 分泌（图 9-25）；促进顶端膜上 K^+ 通道，能够增强 K^+ 分泌；线粒体 ATP 合成酶，能为基侧膜上 Na^+ 泵转运功能提供更多的能量；顶端膜 H^+-ATP 酶，能促进泌 H^+。

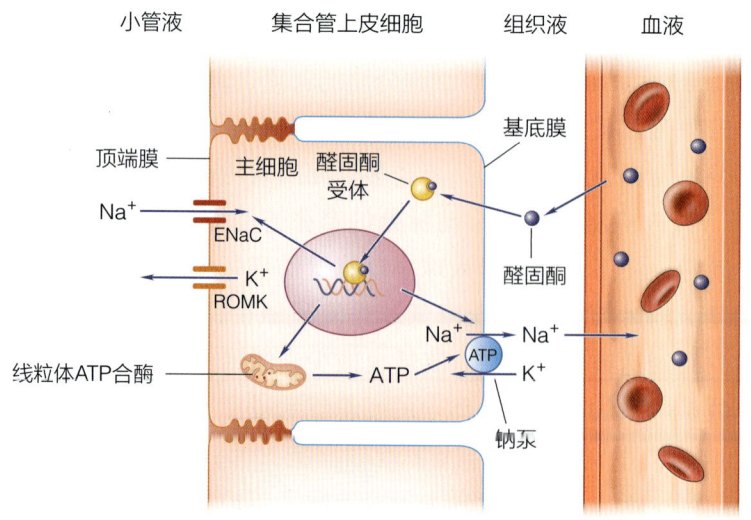

图 9-25　醛固酮作用机制
ENaC：上皮钠通道；ROMK：肾外髓钾通道

醛固酮的分泌除了受血管紧张素Ⅱ调节外，血 K^+ 浓度升高和血 Na^+ 浓度降低时，也可直接刺激肾上腺皮质球状带增加醛固酮的分泌，促进肾保 Na^+ 排 K^+，从而维持血 K^+ 和血 Na^+ 浓度的平衡；反之，血 K^+ 浓度降低或血 Na^+ 浓度升高，则醛固酮分泌减少。醛固酮的分泌对血 K^+ 浓度升高十分敏感，血 K^+ 仅增加 0.5 mmol/L 就能引起醛固酮分泌，而对血 Na^+ 浓度降低敏感性要低一些。

> **想一想**
> 原发性醛固酮增多症患者出现水肿、低血钾和高血压的原因是什么？

※ 小结

肾是人体最重要的排泄器官，通过尿生成参与机体维持内环境稳态。

肾单位是尿生成的基本结构和功能单位，可分为皮质肾单位和近髓肾单位，它们在形态结构和功能上均有所不同。

肾的血流量大，通过自身调节、神经和体液调节保持相对恒定，有利于维持尿生成的稳定，肾的血液循环需要经过两级毛细血管网。

尿的生成过程包括肾小球的滤过和肾小管的重吸收分泌两个环节。

肾小球的滤过是尿生成的第一步。经肾小球滤出的超滤液称原尿，再经肾小管的重吸收和分泌形成终尿。近端小管是重吸收的主要部位。葡萄糖、氨基酸等物质在此部位全部被重吸收；近端小管重吸收约 2/3 的 Na^+、Cl^- 和水。此段小管重吸收的特点是量大、物质种类多、具有定比重吸收和等渗重吸收的特点。Na^+ 和 K^+ 等阳离子是通过主动转运被重吸收，葡萄糖和氨基酸是通过继发性主动转运被重吸收。远端小管和集合管重吸收剩余部分的 Na^+、K^+、Cl^-、HCO_3^- 和水分，并且受激素的调节。肾小管细胞分泌 K^+、H^+ 和 NH_3，通过分泌 H^+ 和 NH_3 促进 HCO_3^- 的重吸收，这对于维持机体的酸碱平衡具有重要作用。

肾可以生产浓缩或稀释尿液。髓袢升支粗段对 Na^+ 和 Cl^- 的主动重吸收，髓袢升支细段对 Na^+ 和 Cl^- 的被动重吸收是形成髓质高渗梯度的主要原因。尿素再循环参与内髓质高渗梯度的建立，并起到了重要作用。髓质高渗梯度的形成与维持，是通过髓袢的逆流倍增及直小血管的逆流交换作用完成的。

肾水和 NaCl 的重吸收分别受抗利尿激素和醛固酮的调节。抗利尿激素的作用是提高集合管上皮细胞对水的通透性，促进水的重吸收，使尿液浓缩，减少机体水的流失。刺激抗利尿激素分泌的有效刺激主要是血浆晶体渗透压的升高和循环血量的减少。醛固酮的作用是促进 Na^+ 的重吸收，同时具有增加 K^+ 排出的作用，醛固酮的分泌主要受肾素 – 血管紧张素 – 醛固酮系统和血 K^+ 和血 Na^+ 浓度的调节。

※ 思考题

1. 机体在大量失血导致动脉血压下降到低于 60 mmHg 时，尿生成有何变化？为什么？

2. 在给家兔静脉注射 20% 葡萄糖溶液 5 mL 后，尿生成有何变化？为什么？

3. 人体在大量出汗（约 800 mL）后尿生成有何变化？为什么？

4. 原发性醛固酮增多症患者出现水肿、低血钾和高血压的原因是什么？

※ 推荐阅读

1. LIN H, GEURTS F, HASSLER L, et al. Kidney angiotensin in cardiovascular disease: formation and drug targeting [J]. Pharmacology reviews, 2022, 74 (3): 462-505.

经典的肾素－血管紧张素系统的概念 21 世纪有显著改变，本文介绍了该系统的变迁，新的肾素－血管紧张素系统的概念和针对该系统的药物开发和靶点设计。

2. SHAFFNER J, CHEN B, MALHOTRA D K, et al. Therapeutic targeting of SGLT2: a new era in the treatment of diabetes and diabetic kidney disease [J]. Frontiers in endocrinology (Lausanne), 2021, 12: 749010.

钠－葡萄糖转运体 2（SGLT2）抑制剂已成为临床治疗糖尿病和糖尿病肾病的重要药物，本文介绍该药物治疗糖尿病和糖尿病肾病的原理和特点。

3. VERMA S, PANDEY A, PANDEY A K, et al. Aldosterone and aldosterone synthase inhibitors in cardiorenal disease [J]. American journal of physiology-heart and circulatory physiology, 2024, 326(3): H670-H688.

醛固酮过度激活是临床心血管和肾脏疾病发病的重要原因，本文介绍了体内醛固酮的生成、关键酶和作用，以及阻断醛固酮过度激活的药物开发和临床评价。

4. WATTS D, GAETE D, RODRIGUEZ D, et al. Hypoxia pathway proteins are master regulators of erythropoiesis [J]. International journal of molecular sciences, 2020, 21 (21): 8131.

促红细胞生成素主要来源于肾，肾病晚期患者常伴有贫血，本文介绍了治疗肾性贫血的新策略和药物开发。

（撰写：陆利民；审修：梅岩艾）

第十章

生　殖

生命自诞生之日，就面临着一个基本问题：生理性的稳态无法永久维持，故而任何生命都有着寿命的限制。因而生命延续就必须进行生殖，使得生殖成为生命的基本特征之一，也是物种繁衍乃至演化的基础。

由于生殖活动需要从个体，特别是雌性个体攫取大量的物质与能量，因而生殖与个体稳态的维持在功能上存在一定的矛盾，使得生殖器官的生理特征有别于前述章节中所介绍的大多数脏器。此外，生殖器官的生理调控机制也具有与其他脏器相对独有的特征。例如，性腺在生命周期中需要等待至性成熟之后，才会发育成熟并发挥功能；又例如，生殖细胞的发生发育及性腺的形成过程有着明确可区分的性别二态性。在本章中，我们将对生殖生理和生殖调控的基本宏观规律加以论述。

从本质上而言，生殖是个体进行自我复制产生新个体的过程。而伴随生命演化，生殖模式由无性走向有性，由简单的个体复制发展成为两性配子结合，由低效的随机突变转变成了有序减数分裂中基因的重组与交换。上述生殖方式的变化极大地提升了生命遗传与变异的效率，从而在个体层面上促进了各个器官的演化，在宏观层面上形成了目前丰富多彩的生物圈。

在包括人类在内的高等脊椎动物中，主要的生殖方式为有性生殖，因而本章节内容是围绕着有性生殖所展开的并以生殖核心器官性腺为线索，对生殖的整体生理宏观规律加以描绘。

第一节 性腺的形成与调控

一、性别决定

对于高等有性生殖物种，雌雄生理特征存在着显著的差异，因而在生殖生理中第一个需要提出的问题就是雌雄性别是如何被决定的。从发育角度而言，早期胚胎在结构和功能方面是没有雌雄性区别的，直至性别决定和分化后，两性在解剖结构上逐步发生差异，直至青春期两性之间在生理层面上的区别才被逐渐放大。遗传上，性别决定是由个体所携带的染色体决定的，故而染色体可被区分为常染色体和性染色体（sex chromosome）。以人类为例，通过配子结合，子代从母本与父本分别继承 23 条染色体，从而获得 23 对同源染色体。其中，前 22 对染色体被称为常染色体，而第 23 对染色体则是在外观上两性具有明显差异的性染色体：X 染色体和 Y 染色体。女性性染色体为两条 X，而男性则拥有一条 X 和一条 Y。目前已知人类的 X 染色体大约含有 1 090 个编码基因，而 Y 染色体则仅仅含有大约 80 个编码基因；而性别遗传决定主要就是由性染色体的基因差异所决定的。

事实上，性染色体决定性别很早即为人所知。早在 19 世纪末期，德国科学家 Hermann Henking 就已经在昆虫生殖细胞中发现了这类特殊的染色体，20 世纪初众多研究就已经明确了性染色体和性别决定的关系。在哺乳动物中，人们很早已认识到雄性性别是由 Y 染色体的存在所决定的，然而真正的决定性基因 *SRY*（sex-determining region of Y Chromosome）则是上个世纪末伴随着分子生物学技术手段的进步才被鉴定出来，并随着基因修饰动物等手段的应用，逐步明确了 *SRY* 通过调控睾丸分化途径中的一系列基因，决定了性腺的发育方向。由此可见，新技术的采用对于提升生理学认知的促进作用。

值得一提的是，性别决定上不同物种之间性染色体模式有着非常显著的区别。例如鸟类性染色体为 ZW/ZZ 型，而差异型性染色体 ZW 型为雌性，同型 ZZ 型则为雄性。在性别决定机制上，不同物种也有着显著区别，例如部分爬行类动物性别决定受温度控制，而众多鱼类物种生命周期中还存在着性反转的现象。由此可见，生殖系统的演化具有显著的差异性。但在两性性腺分化后，雌性与雄性性腺的生理功能分化却是保守的，即产生相应的雌雄配子并分泌对应的雌雄激素以维持与性征相应的内分泌稳态。

> 拓展阅读 10-1
> 性别决定的多样性

二、性腺的形成

性腺（gonad）是生殖系统中的核心器官，是配子发生和性激素合成与分泌的主要场所，也是维持两性生理特征差异的根源。在脊椎动物性腺发生过程中，生殖细胞并非起源于性腺，且生殖细胞的早期产生与性腺的形成是不同步的。早在胚胎进行胚层分化的过程中，原始生殖细胞即在上胚层中形成，随后通过主动和被动的两种迁

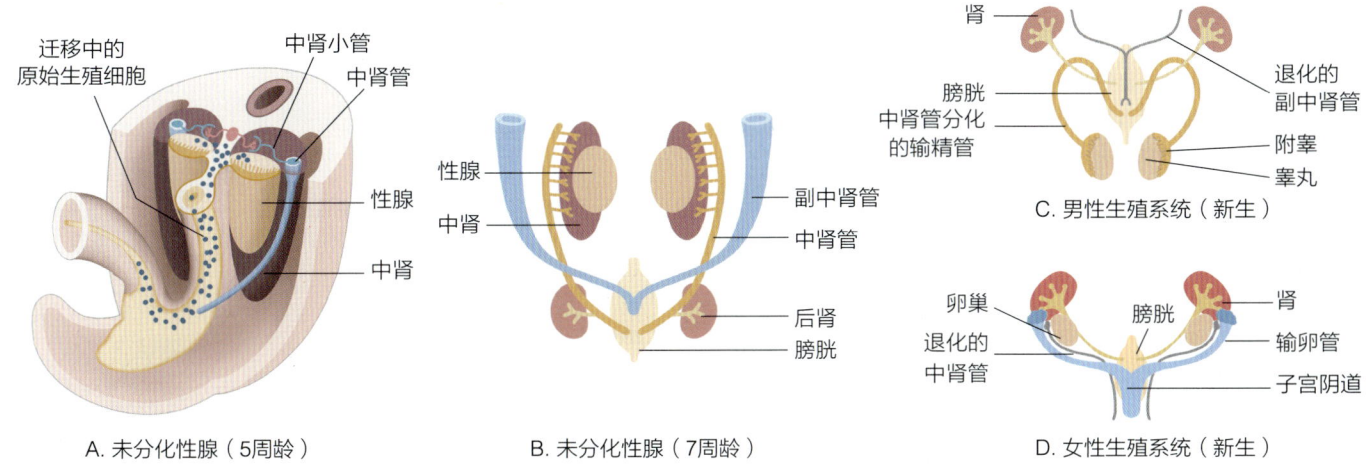

图 10-1 性腺结构的早期分化

移方式最终定居在由中胚层分化形成的早期生殖嵴中（图 10-1A），而性腺及相关附属结构则在胚胎早期保持未分化状态（图 10-1B）。随后，在性别决定基因的影响下，性腺及附属结构向着两性方向分化并走向截然不同的发育路径（图 10-1C，D）。

三、性激素

性腺在形成后，担负着两个核心的功能，其一是产生成熟的两性配子，另一个则是分泌多种性激素（sex hormone）从而调控生殖相关的生理活动和行为。在人和哺乳动物性激素是几十种化合物的总称。其中雄激素（androgen）中活性最高的是睾酮（testosterone），并且可在皮肤和前列腺等器官还原为活性更高的双氢睾酮（dihydrotestosterone）；雌激素（estrogen）主要有雌酮（estrone，E1）、雌二醇（estradiol，E2）、雌三醇（estriol，E3）等，以雌二醇的分泌量最大，活性最强；孕激素主要是孕酮（progesterone）等。

1. 性激素的合成

性激素由主要性腺（睾丸或卵巢）主导合成和分泌，同时在肾上腺皮质、胎盘等组织中存在旁路合成和分泌。所有性激素和皮质激素的生物合成均起始于胆固醇（cholesterol）。这种"核心路径统一、终产物分化"的模式，体现了生理系统在演化中对资源利用的高效性与调控机制的保守性。在合成的通路上，胆固醇通过血液中的低密度脂蛋白或局部合成途径进入相关细胞，并依赖类固醇激素合成急性调节蛋白（steroidogenic acute regulatory protein，StAR）被转运至线粒体内膜。在线粒体中，胆固醇侧链裂解酶催化胆固醇转化为孕烯醇酮（pregnenolone），标志着类固醇激素合成的正式启动。从孕烯醇酮开始，合成路径依据腺体的类型以及相关细胞特异性酶的表达，进而分化为醛固酮（又称盐皮质激素）、皮质醇（cortisol，又称糖皮质激素）、睾酮和双氢睾酮（雄激素）、雌二醇（雌激素）及孕酮（孕激素）等（图 10-2）。这些激素因其结构与胆固醇相似，故称为类固醇激素。

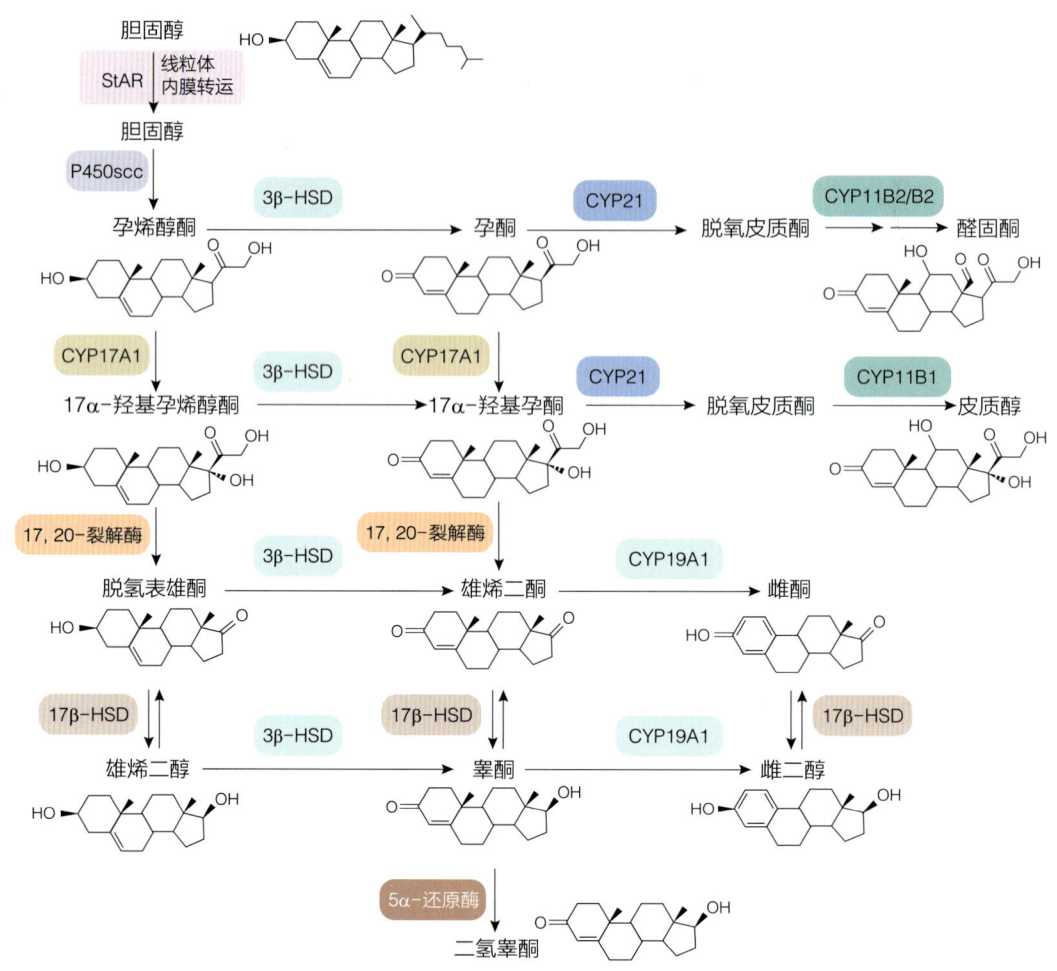

图 10-2 性激素合成步骤

StAR：类固醇激素合成急性调节蛋白；HSD：羟类固醇脱氢酶；P450scc（CYP11A1）：侧链裂解酶；CYP11B：11β-羟化酶；CYP17A：17α-羟化酶；CYP19A1：芳香化酶；CYP21：21-羟化酶

在卵巢膜细胞以及睾丸间质细胞中，孕烯醇酮通过 3β-羟类固醇脱氢酶转化为孕酮，随后在 17α-羟化酶和 17,20-裂解酶的作用下生成脱氢表雄酮（dehydroepiandrosterone），最终经 17β-羟类固醇脱氢酶催化形成睾酮。在卵巢颗粒细胞中，芳香化酶将雄激素前体（如睾酮、雄烯二酮）转化为雌二醇。值得注意的是，肾上腺皮质除了在其球状带细胞合成醛固酮、束状带细胞合成皮质醇外，其网状带细胞还能够合成少量雄激素和雌激素。这一旁路途径在病理或更年期等特殊生理状态下可能发挥性激素代偿作用。

在机体中，性激素的合成与分泌受下丘脑-垂体-性腺轴（hypothalamic-pituitary-gonadal axis，HPG 轴）的多层级精密调控，形成"正反馈启动-负反馈维稳"的动态平衡系统（图 10-3）。下丘脑弓状核脉冲式释放促性腺激素释放激素（gonadotropin-releasing hormone，GnRH），刺激垂体前叶分泌卵泡刺激素（follicle-stimulating hormone，FSH）和黄体生成素（luteinizing hormone，LH）。在雄性中，LH 作用于睾丸间质细胞，通过 cAMP-PKA 信号通路激活 StAR 蛋白，进而促进睾酮合成；而 FSH 则促进生精小管中支持细胞的功能，间接维持精子发生（图 10-3A）。在雌性中，LH 触发排卵及黄体形成，FSH 则主导卵泡发育与雌激素合成（图 10-3B）。

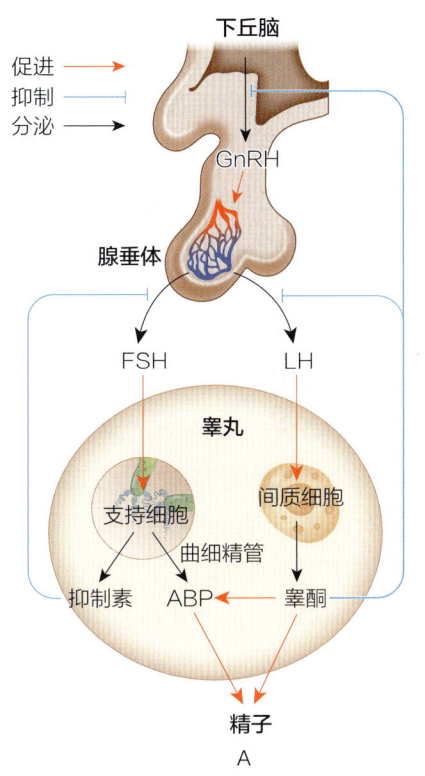
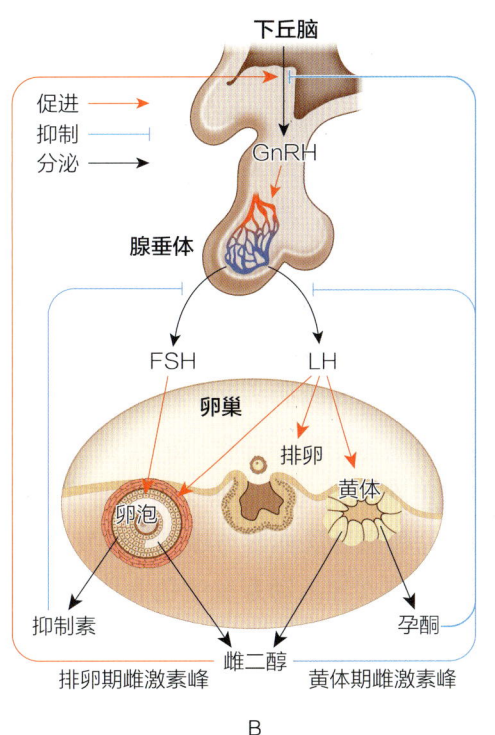

图 10-3 下丘脑 - 垂体 - 性腺轴
A. 下丘脑 - 垂体 - 睾丸轴；
B. 下丘脑 - 垂体 - 卵巢轴
GnRH：促性腺激素释放激素；FSH：卵泡刺激素；LH：黄体生成素；ABP：雄激素结合蛋白

2. 性激素的作用

在细胞水平，性激素通过核受体介导的基因组效应、G 蛋白耦联膜受体介导的非基因组效应发挥功能。以雌激素受体（estrogen receptor，ER）和雄激素受体（androgen receptor，AR）为代表的核受体家族同时也是转录因子，均具有高度保守的 DNA 结合域、形成二聚体的铰链区和结合性激素的配体结合域。当激素 - 受体复合物形成后，通过结合靶基因启动子区的激素反应元件调控转录活性，继而发挥其调节生殖、发育、代谢和内分泌等功能的作用（图 10-4）。

🔍 查一查
G 蛋白耦联性激素受体有哪些？各是如何发现的？

性激素的主要作用是刺激生殖器官的发育与成熟，调控精子或卵子的发生、卵泡的生长和成熟。孕激素在雌激素作用的基础上刺激乳腺腺泡与导管的发育，刺激子宫内膜增生，促进其腺体的增长和分泌，降低子宫和输卵管平滑肌的兴奋收缩活动，以利于胚胎着床和妊娠维持。正常的血浆性激素浓度是维持性生殖器官所必需的。当性激素不足时，会发生生殖器官萎缩，性功能异常，女性月经周期异常。

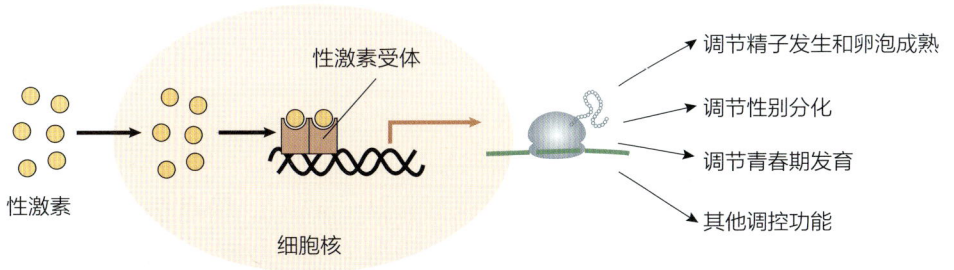

图 10-4 性激素作用机制

性激素在青春期刺激第二性征的出现。其中男性第二性征包括阴阜、腋下和面部长出毛发，喉部长大，出现喉结，声带增厚，声音低沉，皮肤增厚和出油，骨骼生长和骨密度增加，骨骼肌发育。女性的第二性征包括阴阜和腋下长出毛发，乳腺发育，皮下脂肪（特别是在臀部和乳房）积聚，骨盆变宽等。

性激素还能调节物质和能量代谢，促进神经细胞生长、分化与再生，以及多种神经递质的合成。雄激素增强基础代谢率，并且是男女性欲的基础。孕激素使人体基础体温在排卵后升高 0.5℃ 左右，直到黄体期结束。雌激素能够增强对钙的吸收，并抑制血液中胆固醇浓度的升高，促进血管平滑肌舒张和血管阻力降低，因此雌激素有利于降低动脉粥样硬化的发生，对心血管系统发挥保护作用。

需要特别强调的是，性激素的生理作用并非严格性别特异性。虽然雄激素与雌激素的命名源于其主导作用的性别，但两性激素在雌雄个体中均具有基础性生理功能，其作用网络呈现显著的交叉性与互补性。例如雄激素对卵巢功能与卵泡发育不可或缺；而雌激素除亦参与雄性精子发生微环境的维持。代谢层面，雄激素促进肌肉合成的作用在女性运动系统中仍有体现，而雌激素调控骨钙沉积的功能对男性同样关键。此外，两性激素均通过下丘脑－垂体－性腺轴实现双向反馈调节，且共同参与糖脂代谢、免疫应答及神经内分泌网络的稳态维持。这种生理功能的交叉性提示，性激素系统本质上是统一的调控体系，而其性别特异性更多表现为浓度与时空分布的差异，而非分子功能的绝对区分。

四、生殖策略

> **想一想**
> 以生殖为载体的物种遗传与变异，是生命演化的基本动力。那么对于不同生殖策略而言，究竟哪一种更有利于个体生理系统的演化与整合呢？

由于生殖行为的存在，大量物种的生命周期可被分为营养与生殖两个生理状态迥异的阶段或状态。在包括人类在内的高等动物中，尽管营养与生殖两阶段的区别不明显，但生殖行为依然是极其耗能的，因此个体如何平衡自身生理需求与后代孕育依然是生命活动中最为重要的议题之一，也由此形成了具有显著差异的两种基本生殖策略：一种为产生相对较少的子代但对单个子代投入大量营养和能量的 K 型，典型的如包括人类在内的灵长类动物；另一种为产生大量子代但对子代单体提供相对较少营养的 r 型，如鱼类和昆虫等。两种不同的生殖策略充分体现了在演化中个体健康和后代繁衍之间的博弈。

第二节　卵巢与雌性生殖

一、雌性生殖系统的解剖结构

对于哺乳动物而言，雌性生殖器官主要包括卵巢（ovary）、输卵管（oviduct）、子宫（uterus）、阴道（vagina）、前庭（vestibule）、阴门（vulva）等（图 10-5）。其中卵

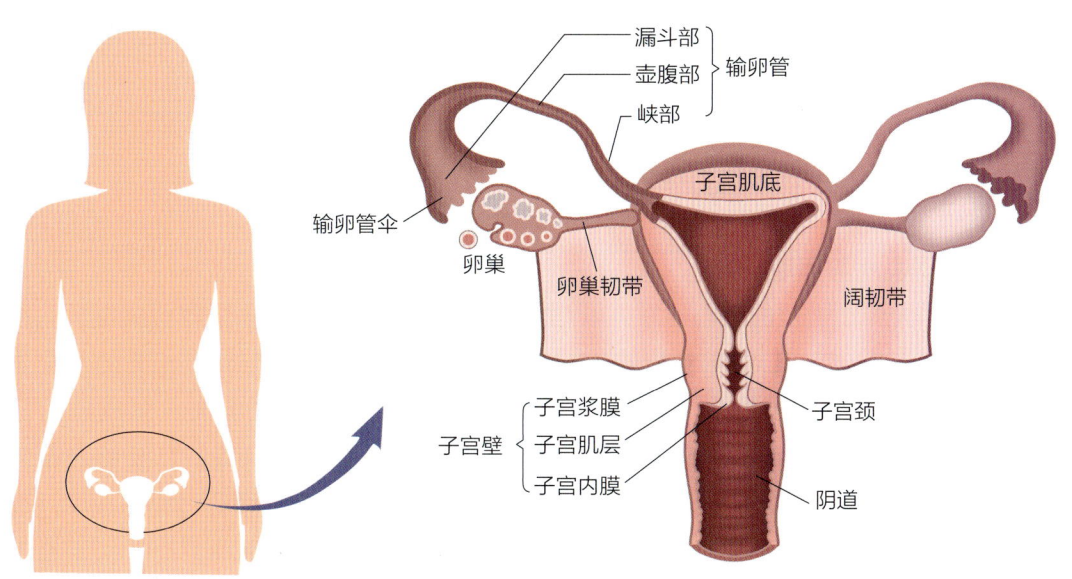

图 10-5　人类女性生殖系统结构示意图

巢、输卵管、子宫和阴道属于内生殖器官，主要承担了配子产生与妊娠的重要功能。

1. 卵巢

卵巢是位于腹腔内呈不规则球体状的腺体，通常成对分布。从解剖结构上可分为皮质部和髓质部，其中皮质部是卵泡的主要贮存与发育区域，髓质部则由较为疏松的结缔组织构成。卵巢中的核心单位是卵泡，此外还富含间充质结构、弹性纤维、血管和淋巴管。区别于其他脏器，卵巢的生理结构在生命的不同阶段，根据皮质区卵泡的发育差异，呈现显著的变化。青春期前，卵巢以休眠卵泡为主；而成年时卵巢则富含不同发育阶段的卵泡，并分泌激素使得女性产生周期性生理变化；生命中后期，卵巢卵泡耗竭，卵巢组织萎缩，女性内分泌发生大幅度改变，进而使得女性生理状态发生显著变化。

2. 输卵管与子宫

输卵管是连接卵巢与子宫的管道样器官，其被系膜包被悬挂于腹腔中。输卵管的主要功能是收集来自卵巢排出的成熟卵母细胞，并且是精卵结合的场所。输卵管结构往往呈现狭长且弯曲状，并可通过外观分为 3 部分：① 漏斗部（伞部），输卵管通向腹腔接收卵母细胞的开口，呈漏斗状或伞状；② 壶腹部，输卵管大约前 1/3 段，较粗大，卵母细胞受精的部位；③ 峡部，输卵管后 2/3 段，较细末端与子宫角相连。

子宫大部分位于腹腔，小部分位于盆腔，前接输卵管后接阴道，并借助于子宫阔韧带悬于腹腔下部。结构上，子宫由子宫角、子宫体和子宫颈 3 部分组成。不同物种子宫虽然宏观结构相似，但结构略有区别以容受不同数量的胚胎着床：如双角子宫、双间子宫以及单子宫。人类等灵长动物属于典型的单子宫。按照组织结构，子宫壁可被分为黏膜层（子宫内膜）、肌层及浆膜层；而在功能上，子宫承担了精子获能与选择、胎儿生长发育以及一定的内分泌调控功能。

3. 外生殖器

阴道前庭和阴门属于雌性动物的交配器官，并构成部分的产道。在人类的性活动中，性反应是一个复杂的生理过程，与外生殖器所接受到的刺激直接相关，并通常被分为四个阶段：兴奋、平台、高潮和缓解。

二、卵子、卵泡与雌性生殖调控

1. 卵子发生与卵泡发育

卵巢作为雌性生殖的核心器官，其功能是由其内部卵泡的有序发育所决定的。卵泡是由卵母细胞以及其周围的体细胞共同构成的功能复合体。与卵泡相关的两个重要的事件，分别为卵子发生（oogenesis），是指雌性生殖细胞的形成发育成熟的全过程，一般包括卵原细胞增殖、卵母细胞生长发育和成熟几个阶段；以及卵泡发育（follicular development 或 folliculogenesis），即卵泡结构形成直至排卵的过程，在此过程中，卵泡周围体细胞在早期发生分化形成颗粒细胞并募集膜细胞从而具有分泌激素的能力（非激素依赖阶段），而在后期与机体上游的下丘脑垂体建立联络（激素依赖阶段），从而完成生殖周期的调控（图 10-6）。由此可见，卵巢主要生理功能无论是成熟卵母细胞的排出还是性激素的分泌都依赖于卵泡，因此卵泡的有序募集、生长和闭锁是女性生殖功能维持的基础。

对于哺乳动物而言，雌性生殖最大特征之一在于所有卵泡都形成于胎儿时期。在胚胎期，全部卵母细胞均进入减数分裂状态，故而失去了继续分裂增殖的能力；随后与体细胞紧密结合，构成了一个数量无法继续增长的原始卵泡池（primordial follicle pool）。随后，原始卵泡进入休眠状态，以确保其能够在卵巢中长期存活；而由于原始卵泡周围的前颗粒细胞不具备响应上游激素以及分泌性激素的能力，故而直至青春期始动卵泡生长走向成熟，雌性性激素水平才会大幅上升。而在卵巢中，上述休眠的原始卵泡会在成年后不同阶段被募集并通过复杂的调控激活进入生长状态，而这种持续不断的募集则使得卵巢中卵泡以不可逆的模式数量不断下降，最终导致生殖衰老或女性的绝经发生。总之，围绕着卵泡胚胎期构建、成年期有序募集和发育、生殖衰老期或绝经期耗竭，卵巢分泌激素以及产生成熟卵母细胞的能力产生明显的变化，随之雌性个体的生命周期也被区分为生理状态迥异的性成熟前期、青春期、成年期以及

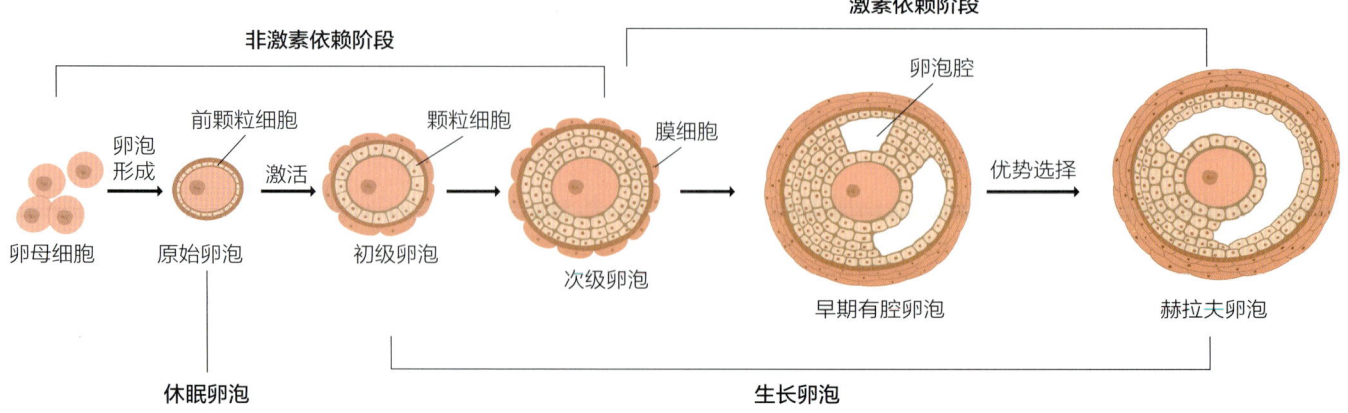

图 10-6　卵泡发育的不同时期示意图

生殖衰老期。

> 拓展阅读 10-2
> 原始卵泡的不可更新性

就卵泡发育具体路径而言，以人类为例新生女婴卵巢内含有大约 200 万个原始卵泡，位于卵巢皮质部中并处于低代谢和转录水平的休眠的状态。伴随着女性生长，原始卵泡将走向三种截然不同的命运：①大部分休眠，以维持女性漫长的生育寿命；②部分死亡，导致卵巢储备不断减少；③少量被激活（activation）或称为始动募集（initial recruitment）进入生长状态行使生殖功能（知识窗 10-1）。原始卵泡上述三种命运的平衡维持了女性生理活动和生育寿命的有序性。

激活后的卵泡被称为生长卵泡（growing follicle）。卵泡的生长是一个无法逆转的过程，一旦始动要么成为优势卵泡排出成熟卵子，要么走向闭锁。在这个阶段卵泡同时发生两个重要的变化，一是卵母细胞的快速生长，二是前颗粒细胞分化为颗粒细胞并开始大量增殖。在发育至促性腺激素依赖阶段后，卵泡对上游垂体所分泌的促性腺激素包括卵泡刺激素（FSH）和黄体生成素（LH）敏感，并在结构上形成一个新的具有内分泌能力的功能细胞群落——膜细胞层（theca layer）。同时，伴随着膜层的出现卵泡表面形成了大量的毛细血管网络（知识窗 10-2），从而与机体进行高效的激素和营养物质交换，并逐步在其内部产生一个充满血浆渗出液并富含卵母细胞和颗粒细胞分泌物的卵泡腔。在卵泡腔产生前后的阶段，卵泡对上游垂体所分泌的脉冲形式的促性腺激素刺激高度敏感，进入最后的卵泡成熟和优势卵泡选择阶段。

对于卵泡发育而言，最为重要的两种内分泌激素为垂体所分泌的 FSH 和 LH，两种激素的受体则分别在颗粒细胞和膜细胞上表达。非常巧妙的是，膜细胞在 LH 作用下分泌雄激素（睾酮和雄烯二酮），而这些雄激素则通过颗粒细胞转化成雌激素（雌二醇），因此雌性最重要的性激素——雌激素的合成是颗粒细胞与膜细胞协作的结果，

知识窗 10-1

原始卵泡激活的两细胞两通路调控机制

卵巢内卵泡的数量与质量，是决定女性生育能力的核心。而女性与男性配子的产生，其最大的区别之一在于女性所有的卵母细胞都在胚胎期形成，并以休眠的原始卵泡形式贮存于卵巢中；而男性的精子则在出生后特别是青春期后源源不断地产生。因而，女性生殖自始至终都面临着一个问题，即如何合理有效地分配有限的原始卵泡库。

近年来的研究表明，原始卵泡的调动取决于其激活效率即从休眠态被唤醒进入生长态的效率。借助于基因修饰动物模型以及多种分子技术的进步，近年来原始卵泡激活的生理性调控通路已经被逐步揭示。目前已知的过程如下，原始卵泡激活的过程由其外围的前颗粒细胞分化开始，前颗粒细胞 mTORC1 信号通路上调进而分化为颗粒细胞，随后开始增殖；与此同时，颗粒细胞中的 mTORC1 信号通路调控 KIT 配体的分泌，而 KIT 配体与休眠卵母细胞表面的 KIT 受体相互结合，进而促进下游 PI3K 信号通路的活化，从而促进卵母细胞高速生长。基于上述两种细胞中两条信号通路的级联反应，一颗休眠的原始卵泡就被唤醒，从而进入生长状态以产生成熟的卵母细胞完成生殖活动。

> **知识窗 10-2**
>
> ## 成年卵巢的血管新生
>
> 在大部分成年器官内部，生理状态下其血管系统相对而言是稳定的；而成体器官血管发生大量新生的状况，一般来说意味着如肿瘤的发生和损伤的修复等病理状况。有趣的是，在成年哺乳动物体内，雌性生殖系统中最重要的两个器官：卵巢和子宫会发生周期性的活跃血管新生，进而重塑其血管系统以适应生殖活动的需求。借助于最新的组织成像技术手段，研究表明成年卵巢中血管新生最为旺盛的结构是生长中的卵泡，以及卵泡排卵后所产生的黄体。而通过血管新生，上述结构构建出密集的血管网络，从而将上游激素及营养物质带入卵泡及黄体，并将卵泡和黄体产生的激素运输至周身。同时，借助于卵泡异体移植追踪模型，研究表明在卵泡和黄体上所构建的密集血管网络，并不会长期存在于卵巢中，而伴随着卵泡的闭锁或黄体的消融，相关血管会被高效地清理，从而使得卵巢不会因血管的过度堆积而产生异常发育。上述新的发现，表明了女性生殖活动过程中，相关器官内除去生殖细胞及内分泌相关细胞外，其他细胞类群也会发生周期性动态变化，以适应生殖活动的相关需求。

这即是被广泛接受的雌激素合成的两细胞机制（图 10-7）。FSH 受体则主要表达在颗粒细胞上，并且直接调控颗粒细胞的增殖和存活。在卵巢中，同一时间内的有腔卵泡仅仅少数最终走向排卵，这个卵泡被选择的过程称为优势卵泡选择。在女性月经周期中，卵巢内存在多个超声可见的有腔卵泡（临床中被称为窦卵泡），然而最终被选择排卵的往往仅有一个。优势卵泡的选择调控一方面与血清中 FSH 的浓度有关，另一方面与卵泡对 FSH 的敏感性有关，因此在临床辅助生殖操作中通过外源补充 FSH 或

图 10-7 两细胞两激素调控示意图

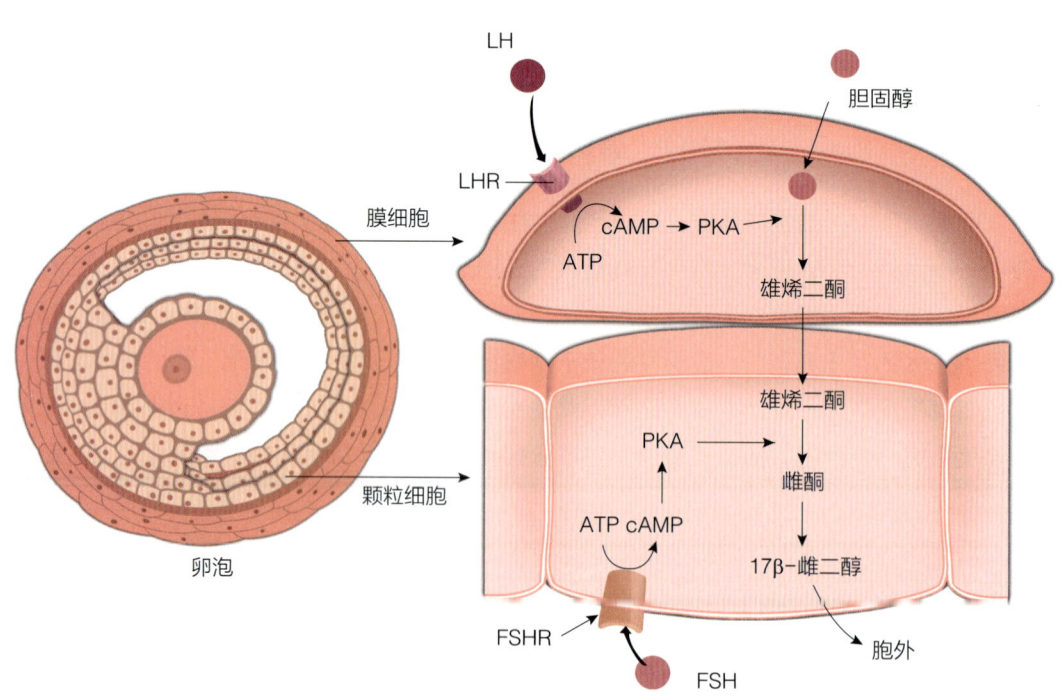

FSH类似物可有效促进卵泡生长至排卵阶段。

排卵（ovulation）是指经过优势选择后的排卵卵泡发生破裂，排出卵丘卵母细胞复合体的过程。究其根本，排卵过程实际上是由促性腺激素峰诱导发生的颗粒细胞急性炎症反应过程（acute inflammatory reaction），因而大量的促炎因子被认为参与调控排卵过程。排卵后，卵泡留在卵巢内的残体在垂体分泌的促黄体生成素的作用下，发生了非常迅速的细胞分化并伴随大量的血管新生和侵入，形成黄体（corpus luteum）。不同于只分泌雌激素的卵泡，黄体分泌两种类固醇类的性激素：雌二醇和孕酮，用于维持未来可能发生的妊娠和胎儿发育。未被选择的卵泡则逐步走向死亡，并且通过被称为卵泡闭锁的过程在卵巢中被彻底地清理。

宏观来看，女性卵母细胞的利用效率是非常低下的，由于每个月经周期通常仅有一颗卵母细胞排出，因此每个女性一生中发育至成熟并且可用于繁育后代的卵母细胞数量不会超过500颗，相较于新生阶段所形成的200万卵泡，其终生的排出率极低，而转化为后代的数量则更为低下。同时，女性生殖能力往往在30岁后就出现明显下降，而在49岁左右则伴随着卵泡的耗竭而彻底丧失，从生物学角度来看，这种提前失去的生育能力，其意义值得思考。

想一想
卵母细胞和卵泡在雌性动物中的低使用效率具有怎样的生理意义呢？

2. 下丘脑、垂体和卵巢之间的相互作用

卵巢在早期发生的过程中并不受内分泌的过多调控，而青春期至成年阶段卵巢中卵泡的发育则受到上游激素的精密调控，其中最为重要的上游激素是垂体前叶所产生并分泌的两种促性腺激素，即FSH和LH。女性成年后FSH和LH的分泌量以脉冲式周期性变化，产生相应的生殖周期。而垂体激素则受到下丘脑分泌到下丘脑-垂体门静脉的激素-促性腺激素释放激素的刺激。同时，在包括人类在内的哺乳动物中，下丘脑相关GnRH的释放会受到包括神经调控、生理节律等多层级的调控，使得生殖在宏观角度对环境、情绪等因素极其敏感（详见第十一章）。而上述的下丘脑-垂体-卵巢彼此之间又存在着负反馈的互相联络，例如动物被阉割，即通过手术切除性腺，FSH和LH的分泌量会代偿性地显著提升，因为性腺分泌激素对促性腺激素的分泌有负反馈作用。由此可见，下丘脑-垂体-卵巢形成了一个完整的内分泌调控轴（见图10-3B），其调控女性生理状况下的生殖行为和成年后生理周期的规律性发生。

值得一提的是，女性青春期的发生与调控下丘脑-垂体-卵巢轴的构建密切相关。实际上，在新生儿机体内FSH和LH的分泌水平是较高的，而在出生后6个月直到青春期前则下降到非常低的水平。青春期始动普遍被认为是由于LH分泌的增加所触发的，在青春期阶段，LH的分泌呈现脉冲式并且其频率和振幅不断增加，进而促进性腺类固醇激素分泌，导致与性征相关的身体变化。因此，卵巢分泌的性激素实际上是青春期女性一系列生理变化的直接推动分子；而近年对卵巢的研究也发现，卵巢中的卵泡早在青春期始动前就快速生长。由此可见，生理层面下丘脑-垂体-卵巢轴建立过程，究竟是由三者中哪个器官所始动的，还有待更多的研究。

3. 生殖周期、月经周期和绝经

雌性哺乳动物生殖的重要特征之一是具有明显的周期性。在描述哺乳动物生殖周期中有两个专有的名词,即发情周期(estrous cycle)和月经周期(menstrual cycle)。发情周期是指一次发情(排卵)至下一次发情(排卵)中的整个时期,以啮齿类为例,发情周期可按照卵巢发育的主要特点被分成不同的四个阶段,即:①发情前期(proestrus),表示卵泡发育的阶段,起始于前一个周期黄体开始退化;②发情期(estrus),动物具有性容受性阶段,与排卵具有相关性;③发情后期(metestrus),黄体形成并开始发育的阶段;④间情期(diestrus),黄体成熟的阶段。

月经周期则特指包括人类在内的灵长动物,指自青春期开始子宫内膜在卵巢分泌激素作用下出现的明显周期性变化,人类女性以28天为周期发生一次内膜脱落、出血、修复和增生的现象。从在体变化而言,所谓的月经周期是一个循环的渐进过程,但由于经血排出是周期中最直观的特征,因此将其发生的第一天称为周期的"第一天"。同时,根据卵巢和子宫内膜发生的变化,月经周期分为几个阶段(图10-8):以卵巢变化为指征,月经的第一天至排卵处于卵泡期,当卵巢中的优势卵泡或被称为赫拉夫卵泡(Graafian follicle)在LH的刺激下完成排卵,黄体随之形成后周期即进入黄体期;而以子宫内膜的周期性变化区分为月经期、增殖期和分泌期。通常而言,卵

图 10-8 月经周期中卵巢和子宫变化示意图

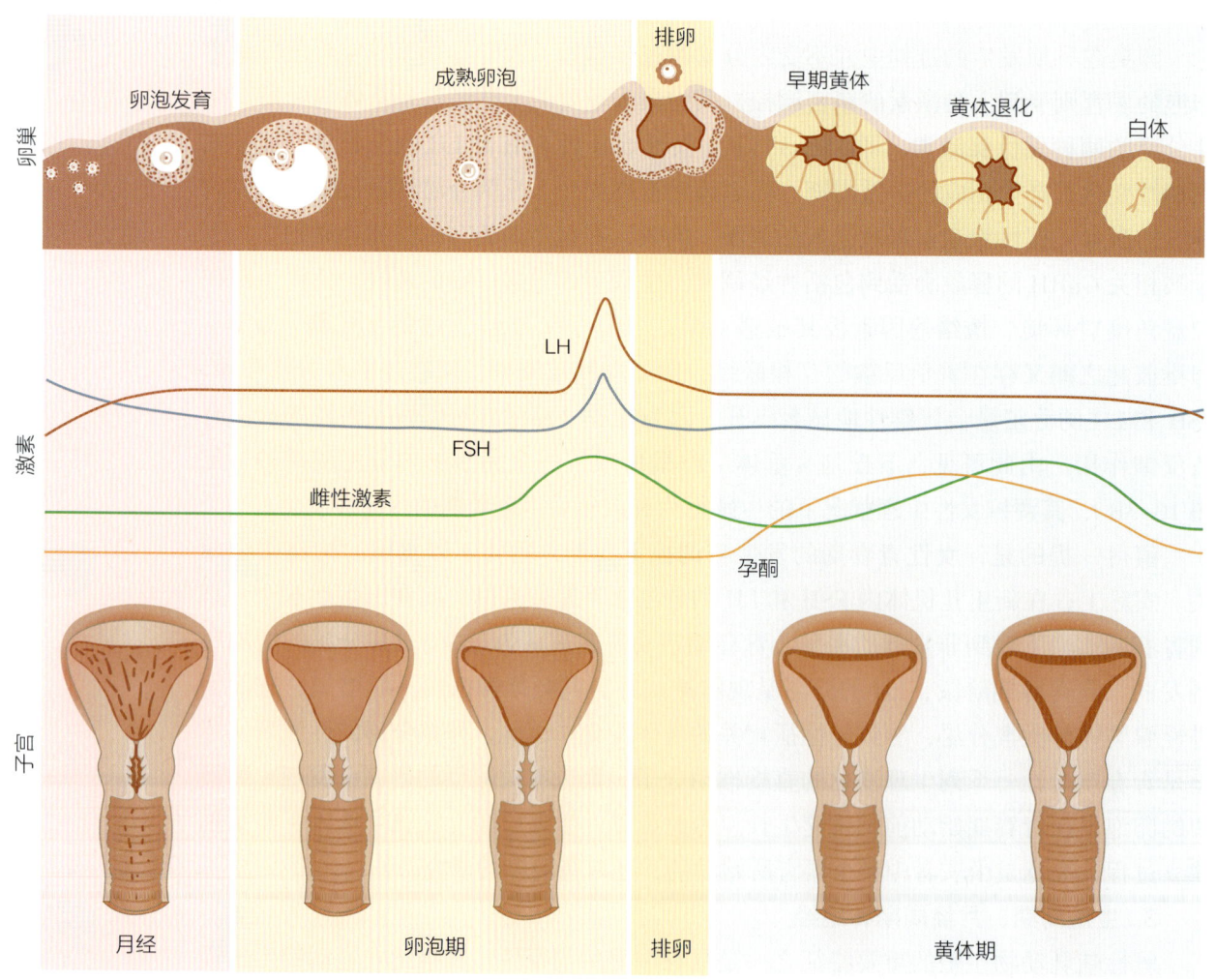

泡期从周期的第 1 天持续到大约第 13 天；但在现实情况中，由于人类生殖受到了神经内分泌的复杂调控，卵泡期是相当不稳定的，众多因素如药物、压力、饮食等均有可能改变卵巢周期的规律性。

在 50 岁前后，伴随着卵巢中卵泡的耗竭，女性月经停止从而出现绝经现象。在绝经前的 5~10 年被称为围绝经期，在此阶段女性的月经周期变得不规律，雌激素分泌在周期之间波动加大，直至绝经时卵巢基本失去分泌雌激素的能力，垂体分泌 FSH 和 LH 发生显著升高。而在绝经期前后，由于卵巢雌激素分泌的显著下降，女性机体产生众多并发性的生理改变，例如血管收缩与舒张调节的紊乱和泌尿生殖系统萎缩。血管调节紊乱会引发绝经期的"潮热"，即核心体温下降后出现寒热感和大量分泌汗液；尿道、阴道壁和阴道腺的萎缩则导致润滑减少，直至尿频和压力性尿失禁。同时，绝经过程中由于雌激素水平的大幅下降还会增加罹患动脉粥样硬化心血管疾病和骨质疏松症进展的风险。

> **想一想**
> 女性绝经是否具有积极的生理意义？是否能够延缓乃至消除女性的绝经现象？

4. 避孕

生殖作为繁衍后代的生命活动，是所有生命的基本需求。然而，在人类文明发展的过程中，由于多种社会原因对怀孕加以控制不可避免地成为在性活动中需要考虑的问题，因此避孕应运而生。人类很早就通过对月经周期规律的观察，总结出了所谓的安全期避孕法，即性行为如果发生在排卵前六天以上，受孕的可能性极低；如果性行为发生在排卵后一天以上，则怀孕的可能性也相对较小。但是，由于女性卵巢周期在实际中受到诸多的非内分泌因素影响，安全期避孕方法具有非常大的风险和不确定性，采用避孕器具或服用避孕药物则是更为稳妥的方法。

直到 1960 年在人类对生殖激素的功能和调控深入认知之后，现代化的避孕药才得以产生。现代避孕药的主要原理通常是采用合成雌激素和黄体酮以及改进的相关类似物，通过口服方式提高血液中的外源卵巢类固醇激素水平，从而使血液中的卵巢激素浓度快速升高对垂体产生负反馈抑制作用，抑制促性腺激素的分泌阻碍卵巢自身的排卵，最终达到避孕的目的。

> **拓展阅读 10-3**
> 避孕药物和方法

三、妊娠和分娩

妊娠（pregnancy）指胚胎/胎儿在母体子宫中发育的过程，当精卵结合完成受精过程，随后胚胎附植于子宫完成着床，妊娠即开始。根据物种的差异性，胎儿在体内经过不同但相对稳定的生长时间，完成整个孕育过程。分娩（parturition）指的是胎儿在母体完成发育，母体将胎儿及其附属物从生殖道内排出体外的生理过程。

1. 受精及胚胎早期发育

受精（fertilization）指的是两性配子融合，形成双倍体合子的过程，是新生命产生的起始事件。完成受精后，受精卵继续在输卵管中以游离的状态发育到桑椹胚（morula）甚至囊胚（blastocyst）阶段后，逐步迁移进入子宫，这一阶段的发育被称为胚胎的着床前发育（preimplantation development）。

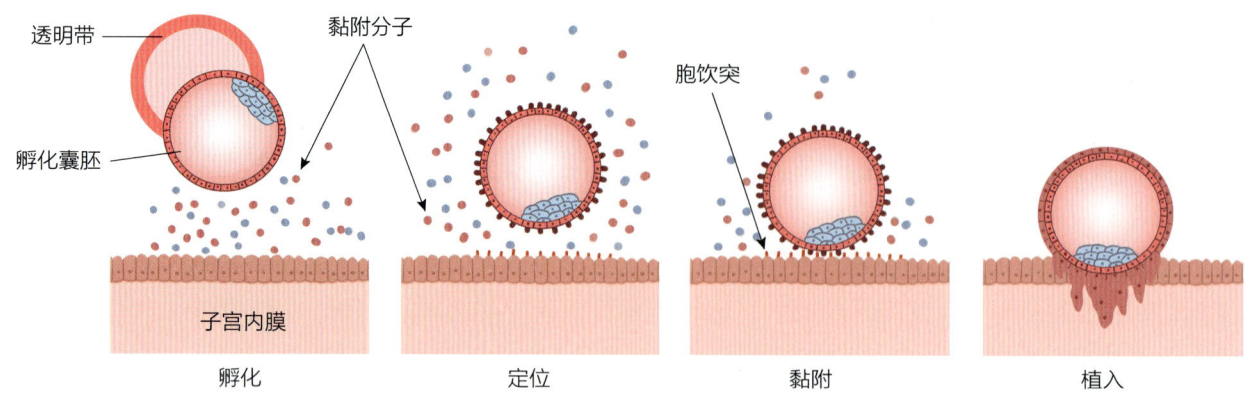

图 10-9 胚胎着床示意图

2. 胚胎着床与胎盘

伴随胚胎的进一步发育，处于活化状态的胚泡与处于接受态的子宫相互作用，导致胚胎滋养层与子宫内膜建立紧密联系，该过程称为胚胎着床（embryo implantation）或植入（图 10-9）。在这个过程中，子宫与早期胚胎之间的同步化互作非常重要，但是着床窗口中子宫的接受性与胚泡的活化一般被认为是两个独立的事件。同时，伴随着妊娠的开始，卵巢中黄体必须长期维持以保持孕酮能够持续分泌，从而确保子宫内膜支持胎儿的正常发育。因此，胚胎需与母体建立妊娠相关的识别信号以明确妊娠已经建立，而这个信号在大多数物种中是以激素作为媒介的。人类的妊娠识别信号为与 LH 功能相似的人绒毛膜促性腺激素（human chorionic gonadotropin，hCG），啮齿动物则为催乳素（prolactin，PRL），同时在啮齿动物中交配行为也是诱导黄体维持的原因之一，因此会产生假孕的现象。

伴随着床的成功完成，胎儿与母体之间的联络变得更为紧密。为了支持胎儿的快速发育并进行充分的物质与营养交换，胎儿的尿膜绒毛膜和妊娠子宫黏膜共同构成了胎盘（placenta）。胎盘除了实现母子间物质交换功能之外，还作为一个临时性内分泌器官分泌孕酮、雌激素、松弛素、促性腺激素及催乳素等，对于妊娠的维持具有重要的意义。

3. 分娩

当胎儿在宫内发育充分，分娩事件就被开启，并通过子宫强烈收缩将胎儿娩出体外。子宫收缩通常由以下两种激素类物质所引发：主要由下丘脑产生并通过后脑垂体释放的多肽激素催产素（oxytocin），以及宫内产生的具有旁分泌功能的前列腺素（prostaglandin）。尽管催产素和前列腺素被认为是参与分娩的主要刺激物质，但分娩的起始因素实际上尚不完全清楚。整体而言，由于孕酮是妊娠维持的最主要调控分子，因而在分娩启动过程中多数物种孕酮水平的快速下降是必需的。有趣的是，人类和其他灵长动物中分娩前孕酮水平并不会降低，但孕酮维持子宫平滑肌静息的能力却在分娩前减弱。由此可见，孕酮不管是分泌水平的下降还是功能性的衰退，均是分娩开始的前提。

第三节 雄性生殖系统

一、雄性生殖系统的结构和功能

1. 睾丸

睾丸是雄性动物中最重要的生殖器官，主要由曲细精管（convoluted seminiferous tubule）和间质两部分组成。曲细精管（又称生精小管，seminiferous tubule）内含有支持细胞（Sertoli cell）及各级生精细胞。前者为生殖细胞提供支持、保护和营养；后者包括精原细胞、初级精母细胞、次级精母细胞、精子细胞和精子，它们处于不同发育阶段。睾丸的间质部分包括动脉和静脉血管以及睾丸间质细胞（Leydig cell），血管主要负责提供睾丸所需的养分、温度调节以及代谢产物的排出。

睾丸由两层膜结构包裹，外层为鞘膜（tunica vaginalis），分为贴近阴囊的壁层（parietal layer）和覆盖睾丸表面的脏层（visceral layer）；内层为白膜（tunica albuginea），具有保护睾丸、维持其结构及功能。白膜深入睾丸内部，形成隔膜，并将睾丸划分为多个小叶（lobule），这些隔膜延伸为小梁，汇集于睾丸中心的睾丸纵隔（mediastinum testis）。睾丸内部的曲细精管是一种长度为 200～400 μm 的卷曲小管，由支持细胞和生精细胞构成的上皮层覆盖，其密集的卷曲结构有效提高了有限空间内的精子生成效率，对于精子的成熟和功能至关重要。睾丸网（rete testis）由直细精管（straight testicular tubule）汇聚而成。睾丸间质细胞产生的睾丸液含有多种对雄性生殖系统功能维持必需的成分，如激素和电解质，随后进入睾丸的淋巴系统（图 10-10）。

睾丸的功能主要包括精子的生成和雄激素的分泌。睾丸产生精子是在有性生殖过程中使卵子受精所必需的。睾丸间质细胞产生的雄激素主要促使雄性动物第二性征的出现（如声音加深、面部和体毛生长、肌肉量增加和骨密度维持）和生殖功能的维持。

2. 附睾

哺乳动物的附睾是由 8～25 根输出小管（efferent duct）和一条长而卷曲的附睾管（epididymal duct）组成。附睾分为头、体、尾三部分，其外有致密结缔组织所构成的白膜和鞘膜血管层。附睾不仅是一个精子运输通道，还是精子浓缩、获得运动能力和受精能力以及储存精子的部位。

附睾的输出小管主要由有纤毛或无纤毛柱状细胞构成，另有淋巴细胞散布于上皮基部，输出小管将睾丸网与附睾管连在一起。附睾管是位于附睾内微小的、卷曲的小管网络，在雄性生殖系统中，这种结构与睾丸紧密相连。这些管道在精子的成熟和储存中起着关键作用。

附睾的主要功能是促进精子的成熟、储存和运输。新产生的精子从睾丸到达附睾，经过一段时间的发育，获得了移动和使卵子受精的能力，成为成熟精子。此外，附睾作为一个储存场所，容纳成熟的精

> 拓展阅读 10-4
> 睾丸的下降

> 想一想
> 睾丸位于体外的原因是什么？这种独特的解剖结构如何影响雄性的生育能力和温度调节？

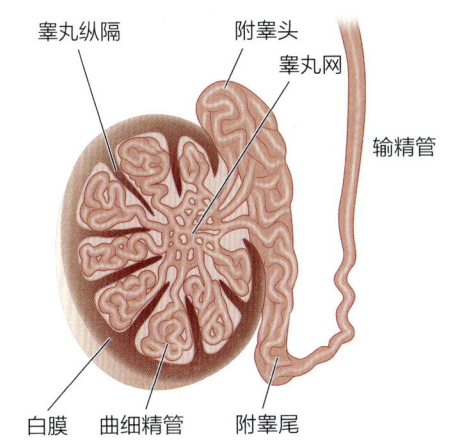

图 10-10 睾丸的结构

子直到射精时释放。

3. 其他雄性附性器官

（1）输精管

输精管（ductus deferens）是附睾的延续，输精管的起始段起源于阴囊内附睾的尾部，然后沿着膀胱的后部，绕着输尿管形成输精管的中间部分。输精管的末端靠近膀胱的底部，在那里它与精囊相连，形成射精管。输精管在将精子从睾丸运送到尿道中起着至关重要的作用，使精子在射精过程中得以释放。

（2）副性腺

大多数雄性动物的副性腺包括精囊腺（seminal vesicle）、前列腺（prostate gland）和尿道球腺（bulbourethral gland）等。

成对的精囊腺属于复合管状腺或管泡状腺。精囊腺的分泌物为白色或黄白色胶状液体，富含果糖和前列腺素，具有为精子提供能量和稀释精子的功能。

前列腺的数量不固定，位于盆腔内尿道上皮上方，属于单一的腺体。前列腺可分为紧密部（又称外部）和弥漫部（又称内部）两个部分。整个前列腺由丰富的平滑肌纤维包围，尤其在紧密部分较为丰富。膜组织伸入腺体内，形成肌质小梁，将腺体分隔成多个独立的小叶。前列腺分泌物为黏稠的蛋白质分泌物，偏碱性，其主要作用是中和精液，以及促进精子运动。

成对的尿道球腺位于尿道球状部的背部两侧，尿道球腺外侧包有致密的结缔组织，含有横纹肌纤维。尿道球腺的分泌部由高柱状上皮细胞构成，有时可见基底细胞。尿道球腺的黏液和蛋白样分泌物在射精时先流出，具有中和尿道内环境、润滑尿道和阴道的作用。

（3）尿道

雄性动物的尿道分为三段，第一段从膀胱起到前列腺的后缘，第二段从前列腺后缘到阴茎的球状部，第三段是阴茎的海绵体部分，即从阴茎球状部到尿道外开口。整个尿道黏膜呈现纵向折叠，但在阴茎勃起或排尿时纵向折叠消失。尿道的第一段和第二段衬以血管层，尿道也与动物生殖器的勃起（erection）功能有关。

（4）阴茎

阴茎由阴茎海绵体（corpus cavernosum penis）和龟头（glans penis）组成。成对的阴茎海绵体在坐骨结节部融合成阴茎体，外被一层致密的结缔组织白膜，该结缔组织膜含有弹性纤维和平滑肌细胞。阴茎内是由完整的结缔组织隔膜分隔的阴茎海绵体，海绵腔内内皮组织有大量的血管和神经分布，这种结构主要与阴茎的勃起有关。

二、精子发生及相关调控

1. 精子发生

精子发生（spermatogenesis）是指精原细胞（spermatogonium）经过一系列的分裂增殖、分化变形，最终形成完整精子（spermatozoon）的过程。精子发生可分为三个时期：精原细胞的有丝分裂期、精母细胞的减数分裂期和精子形成期（spermiogenesis）。精子发生是一个特殊的细胞分化过程，在这一过程中发生了许多特殊的事件，如减数分裂、精子形态变化等。

（1）精子发生的场所

精子发生的过程是在睾丸内的曲细精管中进行的，曲细精管管壁由两类细胞组成，支持细胞及各期的生精细胞（spermatogenic cell）。生精细胞根据它们的发育阶段有规律地排列成多层，这一结构称为生精上皮（spermatogenic epithelium 或 seminiferous epithelium）。生精细胞包括精原细胞、初级精母细胞、次级精母细胞、圆形精子细胞及长形精子细胞，它们由曲细精管的基底部向管腔排列（图10-11）。

> **想一想**
> 根据干细胞的特性，我们可能通过什么方法或手段鉴定生殖干细胞？储存的生殖干细胞与更新的生殖干细胞可能会存在哪些差异特征？

（2）精子发生过程

精子发生是一个复杂而有规律的细胞分化过程。从精原细胞的分裂增殖、精母细胞的减数分裂到精子细胞形态分化和运行至附睾的成熟过程中，都受到众多基因和激素的协同调控。精子发生过程可分为三个主要阶段：

① 精原细胞的有丝分裂期　精原细胞由原始生殖细胞分化而来，其增殖能力强，为进入减数分裂做准备。它通过有丝分裂产生两类细胞，一类不进入精子发生周期，继续保持有丝分裂的能力，在下一个周期前一直处于静止状态；另一类进入精子发生周期，通过分化途径形成精子，称之为"更新的生殖干细胞"（renewed germline stem cell）。

② 精母细胞的减数分裂　进入分化途径的精原细胞发育为初级精母细胞，进行最后一次染色体的复制，为成熟分裂做准备。初级精母细胞分为前细线期精母细胞、细线期精母细胞、偶线期精母细胞、粗线期精母细胞等几个时相。一个偶线期精母细胞发生第一次减数分裂，产生两个次级精母细胞。次级精母细胞的间期很短，不发生染色体复制，很快进行第二次减数分裂，产生单倍体的圆形精子细胞，完成减数分裂。

③ 精子形成期　精子形成期是精子细胞的分化变态过程，这是精子分化的重要环节。圆形的精子细胞要经过伸长变态的复杂过程，

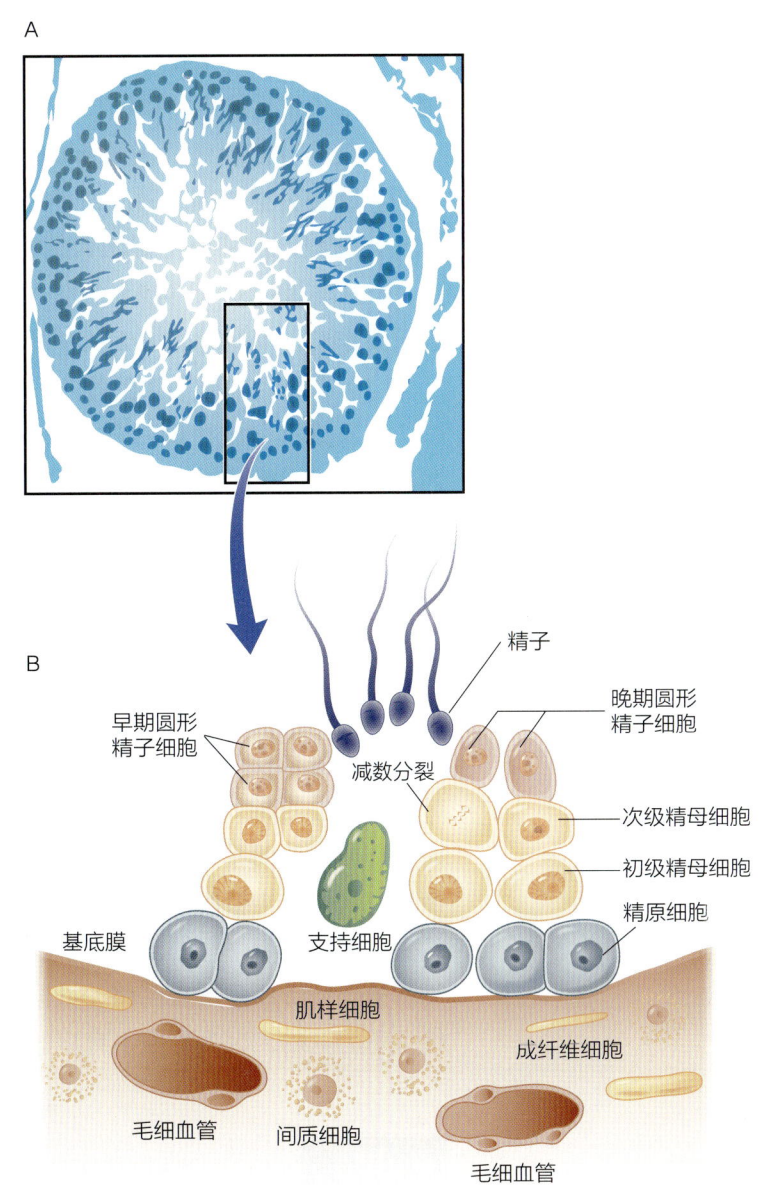

图10-11　曲细精管显微结构示意图

包括细胞核的浓缩变长，顶体的生成，核蛋白的转型，染色质的浓缩包装，核骨架及细胞骨架—中心体（粒）体系的演变，鞭毛、轴丝的发生及尾的成形分化，精子特异性乳酸脱氢酶（lactate dehydrogenase-C4，LDH-C4）的出现等。

2. 支持细胞的作用

支持细胞来源于青春期前未分化的性腺支持细胞。在成年动物中，支持细胞不规则地排列在曲细精管基膜上，横切面由 25~30 个支持细胞组成。

支持细胞的功能包括：①营养、支持、保护生精细胞及精子；②吞食退化精子和精子脱落的残体；③参与卵泡刺激素（FSH）对生殖细胞的调节作用，产生雄激素结合蛋白（androgen binding protein，ABP）；④分泌含有钾、肌醇（inositol）、谷氨酸铁转运蛋白（glutamate transferrin）等管腔液成分；⑤分泌抑制素（inhibin）等。

3. 激素对精子发生的影响

精子发生是一个特殊的细胞分化过程，经典的下丘脑-垂体-睾丸轴系的内分泌调节对精子发生的启动和维持起着重要作用（见图 10-3A）。

下丘脑分泌促性腺激素释放素可以刺激垂体分泌 FSH 和 LH。LH 可刺激睾丸中的间质细胞分泌睾酮，调节精子的发生。FSH 通过与支持细胞表面的受体结合，作用于支持细胞促使其分泌雄激素结合蛋白（ABP），在未成熟的睾丸发育中起着关键作用。FSH 与睾酮对青春期人类精子发生的起始以及在成年期维持正常的精子发生水平起重要作用。睾酮对 FSH 和 LH 的释放有负反馈调节。

（1）睾酮对精子发生的作用

间质细胞合成睾酮后分泌进入到睾丸曲细精管中，与支持细胞合成的 ABP 结合而调控精子发生。雄激素受体分布在间质细胞，管周细胞和支持细胞的核内，但是睾酮并非作用于整个精子发生过程，而仅仅作用于精子发生的某一个或几个时期。

（2）FSH 对精子发生的作用

FSH 在精子发生中起着关键作用。FSH 与支持细胞上的 FSH 受体结合，这种结合促使支持细胞为发育中的精子细胞提供必需的营养、结构支持和调节信号。FSH 通过促进精原细胞分化为初级精母细胞来刺激精子发生的开始。此外，FSH 有助于调节睾丸内的睾丸液和激素的产生，为精子的成功发育提供必要的整体环境。

值得注意的是，精子发生不仅依赖下丘脑-垂体-睾丸轴的激素调控，还受睾丸局部微环境的精密调节。支持细胞与间质细胞通过自分泌/旁分泌机制形成动态平衡，协同调控生精细胞的增殖分化。精子发生是一个集激素调控、细胞互作、基因表达及时空秩序于一体的复杂过程。下丘脑-垂体-睾丸轴作为核心调控枢纽，与睾丸局部微环境形成多层次网络，共同维持生精功能的稳态。这一精密调控机制不仅是雄性生殖的基础，也为男性不育症的诊疗及避孕技术研发提供了重要理论依据。

> **想一想**
> 除了睾酮与卵泡刺激素对精子发生作用外，还有哪些潜在的激素可能对精子发生过程产生影响？

※ 小结

早期生命形式中，生殖是生物最为重要的生理事件，其终生的营养过程往往是为了完成生殖活动。伴随着生命的演化，生殖系统在人类机体中占比显著下降，生殖行为的能效与低等生物相比也显著降低，但生殖依然是人类最重要的生理活动之一。

在两性生殖中，女性生殖系统由卵巢、输卵管、子宫、阴道以及外生殖器共同构成，其中的核心器官是卵巢。卵巢中的功能单位是卵泡，单个卵泡由卵母细胞和卵泡细胞构成，分别行使后代繁衍和激素分泌两个最主要的生殖功能。卵泡的发育受到自分泌、旁分泌和内分泌的复杂影响，并且卵巢通过卵泡对上游激素的响应作用以及负反馈作用，与下丘脑以及垂体构建形成最主要的生殖内分泌调控轴，从而使得女性在生育旺盛期产生规律性生殖周期。同时，为了适应妊娠，子宫在卵巢中卵泡产生的雌激素和黄体产生的孕激素周期作用下，产生了子宫内膜的周期性增殖、萎缩和脱落，即月经的形成。

雄性生殖系统包括睾丸、附睾、输精管、尿道、阴茎及副性腺。副性腺包括精囊腺、前列腺、尿道球腺。雄性生殖系统的核心器官是睾丸，睾丸不仅承担着生殖细胞发生的功能，而且是雄性激素的合成场所，生殖细胞的发生是由睾丸曲细精管内的生精细胞在支持细胞的协助下完成，并受位于曲细精管之间的间质细胞分泌的雄性激素睾酮和垂体前叶分泌的卵泡刺激素的调控，而间质细胞睾酮的合成分泌则主要受垂体前叶分泌的黄体生成素的调控。睾酮的功能不仅局限于性功能的调控，而且与第二性征的形成、维持和机体的生长发育、物质代谢等密切相关。另外，雄性生殖系统中的附睾在促进精子成熟、储存和获得运动能力方面也起到关键作用。

同时，卵巢和睾丸作为性腺，在生理上不仅仅担负着生殖的功能，也通过性激素的有序释放对周身其他器官和系统的影响。总之，生殖系统的健康对于维持人类个体生理和心理稳态均具有重要意义，并对人类繁衍和社会稳定发展具有决定性的作用。

※ 思考题

1. 两性生殖中，雄性配子数量巨大且持续产生，而雌性配子则数量有限且无法再生，这种策略的生理意义是什么？

2. 在人类卵母细胞发育的过程中存在着多次的休眠与激活过程，想一想卵子发生过程为何如此复杂？

3. 雌激素的产生是女性生理维持的关键，试论述卵巢中雌激素合成的"两激素两细胞学说"。

4. 在精子发生过程中，支持细胞通过哪些具体机制维持生精上皮微环境的稳态？这些机制如何与下丘脑-垂体-睾丸轴的激素调控形成协同，从而保证精子发生的有序进行。

5. 雄激素不仅影响雄性生殖器官，而且对骨密度、肌肉质量和红细胞生成等都产生影响，雄激素是如何对机体产生如此广泛的影响？

※ 推荐阅读

1. 杨增明，孙青原，夏国良. 生殖生物学 [M]. 北京：科学出版社，2019.

该文包含详尽的生殖基本原理和延展机制。

2. HSUEH A J, KAWAMURA K, CHENG Y, et al. Intraovarian control of early folliculogenesis [J]. Endocrine reviews, 2015, 36 (1): 1-24.

该文阐述了卵巢卵泡发育早期调控机制的新进展。

3. FAYOMI A P, ORWIG K E. Spermatogonial stem cells and spermatogenesis in mice, monkeys and men[J]. Stem cell research, 2018, 29: 207-214.

该文介绍了哺乳动物精子发生和高等灵长类动物精子发生的独特性。

4. NAAMNEH ELZENATY R, DU TOIT T, FLÜCK C E. Basics of androgen synthesis and action[J]. Best practice & research clinical endocrinology & metabolism, 2022, 36 (4): 101665.

该文介绍了雄激素在人类生物学中的生物合成、作用机制和内分泌作用。

（撰写：张华、翁强；审修：丁漪、梅岩艾）

第三篇
生理活动的整合调控

第三章

空間合器的合理性

第十一章

生理功能的内分泌调控

机体稳态的维持需要体内各个系统的相互协调，各个系统的活动受到体内两大系统的调控，即神经系统和内分泌系统。神经系统的调控具有快速、精确的特点，而内分泌系统的调控则具有广泛、持久的特点，两者相辅相成，共同调控机体的稳态（图 11-1）。

内分泌系统包括内分泌细胞高度聚集的内分泌腺体和散在于其他组织器官内的内分泌细胞。脊椎动物的内分泌系统组成高度相似，人体的主要内分泌腺体包括垂体、甲状腺、甲状旁腺、肾上腺、胰岛、胸腺、松果体和性腺（已在第十章"生殖"详细介绍）等，其他含有内分泌细胞的组织器官包括胃肠道、心脏、肾、皮下组织、下丘脑和胎盘等。

虽然无脊椎动物的内分泌系统组成与脊椎动物差异较大，但激素在无脊椎动物的生长发育和繁殖中也起着至关重要的作用。本章将主要以人体为代表介绍哺乳类动物的内分泌系统，并简要介绍无脊椎动物的内分泌系统。

内分泌系统除独立发挥作用外，还与神经系统和免疫系统相互作用，构成复杂的调控网络，共同发挥整体性调节功能，保持稳定的机体内环境。神经-内分泌-免疫调控网络的作用机制还存在大量未解决的问题，这也是目前生理学和生命科学的研究热点。

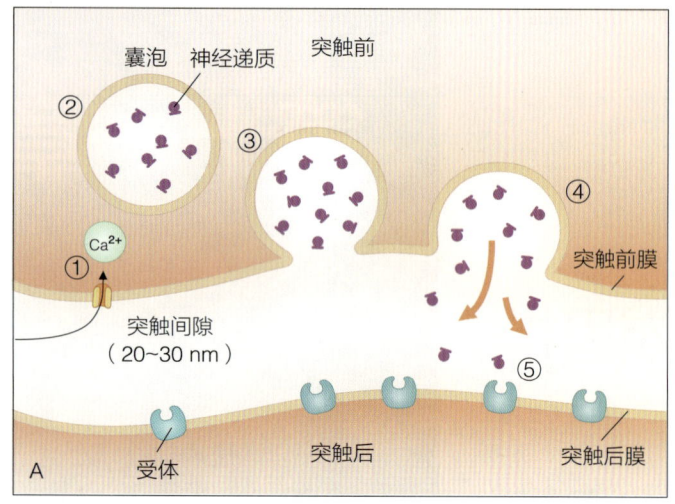 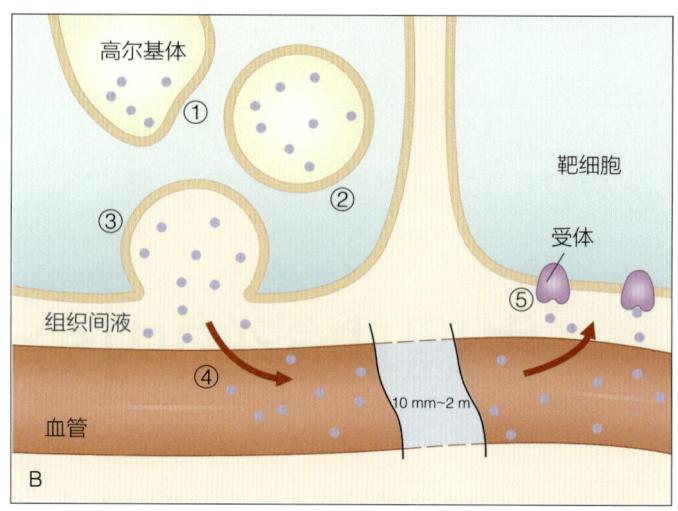

图 11-1 神经和内分泌系统调控的比较

A. 神经调控：① Ca^{2+} 内流；②促发神经递质囊泡向突触前膜运动；③囊泡与突触前膜融合；④囊泡递质释放；⑤神经递质与突触后膜神经递质受体结合产生作用。B. 激素调控：①激素在高尔基体内包装；②囊泡包裹的激素；③转导信号诱发的激素囊泡与细胞膜融合和激素的释放；④激素经过细胞间液进入血液循环；⑤激素作用于靶细胞的受体发挥作用

第一节　内分泌系统与激素概论

> 拓展阅读 11-1
> 内分泌系统的研究历史，无脊椎动物的内分泌

内分泌细胞分泌的激素通过血液循环或经组织间液扩散转运到靶器官发挥作用（见图 4-1）。如果分泌激素的细胞为神经元，此种内分泌形式则称为神经内分泌（neuroendocrine）。具有内分泌功能的神经元主要聚集在下丘脑的神经核团，这些神经元会聚中枢神经系统所接收的信息，并将其整合，转化为控制激素合成和释放的信息，实现对机体稳态的调控功能。因此，神经内分泌系统将神经系统和内分泌系统这两大调节系统有机整合了起来。

一、内分泌系统

内分泌系统（endocrine system）由两大类器官和组织共同构成（图 11-2，表 11-1）：一大类是在形态结构上独立存在的肉眼可见器官，即内分泌器官，包括垂体、甲状腺、甲状旁腺、肾上腺、胸腺和松果体等；第二大类为内分泌组织，它们是分散于其他器官组织中的内分泌细胞团，包括胰腺内的胰岛、睾丸内的间质细胞、卵巢内的卵泡细胞及黄体细胞等。

内分泌系统通过激素发挥功能，激素的主要来源于有三个：①内分泌腺体和组织分泌的激素；②非内分泌腺器官分泌的激素，由包括脑、心脏、肝、肾和胃肠道等器官中的部分兼具内分泌功能的细胞所分泌；③在组织器官中由前体转化生成的激素，如 1,25- 二羟维生素 D_3 在肾组织转化为具有生物活性的激素。

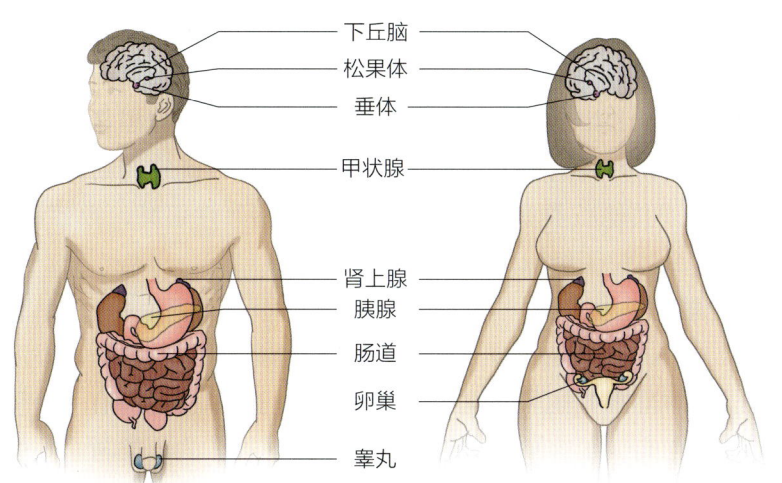

图 11-2 人的主要内分泌器官和组织

表 11-1 人体主要内分泌结构与受内分泌调控的功能

主要内分泌结构	主要受内分泌调控的功能
下丘脑	激素分泌控制
松果体	生殖成熟；生物节律
垂体	
垂体前叶	甲状腺、肾上腺皮质和性腺激素分泌；生长
垂体后叶	水平衡；盐平衡
甲状腺	生长和发育；代谢率
肾上腺	
肾上腺皮质（外皮）	盐和糖类代谢；炎症反应；应激反应
肾上腺髓质（内核）	应急反应
胰腺	糖类代谢
肠道	消化和食欲控制
性腺（睾丸/卵巢）	身体发育；成人生殖器官维持

二、激素的化学性质

激素的化学性质多样，主要包括肽类或蛋白质类、胺类、类固醇类和脂肪酸类等，其化学性质决定着它们的作用机制，如疏水性的类固醇类激素主要与细胞内的受体结合发挥作用，而亲水性的肽类或蛋白质类、胺类和脂肪酸类激素则主要与细胞膜上的受体结合发挥作用，但少数胺类和脂肪酸类激素可以进入细胞内。

1. 肽类或蛋白质类激素

体内大多数激素属于肽类激素或蛋白质类激素，可以简单至由几个氨基酸组成的多肽，如由三个氨基酸组成的促甲状腺激素释放激素，也可以复杂至由多个亚单位组成的蛋白质，如由两个亚单位组成的胰岛素。肽类或蛋白质类激素均属于亲水性激素，不能自由通过细胞膜，需由细胞膜上的受体介导其作用。

2. 胺类激素

胺类激素（amine hormone）包括衍生于酪氨酸的儿茶酚胺类激素（肾上腺素、去甲肾上腺素和多巴胺）和甲状腺激素，以及衍生于色氨酸的褪黑素等。儿茶酚胺类激素和褪黑素的亲水性很高，这些激素难以进入细胞内，因此它们的作用是通过细胞膜受体介导的。不同于其他胺类激素，甲状腺激素的脂溶性很高，很容易进入细胞内，因此介导其作用的受体位于细胞内。

3. 类固醇类激素

类固醇类激素（steroid hormone）包括来源于性腺和肾上腺皮质的性激素和肾上腺皮质激素。另外，维生素 D 也属于此类激素。在它们的结构中都有一个环戊烷多氢菲的结构，脂溶性非常高，很容易通过细胞膜，因此一般认为此类激素的受体位于细胞质内或细胞核内，以转录因子的形式发挥作用，即所谓的"基因组效应"。但有时类固醇激素的作用产生极快，此类快速作用主要是由其细胞膜受体所介导的，此作用途径也被称为类固醇激素的"非基因组效应"。

4. 脂肪酸类激素

此类激素包括衍生于花生四烯酸的类花生酸类激素（eicosanoid hormone）和衍生于维生素 A 的视黄酸（retinoic acid）。类花生酸类激素包括前列腺素类、血栓烷类和白细胞三烯类等，体内几乎所有组织都有合成这类物质的能力。这些激素的水溶性高、降解比较迅速，主要与细胞膜受体结合、以旁分泌或自分泌的形式发挥作用。视黄酸的脂溶性很高，主要与细胞内的受体结合发挥作用。

> **想一想**
> 请根据激素和细胞膜的化学性质推断，水溶性和脂溶性激素的作用方式是什么？

三、激素的作用特点

内分泌系统对机体稳态的调控既有与神经系统类似之处，也有其特点，这是由内分泌系统的信息传递物质激素的特点所决定的。激素的主要作用特点如下。

1. 激素的信息传递作用

激素与神经递质一样都是体内的信息传递物质，它们既不是细胞能量的来源，也不是细胞结构的组成部分，但它们都可以将内分泌细胞或神经系统的调控信息传递给靶细胞，并调控它们的功能。激素作为内分泌系统信息传递的第一信号，其作用需经过与之结合的特异性受体实现。激素的受体分为两大类：核受体超家族（nuclear receptor superfamily）和跨细胞膜受体超家族（transmembrane receptor superfamily）。核受体超家族是介导脂溶性较强的激素（如类固醇激素、甲状腺激素、维生素 D 和视黄酸等）作用的受体。当无激素刺激时，此类受体与抑制性蛋白结合，并以无活性状态位于细胞质内或细胞核内。当脂溶性激素进入细胞内与其结合后，导致受体构象的改变和抑制性蛋白（如热休克蛋白）的脱离，使受体得到激活。激活的受体以二聚体的形式作为转录因子与称为激素反应元件的特定 DNA 序列结合，发挥调节基因转录的作用（图 11-3）。跨细胞膜受体超家族是亲水性较强的激素的受体。根据其是否与 G 蛋白耦联，此类受体又可以进一步划分为两类：①具有七次跨膜的结构并与 G 蛋白

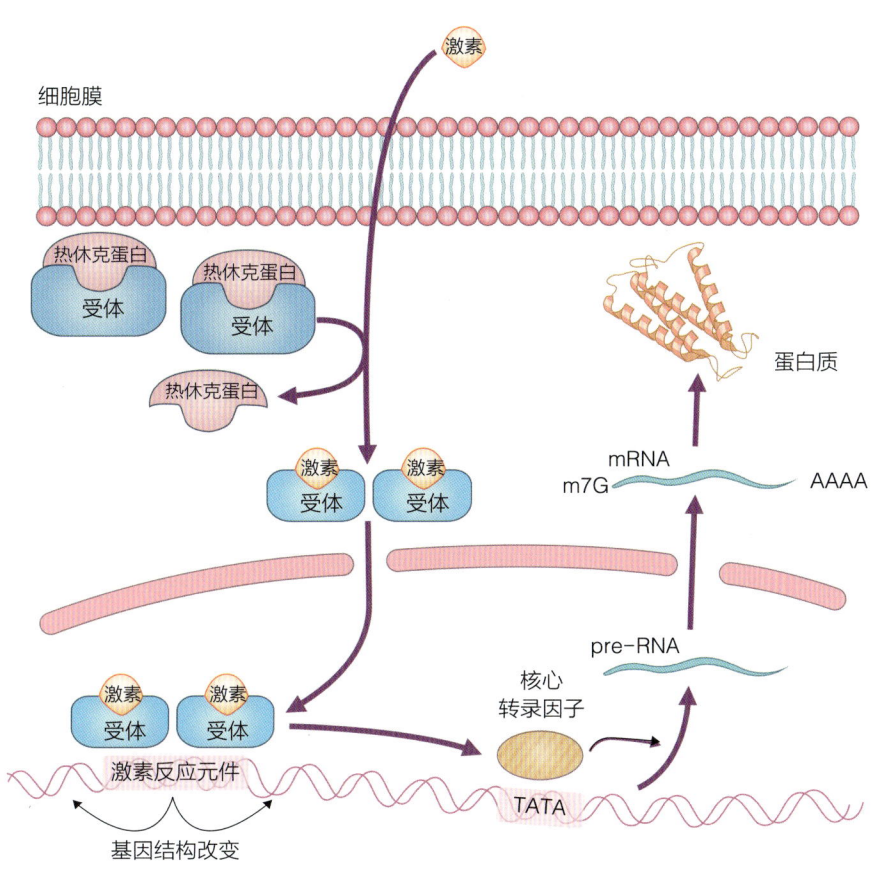

图 11-3 核受体超家族的作用机制

耦联的受体；②本身具有酶活性的酶联型受体。G 蛋白耦联受体通过耦联的 G 蛋白激活细胞内腺苷酸环化酶、磷脂酶等，产生第二信使如环磷酸腺苷（cAMP）、二酰甘油（DAG）、三磷酸肌醇（IP_3）、钙离子等。酶联型受体则由多个蛋白质亚基组成，这些蛋白质亚基不具有七次跨膜的结构，也不与 G 蛋白相耦联，但本身或与之结合的蛋白具有酶活性，如酪氨酸蛋白激酶和鸟苷酸环化酶等，胰岛素、生长激素、催乳素和心房利尿钠肽等激素的受体均属于此类受体。关于跨细胞膜受体的信号转导机制在第四章已经有比较详尽的介绍，这里不再赘述。

> 🔍 想一想
> 与神经递质相比，激素的信息传递方式有哪些特异之处？

2. 激素作用的放大

激素在血液中的浓度都很低，一般在 pmol/L 至 nmol/L 水平，而且很多激素在血液中是以血浆蛋白结合的形式存在，因此具有生物功能的游离激素水平更低，但如此低浓度的激素水平并不妨碍激素发挥生物效应，这是介导激素作用的细胞内信号转导系统的逐级放大作用导致的（图 11-4）。例如，在下丘脑-垂体-肾上腺皮质系统中，0.1 μg 的下丘脑促肾上腺皮质激素释放激素（corticotropin releasing hormone，CRH）可以导致垂体释放 1 μg 的促肾上腺皮质激素（adrenocorticotropic hormone，ACTH），而 1 μg 的促肾上腺皮质激素又可以导致肾上腺皮质释放 40 μg 的糖皮质激素（glucocorticoid），最终这些糖皮质激素又可以促进肝产生 5.6 mg 糖原。

3. 激素作用的相对特异性

激素作用的发挥需要与其相应受体的特异性结合，而激素受体的表达具有组织特

图 11-4 激素作用的放大

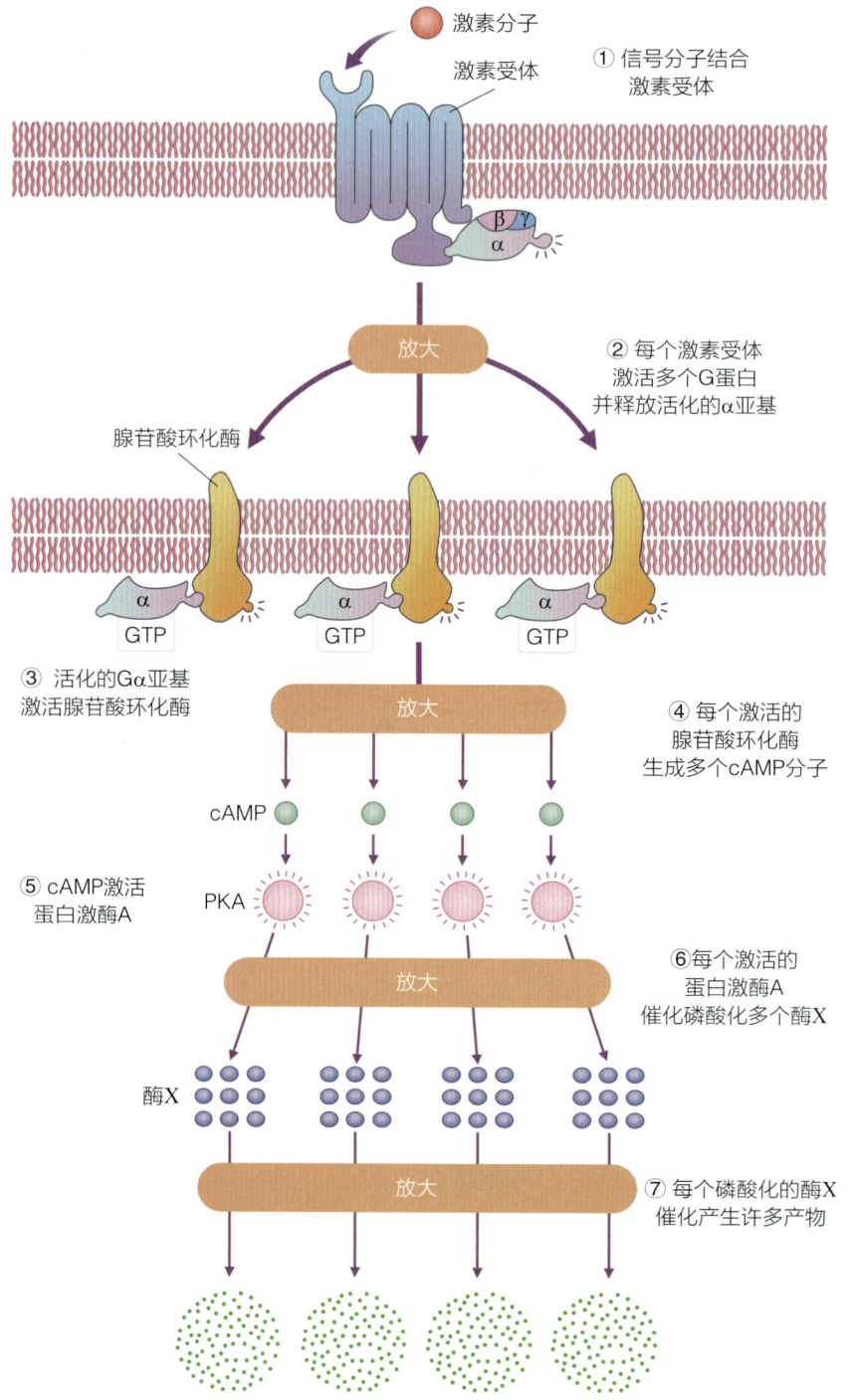

异性,这导致了激素作用的组织特异性,例如缩宫素受体主要在子宫平滑肌和乳腺组织上表达,因此缩宫素的主要作用是促进子宫收缩和排乳。但这种激素作用的特异性只是相对的,相似结构的激素往往对相互的受体存在交叉结合的现象,这就导致了激素的非特异性作用。然而,这种交叉反应需要的相似结构激素的量一般高于原配激素发挥生理作用所需要的量。例如,缩宫素与血管升压素的结构极为相似,高剂量的缩宫素也能与血管升压素受体结合产生血管升压素样的作用,反之亦然。此外,这种交

叉反应产生的作用往往不及原配激素的作用，因此，在某些情况下，相似结构激素可以与原配激素竞争同一受体，使原配激素的作用减弱。

4. 激素作用的相对广泛性和持久性

相对神经系统的调控来说，内分泌系统激素的调控更为广泛和持久。这与激素合成、分泌持续时间相对较长和清除速率相对缓慢有关，还与激素的作用途径有关。激素的作用一般需要经过距离比较长的运输才能到达靶组织，而神经递质通过狭窄的突触间隙即可发挥作用。另外，激素的作用一般需通过调控基因表达实现，而神经递质的作用可以通过直接调控离子通道来实现。

5. 激素之间的相互作用

不同的激素可能对某些生理功能的调节存在协同或者对抗作用。例如，体内很多激素都有升高血糖的作用，如胰高血糖素、生长激素、糖皮质激素、甲状腺激素等。尽管它们升高血糖的机制可能不尽相同，但它们对血糖水平的调节却具有协同作用。相反，有些激素之间的作用却是完全对立的，例如同是胰岛分泌的胰高血糖素和胰岛素，它们对血糖水平的调节是相互对抗的关系。激素之间的相互作用还有一种比较特殊形式，即有些激素本身并不对某个靶器官产生作用，但这些激素的存在却是其他一些激素发挥作用的前提。例如糖皮质激素本身对血管平滑肌没有收缩作用，但它的存在却是去甲肾上腺素收缩血管平滑肌的前提条件。糖皮质激素的这种作用被称作允许效应（permissive effect）。结构类似的激素也会竞争结合同一受体，这种作用称为竞争作用（competitive action），如醛固酮和孕激素的结构具有一定的相似性，两者均可结合盐皮质激素受体，但醛固酮起效浓度远低于孕激素，当孕激素浓度较高时，会竞争性结合盐皮质激素受体，减弱醛固酮的作用。

6. 激素分泌的节律性

体内很多激素的分泌存在一定节律性，有些呈日节律（circadian rhythm），有些呈月节律（circalunar rhythm）或年节律（cirannual rhythm）。例如人体糖皮质激素和生长激素的分泌存在明显相反的日节律，而与女性月经周期相关的激素分泌则呈月节律。冬眠动物体内某些激素的分泌则呈年节律。激素分泌的节律性与体内的生物钟（biological clock）有关（详见第十四章），不同的节律与不同的生物钟有关，如哺乳动物日节律的形成与下丘脑的视交叉上核接受光刺激的周期密切相关，而鱼类、爬行类和鸟类的日节律则与松果体接受光刺激的周期密切相关，而月节律和年节律的形成则与体内的某种内在节律有关。

7. 激素作用的终止

为了产生适时精准的调节功能，激素产生的效应还需要能够及时终止。终止激素的生物效应通常是完善的激素分泌调节系统多重环节综合作用的结果，主要包括：①通过负反馈机制调控内分泌细胞适时终止分泌激素，本章将多次提及的下丘脑-垂体-靶腺轴即为典型代表；②通过激素与受体的解离关闭一系列下游信号通路；③通过控制胞内相关酶的活性关闭下游信号通路，如磷酸二酯酶可水解第二信使cAMP；④通过改变激素受体的胞内定位，从细胞膜内化并进入内体-溶酶体降解途径；

⑤某些激素在肝、肾等器官及在血液循环过程中通过各种酶催化转变为无活性形式；
⑥某些激素在信号转导过程中生成的中间产物为负反馈调节物质，如蛋白酪氨酸磷酸酶1B（PTP-1B）是胰岛素受体的下游靶点，但其活化后会催化胰岛素受体发生去磷酸化失活，终止信号转导。

四、下丘脑-垂体-靶腺轴

在探讨完内分泌系统中激素的作用特点后，我们进一步深入研究这些生物调节分子如何在人体内形成精密而协调的调控网络。内分泌系统不仅涉及独立激素的分泌和功能，还包括激素之间相互协调的调节机制。在这个复杂的调控体系中，下丘脑-垂体-靶腺轴（hypothalamic-pituitary-target gland axis）扮演着至关重要的角色。

下丘脑-垂体-靶腺轴是一个综合性的内分泌调控系统，连接着下丘脑、垂体和各种靶腺体，通过复杂的激素信号传递网络，调节着机体内的生理平衡和应激响应。这一轴系统的运作不仅涉及激素的分泌与反馈机制，更在维持体内的稳态、适应环境变化和应对各类生理需求方面发挥着关键性的作用。深入理解下丘脑-垂体-靶腺轴的结构和功能，对于解析机体内分泌系统的调节机制、理解疾病发生发展以及开发相关的治疗方法具有重要的意义。我们将着重探讨下丘脑-垂体-靶腺轴的组成、调控机制以及在生理和病理状态下的作用。通过这一综合性的视角，我们将更全面地了解内分泌系统如何维持生物体内的平衡，以及在面对各种生理和环境挑战时如何做出调节响应。

下丘脑-垂体-靶腺轴是一系列内分泌腺体之间的调控系统，涉及下丘脑释放激素、垂体前叶产生的促激素，以及靶腺响应这些激素的释放和靶腺通过负反馈抑制垂体前叶和下丘脑的激素释放。

常见的下丘脑-垂体-靶腺轴主要包括以下三种（图11-5），其中下丘脑-垂体-性腺轴（HPG）在第十章生殖中已有涉及。

（1）下丘脑-垂体-肾上腺轴（hypothalamic-pituitary-adrenal axis，HPA轴） 这是最典型的HPT轴。在该轴中，下丘脑释放促肾上腺皮质激素释放激素（CRH），CRH刺激垂体前叶释放促肾上腺皮质激素（ACTH），ACTH最终刺激肾上腺皮质释放皮质醇。

（2）下丘脑-垂体-甲状腺轴（hypothalamic-pituitary-thyroid axis，HPT轴） 在该轴中，下丘脑释放促甲状腺激素释放激素（thyrotropin-releasing hormone，TRH），TRH刺激垂体前叶释放促甲状腺激素（thyroid-stimulating hormone，TSH），TSH最终刺激甲状腺释放甲状腺激素（主要是T_4和T_3）。

（3）下丘脑-垂体-性腺轴（hypothalamic-pituitary-gonadal axis，HPG轴） 在该轴中，下丘脑释放促性腺激素释放激素（gonadotrophin releasing hormone，GnRH），GnRH刺激垂体前叶释放促性腺激素，包括黄体生成素（luteinizing hormone，LH）和卵泡刺激素（follicle-stimulating hormone，FSH），LH和FSH最终刺激性腺产生性激素。

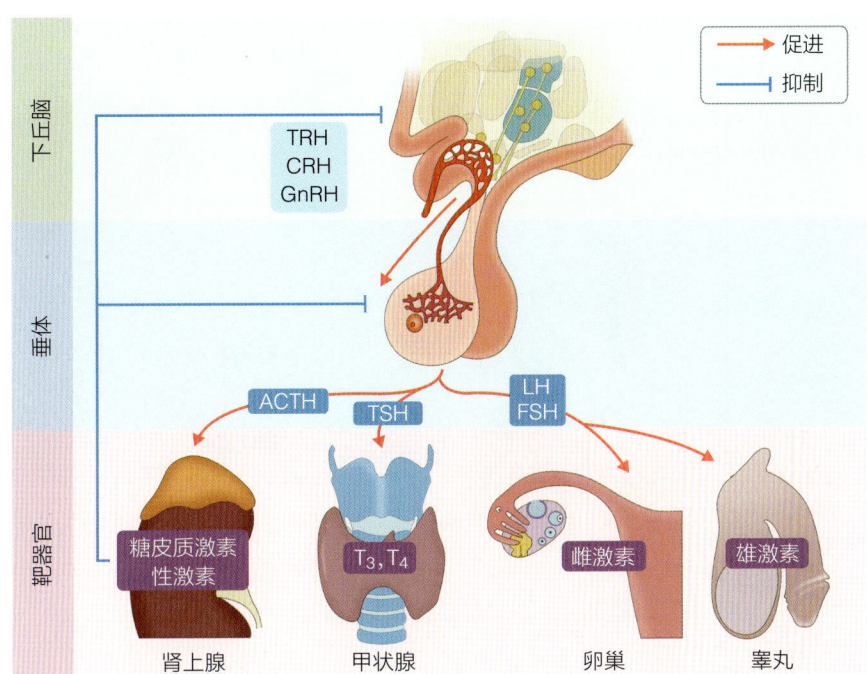

图 11-5 下丘脑－垂体－靶腺轴

这些轴在调节激素分泌和维持体内稳态方面起着关键作用。每个轴都有特定的激素和靶腺，通过这些轴，下丘脑、垂体和靶腺之间建立了复杂的调节网络。这些轴之间存在以下共同点：

（1）激素调控　这些轴的主要特征是通过激素的分泌和调节来实现。下丘脑释放激素刺激垂体前叶释放相应的促激素，促激素则刺激靶腺产生激素。

（2）负反馈机制　大多数下丘脑－垂体－靶腺轴都包含负反馈调控，以维持激素在体内的平衡。当靶腺释放的激素达到一定水平时，会通过负反馈抑制垂体前叶和下丘脑的激素释放。

（3）维持体内稳态　这些轴的主要功能之一是维持体内的稳态。通过调控激素的分泌和靶腺的响应，这些轴有助于调节生理过程，维持机体内环境的平衡。

（4）适应应激　下丘脑－垂体－靶腺轴对环境变化和生理需求具有适应性。在应激情况下，这些轴的活动可以调整，以满足机体的需求。

（5）复杂网络　这些轴形成了一个复杂的调节网络，相互之间存在交叉和交织。它们在体内协同工作，确保各个内分泌腺体的功能协调一致。

本章涉及的相应靶腺我们还将分类详述。

第二节　下丘脑－垂体的内分泌功能

下丘脑（hypothalamus）和垂体（pituitary）位于大脑底部，两者的结构和功能联系密切。下丘脑位于丘脑的下方、第三脑室的两侧，与中枢神经系统其他脑区存在复

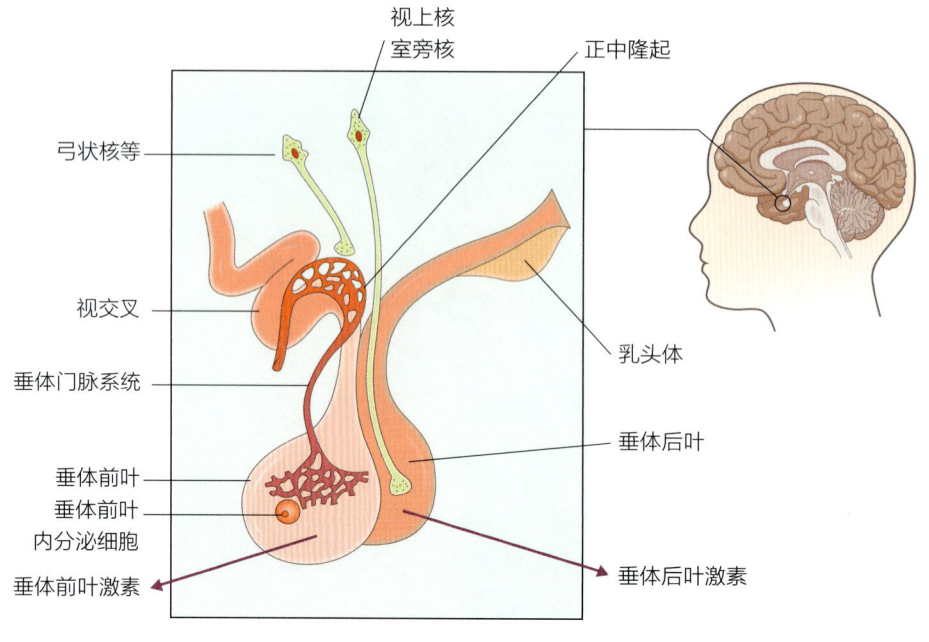

图 11-6 下丘脑的方位及其与垂体的联系

杂的传入传出联系，成人的下丘脑重量仅约 4 g，但功能极为重要。下丘脑内存在大量的神经核团，其中存在于下丘脑底部神经核团的细胞具有神经元和内分泌细胞的双重功能，它们接受脑内其他部位神经纤维传递的神经信息，加以整合，将其转化为内分泌信号，因此又被称为神经内分泌细胞。下丘脑在正中隆起（median eminence）处通过垂体柄与被称为"内分泌王国"的垂体连接（图 11-6）。垂体位于脑底部蝶骨的蝶鞍内，由垂体前叶、垂体中间叶和垂体后叶组成。垂体的三个部分具有不同的内分泌功能，与下丘脑的联系方式也不一样。垂体前叶（anterior pituitary），也称为腺垂体（adenohypophysis），它虽然位于颅内，但并不属于神经组织。垂体前叶和下丘脑分别起源于中胚层和外胚层，因此，两者之间没有直接的神经纤维联系。下丘脑神经元合成的促垂体激素经轴突运输至正中隆起并释放进入此处的垂体门脉毛细血管内，然后随血流到达垂体前叶，控制垂体前叶激素的分泌，而垂体前叶分泌的激素则控制外周内分泌腺体的功能。垂体中间叶（intermedin pituitary）是连接垂体前叶和垂体后叶的区域，其与下丘脑的联系方式与垂体前叶相同，某些动物如鸟类的垂体中间叶不是很明显。垂体后叶（posterior pituitary），又称为神经垂体（neurohypophysis），与下丘脑有着共同的胚胎起源，是下丘脑的向下延伸，接受来自下丘脑神经内分泌神经元轴突的直接投射。垂体后叶的功能与垂体前叶有很大的不同，它本身并不合成激素，而是主要储存和分泌下丘脑神经内分泌细胞运送到垂体后叶的激素。

> **想一想**
> 腺垂体和神经垂体的激素各来自何处？下丘脑的神经内分泌细胞与它们之间的关系是怎样的？

一、垂体前叶激素

垂体前叶存在大量的内分泌细胞，组织学上可以把这些内分泌细胞分为三类：嗜酸性、嗜碱性和嫌色细胞，这些细胞主要分泌六种激素，分别是生长激素、催乳素、促肾上腺皮质激素、促甲状腺激素、卵泡刺激素和黄体生成素等。下丘脑分泌的各类激素在功能上可归为两类：促释放激素和释放抑制激素，它们分别从促进和抑制两方面调节垂体前叶相关激素的分泌（图11-7，表11-2）。

1. 生长激素

生长激素（growth hormone，GH）是由垂体前叶的嗜酸性细胞分泌的蛋白质类激素，不同种属动物的生长激素结构差异较大，导致交叉作用受限，灵长类以外动物的生长激素对人类无效。人生长激素含有191个氨基酸残基，分子量为 2.2×10^4，分子结构内有两个二硫键。人生长激素的结构与人催乳素相似，两者的受体结构也类似，因而两者的作用存在一定程度的交叉。生长激素具有两个与受体结合的位点，当一个位点与受体结合后就会吸引另外一个受体与之结合，这时受体的细胞内部分就可以与

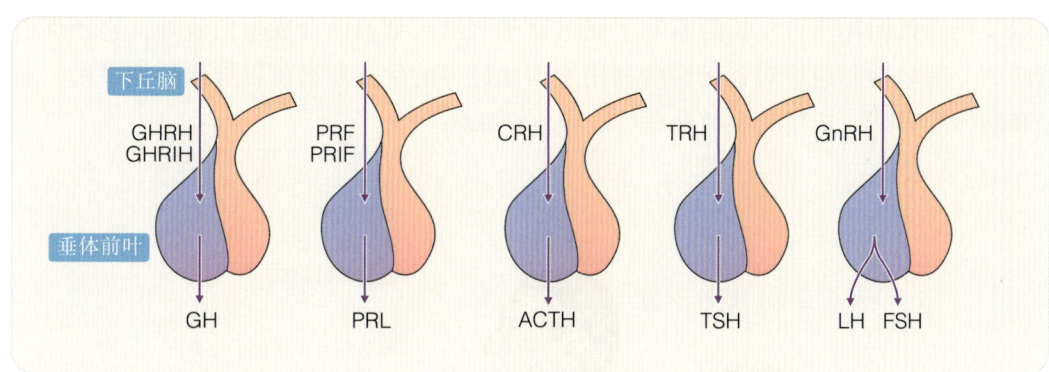

图11-7 下丘脑分泌的激素及其调控的相应垂体前叶激素

表11-2 下丘脑激素及其相应的垂体前叶激素

下丘脑促腺垂体激素	垂体前叶激素	主要靶组织
生长激素释放激素 （growth hormone-releasing hormone，GHRH） 生长激素释放抑制激素/生长抑素 （growth hormone release-inhibiting hormone，GHRIH，GIH；somatostatin，SST）	生长激素 （growth hormone，GH）	骨骼、软骨、肌肉、脂肪、内脏
催乳素释放因子 （prolactin-releasing factor，PRF） 催乳素释放抑制因子 （prolactin release-inhibiting factor，PRIF）	催乳素 （prolactin，PRL）	乳腺和性腺
促肾上腺皮质激素释放激素 （corticotropin-releasing hormone，CRH）	促肾上腺皮质激素 （adrenocorticotropic hormone，ACTH）	肾上腺皮质
促甲状腺激素释放激素 （thyrotropin-releasing hormone，TRH）	促甲状腺激素 （thyroid-stimulating hormone，TSH）	甲状腺
促性腺激素释放激素 （gonadotropin-releasing hormone，GnRH）	卵泡刺激素 （follicle-stimulating hormone，FSH） 黄体生成素 （luteinizing hormone，LH）	睾丸或卵巢

具有酪氨酸蛋白激酶活性的蛋白质（JAK2）结合，并激活之，后者磷酸化细胞内含酪氨酸残基的相关蛋白质，产生作用。

生长激素的作用有些是通过自身受体实现的，有些是间接通过诱导肝分泌生长调节素（somatomedin）实现的。现已明确，由生长激素诱导肝产生的生长调节素是胰岛素样生长因子（insulin-like growth factor）。生长激素的主要作用是促生长和调节物质代谢。①促生长作用：生长激素几乎对体内所有组织和器官都有促生长作用，特别是骨骼、软骨组织、肌肉、脂肪和内脏。生长激素促进这些部位细胞的增殖和蛋白质合成。当骨骺尚未闭合时，如果生长激素分泌过多，将导致生长过度，称为巨人症；当骨骺已经闭合，如果生长激素分泌过多，则主要促进扁骨和短骨的生长和变粗，患者手脚偏大、鼻宽、下颌突出，称为肢端肥大症（图 11-8）。相反，如果在发育成熟之前，生长激素分泌过少，则导致生长迟缓，但患者智力正常，称为侏儒症（见图 11-11）。②调节物质代谢作用：生长激素除了促进氨基酸进入细胞内合成蛋白质外，它还促进脂肪的分解和抑制组织对葡萄糖的利用。因此过多的生长激素可以导致负氮平衡、血糖和酮体的升高，长期的血糖升高可以导致糖尿病。

拓展阅读 11-2
生长激素的分泌调节

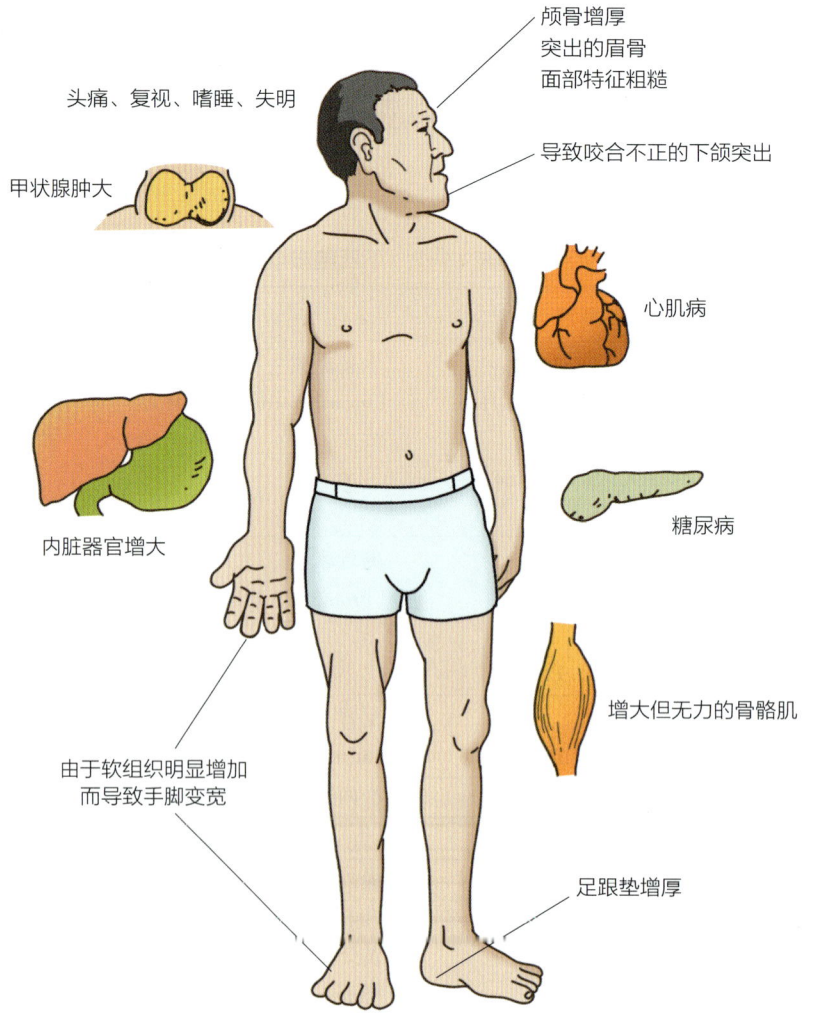

图 11-8　生长激素过多导致的肢端肥大症

> **知识窗 11-1**
>
> ## 重组生长激素治疗生长激素缺乏导致的侏儒症
>
> 虽然早在 1909 年，生长激素就已经被发现，但是直到 1957 年才用于临床治疗，且存在多种问题。最主要的问题是生长激素需要从垂体提取，存在产量过低和安全性问题。随着分子生物学的发展，重组生长激素被研发并大量生产。1985 年人类第一支基因重组人生长激素（rhGH）上市，之后 rhGH 的生产成本、技术门槛和售价逐步下降，为大量生长激素缺乏症的患者带来福音。一个注射 rhGH 治疗矮小儿童的著名例子是世界著名球星梅西（Lionel Messi）。梅西 10 岁的时候，身高才有 125 cm，11 岁的时候被诊断为生长激素缺乏导致的侏儒症，13 岁时的身高也只有 8 岁儿童的标准，如果不治疗，梅西的最终身高可能只有 140 cm。巴塞罗那足球俱乐部看中了梅西的发展前景和天赋，赞助了其注射生长激素治疗的费用，梅西最终身高达到 170 cm，为他成为足坛名将起到了重要作用。

慢波睡眠、性激素、运动等促进生长激素的释放。调节生长激素分泌的因素经下丘脑整合后，通过下丘脑促垂体区分泌的生长激素释放激素（growth hormone-releasing hormone，GHRH）和生长激素释放抑制激素（growth hormone release-inhibiting hormone，GHRIH）实现对垂体前叶生长激素分泌的双重调控。胃和下丘脑合成的多肽类激素——促生长激素释放素（ghrelin）也是促进垂体生长激素分泌的重要激素。

2. 催乳素

催乳素（prolactin，PRL）与生长激素均由垂体前叶嗜酸性细胞分泌，人类的催乳素含 199 个氨基酸，其结构中含有 3 个二硫键。在脊椎动物中，催乳素是一个进化保守的激素，它在不同种属动物中的作用差别较大，但在哺乳类动物，其主要靶器官为乳腺和性腺。

催乳素的主要作用为：①促进乳腺增生和泌乳；②对性腺的影响；③在蝾螈类，催乳素是促进生长和蜕变的重要激素；在硬骨鱼类，催乳素是调节渗透压的重要激素；在鸟类，催乳素则与雌鸟哺育行为密切相关。

催乳素的分泌调节方式如下：①受到下丘脑分泌的催乳素释放因子（prolactin-releasing factor，PRF）和催乳素释放抑制因子（prolactin release-inhibiting factor，PRIF）的双重调控，而且以后者的调控为主；②吸吮乳头；③应激刺激可以导致垂体催乳素、生长激素和促肾上腺皮质激素的分泌增加，这三种激素为垂体释放的三大应激激素。

> 拓展阅读 11-3
> 催乳素的作用和调节

3. 阿黑皮素原来源的激素

促肾上腺皮质激素（adrenocorticotropic hormone，ACTH）、促黑素细胞激素（melanocyte stimulating hormone，MSH）和内啡肽（endorphin）均来源于同一前体蛋白，即阿黑皮素原（pro-opiomelanocortin，POMC），它们都是由垂体前叶的嫌色细胞分泌的。

> 拓展阅读 11-4
> 阿黑皮素原来源的激素的结构和分泌调节

ACTH促进肾上腺皮质激素糖皮质激素的分泌和肾上腺皮质束状带和网状带的增生，介导其作用的第二信使为cAMP。在两栖类和爬行类，MSH刺激皮肤的黑色素细胞使皮肤颜色变深；在人类，MSH同样具有使皮肤色素沉着的作用。内啡肽的作用较为广泛，比较明确的是镇痛作用。

这类激素的分泌调节主要受下丘脑激素、肾上腺皮质激素和应激三者的调控。

4. 促甲状腺激素

促甲状腺激素（TSH）是由垂体前叶嗜碱性细胞分泌的糖蛋白，分子量为2.8×10^4，由α和β两个亚基组成。促进甲状腺组织的增生和促进甲状腺分泌甲状腺激素是TSH的主要作用。垂体前叶TSH的分泌受下丘脑分泌的促甲状腺激素释放激素（TRH）和甲状腺分泌的甲状腺激素的双重调控。TRH是体内最小的肽类激素，由3个氨基酸组成，它通过第二信使钙离子促进垂体前叶TSH的分泌。而甲状腺激素则负反馈抑制垂体前叶TSH的分泌（见图11-5）。另外，寒冷环境可以通过促进下丘脑TRH和垂体TSH的分泌导致甲状腺激素的分泌增加，以提高机体的代谢率。

5. 卵泡刺激素和黄体生成素

卵泡刺激素（follicle-stimulating hormone，FSH）和黄体生成素（luteinizing hormone，LH）是垂体前叶嗜碱性细胞分泌的一对促性腺激素，两者与TSH一样都属于糖蛋白家族，都由α和β两个亚基组成，FSH、LH和TSH的α亚基结构一样，区别在于β亚基，后者是决定这些激素特异性作用的关键亚基。

在女性，FSH和LH的靶器官为卵巢，FSH促进卵泡的生长、发育，并与LH一道促进卵泡分泌雌激素；LH的主要作用为引起卵巢排卵和黄体的形成，并使之分泌雌激素和孕激素。在男性，FSH和LH的作用分别为促进生精细胞的成熟和促进睾丸间质细胞分泌睾酮。

垂体前叶FSH和LH的分泌受下丘脑促性腺激素释放激素（gonadotropin-releasing hormone，GnRH）和外周性腺分泌的性激素的双重调控。下丘脑分泌的GnRH为含有10个氨基酸的多肽激素，它既是FSH也是LH分泌的释放激素。青春期性腺的发育、月经周期的形成和哺乳期的闭经现象本质都是由下丘脑GnRH神经元功能改变导致垂体前叶FSH和LH分泌改变引起的。外周性腺分泌的性激素一般呈负反馈式调节下丘脑GnRH和垂体前叶促性腺激素的分泌，但月经周期中持续高浓度的雌激素对下丘脑GnRH的分泌起着正反馈调节作用，导致垂体前叶LH的分泌增加，引发排卵和黄体的形成。

想一想

卵泡刺激素和黄体生成素是雌性专有的激素吗？

二、下丘脑与垂体后叶激素

垂体后叶分泌两种含有9个氨基酸的激素，分别是缩宫素（oxytocin，OT；又称催产素）和血管升压素（vasopressin，VP；又称抗利尿激素，antidiuretic hormone，ADH）。它们的结构类似，只有2个氨基酸的差异，分子中均有两个半胱氨酸，并通过二硫键相连。

1. 缩宫素

在女性，缩宫素的主要靶器官为子宫和乳腺，在男性，缩宫素在情感、社交和性行为等方面也扮演着重要的角色。介导缩宫素作用的第二信使为三磷酸肌醇、二酰甘油和钙离子。其作用主要包括收缩子宫平滑肌和射乳。

（1）收缩子宫平滑肌作用　缩宫素是重要的促进分娩的激素。分娩开始后，胎儿对产道压迫的神经冲动到达下丘脑，引起下丘脑缩宫素能神经元的兴奋，并经垂体后叶分泌缩宫素。妊娠晚期，在雌激素的作用下，子宫平滑肌表达大量的缩宫素受体，对缩宫素极为敏感，在缩宫素的作用下，子宫平滑肌收缩不断加强，直至胎儿娩出体外。未孕子宫或妊娠早、中期的子宫由于缩宫素受体的密度低，因此对缩宫素不敏感。在男性，缩宫素引起输精管收缩，促进精液向尿道的转运。

（2）射乳作用　缩宫素是射乳反射的重要激素，分娩后在催乳素等激素的作用下，乳腺已经具备泌乳功能。当婴儿吸吮乳头时，神经冲动进入下丘脑，除垂体前叶释放的催乳素增加外，也引起垂体后叶缩宫素的释放，后者作用于乳腺导管平滑肌上的缩宫素受体，引起乳腺导管收缩，排出乳汁，以上反射称为射乳反射。此反射极易建立条件反射，当母亲听到孩子的哭声和情感刺激时可以引发射乳的条件反射。

（3）其他作用　近年的最新研究表明缩宫素在大脑中扮演着重要的神经调节作用。缩宫素在社交行为、情感和认知功能中发挥重要作用，可以影响人际交往、信任、亲密性和情感表达；缩宫素参与调节社交行为和情感反应，有助于建立亲密关系；它可能有助于加强学习和记忆过程；另外，它对应激和焦虑也有一定的调节作用，有助于减轻焦虑情绪，并在应对压力时产生一定的抗压作用。以上作用可能与脑内的奖赏系统、社交认知网络和情绪调节系统有关。

2. 血管升压素

多数动物包括人类血管升压素结构中的第8位氨基酸为精氨酸，因此又称为精氨酸血管升压素。少数动物如猪、河马血管升压素结构中的第8位氨基酸为赖氨酸，因此这些动物的血管升压素又称为赖氨酸血管升压素。血管升压素具有升高血压和抗利尿的双重作用，但生理浓度的血管升压素的主要作用为抗利尿，因此又称为抗利尿激素。只有当病理情况下如大出血，血液中血管升压素浓度过度升高时它才有收缩血管、升高血压的作用。血管升压素的升压作用和抗利尿作用是由不同的血管升压素受体介导的，目前发现有两种亚型的血管升压素受体，分别是位于血管平滑肌的V1受体和位于肾远曲小管和集合管的V2受体，它们的第二信使分别为 $IP_3/DAG/Ca^{2+}$ 和 cAMP，分别介导了血管升压素的收缩血管作用和抗利尿作用。

> 拓展阅读 11-5
> 血管升压素的作用

第三节　甲状腺

甲状腺（thyroid gland）是人体最大的内分泌腺，位于咽喉下方的气管两侧，中间由一峡部相连。甲状腺的血液供应非常丰富，血液来源于两侧的甲状腺上动脉。甲状腺受交感神经和副交感神经的双重支配，交感神经来源于颈上和颈下神经结，而副交感神经来源于迷走神经，这些神经主要调节甲状腺的血流量，而与甲状腺的内分泌功能调节关系不大。甲状腺合成两类功能迥异的激素，即甲状腺激素（thyroid hormone）和降钙素（calcitonin）。甲状腺的组织结构比较特殊，由众多中空的腺泡（滤泡）组成，腺泡的外周是合成甲状腺激素的上皮细胞，腺泡腔中存在大量的胶状样物质，其主要成分为含有碘化酪氨酸的甲状腺球蛋白，是甲状腺激素的储存形式。甲状腺是唯一能将生成的激素大量储存于细胞外的内分泌腺，这也是甲状腺不同于其他内分泌腺体之处。腺泡之间的间质组织内还存在一种内分泌细胞，称为滤泡旁细胞（C细胞），分泌一种与钙代谢密切相关的激素——降钙素。

> **想一想**
> 甲状腺将合成的激素储存在细胞外的生理意义是什么？

一、甲状腺激素

1. 甲状腺激素的结构

甲状腺激素来源于酪氨酸的碘化，属于胺类激素。根据酪氨酸结构中氢原子被碘取代的数目，具有生物活性的甲状腺激素存在以下两种分子形式：四碘甲腺原氨酸（tetraiodothyronine，T_4）和三碘甲腺原氨酸（trioiodothyronine，T_3）（图11-9）。甲状腺合成的甲状腺激素以T_4居多，因而T_4又称为甲状腺素（thyroxine），但T_4的生物活性远不如T_3，这除了与外周血液中的T_4主要以运载蛋白结合的形式存在外，还与甲状腺激素受体对T_4的亲和力较低有关。甲状腺激素与运载蛋白的结合有利其半衰期的延长，但不利于其发挥作用，只有游离状态的甲状腺激素才能发挥作用。

2. 甲状腺激素的合成

甲状腺激素的合成包括甲状腺滤泡上皮细胞的聚碘、碘的活化、甲状腺球蛋白酪氨酸残基的碘化、缩合和碘化甲状腺球蛋白的水解等步骤（图11-10）。

> **拓展阅读 11-6**
> 甲状腺激素的合成

3. 甲状腺激素的功能

甲状腺激素具有较高的脂溶性，它们可以容易地通过细胞膜扩散至细胞内并进入

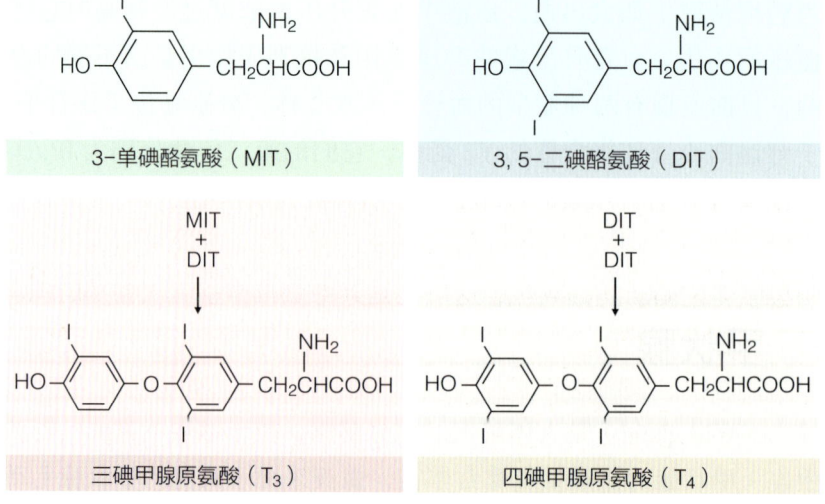

图11-9 甲状腺激素的结构与合成
T_3由MIT与DIT合成，T_4由2个DIT合成

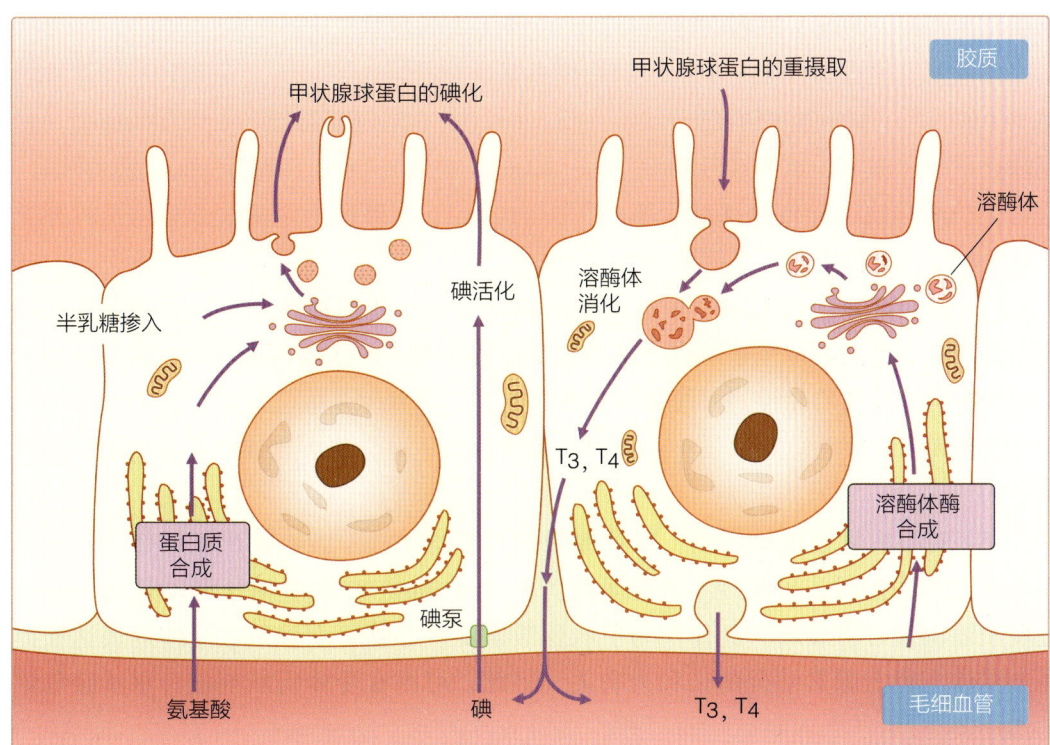

图 11-10 甲状腺激素的合成与分泌

细胞核，与位于细胞核内的甲状腺激素受体（thyroid hormone receptor，TR）结合。TR 在无活性状态时也与靶基因启动子的甲状腺激素反应元件（thyroid hormone response element，TRE）结合，但由于结合了转录抑制因子如组蛋白去乙酰化酶等而抑制了其转录激活功能。当甲状腺激素与 TR 结合后，导致转录激活因子如组蛋白乙酰化酶取代抑制因子，同时使 TR 得以与类视黄醇 X 受体（retinoid X receptor，RXR）形成异源性二聚体，启动靶基因的转录。甲状腺激素受体在体内分布非常广泛，它的主要作用可以归纳为以下几个方面：

（1）增加基础代谢率和产热　甲状腺激素最为显著的作用是增加体内代谢旺盛组织的耗氧量及氧化速率，导致产热增加、基础代谢率升高，甲状腺激素的这一作用与机体对寒冷的适应密切相关，此作用的机制与甲状腺激素促进 Na^+-K^+-ATP 酶的活性和脂肪酸的氧化有关。甲状腺功能亢进时，患者喜凉怕热，由于基础代谢率的加强，患者消瘦多食；而甲状腺功能低下时，患者则喜热恶寒。

（2）调节糖类、脂肪和蛋白质代谢　甲状腺激素促进肠道对葡萄糖的吸收和组织对葡萄糖的摄取和氧化。因此，甲状腺功能亢进患者进食高碳水化合物饮食时，可以导致血糖一过性显著升高，当高于肾糖阈时，可以出现糖尿。

甲状腺激素促进脂肪酸的氧化，这可能是其增加机体基础代谢率的机制之一。另外，甲状腺激素促进肝低密度脂蛋白（low-density lipoprotein，LDL）受体的表达，导致肝摄取 LDL 增加、胆固醇在肝的代谢和血液胆固醇水平的降低。

生理剂量的甲状腺激素促进蛋白质的合成，因此甲状腺功能低下时，蛋白合成减少，肌肉收缩无力。甲状腺功能亢进时，过多的甲状腺激素加速组织蛋白质分解，骨

> **想一想**
> 为什么孕期或婴幼儿期缺乏甲状腺激素会导致智力障碍，而生长激素缺乏者智力正常？

骼肌尤为明显，因此，患者同样也有肌肉收缩无力的症状。

（3）促进生长与分化　甲状腺激素具有促进长骨生长、神经元分裂和神经纤维髓鞘发生的作用。如果将蝌蚪的甲状腺去除，蝌蚪则不能蜕变为蛙。如果孕期或婴幼儿期缺乏甲状腺激素，将发生呆小病（cretinism），患者不仅个子矮小，而且智力障碍，这与生长激素缺乏导致的侏儒症不同（图 11-11）。如果在出生后 3 个月内及时补充甲状腺激素，可以避免呆小病的发生。

（4）对神经系统的影响　甲状腺激素不仅对婴幼儿的神经系统发育有着重要影响，而且对成年人的神经系统具有维持兴奋性的作用，此作用可能与甲状腺激素加强儿茶酚胺类神经递质对神经系统的兴奋作用有关。甲状腺功能亢进时，患者易激动烦躁、喜怒无常、注意力难以集中，而甲状腺功能低下时，患者则终日无精打采、表情淡漠。

（5）对心血管系统的影响　甲状腺激素具有增加心率和心输出量的作用，甲状腺功能亢进失控时，可出现甲状腺危象（thyroid storm），患者由于心动过速和心肌过度收缩出现心力衰竭。此作用与甲状腺激素促进心脏肾上腺素 β 受体的表达和提高 β 受体与肾上腺素结合的亲和力有关。因此，可用 β 受体阻断剂进行甲状腺危象的治疗。

4. 甲状腺激素的分泌调控

（1）下丘脑 - 垂体 - 甲状腺轴　甲状腺激素的分泌，受垂体前叶分泌的促甲状腺激素（TSH）的调控，而垂体前叶 TSH 的分泌又受下丘脑分泌的促甲状腺激素释放激

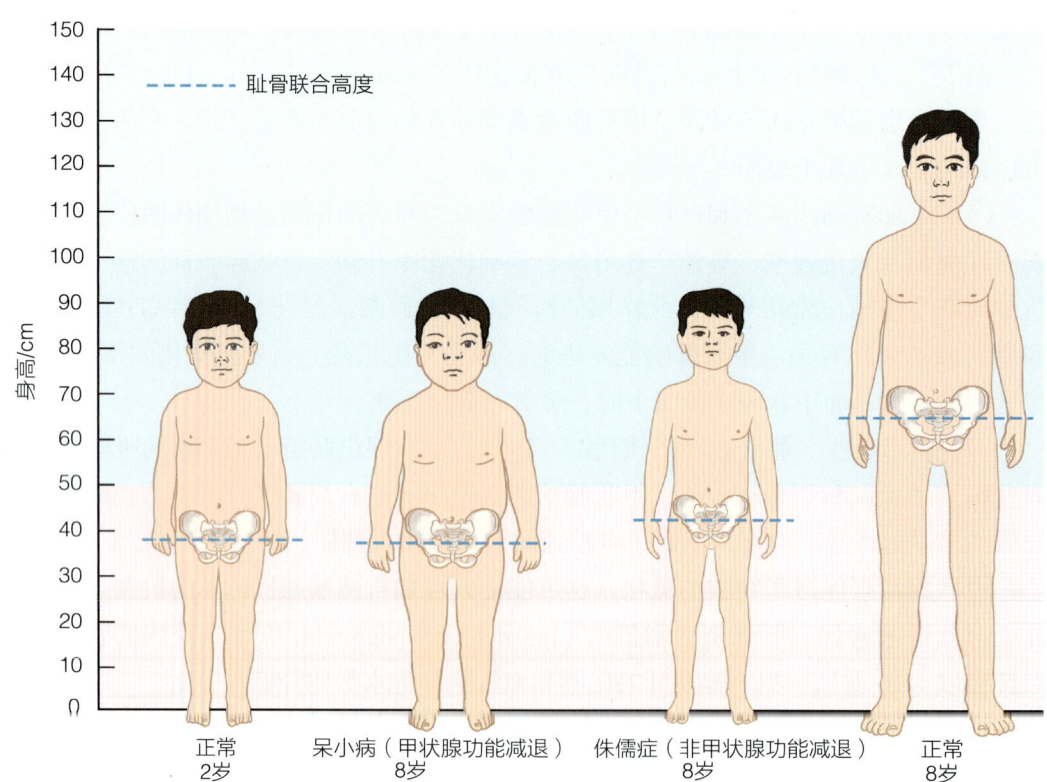

图 11-11　呆小病、侏儒症和正常人的差异
（数据来自 Ganong, Ganong's Review of Medical Physiology, 26th Ed, 2019）

> **知识窗 11-2**
>
> **甲状腺激素——心脏再生丧失与恒温动物进化**
>
> 成体哺乳动物的心脏在损伤后不能再生，原因是成体心肌细胞的增殖能力非常低。近年来，对损伤后心脏通过刺激心肌细胞增殖进行修复已成为心脏再生治疗的研究热点。但为何哺乳动物的心肌细胞会在进化过程中失去再生能力？
>
> 2019年，加州大学旧金山分校 Guo N. Huang 等人发表于 Science 的一篇研究论文发现，甲状腺激素可能是哺乳动物的心肌细胞丧失增殖能力的关键。
>
> 甲状腺激素在促进热量生成以维持体温方面发挥着关键作用，因此被认为是从冷血动物到温血动物进化过渡背后的驱动力，但这项研究发现，高表达的甲状腺激素会关闭心脏细胞分裂，从而阻止心脏组织在遭受损伤后自行修复。这一发现也首次证实了甲状腺激素、心脏发育和修复以及恒温动物进化之间的关联性。通过一系列实验，研究组发现心脏的再生能力和甲状腺激素浓度呈负相关。甲状腺激素信号缺陷的小鼠具有显著的心脏再生能力，而暴露于过量甲状腺激素的斑马鱼则表现出心脏修复受损。有得必有失，哺乳动物在得到恒温所带来收益的同时，却失去了心肌细胞的再生能力。

素（TRH）的调控。垂体前叶 TSH 和下丘脑 TRH 的分泌又在甲状腺激素的反馈调控之下，三者之间构成了一个环环相扣的下丘脑-垂体-甲状腺轴（图 11-12），将甲状腺激素的分泌水平控制在一个适宜的范围之内，任何一个环节的异常，将导致甲状腺功能的异常。寒冷刺激可以通过促进下丘脑分泌 TRH 提高甲状腺激素的分泌水平，以提高机体的代谢率和产热量。有些甲状腺功能亢进患者体内出现一种与 TSH 类似的免疫球蛋白，过度刺激甲状腺导致甲状腺的增大和功能亢进。在缺碘地区，甲状腺合成的甲状腺激素减少，导致甲状腺激素对垂体前叶 TSH 的负反馈抑制作用减少、TSH 分泌增加，在 TSH 的作用下，甲状腺组织过度增生，此即所谓的甲状腺肿（goiter）或"大脖子病"。

（2）甲状腺的自身调节　甲状腺还可以根据机体的摄碘量，不依赖于 TSH 和 TRH 的作用进行自身调节聚碘量。当机体摄碘量开始增加，甲状腺的聚碘量也随之增加，但当机体摄碘量达到一定限度后，甲状腺的聚碘量开始受到抑制，甚至消失。如果机体摄碘量持续维持在高水平，甲状腺的聚碘量和激素的合成则出现适应性增加。

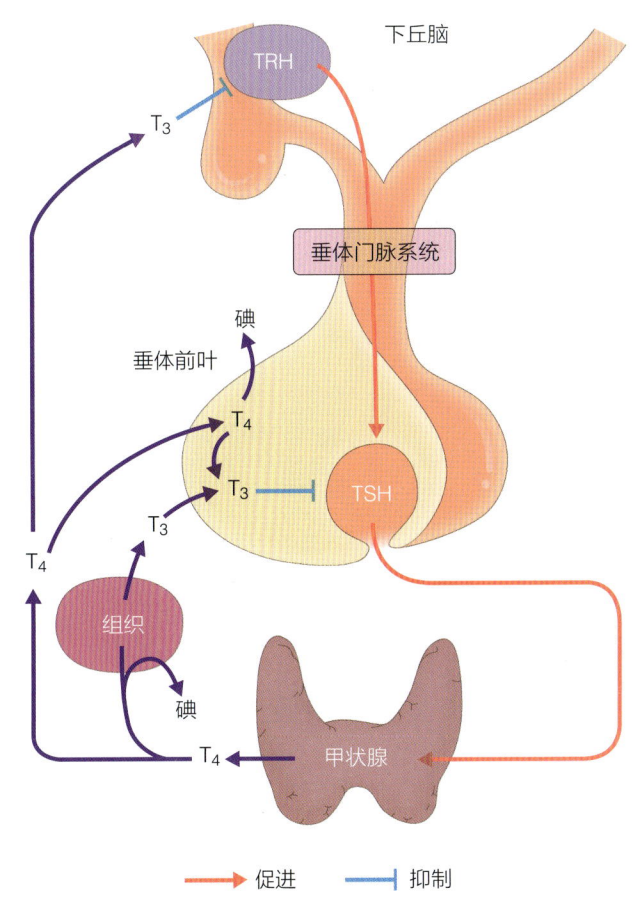

图 11-12　下丘脑-垂体-甲状腺轴

二、降钙素

血液中的钙、磷水平与骨代谢和神经、肌肉的兴奋性密切相关，降钙素是体内参与血钙、磷水平调节三个主要激素之一，降钙素的主要作用是降低血钙和血磷水平（图 11-13）。除了降钙素外，甲状旁腺分泌的甲状旁腺激素和来自维生素 D_3 的 1,25-二羟维生素 D_3 也是调节血钙、血磷水平的重要激素。

拓展阅读 11-7
降钙素的结构、功能和分泌调节

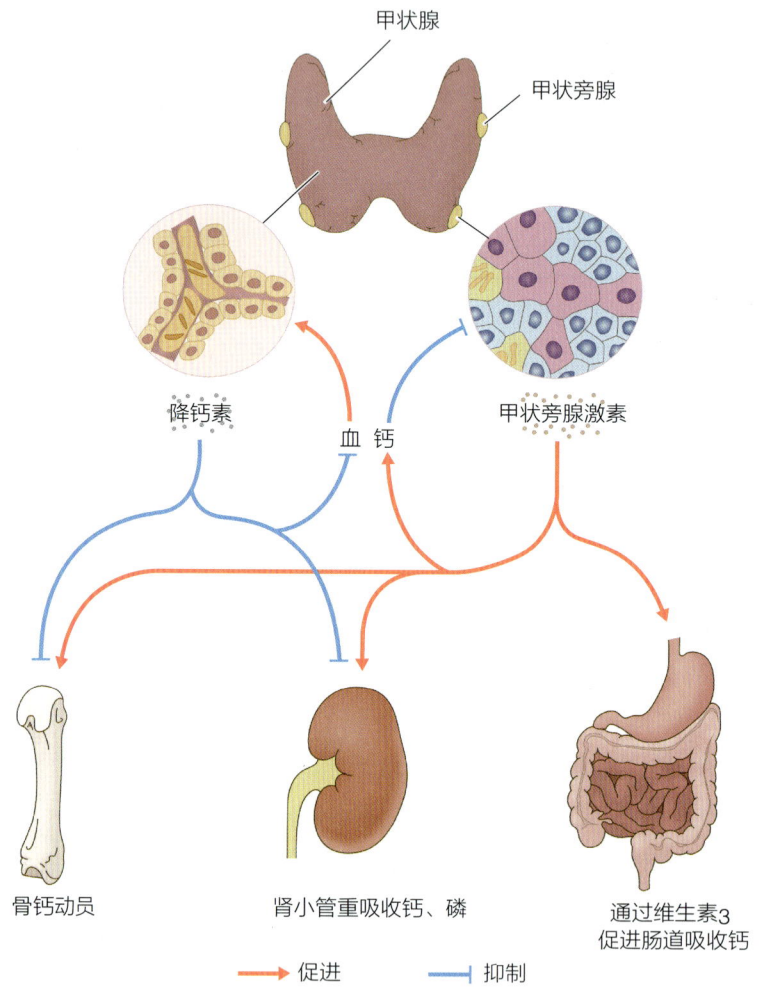

图 11-13 降钙素和甲状旁腺激素对钙、磷代谢的调节

第四节　胰岛

胰腺不仅是重要的消化腺，也是控制血糖水平的重要内分泌腺。胰腺中存在 100 万～200 万个胰岛，这些胰岛组织占据整个胰腺体积的 2%。胰岛中存在四种内分泌细胞，分泌四种激素。它们分别是分泌胰高血糖素的 A（α）细胞、分泌胰岛素的 B（β）细胞、分泌生长抑素的 D（δ）细胞和分泌胰多肽的 F（PP）细胞（图 11-14）。

胰岛中 B 细胞的数量最多,占胰岛内分泌细胞的 60%~75%,A 细胞次之,占胰岛内分泌细胞的 20%,其余为少量的 D 和 F 细胞。由此可见,胰岛以分泌胰岛素和胰高血糖素为主,两者分别降低和升高血糖,而生长抑素主要调控胰岛其他内分泌细胞的功能,胰多肽则是调控胃肠道功能的激素。

1889 年,德国生理学家 Oskar Minkowski(1858—1931)和 Joseph von Mering(1849—1908)发现摘除狗的胰腺可以导致糖尿病症状,他们提出胰腺是分泌抗糖尿病物质的器官,后来发现分泌这种抗糖尿病物质的组织存在于胰腺中的胰岛。1909 年,比利时科学家 Jean De Meyer(1878—1934)将此物质命名为"insuline"(胰岛素),但直到 1922 年才由加拿大科学家 Frederick Grant Banting(1891—1941)和他的助手 Charles Best(1899—1978)在 John Macleod(1876—1935)的实验室中从狗的胰岛中提取出胰岛素,并将其用于治疗糖尿病。次年他们的工作便获得了诺贝尔生理学或医学奖。

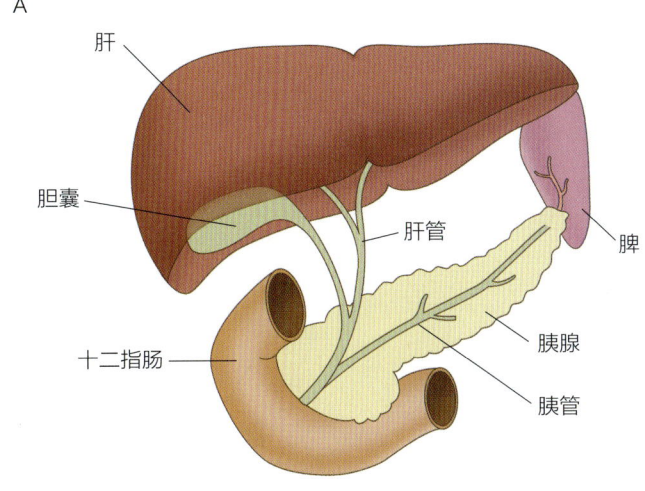

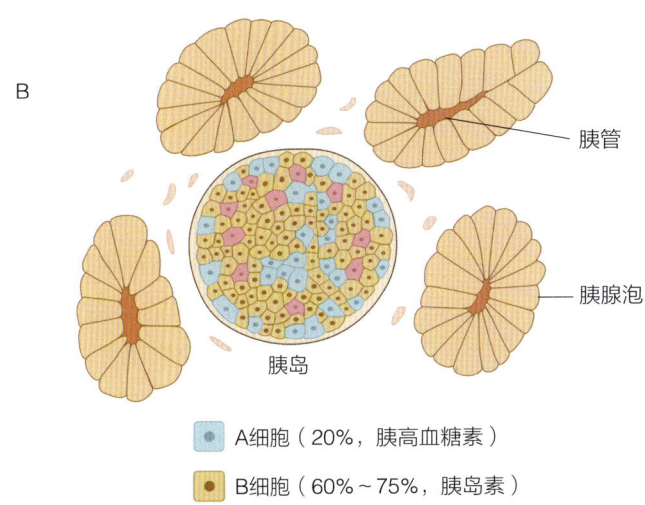

图 11-14 胰腺的位置(A)与胰岛的结构和细胞形态(B)

一、胰岛素

1. 胰岛素的结构

胰岛素(insulin)是由胰岛 B 细胞合成的含两条多肽链的蛋白质类激素,由 21 个氨基酸的 A 链和 30 个氨基酸的 B 链通过两个二硫键相连,此外,A 链本身也有一个二硫键(图 11-15)。

胰岛 B 细胞合成胰岛素时首先合成的是前胰岛素原(preproinsulin),在脱去信号肽后,前胰岛素原形成胰岛素原(proinsulin)。胰岛素原包含胰岛素的 A 链、B 链及两者之间的连接肽 C 肽(图 11-15)。胰岛 B 细胞分泌胰岛素时,蛋白水解酶将胰岛素原水解产生同比例的胰岛素 C 肽,C 肽本身没有活性。不同种属动物胰岛素结构非常接近,只存在几个氨基酸残基的差异,这种差异不足以影响动物来源的胰岛素在人体中的活性,但可以导致人体产生抗体。因此,反复使用动物来源的胰岛素后就会逐渐失去活性。重组基因技术生产的人胰岛素避免了使用动物胰岛素产生的抗体问题,已经成功用于糖尿病的治疗。

1965 年 9 月,中国科学家完成了人工全合成牛胰岛素,由邹承鲁、钮经义、季爱雪和汪猷等牵头,研究团队分别有机合成了 A 链和 B 链,之后在体外将 A 链和 B 链重组为牛胰岛素分子,并鉴定了其生物学活性和各种理化性质。这是世界上第一次人

图 11-15　胰岛素原的结构

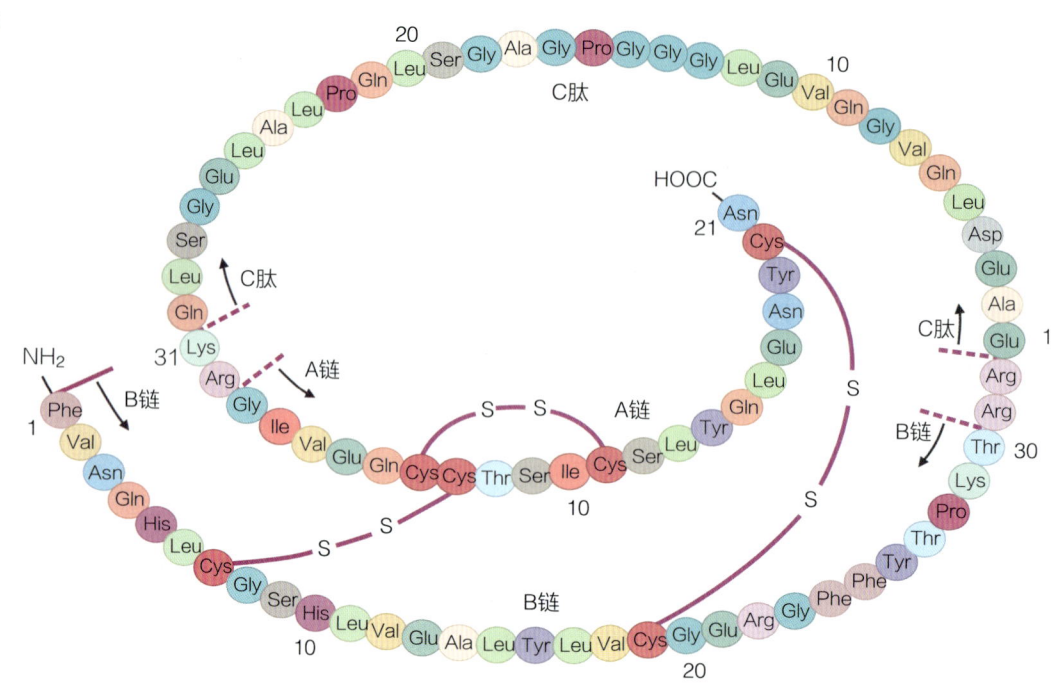

工合成与天然蛋白质相同化学结构并具有完整生物活性的蛋白质，标志着人类在探索生命奥秘的征途中迈出了重要一步。

2. 胰岛素的作用

胰岛素的作用非常复杂，除了调节物质代谢外，还调节细胞生长。它对物质代谢的总体效应是促进体内三大物质糖类、脂肪和蛋白质的储备，因此被称为"储备"激素。

胰岛素的作用是通过位于细胞膜上的胰岛素受体介导的，但胰岛素受体并不与 G 蛋白相耦联。胰岛素受体由 4 个亚基组成，分别为位于细胞外的两个 α 亚基和跨越细胞膜的两个 β 亚基，α 亚基和 β 亚基通过二硫键相连接。α 亚基提供了胰岛素的结合位点，当胰岛素与 α 亚基结合后，便激活了 β 亚基细胞内部分上的酪氨酸蛋白激酶，后者对自身的酪氨酸残基进行磷酸化，使其能够进一步对细胞内的其他蛋白质的丝氨酸和苏氨酸残基进行磷酸化或去磷酸化，从而由这些被修饰的蛋白质介导胰岛素的作用。其中，胰岛素受体底物（insulin receptor substrate）和磷脂酰肌醇 3 激酶（phosphoinositide 3-kinase，PI3K）是目前发现的被胰岛素受体磷酸化的细胞内蛋白质，它们介导胰岛素的很多作用。

（1）糖类代谢　胰岛素的降低血糖作用是其最为显著的作用，其作用是通过促进肌肉、脂肪和肝等组织器官对葡萄糖的摄取和利用实现的。葡萄糖进入细胞内是通过葡萄糖转运蛋白（glucose transporter，GLUT）转运的，目前发现有功能不同的 7 个亚型的 GLUT，其中 GLUT4 与胰岛素促进肌肉和脂肪对葡萄糖的摄取密切相关，胰岛素促进 GLUT4 由细胞内向细胞膜的迅速转移，葡萄糖一旦被 GLUT4 转运进入细胞内，便进一步发生磷酸化，被磷酸化的葡萄糖既可以作为糖原和脂肪合成的原料，也可以参与其他的细胞代谢。胰岛素促进肝摄取葡萄糖的机制不同于肌肉与脂肪。在肝，胰岛素通过促进细胞内葡萄糖的磷酸化降低细胞内葡萄糖水平，从而促进细胞外葡萄糖进入细胞，成为合成糖原的原料。当某种原因导致胰岛素分泌减少时，葡萄糖的转运和利用就会发生障碍，导致血糖水平升高，当超过肾糖阈时，便可出现糖尿。

（2）脂肪　胰岛素促进脂肪的合成和抑制脂肪的分解。胰岛素缺乏时，葡萄糖的利用减少，机体转向脂肪以寻求足够的能量来源，导致脂肪大量分解。在肝内，脂肪酸被氧化生成过量的乙酰辅酶 A，致使乙酰辅酶 A 不能完全进入三羧酸循环氧化，相当一部分乙酰辅酶 A 被转化为酮体，导致酮症和酸中毒。

（3）蛋白质　胰岛素促进蛋白质的合成、抑制蛋白质的降解。胰岛素缺乏时，蛋白质的合成减少、分解增加，导致机体虚弱、易发感染。胰岛素的促生长作用与其促蛋白质合成的作用密切相关，儿童期缺乏胰岛素将出现生长迟缓。

糖尿病是现代社会人类的常见病，胰岛素分泌减少和组织对胰岛素不敏感是导致糖尿病的两个重要原因。胰岛素作用的减弱，尿中过多的葡萄糖、酮体和氨基酸导致渗透性利尿，血中过多的酮体导致酸中毒。因此，病人具有"三多一少"的症状，即多食、多饮、多尿和体重降低。当糖尿病失控时，严重的脱水和酸中毒将导致昏迷和死亡。

3. 胰岛素的分泌调控

胰岛素的分泌主要受血糖、蛋白质和脂肪衍生物、激素及自主神经系统调控，其中血糖水平是调控胰岛素分泌的最为重要的因素。

二、胰高血糖素

1. 胰高血糖素的来源与结构

胰高血糖素（glucagon）是由胰岛 A 细胞分泌的，所有哺乳类动物胰高血糖素都是由 29 个氨基酸组成的单链多肽激素。除了胰岛外，肠道的 L 细胞和脑神经元也生成胰高血糖素。像其他肽类激素一样，胰高血糖素的合成也是从合成胰高血糖素前体开始的，但在不同的细胞胰高血糖素前体的剪切产物是不同的。在胰岛 A 细胞，胰高血糖素前体的主要加工产物是胰高血糖素；在肠道 L 细胞，胰高血糖素前体的主要加工产物是比胰高血糖素分子稍大的肠高血糖素（glicentin），其他产物包括胃泌酸调节素（oxyntomodulin）、胰高血糖素样肽（glucagon-like peptide，GLP）1 和 2（GLP-1，GLP-2）等。虽然 GLP-1、GLP-2 和肠高血糖素的胰高血糖素样作用比较弱，但初始的 GLP-1（1-37）进一步加工形成的 GLP-1（7-36）具有很强的胰高血糖素样作用。

2. 胰高血糖素的作用

（1）调节物质代谢　胰高血糖素的作用与胰岛素相反，胰高血糖素是一个促进物质分解的激素，它促进肝糖原和脂肪的分解，同时它还促进氨基酸进入肝进行糖异生。因此在胰高血糖素的作用下，血糖和血酮体水平升高。胰高血糖素的受体是与 G 蛋白耦联的受体，介导以上作用的第二信使是 cAMP，由 cAMP 激活的蛋白激酶 A

> **知识窗 11-3**
>
> ### GLP-1 受体激动剂治疗糖尿病和肥胖
>
> 除了胰岛素外，治疗糖尿病的创新药物中，胰高血糖素样肽1（GLP-1）受体激动剂异军突起，而该类药物还兼具控制体重的作用。在包括我国在内的很多国家，利拉鲁肽、司美格鲁肽和替尔泊肽等 GLP-1 受体激动剂用于控制成人2型糖尿病的适应证已获批。在我国，司美格鲁肽用于减重的适应证也已获批，且我国在该类药物研发领域取得多项进展。
>
> GLP-1 主要由回肠和结肠中的 L 细胞分泌，以葡萄糖浓度依赖性方式促进胰岛素分泌，参与机体血糖稳态调节。但是，人体分泌的 GLP-1 半衰期很短，仅为 1~2 min，分泌到血液循环后很快被快速降解，从而失去促胰岛素分泌的活性。科学家们为了充分发挥 GLP-1 的促胰岛素分泌作用，对 GLP-1 的结构进行了各种修饰，显著提升了其半衰期，并据此开发了一系列 GLP-1 受体激动剂，它们的作用与天然的 GLP-1 相似，通过激活 GLP-1 受体，最终发挥调节血糖，治疗糖尿病的作用。
>
> GLP-1 受体激动剂除了促进胰岛素分泌，治疗糖尿病外，为何还能显著减轻体重？其生理学机理可能主要有以下3点：第一，通过抑制食欲和减少摄食，GLP-1 受体激动后，会显著增加下丘脑弓状核饱食信号的水平，抑制饥饿信号的增加，从而增加饱食感，使患者减少食物摄入；第二，GLP-1 受体激动后，会增加能量消耗，促进内脏白色脂肪向棕色脂肪转化，并使棕色脂肪产热；第三，GLP-1 受体激动后还作用于胃肠道，减少胃酸分泌并延缓胃排空和胃肠蠕动。

（PKA）激活了糖原磷酸化酶和脂肪酶，导致糖原和脂肪的分解。

（2）调节其他胰岛激素的分泌　胰高血糖素以旁分泌的方式促进胰岛素和生长抑素的分泌。

（3）对心脏的正性肌力作用　高浓度的胰高血糖素通过第二信使 cAMP 促进心脏的收缩，此药理作用可以用来改善心脏病病人的心肌收缩力。

3. 胰高血糖素的分泌调节

胰高血糖素的分泌调节主要受葡萄糖、氨基酸、脂肪酸和酮体、自主神经系统和胰岛分泌的其他激素所调节。

拓展阅读 11-9　胰高血糖素的分泌调节

拓展阅读 11-10　胰岛分泌的其他激素

第五节　肾上腺皮质

肾上腺位于肾的上方，成人肾上腺总质量为 8~10 g，它是由肾上腺皮质（adrenal cortex）和肾上腺髓质（adrenal medulla）两个内分泌腺体组成的，这两个内分泌腺体在结构和功能上各不相同。肾上腺皮质来源于胚胎中胚层的尿生殖嵴，占整个肾上腺的72%，分泌对维持生命至关重要的类固醇激素如盐皮质激素和糖皮质激素，而肾上腺髓质来源于胚胎外胚层的神经嵴，分泌儿茶酚胺类激素，如肾上腺素和去甲肾上腺素。

一、肾上腺皮质的结构及其分泌的激素

肾上腺皮质由外向内分别为球状带、束状带和网状带,各占皮质的 15%、50% 和 7%(图 11-16)。球状带分泌盐皮质激素;束状带主要分泌糖皮质激素;网状带分泌少量的性激素。这些激素都属于类固醇类激素,其分子中都有环戊烷多氢菲的结构(见图 10-2)。

> 拓展阅读 11-11
> 肾上腺皮质激素的来源、运输与代谢

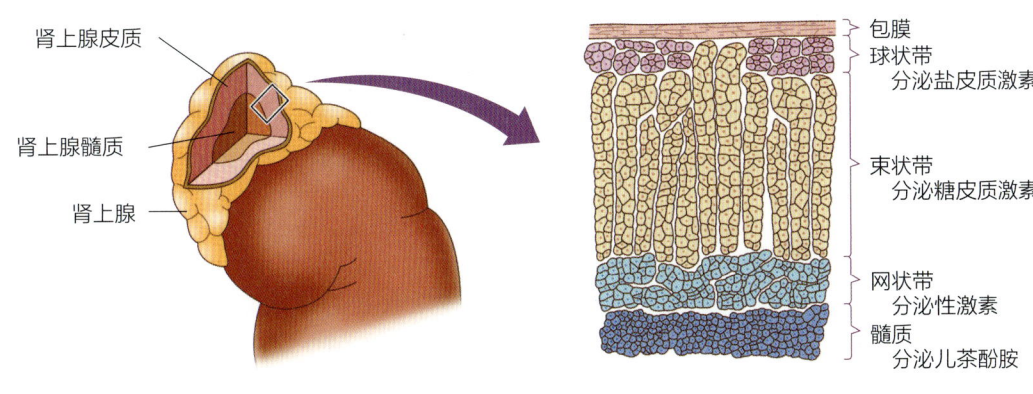

图 11-16 肾上腺皮质和髓质

1. 盐皮质激素

盐皮质激素(mineralocorticoid)主要为醛固酮(aldosterone)和脱氧皮质酮(deoxycorticosterone),脱氧皮质酮的盐皮质激素作用只有醛固酮作用的 3%。

2. 糖皮质激素

糖皮质激素(glucocorticoid)主要有皮质醇(cortisol;氢化可的松,hydrocortisone)和皮质酮(corticosterone)。皮质醇主要是由束状带分泌的,皮质酮则在肾上腺皮质的三条带都有合成。不同种属动物肾上腺皮质分泌的糖皮质激素种类比例不一,人、猴、羊、猫等以皮质醇为主,鸟、啮齿类以皮质酮为主,而狗则分泌等量的皮质醇和皮质酮。

3. 性激素

肾上腺皮质网状带分泌的少量性激素,主要为脱氢表雄酮(dehydroepiandrosterone,DHEA)和雄烯二酮(androstenedione)。脱氢表雄酮和雄烯二酮的雄激素作用只有睾酮的 20%,因此正常情况下作用不大,但当肾上腺过度增生或发生肿瘤时,肾上腺分泌的雄激素可以导致女性男性化或男孩青春期提前。肾上腺分泌的雄烯二酮可以在血液循环中进一步转化为雌二醇(estradiol),这是男性和绝经后妇女雌激素的重要来源。胎儿肾上腺的结构不同于成年人,其皮质主要为胎儿带,分泌脱氢表雄酮提供给胎盘作为雌激素合成的前体,而并非以分泌糖皮质激素和盐皮质激素为主。

二、肾上腺皮质激素的作用

类固醇激素都是脂溶性的,它们的作用是通过细胞内的受体介导的。此类受体的

作用相当于转录因子，牵涉到 mRNA 的转录和蛋白质的翻译，因此产生作用需要的时间和作用维持的时间都较长。

> **想一想**
> 切除肾上腺为什么会导致动物很快死亡？

动物实验发现，摘除双侧肾上腺后将导致死亡，若只切除肾上腺的髓质，动物可以存活较长时间，说明肾上腺皮质分泌的激素是维持生命所必需的。动物死亡的原因主要是盐皮质激素缺乏导致的水盐严重丧失、血压降低和糖皮质激素缺乏导致的糖、蛋白质和脂肪代谢严重紊乱、应激反应能力降低，轻微刺激将导致机体功能衰竭。

1. 盐皮质激素的作用

盐皮质激素的主要作用是调节机体水盐代谢，其靶器官包括肾、唾液腺、汗腺和胃肠道等外分泌腺体等，其中以肾尤为重要。盐皮质激素通过远曲小管和集合管的盐皮质激素受体（mineralocorticoid receptor，MR），促进肾小管上皮细胞管腔膜钠离子通道的表达和基底外侧膜钠钾泵（Na^+-K^+-ATP 酶）的表达，使钠离子及伴随的水的重吸收增加，钾离子重吸收减少。因此盐皮质激素的作用可用六个字概括，即"保钠、保水、排钾"。

2. 糖皮质激素的作用

机体多数组织存在糖皮质激素受体，因此糖皮质激素的作用非常广泛，糖皮质激素在物质代谢、免疫反应和应激反应中起着非常重要的作用。

（1）对物质代谢的影响　①糖类：糖皮质激素具有抗胰岛素样的作用，它抑制组织对葡萄糖的利用，但心脏和脑组织除外，这样在应激情况下可以保证心、脑组织对葡萄糖的需要。糖皮质激素还促进糖异生和糖原的合成。因此糖皮质激素过多时血糖升高，甚至出现糖尿。②脂肪：糖皮质激素促进脂肪的水解，水解产物可作为糖异生的原料。库欣综合征（Cushing syndrome）患者糖皮质激素分泌过多，导致脂肪组织由四肢向躯干的重新分布，产生所谓的向心性肥胖。③蛋白质：糖皮质激素促进肝外组织，特别是肌肉组织蛋白质的水解，水解产物可作为糖异生的原料。糖皮质激素过多时，由于蛋白质的分解，病人肌肉萎缩、骨质疏松、皮肤菲薄并出现紫纹。

（2）对血细胞的影响　糖皮质激素对不同血细胞的影响不同。糖皮质激素通过增强骨髓的造血功能，增加红细胞、血小板数目，因此当糖皮质激素增多时，由于红细胞增多，加上皮肤菲薄，病人常有多血质外貌。糖皮质激素通过促进中性粒细胞进入血液循环增加中性粒细胞的数目，但糖皮质激素减少血液嗜酸性粒细胞和嗜碱性粒细胞的数目。另外，糖皮质激素通过抑制淋巴细胞的有丝分裂和促进淋巴细胞的凋亡，减少淋巴细胞的数目，使淋巴结和胸腺发生萎缩。

（3）抗炎症和抗过敏　糖皮质激素是重要的抗炎激素，其抗炎机制包括多个方面。首先，糖皮质激素通过增强白细胞溶酶体膜的稳定性，减少溶酶体蛋白水解酶进入组织液，减轻对组织的损伤和炎症局部的渗出；第二，糖皮质激素抑制炎症部位炎症介质如前列腺素和促炎性细胞因子的产生和作用，从而减轻炎症反应；第三，糖皮质激素抑制结缔组织成纤维细胞的增生，从而减轻炎症的增生性反应。另外，糖皮质激素还是重要的抗过敏激素，它可以通过抑制浆细胞抗体的生成和组胺的生成产生抗过敏作用。

（4）对胃黏膜屏障的影响　糖皮质激素抑制胃黏膜前列腺素的合成从而促进胃酸和胃蛋白原酶的分泌，因此大剂量使用糖皮质激素或长时间应激可能诱发胃溃疡。

（5）允许作用　儿茶酚胺类激素舒张支气管和收缩血管等作用需要糖皮质激素的存在，而糖皮质激素本身并不具备这些作用。糖皮质激素的这种允许作用是通过增加平滑肌上儿茶酚胺类受体数量、加强儿茶酚胺类受体介导的细胞内信号传递过程等实现的。因此，血液糖皮质激素水平的长期升高将导致高血压。

（6）在应激中的作用　将当机体遇到紧急情况如失血、剧痛等时，会导致交感-肾上腺髓质的活动增加，引起格斗-逃跑反应（fight or flight reaction），Cannon 将其称为应急反应（emergency reaction）。而创伤、精神紧张等有害刺激导致的机体反应被匈牙利裔加拿大内分泌学家 Hans Selye（1907—1982）教授称为应激反应（stress reaction）。肾上腺的皮质和髓质分泌的激素都参与了应激反应。实际上，应急反应和应激反应是难以分割的，当机体遇到紧急和紧张情况时，首先交感-肾上腺髓质被激活，导致交感神经的兴奋和肾上腺髓质激素的释放，随后下丘脑-垂体-肾上腺皮质轴被激活，导致糖皮质激素分泌增加。交感神经兴奋和肾上腺髓质激素的释放，有利于机体的快速反应（见肾上腺髓质激素），而糖皮质激素的释放则有利于机体对应激刺激的适应和长久抵抗。糖皮质激素主要通过以下几种机制参与机体的应激反应：①减少有害介质的产生，如缓激肽、前列腺素和蛋白水解酶等；②维持血糖水平以供脑和心脏糖的利用；③糖皮质激素对儿茶酚胺的允许作用使心肌收缩力加强、血压持续升高。应激时应糖皮质激素合成释放增加的需要，垂体 ACTH 的释放增加，与 ACTH 同时释放的垂体前叶激素还包括内啡肽和催乳素等，内啡肽可以导致应激时的痛觉迟钝，而催乳素可以导致性功能包括月经周期的紊乱。

三、肾上腺皮质激素的分泌调控

肾上腺皮质盐皮质激素和糖皮质激素的分泌具有截然不同的调控机制，盐皮质激素的分泌主要受肾素-血管紧张素系统和钾离子的调节，而糖皮质激素的分泌则主要受垂体前叶分泌的 ACTH 的调控。

1. 盐皮质激素的分泌调控

（1）肾素-血管紧张素系统　肾动脉压下降和肾血流量减少时，肾肾素的分泌量增加，肾素将肝合成的血管紧张素原转化为血管紧张素Ⅰ，血管紧张素Ⅰ在肺部血管紧张素转换酶（angiotensin converting enzyme，ACE）的作用下转化为有活性的血管紧张素Ⅱ。血管紧张素Ⅱ通过第二信使 IP_3/DAG 促进肾上腺皮质球状带细胞醛固酮的合成和分泌。心房利尿钠肽则通过抑制肾素的分泌抑制血管紧张素的转化和醛固酮的分泌。

（2）血钠和血钾　血钠降低和血钾升高都促进醛固酮的分泌，但肾上腺皮质对血钾的变化更为敏感。血钾升高使细胞去极化、电压依赖性钙离子通道开放，导致醛固酮合成增加。一般生理性的血钠变化不足以引起醛固酮的分泌变化。

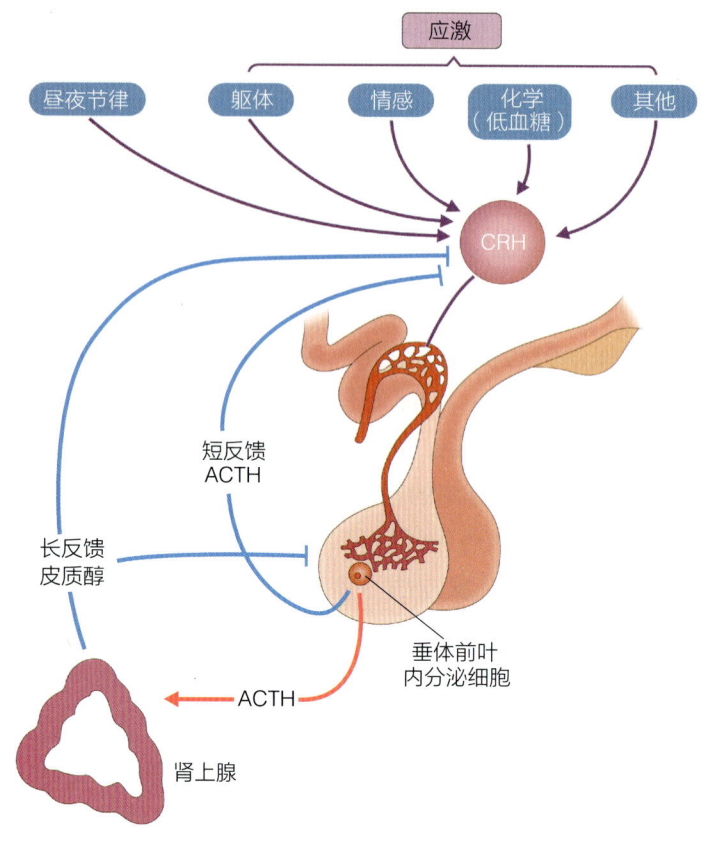

图 11-17 下丘脑-垂体-肾上腺轴

拓展阅读 11-12
糖皮质激素的分泌调控机制和昼夜节律

2. 糖皮质激素的分泌调控

肾上腺皮质糖皮质激素的基础分泌和应激性分泌均在垂体前叶激素 ACTH 的严密调控之下，ACTH 的分泌则受下丘脑分泌的 CRH 的调节，糖皮质激素对下丘脑 CRH 和垂体 ACTH 的分泌则起着负反馈调节作用，由此组成了糖皮质激素分泌调控的下丘脑-垂体-肾上腺轴，使下丘脑 CRH 的分泌在一个特定的调定点水平波动（图 11-17）。糖皮质激素分泌具有昼夜节律，在下丘脑视交叉上核生物钟的控制下，下丘脑 CRH 呈昼夜节律性释放，垂体 ACTH 和肾上腺糖皮质激素的分泌也呈现相应的节律性。

第六节 肾上腺髓质

一、肾上腺髓质的结构及其分泌的激素

想一想
你认为支配肾上腺髓质的交感神经纤维释放什么神经递质？

肾上腺髓质来源于胚胎外胚层，占整个肾上腺的 28%。在胚胎发生上相当于交感神经的节后神经元，因此肾上腺髓质细胞仍然接受交感神经节前纤维的支配，但肾上腺分泌肾上腺素和去甲肾上腺素进入血液，因此属于内分泌细胞。由于肾上腺髓质细胞内的颗粒呈嗜铬反应，故也称为嗜铬细胞。

肾上腺髓质嗜铬细胞分泌儿茶酚胺（catecholamine）类激素，主要以肾上腺

素（epinephrine）、去甲肾上腺素（norepinephrine）为主，另外还有少量的多巴胺（dopamine）。这些激素的结构中都有一个儿茶酚基（邻苯二酚基），因此属于儿茶酚胺类（见图4-16）。

二、肾上腺髓质激素的作用

肾上腺素受体有α和β两型，α受体通过第二信使IP_3/DAG系统发挥作用，β受体通过第二信使cAMP发挥作用（详见第四章）。简言之，α受体存在于血管平滑肌，介导缩血管作用；β受体可分为β1、β2和β3亚型，β1受体存在于心肌，介导对心肌的正性变力和正性变时作用，β2受体存在于气管和血管平滑肌，介导对气管和血管平滑肌的舒张作用，β3受体则主要分布于白色和棕色脂肪组织，调节能量代谢。去甲肾上腺素对α受体的作用强于β1受体，而对β2受体的作用很小；肾上腺素对α、β1、β2受体都有较强的亲和力。

1. 对心血管的作用

去甲肾上腺素通过β1受体增强离体心脏的收缩力和加快心率，通过α受体使血管收缩。在整体动物，给予去甲肾上腺素引起血压升高，进而引发减压反射，导致心率减慢，并超过其本身的正性变时效应，结果心脏每分输出量减少。肾上腺素则通过β1受体增强心脏的收缩力和加快心率，通过β2受体扩张骨骼肌和肝的血管，此扩张血管作用超过了肾上腺素对其他部位的缩血管作用，因此总的外周阻力下降。

2. 代谢作用

去甲肾上腺素和肾上腺素均可以促进肝糖原分解、脂肪分解和氧化和能量代谢增强。糖皮质激素对儿茶酚胺的代谢作用具有允许作用。

3. 应急反应

应急可以激活交感神经系统包括肾上腺髓质，交感神经和肾上腺髓质释放的儿茶酚胺类物质使中枢处于一种警觉状态，同时肺通气增加、心脏收缩力加强、心率加快、血液重新分配到骨骼肌和肝、糖原和脂肪分解以提供能量等，这一切有利于机体快速对付应急情况。

三、肾上腺髓质激素的分泌调控

肾上腺髓质受交感神经节前纤维的支配，交感节前纤维释放的乙酰胆碱通过N型受体促进儿茶酚胺的合成和分泌。此外，糖皮质激素通过诱导多巴胺羟化酶和苯基乙醇胺-N-甲基转移酶（PNMT）的表达促进儿茶酚胺的合成。肾上腺皮质的血液流经髓质后才进入体循环，这一解剖特点有利于糖皮质激素对髓质儿茶酚胺合成的调节。ACTH可以间接通过糖皮质激素促进髓质儿茶酚胺的合成。除了上述调节因素外，当髓质细胞内多巴胺和去甲肾上腺素达到一定量的时候，它们负反馈抑制酪氨酸羟化酶的活性；同样，肾上腺素合成增多时，也负反馈抑制PNMT的活性。

※ 小结

内分泌系统与神经系统共同构成了机体稳态调控的两大核心系统，二者相辅相成，协调维持内环境的稳定。神经系统通过快速、精确的神经递质传递信号，而内分泌系统则通过激素的广泛、持久作用实现调节。本章重点介绍了内分泌系统的组成、激素的作用特点、主要内分泌腺体的功能及其调控机制。

内分泌系统由内分泌腺体和散在的内分泌细胞组成，通过分泌激素调节机体功能。激素根据化学性质可分为肽类或蛋白质类、胺类、类固醇类和脂肪酸类，其化学性质决定了受体的位置和作用机制。激素的作用具有以下特点：信息传递，放大效应，相对特异性，广泛性与持久性，相互协同或对抗，部分激素还具有允许作用，节律性分泌。

下丘脑-垂体-靶腺轴（HPT 轴）是内分泌调控的核心机制，通过多级激素的级联反应和负反馈调节维持稳态。常见的 HPT 轴包括：下丘脑-垂体-肾上腺轴（HPA 轴）：CRH → ACTH →皮质醇，主要参与应激反应和代谢调节；下丘脑-垂体-甲状腺轴（HPT 轴）：TRH → TSH →甲状腺激素，主要调控代谢和生长发育；下丘脑-垂体-性腺轴（HPG 轴）：GnRH → FSH/LH →性激素，主要调节生殖功能。这些轴的共同特点是激素的层级调控、负反馈机制和适应环境变化的能力。

需要注意的是，内分泌系统还与神经系统、免疫系统构成复杂的调控网络。例如：下丘脑的神经内分泌神经元可将神经信号转化为激素信号（神经-内分泌交互）；糖皮质激素可抑制免疫反应，因此应激反应可能通过 HPA 轴影响免疫功能（内分泌-免疫交互）。而多种疾病与内分泌系统、神经系统和免疫系统之间的失调有关，自身免疫疾病（如 1 型糖尿病）和神经内分泌失调（如甲状腺功能亢进）均体现了内分泌与神经系统和免疫系统间的相互作用。

综上所述，内分泌系统通过激素的精密调控，维持机体的代谢、生长、生殖和应激等功能。其与神经、免疫系统的协同作用，进一步提升了机体适应内外环境变化的能力。深入理解内分泌调控机制，及其与神经系统和免疫系统之间的精细互作机制，不仅有助于揭示生理活动整合调控的本质，也可为相关疾病的治疗提供理论基础，并开发更有效的干预策略。

※ 思考题

1. 内分泌系统和神经系统对机体稳态调控的特点有何异同？两者之间有何关系？
2. 激素与受体的结合模式与激素的不同化学性质有何关联？为什么激素作用具有显著的放大作用？
3. 下丘脑-垂体-靶腺轴调控具有怎样的普遍性特征？主要包括哪几类？
4. 垂体前叶和垂体后叶分泌激素的机理和所分泌激素的种类有何不同？
5. 侏儒症和呆小症的成因有何不同？分别有何预防措施？
6. 甲状腺激素的合成有何特异之处？"大脖子病"的成因是什么？

7. 胰岛素如何调控糖类、脂质和蛋白质的代谢？

8. 治疗糖尿病可以从胰岛分泌的哪些激素着手，为什么？

9. 肾上腺皮质和髓质分泌激素的调控有何特征？切除肾上腺会有怎样的症状，其原因是什么？

10. 肾上腺皮质和髓质分泌的激素在应急反应和应激反应过程中分别起了什么作用？

※ 推荐阅读

1. GREENSPAN F S, GARDNER D G. Basic & clinical endocrinology [M].10th ed. New York: Lange Medical Books/McGraw-Hill Companies, 2018.

该书是系统的基础与临床内分泌介绍。

2. NELSON R J, KRIEGSFELD L J. An introduction to behavioral endocrinology [M]. 5th ed. Sunderland: Sinauer Associates Inc. Publishers, 2017.

该书为系统的行为内分泌介绍。

3. CHIAMOLERA M I, WONDISFORD F E. Thyrotropin-releasing hormone and the thyroid hormone feedback mechanism [J]. Endocrinology, 2009, 150 (3):1091-1096.

该文详细介绍了甲状腺激素及相关反馈机制。

4. EHRHART-BORNSTEIN M, BORNSTEIN S R. Cross-talk between adrenal medulla and adrenal cortex in stress [J]. Annals of the New York Academy of Sciences, 2008, 1148: 112-117.

该文详细介绍了应激情况下肾上腺髓质与肾上腺皮质之间的相互作用。

5. 詹姆逊. 哈里森内分泌学：第 3 版 [M]. 胡仁明，主译. 北京：科学出版社，2018.

该书为系统全面的内分泌学中文译本。

（撰写：丁潆、孙刚；审修：朱景宁）

第十二章

神经系统的感觉功能与感觉器官

神经系统的输入依赖感觉器官对外界和机体内部信息的感知。感觉神经系统的外周感受器细胞将物理和化学刺激转变为神经细胞的生物电活动，引起感觉神经通路中神经细胞动作电位发放频率或模式的改变，并传送到脑进一步加工处理以感知环境的变化。根据刺激的性质和脑对这些刺激的以往经验，脑可进一步指导产生相应的行为，如逃避敌害和进食等，来适应环境的变化。需要注意的是，感受器细胞传入的感觉信息并非都会引起主观感觉，特别是一些感受机体内环境和状态变化的感受器细胞，如检测血压变化的主动脉弓压力感受器（详见第六章）和检测肌肉长度变化的肌梭（详见第十三章）等。因此，感觉系统不仅让动物产生视觉、听觉、嗅觉、味觉和触觉等，还可为运动及其他脑的高级功能如学习与记忆等提供神经基础，从而有助于动物适应内外环境的变化。本章将主要讨论感觉过程的一般原理，以及化学感觉、机械感觉、听觉、视觉、温度觉和痛觉、痒觉的外周感受和中枢编码机制。

第一节　感觉过程的一般原理

一、感觉的分类

除了熟知的视觉、听觉、嗅觉、味觉和触觉五种感觉外，还有一些其他感觉如痛觉、痒觉、温度觉和本体感觉等。根据形态学，感觉可被分为四类：由脑神经传入的特殊感觉（special sense），包括视觉、听觉、嗅觉、味觉和前庭（平衡）觉等；由脊神经和某些脑神经皮肤分支所传入的浅感觉或皮肤感觉（superficial or cutaneous sensation），包括触（压）觉、温（度）觉、痒觉和痛觉；由脊神经与某些脑神经肌肉分支所传入的深感觉（deep sensation），包括肌肉、肌腱、关节感觉（或位置感觉），以及深部痛觉、深部压觉；由内脏神经传入的内脏感觉（visceral sensation），如内脏痛觉、饥饿或饱腹感觉等。浅感觉和深感觉又统称为躯体感觉。

根据刺激来源与感受器位置，谢灵顿（Charles Sherrington）将感受器分为四类：①外感受器（exteroceptor），如皮肤感受器，提供靠近身体的外部环境变化的信息；②距离感受器（teleceptor），如眼、耳、鼻，提供距离身体较远的外部环境变化的信息；③本体感受器（proprioceptor），如肌肉、肌腱、关节和前庭中的感受器，发出关于身体在空间的位置和运动情况的信息；④内感受器（interoceptor），发出关于内脏器官的信息。此外，根据刺激的物理化学性质，亦可将感受器分为光、声、化学、机械、温度、渗透压等感受器。

二、感受器的适宜刺激和换能作用

感受器的生理功能是把环境刺激转换为神经电信号。一种感受器只对环境中某一种特殊形式刺激能量的敏感性最高，而对其他形式刺激能量的敏感性很低或不发生反应。这种敏感性最高的能量形式的刺激就叫作适宜刺激（adequate stimulus），其他不发生反应或敏感性很低的刺激叫作不适宜刺激。感受器起着换能器的作用，它将刺激的物理、化学能量转换成生物能量，即转变为膜电位的变化。感受器所起的换能作用类似于微音器把声波的机械能转换成电信号，或是光电管把光能转换成电信号的作用。例如，眼睛的感光细胞对光的敏感性比对其他任何形式的能量的敏感性大得多，波长 400~760 nm 范围的一个可见光光子就能兴奋一个感光细胞。这种兴奋的作用是很小的，但是当多个感光细胞同时被单个光子所兴奋，就可以使受试者产生光感。这些感光细胞虽然对光刺激非常敏感，但对其他刺激（如机械刺激）却很不敏感。相反的，脊椎动物内耳中的毛细胞则对机械刺激非常敏感而对光却很不敏感。

感受器细胞的适宜刺激是由其表达的特定受体蛋白决定的。例如感光细胞含有感光受体即视色素，视色素结合了一种能俘获光子的称为 11-顺式视黄醛的化学分子。当捕获合适光子后，11-顺式视黄醛发生结构改变，进而引起视色素蛋白构象变化。视色素构象变化激活一系列感光细胞内的生化反应，最终引起膜上离子通道的通透性变化，从而改变了光感受器细胞的电活动。机械感受器细胞的膜则对轻微的变形或牵张刺激发生反应。因此，特定感受器的适宜刺激取决于其细胞膜上所表达的接受刺激的感觉受体分子的种类。

三、感受器的放大作用

在将刺激能量转换成神经信号时，许多感受器表现出不同程度的功率放大作用，其中以脊椎动物的眼、耳和某些昆虫的嗅觉感受器最为突出。单个红光光子的能量只有 3×10^{-19} J，然而一个视觉感受器细胞俘获单个光子可引起的感受器电流的能量却有约 5×10^{-14} J，即视觉感受器细胞的感觉输入与神经输出之间的功率放大了 10^5 倍。

感觉系统的这种放大能力对于动物适应环境有重要意义，它使动物能察觉远距离的弱信号。例如，察觉从远处走来的食肉动物发出的光和声，使动物能及早准备格斗或逃跑。

感受器这种有选择性的换能和强大的功率放大作用，即感受器对适宜刺激的高度敏感性，是生物演化的产物。很多感受器细胞是从原始上皮细胞分化而来的。原始上皮细胞在分化之前可以对不同的刺激能量发生反应，这是由生命物质的基本特性——应激性所决定的。在演化过程中，原始上皮细胞分化（特化）为不同的感受器细胞，并逐步发展出对某一种刺激能量特别敏感的能力，但它们对其他刺激能量的反应能力并未完全丧失，只是敏感度大大降低了。

四、感觉刺激的编码

一般说来，对于不同性质的感觉刺激，由"专用线路"编码产生特定感觉；而对于相同性质的感觉刺激，可由动作电位的发放频率和传入纤维的激活数目来编码。当刺激强度增加时，一方面可使支配一个感受器的单根神经纤维发放更多的冲动，另一方面还可刺激更多的感受器募集更多的神经纤维发放冲动。

刺激作用于感受器如何引起神经冲动的发放？这是一个复杂的问题。在刺激的作用下，感受器细胞局部去极化，产生感受器电位（receptor potential），这是一种等级性电位，可以通过时间和空间整合编码刺激信息。而发生在游离或有被囊的感觉神经末梢上的等级电位若达到阈值可直接产生锋电位，因而又叫作发生器电位（generator potential）。图 12-1 示螯虾腹部肌肉上的牵张敏感神经元及其神经冲动。当螯虾尾部弯曲时，相应的肌肉被牵张，感觉神经元的树突受到刺激，细胞膜的通透性变化，产生局部的、等级性感受器电位。一旦感受器电位达到阈值，即可在神经元的冲动发放区爆发可传播的"全或无"式的动作电位，沿着神经元轴突将神经冲动信息传递至突触后神经元。

研究表明，感受器细胞在无感觉刺激存在时，其用于感受感觉刺激的受体也能自

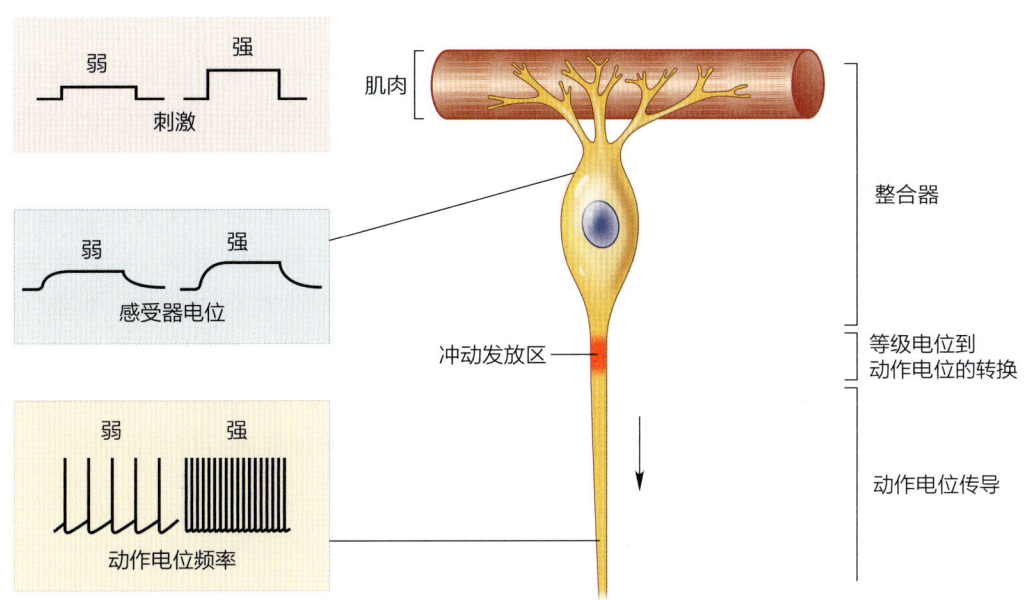

图 12-1 螯虾腹部的牵张感受器

发激活，从而使得感受器细胞维持一定的自发活动。这一自发活动不仅赋予了感受器细胞可被感觉刺激进一步兴奋的能力，也赋予其可被感觉刺激抑制的能力（即引起其自发活动下降）。例如，对嗅觉系统的研究表明，气味分子不仅能引起某些种类的嗅觉受体分子激活，也能引起另一些种类的嗅觉受体分子抑制，进而分别引起嗅觉神经元发放动作电位的增加或减少。因此，气味刺激抑制嗅觉神经元，同气味刺激兴奋嗅觉神经元一样，均能引起果蝇的嗅觉感知，从而使果蝇对抑制性气味分子亦产生吸引或躲避行为。所以，嗅觉神经元使用双向气味反应对气味分子进行组合编码识别。这种双向编码大大拓宽了嗅觉神经元的气味编码能力。与嗅觉神经元类似，其他多种感觉的感受器神经元或细胞（如机械感受神经元、温度感受神经元和味觉感受细胞等）也对其适宜刺激具有双向反应能力，然而目前尚未有行为学实验证明这些感受器细胞上的抑制性反应也直接参与了感觉编码和感知过程。这是感觉研究领域的一个重要科学问题。

五、感觉的适应

刺激作用于感受器最初可引起清晰的感觉，但是当刺激持续作用时，感觉可能会逐渐减弱，有时甚至消失，这一过程叫作感觉的适应（adaptation）。适应是主观感觉的复杂变化，它的生理基础首先是感受器发放频率的变化，这也是适应的客观标志。

感受器发放的频率不仅取决于刺激的强度，也取决于刺激的变化率和刺激持续作用的时间。例如，对于持续恒定的牵张刺激，肌肉本体感受器在开始时的发放频率较高，然后逐渐降低到某一稳定的水平，并持续几分钟或几小时。快速牵张肌肉较之同等程度的缓慢牵张可引起本体感受器更高频率的发放，这是由于感受器在缓慢牵张的过程中产生了适应。对同一感受器，无论刺激强弱，最后发放的频率总是稳定在同一

> **想一想**
> "入芝兰之室，久而不闻其香"的道理为何？

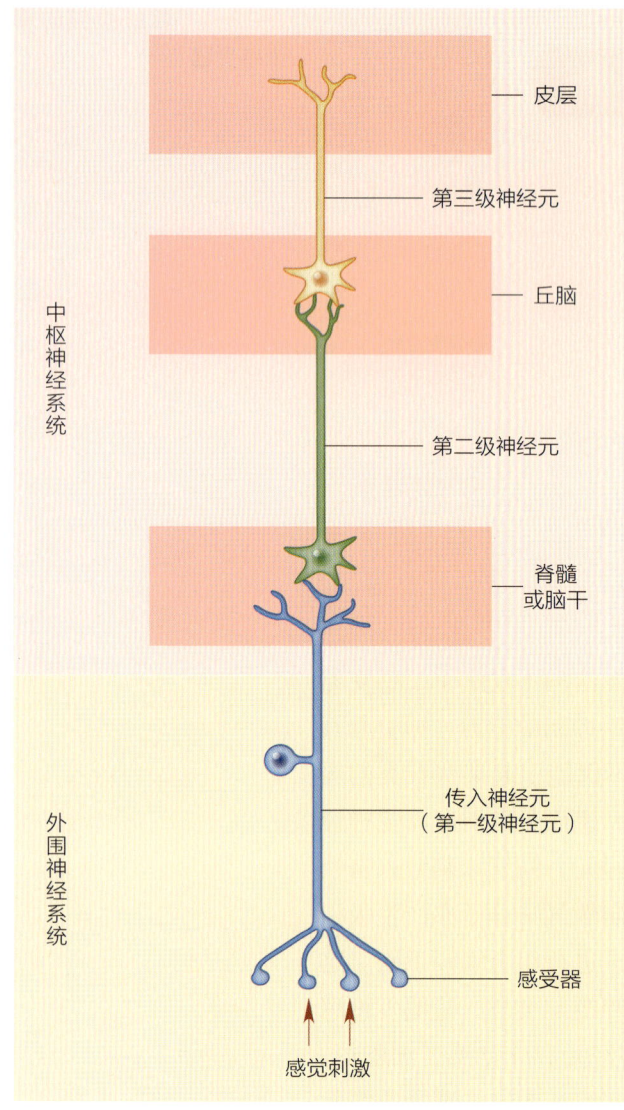

图 12-2 感觉传入通路的一般组构特征

水平上。

不同感受器适应的快慢不同。触觉感受器的适应非常迅速，不到 1 s 的时间内发放就会大部分停止。然而有些感受器，如肌梭、颈动脉窦的压力感受器、痛觉感受器等，适应很慢，除最初的几秒钟内发放频率有所降低以外，适应现象不明显，能够持续发放几分钟甚至几小时。适应的快慢与感受器的生理功能有关，如果痛觉感受器在损伤性刺激离开机体以前就停止产生冲动，那么痛觉就失去了它的保护意义；而触觉的快适应有利于接受新的刺激，以便不断地对外界进行探测性活动。

六、感觉的传入通路

每一类感受器都有一定的传入通路以传导感受器发放的冲动，最后传到大脑皮层的特定区域。例如，皮肤粗略触压觉和温度觉、痛觉等感受器的冲动通过初级传入纤维由脊髓背角进入脊髓，并在脊髓背角换元，第二级神经元发出的纤维先穿行到脊髓的对侧，再上行传入高级中枢；而皮肤精细触压觉或肌肉等处深部感受器的初级传入纤维进入脊髓后即沿同侧上行，进入延髓换元，第二级神经元的纤维交叉至对侧再上行。因此，躯体感觉传入通路一般由三级神经元接转（图 12-2），初级传入神经元位于脊髓背根神经节或脑神经节中，第二级神经元位于脊髓或延髓，发出的纤维终止于丘脑。第三级神经元则位于丘脑的腹后核，神经纤维投射到大脑皮层顶叶的中央后回（Brodmann 3-1-2 区，即初级躯体感觉皮层）。这种从外周感受器沿一定的途径，经丘脑到特定皮层感觉区的上行传入通路叫作特异性丘脑皮层投射，传递特定感觉信息，产生特定感觉（图 12-3，实线所示）。

与传导特定感觉的特异性上行传入系统不同，非特异性上行传入系统不产生特定感觉，而是主要对大脑皮层起广泛的激活作用。非特异性上行传入通路的第一、二级神经元就是特异性上行传入通路中的第一、二级神经元，但第二级神经元的部分纤维或侧支进入脑干网状结构，并在这里发生多次换元，然后达到丘脑，继而从丘脑中的许多神经核（弥散的丘脑网状核）经弥散的非特异性丘脑皮层投射达到大脑皮层的广泛区域（图 12-3，虚线所示）。这个上行传入系统是许多感受器（除嗅觉感受器外）的共同传入通路。刺激这些相关感受器，均可以在网状结构中的某些神经元上记录到冲动的发放，而这些发放可以引起动物的激醒反应，因此该系统又被称为脑干网状结构激活系统或网状激活系统（reticular activating system）。实际上，除嗅觉以外的几乎所有感觉传入纤维在达到大脑皮层前都先终止于丘脑，因而丘脑是各种感觉冲动的汇集点，是进入大脑皮层的门户。

七、感觉的皮层投射

感觉过程的最后环节是神经信号转化为主观感觉的过程，这个过程发生在大脑皮层。由顶叶中央沟后壁和中央后回的皮质构成了初级躯体感觉皮层（primary somatosensory cortex），即 3-1-2 区。通过大脑皮层对传入的感觉信息进行处理、整合和分析，可对刺激进行识别、定位并进而产生各种意识感觉。初级躯体感觉皮层的感觉投射具有典型的拓扑组构，其特征为：①左右交叉，但头面部的感觉投射是双侧性；②精确的躯体定位，表现为体表感觉的骶部节段投射到内侧，躯干和上肢投射到外侧，面部、舌、唇投射到最外侧，呈倒置状态，而头面部的投射是正立的（图 12-4 右）；③投射区的大小与体表相应部位的真实比例无关，而与感觉精细程度有关，感觉越精细和灵敏，其投射区则越大。其他处理躯体感觉信息的皮层区包括中央后回毗邻的次级躯体感觉皮层（secondary somatosensory cortex）和后顶叶皮层（posterior

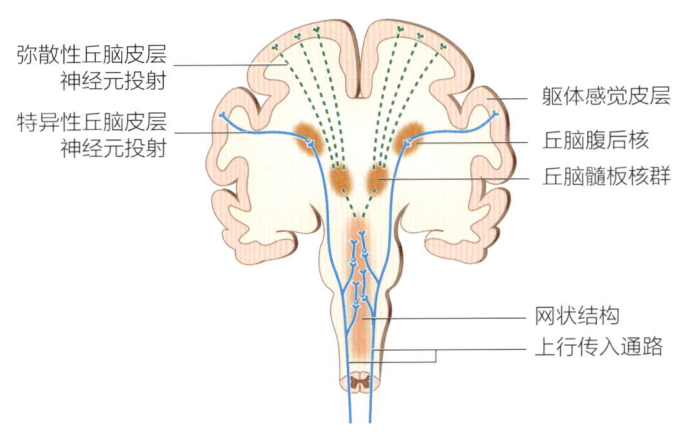

图 12-3　特异性丘脑皮层投射系统（实线）和非特异性丘脑皮层投射系统（虚线）

图 12-4　初级躯体感觉皮层（右）和初级运动皮层（左）代表区定位图

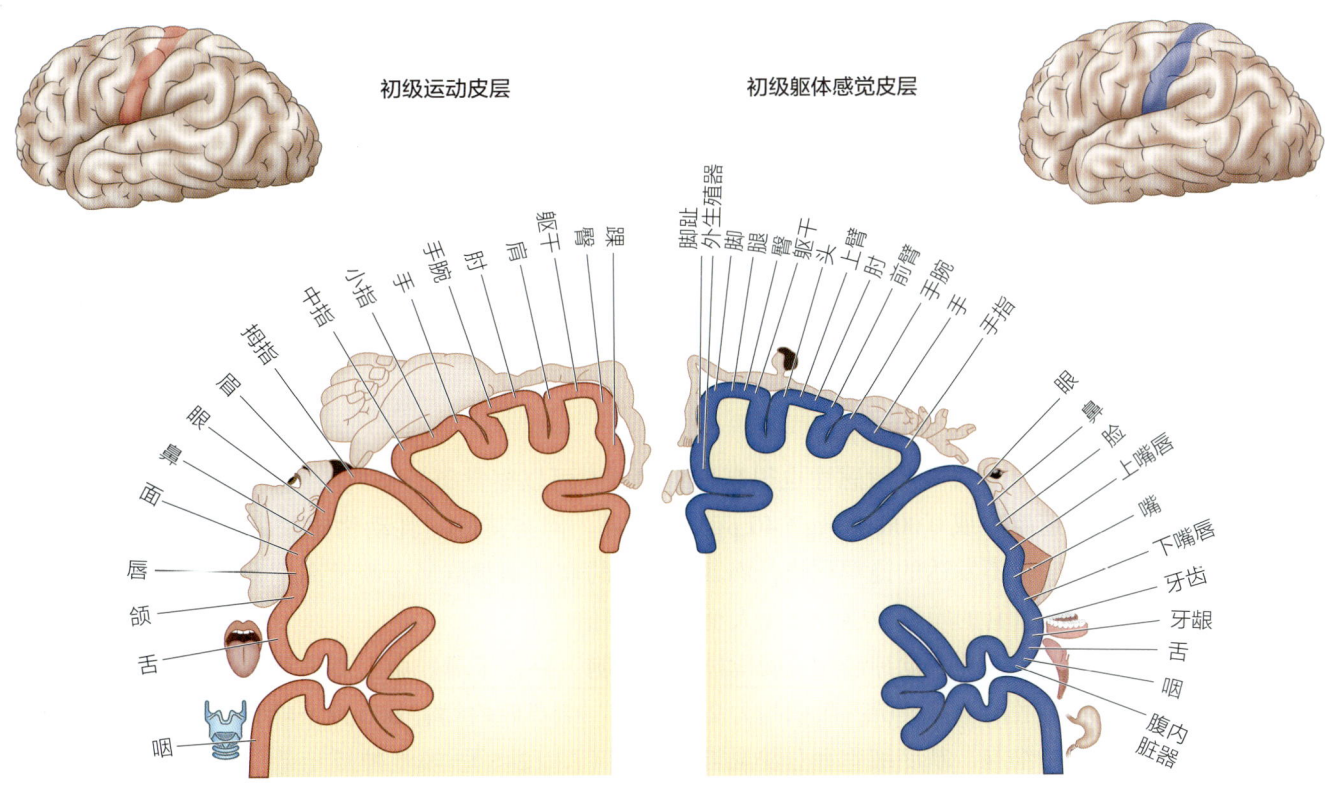

parietal cortex），可将躯体感觉信息与其他感觉系统（尤其是视觉系统）的感觉信息进行复杂的整合，以形成更高级的感知觉。

八、感受器的中枢抑制

感受器不只是通过传入神经向中枢传送感觉冲动，而且还接受来自中枢的传出神经支配。例如，视网膜、耳蜗、前庭器官和肌梭等感受器都受到传出神经支配。这些传出纤维对感受器的兴奋性起调节作用，多数是抑制性的，也有兴奋性的。当过强的刺激作用于感受器时，中枢便可发放冲动，通过传出神经来抑制感受器的反应活动。

第二节　化学感觉

化学感觉（chemoreception）是指由嗅觉感受器和味觉感受器等感受溶于水的化学物质而产生的感觉。动物的嗅觉和味觉感受器虽有多种形态，但其基本结构是相似的。味觉感受器细胞感受溶解的离子或分子的刺激，而嗅觉感受器细胞的表面有一层黏液，挥发的气体分子必须先溶于这层黏液才能刺激嗅觉感受器细胞，因而两种感受功能之间没有本质的差别。然而，味觉受体只能感受近距离的接触式刺激物，而嗅觉受体可感受远距离的挥发性化学分子刺激，所以味觉感受在功能上适用于动物进食时判断所接触食物的可食性和营养性，而嗅觉感受则可用于远距离判断食物是否存在。嗅觉比味觉要灵敏 2 万倍。

雄蚕蛾触角的化学感受器对雌蚕蛾释放的性信息素（蚕素，bombycin）的敏感性就是一个例子。雄蛾的化学感受器高度特化为长羽毛状，只对蚕素和少数几种类似物反应，蚕素分子与空气分子之比低至 $1:10^{17}$ 时，雄蛾仍能感受到并发生反应。这种高度特化的化学感受系统使雄蛾可在夜间下风处找到几里外的雌蛾，从而有助于促进蚕蛾的个体交配行为来维持其种群的繁衍。

一、嗅觉

1. 嗅觉感受器

人的嗅觉敏感性也很高。例如，人可以察觉每升空气中仅 0.01 μg（10 ng）的人造麝香或 0.000 04 μg（40 pg）的硫醇。但与其他哺乳动物比较，人和猿、猴都属于嗅觉不发达的钝嗅觉类，而其他种类的哺乳动物则属于嗅觉高度发达的敏嗅觉类。例如，狗的嗅觉敏感性就比人至少高 10 倍。

人的嗅觉神经元（嗅觉感受器细胞）存在于鼻腔中上鼻道背侧的嗅黏膜中，每个鼻腔的嗅黏膜所占面积约为 2.4 cm^2。一侧鼻腔内约有 600 万个嗅觉神经元，还含有支持细胞、基底细胞和分泌黏液的嗅腺（图 12-5）。嗅觉神经元是一种胞体为卵圆形的

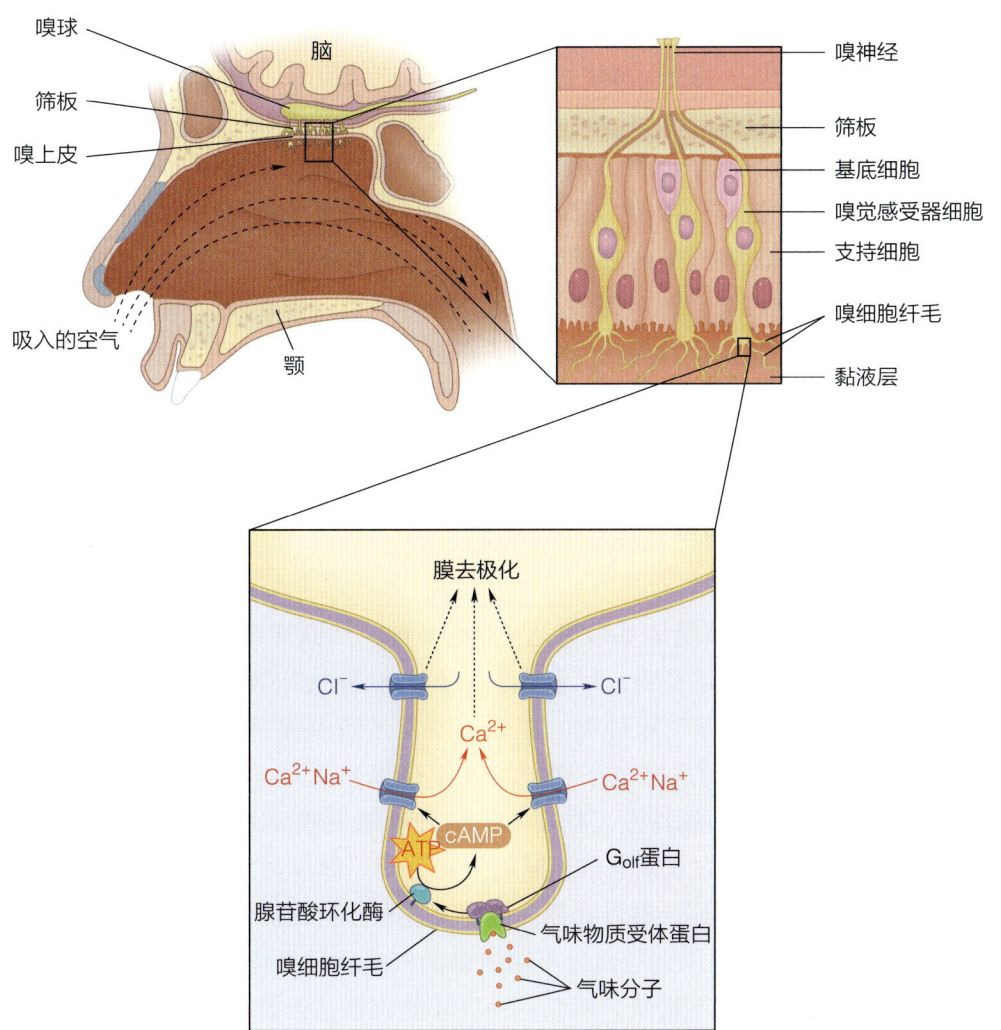

图 12-5 嗅上皮中的嗅觉神经元及嗅觉受体蛋白激活启动的信号转导

双极神经元，外端伸出 5~6 根嗅纤毛，内端变细成为无髓鞘神经纤维，穿过筛板进入颅腔，终止于嗅球（olfactory bulb）中的第二级神经元，再由此发出纤维组成嗅束投射到嗅皮层（olfactory cortex）和边缘系统（limbic system）。由于边缘系统参与管理记忆和情感，这也解释了为什么某些气味能够激发非常强烈的记忆。

平静呼吸时，进入鼻腔的空气很少达到嗅觉神经元所处的部位，而急促地吸气可以使一部分空气进入这个隐蔽部位。因此，我们要分辨某种气味时，常常快吸一口气，使空气中的某些气味物质的分子能够到达上鼻道刺激嗅觉神经元。

2. 气味分子刺激嗅细胞的信号转导

嗅觉感受始于气味分子与嗅觉神经元上气味物质受体蛋白分子的结合。那么，气味分子是怎样刺激嗅细胞的呢？嗅纤毛是嗅觉神经元中感受气味分子刺激的部位，它们浸泡在黏液中。因此，气味分子要先被黏液吸收，并扩散到纤毛处，与纤毛表面上的特异的嗅感受器膜受体蛋白（G 蛋白耦联受体）结合。当膜受体蛋白受到气味分子刺激而兴奋时，即与 G 蛋白（G_{olf}，一种仅存在于嗅觉感受器细胞内的特殊 G 蛋白）

> 想一想
> 人们是不是仅凭嗅觉就可以分辨家庭成员中带汗味的 T 恤衫和陌生人的 T 恤衫？

结合，进而激活附着在纤毛膜内侧的腺苷酸环化酶，催化细胞内大量 ATP 分子转化成环磷酸腺苷（cAMP）；这些 cAMP 分子作为第二信使再激活细胞膜上的环核苷酸门控阳离子通道，使之开放，大量的钠离子和钙离子内流，从而产生去极化的感受器电位。而流入细胞内的钙离子，将激活一种钙离子激活的氯离子通道（图 12-5）。由于嗅觉神经元细胞内的氯离子浓度远远高于细胞外，该氯离子通道的开放将引起氯离子外流，进一步导致嗅觉神经元的去极化。因此，气味刺激嗅觉神经元后，进行嗅觉信号转导时会产生两步放大，即 G 蛋白信号通路介导的第一步放大，及氯离子通道开放引起去极化而产生的第二步放大。气味分子刺激引起的细胞去极化传播到嗅觉神经元的轴突始段，若达到阈值，便引起动作电位发放增加；动作电位沿嗅觉神经元的轴突传到嗅球，再传入更高级的嗅觉中枢产生嗅觉。如前所述，某些适宜的气味分子结合到气味物质受体蛋白分子后，还可抑制气味物质受体蛋白分子的自发活动，并进而引起嗅觉神经元自发动作电位的减少。

> 拓展阅读 12-1
> 寻找嗅觉受体

3. 嗅觉编码

哺乳动物的气味物质受体基因可达 1 000 多种，然而能识别的气味分子种类却远不止于此。最近的研究表明，尽管人只有约 400 种气味物质受体基因，但能够识别一万亿种以上的组合气味种类。那么，嗅觉系统又是如何利用有限种类的气味物质受体来识别无数的气味分子呢？2014 年诺贝尔生理学或医学奖得主 Richard Axel 和 Linda Buck 等人的创新性工作提示，哺乳动物的嗅觉系统可能通过组合编码（combinatorial coding）的方式来分辨不同的气味分子。即一种气味分子能够激活多种不同的气味物质受体，而同一种气味物质受体又能被多种不同的气味分子所激活，所以嗅觉系统对气味分子的识别是通过不同组合的气味物质受体激活而实现的。然而，这种组合的具体机制还很不清楚，例如一种气味的识别是否需要所有气味物质受体的参与。如前所述，气味分子还可引起气味物质受体的抑制性反应，即气味物质受体可利用双向信号来编码气味分子信息，这又大大增加了嗅觉系统识别气味分子的能力。此外，不同气味物质受体对同种气味分子的亲和性不同，当气味分子的浓度增大时会有更多种类的嗅觉神经元产生反应，这样嗅觉系统在分辨气味分子种类的同时，也能获取气味的浓度信息。

二、味觉

人的味觉感受器是味蕾（taste bud），主要分布在舌的背面，特别是舌尖和舌侧面的小突起（乳突）。舌头上大约含有一万个味蕾。味蕾由味觉细胞（味觉感受器细胞）、支持细胞和基底细胞组成。一个味蕾中有几十个到上百个味觉细胞。味觉细胞不是神经元，另有感觉神经末梢包围在它的周围。面神经的分支鼓索支配舌前三分之二的味蕾，舌后三分之一的味蕾由舌咽神经分支支配。味觉神经纤维产生的神经冲动经延髓味觉核和丘脑腹后内侧核，传入初级味觉皮层（primary gustatory cortex）产生味觉。

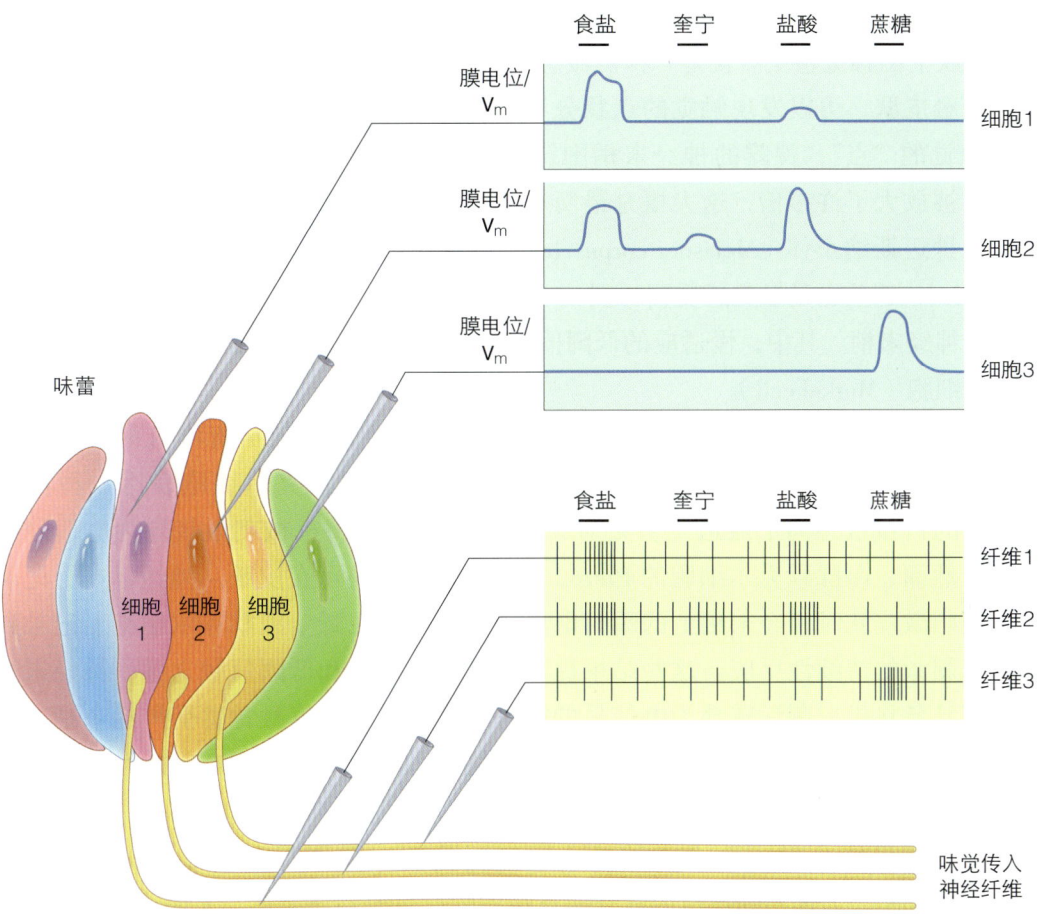

图 12-6 味蕾味觉细胞和味觉神经纤维的味觉反应偏好

味觉细胞与嗅觉神经元都有一个共同的特点，就是能不断地更新，由基底细胞分化成新的感觉细胞取代。味觉细胞的更新周期为十余天，而嗅觉神经元的更新周期为60天左右。该周期性的细胞更新可能与这两类细胞所处的环境相关，它们随时都与环境中的化学分子直接接触，有些化学分子具有强烈的细胞损伤作用。

味觉原分为甜、酸、苦、咸四种基本类型。近年来又鉴定出一种新的基本类型——鲜，即谷氨酸一类物质引起的味觉。用微电极记录一个味觉细胞对不同味觉刺激的反应，发现可对几种味觉刺激都发生反应，但是反应的偏好不同，即对某一类味觉刺激的反应最大（图 12-6）。新近的分子生物学研究发现，每一个味觉细胞只表达一类特定的味觉受体，即可能只对某一种味觉刺激敏感。几种基本味觉物质对味觉细胞的作用方式不同，引发反应的信号转导途径也有所区别。

拓展阅读 12-2
五种基本味觉的转导机制

第三节 机械感觉

最简单的机械感受器（mechanoreceptor）可能是没有分化的神经末梢。但许多机械感受器都装备了附加结构，这些附加结构有助于机械能量作用于感受器细胞。在脊椎动物的中耳和内耳中，有最精巧的附加结构用于觉察和分析声波。

皮肤上的触觉感受器就是一种机械感受器，当皮肤受到机械刺激时发放冲动。用毛发轻触皮肤，可以发现触觉的点状分布。在有毛区域往往可以在毛根的旁边找到感受触觉的"点"，裸露的神经末梢围绕在毛根的周围，由于杠杆的作用，触到毛发的力被放大了许多倍，这大概是最简单的机械感受器之一；在无毛区域的真皮中还有一种迈斯纳小体（Meissner corpuscle），以及在皮下组织中的环层小体（lamellar corpuscle），这些也是触觉感受器（图 12-7）。如在手掌的无毛区，分布有低阈值的触觉感受神经末梢。其中，慢适应的低阈值触觉感受神经末梢进入位于表皮和真皮间的默克尔细胞（Merkel cell）。

长久以来，是默克尔细胞还是低阈值触觉感受神经末梢负责将机械刺激转导为电信号一直存在争议。最新研究表明，单个分离的默克尔细胞表达一种称为 Piezo2 的机械敏感离子通道（参见第二章），从而具备将机械刺激转导为电信号的能力。然而，敲除默克尔细胞的 Piezo2 离子通道后，还可在皮肤 - 神经标本上记录到机械刺激皮肤时神经末梢上的瞬时电反应，却不能在野生型默克尔细胞上记录到对机械刺激的持续性反应。这些结果提示，默克尔细胞和低阈值触觉感受神经末梢各自都具备将机械刺激转导为电信号的能力。其中，低阈值触觉感受神经末梢对快速变化的机械刺激起反应，而默克尔细胞是神经末梢对机械刺激产生持续反应所必需的。

皮肤感觉能分辨出两个点的最小距离叫作两点辨别阈（threshold of two-point discrimination）。人体不同部位的触觉两点辨别阈有很大差异，背、大腿、上臂等部位的两点辨别阈较大，达 60～70 mm；而舌尖、指尖、嘴唇等部位最小，只有数毫米。

图 12-7 触觉感受器

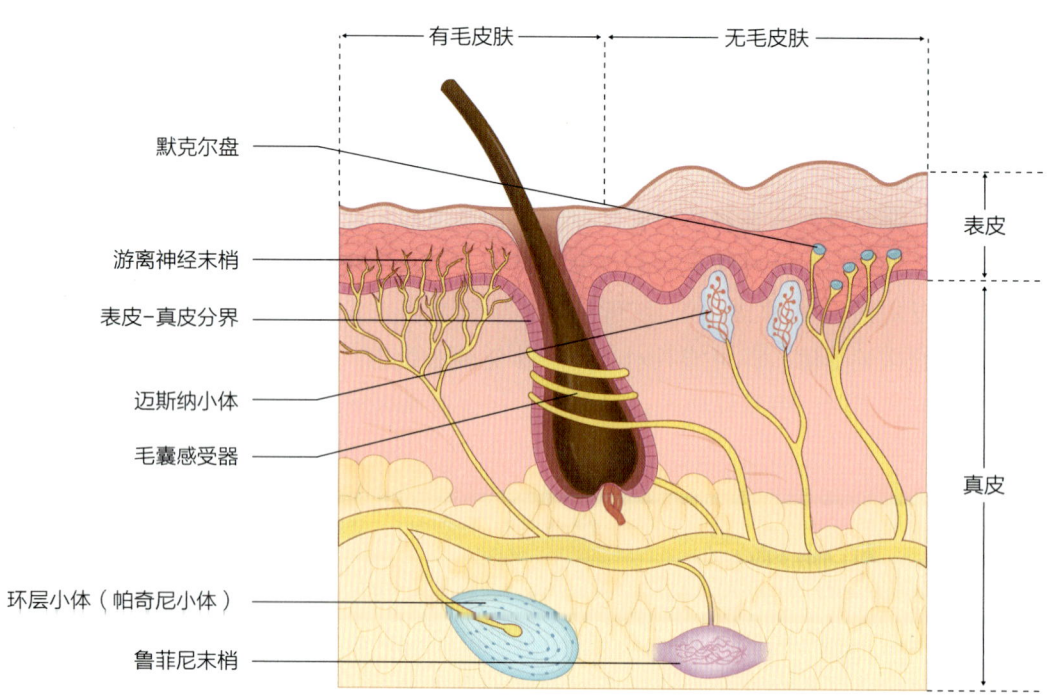

这就是为什么盲人可以借助指尖触摸"阅读"盲文。

一、毛细胞

脊椎动物的毛细胞（hair cell）是许多机械感受系统（如鱼类和两栖类的侧线系统，脊椎动物的耳蜗和平衡器官等）中的基本结构。毛细胞的一端有一根动纤毛（kinocilium）和20~30根静纤毛（stereocilium）。静纤毛按长度从细胞的一侧排列到另一侧，动纤毛最长（图12-8）。相邻的两根纤毛之间有细丝联系，细丝将一根纤毛的顶端与其相邻的更长的纤毛的侧面连接起来。成年哺乳动物耳蜗中的毛细胞失去动纤毛。毛细胞对机械刺激的方向敏感，静纤毛向动纤毛弯曲引起传入神经的去极化和兴奋，而向相反的方向弯曲则引起传入神经的超极化和抑制。毛细胞的感受器电位调制那些与毛细胞形成突触联系的传入纤维的自发活动，纤毛的弯曲方向则决定发放频率高于或低于静息放电频率。

无脊椎动物的毛细胞与脊椎动物的毛细胞有所不同，它本身具有轴突，而脊椎动物的毛细胞没有轴突。

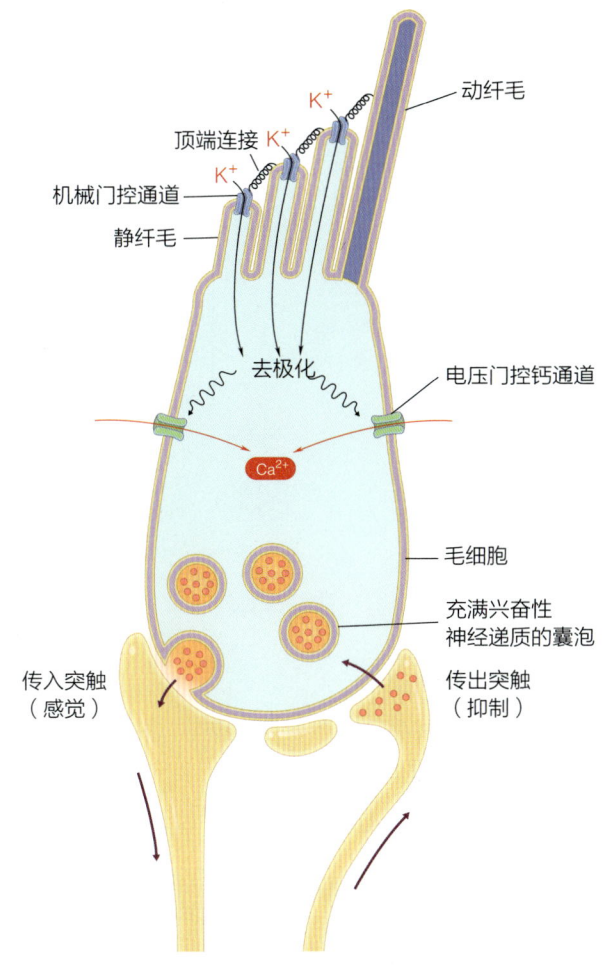

图12-8 毛细胞及其换能机制和传入传出突触

二、平衡觉

大多数脊椎动物和无脊椎动物的平衡觉与听觉密切相关，常常由同一感受器完成两方面的机能。例如，许多无脊椎动物的平衡感受器（statocyst receptor，statoreceptor）既是振动感受器，又是位置和直线加速度、角加速度的感受器。

脊椎动物的平衡器官包括内耳的三个半规管（semicircular canal）、椭圆囊（utricle）和球囊（saccule）（图12-9）。三个半规管互相垂直，代表空间中的三个平面，构成一个空间坐标系。半规管的末端有一膨大的部分叫壶腹，内有壶腹嵴。壶腹嵴的位置与半规管的长轴垂直，嵴上有毛细胞，而毛细胞顶部的纤毛又都埋植在一种胶质圆顶形的壶腹帽（又称终帽）之内（图12-10）。壶腹帽横贯壶腹，形成壶腹内壁的活塞状密封垫。半规管及其壶腹内充满内淋巴。半规管的适宜刺激是旋转加速度。这是由于内淋巴与半规管之间在旋转开始时或旋转停止时，出现相对位移的结果。头部的运动至少会引起一个半规管中内淋巴的运动，这种运动会使壶腹帽偏转，刺激毛细胞。这些毛细胞都以动纤毛为标志按同一方向排列，所以它们全部会被一个方向的加速度所兴奋，而被相反方向的加速度所抑制。毛细胞释放神经递质兴奋传入神经元。传入神经元发放神经冲动到脑，通报身体和头部的旋

图 12-9 半规管和耳蜗
移去镫骨以显示卵圆窗。箭头表示耳蜗中传声的路径

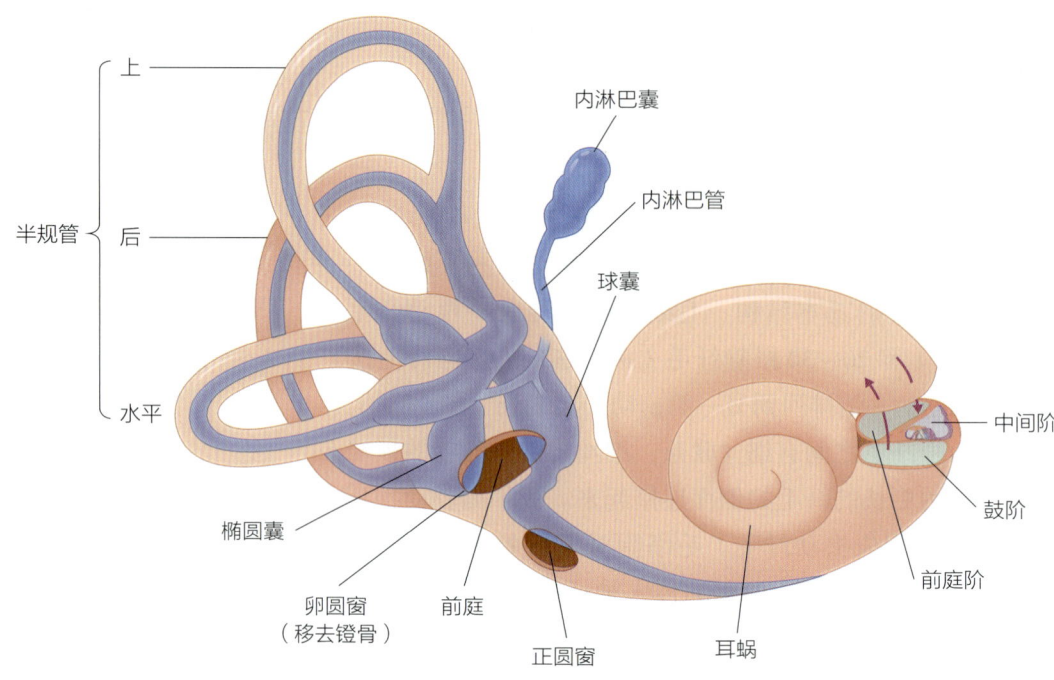

图 12-10 半规管壶腹中的平衡感受器

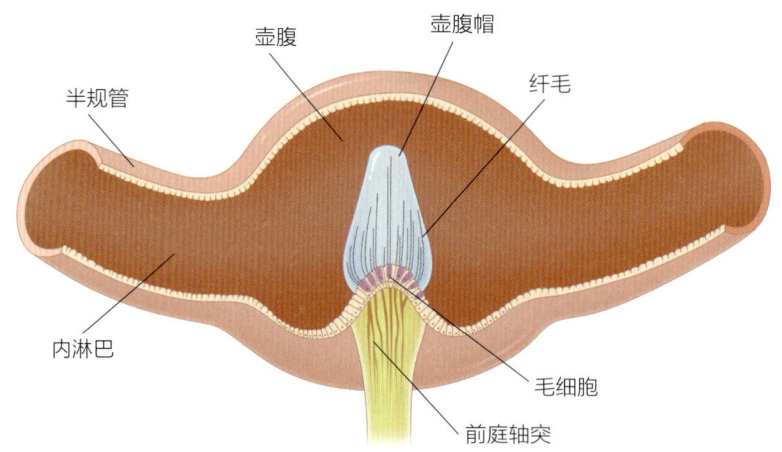

转运动。

椭圆囊和球囊是感受身体静止时和直线加速度运动时状况的感受器，因其内有耳石，又称耳石器官。两个囊内都有囊斑，囊斑上有毛细胞，毛细胞上覆盖着耳石膜（图 12-11）。耳石膜由胶状物质和许多碳酸钙结晶（耳石）组成。毛细胞的纤毛插入耳石膜中。耳石密度大于内淋巴。当头部处于不同方向位置时，耳石受重力作用，耳石膜向不同方向不同程度地牵拉毛细胞的纤毛，于是刺激了毛细胞；毛细胞兴奋后，引起冲动发放，经传入神经传到前庭神经核，反射性地引起肌紧张的变化，从而维持了身体的平衡。

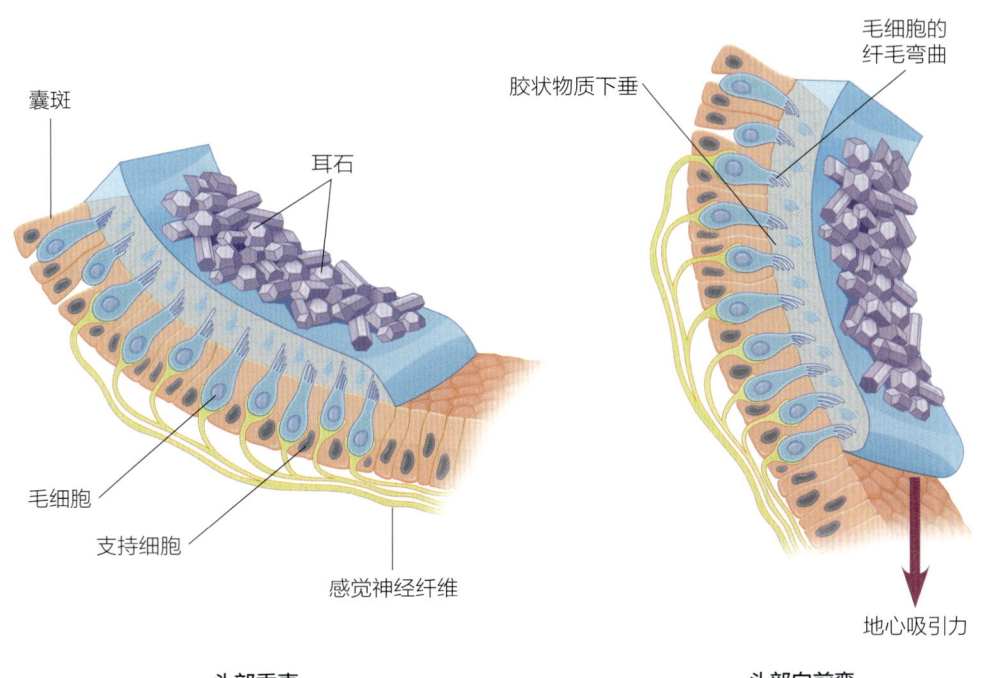

图 12-11 头部处于不同位置时对耳石膜的影响

第四节 听觉

声音感受器的适宜刺激是声波。声波是纵波，纵波是由与能量传递方向一致的分子运动所组成的。声源以一定的频率振动，在空气中形成了疏密相间的纵波向四周传播。

声波有频率、振幅、波形等几个物理参数。人们可以区分声音的音调、响度和音色，这三者与声波的物理参数有关。音调是由声波的频率决定的。高音调的声音频率高，低音调的声音频率低。人所能听到声音的频率范围是 16～20 000 Hz，这一范围内的振动叫作声波。响度是对声波强度的心理反应，它主要依从于声波的振幅，振幅大的声音响度大，振幅小的声音响度小。然而响度与声音的频率也有密切的关系，振幅相同、频率不同的声音在响度上是有差别的。大多数声源发出复声，即除一个主要频率以外，还有其他频率是这个主频率简单整数倍的泛音。正是由于这些泛音成分的不同，形成了不同乐器和不同人的声音的特色（音色）。

一、传声途径

听觉系统通过一套机制把空气中压力的变化所带来的信息传递到中枢神经系统。声波从体外传进外耳道，使外耳道顶端的鼓膜振动。鼓膜的振动又推动了中耳内三块听小骨：锤骨、砧骨和镫骨（人体最小的骨头）。鼓膜听骨系统的主要机能是有效地将声波的能量传送到内耳中的淋巴液。直接从空气中把声波的能量传送到水中的效率很低,大约 99.9% 的能量在空气-水界面上被反射回空气,只有 0.1% 的声波能量送到水中。而鼓膜听骨系统可通过两种机制来增强外来的压力。首先,三块听小骨构成一套杠杆装置;锤骨柄朝下附着在鼓膜凸上;砧骨与锤骨连接成一个整体,砧骨的长突与镫骨相连。空气的振动推动鼓膜,鼓膜的振动传到锤骨柄,锤骨柄的振动通过砧骨长突推动镫骨,镫骨通过卵圆窗把振动传送给内耳淋巴液(图 12-12)。在锤骨砧骨杠杆系统中,锤骨柄所构成的动力臂比砧骨突所构成的重力臂长,所以在镫骨处的力比在鼓膜凸处大(约为 1.3 倍);其次,鼓膜的有效振动面积约为镫骨板的有效振动面积的 13~16 倍,所以总的力增益可达 17~21 倍。这样就可以有效地把声波的能量传到内耳淋巴液。

内耳是一个封闭的小室,其中的淋巴液是不可压缩的。如果只有卵圆窗接受镫骨传来的能量,内耳内的机械运动势必十分微小;然而内耳还有另一个窗口——圆窗。当镫骨向卵圆窗内移动时,圆窗膜就向外鼓胀出来,让声音的压力波穿过内耳淋巴液,使耳蜗结构发生位移(图 12-12)。

中耳经咽鼓管(欧氏管)通咽部,并由此与大气相通,使鼓膜两侧的压力相等。咽鼓管的缝状咽口通常是关闭的,在吞咽、打呵欠、打喷嚏时由腭张肌打开,使中耳气压与大气压相等。在气压急剧变化时(如飞机起飞或降落时),中耳气压与大气压不相等,鼓膜的振动受阻碍,听觉受到影响,而主动吞咽即可打开咽鼓管,调节中耳内的气压。

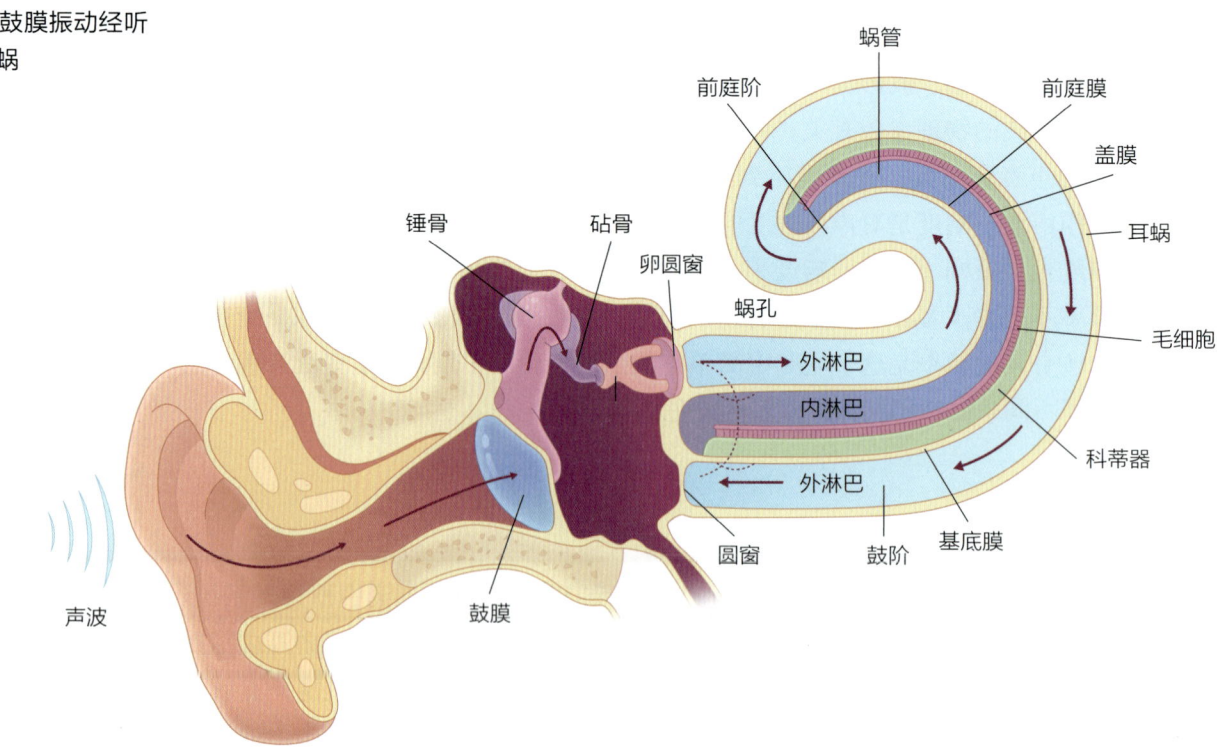

图 12-12　鼓膜振动经听骨链传递耳蜗

二、耳蜗的结构与机能

耳蜗（cochlea）是内耳的听觉部分，藏在骨质螺旋形管道中。在脊椎动物中只有哺乳动物具有真正的耳蜗。鸟和鳄鱼的蜗管不发达。低等脊椎动物依靠椭圆囊和球囊的耳石与毛细胞感受声波振动。人的蜗管长约 30 mm，形似蜗牛壳，底部直径约 9 mm，高约 5 mm。耳蜗内由膜质的蜗管（又称中间阶）分成两部分，蜗管之上是前庭阶，蜗管之下是鼓阶（图 12-13A）。这两部分都充满外淋巴，在耳蜗顶部经过蜗孔相通。蜗管类似直角三角形，斜边是前庭膜，底边由螺旋板与基底膜组成，外边为血管纹组织。蜗管中充满一种类似细胞内液的内淋巴。基底膜是一种纤维性膜，位于耳蜗底部的基底膜较窄，约 0.04 mm；而在顶部最宽，约 0.5 mm。蜗管中有科蒂器（organ of Corti），位于基底膜之上，包括毛细胞和支持细胞。一端游离的胶冻状的盖膜覆盖在科蒂器之上，与毛细胞的纤毛接触。第Ⅷ对脑神经耳蜗支（包括传入纤维和传出纤维）成树状分支包围着毛细胞的底部（图 12-13B）。

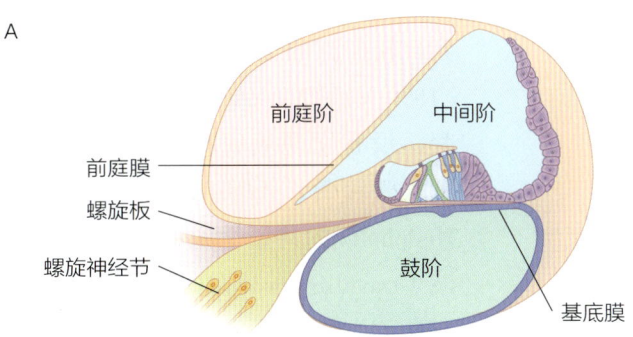
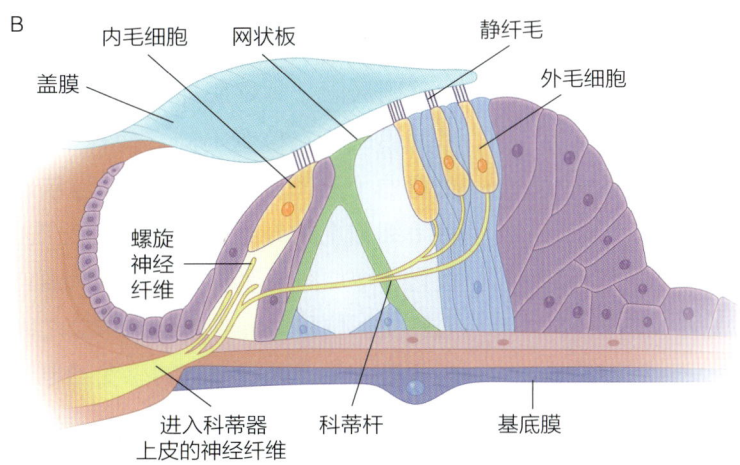
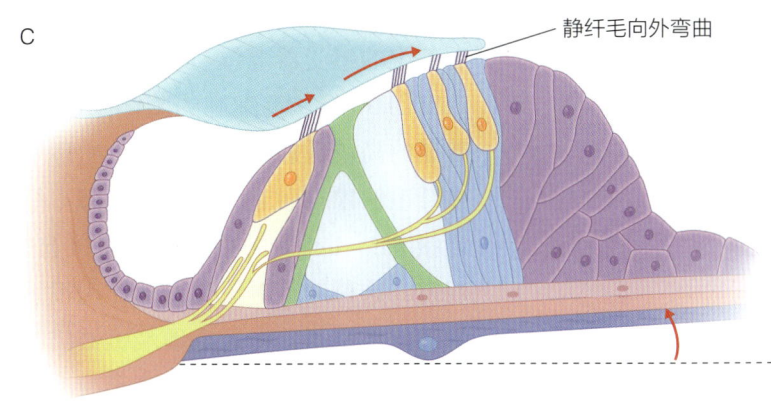

图 12-13　耳蜗的垂直切面（A）以及科蒂器和盖膜在振动中相对位移（B，C）

许多事实说明，耳蜗能对不同频率的声音进行分析，而耳蜗特定部位与特定频率声音的分析有关。例如，高频声音听力受损的人往往是耳蜗底部的科蒂器受到损害。动物实验表明，损伤耳蜗底部，动物对高频声音形成的条件反射消失；而损伤耳蜗顶部，动物对低频声音形成的条件反射消失。由此可见，耳蜗底部感受高频音调，耳蜗顶部感受低频音调，中等频率的音调分析与耳蜗中部有关。

三、听觉学说

德国生物物理学家亥姆霍兹（Hermann von Helmholtz，1821—1894）在 1863 年提出

关于听觉的共振学说（resonance theory）。他观察内耳的结构，注意到耳蜗中包含很多神经感觉单位，这些单位依次排列在基底膜上，而耳蜗底部的基底膜窄，顶部的基底膜宽，基底膜中横向排列的纤维也是底部的短、顶部的长。他把基底膜和它负载的感觉单位看成一系列的共鸣器，假定由卵圆窗振动所形成的声压波迅速传遍前庭阶，基底膜中不同长度的横向纤维选择性地对一定的频率发生共振。也就是说，一定频率的声压波只引起一小段基底膜的共振，好像钢琴里的钢丝对声波的共鸣一样。他把基底膜上 24 000 条横向纤维看作对 16～20 000 Hz 声波共振的元件。基底膜的共振引起上面毛细胞的兴奋，经听神经传入中枢引起音调的感觉。近百年以来，这个学说得到比较广泛的支持。但在 20 世纪 50 年代，美籍匈牙利裔生理学家 Georg von Békésy（1899—1972，1961 年诺贝尔生理学或医学奖得主）对新鲜尸体的耳蜗进行直接观察，没有发现基底膜的横向纤维有足够产生共振的张力。他还用他自己设计的装置代替镫骨以不同的频率振动，直接观察蜗管振动的情况。他发现蜗管的振动与 Helmholtz 的共振学说不完全符合，而是镫骨的振动使一大段蜗管发生振动，产生行波（travelling wave）。按照他提出的行波学说（travelling wave theory），镫骨在卵圆窗振动，使耳蜗淋巴液发生振动，沿着蜗管引起一个行波，类似于心搏把血液喷射进动脉所产生的压力波。其中，低频声波（如 25 Hz）引起的行波，从耳蜗底部一直进行到耳蜗顶部，而蜗管膜发生位移的最大值位于顶部；高频声波引起的蜗管膜位移则局限于耳蜗底部（图 12-14）。蜗管在声压波作用下发生位移时，由于盖膜和基底膜的支点位置不同，使科蒂器与盖膜之间发生相对位移，因此使毛细胞上的纤毛弯曲（见图 12-13B，C）。当基底膜向上振动时，盖膜与科蒂器之间的剪切运动将毛细胞上的纤毛推向原来动纤毛的方向（这种毛细胞已失掉动纤毛），使毛细胞去极化，增加突触递质的释放，从而增加毛细胞底部传入纤维的发放频率；反之，当基底膜向下位移时，盖膜与科蒂器之间的运动使毛细胞上的纤毛向离开原来动纤毛的方向弯曲，使流进毛细胞的感受器电流减小，突触递质释放减少，从而降低毛细胞底部传入纤维的发放频率。

纤毛的弯曲是怎样激活或抑制毛细胞的活动呢？首先，可以排除动纤毛的作用，因为哺乳动物的动纤毛在发育后期消失；此外，切除两栖类毛细胞的动纤毛也不影响毛细胞的感受器电位。纤毛浸浴在内淋巴中，而内淋巴的钾离子浓度是外淋巴钾离子浓度的 30 倍。毛细胞的胞体则浸浴在成分与外淋巴相似的科蒂淋巴中，其成分类似普通的高钠低钾细胞外液。电生理学研究表明，激活毛细胞时产生内向电流的部位是在纤毛的顶端而非纤毛的基底部。纤毛顶端和其邻近较长纤毛的一侧被一类称为顶端连接（tip-link）的独特细丝连接起来。有资料表明，毛细胞顶部表达机械门控离子通道，这种通道对机械力的作用很敏感。当静纤毛向原先动纤毛的方向弯曲时，交联的细丝被牵张，将纤毛顶端机械门控离子通道打开，由于内淋巴的钾离子浓度高于毛细胞内的钾离子浓度，钾离子顺电化学梯度流入纤毛内和毛细胞胞质，形成去极化感受器电位，激活胞体细胞膜上的电压依赖性钙离子通道，钙离子流入细胞内，增加突触递质的释放（见图 12-8）。钙离子还可激活胞体细胞膜上的钙离子激活的钾离子通

🔍 拓展阅读 12-3
外毛细胞放大听觉信号的机制

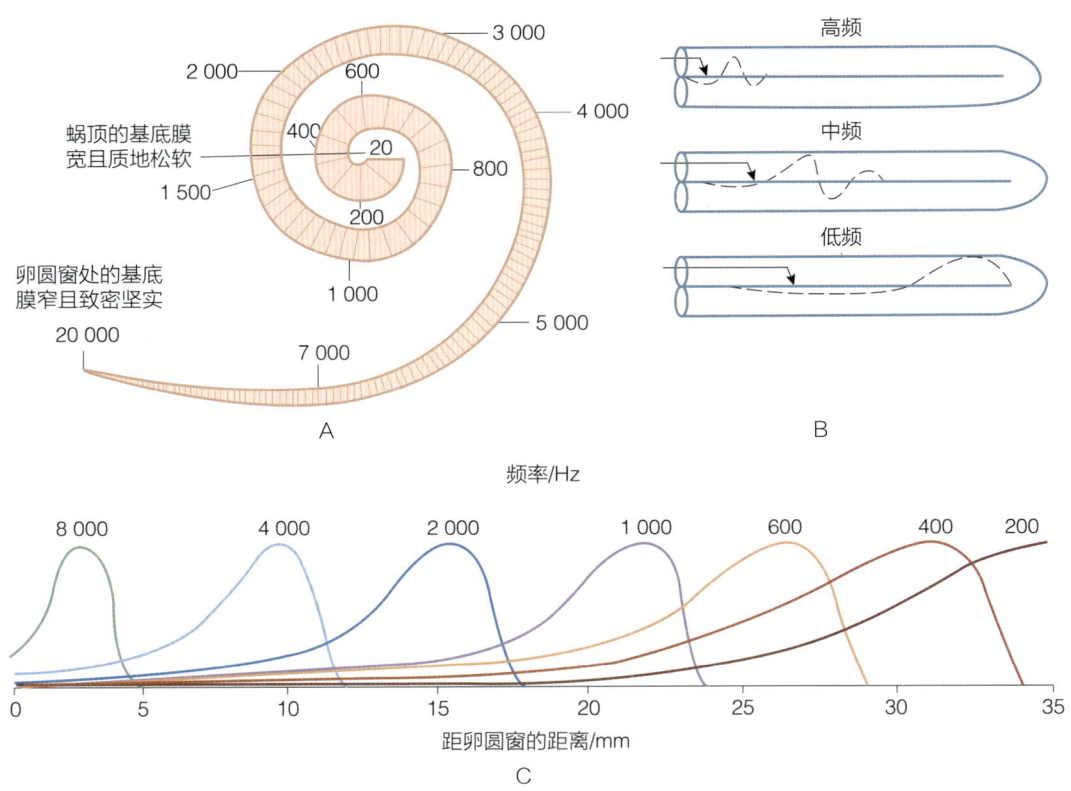

图 12-14 基底膜对声波频率的表征和响应

A. 耳蜗结构及基底膜上毛细胞的线性排布示意图；B. 高、中、低频行波在基底膜上的传播模式；C. 基底膜频率响应的拓扑定位

道，增加钾离子外流。在纤毛顶端流入毛细胞胞质的 K^+ 离子，最终将从胞体细胞膜上的钾离子通道流出（胞内的钾离子浓度高于科蒂淋巴的钾离子浓度）。

四、听觉的中枢神经通路和神经编码

听觉的神经通路是复杂的，其中至少包含 4 级神经元，既有同侧通路，又有对侧通路。位于蜗轴中的螺旋神经节中的双极细胞一方面发出纤维到毛细胞底部；另一方面又发出传入纤维经第Ⅷ对脑神经的耳蜗支进入延髓，止于背侧和腹侧耳蜗神经核。从耳蜗神经核发出的纤维大部分交叉到对侧，直接或经上橄榄核上行，组成外侧丘系。外侧丘系上行止于中脑四叠体的下丘以及丘脑后部的内侧膝状体，从内侧膝状体发出的纤维经听放射达到大脑皮层听区，包括 41 区和 42 区（在外侧裂内），以及 22 区（外侧裂附近）。小部分从耳蜗神经核发出的纤维不交叉，直接到同侧上橄榄核，再通过同侧外侧丘系上行（图 12-15A）。

除上述的特异性听觉传入神经通路之外，还有更加弥散的非特异性通路，经过网状结构，上行到丘脑，再投射到皮层各区。此外，还有一条传出或下行听觉调制通路，由大脑皮层发出大量纤维下行到传入听觉通路的低级中枢，在各级水平上调控听觉传入冲动。脑干发出的传出纤维则经耳蜗橄榄束进入耳蜗，止于毛细胞和毛细胞底部的传入末梢。刺激耳蜗橄榄束，将抑制听觉传入神经活动，说明听感受器的活动受到中枢的调制。

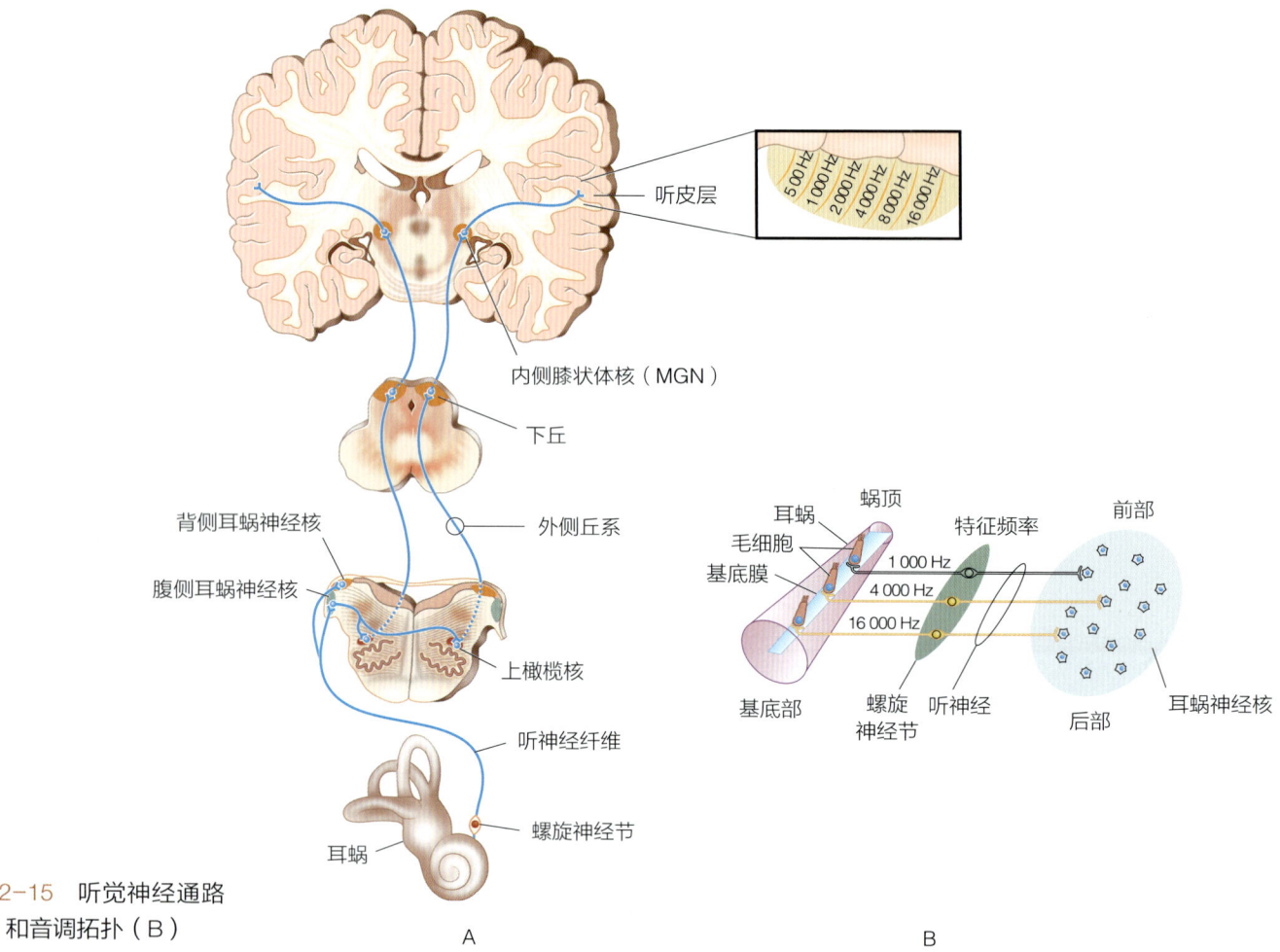

图 12-15 听觉神经通路（A）和音调拓扑（B）

中枢又是如何对声音进行编码的呢？其中，声音的强度是通过神经元放电的频率和激活的神经元数量来编码的。而音调拓扑贯穿了整个听觉系统，从耳蜗基底膜到耳蜗神经核、内侧膝状体乃至大脑皮层各水平中激活的神经元的位置即表征了声音的频率信息（图 12-15B）。由于音调拓扑不表征那些具有非常低的特征频率（大约 200 Hz 以下）的声音，神经元还通过锁相（phase locking）反应的方式，即细胞总是在声波的同一个相位处放电（图 12-16），对频率信息进行编码。发生锁相现象的声波频率上限约为 5 kHz。

五、双耳听觉与声源方向的判定

判定声源方向需要两耳协同工作。从一侧来的声音到达两耳的强度和相位都有差别，这就成为判定声源方向的根据。低频率声音由于波长较长，头部的阻隔作用小，两耳听到的强度差别也较小，所以判定方向主要靠两耳感受声音位相上的差别，也就是声波同一相位达到左右两耳的时间先后不同。高频率声音由于波长短，头部的阻隔作用大，两耳感受到的强度差也较大，所以主要靠强度差来判定方向。

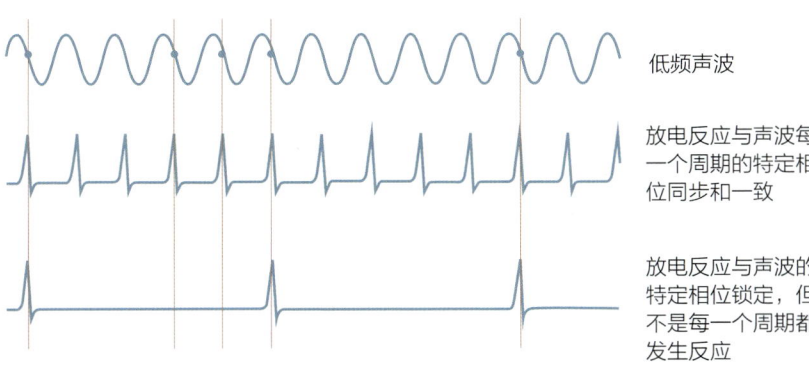
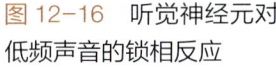

图 12-16 听觉神经元对低频声音的锁相反应

声音到达左右两耳存在的时间差，叫作双耳时间差（interaural time difference，ITD）。音源在空间中的不同位置，导致不同的 ITD。人的最大 ITD 大约 600 μs（按人左右两耳的距离约 20 cm，声音在空气中的传播速度 340 m/s）。那么，听觉系统如何识别声音的方向和位置呢？美国心理声学家 Lloyd Jeffress（1900—1986）提出的模型认为：大脑中的一些中枢神经元可作为重合检测器（coincidence detector）整合双耳输入的声音信号。当左耳和右耳输入声音信号同时到达时，神经元的电活动发放达到峰值。通过输入神经元轴突长度的不同排布，中枢神经元接受左右两耳具有不同的时间延迟（time delay）的声音信号输入。因此，空间位置不同的音源输入信号在不同的中枢神经元产生电活动达峰值。即不同的中枢神经元的最大电活动峰值代表不同的音源位置，实现的机制是通过 ITD 定位声源的位置。

猫头鹰的听觉非常敏感，在黑暗的夜间可以通过声音定位猎物。仓鸮（barn owl）的听觉系统验证了 Jeffress 模型的理论。仓鸮的层状核（nucleus laminaris）是听觉系统的重合检测器，这一结构类似哺乳动物的内侧上橄榄核（medial superior olive）。同侧和对侧耳蜗神经核（cochlear nucleus）的轴突分别从背腹侧进入并穿越层状核，并与沿其传导线路上的层状核神经元依次形成突触联系，即每一个层状核神经元均同时接受左右两侧蜗神经的突触传入。在进入层状核之前的左右蜗神经轴突直径较粗，传导速度较快；而进入层状核内的轴突直径变细，传导速度变慢。电生理学记录表明，声音信号从同侧耳传导至层状核背侧与从对侧耳传导至层状核腹侧的时间是相等的，约为 3 ms。而声音信号在层状核内部的传导时间约 200 μs，这也反映了猫头鹰听觉系统的最大 ITD。

层状核神经元如何形成 ITD 呢？对于靠背侧的层状核神经元来说，同侧蜗神经轴突先于对侧蜗神经轴突输入；而对于靠腹侧的层状神经元来说，对侧蜗神经轴突先于同侧蜗神经轴突输入。由于进入层状核的耳蜗神经轴突细长，传导速度慢，这导致声音信号传导在不同空间位置的层状核神经元上的时间延迟不同。通过这种方式，不同的层状核神经元可产生不同的 ITD 以判断音源的空间位置。

第五节 视觉

从低等动物到高等动物，几乎都能感受光的刺激，只是对光的感受能力因种类不同而有很大的差异。视觉系统是动物和人类最重要的感觉通路。

一、无脊椎动物的视觉器官

无脊椎动物有三种不同的视觉器官。

涡虫的光感受器叫作眼杯（eye cup），是最简单的光感受器。眼杯位于涡虫的头部，是由一团色素细胞排列成杯形，感光细胞的一端从杯口伸入杯中，其膨大的末端中含有色素分子，这些色素分子能吸收光能产生动作电位并传送到涡虫的脑（图 12-17A）。涡虫的眼杯不能成像，只能检测光的强度与方向，使涡虫能避开强光躲入暗处。

许多节肢动物，包括螯虾、蟹等甲壳类和蜻蜓等昆虫，具有复眼（compound eye）。昆虫的复眼一般很大，占据头部大部分地方，向外突起。复眼是由几千个结构相同的小眼（ommatidium）构成的。每个小眼的表面是一个六角形的凸出的小单位，叫作小眼面，这是小眼的角膜。角膜下面是晶状体。角膜和晶状体都有折光的功能。晶状体之下是小视网膜（retinula），一般由 8 个小视网膜细胞并列成一长束。这些细

图 12-17 无脊椎动物眼的进化

A. 涡虫的眼杯；B. 昆虫的复眼；C. 乌贼的单透镜眼（左）与人眼（右）的对比

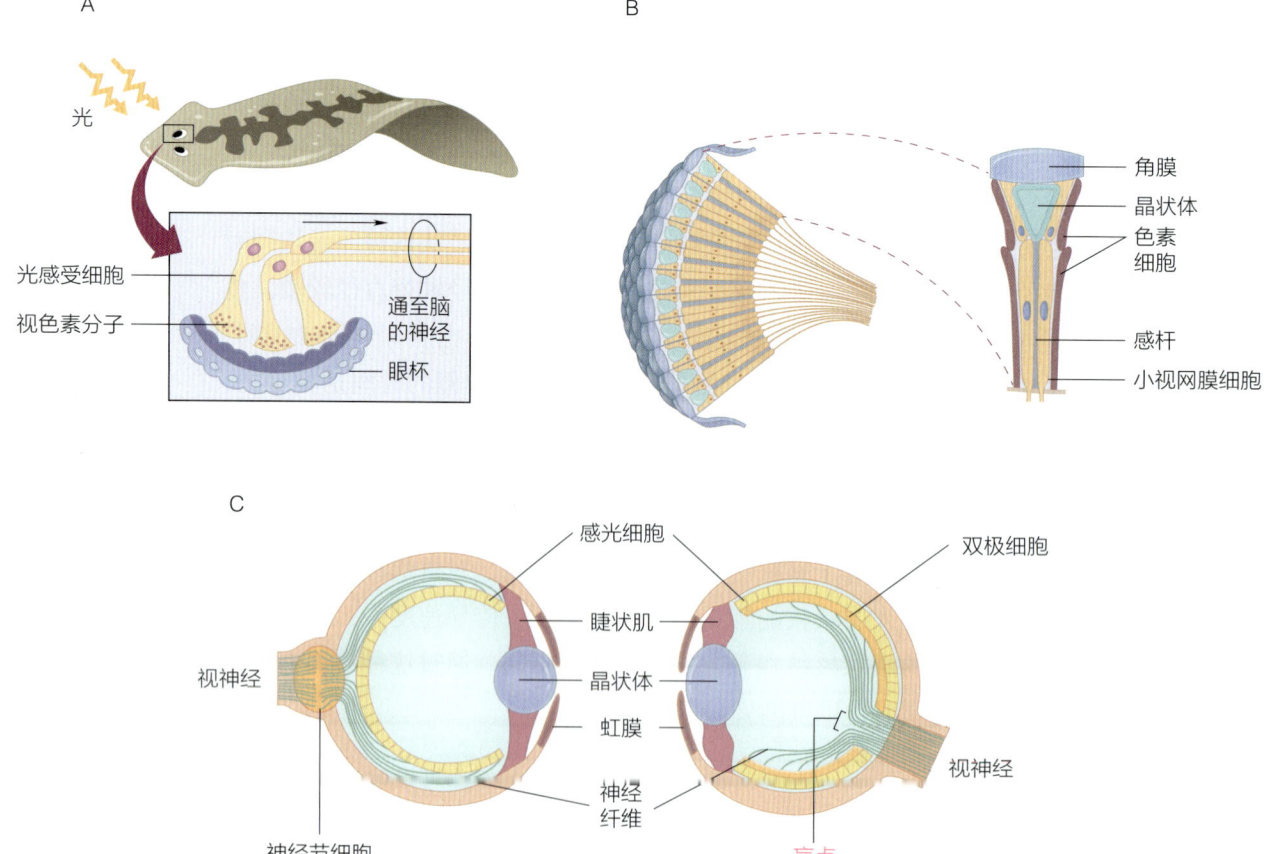

胞可以感受光线的刺激,并从底部发出轴突将神经冲动传送到脑两侧的视叶。小眼四周有色素细胞包围(图 12-17B)。蜜蜂、蝗虫等的各小眼之间被色素细胞所隔离,每一小眼只能传入与它的长轴平行的直射光,这样的复眼所形成的像是镶嵌像。天蛾、萤等的小眼的深部并不完全隔离,斜向射入小眼的光线经过晶状体的折射可到达邻近的感光细胞,因而可形成重叠的、但不清晰的像,这些复眼所形成的像叫作重叠像。

无脊椎动物中第三种类型的眼是单透镜眼,它的工作原理与照相机相似。头足类乌贼的眼就是这种类型的(图 12-17C)。在这种眼的前端有瞳孔,光线从此射入;瞳孔后面还有虹膜,可以调节瞳孔的大小;虹膜之后有一个透镜(晶状体),可以将光线聚焦在视网膜上,而视网膜上有感光细胞,如同照相机的感光胶片。单透镜眼可以产生清晰的、不间断的图像。

脊椎动物的眼也是单透镜眼,接下来将以人眼为例加以说明。

二、哺乳动物眼的结构与折光系统

眼是哺乳动物的光感受器,也是所有感觉器官中最复杂的。人体来自外界信息的很大一部分是通过眼接收的(约 90%)。外界物体的光线射入眼中,在视网膜(retina)上成像。从视网膜发出神经冲动,经视神经到达大脑皮层,产生视觉。

眼由眼球和眼附器组成。眼接近球形,直径约为 24 mm。眼球壁分三层:最外层是由乳白色的质地坚韧的结缔组织所组成的巩膜(图 12-18A),包围除前端以外的整个眼球,起保护眼的作用;巩膜的前端部分是透明的,叫作角膜,无血管,富弹性和神经感觉末梢,对痛和触极为敏感,曲度比其他部分大,具有折光作用;中间层是脉络膜,约占眼的后三分之二部位,由丰富的血管和棕黑色的结缔组织所组成,既可供给视网膜营养,又可吸收眼内的光线以防止光的散射;最内层的视网膜是感受光刺激

> **想一想**
> 为什么眼内容不下异物?

图 12-18 人眼的水平切面(A)、视网膜细胞构筑(B)及膜盘结构(C)

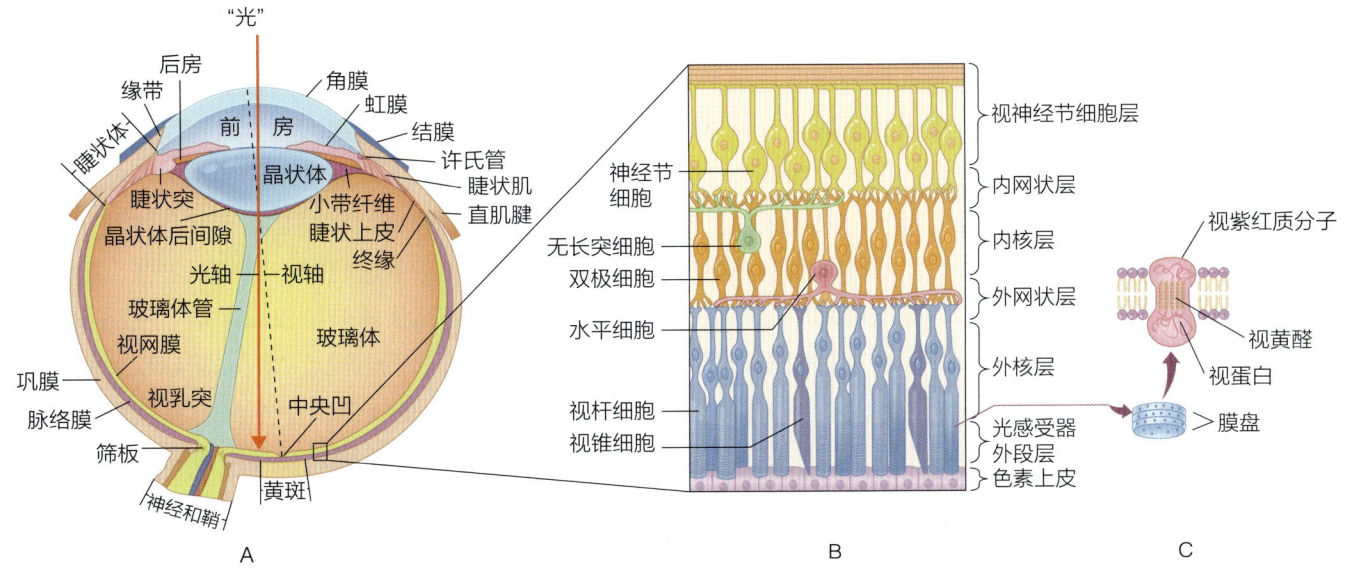

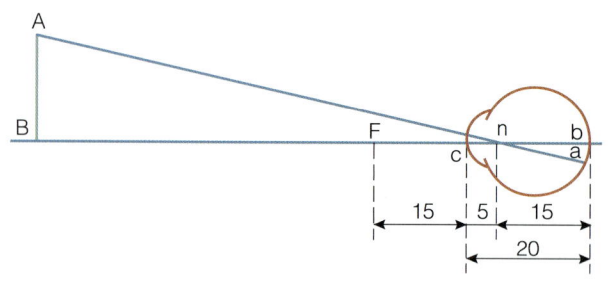

图 12-19 简化眼的图解
图中数字的单位为 mm

算一算
2 000 m 远处一棵高 40 m 的树，在我们视网膜上的像大小是多少？

的神经组织。在巩膜与角膜交界处有睫状体和虹膜，睫状体包括睫状突、睫状小带和睫状肌三部分。睫状小带又叫作晶状体悬韧带，把透明的晶状体悬挂在虹膜的后方。晶状体与角膜之间充满了澄清的液体（房水），而晶状体与视网膜之间则充满了透明的胶状物质——玻璃体。眼附器位于眼球周围，包括眼睑、结膜、泪器和眼肌，起支持、保护和运动作用。

光线进入眼达到视网膜主要经过三个折光面：①空气－角膜界面；②房水－晶状体界面；③晶状体－玻璃体界面。空气的折射率为 1.00，角膜的折射率为 1.38，房水和玻璃体的折射率约为 1.34，晶状体的折射率约为 1.4。由于空气与角膜之间折射率差别最大，角膜又近似球形，所以光线经过空气－角膜界面的折射最强。通常采用简化的方法（简化眼）可以足够准确地求得光线通过眼的路径（图 12-19）。假定简化眼的折光全部发生在空气和眼之间的界面上，眼内物质是均匀的，具有水的折射率 1.333。空气－眼界面的曲率半径为 5 mm，它的曲度中心是这个光学系统的节点（n）。视网膜位于节点后 15 mm，距角膜 20 mm。主焦距为 20 mm，后焦点在视网膜上，远处物体的像正聚焦在视网膜上。图 12-19 中物体 AB 上 A 点的光线通过眼的节点 n 在 a 处聚焦，B 点的光线通过 n 在 b 处聚焦。因此，视网膜上的像是缩小了的倒像，其大小 ab 可由下列公式求出：

$$\frac{物体的大小\ AB}{像的大小\ ab} = \frac{物体到节点的距离\ An}{节点到像的距离\ an}$$

三、眼的调节

正常眼在静息状态时，来自远处物体的平行光线聚焦在视网膜上。当物体向眼移近时，则来自物体的光线变得越来越辐散。如果眼的折光状态不变，则来自近处的光线由于不是平行的而是辐散的光线，将聚焦在视网膜之后，视网膜上成像模糊。但是在一定范围内，眼能自行调节，使来自较近物体的光线在视网膜上聚焦，形成清晰的图像，这个过程叫作视调节（visual accommodation）。人和哺乳动物的视调节是靠增加折光系统的折光力来完成的。Helmholtz 阐明折光力的增加主要是由于晶状体前表面的曲度增加。晶状体是富有弹性的组织，当在静息状态下远眺时，睫状肌舒张，睫状小带由于来自脉络膜和眼球壁的张力将悬挂在其中的晶状体牵拉成扁平形，使晶状体折光率变小，来自远处的平行光线恰好聚焦在视网膜上；当视近物时，睫状肌收缩，将睫状体拉向晶状体，使睫状小带舒张（图 12-20），晶状体由于本身的弹性而增加曲度，特别是增加前曲度，所以能使来自近处的辐散的光线聚焦在视网膜上。

将一物体由远及近地移动，当到达某一点时，即使睫状肌做最大的收缩也不能使物体在视网膜上形成清晰的像。这一当眼进行最大调节才能看清物体的最近点称为近

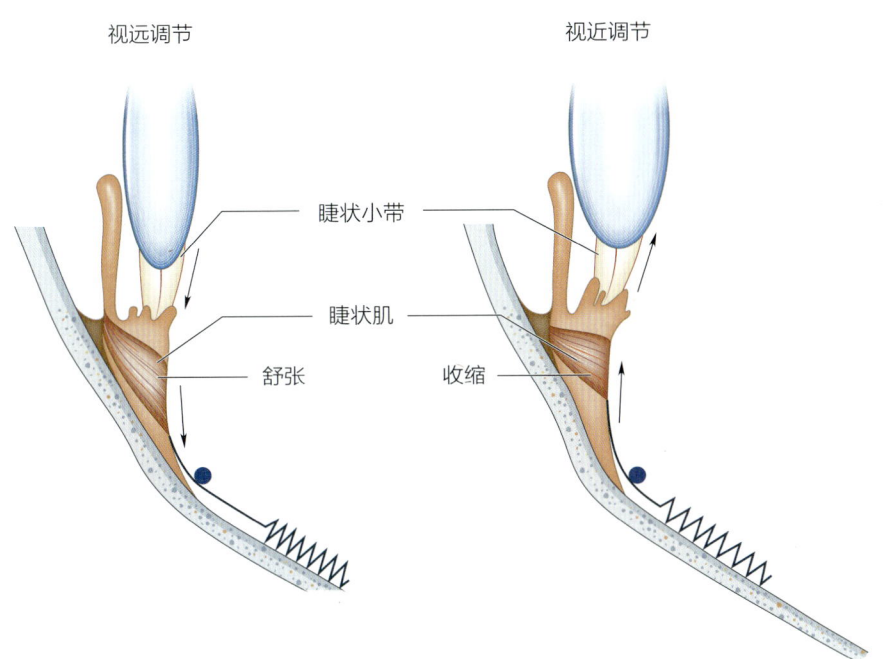

图 12-20 睫状肌对晶状体曲度的调节

点（near point）。眼与近点的距离随年龄而增加，年轻时增加较慢，40~50岁迅速增加。一般认为这是由于晶状体自身弹性逐步减小，调节时虽然睫状肌尽量收缩，睫状小带充分舒张，但晶状体却越来越不能达到正常的曲度而成为老视。

视近时主要是晶状体增加曲度，同时缩小瞳孔，两眼视轴（optic axis）会合。瞳孔由虹膜围成。虹膜由睫状体向前伸出，位于角膜与晶状体之间。虹膜内有环形的瞳孔括约肌和辐射状的瞳孔散大肌，前者受动眼神经中的副交感纤维支配，后者受交感神经支配。瞳孔缩小可以减小球面像差，并增加焦点的深度。视近时，两眼同时内转，两眼视轴在物体处交叉，这种现象叫作视轴会合。视轴会合主要是由于眼内直肌的作用，受动眼神经中的躯体纤维所支配。晶状体曲度增加、瞳孔缩小和视轴会合是在视近时同时发生的，合称为调度反射，其调节机制如表 12-1。

> 想一想
> 老视是晶状体随年龄越大越不能达到正常的曲度产生的，那白内障又是如何形成的？为什么要注意佩戴太阳镜防紫外线？

表 12-1 视近调节的三重反应

视近反应		机制	神经支配
晶状体曲度	增加	睫状肌收缩	副交感神经（动眼神经）
瞳孔	缩小	瞳孔括约肌收缩	副交感神经（动眼神经）
视轴	会合	眼内直肌收缩	躯体神经

四、眼的折光异常

正常眼在静息状态时，来自远处物体的平行光线正好聚集在视网膜上，称为正视眼（emmetropia）。若由于眼的折光系统或眼的形状发生异常，平行光线不能聚焦于视网膜上，即为异常眼（ametropia）。异常眼主要有三种：近视、远视和散光（图 12-21）。

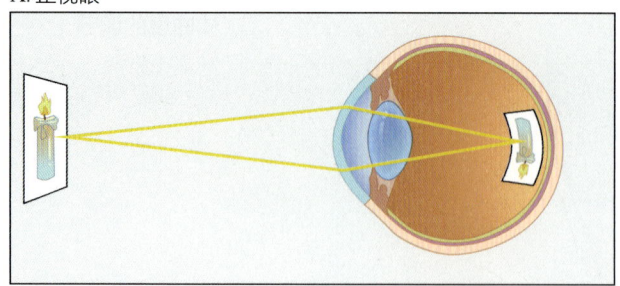
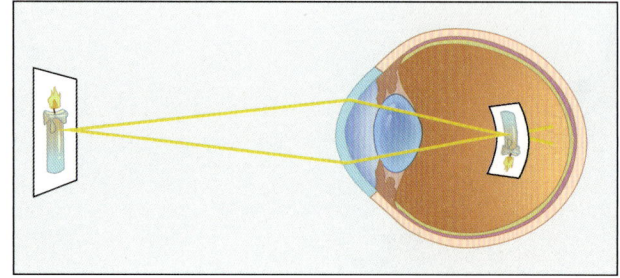
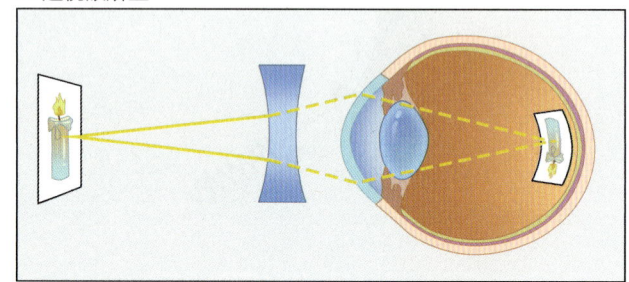
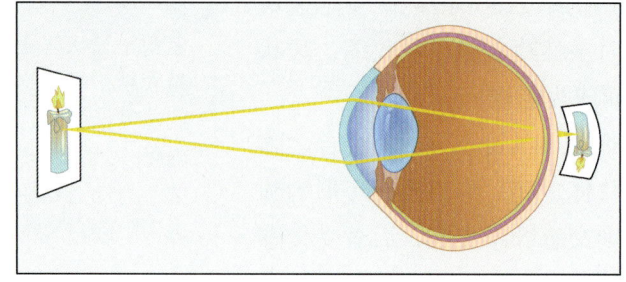
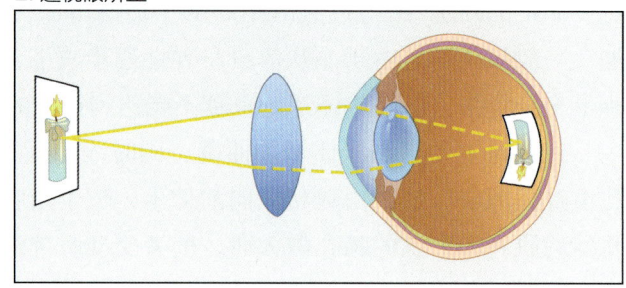

图 12-21　眼的折光异常及其矫正

A. 正视眼；B 和 C. 近视眼及其矫正；D 和 E. 远视眼及其矫正；透镜后光线路虚线表示矫正透镜的作用

1. 近视（myopia）

平行光线聚焦在视网膜的前面，远处物体成像模糊。近视大多数是由于眼的前后径过长，有时也是由于角膜的曲度增大所致。近视可在眼前加一凹透镜矫正。

2. 远视（hyperopia）

平行光线聚焦在视网膜的后面，近处物体成像模糊。远视大多数是由于眼的前后径过短，有时也由于角膜的曲度减小所致。远视可在眼前加一凸透镜增加折光力矫正。

3. 散光（astigmia）

多数是由角膜表面经线和纬线的曲度不一致造成的，也可由晶状体曲度异常引起。因此从不同经纬线方向射入的光线不能全部聚焦在视网膜上，造成视像模糊和歪曲。散光可用圆柱形透镜矫正。

五、视网膜的结构与功能

在所有的感觉器官中，视网膜的结构是最复杂的。从胚胎学看来，视网膜是从脑组织的一个突起发展而来的，所以又称外周脑。它不仅有第一级神经元（感光细胞，photoreceptor cell），还有第二级神经元（双极细胞，bipolar cell）和第三级神经元（神经节细胞，ganglion cell）。这些细胞形成三层结构（见图 12-18B），水平细胞和无长突细胞作为中间神经元分别联系了光感受器细胞与双极细胞和神经节细胞与双极细胞。因为视网膜神经元均位于巩膜（硬膜）之内侧，所以它既是光感受器又是中枢神经系统的一部分。

感光细胞有两种：视杆细胞（rod）和视锥细胞（cone）（见图 12-18B、C）。这两种感光细胞都分外段和内段两部分（见图 12-23）。视杆细胞的外段呈杆形，视锥细胞的外段呈锥形。外段含有大量层叠的膜盘，感光物质（感光色素）就位于膜盘上。这两种感光细胞都与双极细胞形成突触联系。双极细胞外端与视杆细胞和视锥细胞相连，内端与神经节细胞相接。神经节细胞的轴突就是视神经纤维。一个感光细胞可以与一个以上的双极细胞接触，而一个双极细胞可与几个神经节细胞相连；反之，一个神经节细胞也可以接受多个感光细胞的传入信息。从总体上看，人的视网膜中约有 12 000 万个视杆细胞和 600 万个视锥细胞，却只有 100 万个神经节细胞，平均每 1 个神经节细胞要与 126 个感光细胞联系。

> **想一想**
> 为什么光线经过晶状体玻璃体之后射入视网膜，是先到达第三级、第二级神经元，最后才到达第一级神经元感光细胞的呢？即视网膜为什么是翻转的结构？

> **想一想**
> 为什么我们平时感觉不到盲点的存在？试设计测量盲点的实验方案。

视网膜各部分的结构并不完全相同，不同区域各种细胞分布的情况有很大的差别。眼球后极稍偏外侧的视网膜上有直径为 1.5 mm 的黄色色素区，称为黄斑（macula lutea）。黄斑中央有一个直径为 0.5 mm 的小凹，叫作中央凹（central fovea）。这里的视网膜极薄，只有密集的视锥细胞，没有视杆细胞，第二层的双极细胞和第三层的神经节细胞都向两侧偏移，且血管和神经也从中央凹四周绕过，从而减少对光线的阻挡，使光线能直接作用于感光细胞上（图 12-22）。在中央凹，每一个视锥细胞与一个双极细胞相连，一个双极细胞再连到一个神经节细胞上，形成了从视锥到大脑皮层视觉中枢的专线联系，这种特殊的结构是与中央凹精细的视觉机能相适应的。从中央凹到视网膜的边缘部分，视锥细胞迅速减少，而视杆细胞迅速增多；双极细胞层与神经节细胞层增厚；许多视杆细胞和视锥细胞与一个双极细胞相连，而许多双极细胞又会聚到一个神经节细胞上。在视网膜边缘，每个神经节细胞可与多达 250 个感光细胞相连。视网膜上所有由神经节细胞发出的视神经纤维都集中于眼球后极偏内侧处的视乳头穿出视网膜，视网膜动脉和视网膜静脉也由此进出视网膜。由于这个区域没有感光细胞，故称盲点（blind spot）。

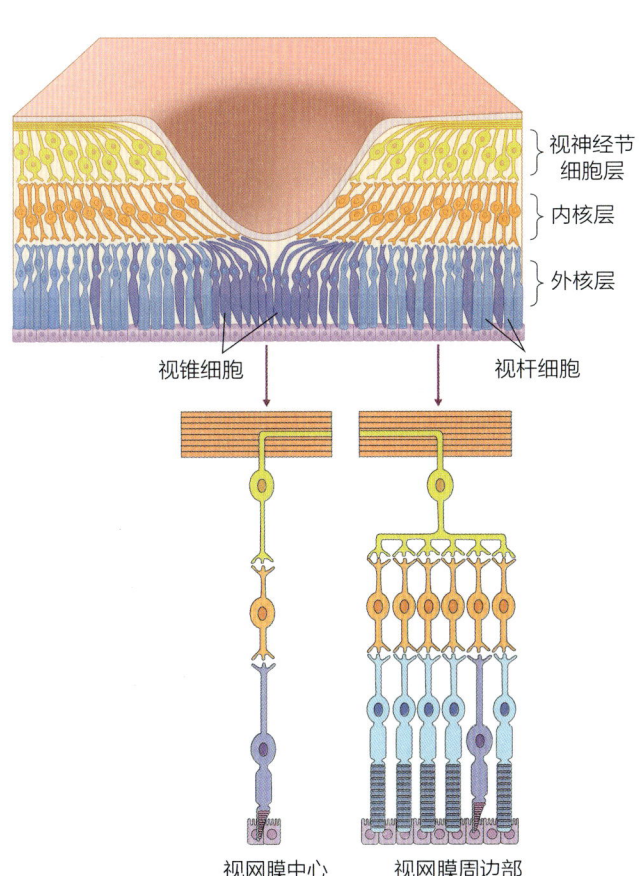

图 12-22　视网膜中央凹的专线联系和周边的会聚联系

六、视锥细胞与视杆细胞

视网膜中两种感光细胞的功能不同。从不同动物的视网膜以及人视网膜的不同部分，可以研究视锥和视杆两种感光细胞功能上的差别。白天活动的动物，如鸡，感光细胞几乎全是视锥细胞，很少或者没有视杆细胞，鸡的眼可以说是视锥眼；夜间活动的动物，如鼠，感光细胞以视杆细胞为主，很少或者没有视锥细胞，鼠的眼可以说是视杆眼；而人和许多其他动物日夜都可以活动，视网膜中既有视锥细胞又有视杆细胞，这种眼可称为混合眼。由视网膜中感光细胞的组成和动物活动的习性，可以初步看出视锥细胞与视杆细胞机能的差别，视锥细胞与明视觉有关，视杆细胞与暗视觉有关。

由于人眼视网膜中央凹部分只有视锥细胞没有视杆细胞，而边缘部分绝大多数是视杆细胞，只有少数视锥细胞，因此，如果将光刺激局限于中央凹或最边缘部分，就可以分别研究视锥细胞和视杆细胞的机能。

中央视觉（central vision）与周边视觉（peripheral vision）的主要区别如下：

（1）光敏感性（photosensitivity） 视网膜周边部分对光刺激的反应非常灵敏，一个量子的光就可引起一个视杆细胞的兴奋，这在理论上已经到了光敏感性的最高限度。相对说来，中央凹的光敏感性就很低。周边视觉的光敏感性为中央视觉的 2 万倍。所以中央视觉只适宜于明视，而周边视觉则适宜于暗视。

（2）视敏度（visual acuity） 眼睛分辨物理空间细节的能力叫作视敏度或空间视敏度。在明亮的地方，中央凹的视敏度最高。中央凹周围的视敏度迅速下降，最边缘部分的视敏度仅为中央凹的 1/40。

（3）颜色分辨 中央视觉（视锥细胞）有分辨颜色的能力，周边视觉（视杆细胞）不能分辨颜色。

（4）暗适应（dark adaptation） 人由亮处进入暗处，开始时几乎看不见物体，但几分钟内光敏感性迅速增加，视觉改善，这是暗适应。视锥细胞的暗适应出现快，约 5 min 基本完成，而视杆细胞的暗适应出现慢，约 20 min 基本完成，但适应程度比较高。

七、内在光敏感视神经节细胞

一个长久以来困惑视觉领域研究者的生理现象是，一些看不见视觉目标物体的盲人患者依然能对白天和黑夜光暗变化做出反应，从而维持自身昼夜节律活动与外界环境的适应。动物研究表明，当小鼠的视杆和视锥细胞都失去功能时，小鼠的生物节律行为还能与外界环境的昼夜光照变化保持同步；然而摘除眼睛后，小鼠的生物节律行为则不再能与环境昼夜光照变化保持同步。这些结果提示，在眼睛中很可能还存在一种视杆和视锥之外的新的感光细胞。突破性的实验研究来自 2002 年，内在光敏感

> **知识窗 12-1**
>
> ### 杨雄里先生关于视觉的科学发现
>
> 著名生理学家、神经科学家杨雄里先生（1941— ）是我国视觉神经科学的开拓者。他曾担任中国科学院生理研究所所长、中国生理学会理事长，1991 年当选中国科学院院士。他致力于研究光感受器信号在视网膜外网层和内网层的传递机制，阐明明/暗适应、褪黑素、多巴胺、利尿钠肽等对信号传递的调制规律，进而探索视网膜疾病的分子和细胞机制，在视觉领域做出了国际公认的重要贡献。
>
> **暗适应诱导视锥信号的抑制**
>
> 暗适应通常是指视网膜细胞的光敏感度随着在暗中时间的延长而逐渐升高。1981 年，杨先生用胞内微电极技术研究鲫鱼视网膜中由视锥信号诱发的水平细胞反应，实验经常从下午持续到深夜。他发现置于暗室中的视网膜标本对同一测试的光反应在晚上要比在下午小得多。他大胆假设，长时间处在黑暗中，视锥信号不仅没有增大，而是变得更小。他用连续闪光照射标本使之处于某种明适应状态，结果惊讶地发现，细胞对同一强度光的反应从几毫伏增至几十毫伏！黑暗中的连续记录证明，在暗适应起初的一段时间，这种细胞的光敏感度逐渐增加；但约半小时后光敏感度转而下降。但对于接受视杆信号的水平细胞则未观察到在暗中受压抑的现象，这是在外层视网膜首次观察到视锥信号暗压抑现象。
>
> **视杆–视锥动态电耦合**
>
> 1989 年，杨先生发现，在背景光存在时，注入视锥细胞的电流在相邻视杆细胞中诱发的反应比黑暗条件下的反应更强。他突破传统的静态电耦合观点，提出了视杆–视锥动态电耦合理论：暗适应条件下二者间弱耦合，避免微弱的视杆信号外泄，保持视杆细胞敏感性；而明适应条件下二者间耦合加强，从而使视锥信号部分分流到视杆通路，增强视觉信息传递效率。
>
> **内在光敏感视神经节细胞的活动参与眼球发育**
>
> ipRGC 是视网膜中表达视黑素的神经节细胞，除了接受常规光感受器信号外，本身也对光敏感。2022 年，杨先生团队发现，选择性损毁 ipRGC，或通过化学遗传学技术将其激活，发育中的小鼠分别出现近视性或远视性屈光偏移，首次证明 ipRGC 活动参与眼球屈光系统的发育。进一步实验揭示，ipRGC 通过双通路视觉信号调控眼球的发育：视黑素信号通路调控眼轴长度，而常规光感受器信号通路调制角膜曲率。

视神经节细胞（intrinsically photoreceptive retinal ganglion cell，ipRGC）被鉴定。这类 ipRGC 占视网膜神经节细胞的 1%~5%，自身就表达了一种称为视黑素（melanopsin）的感光蛋白分子。有趣的是，视黑素介导的光转导不同于视锥和视杆的感光蛋白分子，而与果蝇复眼内的感光蛋白分子视紫红质非常相似。视黑素被光子激活后，可通过 G 蛋白激活磷脂酶 C（PLC），进而引起细胞产生去极化的对光反应。

除自身具有感光功能外，ipRGC 还可接受来自视锥和视杆细胞的光信号输入。ipRGC 的轴突投射至很多参与非图像视觉功能的脑区，如调节昼夜节律的视交叉上核（suprachasmatic，SCN），也投射至参与图像视觉的脑区如外侧膝状体核（lateral geniculate nucleus，LGN）。

视网膜中的 ipRGC 有 M1-M6 六种不同的亚型，其表达的视黑素含量不同，同时其接收视锥和视杆的输入信号以及投射的脑区也各不相同。近年来，研究发现 ipRGC

不仅参与瞳孔反射、生物钟调节，也参与情绪调控等，同时还参与图像视觉功能。

八、感光细胞的感受器电位

无脊椎动物的光感受器细胞在光照明时产生缓慢的等级性去极化电位，电位的振幅随光刺激强度的增加而增大。因此，无脊椎动物的光感受器对适宜刺激的反应方式与其他感受器相同。然而，脊椎动物视网膜上的感光细胞对光刺激的反应却是超极化电位，细胞内电位比黑暗时更负。这是由于在黑暗中脊椎动物感光细胞外段的细胞膜对钠离子有很高的通透性，钠离子经受体通道流入外段，形成暗电流（dark current）（见图 12-24B）。进入外段的内向钠离子电流被离开内段的外向钾离子电流所平衡，聚积的钠离子被钠钾泵转运出细胞。光照时，外段的钠离子通透性降低，暗电流减小，因之膜电位超极化，趋近 E_k；当光刺激停止时，膜的钠离子通透性恢复到静息时的高水平，膜电位也恢复到 E_k 与 E_{Na} 之间的静息水平。这种膜电位的变化传播到感光细胞的内段，调制神经递质的释放。绝大多数的感受器都是在刺激能量增加时产生去极化，促进神经递质的释放，只有脊椎动物的光感受器在受到刺激时产生超极化，因而降低神经递质释放的速率。

九、感光色素的光化学反应

电磁波谱包括从 γ 射线（波长 10^{-14} m）到无线电波（波长超过 10^4 m）的广阔范围，而人眼可见的部分很窄，只是从 380 nm 到 760 nm 的一小段。通常所说的七色光（红、橙、黄、绿、蓝、靛、紫）及其过渡色的波长分布在这一区间（图 12-23）。

波长短于 400 nm 的光波叫作紫外线，波长超过 760 nm 的光波叫作红外线。我们能看见的光取决于哪些波长的光波能达到感光细胞且能被感光色素所吸收。例如，晶状体吸收紫外线，那些因眼病摘除晶状体的人就可以看到正常人看不见的紫外线。

美国化学家和摄影先驱 John William Draper（1811—1882）在 1872 年首先提出感

图 12-23 电磁波谱

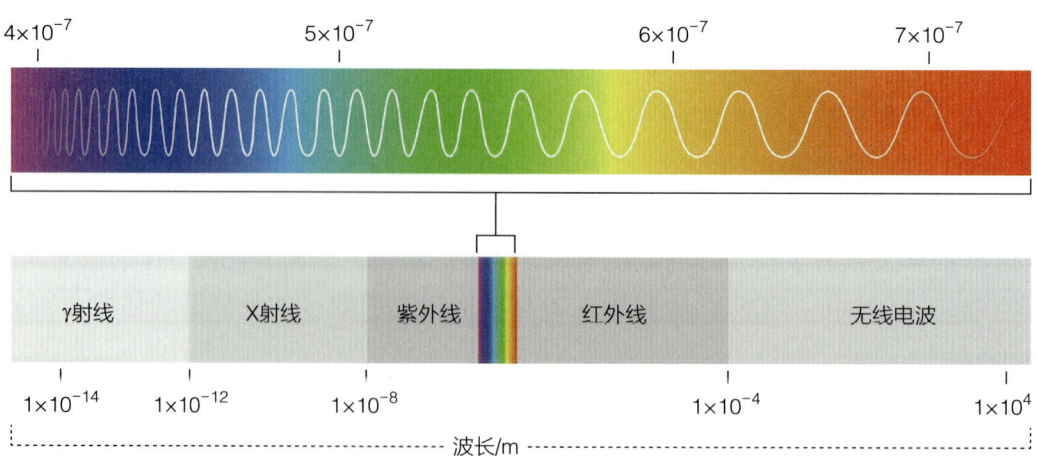

光色素在光感受中的作用。他指出，光必须被视觉系统中的感光色素分子所吸收才能产生光的感觉。德国生理学家 Franz Christian Boll（1849—1879）在 1877 年发现，蛙视网膜的紫红色在光作用下被漂白。这种光敏感物质叫作视紫红质（rhodopsin），于 1878 年由另一位德国生理学家 Wilhelm Kühne（1837—1900）提取出来。他还发现，将视网膜放在黑暗中，而且保持感光细胞与它后面的色素上皮细胞的接触，视紫红质的紫红色在被光漂白后可以恢复。在许多脊椎动物视杆细胞的外段和无脊椎动物的光感受器中都发现了视紫红质。它对 500 nm 波长附近的光波吸收能力最强，其分子在感受器膜上的密度很高，可达 5×10^{12} 分子 $/cm^2$。

视紫红质包含两个主要成分：视蛋白（opsin）和视黄醛（retinal）。视蛋白是感受器膜上镶嵌结构的一部分，视黄醛是类胡萝卜素、维生素 A_1 氧化生成的醛。

$$视紫红质 \xrightleftharpoons[黑暗]{光} 视黄醛 + 视蛋白 \rightleftharpoons 视黄醇$$

光作用于视紫红质的反应可以概括如下：

在无光的情况下，视蛋白与视黄醛紧密结合在一起，视黄醛呈 11-顺式视黄醛的构型，嵌在视蛋白的一个特殊部位。视紫红质分子吸收一个光量子后，11-顺式视黄醛异构化成全反视黄醛的构型，形成光视紫红质（lumi-rhodopsin）。这种顺-反异构化反应（cis-trans isomerization）是光对于感光色素的唯一作用。除由 11-顺式视黄醛转化为全反式视黄醛需光量子的作用不能自发进行外，其他相继的反应都是产能反应，均可在体温下自发地进行。从 11-顺式到全反式的转化使视黄醛的共轭链伸直，结果使视蛋白的分子构象发生变化，因为全反式视黄醛不能再嵌在那个特殊部位了（图 12-24A）。由于视蛋白构象的变化，通过胞内信号通路最终引起膜上导电通道发生变化。

视黄醛进一步的变化虽与感光细胞的反应无关，但却是视紫红质再生所必需的。光视紫红质再转化为中间视紫红质，中间视紫红质自动水解为视蛋白与视黄醛。全反式视黄醛在酶的作用下，经过需能反应重新异构化成 11-顺式视黄醛。重新形成的 11-顺式视黄醛自动与视蛋白结合形成视紫红质。在视紫红质的漂白与重新合成的过程中，视黄醛和视蛋白都被重复利用。视黄醛的损耗由贮存在色素上皮细胞中的维生素 A_1（视黄醇，维生素 A 的一种形式）来补充，色素上皮细胞主动从血液取得维生素 A_1。如果营养不良，缺乏维生素 A，就会影响视黄醛的补充和视紫红质的再合成。因为视紫红质不足，视杆细胞不能发生正常的光化学反应，光敏感性下降，在傍晚或夜间看不清物体，这种病叫作夜盲症（nyctalopia）。

从视锥细胞中分离感光色素比从视杆细胞中分离视紫红质困难。鸡视网膜中的绝大多数感光细胞是视锥细胞，从中发现一种称为视紫蓝质（iodopsin）的色素，它的最大吸收波长在 560 nm 附近。人的视锥细胞中也发现了相似的感光色素。视紫蓝质包含视黄醛和光视蛋白（photopsin）。用分光光度计发现，在视锥细胞中还有另外两种与不同蛋白质分子结合的感光色素。因此，在视锥中存在三种感光色素，每个视锥细胞只含有其中一种感光色素。

十、光感受器的光信号转导

在光作用下视紫红质的变化引起膜电导的改变，出现超极化。由于视紫红质是在视杆细胞的盘状结构上，离子通道是在质膜上，那么视紫红质的构象变化与质膜上的离子通道之间的通信一定存在一种信使系统来沟通。

图 12-24B 概述了视杆细胞中光转导的过程。在黑暗中未被激活的视紫红质包含视蛋白和 11- 顺式视黄醛。此时视杆细胞内 cGMP 水平高，钠通道和钾通道都开放，视杆细胞的膜电位为 –40 mV。视杆细胞突触紧张性释放神经递质至双极细胞。光激活视紫红质后，11- 顺式视黄醛异构化成全反式视黄醛，脱离视蛋白进入色素上皮细胞；激活了的视紫红质激活 G 蛋白，引发级联反应，使细胞内的 cGMP 水平下降，引起钠通道关闭，暗电流减小，降低神经递质释放的速率。全反式视黄醛在色素上皮细胞中异构化成为 11- 顺式视黄醛，与视蛋白结合，形成失活的视紫红质，重

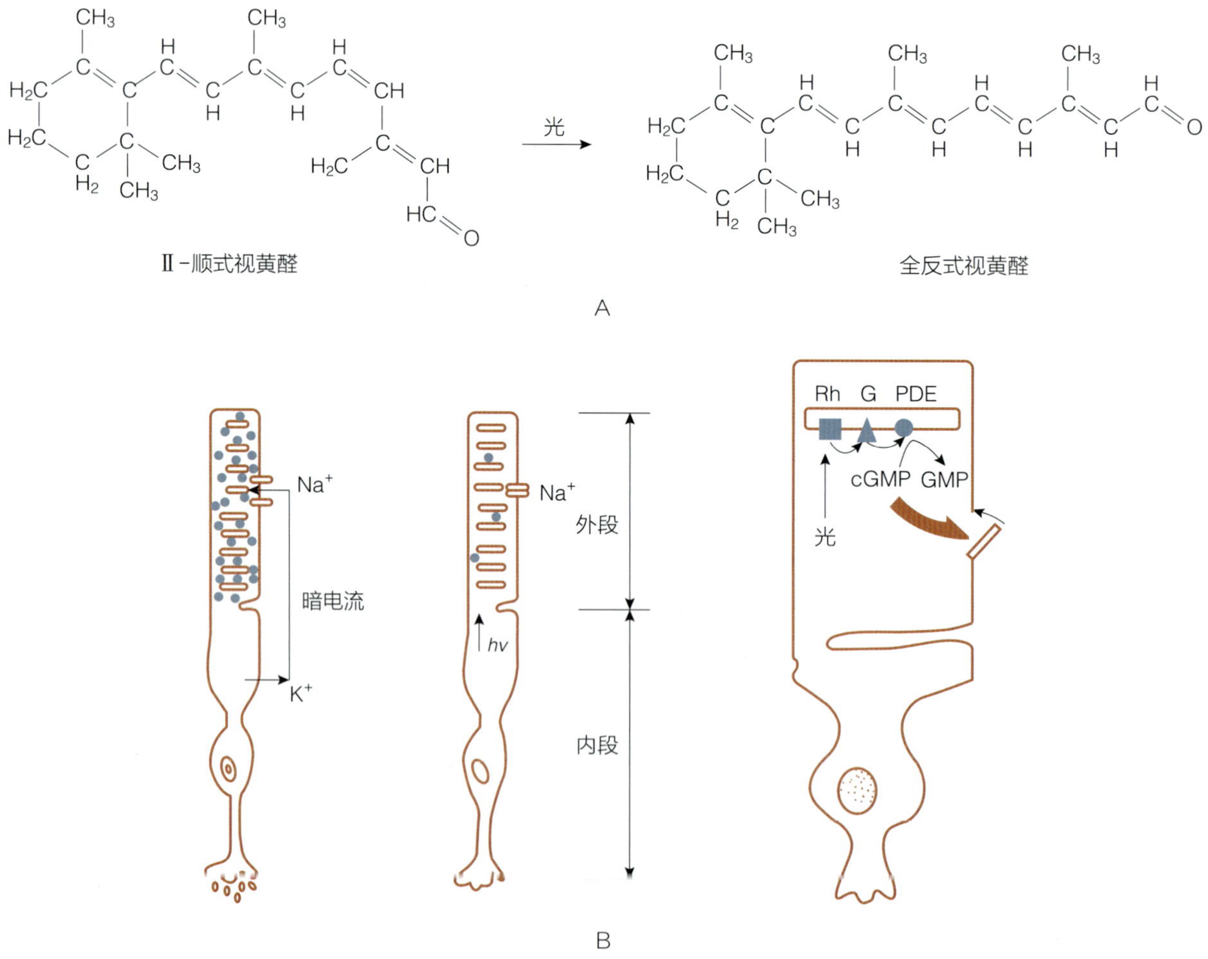

图 12-24 感光色素的光化学反应（A）和感光细胞的光转导过程（B）

hv: 光量子；Rh: 视紫红质；G: G 蛋白；PDE: 磷酸二酯酶

新定位于盘上。

cGMP假说给感光细胞巨大的放大作用提供了一种解释。根据测算，光信号在光感受器中转换为电信号的生化反应过程中，1个视紫红质分子可以激活20个以上G蛋白分子，一个活化的PDE分子可以转化1 000个以上cGMP分子。因此，光信号在光感受器的转导过程中被放大了至少20 000倍。视紫红质介导的G蛋白信号转导通路将输入的光信号数量级地放大，使光感受器对光刺激变得极其敏感，甚至达到了物理极限，单个光子也能引起光感受器产生光反应。

> 拓展阅读 12-4
> 视网膜感光细胞光电转换机制的发现历程

十一、颜色视觉

如何感受颜色的问题，是感觉生理学中长期以来引起兴趣和争论的问题之一。1801年英国博物学家Thomas Young（1773—1829）提出了解释感受颜色的学说。他的色觉学说认为，红、黄、蓝是三原色，其他的颜色可以从混合不同比例的原色的单色光得到。他假定存在感受原色的分离的机构，而其他的色觉来自这些机构不同程度的兴奋。但他的学说多年未受到重视，直到1850年才由Helmholtz加以修订和发展。

按照Young-Helmholtz的色觉学说，红、绿、蓝是三种基本颜色。与之相对应，在眼的视网膜中有三种感受颜色的视锥细胞，含有三种不同的感光色素，每种感光色素主要对一种基本颜色的刺激产生反应，对其他颜色光线的刺激虽也有反应但程度较小。各种感光色素的感色范围有一部分是重叠的。单独一种视锥细胞的兴奋引起相应的基本色觉；三种视锥细胞都受到同等的刺激，就会产生白色感觉；三种视锥细胞不同程度地受到刺激可以产生一切其他的色觉。

三原色学说（trichromatic color theory）虽然受到比较广泛的支持，但是直接的证据直到1964年才由美国生物物理学家William Marks获得。他首先在金鱼视网膜的单个视锥细胞上测定了颜色吸收光谱，发现有三类视锥细胞，且每一类都具有一个最大的吸收波长。在人类和非人灵长类视网膜上做的相似测定得到了相同的结果。人类视网膜中的三种视锥细胞，吸收光谱峰分别约为430 nm、530 nm、560 nm（图12-25）。由于光化学反应的一个基本原理是特定的光化学反应需要特定波长的光子来引发，因此不同波长的光通过其被吸收的比例来促进或抑制特定的光化学反应。一个感光细胞的色素吸收哪些波长的光（吸收光谱），就会相应地被那些波长的光所激活。

现在可以对Young-Helmholtz三原色学说表述如下：在视网膜中有三类视锥细胞，每一类细胞中含有一种感光色素分别对蓝、绿、红光最敏感，每类细胞发生的电反应的大小取决于激活感光色素的光子数。颜色感觉由这三类视锥细胞神经信号所贡献的比例所决定。例如，吸收蓝光的视锥细胞单独激活会

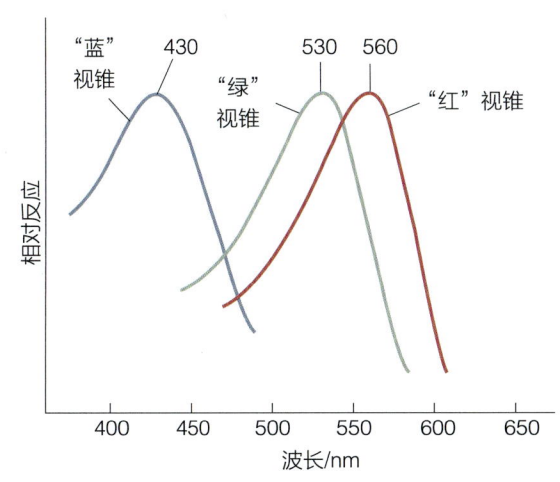

图 12-25 三种视锥细胞的吸收光谱

> **想一想**
> 为什么光线不好的地方很难分辨颜色？

引起"蓝色"的感觉；如果同时还有吸收红光的视锥细胞部分激活，则将产生"紫色"的感觉。

19 世纪提出的 Young-Helmholtz 三原色学说能充分解释颜色混合现象，与后来发现的三种视锥感受器产生色觉的思想，为现代颜色学说奠定了基础。但它不能满意地解释负后像和同时对比错觉两种现象，其最大困难在于不能满意解释色盲（color blindness）现象。而这些现象在 1878 年德国生理学家 Ewald Hering（1834—1918）提出的对立色学说（又称四色学说）中得到了较为满意的解释。

色觉异常有两类，即色弱和色盲。色弱是对红或绿的辨别能力降低，是由遗传或健康状况不良所造成的。色盲包括全色盲和部分色盲。全色盲只能分辨明暗，不能分辨颜色，似乎是作为单纯的隐性特性而遗传的，这类色盲是很少见的（知识窗 12-2）。部分色盲多为红色盲、绿色盲和蓝色盲。红色盲不能分辨红色，将红与绿蓝相混淆。绿色盲不能分辨绿色，将绿与紫红相混淆。蓝色盲也很少见。这些部分色盲可能是视锥细胞中某种感光色素异常所致。红绿色盲和色弱是高度伴性遗传。据一项调查，约有 8% 的男性和 0.5% 的女性有某种程度的色盲和色弱。这种特性从父亲通过女儿传到外孙。在女性中要出现红绿色盲和色弱，必须父母双方都有这种遗传特性。蓝色盲

> **想一想**
> 为什么女性中出现红绿色盲和色弱比男性少？

知识窗 12-2

色盲的发现

道尔顿（John Dolton，1766—1844）是 18 世纪英国的大科学家，近代原子核理论的创始人，为了纪念他，至今还把他的名字用作原子量的单位。就是他，还是色盲的第一发现者。

1794 年，道尔顿 28 岁时，为了给母亲祝寿，特意去百货商店购买一件令母亲称心如意的礼品。选来挑去，道尔顿觉得一种极为高级的丝袜不错，便拿在手中，仔细地端详着，袜子织得十分精细，色泽、式样俱佳，特别是那棕灰色的颜色，道尔顿认为最适于老年人穿，既雅致，又大方，于是他就买下了那双袜子。当道尔顿见到母亲后，恭恭敬敬地捧出刚买来的袜盒，从中取出袜子说："妈妈，这双袜子你穿上一定满意"。"傻孩子，我怎么能穿这么鲜艳的袜子呢"母亲笑着说。道尔顿急忙说："这种棕灰的色袜子非常适合您穿！""哈哈"老太太忍俊不禁大笑起来，此时佣人们也都跟着笑了起来，大家都认为道尔顿在开玩笑。哥哥听见笑声也跑了过来，茫然的道尔顿向哥哥问道："哥哥，这双棕灰色的袜子是不是最适合于妈妈这个年龄穿了"。"哈哈"又是一阵哄堂大笑。"孩子，这双袜子明明是樱桃红的，你怎么说是棕灰色的呢？"妈妈笑着说。作为科学家的道尔顿，面对这种奇怪现象，一边是惊疑不止，一边则是要挖根刨底弄清真相。事后他不但仔细分析了自己的体验，还对周围的人进行了各种鉴别比较。他发现自己的色觉与别人不同，还发现自己的一个兄弟和其他一些人也有类似的色觉缺陷。他曾描述道："我所谓的黄色，相当于别人的红、橙、黄、绿色，而我看到的蓝色和紫色则与别人一致。"原来道尔顿是个红绿色盲。由于道尔顿没有轻易放过买袜子这件小事，他虽然不是研究生物学的，却成了世界上第一个色盲的发现者，他自己也是第一个被发现的色盲人。道尔顿根据自己的研究，还撰写了一部很有价值的科学著作——《论色盲》。

可能是由于缺少蓝敏感视锥细胞引起的。常用石原忍设计的色盲检测图来确定人的色觉是否正常。

十二、视觉的中枢通路

视网膜中神经节细胞的轴突组成视神经。来自人两眼的视神经在垂体前方汇合成视交叉，但实际上只有一半的神经纤维在这里交叉，即来自每一侧视网膜鼻侧的纤维在视交叉处交叉，进入对侧视束，与来自另一侧眼颞侧的未交叉的纤维合并，达到外侧膝状体，再从外侧膝状体的四级神经元发出纤维终止于大脑皮层的枕叶（图 12-26）。人的初级视皮层（primary visual cortex）位于枕叶的距状裂中。由于这部分细胞结构的特点不用染色就可以用肉眼观察到特有的条纹，因此又叫作纹状皮层。由这一通路可知，我们一侧半视野的所有信息均会被传入到对侧的初级视皮层。

十三、视觉神经元感受野及其形成机制

感受野（receptive field）指能够引起感觉神经细胞产生反应的外周感觉刺激的范围。1953 年，匈牙利裔美籍神经生理学家 Stephen Kuffler（1913—1980）发现了视网膜神经节细胞同心圆式对抗的中心 - 周边感受野（center-surround receptive field）：一类视网膜神经节细胞的感受野为"给光中心 / 撤光周边"（ON-center/OFF-surround）类型，同心圆光斑刺激感受野中心部分引起兴奋性反应，刺激周边则引起抑制性反应；另一类为"撤光中心 / 给光周边"（OFF-centre/ON-surround）类型，光斑刺激感受野中心部分引起抑制性反应，刺激周边则引起兴奋性反应（图 12-27）。研究证实，水平细胞的侧抑制（lateral inhibition）调节形成了中心 - 周边感受野，提高了视觉系

图 12-26 视野与中枢视觉通路

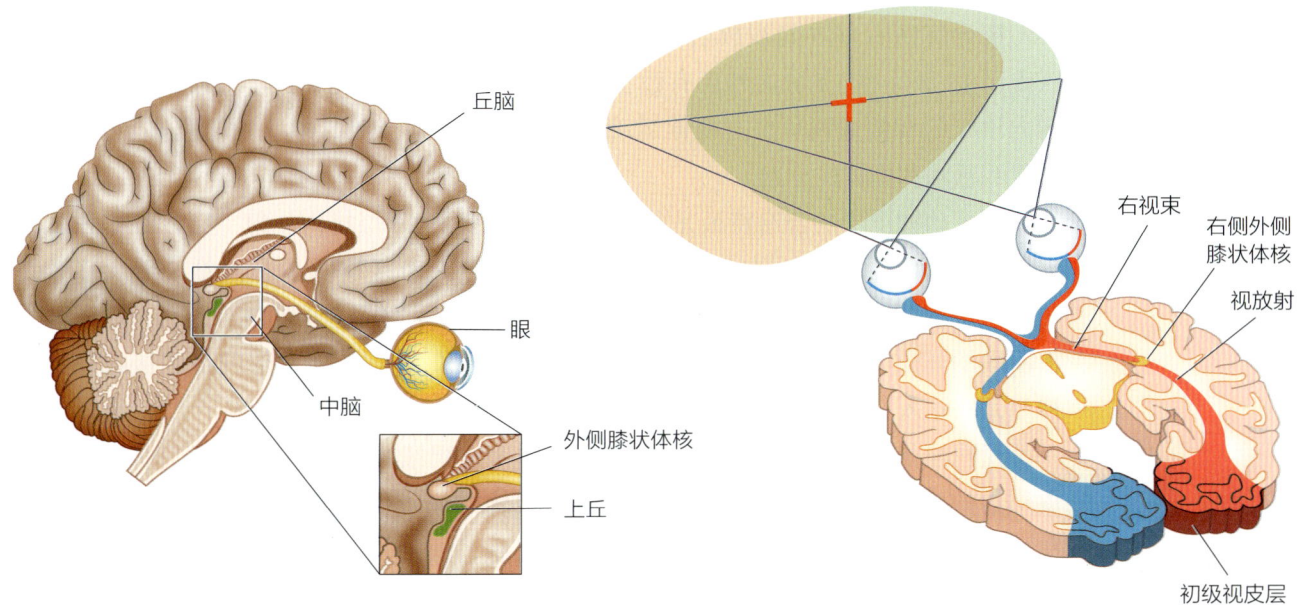

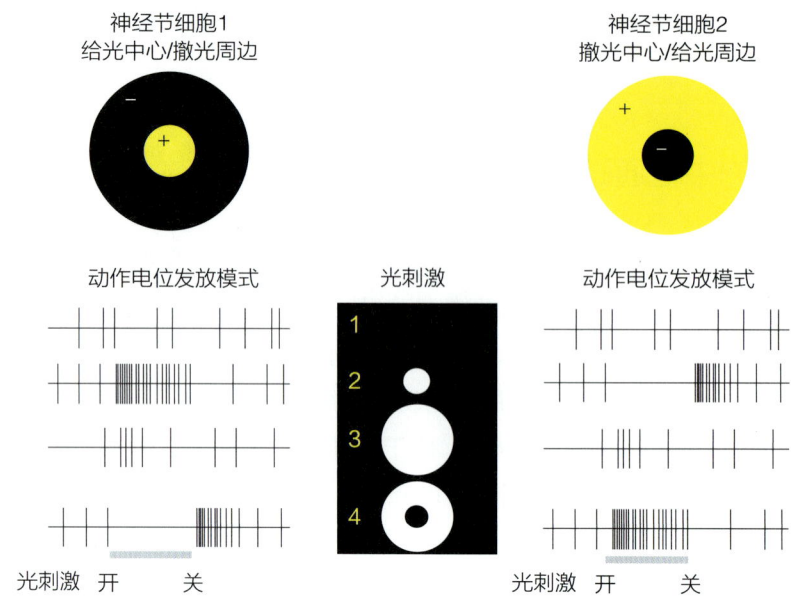

图 12-27 视网膜中的给光中心型和撤光中心型神经节细胞的感受野

统对于明暗对比度的识别。实际上，侧抑制也是其他神经系统中一种较常用的编码方式。

十四、中枢视觉信号的传递和信息加工

从每只眼发出的视神经纤维终止于双侧外侧膝状体核（LGN）（见图 12-26）。LGN 有一种独特的层状结构，比如猫的 LGN 有 3 层界限清楚的细胞层（A、A_1 和 C 层）。在猴和其他包括人在内的灵长类，LGN 有 6 层细胞。由于位于深层（1、2 层）的细胞比 3、4、5、6 层的细胞大，因此被分别称为大细胞（magnocellular，M 细胞）层和小细胞（parvocellular，P 细胞）层。

视觉信息从 LGN 经视放射传至皮层。这一脑区称为初级视皮层，又称 V1 区或纹状皮层 17 区。在 V1 区之外还有数十个纹外皮层区域与视觉相关。其中，自纹状皮层伸向顶叶的背侧通路负责对视觉运动的分析，而投射至颞叶的腹侧通路则负责颜色、形状的感知和物体的识别。

哺乳动物皮层的普遍特征是其灰质中的细胞分为 6 层排列。每一层的细胞密度和皮层厚度的不同使得各层的形态之间有一些差异。来自 LGN 的传入纤维绝大多数终止于初级视皮层的第 4 层，也有一些终止于第 6 层。第 4 层所接收的 LGN 输入又进入不同的亚层。众多的皮层细胞，尤其是第 2 层和第 3、5 层上部的细胞接收皮层内神经元的输入。皮层的浅层则接收来自丘脑另一部位（后结节）的输入。

视网膜信号通过 LGN 神经元的轴突传递至皮层细胞（主要是第 4 层），并在整个皮层内的神经元间互相传递，然后经贯穿白质的纤维传递至其他脑区。LGN 神经元在初级视皮层第 4 层的投射在该层进一步重组，使来自双侧眼的输入分聚于不同的位置。这些接收不同眼输入的皮层细胞聚集成交替的条或带。而在皮层的深层或更

浅表层的细胞，虽然受双眼驱动，但仍以其中一侧眼的驱动占优势。加拿大神经科学家David Hubel（1926—2013）和美国神经科学家Torsten Wiesel最初就是应用电极记录揭示了初级视皮层的双眼分聚和眼优势现象。他们发现视皮层中也存在类似躯体感觉皮层的皮层功能柱（cortical functional column），即具有相同特性的皮层细胞，在视皮层内会按照一定的规则沿着皮层的不同层次呈现柱状分布，例如眼优势柱、方位柱和颜色柱等。眼优势柱等皮层功能柱可作为一个计算单元处理某一类视觉信息，而不同皮层功能柱之间的重叠和相互联系可形成处理同一小块视野信息的皮层模块（cortical module）（图12-28）。

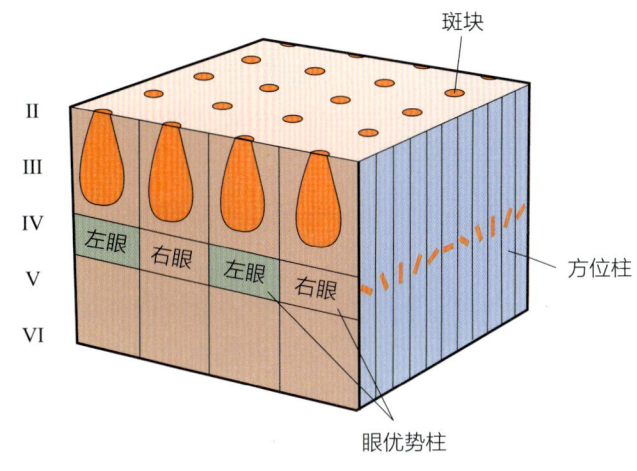

图12-28 包含眼优势柱和方位柱的皮层模块模式图

Hubel和Wiesel还通过一系列电生理学记录找到了对于各种不同皮层细胞的最适宜光刺激，他们最初把这些细胞的感受野分为简单（simple）和复杂（complex）两类。Hubel和Wiesel早期曾提出一个组构图来解释皮层感受野的生成机制。这一假说的优点在于，不增加额外的假设，仅利用已知的机制就可以来解释一个神经细胞怎样选择性地对某种图像刺激（如简单细胞的有朝向的线条）做出反应。他们提出，简单细胞的行为似乎是建立在大量LGN神经元感受野的基础之上。这一想法示于图12-29，在图中，与一个皮层细胞相连的若干LGN神经元的感受野以某种方式（如直线）排列起来，使得有适当朝向的条带或光通过它们的感受野中心（+）时，能强烈地激活所有这些细胞。如果条带被拉宽，或向任何一侧略有位移，它就会落在每一个LGN神经元

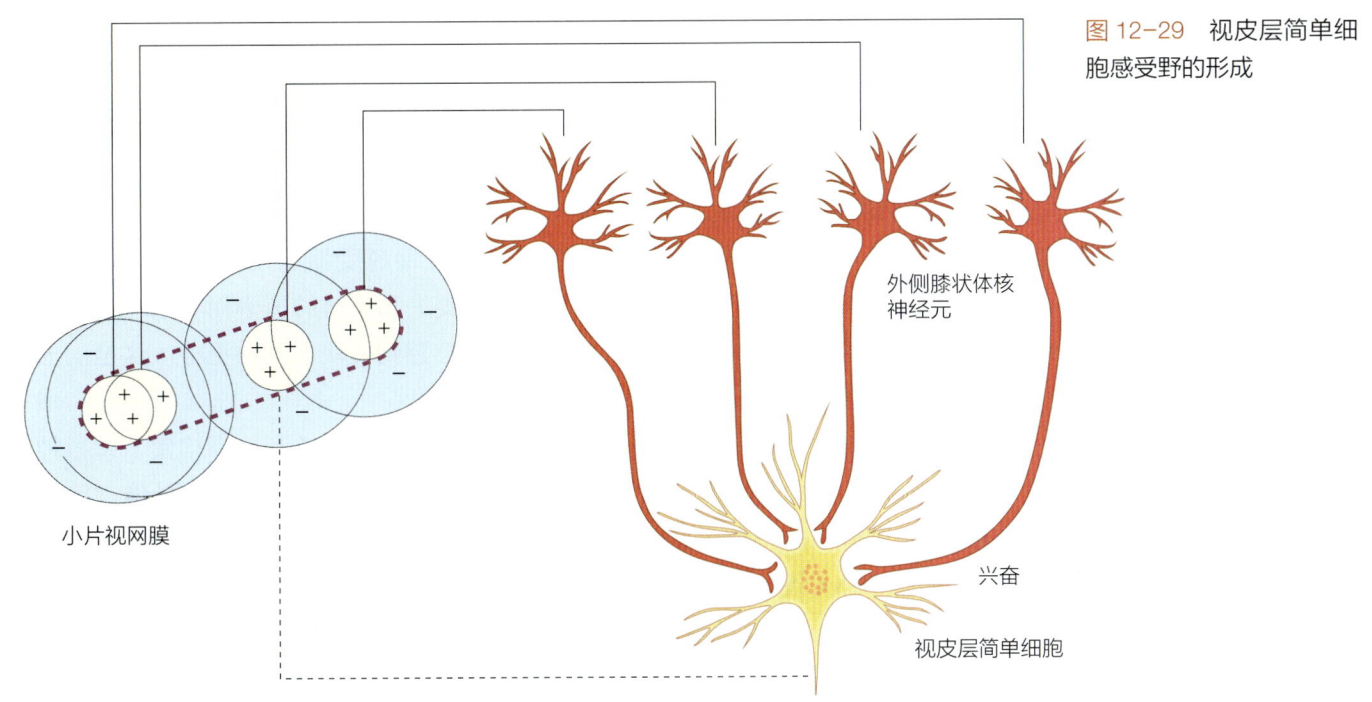

图12-29 视皮层简单细胞感受野的形成

感受野的周边区（-），从而减弱或停止细胞的兴奋性输出。这些 LGN 神经元的会聚输入，将导致皮层神经元的最适刺激恰好是该朝向的光条。Hubel 和 Wiesel 因其对视皮层功能和信息处理的开创性研究而获得 1981 年诺贝尔生理学或医学奖。

十五、感受野：形状感知单元

不同层级的神经元感受野的生成一定程度上支持了等级组构学说。该学说认为，皮层细胞由简单到复杂的感受野组构，是由许多适当的输入以有序的方式会聚产生的。这并不意味着，后一级更复杂的感受野仅仅是前一级输入综合的结果。例如，复杂细胞也能接收来自 LGN 神经元的输入。同时，皮层内还普遍存在着反馈和水平连接，皮层输入可以锐化简单细胞的朝向调谐。

Hubel、Wiesel 和许多其他人的工作已经清楚地显示，视觉分析的第一步是从视网膜中心-周边的点状感受野中构筑线条或边缘。在 V1 区，视觉系统开始从视网膜拓扑图中获取形状信息。从这些联系中，我们初步了解了脑是如何"计算"的。但是，理解脑如何实现从对一条线，甚至是一个拐角这样最初步的检测，到完全的视觉辨认仍有漫长的距离。在完全的视觉辨认过程中，形状、颜色、大小和运动等特征信息被全部综合起来，从而使我们能辨认出一辆车、一头牛或是一个朋友的脸。

第六节　温度觉与痛觉、痒觉

一、温度感觉

在皮肤上有些感受器细胞是专门探查外部环境温度的变化的。在哺乳动物和鸟类还有一些感受器细胞专门监视内部器官的温度，给体温调节机制提供反馈信息。某些温度感受器（thermal recepter）有惊人的敏感性。

哺乳动物的皮肤和舌的上表面有两种温度感受器，有的在温度升高时发放频率增加（温感受器），有的在温度降低时发放频率增加（冷感受器）。这两种感受器的适宜刺激都是热量的变化，即它们实际感受的是热量丧失和获得的速率而非绝对温度。因此当手与温度同样为 10℃ 的铁块或木材接触时，会感到铁块比木材更冷。这是因为铁块的热容量大，传热快，从皮肤上带走的热量更快些。

温度感觉受体的发现是温度感受的重要进展。David Julius 和同事构建了背根神经节（dorsal root ganglion，DRG）神经元的 cDNA 文库，利用其寻找痛觉受体。辣椒素（capsasin）是辣椒中的一种主要的辛辣成分，用它刺激感觉神经元能引起强烈的热痛感觉。他们把 cDNA 逐一表达在人胚肾细胞中 HEK293 细胞系中，然后用钙离子成像筛选辣椒素受体。经过大量筛选，1997 年他们终于筛选到瞬时受体电位香草酸 1 型通道（transient receptor potential vanilloid-1，TRPV1）为辣椒素受体。TRPV1 除了能被辣椒素激活，它也能被超过 43℃ 的温度激活，因此 TRPV1 是一种热敏感受体。研究证实，TRPV1 是一种非选择性阳离子通道，可通透 Na^+、K^+、Ca^{2+}。2002 年，Julius 和 Ardem Patapoutian 两个研究组又独立克隆了冷觉受体 TRPM8。TRPM8 能被一种能介导产生凉感的物质——薄荷醇（menthol）所激活。研究证实，TRPM8 也是一种非选择性阳离子通道，低于 26℃ 的温度能激活该受体引起冷觉感受和冷痛感觉。TRPV1 和 TRPM8 表达在不同的 DRG 神经元，说明外周的伤害性热觉和冷觉通过不同的神经通路传导至大脑。Julius 和 Patapoutian 因发现温度觉和触觉感受器而获得 2021 年诺贝尔生理学或医学奖。

二、伤害感受和痛觉

痛觉（pain sensation）是不同于像视、听、嗅、味、触的特殊感觉，不是由一种刺激引起的，而是电、机械、过热和过冷、化学刺激等都可以引起。这些刺激的共性是都能使机体发生损伤，所以 Sherrington 在感觉分类中把痛觉叫作伤害性（nociceptive），也就是对有害因素的敏感性。痛觉的机能是保护性的，因此几乎不产生适应，在有害刺激持续作用的时间内一直发生反应，直到刺激停止。痛觉刺激引起肌体产生一系列保护性反射，如肾上腺素分泌、血糖增加、血压上升、血液凝固加快等。

过去曾认为痛觉不是一种独立的感觉，而是由其他的感觉末梢受到过度的刺激所引起的。现已证明，其他的感受器如触压感受器的过度刺激并不产生痛觉。一般认为痛觉感受器分布于表皮下的游离神经末梢。伤害性感受产生于对外周感受器直接和间接作用的结合。引起疼痛的热（约 43℃ 以上）导致 C 纤维末梢非特异性阳离子通道的开放。钙和钠离子进入，使细胞去极化，引起动作电位的产生。酸也可以直接开放阳离子通道，一种酸感受离子通道（acid-sensing ion channel，ASIC）已从伤害性感受神经元中克隆。皮肤的机械损伤能直接引起伤害性感受器去极化。当含有辣椒素受体的细胞被迅速加热时，这种受体开放，可能介导引起热致痛的感觉。长期暴露于辣椒素，最终可以引起钙积累和细胞死亡。

除了致痛刺激（如热或酸）可能直接作用于伤害性感受器外，损伤的细胞释放三磷酸腺苷（ATP）等化学激活剂。ATP 受体的一个亚基（P2X3）在背根神经节的 C 纤维胞体中特异地表达，并可能和其他亚基结合，介导 ATP 引起的伤害性感受器的慢失敏性兴奋。细胞的损伤也可以引起细胞质蛋白酶的释放，释放的蛋白酶降解血浆的蛋白质。

痛觉末梢不止分布在皮肤上，实际上还分布在全身所有的组织中。除了皮肤痛以外，还有来自肌肉、肌腱、关节等处的深部痛和来自内脏的内脏痛。内脏痛有时难以准确定位，牵涉到其他身体的表面，称为牵涉痛（referred pain）(知识窗 12-3)。心绞痛是牵涉性内脏痛的典型例证，心脏冠状动脉的疾患可引起前胸、左肩、左上臂甚至后背的痛觉。对牵涉痛合适的解释是发生疾患的内脏和被牵涉的皮肤的传入纤维都

知识窗 12-3

痒觉研究的进展

小鼠的部分背根神经节感觉神经元中表达一类 G 蛋白耦联受体 Mrgpr（Mas-related G-protein-coupled receptor）。其中的 MrgprA3 被证实为痒觉受体，氯喹可特异性地激活 MrgprA3 引起瘙痒抓挠行为。MrgprA3 受体表达的感觉神经元（MrgprA3 神经元）还共同表达组胺受体和另一种痒觉受体 MrgprC11。遗传学方法激活 MrgprA3 神经元引起痒觉行为，但不引起痛觉行为。因此，MrgprA3 神经元是一种特异性编码痒觉的神经元。脊髓中还有一类特异性的痒觉神经元——促胃液素释放肽受体（gastrin-releasing peptide receptor，GRPR）神经元，敲除该神经元后小鼠几乎对所有的致痒物质失去反应。MrgprA3 神经元轴突投射至脊髓的促胃液素释放肽（gastrin releasing peptide，GRP）能神经元，脊髓中的 GRP 能神经元与 GRPR 神经元形成突触联系。GRPR 神经元则与脊髓中的一类投射神经元形成突触联系，通过脊髓丘脑束投射至脑干的臂旁核（parabrachial nucleus）。因此，目前已经鉴定的痒觉特异性传导神经环路为：MrpgrA3 神经元被致痒物质激活后兴奋 GRP 神经元，释放 GRP 作用于 GRPR 神经元。GRPR 神经元通过投射神经元投射至脑干臂旁核。臂旁核神经元可能再上行传递至大脑皮层。因此，MrgprA3 神经元携带的痒觉信息从外周皮肤逐级传递至大脑，最终在大脑产生痒觉感受。

由同一后根进入脊髓，并终止在脊髓中同一神经元上，再由同一上行神经纤维与高级中枢相连。由内脏疾患产生的冲动经过这条路径达到大脑时，被误认为是来自皮肤的。因为在以往的经验中，由这一上行路径传到大脑的冲动都是来自皮肤的，所以虽是来自患病内脏的痛觉冲动，却被投射到相应的皮肤上。不仅内脏痛，深部肌肉痛也可以牵涉到身体表面。

三、痒觉

痒觉被定义为可以引起搔抓欲望的不愉快的感觉。一些内源性或外源性化学物质能引起痒觉，如：组胺、胆汁酸、氯喹等。长久以来，痒觉被认为是痛觉的一种轻微形式，因为许多表达组胺受体的外周感觉神经元同时表达痛觉受体 TRPV1。但是近些年的研究改变了这一观点，发现痒觉能被特异性的痒觉神经元编码，是不同于痛觉的感觉形式（知识窗 12-3）。

> 拓展阅读 12-5
> 电（磁）感受

※ 小结

本章系统阐述了感觉系统的生理机制，揭示了机体如何通过感受器感知内外环境信息并转化为神经信号的全过程。感觉系统由感受器、传入通路和整合中枢三大部分组成，具有高度的特异性和适应性。感受器首先通过换能作用将不同形式的刺激（如光、声、化学物质等）转化为生物电信号，这一过程体现了对适宜刺激的高度选择性。例如，视杆细胞仅需单个光子即可激活，而嗅觉感受器能检测万亿分之一浓度的气味分子。信号随后通过频率编码和空间编码两种方式上行，其中适应性机制使感觉系统能动态调整灵敏度，既避免信息过载又保持对关键刺激的持续监测。

视觉和听觉作为最重要的远距离感觉，其信号处理机制尤为精密。视觉系统通过折光调节确保成像清晰，视网膜中视杆与视锥细胞分工明确，分别负责暗视觉和明视觉／色觉。光信号转导中的 cGMP 级联反应实现了超过万倍的信号放大，而三色理论与对立色学说共同解释了色觉现象。听觉系统则通过耳蜗的行波分析实现频率分解，基底膜不同部位对应特定频率的特性构成了音调识别的物理基础。这两种感觉的中枢通路均呈现多级加工特性，从丘脑到初级皮层再到联合皮层，信息被逐步提取和整合，并形成感知觉。

化学感觉和机械感觉展现了感觉系统的多样性特征。嗅觉通过上千种受体蛋白的组合编码识别复杂气味，其信号转导具有独特的双向放大机制；味觉则以五种基本模态为基础，通过特异性受体细胞区分不同味质。触觉系统通过多种机械感受器（如环层小体、默克尔细胞等）实现从精细触觉到振动觉的多维度感知，而前庭系统的毛细胞则通过纤毛偏转检测头部空间位置和运动状态。这些感觉模态的共同特点是都遵循"外周特异感受－中枢拓扑投射"的组织原则，如躯体感觉皮层的倒置映射和听觉皮层的音调拓扑。

痛温觉系统具有独特的生理意义和保护功能。温度感受器 TRPV1 和 TRPM8 分别介导热痛和冷觉，其离子通道特性决定了温度敏感范围。痛觉系统通过游离神经末梢检测组织损伤，其不适应性确保了持续预警功能。近年发现的特异性痒觉通路揭示了痒觉独立于痛觉的神经机制。这些保护性感觉常引发反射性行为反应，并通过边缘系统产生情绪体验，体现了感觉－运动－情绪功能的相互作用和协调整合。对感觉系统的研究不仅深化了我们对神经编码、多模态整合和高级认知神经基础的理解，也为仿生技术和临床诊疗（如人工视网膜、疼痛管理）提供了重要依据。

※ 思考题

1. 感觉的适应有什么生物学意义？
2. 感受器电位是怎样转变成动作电位的？
3. 为什么对感受器的刺激强度越大，则引起的动作电位的频率越高？
4. 试设计方案测量盲点的形状、大小。
5. 无脊椎动物和脊椎动物的感光细胞对光刺激的电反应有什么不同，为什么？
6. 试概述 Young-Helmholtz 三原色学说的现代电生理学证据。
7. 光感受器在接受 1 个短时间（如 10 ms）的光刺激后，光反应的大小会先上升后下降。若衰减部分的反应大小 y 为时间 t 的函数：

$$y = AI_F \exp(-t/\tau)$$

其中 A 为常数，τ 为时间常数，I_F 是光刺激的强度，$t = 0$ 时反应开始衰减。设 y 衰减到固定值 y_0 所用的时间为 t_0，那么 t_0 与 I_F 的关系是什么？

8. 假设有 8 种嗅觉受体 Or1-8，每种受体对某种气味刺激的反应可能是兴奋性反应、抑制性反应或者无反应这三种，那么这 8 种受体最多可以编码多少种气味？

9. 为什么我们需要补充维生素 A？

※ 推荐阅读

1. BUCK L, AXEL R, A novel multigene family may encode odorant receptors: a molecular basis for odor recognition [J]. Cell, 1991, 65(1):175-187.

该研究克隆了一个非常大的多基因嗅觉受体家族，该家族编码一千多种具有七种跨膜结构域的潜在嗅觉受体，为理解大量不同的气味分子识别机制提供了突破口。

2. CAO L H, YANG D, WU W, et al. Odor-evoked inhibition of olfactory sensory neurons drives olfactory perception in Drosophila [J]. Nature communications，2017, 8(1): 1357.

该研究利用果蝇遗传技术优势，构建了一系列只有某一种嗅觉受体有功能的转基因果蝇，由此首次揭示了气味刺激引起嗅感觉神经元的抑制性反应不仅能传入高级嗅觉中枢，还能引起嗅觉感知并驱动嗅觉行为，从而揭示了双向气味编码机制。

3. CATERINA MJ, ROSEN TA, TOMINAGA M, et al. A capsaicin-receptor homologue with a high threshold for noxious heat [J]. Nature, 1999, 398(6726): 436-441.

该研究首次确定了 TRPV 受体能同时对辣椒素和伤害性高温起反应，为理解伤害性温度感受奠定了基础。

4. COSTE B, XIAO B, SANTOS JS, et al. Piezo proteins are pore-forming subunits of mechanically activated channels [J]. Nature, 2012, 483(7388): 176-181.

该文首次鉴定到了形成机械门控激活离子通道的孔道部分的 Piezo 蛋白，为理解机械感知的分子机制奠定了基础。

5. SUN YG, ZHAO ZQ, MENG XL, et al. Cellular basis of itch sensation [J]. Science, 2009, 325(5947):1531-1534.

该研究发现，脊髓瘙痒感觉的细胞基础是促胃液素释放肽受体（GRPR）阳性神经元，提示痒觉具有不同于痛觉的独立神经通路。

（撰写：罗冬根、胡兵；审修：朱景宁）

第十三章

神经系统的运动功能

运动和感觉共同构成脑的两大基本功能。感觉系统赋予我们感受外部和内部环境各种信息变化的能力，传递到脑内帮助我们构建起一个客观世界的主观映像；而运动系统则根据感觉信息和内部模型，生成运动意念，执行运动指令，控制肌肉活动，完成目标行为，使得机体能够很好地适应内外环境变化。

尽管运动和感觉功能均有赖于神经系统，但二者在信息处理方式上存在差异。感觉信息的处理主要是一个自下而上的过程，外周感觉器官感受的信息通过传入神经传递到大脑皮层，最终形成感觉，乃至知觉。与此不同，躯体运动控制则是一个自上而下的过程，由大脑皮层决定运动计划，编制运动程序，发出运动指令，经过高度等级性的组构传递到脊髓运动神经元，最终产生运动行为。运动系统不仅能发出精确的指令，还能调节运动的方向、速度和协调性等参数。

本章将讨论中枢运动控制系统的组构特征和控制模型，并分别探讨脑如何通过脊髓、脑干、大脑皮层、基底神经节和小脑等精确调节反射运动、节律运动和随意运动的基本原理。脑亦可以通过自主神经系统调节内脏活动。

机体的运动包括由骨骼肌的收缩活动所引起的躯体运动（somatic motor），以及由心肌、平滑肌和腺体活动所引起的内脏活动（visceral activity）。神经系统通过两个不同的系统，即躯体运动系统和内脏运动系统，分别调控了机体的躯体运动和内脏活动并协调和整合两者的活动（图13-1）。

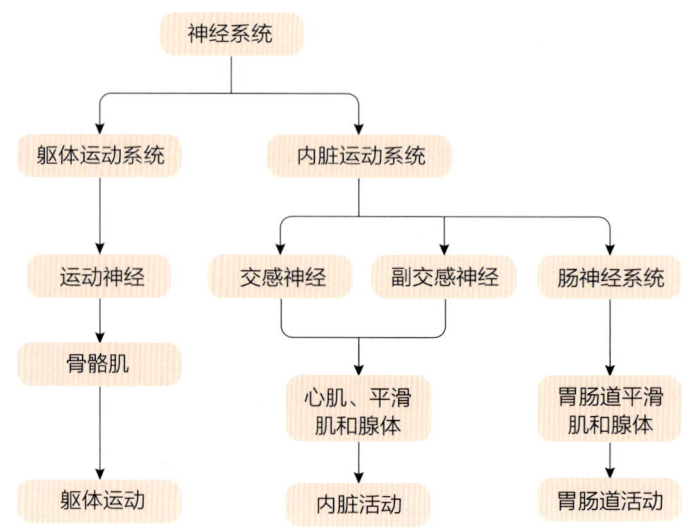

图13-1 神经系统对机体运动调节的示意图
神经系统通过不同的控制系统，即躯体运动系统和内脏运动系统，分别调控机体的躯体运动和内脏活动并协调两者的整合

第一节 躯体运动系统的组构和控制模型

一、控制躯体运动的中枢神经系统组构

躯体运动的中枢控制是等级性的，自上而下一共分为三个水平，分别由大脑皮层运动区（cortical motor area）、脑干（brain stem）和脊髓（spinal cord）构成（图13-2）。其中，每一个水平都接受躯体感觉传入，并通过反馈、前馈和适应机制来实现感觉－运动整合（sensorimotor integration）。因而，它们之间的关系既是一种高级结构与低级结构之间的等级性关系，又是一种相对独立而各有分工的平行性关系。

1. 等级性组构

躯体运动系统的等级性组构是在生物进化过程中逐渐形成的。早期的脊索动物仅具有原始的脊髓；在此基础上，鱼类、两栖类和爬行类动物发展出了脑干；直到哺乳动物，大脑皮层运动区才最终形成。较高级的神经结构搭建于低级结构的基础之上，由此形成了对躯体运动自上而下的等级性控制。就等级性组构而言，它既允许高级中枢对低级中枢进行调节和控制，也使得不同等级的运动中枢在不同的运动形式中或运动控制的不同阶段发挥作用。例如，作为低级中枢的脊髓可以在没有高级中枢参与的情况下控制一些简单的反射性运动；而另一方面，即便是对于一些复杂的随意运动来说，高位运动中枢通常也只需给出一般性的运动指令即可，而不必对运动的所有细节

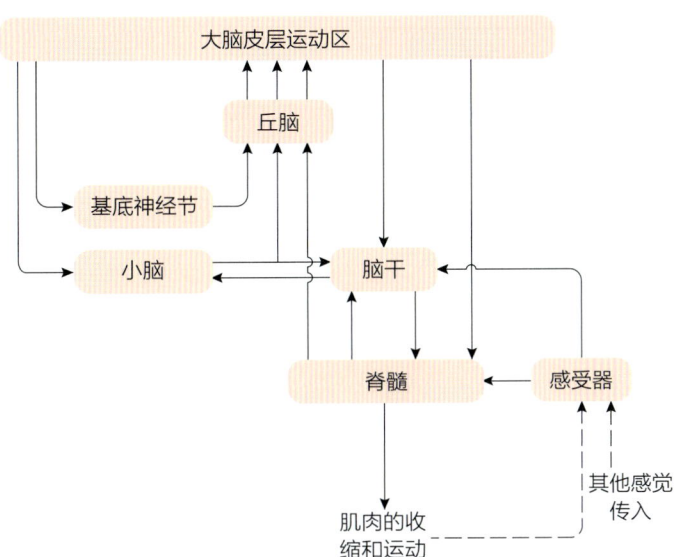

图 13-2 运动系统各结构之间的相互关系示意图
控制和调节躯体运动的神经系统是一个高度等级性的组构，由包括脊髓、脑干、大脑皮层运动区、基底神经节和小脑等多个水平的神经结构共同构成

都做出具体的指示。

2. 平行性组构

躯体运动系统的平行性组构方式则允许高位中枢同时控制不同的下行运动通路，从而完成复杂的行为活动。例如，大脑皮层运动区既可以通过皮层脊髓束直接兴奋脊髓 α 运动神经元来发起运动，也可以通过脑干及其下行通路间接调节脊髓 γ 运动神经元的活动而维持姿势。因此，虽然我们在伸出上肢时会引起躯干重心的变化，但从来不会因此而跌倒。另外，平行性组构方式还允许某些运动能够相对独立地受到不同水平运动中枢的控制，这使得当其中某一水平的运动中枢受损时，其他水平的运动中枢能够替代受损中枢的控制功能，实现运动代偿（motor compensation）。例如，当脑干呼吸中枢或下行呼吸通路受损后，大脑皮层可以替代脑干呼吸中枢控制呼吸运动。

> **想一想**
> 大脑皮层和脑干对呼吸运动的控制有何不同？

二、躯体运动控制模型

为了实现对躯体运动的精准控制，中枢运动系统需要解决两个方面的重要问题：①如何生成控制特定肌肉活动的运动指令，即"控制"问题；②如何预测运动指令执行的结果，即"预测"问题。

现代控制理论"基于模型的控制（model-based control）"启发了神经生物学基于模型的中枢运动控制思想。由于该模型内置于神经网络之中，表征自身躯体与外部世界的关系，因此被称为内部模型（internal model）（图 13-3）。该理论模型认为中枢运动系统中具有两种联系前馈和反馈控制系统的内部模型：正演模型（forward model）和反演模型（inverse model）。正演模型从表示初始条件的方程和参数开始，在时间或空间上"正向（forward）"运行，以预测未来在某些状态时的变量。例如，我们可以构建一个预测天气的正演模型，预测两周后的风速和气温。因此，正演模型可以用于解决"预测"问题。相反，反演模型从特定的状态，即一组具有特定值的变量开始，

图 13-3 内部模型反映了自身躯体与外部世界的关系

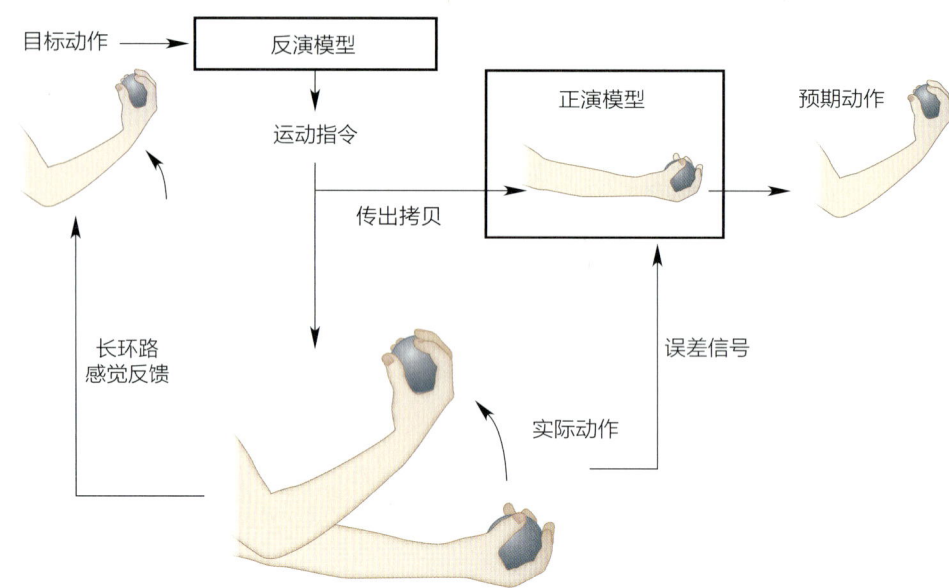

"反向（inverse）"运行以确定系统中的哪些参数可以解释该状态。例如，当我们用一条直线拟合一组数据点时，我们就在构建一个反演模型，该模型根据数据点的分布可以估计出拟合直线的斜率和截距。因此，反演模型可以让我们知道如何设置系统的参数以获得所需的结果，因而可以用反演模型来解决"控制"问题。

躯体运动控制系统中的反演模型可根据躯体当前的实际状态和未来的目标状态计算出能够产生特定动作的运动指令，使当前实际状态转化为目标状态。下行运动指令一方面经传出通路控制骨骼肌系统的活动以产生目标动作；另一方面，下行运动指令的传出拷贝（efference copy），经正演模型模拟计算，用以预测肢体未来运动时的预期状态（图 13-3）。因而，正演模型可作为内部反馈控制的基本要素，绕过外部世界的长感觉反馈环路，从而避免了反馈延迟，提高了控制性能。而当正演模型输出的预期动作与实际动作不符时，由此产生的误差信号（error signal）则可以通过学习机制调节正演模型的内部参数，即运动学习（motor learning）。当正演模型经学习达到最优时，就能够完美预测实际运动的状态，使反演模型得以计算出能够达到目标状态的运动指令。通过正演模型和反演模型的协作和自适应学习机制，中枢运动系统得以实现对复杂行为的精准调控。

反演模型计算出能够产生目标动作的运动指令，例如持球弯举。运动指令一方面下行作用于骨骼肌系统以产生实际动作。另一方面，运动指令的传出拷贝被传递给正演模型，经模拟计算预测未来运动时的预期状态。当正演模型和反演模型经学习达到最优时，正演模型的输出（预期动作）将与反演模型的输入（目标动作）相一致。

三、脊髓运动神经元和肌肉感受器

中枢运动系统的功能在于产生运动意念、编制运动程序和发出运动指令，而运动功能的实现则有赖于脊髓中的运动神经元引起运动系统的效应器——骨骼肌的收缩活动。因此，肌肉的收缩是一种受控的活动，其结果是导致肌肉长度和张力变化，从而完成躯体的运动或实现对外力的对抗。

为了对肌肉的收缩活动进行有效的控制，中枢神经系统需要适时地得到有关肌肉长度和张力变化的信息。这两种信息都属于本体感觉信息，由两种位于肌肉中的本体感受器——肌梭和腱器官所分别感受，并传入运动系统的各个水平。在大脑皮层，这些信息被用来感知肢体的位置并被用于控制随意运动；而在低位中枢，这些信息则被用于控制最简单的反射性运动。

1. 脊髓运动神经元

脊髓是运动系统等级性组构中位于最低水平的运动控制中枢。它由位于脊髓中央的灰质区和包围着灰质的白质区所组成。灰质区为脊髓神经元胞体所在的部位，而白质区则由神经元的轴突所构成。在脊髓中，支配骨骼肌并使其发生收缩活动的是运动神经元（motor neuron）。脊髓和脑干（运动核）中那些直接支配骨骼肌的运动神经元被称为下运动神经元（lower motor neuron），脑内高位运动中枢的所有上运动神经元（upper motor neuron）都必须通过下运动神经元才能调控肌肉活动。下运动神经元的胞体位于脊髓灰质的腹侧部，即脊髓腹角，或称脊髓前角（图13-4）。支配不同肌肉的下运动神经元在脊髓中按照近侧-远侧规律（proximal-distal rule）和屈肌-伸肌规律（flexor-extensor rule）排列，即支配躯干中轴和肢体近端肌肉的运动神经元位于脊髓腹角的内侧，而支配肢体远端（手和足）肌肉的运动神经元位于脊髓腹角的外侧；另一方面，支配屈肌的运动神经元位于腹角的背侧，而支配伸肌的运动神经元则位于屈肌运动神经元群的腹侧（图13-4）。脊髓运动神经元的这种解剖学分布特点与其支配肌肉的功能相对应，即躯干中轴肌肉群（姿势肌）和肢体近端肌肉群（特别是腿部的伸肌群）主要被用于维持躯体的姿势和平衡；反之，肢体远端的肌肉群（特别是上肢的肌肉）则被用于进行精细的操作性活动。

根据脊髓腹角运动神经元胞体的大小和对肌纤维支配情况的不同，主要可以将它们分成α和γ两类。α运动神经元是脊髓中胞体最大的神经元，它们的轴突经腹根离开脊髓直接支配骨骼肌纤维，其中大α运动神经元支配快肌纤维，而小α运动神经元支配慢肌纤维。γ运动神经元的胞体分布在α运动神经元之间，其体积较α运动神经元小。它们的轴突也经腹根离开脊髓，但支配的是位于骨骼肌内部的长度感受器——肌梭中的肌纤维。需要指出的是，分布于脊髓腹角和脑干运动核中的运动神经元受到不同中间神经元群和不同下行通路的控制，但所有这些不同来源

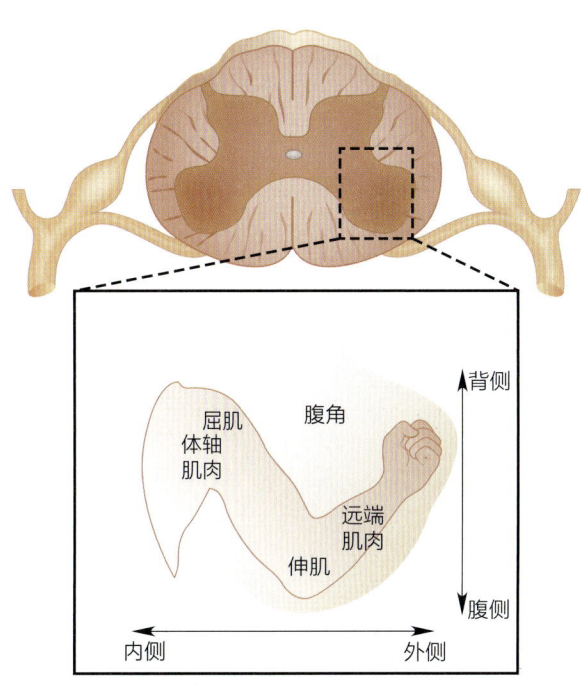

图 13-4　脊髓腹角中运动神经元的分布特征

支配屈肌和伸肌的运动神经元，以及支配体轴肌肉和远端肌肉的运动神经元在脊髓腹角中的分布规律

的调控信息（包括下行运动指令、外周感觉传入和局部环路调控）最终都会聚到 α 运动神经元上，再由 α 运动神经元整合后引起肌肉的收缩。这就是说，任何形式的运动，无论是脊髓和脑干运动核本身就能够完成的反射性运动，还是由大脑皮层所引起的随意运动都需要通过 α 运动神经元才能得以执行，故 Sherrington 将 α 运动神经元称为运动系统和行为控制的最后公路（final common path）。

在脊髓中，还有大量的中间神经元。它们散布在脊髓灰质的所有区域，主要位于中间区，是各类感觉传入冲动和高位中枢下行冲动在脊髓发生会聚和整合的部位。同一类中间神经元可以介导多种反射活动，而各类中间神经元之间又联系形成复杂的中间神经元网络。实际上，所有的反射性运动，乃至人类的行走等节律性运动都涉及对不同运动神经元群恰当协调地激活和抑制，而这些整合活动都是由脊髓环路中的中间神经元网络所组织的。另外，简单的下行运动指令也可以通过脊髓中间神经元产生复杂的效应，因此组织各种反射性运动和节律性运动的中间神经元网络也参与了对随意运动的控制。

2. 运动神经元池和运动单位

在哺乳类动物，每一根骨骼肌纤维仅被一个 α 运动神经元所支配，因此一块肌肉通常接受许多运动神经元的支配。支配同一块肌肉的运动神经元都比较集中地位于脊髓相邻节段的腹角或脑干运动核内几个毫米的区域，这一群支配同一块肌肉的下运动神经元就称为运动神经元池（motor neuron pool）。但是，一个 α 运动神经元的轴突在离开脊髓支配肌肉的时候，其末梢在肌肉中分成若干个分支，每一个分支都可以支配一根骨骼肌纤维。因此，当一个 α 运动神经元发生兴奋时，所有被其支配的肌纤维都能够产生兴奋和收缩。这样，一个 α 运动神经元及其所支配的所有肌纤维就组成了一个完成肌肉收缩活动的基本功能单位，称为运动单位（motor unit）（图 13-5）。

图 13-5　一个 α 运动神经元及其所支配的所有骨骼肌纤维构成了一个运动单位

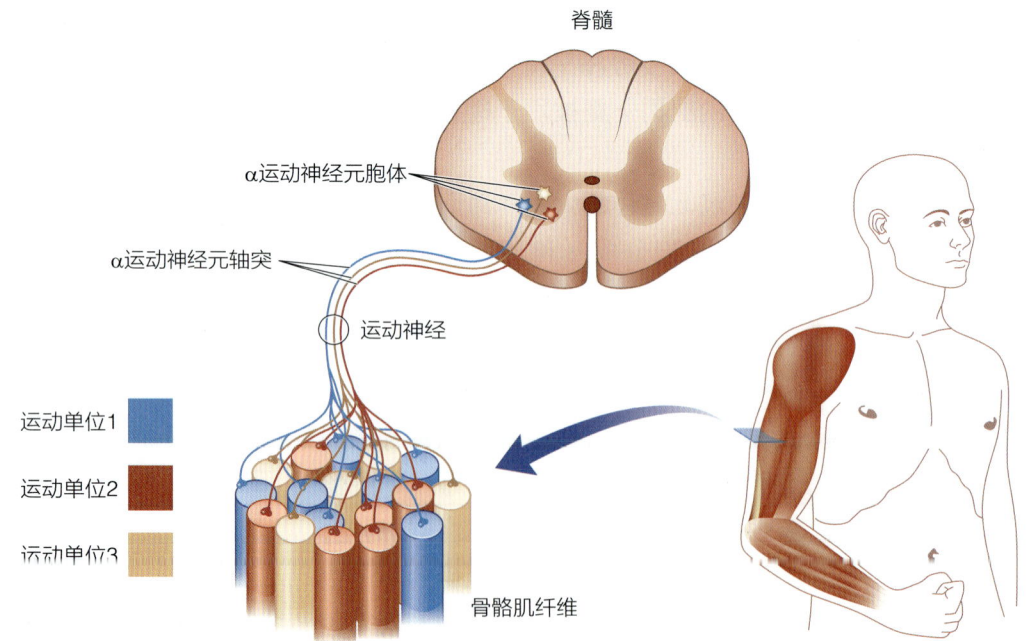

一个运动神经元所支配的肌纤维数量称为神经支配率，也称为运动单位的大小（motor unit size）。不同的肌肉的神经支配率差异显著，但其大小大致与肌肉的大小相当。例如，人类的眼外肌非常小，其神经支配率仅约为10，即一个眼外肌运动神经元大约只支配10根眼外肌肌纤维；而对于很大的腓肠肌来说，其神经支配率可达约2 000。显然，神经支配率低的运动单位善于完成精细的运动，而支配率高的运动单位在收缩时可以产生更大的张力。受到同一个运动神经元支配的肌纤维在一块肌肉中是弥散分布的，即不同运动单位的肌纤维是交错分布的，这使得在一块肌肉中即使只有少数运动单位被激活，肌肉也可以产生均匀的张力（图13-5）。

属于同一个运动单位的所有肌纤维都有着同样的生理学和生物化学特性，因而可以根据运动单位的收缩速度、收缩时所能达到的最大张力和发生疲劳的速率将它们分成不同的类型。慢速收缩型运动单位（slow motor unit），收缩较慢，产生的收缩张力较小，但具有高度的抗疲劳能力，可以维持长时间恒定的收缩张力，故在姿势维持肌中的占比较大。相反地，快速收缩易疲劳型运动单位（fast fatigable motor unit），收缩和舒张速度快，收缩时可以产生很大的张力，但极易疲劳，因而更多地存在于执行跑、跳等需要快速爆发力的运动的相关肌肉中。

想一想

是 α 运动神经元的类型还是肌纤维类型决定了运动单位的类型和生理特性？如何设计实验来证明你的想法？

3. 肌肉收缩的调节

肌肉收缩的强度既可以表现为长度的变化（等张收缩），也可以表现为张力的变化（等长收缩）（见第四章）。因此，神经系统可以通过两种方法来实现对肌肉收缩强度的调节。一种方法是调节运动神经元动作电位发放的频率，频率愈高运动单位产生的收缩强度就愈大，这一机制被称为运动单位的发放频率调制。神经系统调节肌肉张力的另一种方法是激活不同数量的运动单位。显然，激活的运动单位数量愈多，肌肉收缩的强度就愈大，这一机制被称为运动单位的募集（motor unit recruitment）。同一运动神经元池中运动单位的募集遵循所谓大小原则（size principle），即当一个运动神经元池被激活时，那些胞体最小的低阈值运动神经元最先被低强度的突触传入所激活；随着突触传入强度的增加，胞体较大的运动神经元将依从小到大的顺序被相继激活。由于运动单位的募集遵循大小原则，因而在肌肉的收缩过程中，胞体较小的慢速收缩抗疲劳型运动单位总是被最先募集，而胞体较大的快速收缩易疲劳型运动单位总是在需要产生更大的收缩强度时才会被相继募集。这种运动单位的次序募集使得调节肌肉收缩强度的任务被简单化了。正是由于存在这一机制，高位中枢不必在运动的过程中具体地考虑需要使用多少个运动单位，用什么样的运动单位，以及将哪些运动单位组合起来才能产生一个特定的肌肉收缩强度，而是只需要在总体上决定将多少突触驱动力释放到特定的运动神经元池就可以"自动地"进行招募了。运动单位的顺序性募集和发放频率调制两种机制并不互相排斥，当一个运动任务需要缓慢地增加肌肉收缩强度时，运动单位就会被逐步地募集，而它们的发放频率也会同时逐渐地增加。

想一想

为什么运动单位的募集是按照由小到大的顺序进行的？

4. 肌肉长度和张力变化的感受装置

肌肉含有肌梭（muscle spindle）和高尔基腱器官（Golgi tendon organ，简称腱器

官）两种感受器，分别向中枢神经系统提供肌肉的长度和张力的变化信息。肌梭位于肌肉内部，其长轴与骨骼肌纤维长轴平行排列，呈并联关系；而腱器官位于肌肉和肌腱的接头处，与骨骼肌纤维呈串联关系。这两种感受器在肌肉中的排列方式与它们各自的感受机制密切相关，两者都广泛地分布在肌肉之中。

（1）肌梭的结构及其对肌肉长度的感受机制

肌梭是一个感受肌肉长度变化信息的感受器，呈长梭状，中部膨大、两端缩小，因而被称为肌梭。肌梭长 4~10 mm，外层是一层结缔组织的包囊，包囊内有一组特化的肌纤维（一般为 6~12 根），被称为梭内肌纤维（intrafusal fiber）（图 13-6），以区别于肌梭外的一般骨骼肌纤维，即梭外肌纤维（extrafusal fiber）。梭内肌纤维的中间部分无肌原纤维，因而无收缩能力，但被有髓鞘的Ⅰa类感觉传入纤维的末梢所支配缠绕，形成的牵张感受器能够感受肌肉的长度变化和舒缩速度。当肌肉受到被动牵拉时，梭外肌纤维被拉长的同时使得与其并联的梭内肌纤维也相应地被拉长，从而激活梭内肌纤维中间部分牵张感受器中的机械门控离子通道，引起通道开放和阳离子内流，导致Ⅰa类感觉神经末梢的细胞膜发生去极化。

但当α运动神经元收到中枢运动指令主动收缩肌肉时，肌梭若随肌肉缩短而被松弛，则Ⅰa类传入纤维将停止发放，导致肌梭停止工作。然而，这一情况不会发生，因为支配肌梭两端具有较强收缩能力部分的γ运动神经元也会被中枢同步激活，即α-γ共激活（alpha-gamma coactivation），使肌梭两端收缩变短，从而提高肌梭的敏感性，使Ⅰa类纤维的传入冲动不会在肌肉主动收缩时中断（图 13-6）。

（2）腱器官的结构及其对肌肉张力的感受机制

腱器官是一种长约 1 mm、直径约 0.1 mm 的纤细包囊状结构，位于肌肉和肌腱的接头处，是感受肌肉张力变化的感受器。在腱器官中，由肌腱发出的胶原纤维束分成细束，形成发辫样结构，连接到梭外肌纤维上。每一个腱器官都被一根Ⅰb类感觉传入纤维所支配，Ⅰb类纤维在进入包囊后脱去髓鞘，并分支成许多纤细的末梢，穿行于发辫样交织的胶原纤维之中（图 13-7），因此，肌肉收缩产生的张力会使腱器官内

> **想一想**
> 肌梭和腱器官在被动牵拉和主动收缩过程中分别发生怎样的反应？

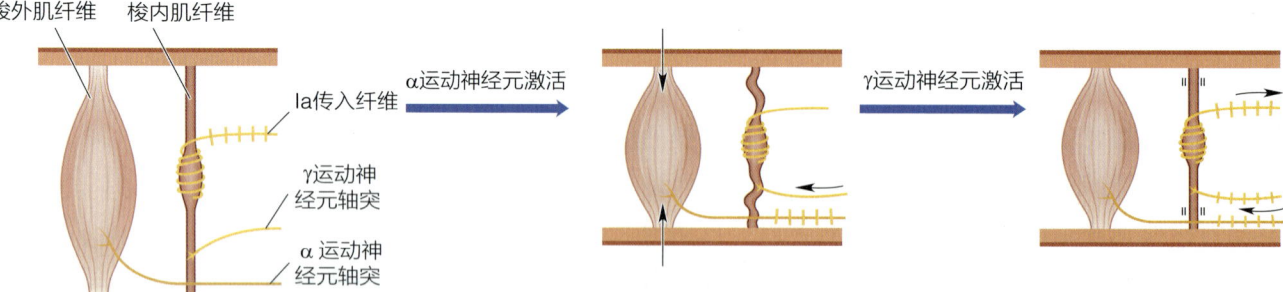

图 13-6　肌梭、Ⅰa类传入神经支配和α-γ共激活

当肌肉处于牵拉状态时，梭外肌纤维被拉长的同时使得与其并联的梭内肌纤维也相应地被拉长，从而激活支配梭内肌纤维的Ⅰa类感觉神经末梢。当α运动神经元激活引起肌肉收缩时，由于梭内肌纤维两端的可收缩部分接受γ运动神经元末梢的支配，因此中枢可通过激活γ运动神经元，使梭内肌纤维同步收缩，从而提高肌梭的敏感性，使Ⅰa类感觉传入末梢更容易产生动作电位，不至于在肌肉收缩时停止发放

胶原纤维的张力增大,从而挤压Ⅰb类纤维末梢,使神经末梢变形进而引起它们的放电。

四、脑干及其下行运动通路

躯体运动控制系统位于第二等级的结构是脑干。脑干中的许多神经元群投射到脊髓灰质,并终止于那些与肌肉收缩活动有关的脊髓中间神经元和运动神经元,从而调节它们的活动。根据脑干下行通路在脊髓中的行走位置和终止部位,可将它们分成两个主要的系统:腹内侧下行通路(ventromedial descending pathway)和外侧下行通路(lateral descending pathway)。腹内侧下行通路在系统发生上比较古老,包括了网状脊髓束、前庭脊髓束和顶盖脊髓束,终止于脊髓灰质的腹内侧部,调控支配躯干中轴和肢体近端肌肉的运动神经元活动,因而与姿势控制有关。外侧下行通路主要为红核脊髓束,终止于脊髓灰质的背外侧部,调控支配肢体远端肌肉的运动神经元活动,在目标导向运动,特别是在上肢和手的目标导向运动中发挥重要作用。此外,脑干中的一些运动核还控制眼睛和头部的运动。

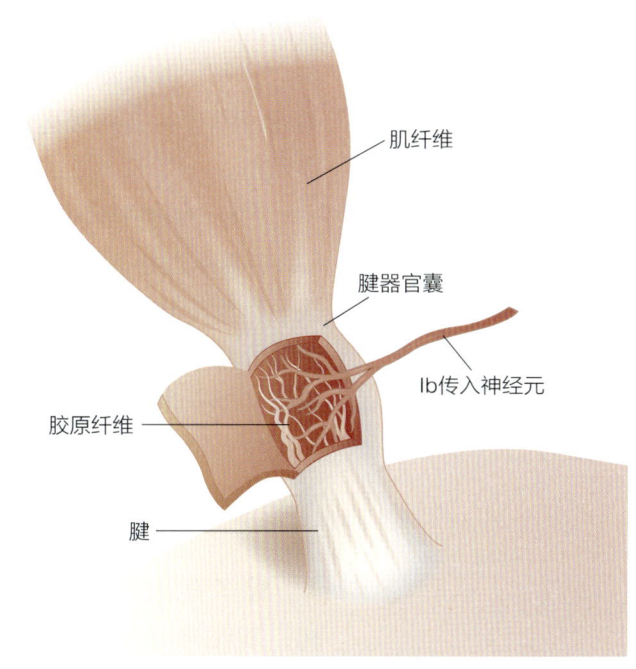

图 13-7 腱器官的结构及其Ⅰb类感觉传入神经支配

🔍 拓展阅读 13-1
脑干下行运动通路

五、大脑皮层运动区及其下行运动通路

位于躯体运动控制最高等级的结构是大脑皮层运动区。神经系统组织复杂的运动行为和执行精细的运动均有赖于大脑皮层运动区发出的控制信息,即由大脑皮层运动区产生的运动指令。

大脑皮层运动区包括初级运动皮层(primary motor cortex)、前运动皮层(premotor cortex)和辅助运动皮层(supplementary motor cortex)三个部分(图 13-8)。大脑皮层

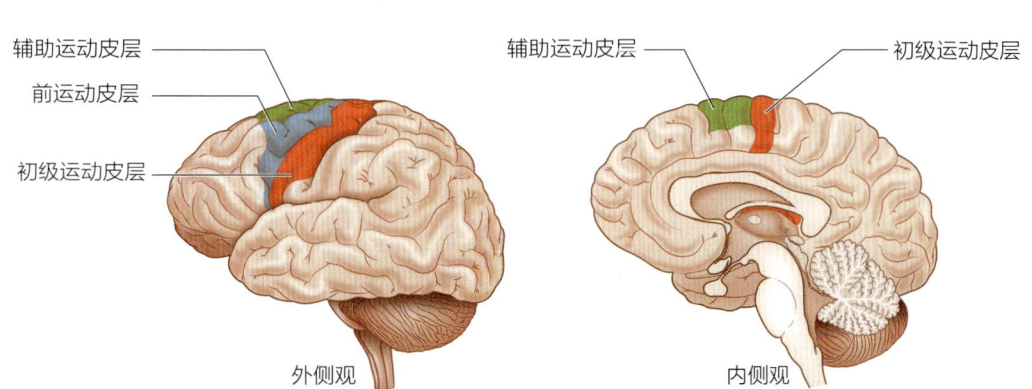

图 13-8 人大脑的初级运动皮层、前运动皮层和辅助运动皮层

运动区神经元发出的轴突所构成的纤维束直接或通过脑干下行系统间接地投射到脊髓。另外，前运动皮层和辅助运动皮层接受后顶叶和前额叶联络皮层的纤维投射，并有纤维投射到初级运动皮层。因此，这两个区域在复杂运动的计划和发起中有重要作用。

大脑皮层的运动指令经皮层脊髓束（corticospinal tract）和皮层脑干束（corticobulbar tract）两条通路下行。前者由大脑皮层发出，经内囊、脑干下行，到达脊髓腹角，直接地作用于脊髓的运动神经元和中间神经元，控制躯干和四肢肌肉的收缩活动；后者由大脑皮层发出，经内囊到达脑干各运动核内的运动神经元，控制头面部肌肉的收缩活动。皮层脊髓束和皮层脑干束是最重要的控制下运动神经元的直接通路。

> 拓展阅读 13-2
> 大脑皮层下行运动通路

六、小脑和基底神经节

除了脊髓、脑干和大脑皮层这三个运动控制的等级结构之外，脑的另外两个结构，基底神经节（basal ganglia）和小脑（cerebellum）均与大脑皮层构成环路联系，也参与了运动控制。

基底神经节接受大部分大脑皮层区域的传入，其传出纤维主要还返回到传入该基底神经节环路的大脑皮层区域。基底神经节损伤也会导致一系列运动失常，包括随意运动的发起困难、不正常的随意运动和姿势异常。

小脑通过比较皮层下行运动指令和实际运动执行情况的反馈信息来提高运动的精确性。小脑受损会导致肌肉活动不协调，从而引起各种躯体运动障碍和平衡失调。

第二节　反射运动和节律运动

一、反射运动

即使是一个十分简单的运动也涉及机体不同部位许多肌肉之间协调的收缩活动，机体这种将一些相对独立的肌肉收缩活动联系起来，以使它们一起协调活动的过程称为运动协调（motor coordination）。运动协调的最基本表现形式是反射（reflex），即机体在中枢神经系统的参与下对某一特定的感觉刺激产生形式相对固定的应答性反应的过程。

脊髓的神经环路可以完成一些基本的感觉-运动反射。脊髓通过感觉神经从皮肤、肌肉和关节接收感觉信息，经脊髓中枢整合之后由运动神经引起肌肉的收缩，从而完成反射运动。因而，这些由感觉传入所触发，经脊髓环路介导而完成的非随意性运动就被称为脊髓反射（spinal reflex）。虽然运动皮层可以通过它的下行通路直接控制脊髓环路的活动，但脊髓反射仍然有其相对的独立性，而且它们是所有随意运动的基础。因此，了解脊髓反射活动的特征，以及脊髓环路怎样被高位中枢适当地组织起来以产生更为复杂的运动,对于了解复杂的行为活动来说是非常有意义的。另外,脊髓反射对于临床医生诊断疾病来说也很有用,因为反射活动的变化可以反映感觉通路和运动通路结构和功能的完整性,也可以用来评价脊髓乃至高位中枢的兴奋性水平。

牵张反射(stretch reflex)中的腱反射(tendon reflex)是脊髓环路所介导的一种最简单的反射运动,它的反射环路仅由两个神经元,即一个肌梭感觉神经元和一个α运动神经元所构成,故它是一种单突触反射(monosynaptic reflex)。而其他一些脊髓反射,如由痛觉刺激所引起的屈反射(flexion reflex)则需要一个或更多的中间神经元来接转感觉神经元与运动神经元,因而这些脊髓反射是多突触反射(multisynaptic reflex)。脊髓的多突触反射环路在人类和动物的姿势、行走,以及一些更为复杂的行为活动中都有重要的作用。

1. 牵张反射

牵张反射是一种调节肌肉长度和张力的反射运动,它有两种表现形式:一种是由肌肉长度的短暂变化所引起的肌肉一次快速而短暂的位相性收缩,称为位相性牵张反射(phasic stretch reflex)或腱反射;另一种则是由持续地牵拉肌肉所引起的肌肉微弱而持久的紧张性收缩,称为紧张性牵张反射(tonic stretch reflex)或肌紧张(muscle tone)。

图 13-9 所示的是屈肌发生牵张反射的例子。从该图可知,牵张反射环路的感受器就是前文所述的肌肉长度感受器肌梭,传入神经和传出神经则分别是来自肌梭的Ⅰa类感觉传入纤维和脊髓α运动神经元的轴突。Ⅰa类传入纤维经脊髓背根进入脊髓

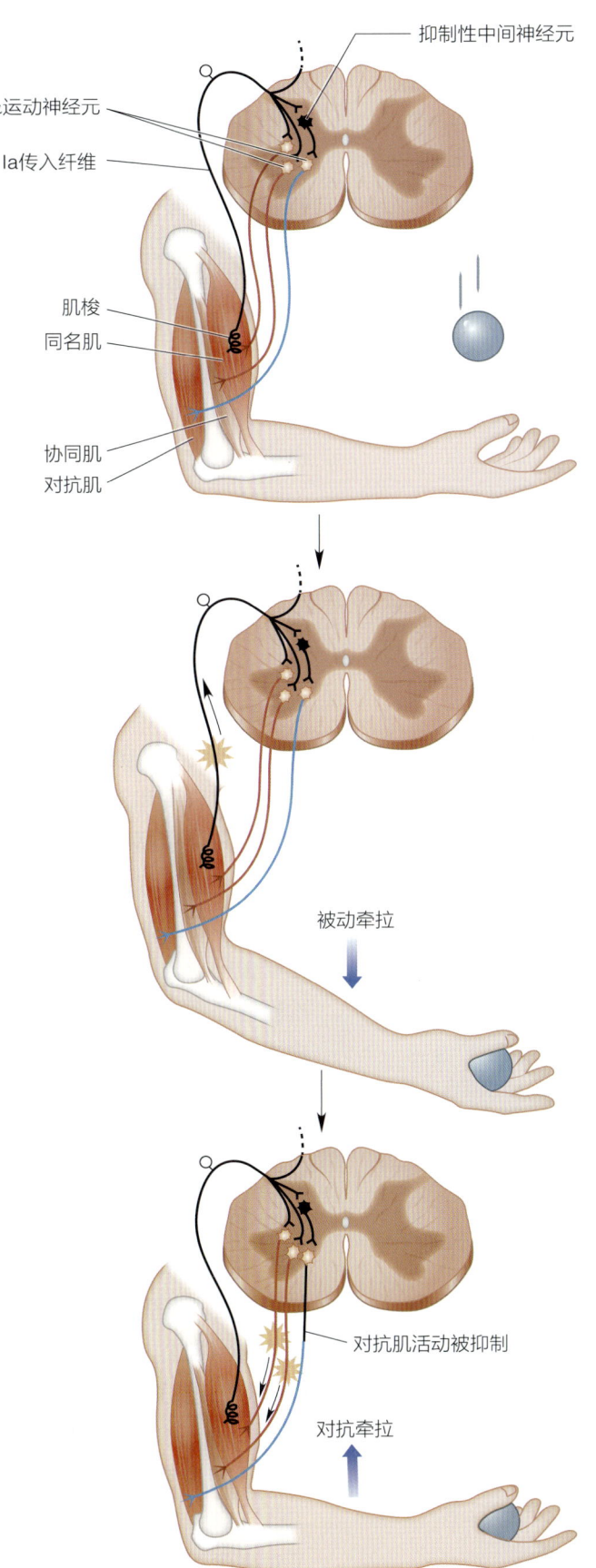

图 13-9 牵张反射的神经环路和反射过程

当肌肉被快速牵拉时,肌肉中的肌梭感受器发放增多,冲动将通过Ⅰa类传入纤维兴奋同名肌运动神经元和协同肌运动神经元,使肌肉产生一次与牵拉方向相反的收缩。此外,Ⅰa类传入纤维也通过抑制性中间神经元抑制对抗肌运动神经元,使对抗肌舒张,减小对抗肌对肌肉收缩活动的制约

背角，随即分成许多侧支支配脊髓腹角中的α运动神经元。在被Ⅰa类传入纤维侧支所支配的运动神经元中，有一些发出轴突支配同名肌（homonymous muscle），即这些Ⅰa类传入纤维原来起源的同一块肌肉。Ⅰa类传入纤维与这些同名肌运动神经元发生兴奋性突触联系，因此当肌肉被突然快速牵拉时（如手突然接住实心球，图13-9），肌肉中的肌梭牵张感受器发放增多，冲动将通过Ⅰa类传入纤维和同名肌运动神经元构成的反射环路引起同名肌的一次收缩，这就是牵张反射。

Ⅰa类传入纤维的侧支除了支配同名肌运动神经元之外，也支配另外一些运动神经元。这些运动神经元发出轴突支配了那些控制同一关节，并协助同名肌完成关节弯曲任务的肌肉，即协同肌（synergist muscle）。Ⅰa类传入纤维与协同肌运动神经元之间的突触联系也是兴奋性的，因而Ⅰa类纤维的传入活动在引起同名肌收缩的同时，也可以引起协同肌的收缩。另一方面，还有一些Ⅰa类传入纤维的侧支会与Ⅰa抑制性中间神经元（Ⅰa inhibitory interneuron）发生兴奋性突触联系，并通过这些抑制性中间神经元的接转抑制支配对抗肌（antagonist muscle）的运动神经元，从而导致对抗肌舒张。这种肌梭传入直接兴奋同名肌和协同肌，并通过抑制性中间神经元抑制对抗肌的现象叫作交互神经支配（reciprocal innervation）。交互神经支配的生理意义是显而易见的，它可以使同名肌和协同肌弯曲关节的功能活动得以顺利地实现，并减小乃至去除对抗肌的制约，有助于关节屈曲状态的维持。可见，牵张反射环路是一个负反馈性的神经调节环路，其活动的结果是对抗肌肉长度的变化，因此牵张反射的一个作用是调节肌肉的长度和将肌肉维持在一个初始的长度上。由于脊髓牵张反射环路的存在，使得脑的高位中枢可以将肌肉长度的调节这样一些简单的调控交给脊髓来管理，而高位中枢主要去管理一些更为复杂和重要的行为活动。

在临床上，医生通过用叩诊锤敲击患者的肌肉或肌腱使肌肉受到牵拉而引起位相性牵张反射。比如叩击股四头肌肌腱引起膝跳反射来检查患者牵张反射的强弱，可以诊断神经系统损伤的部位和程度。牵张反射的减弱或消失，常提示反射弧的传入、传出通路或脊髓反射中枢的损伤；而牵张反射的亢进，常提示高位中枢的病变。因为在正常情况下，牵张反射更多受到高位中枢的抑制性调节。

> 拓展阅读 13-3
> 去大脑僵直

除了调节肌肉的长度以外，牵张反射也可以调节肌肉的张力，即肌张力。肌张力是指肌肉对抗外力牵拉的力。肌肉的内在僵硬性使其像一根弹簧，在它受到被动牵拉时有回缩的趋势，这构成了肌张力的一个成分——被动张力。肌张力的另一个成分——主动张力，则来自神经的活动，即由缓慢、持续地牵拉肌肉所引起的肌肉持续、轻度的紧张性收缩，即紧张性牵张反射。紧张性牵张反射多发生在那些维持躯体姿势的伸肌上。该反射是多突触反射，表现为同一肌肉的不同运动单位交替收缩，因此能持久进行而不易疲劳。由于牵张反射的神经环路受到高位中枢的兴奋性或抑制性调节，该反射也为中枢神经系统提供了一种调节肌肉张力的途径。

> 想一想
> 反牵张反射的生理意义是什么？

2. 反牵张反射

反牵张反射（inverse stretch reflex）的感受器是腱器官。在发生牵张反射时，除了对抗肌运动神经元可被Ⅰa抑制性中间神经元所抑制之外，同名肌运动神经元也可以被另一种Ⅰb抑制性中间神经元（Ⅰb inhibitory interneuron）所抑制，从而产生抑制牵张反射的效应。从图13-10可以看出，Ⅰb抑制性中间神经元接受来自腱器官的Ⅰb类传入纤维的兴奋性传入。当肌肉收缩产生巨大张力时，腱器官可因张力增加而兴奋，通过Ⅰb类传入纤维兴奋Ⅰb抑制性中间神经元，进而抑制同名肌运动神经元，从而减小肌肉收缩所产生的张力。因此，如果说由肌梭介导的牵张反射是调节肌肉长度的一种负反馈机制，那么由腱器官和Ⅰb抑制性中间神经元构成的环路则为机体提供了一种调节肌肉收缩张力的负反馈性反射机制。

3. 屈反射和对侧伸肌反射

屈反射是一种保护性反射，它使肢体可以从伤害性刺激上缩回，以保护肢体不被伤害性刺激所损伤。与牵张反射不同，屈反射的感受器是位于体表的皮肤感受器，其反射通路是一个多突触环路，并且反射需要多个关节上肌肉的协调性收缩才能完成（图13-11）。与牵张反射一样，屈反射也有交互神经支配机制的参与，即在受刺激肢体侧的屈肌发生收缩的同时，该肢体的伸肌则被舒张，使反射得以完成。若伤害性刺激发生在一侧下肢，则随着受刺激侧肢体的屈曲，未受刺激的对侧肢体还会产生一个

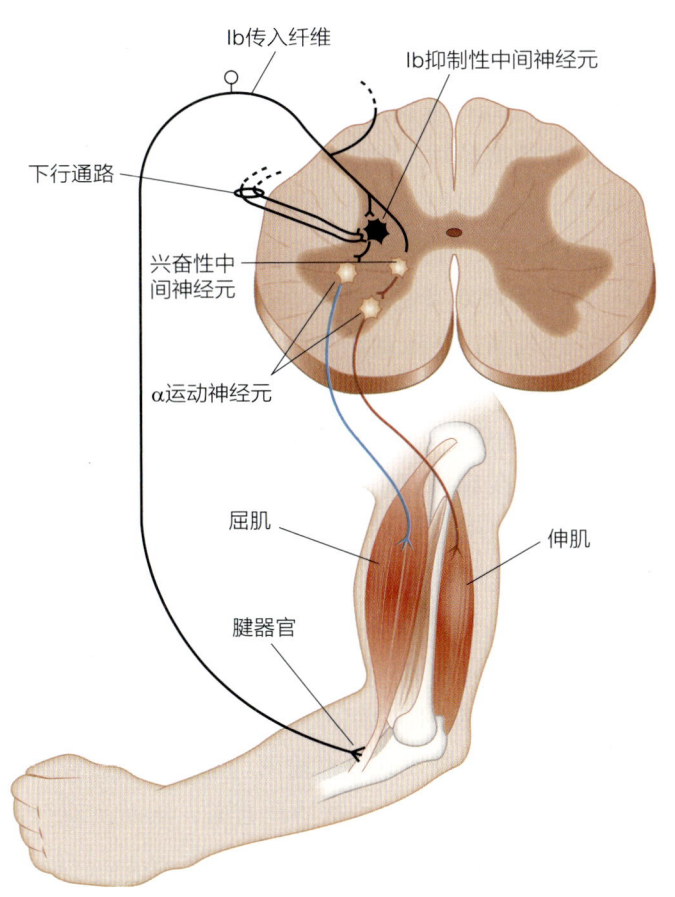

图13-10 通过腱器官、Ⅰb类传入纤维和Ⅰb抑制性中间神经元调节肌张力的负反馈环路

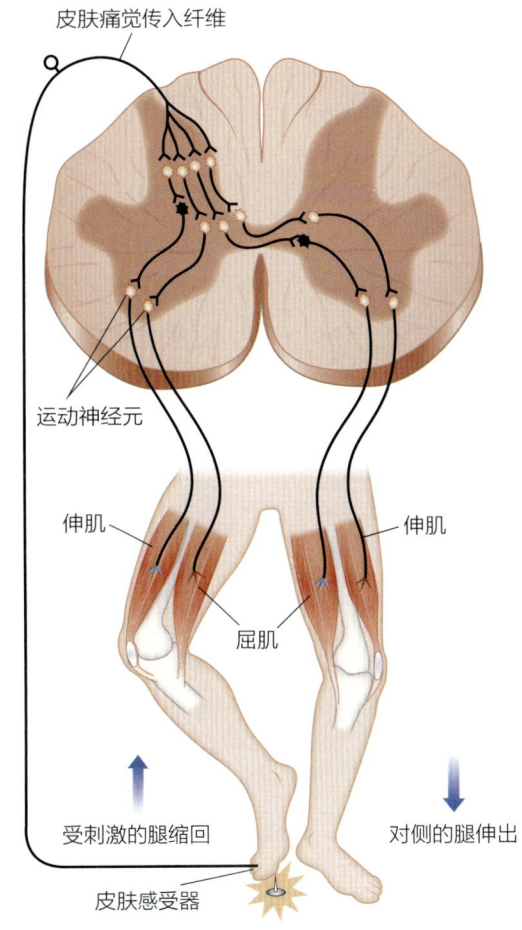

图13-11 屈反射和对侧伸肌反射

相反的活动，即伸肌收缩、屈肌舒张，从而使得对侧肢体伸直，这被称为对侧伸肌反射（crossed-extension reflex）。由于对侧伸肌反射的存在，当受刺激侧下肢缩回的同时，对侧下肢出现的伸肌反射则可以加强支撑躯体的力量，使身体不至于失去平衡而倾倒（图 13-11）。

二、节律运动

行走（locomotion）、搔抓和呼吸等节律运动是一种介于反射运动和随意运动之间，并兼具这两类运动特点的运动形式，它可以随意地开始和停止，然而一旦发起便不需要意识的参与而自动地重复进行。以下我们将以行走为例来阐述节律运动的控制原理。

行走既是一种节律运动，又是一种随意运动。在正常情况下，一旦开始行走，我们就不再需要对行走进行有意识地控制，这时的行走就是一种节律运动。但是，我们也可以有意识地控制我们的行走速度和行走步态，还可以在行走时同时进行一些目的性随意运动，如扔一个球，与朋友谈话，甚至是看一本书。在很大程度上，正常行走的自主性（automatically）可归因于脊髓局部环路的作用，而行走的随意性（voluntarily）则来源于大脑皮层运动区对脊髓环路的控制。协调肌肉群舒缩活动以产生节律性运动的脊髓局部环路被称为中枢模式发生器（central pattern generator, CPG），它能产生节律性神经输出，并以此驱动行走这样的节律性运动行为。

猫是一种研究行走神经机制的很好的模型动物。将猫的脊髓切断防止高位中枢的下行信号到达脊髓，可构建脊髓猫模型。在外力的支持下（将动物的头部固定于立体定位仪上，并用一肚兜将其躯体后半部兜起），脊髓猫依然能够随着走步机的转动以近乎正常的步态行走（图 13-12A）。进一步切断脊髓背根以去除外周的感觉传入后，脊髓猫仍可以随走步机的转动而行走。这表明，导致动物产生节律性行走运动的基本节律中枢在脊髓，并且这种节律性活动不依赖于感觉反馈。

> **想一想**
> NMDA 受体的特性，并试分析其激活后产生节律性爆发式发放的机制。

那么 CPG 是如何产生节律性活动模式的呢？可以通过两个策略实现：一个策略是 CPG 中的一个或多个神经元元件具有内在起搏器（pacemaker）特性。研究发现，NMDA 受体和钙激活钾通道的简单耦联就足以引起单个脊髓中间神经元产生这样的节律性活动（图 13-12B）。另一个策略是，组成 CPG 的神经元环路的特定组构能够产生节律性活动模式。图 13-12C 显示了一种可能用于行走的 CPG 环路。该 CPG 环路由两个兴奋性中间神经元和两个抑制性中间神经元构成。当一个稳定的输入传来时，与控制屈肌和伸肌的运动神经元分别连接的两个兴奋性中间神经元，可通过抑制性中间神经元对彼此产生强烈的抑制，从而产生交替的爆发式放电输出。这样，通过脊髓的对侧伸肌反射环路（或类似环路），两侧肢体的运动就可被协调起来，从而实现行走时一侧肢体的伸出伴随另一侧肢体的回缩。

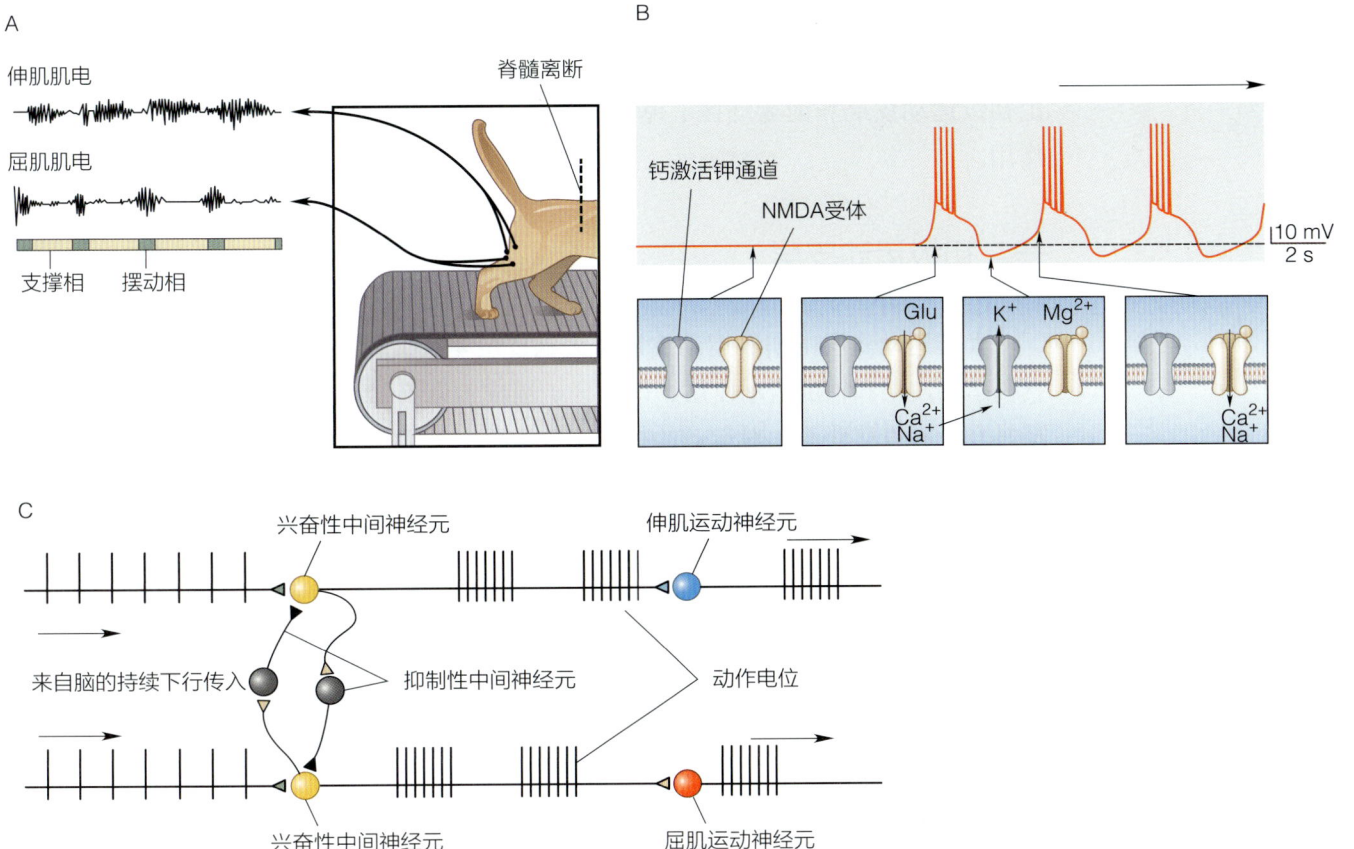

图 13-12　行走及其可能的中枢模式发生器机制
A. 脊髓横断的猫依然能够在走步机上行走。后肢屈肌和伸肌上记录到的肌电图与行走过程中后肢的摆动相和支撑相相对应；B. 一些脊髓中间神经元在 NMDA 受体激活时产生节律性去极化反应；C. 产生节律性交替活动模式的可能 CPG 环路

第三节　随意运动的发起和控制

在本章第一节中，我们已经知道中枢运动系统是以等级性组构来控制运动的。大脑皮层是运动控制的最高级中枢，而脑干和脊髓则属于较低级的运动中枢。但是，脑干和脊髓这些低级的运动中枢却为机体提供了一些基本的反射性和节律性运动模式，而这些基本的运动模式就像计算机程序的子程序一样，能够被大脑皮层随时调用，并组构成各种更为复杂的行为活动。正是由于脑干和脊髓这些低级运动中枢的活动，才使得大脑皮层可以从对每个运动的细节管理这种繁杂的事务性活动中解脱出来，得以发挥更为重要的发起和控制随意运动的功能。

一个随意运动可以分为运动计划（motor planning）、运动编程（motor programming）和运动执行（motor execution）三个阶段。运动计划处于最高的战略性层次上，它将决定运动的目的和为达到该目的所应采取的最佳运动策略。运动编程旨在解决具体的战术性问题，它将决定各有关肌肉收缩活动的时间和空间次序，以及为准确地达到运动目的而对肌肉活动进行适时的调节。运动执行是随意运动的最后阶段，它具体地实现运动程序，最终达到预期的运动目的。在这一节里，我们将分别讨论初级运动皮层和前运动区、基底神经节，以及小脑各自在随意运动三个阶段中的作用。

一、初级运动皮层

大脑运动皮层由初级运动皮层（大脑皮层 4 区）和前运动区（premotor areas，包括前运动皮层和辅助运动皮层，即 6 区）组成（见图 12-4 左）。初级运动皮层与 α 运动神经元有直接联系，对运动的执行十分重要。其损伤会导致肌肉运动力量的减弱和运动速度的减慢，甚至某些肌肉收缩能力的丧失。电刺激初级运动皮层则很容易引起躯体相应特定部位肌肉的收缩活动。这些现象都说明初级运动皮层直接参与了运动的发起和控制。

与躯体感觉皮层类似，初级运动皮层也是以躯体拓扑定位的方式组构的（见图 12-4 左），即它的某一特定区域的神经元活动与躯体某一特定部位的肌肉收缩活动相关联。然而，最近的研究表明，运动皮层躯体定位图较感觉皮层躯体定位图粗犷。虽然运动皮层中控制四肢、躯干以及头部的区域明显分开，但并不存在精确到单块肌肉的拓扑映射。因此，运动皮层编码的实际上是具有特定行为学意义的运动程序，而非单块肌肉的收缩。

一个初级运动皮层神经元能够同时影响到数块肌肉的收缩活动，那么一个要求许多不同肌肉同时进行收缩的多关节性运动的方向又是如何被皮层神经元所编码的呢？这个问题通过 Apostolos Georgopoulos 等（1982）的实验得到了回答。他们训练猴子按照信号灯的提示，将一个操纵杆从中央的起始点移动到周围一圈 8 个不同的方向上去（图 13-13A），并同时记录初级运动皮层神经元的放电活动。结果表明，初级运动皮层神经元的放电活动会随着运动方向的变化而变化，但每一个神经元都有其"优势方向"（preferred direction），即其放电在猴子将操纵杆移向该方向时最强（图 13-13B）。这一现象提示，单个皮层神经元的放电活动并不能决定一个多关节运动的方向，运动的方向很可能是由一群神经元的群体活动来决定的。如果用一个方向向量来表示一个神经元对某一特定运动方向的贡献，而朝向这个方向运动时该神经元的放电频率决定其方向向量的长度。那么，一个神经元群对某一运动方向的贡献，则可以用这个神经元群的群体向量（population vector）来表示，其数值等于该神经元群中各神经元方向向量的总和。计算结果表明，虽然所记录的每一个神经元都有各自的优势方向，但它们的群体向量方向却与运动目标的实际方向非常吻合（图 13-13C）。这一发现充分说明，随意运动的方向不是由一个皮层神经元的单独活动所决定的，而是由一大群皮层神经元的群体活动来决定的。群体向量解码为后来脑机接口的神经解码算法提供了重要基础。

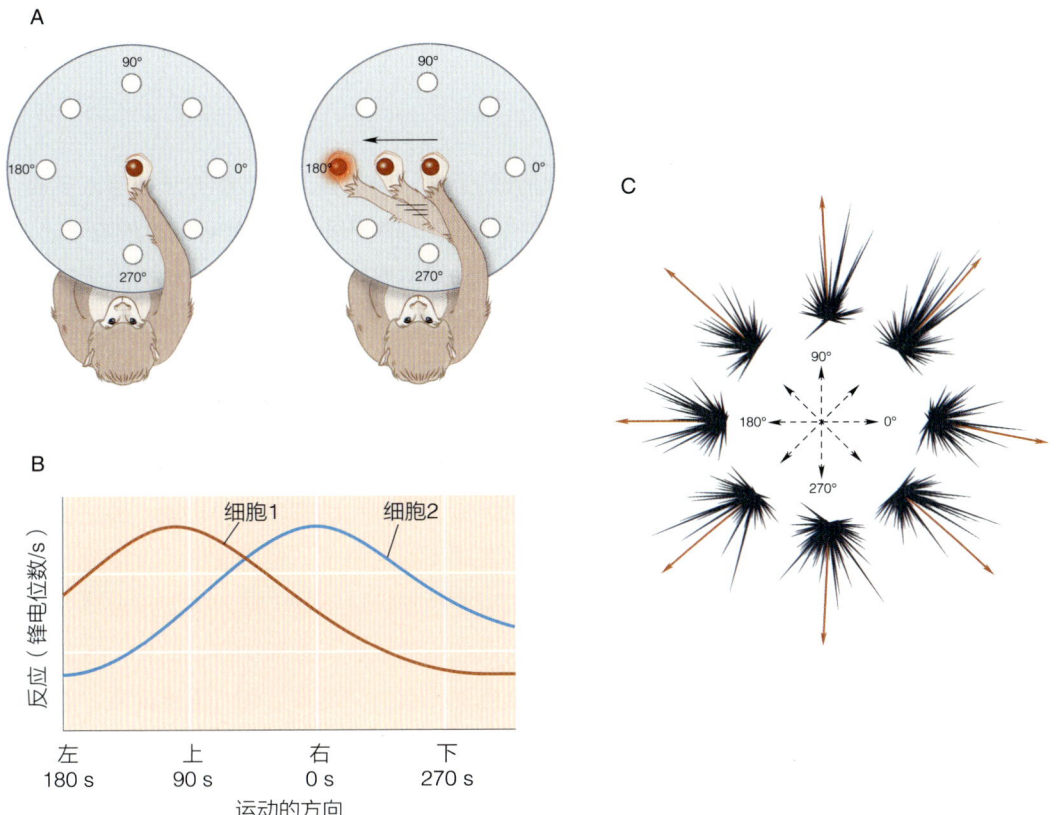

图 13-13 初级运动皮层神经元的放电活动与运动方向的关系

A. 实验示意图，显示运动的起始点和 8 个不同的运动方向；B. 运动皮层的两个细胞在手臂向多个方向的运动时均有放电，但是细胞 1 在手臂向上运动时放电频率最高，而细胞 2 在手臂由左向右运动时放电频率最高；C. 群体向量可预测运动的方向，红色箭头表示平均后的群体向量，该群体向量可预测猴子手臂的运动方向

二、辅助运动皮层和前运动皮层

　　初级运动皮层的正前方还有一块与运动有关的脑区，即前运动区。前运动区包括前运动皮层和辅助运动皮层，其中前运动皮层位于皮层的外侧表面，而辅助运动皮层则在半球的内侧面（见图 12-4 左）。与初级运动皮层一样，这两个区域也是按照躯体定位的方式组构的，只是更为粗犷和复杂。前运动皮层和辅助运动皮层与肌肉之间的联系相隔更多的突触，因而刺激这两个脑区时，需要较强的刺激电流和较长的刺激时间才能引起躯体的运动反应。而且，刺激这些部位所引起的运动要比刺激初级运动皮层所引起的运动复杂得多，常常是涉及多个关节和双侧躯体的活动。另一方面，与损毁初级运动皮层不同，损毁前运动区不会引起运动执行的障碍，而是影响动物制定正确运动策略的能力。例如，前运动区受损的猴子不会伸手从侧壁的开孔伸进透明盒子取食，而是将手以最短的运动路径直接伸向盒子的前壁抓取食物，就像是察觉不到有透明塑料挡板的存在，结果将手一次次地撞击到前壁上。

　　一般认为，前运动区在目标导向运动的计划和程序编制上发挥重要作用，而初级运动皮层主要担当运动执行的任务。应用正电子发射断层成像（positron emission tomography，PET）技术，前运动区与初级运动皮层之间的这种关系得到了证实。PET 技术可以无创地在清醒人脑上检测出局部微小的血流变化，反映该脑区神经元活动的加强或减弱。实验发现，当受试者做一个涉及全部五个手指的复杂序列运动时，除了

知识窗 13-1

脑 机 接 口

我们已经知道了运动皮层通过神经元群体活动的综合向量来编码有关运动方向的指令，那么理论上只要能记录到运动皮层中数量足够多的神经元的活动，我们就有可能预测将要执行的运动方向。脑机接口（brain-computer interface）的一个主要目标是帮助因脊髓损伤或运动神经元病而瘫痪的患者，使他们能够恢复控制随意运动的能力。这些患者的运动皮层没有损伤，仍能正常地进行运动计划和运动编程。但不幸的是，由于脊髓或下行传导通路的损伤或退行性病变，导致大脑皮层的运动指令无法传达至肌肉。脑机接口实际上是用外部终端设备（机械臂或鼠标）代替肌肉的功能，通过建立大脑和机器之间的直接信号通路，指导机器行使运动行为的功能（图 13-14）。要构建脑机接口，首先要采集运动皮层神经元的活动，目前较为有效的方法是植入多通道微电极阵列，可以同时记录几百个神经元的放电活动。这些神经元的活动紧接着被输入计算机以解析出运动指令，进而用于控制终端设备的输出。为了提高脑机接口的性能，计算机还可以将运动产生的反馈信号输入回大脑，构成一个闭环系统以不断改善操控。

除了面向运动的脑机接口，还可以利用脑机接口装置来修复包括听觉、视觉和前庭感觉等功能。虽然脑机接口有了这些激动人心的进步，但仍面临巨大挑战，比如它的精度和可控性都远远不够，植入的微电极阵列也会由于神经胶质细胞的包裹而逐渐失效。此外，未来脑机接口的发展还面临有关"脑控"和"思维读取"等伦理学上的问题。

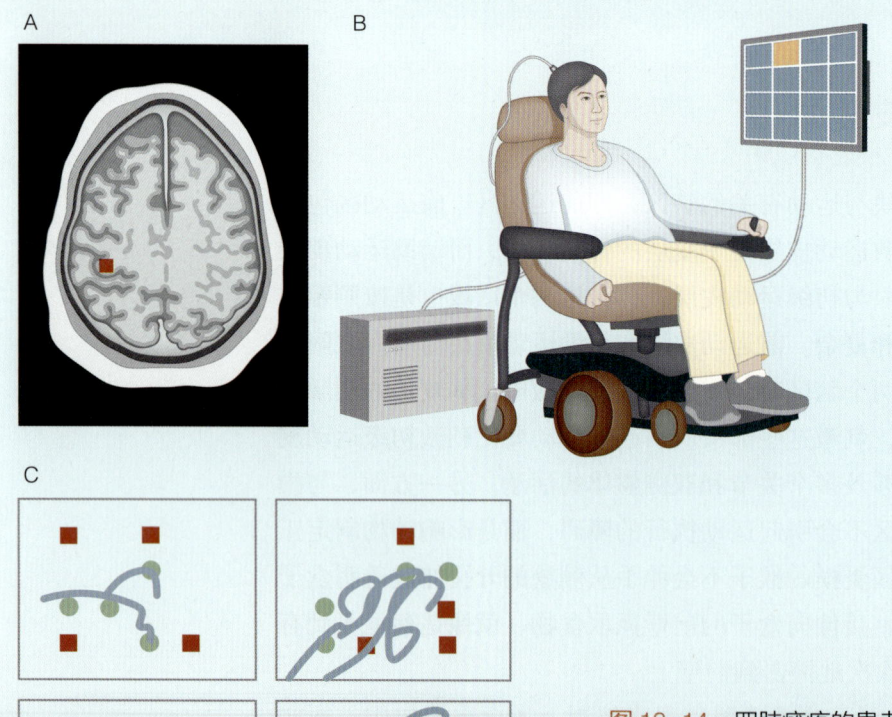

图 13-14 四肢瘫痪的患者通过脑机接口控制运动
A. 患者右侧运动皮层的手臂代表区经手术植入了一个 4 mm×4 mm 的多通道微电极阵列；B. 用该多通道微电极阵列记录患者运动皮层的神经元群活动来控制电脑鼠标；C. 患者通过脑机接口控制鼠标连接所有的圆圈并避开方块，图为 4 次不同实验的鼠标轨迹

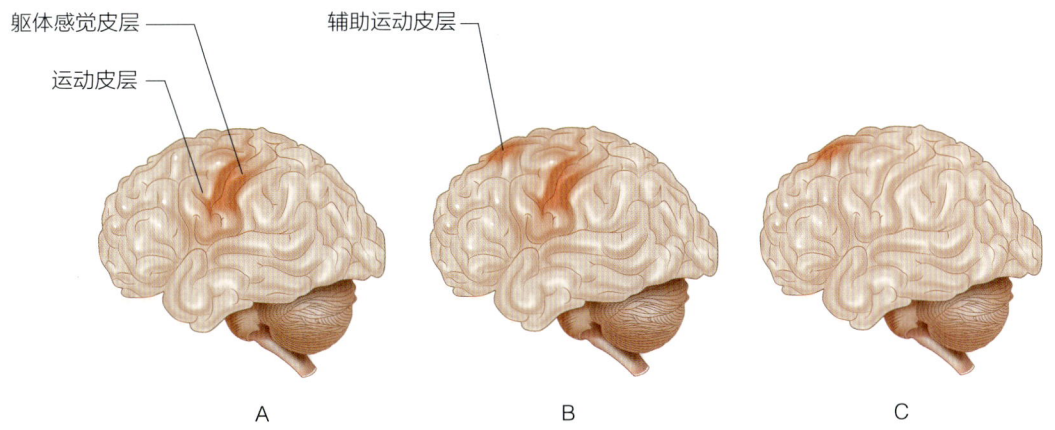

图 13-15 辅助运动皮层局部血流量变化与运动计划的关系
A. 受试者用手指做简单的动作；B. 受试者做复杂的手指运动；C. 受试者用心想，而不是实际地做复杂的手指运动

对侧初级运动皮层和躯体感觉皮层之外，双侧辅助运动皮层的脑血流量也增加了。但是，如果要求受试者仅仅用脑去想象，而并非实际去做这一复杂序列性动作时（称为内心演练，mental rehearsal），就只有辅助运动皮层的血流量有所增加（图 13-15）。这一实验结果说明，辅助运动皮层的活动不直接参与运动的执行，而是主要与运动计划这么一种思想活动过程有关，而这个思想活动过程不管其所计划的运动是否被付诸实施都可以发生。因此，辅助运动皮层是在一个更高的抽象化层次上参与了对随意运动的控制。

一项有趣的实验阐明了前运动皮层在运动控制中的作用。训练猴子当某一按键亮时（即指示信号）去按这个亮的按键以获得食物奖赏，但猴子必须等到按键上方的触发信号亮后按键才能得到奖赏，否则就得不到奖赏。触发信号和指示信号之间的这段延迟即是猴子运动准备的时间。在体多通道电生理学记录表明，一些前运动皮层神经元在指示信号出现而触发信号尚未出现前就开始放电，且往往仅在猴子准备去按某个特定方向（在该实验中，左边或右边）亮的按键时才放电，而运动一旦开始后即停止放电，因此这些神经元的活动显然是与运动准备相关的（图 13-16）。顶叶和额叶，辅助运动皮层和前运动皮层，以及初级运动皮层三者分别在运动意念生成、运动计划编程和运动执行中所发挥的功能，可用一句耳熟能详的口令——"各就位，预备，跑！"来形象地类比。

三、基底神经节

基底神经节是皮层下一些核团的总称。鸟类及其他低等脊椎动物，由于其大脑皮层发育不全，因此基底神经节是调节躯体运动的最高中枢。而在哺乳动物，基底神经节则降为皮层下的运动调节结构。基底神经节不直接从外周感受器接收传入信息，而是主要接受大脑皮层广泛区域的传入。它也没有直接传出到脊髓的纤维，而是通过丘脑再返回到相应的皮层区域，构成皮层-基底节-丘脑-皮层环路。

基底神经节的病变或损伤将导致严重的运动障碍，主要表现为运动计划和执行的障碍以及肌紧张的异常。帕金森病（Parkinson's disease）和亨廷顿病（Huntington's

图 13-16 前运动皮层神经元放电活动与运动准备的关系

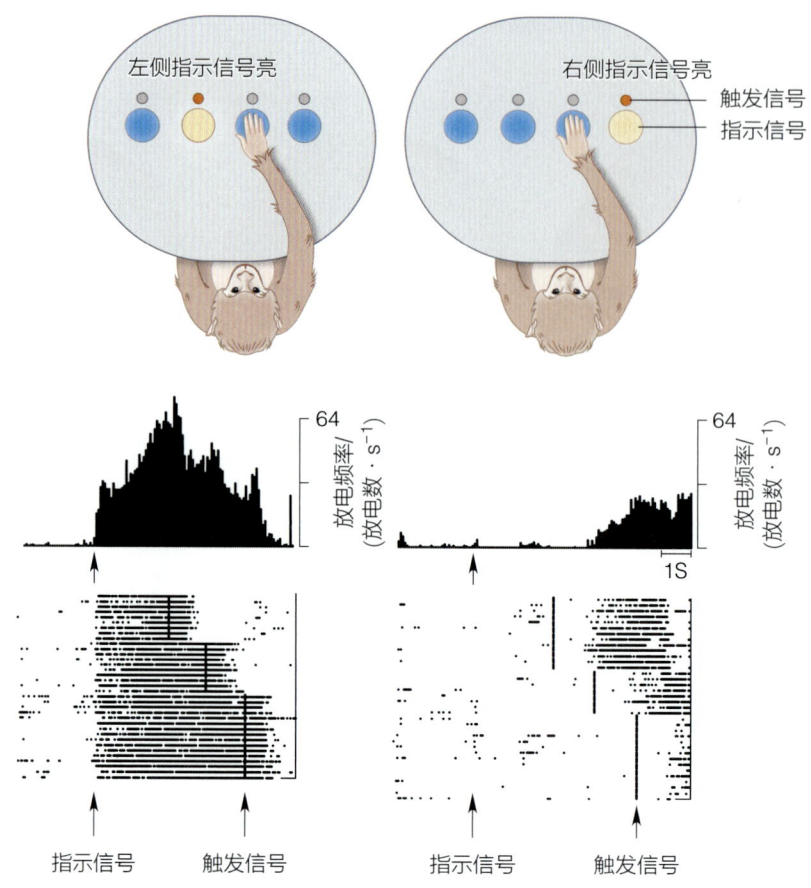

disease)是基底神经节疾病谱上的两个极端。

1. 基底神经节的组构

通常所指的基底神经节由五个彼此相互广泛联系的核团组成,这五个核团分别是尾核(caudate nucleus)、壳核(putamen)、苍白球(globus pallidus)、底丘脑核(subthalamic nucleus)和黑质(substantia nigra)(图 13-17)。在这五个核团中,尾核通过其头部与壳核相连,均从前脑的同一结构发展而来,被称为新纹状体(neostriatum)或简称纹状体(striatum)。苍白球则由间脑分化而来,分成内侧部(internal segment)和外侧部(external segment)。底丘脑核位于丘脑下方。黑质位于中脑,分成致密部(pars compacta)和网状部(pars reticulata)两个部分。其中,黑质网状部位于黑质腹侧部,其细胞构筑和功能类似于苍白球;而致密部位于背侧部,主要由多巴胺能神经元组成。由于多巴胺的聚合物是黑色的,因而在人脑切片上这一脑区呈现出黑色,这就是黑质名称的由来。尾核和壳核虽然被内囊分开了,但在功能上却是相似的,它们是基底神经节的主要输入核团。苍白球内侧部和黑质网状部则是基底神经节的主

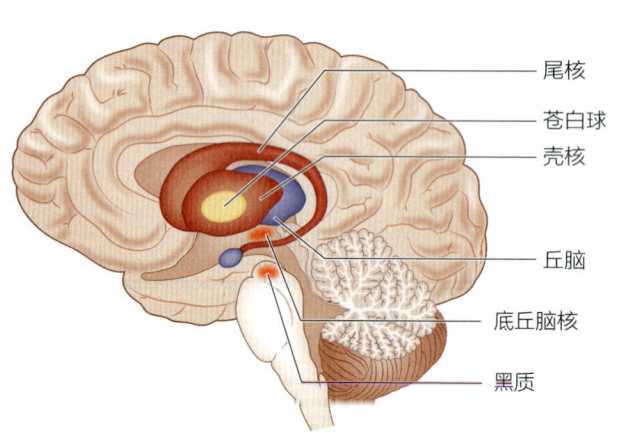

图 13-17 基底神经节的组构

要输出核团。

2. 基底神经节的传入和传出联系

几乎所有到达基底神经节的传入联系都终止于纹状体，这些传入主要来自基底神经节外部的大脑皮层和基底神经节内部的黑质致密部（图 13-18A）。从大脑皮层到基底神经节的传入纤维是一条谷氨酸能神经通路，起源于除视觉和听觉皮层之外的几乎所有的大脑皮层区域，包括大脑皮层联络区、运动皮层和感觉皮层。从中脑黑质到基底神经节的传入纤维则构成了黑质纹状体束（nigrostriatal tract），终止于尾核和壳核。这是一条多巴胺能神经通路，它的退行性病变将导致帕金森病。

纹状体中的主神经元是中型多棘神经元（medium spiny neuron，MSN），它们除整合来自大脑皮层和黑质的信息之外，还接受纹状体内胆碱能中间神经元的投射（图 13-18A），并发出抑制性 GABA 能投射支配苍白球和黑质网状部（图 13-18B）。尽管苍白球和黑质网状部接收处理并行流经基底神经节的不同类型的信号，但二者含有相同类型的神经元，并执行相似的功能。事实上，黑质网状部可被看作苍白球的一部分，其在大脑早期发育阶段与苍白球发生分离。二者的投射神经元共同构成基底神经节的主要传出通路，从而调控运动皮层和脑干中上运动神经元的活动。传出至皮层的投射主要起源于苍白球内侧部，经运动丘脑的腹前侧核（ventral anterior nucleus，VA）/腹外侧核（ventral lateral nucleus，VL）复合体（VA/VL complex）接转，到达运动皮层；而传出至脑干的投射主要起源于黑质网状部，无须丘脑接转，直接支配上丘中控制眼球和头部运动的上运动神经元（图 13-18B）。

由于苍白球和黑质网状部的投射神经元都是 GABA 能神经元，因此基底神经节的主要输出是抑制性的。与静息状态下几乎没有自发放电活动的纹状体 GABA 能 MSN 相比，由于缺乏内向整流钾通道，苍白球和黑质网状部中的 GABA 能投射神经元具有高水平紧张性自发放电活动，因而会对运动丘脑（及运动皮层）和上丘神经元发挥持续性的抑制作用，以避免产生不必要的动作。然而，当产生运动意图时，来自大脑皮层运动区的兴奋性传入活动可以一过性地激活纹状体 MSN，进而一过性地抑制苍白球 GABA 能神经元，从而打断苍白球对丘脑 VA/VL 复合体的紧张性抑制作用，即 MSN 的活动可以去除苍白球对丘脑 VA/VL 复合体的抑制作用，结果使丘脑向皮层的输出活动增强，这种现象称为去抑制（disinhibition）（图 13-19）。这种去抑制作用允许皮层上运动神经元向脊髓中间神经元和下运动神经元发送运动指令，进而发起运动。

> **想一想**
> 如何通过实验证明基底神经节的确通过去抑制机制来发起运动？

3. 基底神经节内部的神经元环路及其功能

基底神经节内部的神经元环路主要包括直接通路（direct pathway）和间接通路（indirect pathway），二者均起源于尾核和壳核中的 MSN。现已知道，尾核和壳核中存在两类 MSN，分别选择性地表达多巴胺兴奋性 D_1 受体或抑制性 D_2 受体。表达 D_1 受体的 MSN 特异性地投射到苍白球内侧部，进而投射到丘脑 VA/VL 复合体，构成直接通路；而表达 D_2 受体的 MSN 则特异性地投射到苍白球外侧部，而后经底丘脑核又回到苍白球内侧部，再由苍白球内侧部投射到丘脑 VA/VL 复合体，从而构成间接通路（图 13-20）。当直接通路激活时，通过对运动丘脑的去抑制作用，可易化大脑皮层发

图 13-18 基底神经节的传入和传出联系

A. 基底神经节接收大脑皮层和黑质的传入投射，尾核和壳核中的中型多棘神经元（MSN）整合大脑皮层、黑质和中间神经元的会聚性输入；
B. 基底神经节的传出投射经苍白球和丘脑 VA/VL 复合体到达大脑皮层，或经黑质网状部到达上丘

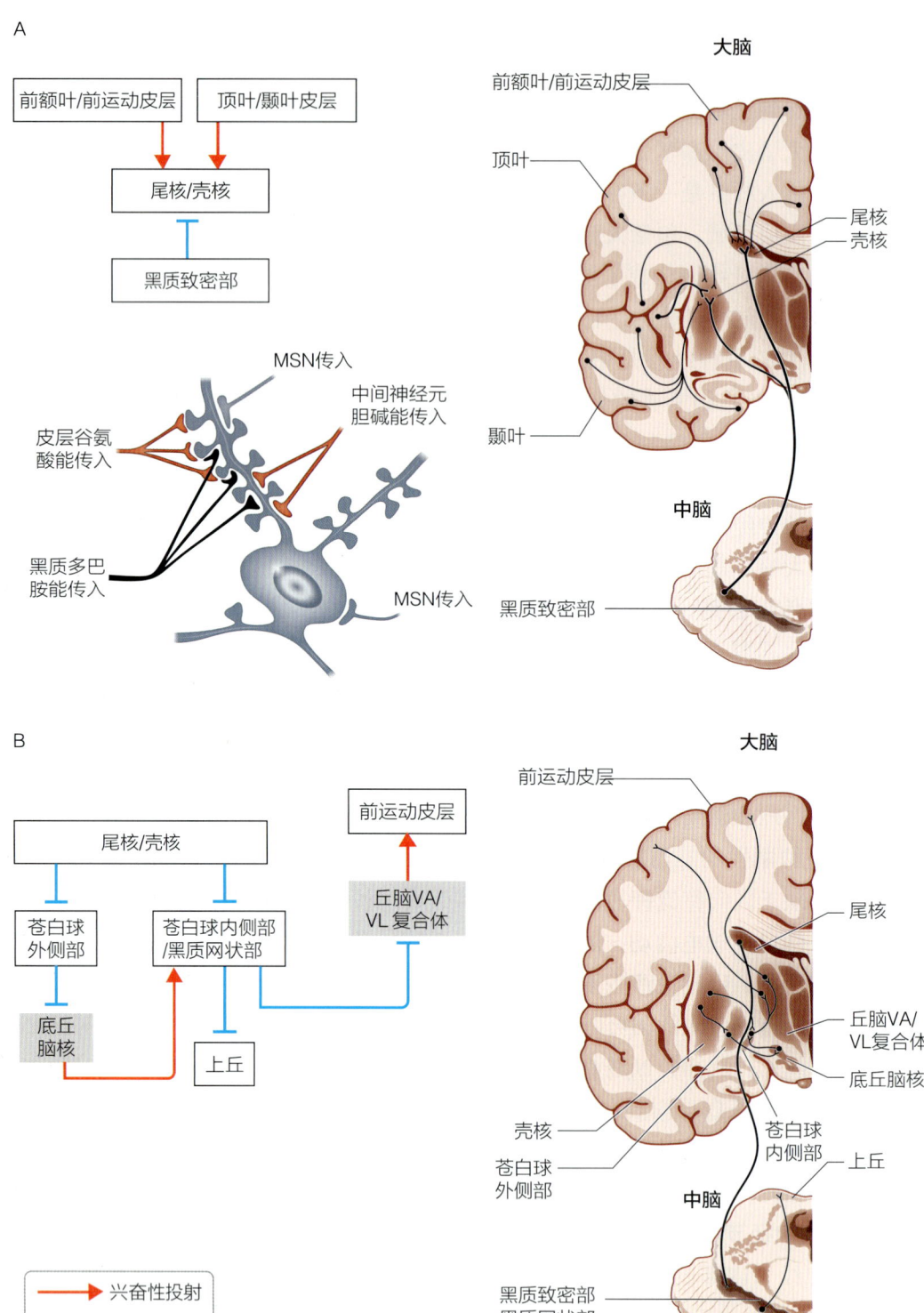

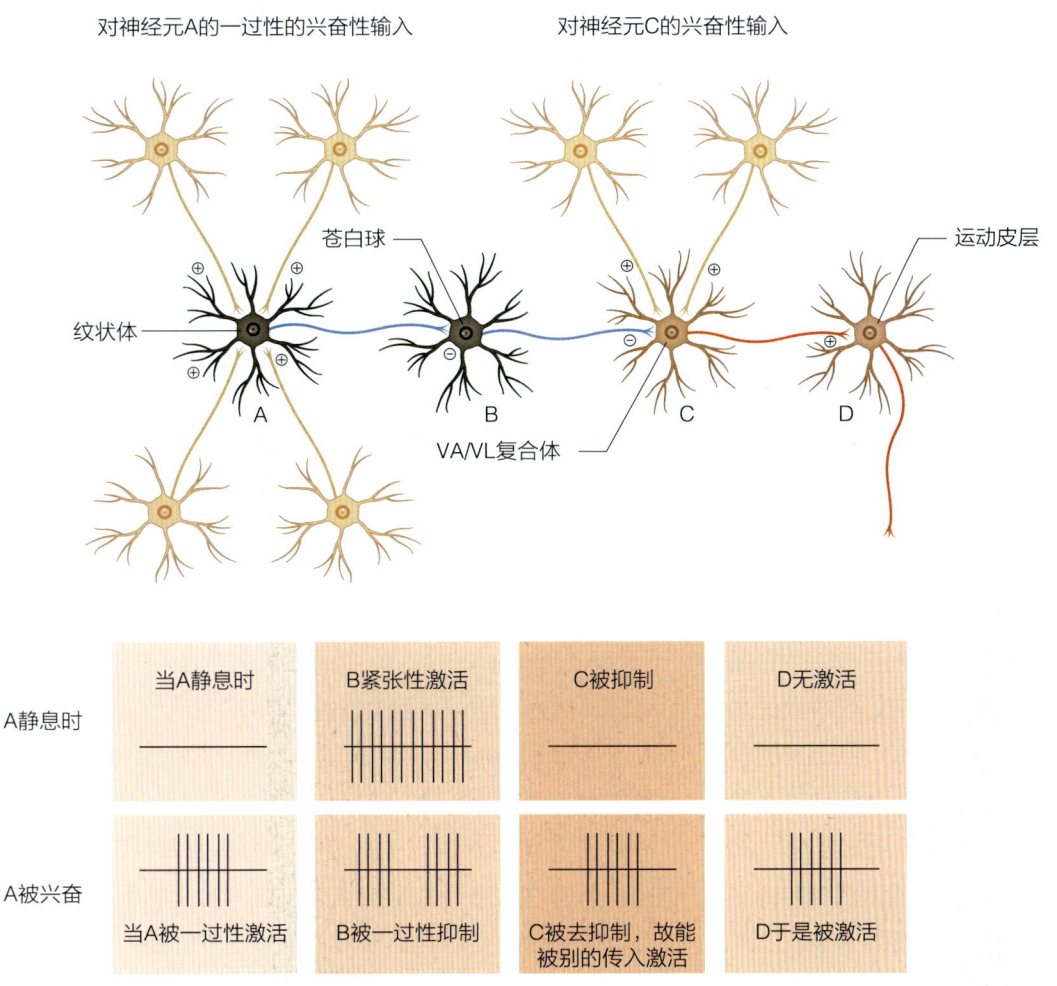

图 13-19 神经元去抑制环路模式图

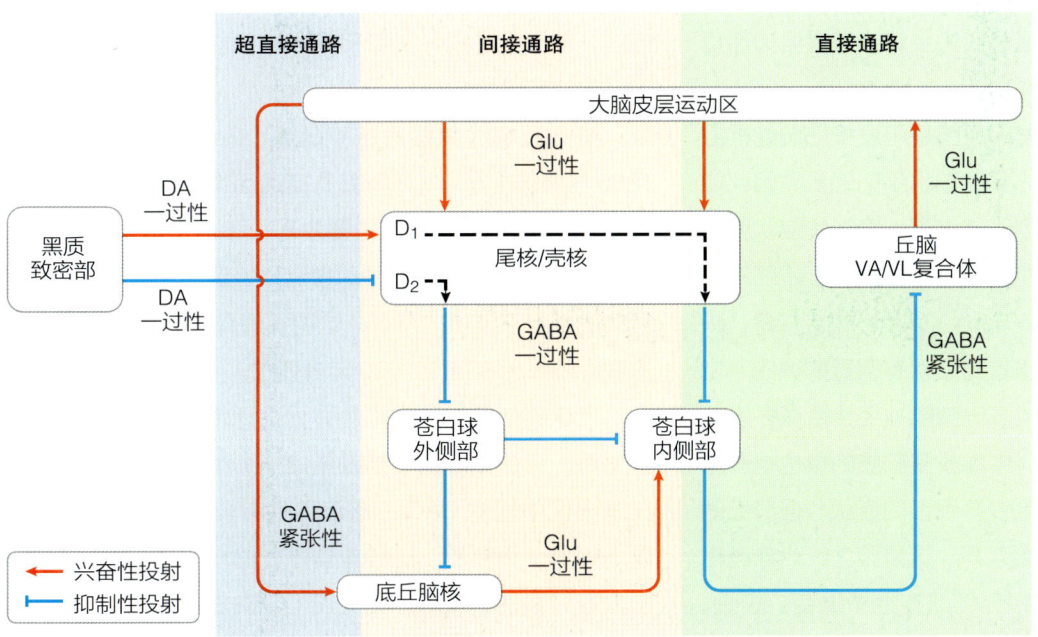

图 13-20 基底神经节的直接通路、间接通路和超直接通路

知识窗 13-2

基底神经节病变引起的疾病

基底神经节的病变将导致严重的运动障碍，主要表现为运动计划和运动发起异常。帕金森病和亨廷顿病是基底神经节疾病谱上的两个极端。

1. 帕金森病

帕金森病因英国医生詹姆斯·帕金森（James Parkinson，1755—1824）在1857年首先描述而得名。其主要症状是随意运动发起困难，动作迟缓，肌肉僵直，冻结步态，并常伴有静止性震颤（resting tremor），即手和下颌等在静止时发生节律性震颤，而在随意运动时减轻。

帕金森病的运动症状主要是由投射至纹状体的黑质多巴胺能神经元的退行性病变所造成的，但导致这些多巴胺能神经元退变的原因目前尚不清楚。从上文的讨论我们可以推出，当这些多巴胺能纤维发生退变时，基底神经节对丘脑VA/VL复合体的抑制性输出就会异常加强，最终导致运动丘脑对大脑皮层运动区的激活作用减弱甚至丧失（图13-21A）。因此，帕金森病患者表现出来的运动发起困难和随意运动缺乏的症状，可以用基底神经节对丘脑去抑制作用的丧失来解释。另外，由于基底神经节也发出纤维投射到脑干腹内侧下行系统中，因此这一通路活动的异常很可能是导致帕金森病患者肌肉僵直和姿势控制障碍的原因。

由于帕金森病的主要发病原因是黑质多巴胺能神经元的退变和随之出现的脑内多巴胺水平的降低，因此如果能将脑内的多巴胺恢复到正常水平，患者的症状就会有所改善。由于多巴胺不能通过血脑屏障，于是临床使用多巴胺的前体L-多巴（L-dopa）来治疗帕金森病。L-多巴对改善早期帕金森病患者的症状有明显的效应，它可使患者黑质中尚未退变的多巴胺能神经元合成多巴胺的能力加强，因而在纹状体中释放多巴胺的量也相应地增多，从而显著地减轻帕金森病患者的症状。但遗憾的是，L-多巴并不能治愈帕金森病，这是因为在治疗过程中，黑质中的多巴胺能神经元仍然在继续退变。于是，L-多巴的疗效逐渐减小，患者的症状依然会愈加严重。另外，高浓度的L-多巴也会对黑质-纹状体通路以外的其他脑内多巴胺能系统（见第十四章）造成影响，产生副作用。除了药物治疗外，临床上还可以借助神经外科脑立体定位手术改善帕金森病症状。由于黑质多巴胺能系统对新纹状体的输出减弱将引起苍白球内侧部活动的增强，因此手术损毁底丘脑核或苍白球内侧部以减弱苍白球对丘脑的抑制作用可以改善帕金森病患者的运动能力。但是，由于损毁手术的不可逆性，因此现代立体定位手术一般在脑成像技术的指导下，采用深部脑刺激（deep brain stimulation）而非损毁的方式来调控基底神经节环路的活动，从而改善帕金森病的症状。此外，基因治疗和干细胞移植也是非常有前景的实验性治疗策略。基因治疗通过转入酪氨酸羟化酶等与多巴胺合成相关的酶基因或神经营养因子基因等目的基因来纠正疾病表型。而通过向患者的尾核和壳核植入胎儿的黑质组织，可以使患者的新纹状体恢复分泌多巴胺的能力。但是，由于这一方法涉及伦理学问题，因此采用诱导多能干细胞技术，将非神经组织用于制备多巴胺能神经元并移植入基底神经节可能成为治疗甚至治愈帕金森病的新疗法，这一疗法亦可应用于其他神经退行性疾病的治疗。

2. 亨廷顿病

亨廷顿病因美国医生亨廷顿（George Huntington，1850—1916）于1872年首先描述而得名。亨廷顿病又称舞蹈病（chorea），其主要表现为不自主地运动过多，特别是四肢的痉挛性和蠕动样运动，因而患者的目标性运动表现出不连贯的特征。这种疾病有逐渐加重的趋势，最终会导致患者在10~20年内死亡。

亨廷顿病是一种常染色体显性遗传疾病，通常在中年发病。它是由编码亨廷顿蛋白（huntingtin）的基因所在编码区中间的CAG三核苷酸大量异常重复（40个及以上拷贝）引起的，这种重复序列的增加导致亨廷顿蛋白靠近N端的谷氨酸序列变长（CAG三核苷酸编码谷氨酸）。亨廷顿病症状出现的时间与 CAG 序列的重复次数密切相关，即重复次数越多，症状出现得越早。目前已发现 CAG 重复序列的异常增加与多种神经退行性疾病相关，这些疾病都是显性遗传疾病，且多数与运动功能有关。研究表明，过表达增长的谷氨酸序列本身就可以造成神经元退变而引起疾病。携带长谷氨酸重复的蛋白易形成聚集体，从而导致这些蛋白质的功能以及与其他正常蛋白的相互作用被破坏，这也是长 CAG 重复序列疾病

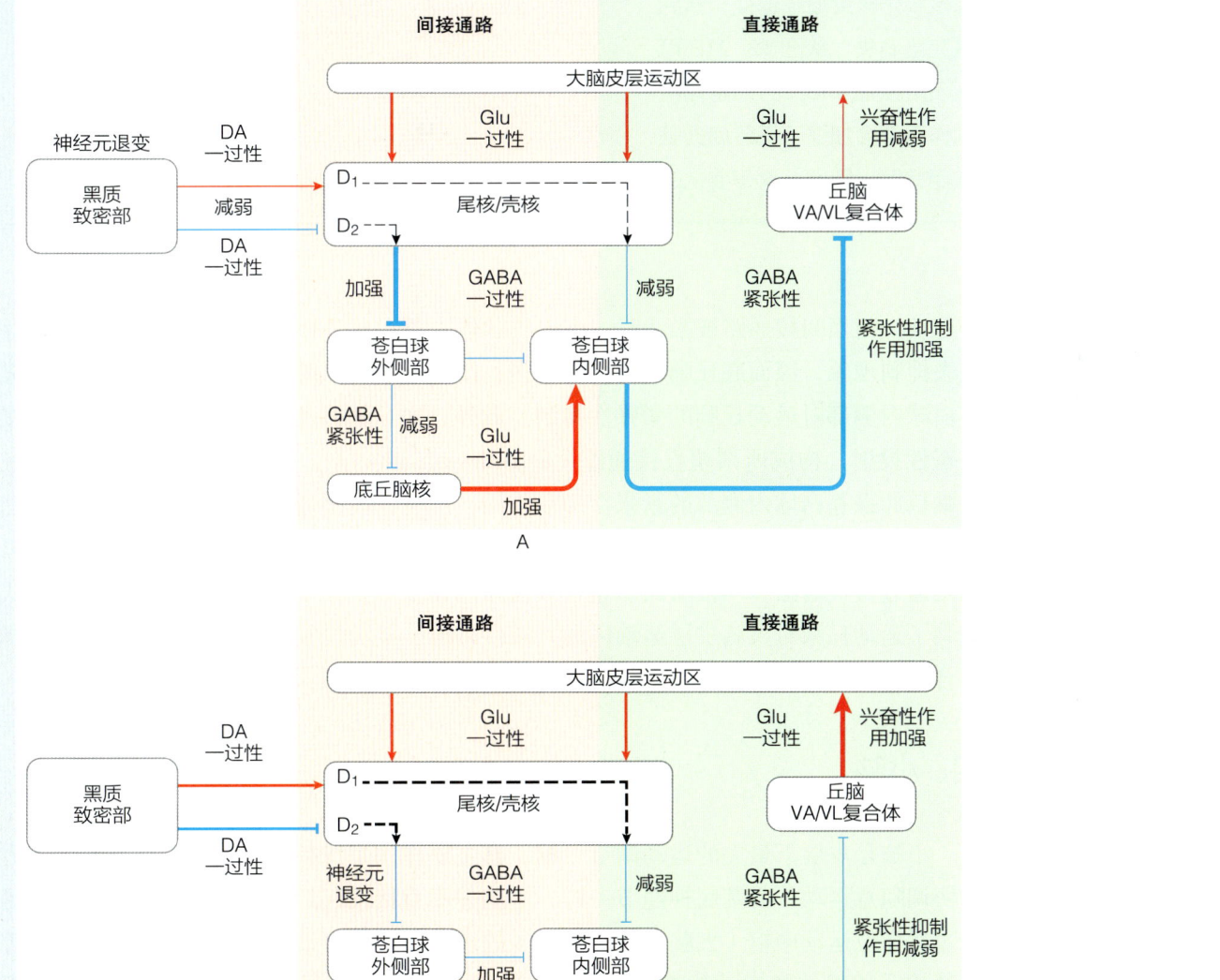

图 13-21　帕金森病运动减少和亨廷顿病运动过多的细胞和神经环路机制

A. 帕金森病患者黑质的兴奋性输入减弱，使得直接通路和间接通路对丘脑的紧张性抑制作用持续加强，于是丘脑对皮层的兴奋性作用减弱，随意运动减少；B. 亨廷顿病患者由于尾核和壳核到苍白球外侧部的抑制性作用减弱，使得间接通路对抗直接通路作用的效力降低，于是丘脑对皮层的兴奋性作用加强，导致较多的不合时宜的运动

表现出显性致病的原因。由于携带致病性长重复序列的蛋白质不同，从而导致不同的疾病具有不同的症状。亨廷顿病患者主要表现为纹状体中 GABA 能和胆碱能神经元的退行性病变。患者的壳核首先出现退变，而且退变特异性地发生在那些投射到苍白球外侧部的 MSN 上。随着疾病的发展，患者的尾核和壳核会继续退变，直到这两个核团中的神经元几乎完全消失。从图 13-21B 可以看出，苍白球外侧部神经元在失去 MSN 的抑制性控制后，它对底丘脑核的抑制作用将会加强，于是底丘脑核对苍白球内侧部的兴奋作用减弱。因此，这一变化的净效应是间接通路对直接通路的对抗性作用减弱，导致直接通路的去抑制效应变得更强，使不合时宜的信号到达大脑皮层运动区的可能性增多，从而产生运动过度的症状。

想一想
对亨廷顿病可采用怎样的潜在干预策略？

拓展阅读 13-4
深部脑刺激

想一想
激活 MSN 多巴胺 D_1 和 D_2 受体对丘脑和皮层产生的效应是协同的还是对抗的？

起运动；而当间接通路被激活时，由于纹状体 – 苍白球外侧部 – 底丘脑核通路中也存在去抑制现象，因而底丘脑核的活动增强，继而通过谷氨酸能兴奋性投射进一步增强苍白球内侧部对运动丘脑的紧张性抑制。此外，底丘脑核还接受来自大脑皮层的直接兴奋性投射，构成所谓超直接通路（hyperdirect pathway），该通路的激活也可通过底丘脑核加强苍白球内侧部的紧张性抑制作用。可见，间接通路和超直接通路的活动趋向于对抗直接通路的功能，抑制皮层发起运动（图 13-20）。因此，基底神经节很可能是通过直接通路和间接通路、超直接通路的相互对抗作用，以选择性去抑制的方式控制了运动丘脑对大脑皮层运动区的兴奋性输出，从而控制了意向性运动程序的选择和合乎时宜的释放。

四、小脑

小脑是皮层下最大的运动调节中枢，其主要作用是维持躯体平衡、调节肌肉张力和协调随意运动。与基底神经节一样，小脑并不直接发起运动和指挥肌肉活动，而是通过对高位运动中枢（大脑皮层和脑干）的调节作用间接地参与运动控制，配合各等级结构完成机体的运动功能。因此，小脑损伤以后所出现的症状与大脑运动皮层损伤后所表现出来的症状显著不同，即便是切除全部小脑也不妨碍随意运动的发起和执行，但运动却变得缓慢、笨拙和不协调。小脑另一个与运动有关的重要功能是其在技巧性运动的获得和建立过程中所发挥的运动学习作用。

1. 小脑的结构

小脑占据了颅后窝的大部分。它由外层的灰质（即小脑皮层，cerebellar cortex）、内部的小脑白质和位于白质中的三对小脑核团（cerebellar nuclei）所组成。三对小脑核团由内向外分别为顶核（fastigial nucleus）、间位核（interposed nucleus）和齿状核（dentate nucleus）。进化到灵长类动物后，间位核又分化为球状核（globose nucleus）

和栓状核（emboliform nucleus）两部分。小脑的一个显著特征是其表面有大量相互平行的横向窄沟，这些沟将小脑分成若干个小叶（lobule）。根据这些横向窄沟中最深的两条，即原裂和后外侧裂，可以将小脑横向地分成三个主要的叶——前叶（anterior lobe）、后叶（posterior lobe）和绒球小结叶（flocculonodular lobe）。另外，也可以根据小脑表面中线两侧的两条纵向的浅沟来对小脑进行纵向地分区，即这两条纵向浅沟之间的纵行狭窄部分是蚓部（vermis），蚓部两侧则是小脑半球（cerebellar hemisphere）（图 13-22A）。

小脑仅占全脑体积的 1/10，但其神经元数量却超过全脑神经元总数的一半。这是由于小脑皮层中含有密度高得惊人的颗粒细胞（granule cell）。小脑的神经元环路组构高度规律，主要接受苔状纤维（mossy fiber）和爬行纤维（climbing fiber）的传入信息，由小脑皮层主神经元浦肯野细胞（Purkinje cell）整合后，经小脑核团神经元接转传出小脑（图 13-22B）。小脑的传入纤维主要来自前庭、脊髓和大脑皮层等处。小脑的传出纤维既不直接支配肌肉，也不到达脊髓，而是到达大脑皮层运动区和脑干的运动核团，通过影响这些高位中枢神经元的活动从而间接地调控运动。

拓展阅读 13-5
小脑皮层环路及其神经元活动的特征

2. 小脑的功能分区和各功能区在运动调节中的作用

小脑可被划分为三个不同的功能区，这三个功能区分别主要接受前庭系统（外周前庭器官和中枢前庭核团）、脊髓和大脑皮层的传入，它们的传出也相应地主要到达前庭核团、脊髓（经脑干接转）和大脑皮层（经丘脑接转），因而被分别称为前庭小脑（vestibulocerebellum）、脊髓小脑（spinocerebellum）和皮层小脑（cerebrocerebellum）（图 13-22A）。由于小脑三个功能区具有不同的传入和传出联系，因此它们在运动控制中所起的作用不同，损伤后所引起的临床症状也不同。

（1）前庭小脑

前庭小脑主要由小脑体之外的绒球小结叶构成。到达前庭小脑的前庭传入纤维，一部分来自两侧内耳的半规管和耳石器，另外一部分来自前庭核团的间接投射。这些

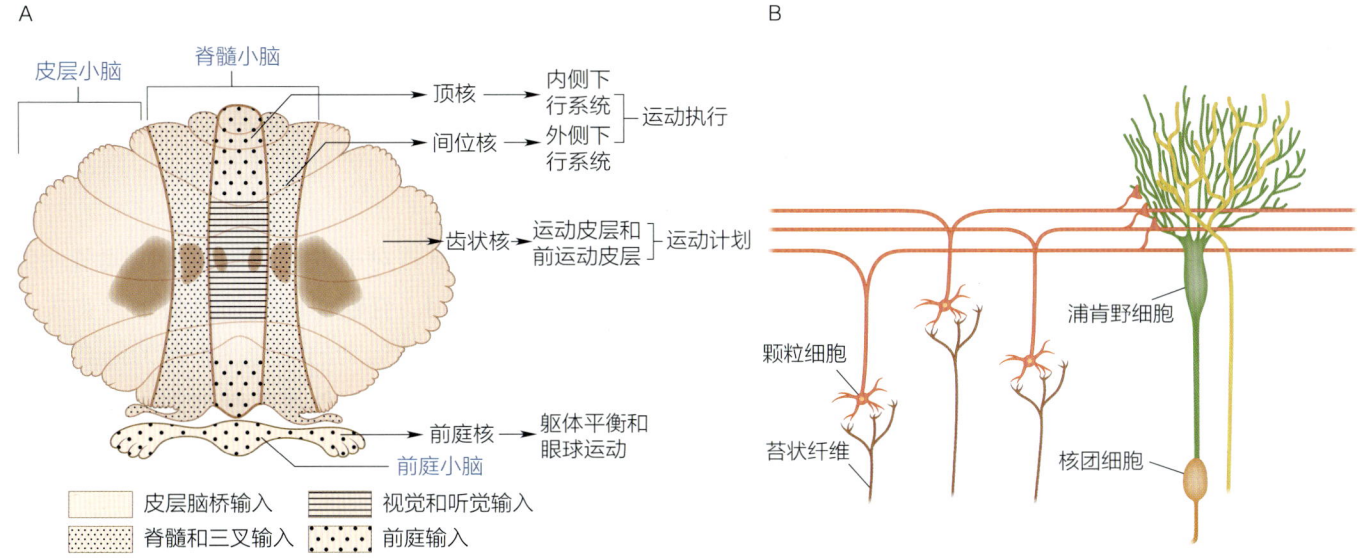

图 13-22 小脑的三个功能区及其传入传出联系（A）和小脑神经元环路组构简图（B）

传入纤维向小脑传递了头部位置变化和头部相对于地心重力作用方向的信息。前庭小脑通过对前庭核团的作用，经前庭脊髓束影响脊髓中支配躯体中轴肌肉的运动神经元的兴奋性活动，从而间接地控制了躯体中轴肌肉的收缩，对维持躯体的平衡发挥重要作用。前庭小脑也接受由脑桥核接转来的外侧膝状体、上丘和纹状皮层等处的视觉传入，因而它的另一个重要功能是通过对支配眼外肌的运动核的传出，控制眼球的运动并协调头部运动时为保持视像稳定而进行的眼球凝视运动。前庭小脑病变将使患者躯体平衡和眼球运动功能紊乱，出现倾倒和眼球震颤（nystagmus）等症状。

（2）脊髓小脑

脊髓小脑是小脑前叶和后叶的正中间部分，包括小脑蚓部和小脑半球的中间区。脊髓小脑通过脊髓接受来自外周的传入，它的传出（蚓部经顶核，中间区经间位核）到达脑干和运动皮层。其中，小脑顶核投射到前庭外侧核和延髓网状结构，也通过丘脑腹外侧核上行投射到大脑皮层运动区。这样，小脑蚓部通过顶核的下行和上行投射，控制腹内侧下行系统，从而间接地影响躯体中轴和肢体近端的肌肉活动。小脑间位核则投射到红核或丘脑腹外侧核，再终止于大脑运动皮层的四肢代表区。因此，小脑中间区通过对红核和运动皮层的调节，经外侧下行系统（红核脊髓束和外侧皮层脊髓束）间接地控制肢体远端的肌肉活动。

脊髓小脑的主要功能在于利用外周感觉反馈信息控制肌肉的张力和调节进行中的运动，配合大脑皮层对随意运动进行适时的管理。要做到这一点，脊髓小脑必须及时地获取和适时地利用来自大脑皮层的内反馈（internal feedback）信息和来自外周感受器的外反馈（external feedback）信息。目前认为，在大脑皮层运动区向脊髓发出运动指令的同时，也通过苔状纤维（由脑桥核接转）向脊髓小脑送去了运动指令的副本，即内反馈信息。另一方面，由运动指令发起的运动激活了外周皮肤、肌肉和关节感受器，它们的传入冲动经脊髓-小脑通路到达脊髓小脑，使脊髓小脑也获得了大量有关运动实际执行情况的外反馈信息。小脑的作用在于将这些内、外反馈信息进行比较，察觉运动执行情况与运动指令之间的误差，发出校正信号向上馈送到大脑皮层运动区，通知其修改下一个运动指令，从而使发生偏差的运动得到纠正（图 13-23）。因此，脊髓小脑就像是一个自动控制系统中的"比较器"，通过察觉实际运动与运动指令之间的差别和对大脑皮层运动指令的校正来调节运动。

感觉信息的反馈对于脊髓小脑的运动调节功能有至关重要的作用。脊髓小脑受损会使患者丧失利用外反馈信息来协调运动的能力，患者的随意运动会变得笨拙而不准确，这种现象被称为运动的共济失调（ataxia）。例如，当患者用食指指向一个预定的目标时，其会一次又一次地将手指超出目标，而后又过度地补偿，以至于在越接近目标时手抖动得越

> **想一想**
> 脊髓小脑的工作模式更契合正演模型还是反演模型？

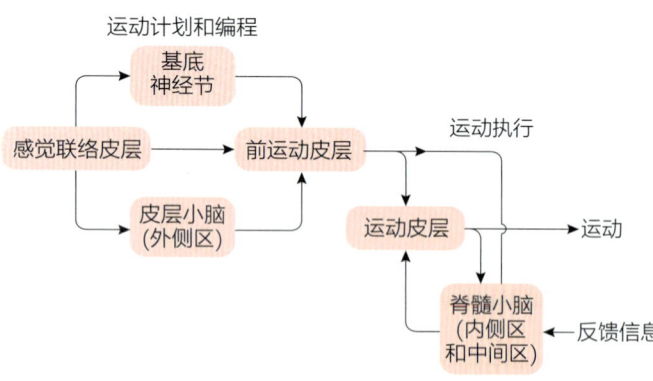

图 13-23　小脑在随意运动的发起和执行中的作用
皮层小脑被认为参与了运动的计划和编程，而脊髓小脑则参与了运动的执行。本图也显示了基底神经节在运动计划和运动发起中的作用

厉害，即出现意向性震颤（intention tremor），不同于上文所说的基底神经节损伤时出现的静止性震颤。另外，脊髓小脑受损还会造成患者的肌张力减退（hypotonia），表明在正常情况下脊髓小脑也具有调节肌张力的功能。需要指出的是，适宜的肌紧张是一切肌肉活动的基础，因而肌紧张的改变必将影响到各种反射性运动和随意性运动的正常进行。

（3）皮层小脑

皮层小脑即小脑半球的外侧区。它不接受外周感觉的输入，其输入来自大脑皮层的广泛区域，包括感觉区、运动区、前运动区和感觉联络区。从大脑皮层传入皮层小脑的纤维均经脑桥核接转而投射到对侧小脑半球。皮层小脑的传出纤维从齿状核发出，经丘脑腹外侧核回到大脑皮层运动区。由于皮层小脑与前运动区有广泛的纤维联系，被认为在运动的计划和发起上起特殊的作用，与大脑皮层感觉联络区、前运动区以及基底神经节一道参与了随意运动的计划和运动程序的编制过程（图13-23）。因此，皮层小脑的损伤除了引起患者远端肢体的肌张力下降和共济失调之外，另一个重要的症状就是运动起始的延缓。

综上所述，在随意运动的发起和控制中（图13-23），感觉联络皮层（包括大脑皮层的顶叶、颞叶和枕叶）负责大脑将感觉信息整合成目标导向行为，而皮层小脑和基底神经节则处理来自大脑感觉联络皮层的信息。这一处理过程对于运动的计划和准备来说是关键性的，由此设计出来的运动指令将签发给运动皮层，由运动皮层去执行指令，从而发起运动。另一方面，运动指令的副本被送达脊髓小脑，而脊髓小脑通过其所接受的外周感觉反馈信息监视实际的运动执行情况，将其与运动指令进行比较，察觉两者之间的误差并通知运动皮层修正运动指令，使已经发生或可能发生的运动误差得以纠正，从而参与运动的适时管理。

拓展阅读13-6
小脑的运动学习功能

第四节　内脏运动系统对内脏活动和免疫功能的调节

通过前三节的学习，我们已经知道了在神经系统中，躯体运动系统如何参与对骨骼肌活动的控制和调节。然而，神经系统对心肌、平滑肌和腺体等内脏活动的调节则有赖于另一套相对独立于躯体运动控制的系统——内脏运动系统（visceral motor system）。内脏运动系统也包括中枢和外周两个部分，中枢部分参与调节内脏活动的主要结构是下丘脑和脑干网状结构，而外周部分则由交感神经（sympathetic nerve）和副交感神经（parasympathetic nerve）组成（图13-24）。与躯体运动系统对骨骼肌的调控不同，内脏运动系统对内脏活动的调节是自动的，且无法通过主观意愿来控制，因而也被称为自主神经系统（autonomic nervous system）。

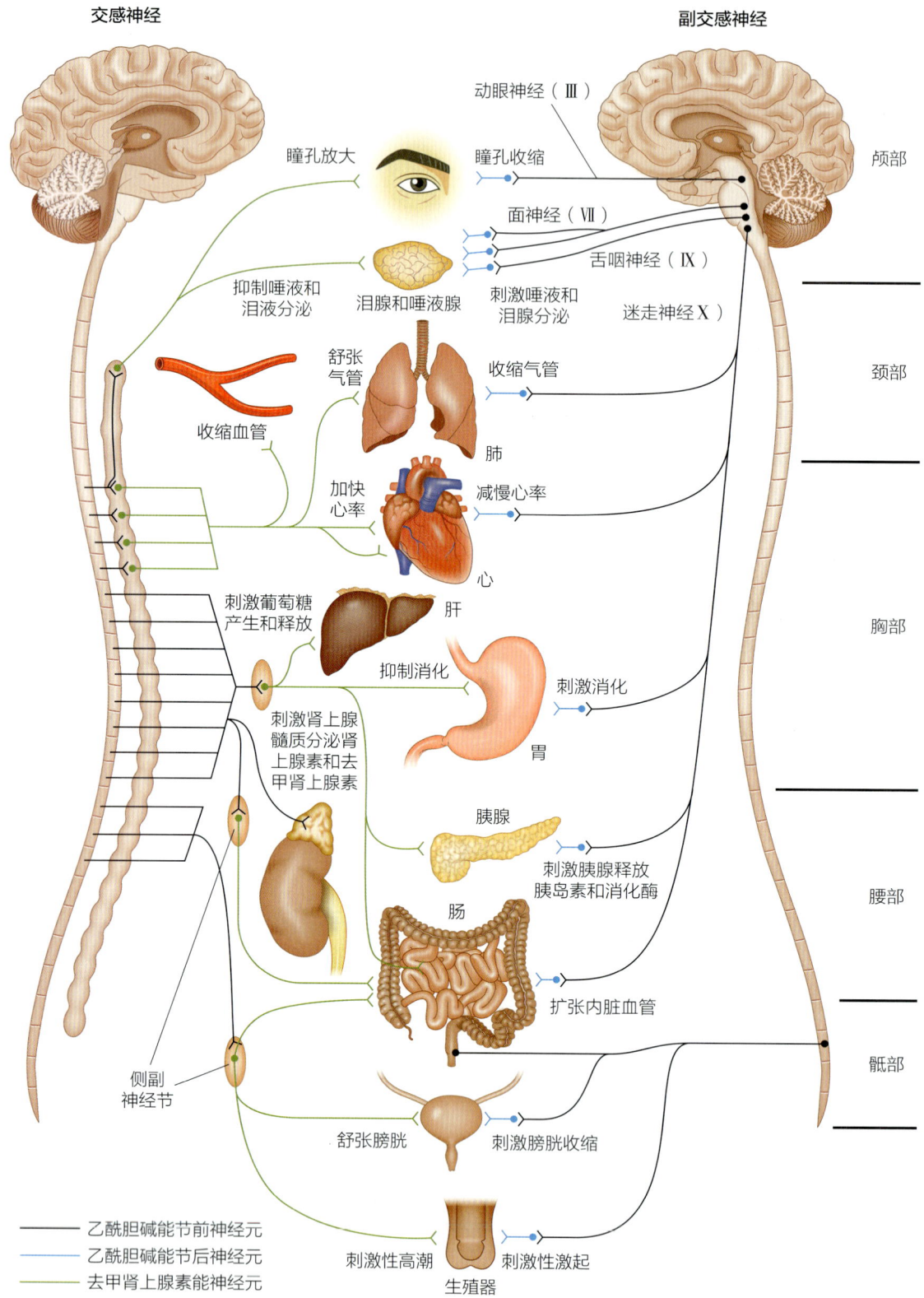

图 13-24　自主神经系统
左侧为交感神经系统的结构，右侧为副交感神经系统的结构。图中的神经支配仅显示在躯体的一侧，但实际上，交感神经和副交感神经均支配双侧的组织和器官

一、自主神经系统

1. 自主神经的结构特征

交感神经和副交感神经均由节前和节后两级神经元组成。节前神经元的胞体在中枢，其轴突组成节前纤维（preganglionic fiber），进入外周神经节，并在神经节内更换神经元，该接替神经元称为节后神经元，其轴突组成节后纤维（postganglionic fiber），支配效应器官。

交感神经起源于脊髓的胸、腰段（T1-L3）灰质的侧角，即交感神经节前神经元的胞体所在部位。交感神经节前纤维在交感神经节中换元后，其节后纤维分布于全身几乎所有的内脏器官（图13-24），而且交感神经的一根节前纤维能与较多的节后神经元发生突触联系，例如，猫颈上神经节内的交感节前与节后纤维之比为1∶11～1∶17，故交感神经兴奋时能产生广泛的影响。交感神经节位于脊椎附近的椎旁节和椎前节中，远离效应器，故交感神经的节前纤维较短，而节后纤维较长（图13-24）。

副交感神经的起源则比较分散，一部分起源自脑干的副交感神经核（第Ⅲ、Ⅶ、Ⅸ、Ⅹ对脑神经核的副交感神经神经元）；另一部分起源自脊髓骶段（S2-S4）相当于侧角部位的神经元（图13-24）。副交感神经的分布较局限，有些组织无副交感神经的支配，如大部分血管、汗腺、竖毛肌和肾上腺髓质都只接受交感神经的支配，加之副交感神经的节前与节后神经元突触联系的辐散程度较低，故副交感神经兴奋时产生的影响不如交感神经广泛。另外，副交感神经节离效应器官较近，有的神经节甚至就在效应器官旁或器官内，所以副交感神经的节前纤维长，而节后纤维很短（图13-24）。

2. 自主神经的功能

自主神经在下丘脑和脑干网状结构等高位中枢的调控下，支配机体各内脏器官、血管和腺体，调控心肌、平滑肌和腺体的活动，使机体适应内、外环境变化的需要。两种神经对各个器官的调控由于其所支配的效应器上表达的受体差异而发挥不同的功能，其主要功能见表13-1。

3. 自主神经的功能特征

（1）紧张性作用

在静息状态下，交感和副交感神经维持低频的神经冲动控制效应器官的活动，称为自主神经的紧张性作用（tonic action）。例如，切断心迷走神经，心率即加快；而切断心交感神经，心率则变慢。说明这两种神经对心脏的支配都具有紧张性作用。一个器官的活动水平是交感和副交感神经相互作用的综合结果。一般认为，自主神经的紧张性来源于中枢，而中枢的紧张性则来源于神经反射和体液因素等多种原因。例如，压力感受器的传入冲动对维持心交感和心迷走神经的紧张性起重要作用；而中枢组织内 CO_2 浓度对维持交感缩血管中枢的紧张性也有重要作用。

 想一想

正常情况下，交感神经和副交感神经对心脏的紧张性作用哪种占优势？

表 13-1　自主神经系统的主要功能

器官	交感神经	副交感神经
循环器官	心跳加快加强，腹腔内脏血管、皮肤血管以及分布于唾液腺与外生殖器的血管均收缩，脾包囊收缩，肌肉血管可收缩（肾上腺素能）或舒张（胆碱能）	心跳减慢，心房收缩减弱，部分血管（如软脑膜动脉和分布于外生殖器官的血管）舒张
呼吸器官	支气管平滑肌舒张	支气管平滑肌收缩，促进黏膜腺体分泌
消化器官	分泌黏稠唾液，抑制胃肠运动，促进括约肌收缩，抑制胆囊活动	分泌稀薄唾液，促进胃液、胰液分泌，促进胃肠运动和括约肌舒张，促进胆囊收缩
泌尿、生殖器官	逼尿肌舒张，括约肌收缩，有孕子宫收缩，无孕子宫舒张	逼尿肌收缩，括约肌舒张
眼	瞳孔扩大，睫状肌松弛，上睑平滑肌收缩	瞳孔缩小，睫状肌收缩，促进泪腺分泌
皮肤	竖毛肌收缩，汗腺分泌	
代谢	促进糖原分解，促进肾上腺髓质分泌	促进胰岛素分泌

（2）交感和副交感神经的双重支配和对抗作用

大多数组织器官都受交感和副交感神经的双重支配，两者的作用往往是相互对抗的。例如，心交感神经能加强心脏的活动，而心迷走神经则起相反作用；迷走神经可促进小肠的运动和分泌，而交感神经则起抑制作用。这种正反两方面的调节可使器官的活动状态很快调整到适合于机体当前的需要。有时交感和副交感神经对某一器官的作用也有一致的方面，例如，两类神经都能促进唾液腺的分泌，但交感神经兴奋促使少量黏稠的唾液分泌，而副交感神经兴奋则能引起大量稀薄的唾液分泌。

（3）受效应器所处功能状态的影响

交感和副交感神经对某些器官的作用不是固定不变的，在器官的不同功能状态下，它们的作用也会发生变化。例如，刺激交感神经可抑制无孕动物子宫的运动，而对有孕动物的子宫却可加强其运动（见表13-1），这是因为无孕子宫和有孕子宫上表达的受体有所不同。又如，胃幽门处于收缩状态时，刺激迷走神经能使之舒张，而幽门处于舒张状态时，刺激迷走神经则使之收缩。

（4）对整体生理功能的调节

在机体的内、外环境发生急剧变化时，交感神经可以动员机体许多器官的潜在能力以适应环境的急剧变化。例如，在失血、疼痛、高热、窒息、剧烈运动或寒冷环境等情况下，出现广泛的交感神经系统活动亢进，如心率加速、皮肤和腹腔内脏的血管收缩、血液贮存库排出血液以增加循环血量、红细胞计数增加、支气管扩张、肝糖原分解加速而使血糖浓度升高、肾上腺髓质激素分泌增加等现象，使机体适应内外环境的急剧变化，尽力保持机体功能的稳态。这些变化通常称为应急反应（emergency reaction）。

副交感神经对机体整体生理功能的调节与交感神经相反，其整个系统活动的意义主要在于保护机体、修整恢复、促进消化、积蓄能量、加强排泄等方面。例如，机体在安静时副交感神经的活动往往占据优势，此时心血管的活动相对较弱，而消化道的功能较强，使机体有利于进行营养物质的吸收和能量的储备等。

二、肠神经系统

正如前文所述，胃肠道的活动受到内脏运动系统自主神经的支配和调节。然而，胃肠道壁内存在大量大小不一、形态多样的神经元，数量上甚至比整个脊髓中的神经元更多。这些神经元彼此形成突触联系，组构成结构和功能复杂的神经网络，与胃肠道自身的功能密切相关，这个胃肠道内部的神经网络称为肠神经系统（enteric nervous system）。大多数进入胃肠道的交感和副交感神经需经肠神经系统发挥对胃肠道的调控作用，即通过影响部分肠神经系统神经元的突触传递，进而调节胃肠道功能。此外，还有大量肠神经系统神经元并不直接接受中枢神经系统的输入，而是根据自身的节律性和反射规则独立地运作。因此，许多胃肠道功能在没有自主神经系统管控的情况下仍然可以很好地进行（例如，去除传入神经支配的孤立肠道在体外实验环境中仍可以产生节律性地蠕动）。因此，肠神经系统可以被认为是神经系统中一部分相对独立的内脏运动系统。

三、内脏活动的中枢控制

与躯体运动系统一样，内脏的功能活动也受到来自中枢神经系统多个等级的调控。脑干网状结构和下丘脑等高位中枢均可直接或间接地支配自主神经，进而调控机体内脏器官的各种基本功能。

脑干网状结构中存在许多与内脏活动调节有关的神经元，其下行纤维支配交感和副交感神经的节前神经元，是调控内脏功能活动的重要中枢。许多基本生理功能（如循环、呼吸等）的反射调节在脑干的延髓水平已初步完成，包括心血管运动中枢、呼吸中枢、咳嗽中枢、喷嚏中枢、吞咽中枢、唾液分泌中枢及呕吐中枢等均位于延髓网状结构内。一旦延髓网状结构受到损伤，心跳、呼吸将立即停止，故延髓有生命中枢（vital center）之称。

下丘脑（hypothalamus）位于丘脑下方，由许多神经元和功能异质性的核团组构而成（图 13-25），广泛接受来自杏仁核、海马、岛叶以及前额叶皮层等边缘系统结构的传入，并与脑干网状结构有紧密的结构和功能联系。下丘脑的每个核团都接受机体不同的内感受（interoception）信息，如血压、体温、营养水平等，各自形成平行的神经环路，参与调控机体不同的生理功能。例如，下丘脑的视交叉上核接受来自视网膜有关光的信息，从而调控生物节律和睡眠。这些核团中的大部分主要负责协调和整合内脏活动、躯体运动和内分泌功能，使机体的各种生理状态维持稳定。当生理状态偏离生物体自身设置的调定点时，下丘脑中特定的核团被激活或抑制，通过调控自

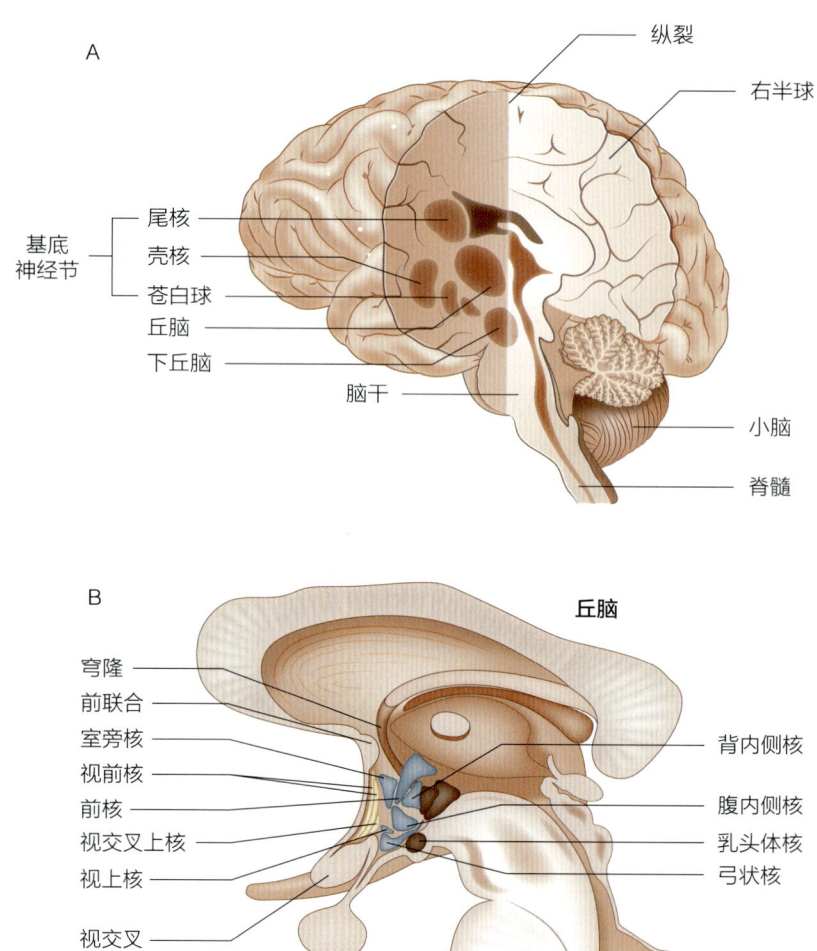

图 13-25 下丘脑的结构

主神经系统、运动行为以及神经内分泌活动，进而降低生理状态与调定点之间的差异。这种稳态调节将生理状态维持在接近调定点的狭小范围内。例如，当血糖浓度较低时，下丘脑摄食中枢通过调节机体的摄食行为和能量代谢水平来维持血糖的稳定；当血容量降低或血浆晶体渗透压升高时，下丘脑通过调节机体的饮水行为和水、盐代谢平衡来维持血压和电解质的稳定；当体温上升至调定点以上时，下丘脑通过自主神经系统增强机体散热系统的功能并抑制产热系统，同时调节机体的行为，使主观上产生热的感觉，从而采取措施协助体温回到正常水平。此外，下丘脑可以通过垂体调控激素的分泌，在机体的生长、代谢、生殖和应激反应等多种生理功能中发挥重要作用（详见第十四章）。

四、内脏系统的感觉传入

尽管本节的重点是内脏运动系统，但值得注意的是，内脏器官的感觉传入对内脏运动系统参与内脏活动的调控非常重要。与感觉信息对躯体运动控制的功能类似，内脏感觉的传入有两个重要功能。首先，它为局部的内脏反射活动提供了反馈信息，调节特定器官的内脏活动，例如，颈动脉窦和主动脉弓压力感受性反射需要根据血管对血压变化所产生的感觉信息调节自主神经对心血管系统的紧张性活动，以维持血压的稳定（详见第六章）。其次，它可以向更高位的整合中枢传入更复杂的刺激模式，以完成躯体-非躯体功能的整合。例如，延髓中的孤束核（nucleus tractus solitarius）负责收集内脏器官的感觉信息，并将内脏信息向上输入到臂旁核、下丘脑、丘脑、小脑和岛叶皮层等高位中枢，参与内脏活动、躯体运动和神经内分泌活动的整合和协调。

内脏感觉和内脏运动系统为中枢神经系统和外周内脏器官之间的相互作用提供了结构基础。一方面，中枢神经系统可以自上而下地调控外周器官的活动，影响机体内脏功能。另一方面，外周器官也可以通过神经和体液的方式广泛影响中枢神经系统的各种生理病理过程。例如，中枢神经系统与胃肠道之间存在的双向通路构成所谓脑-肠轴（brain-gut axis）。通过脑-肠轴，中枢神经系统既可以直接调控或通过调节肠神经系统的活动间接影响胃肠道功能，也可以接受来自胃肠道有关消化、吸收、代谢、内分泌和运动等信息广泛调节各类脑功能。大量研究表明，胃肠道及其肠神经系统既可以经迷走神经向中枢传递信息，同时由胃肠道内分泌细胞分泌的脑-肠肽和由肠道菌群合成的小分子物质也可以经体液循环途径作用于脑。这些来自胃肠道的化学物质广泛影响不同脑区的活动和神经递质水平，对神经网络的连接和可塑性，乃至神经精神疾病（如孤独症谱系障碍、焦虑症）和神经退行性疾病（如帕金森病和阿尔茨海默病）的发生发展起重要作用。近年来，随着有关脑-肝轴、脑-心轴、脑-脾轴等中枢与外周相互作用机制的相继解析，使我们更加全面地认识到外周器官并非仅被动受控于中枢神经系统，而是主动地参与对中枢神经系统的调控并对神经网络的结构和功能产生深刻影响。

五、神经系统对免疫功能的调节

传统观点认为，免疫系统内部有极其严密和精细的调节而不受神经系统的控制。但近年来的研究揭示，免疫功能也像机体的其他功能一样，受到中枢神经系统的支配和调控。另一方面，免疫系统除了具有传统的免疫功能外，同时也是机体一个重要的感觉和调节系统，它能感受神经系统不能直接感受的外周抗原性异物的刺激，并将感觉信息传递给中枢从而调节神经系统的功能。因此，与其他外周内脏器官一样，神经系统与免疫系统之间也存在着相互作用，并且对机体在不同条件下稳态的维持发挥重要作用。

自主神经系统以及下丘脑等高位中枢均具有复杂的免疫调节效应，可以对参与免疫应答的不同细胞或不同功能状态下的免疫细胞产生不同的作用。近年来，有研究报道了一条神经系统调控适应性免疫应答的解剖学通路——脑-脾轴。该研究发现，小鼠中央杏仁核和下丘脑室旁核的CRF能神经元具有到脾的直接神经投射。去除脾神经的小鼠在接种疫苗后产生的浆细胞数量急剧减少，而通过光遗传学技术选择性激活中央杏仁核和下丘脑室旁核中的CRF能神经元，可明显促进脾内B淋巴细胞应答产生浆细胞的过程，揭示了神经系统自上而下对体液免疫的调控作用。由于 CRF 能神经元对应激非常敏感，故该研究同时还提示了适度应激可能有利于免疫力增强，为通过行为或神经调控技术干预机体免疫系统功能提供了理论基础，开辟了神经免疫学的新方向。

※ 小结

神经系统通过不同的控制系统，即躯体运动系统和内脏运动系统，分别调控机体的躯体运动和内脏活动并协调两者的整合。控制躯体运动的神经系统是一个高度等级性的组构，由包括脊髓、脑干、大脑皮层运动区、基底神经节和小脑等多个水平的神经结构共同构成。它们之间的关系既是一种等级性关系，又是一种平行性关系。躯体运动控制系统中具有两种联系了前馈控制系统和反馈控制系统的内部模型：正演模型和反演模型。反演模型计算出能够产生特定动作的运动指令，一方面经传出通路控制骨骼肌系统的活动，以产生预期的动作；另一方面，运动指令的传出拷贝经正演模型模拟计算，以预测肢体未来运动时的状态。

躯体运动可分为反射性运动、节律性运动和随意运动。反射性和节律性运动是模式相对固定的基本运动形式，既独立参与简单运动行为的控制和协调，也被高位运动中枢组织起来参与更为复杂的行为活动。运动指令的执行有赖于脊髓中的运动神经元引起运动系统的效应器——骨骼肌的收缩活动，并通过肌肉内的本体感受器适时地得到有关肌肉收缩长度和张力变化的信息，用于更好地控制运动。脑干通过腹内侧下行通路和外侧下行通路，分别调控支配躯干和肢体肌肉的运动神经元的活动，影响运动和姿势。大脑皮层运动区则是运动控制最高等级的结构，负责组织复杂的运动行为和执行精细的运动，其产生的运动指令下行控制脑干和脊髓中运动神经元的活动。基底神经节和小脑作为皮层下两个运动调节中枢，经丘脑与皮层形成环路联系，分别参与了运动的策划和程序的编制，以及运动的协调和肌张力的调节，并在技巧性运动的获得和建立过程中发挥运动学习的作用。

此外，神经系统通过内脏运动系统，主要包括中枢的下丘脑和脑干网状结构以及外周自主神经系统，参与对机体各内脏器官以及免疫系统的调节。内脏运动的中枢控制也是等级性的，下丘脑和脑干网状结构等高位中枢通过直接或间接地支配自主神经系统，调控机体内脏器官的各种功能。自主神经系统包括交感神经系统和副交感神经系统，双重支配机体大多数内脏器官、血管和腺体，调控心肌、平滑肌和腺体的活动，使机体适应内外环境变化的需要。自主神经系统以及下丘脑等高位中枢还具有复杂的免疫调节功能，对参与免疫应答的不同细胞或处于不同功能状态的免疫细胞产生不同的作用。

※ 思考题

1. 何谓正演模型和反演模型，它们分别能解决什么运动控制问题？
2. 为什么将脊髓 α 运动神经元称为最后公路？

3. 运动神经元的功能是什么？何谓 α-γ 共激活，它的生理学意义是什么？

4. 何谓反射性运动、随意运动和节律性运动？举例说明。

5. 何谓牵张反射，它有哪些类型？不同类型牵张反射的生理意义是什么？

6. 前运动皮层和辅助运动皮层在运动控制中的作用是什么？

7. 何谓基底神经节的直接通路、间接通路和超直接通路？结合帕金森病和亨廷顿病来说明它们在基底神经节运动控制功能中的作用。

8. 治疗帕金森病的策略有哪些？治疗机理为何？

9. 结合小脑和基底神经节的传入和传出联系特点比较两者在运动控制中的作用。

10. 何谓意向性震颤和静止性震颤，两者的发生机理有什么不同？

※ 推荐阅读

1. DIEDRICHSEN J, SHADMEHR R, IVRY R B. The coordination of movement: optimal feedback control and beyond [J]. Trends in cognitive sciences, 2010, 14:31-39.

该文综述了控制随意运动的理论模型及尚待解决的问题。

2. GRILLNER S. Biological pattern generation: the cellular and computational logic of networks in motion [J]. Neuron, 2006, 52:751-766.

该文探讨了中枢模式发生器参与运动控制的神经机制和计算模型。

3. CUI G, JUN S B, JIN X, et al. Concurrent activation of striatal direct and indirect pathways during action initiation [J]. Nature, 2013, 494: 238-242.

该文报道了运动发起时，纹状体直接通路和间接通路同步激活——挑战基底神经节传统理论。

4. KRAVITZ A V, FREEZE B S, PARKER P R, et al. Regulation of parkinsonian motor behaviours by optogenetic control of basal ganglia circuitry [J]. Nature, 2010, 466:622-626.

该文应用光遗传学技术，发现激活纹状体直接通路可改善帕金森病模型动物运动发起障碍、运动迟缓和冻结步态。

5. GAO Z, VAN BEUGEN B J, DE ZEEUW C I. Distributed synergistic plasticity and cerebellar learning [J]. Nature reviews neuroscience, 2012, 13 (9):619-635.

该文总结了小脑可塑性与运动学习的研究进展。

（撰写：朱景宁；审修：王建军）

第十四章

神经系统的高级功能与行为调控

　　对环境的知觉，对情绪的体验，对过去的记忆，对未来的计划，用语言表达，这些都是脑的高级功能，有助于脑组织和发起一个恰当协调的行为反应以适应内外环境的变化。摄食行为、情绪情感、睡眠觉醒和性行为等本能行为（instinctive behavior），对于个体的生理稳态维持和生存成长，乃至种群的繁衍至关重要。本能行为常常由动机（motivation）和奖赏（reward）所驱动，此外动机和奖赏还可驱动目标导向行为（goal-directed behavior）的产生。除本能行为之外，个体还具备在奖赏、惩罚或中性刺激与行为反应之间建立关联（经典条件反射和操作式条件反射）的学习（learning）能力，并形成各类长短期记忆（memory），从而大大增强了机体适应环境的能力。无创脑成像技术的发展使我们得以在人类受试者上窥视语言（language）和意识（consciousness）等高级认知功能的生理学原理。本章将讨论这些最令人着迷的脑的高级功能，亦将介绍该领域所面临的挑战。

第一节 本能行为

本能行为又称先天行为，是物种的一种遗传特性，即个体不需要后天学习而生来就拥有的相关行为能力。这类行为通常具有固定的行为模式，但也受到环境和经验等后天因素的影响和调控，对维持个体生存具有重要意义。摄食行为、情绪情感、睡眠觉醒、性行为等都是本能行为。这些本能行为的调控往往与下丘脑（见第十三章），以及与下丘脑具有广泛传入传出联系的自主神经系统（见第十三章）、弥散性调制系统和边缘系统等有关，并常受内分泌系统功能活动（见第十一章）的影响。

一、摄食行为与能量代谢

摄食行为（feeding behavior）是动物维持个体能量稳态和生存的基本行为活动，受到多种神经和体液因素的控制。对摄食行为调控的早期认识局限于特定脑区。例如，经典的摄食调节"双中枢（dual centers）"学说认为，下丘脑外侧区（lateral hypothalamic area，LHA）和下丘脑腹内侧核（ventromedial hypothalamic nucleus，VMN）分别作为饥饿中枢和饱中枢平衡摄食，损毁前者引起厌食和体重减轻，而损毁后者导致暴食和过度肥胖。然而，现在知道摄食活动是一个复杂的生理过程，须由多个脑区、多条神经通路，以及多种胃肠道信号和体液代谢因子的共同参与才能完成这一精细调控（图 14-1）。其中，下丘脑是调节摄食行为和能量平衡的中枢，各种摄食调节因子在这里相互作用，形成一个精细的"摄食和能量代谢调控网络"。

机体的能量代谢稳态符合基本的能量平衡规律，即当能量摄入与能量消耗的速率相等时，体脂达到适当的平衡。如若能量摄入持续超过能量消耗，则体脂增加，导致肥胖；若能量摄入长期无法满足机体需求，则脂肪将被消耗，导致消瘦。美国杰克逊实验室（Jackson Laboratory）的 Douglas Coleman（1931—2014）及其同事在 20 世纪 60 年代设计了一种联体（parabiosis）实验，通过外科手术将一只 ob（obese）基因缺失的肥胖小鼠和一只正常小鼠长期缝合在一起以共享血液供应，结果发现肥胖小鼠的过度摄食行为和肥胖程度都显著减轻，进而推测 ob 基因编码的蛋白质激素很可能是沟通脑与外周脂肪组织间的信息分子。该分子后来被美国洛克菲勒大学的 Jeffrey Friedman 鉴定并命名为瘦素（leptin）。

目前认为，外周由脂肪细胞分泌的瘦素以及相关的胰岛素均作为肥胖信号（adiposity signal）通过中枢神经系统调节机体摄食和能量的动态平衡（图 14-1）。下丘脑弓状核（arcuate nucleus，ARC）是瘦素作用的主要中枢靶点。瘦素水平降低将激活弓状核中含促食欲肽的神经元，促进摄食；其水平升高将激活含厌食肽的神经元，抑制摄食。这些弓状核摄食相关神经元进一步投射到下丘脑其他核团/脑区，如下丘脑外侧区、穹窿周区（perifornical area，PFA）和室旁核（paraventricular nucleus，PVN）等，进而在下丘脑和脑干孤束核两个水平与自下而上的经迷走神经传入的各种胃肠道摄食相关饱信号（satiety signal，如胃肠道的扩张、胃肠道激素缩胆囊素等）发

> 拓展阅读 14-1
> 饮水行为的神经调控

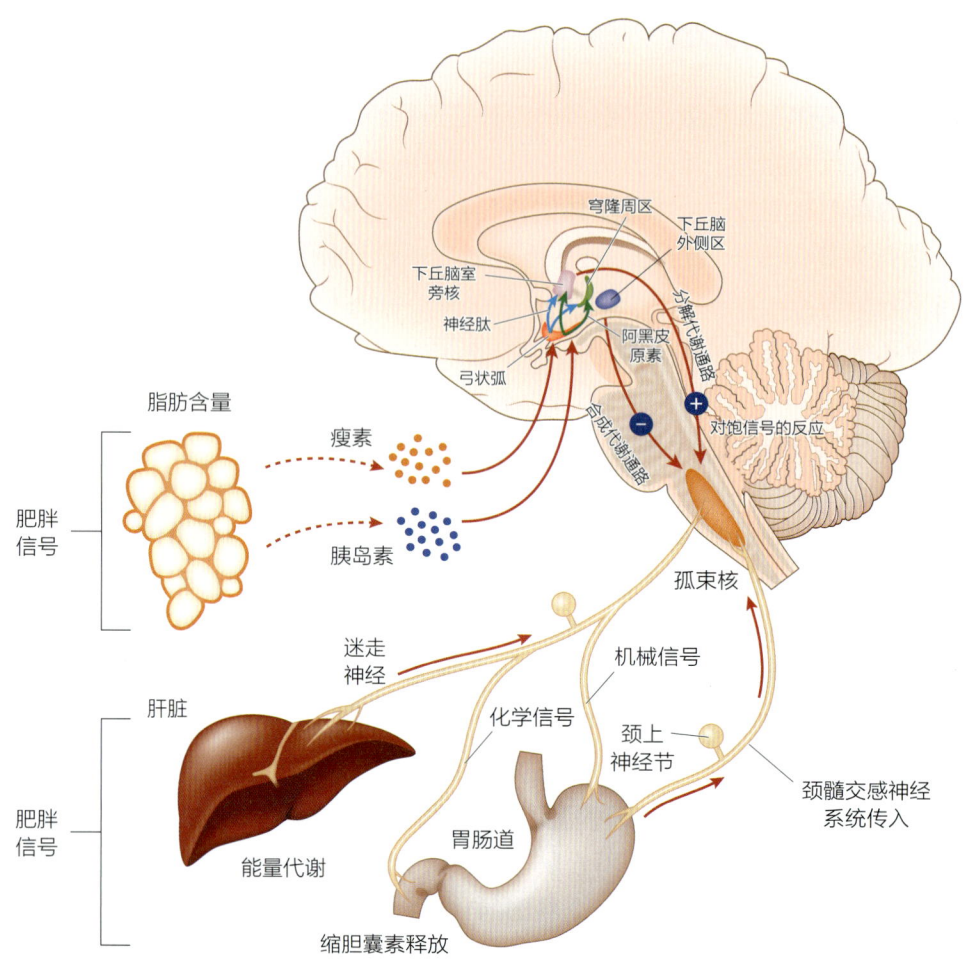

图 14-1 摄食和能量代谢调控的神经体液网络

生整合，最终调控机体的摄食行为、能量代谢和体重。

二、情绪情感

没有情绪情感，我们的生活将苍白乏味。情绪与行为、认知和生理稳态密切相关。除了喜、怒、哀、惧等主观感受（即情绪体验）之外，情绪还常涉及自主的内脏运动反应和定型的躯体运动行为（即情绪表达），特别是面部表情肌和躯体姿势肌等。例如，恐惧这一情绪伴有防御行为及其相关生理变化。情绪相关的内脏和躯体反应由源自内侧前脑边缘系统（limbic system）和下丘脑的情绪运动系统（emotional motor system）支配，可独立于运动皮层下行的随意运动系统。如右侧运动皮层下行纤维受损的面部运动麻痹患者，在被要求露出牙齿时，无法收缩嘴巴左侧肌肉，但在听到笑话微笑时，左右嘴角却几乎是对称的；而左侧前脑病变的表情运动麻痹患者，被要求主动微笑时，左右面部肌肉的收缩几乎是对称的，但在听到笑话微笑时，右脸却无法表达情绪。除边缘系统外，近年来杏仁核（amygdala），以及眶额叶皮层（orbitofrontal cortex）和内侧前额叶皮层（medial prefrontal cortex）等脑区也被证明在情绪处理中发挥重要作用。这些前脑结构实际上还参与了许多其他的复杂高级功能，包括目标导向行为、决策和社会行为的调控，而这些脑区或其构成的神经环路和神经网络对环境或药物的适应不良可能导致情绪障碍（mood disorder）。

1. 情绪的学说

情绪的本质是什么？对这一问题的探索经历了不同阶段，并产生了多个理论。19世纪末，由美国心理学家William James（1842—1910）和丹麦心理学家Carl Lange（1834—1900）提出的James-Lange学说（James-Lange theory）认为，情绪的产生依赖于外周生理活动变化信息对中枢神经系统的反馈。通俗地说，该学说认为当人在野外丛林中遇到熊而落荒而逃时，并不是因为看到熊而恐惧，而是心跳加速和肌肉紧张等生理变化引起了恐惧的主观感受。限于当时对脑结构和功能认识的局限，James-Lange学说认为外界刺激激活感觉皮层（看到熊）后支配躯体和内脏运动系统驱动外周生理活动变化（逃跑、心跳加速等），外周生理变化信息反馈到感觉皮层后引起主观情绪感受（恐惧）的产生。该学说很快就遭到了抨击，美国生理心理学家Walter Cannon（1871—1945）及其学生Philip Bard（1898—1977）提出，脊髓横断的患者和动物情绪并未消失，且同样的生理变化可以与不同的情绪体验相关联。因而，Cannon-Bard学说认为，情绪体验能独立于情绪表达而产生。Bard发现，猫被移除大脑皮层后即使并无真实的愤怒对象仍能产生类似于愤怒的行为表现，其称之为假怒（sham rage）。这一现象提示，尽管情绪的主观体验可能依赖于大脑皮层，但协调情绪行为的表达并不一定需要皮层参与，Cannon和Bard认为很可能是系统发生上更古老的丘脑和下丘脑完成的。神经输入经丘脑向下丘脑的传递引起情绪的外周表达，而丘脑和下丘脑向感觉皮层的传递则引起情绪的主观感受。瑞士生理学家Walter Hess（1881—1973）随后发现，电刺激清醒、自由活动的猫的下丘脑的多个位点，也可诱发愤怒反应，甚至是攻击行为，而刺激下丘脑的另一些位点则会导致类似恐惧的防御反应。Hess由于发现间脑（下丘脑）作为协调内脏器官活动的功能组织而获得1949年诺贝尔生理学或医学奖。1937年，美国比较神经解剖学家James Papez（1883—1958）修订了Cannon-Bard学说，提出了调控情绪的下丘脑-丘脑前核-扣带回-海马-下丘脑环路，即帕佩兹环（Papez circuit）（图14-2）。

> **想一想**
> 你更支持那种情绪学说？理由是什么？

帕佩兹环的概念提出后不久，德裔美国实验心理学家Heinrich Klüver（1897—1979）和美国神经外科医生Paul Bucy（1904—1992）就发现双侧颞叶（含海马和杏仁核）切除的猴子变得温顺、情绪平缓，不再对先前惧怕的人或蛇等表现出恐惧，并伴有口识（频繁用嘴探索物体的异常行为）倾向和性欲过盛等变化，统称为克吕弗-布西综合征（Klüver-Bucy syndrome）。皮层受损也会显著影响情绪表达，其中最著名的病例非Phineas Gage（1823—1860）莫属。Gage是美国佛蒙特州的一名铁路工人，1848年9月13日因一次意外爆破事故被用来捣实炸药的铁棍从左眼下洞穿头部，大部分左前额叶皮层被损毁。在接受John Harlow（1819—1907）医生的治疗后，Gage奇迹般地起死回生且语言和运动能力未受明显影响，但行为和个性却发生深刻永久的改变，从原先心态平衡、敏锐精明变得恍惚、粗鲁、固执和反复无常。Gage去世时

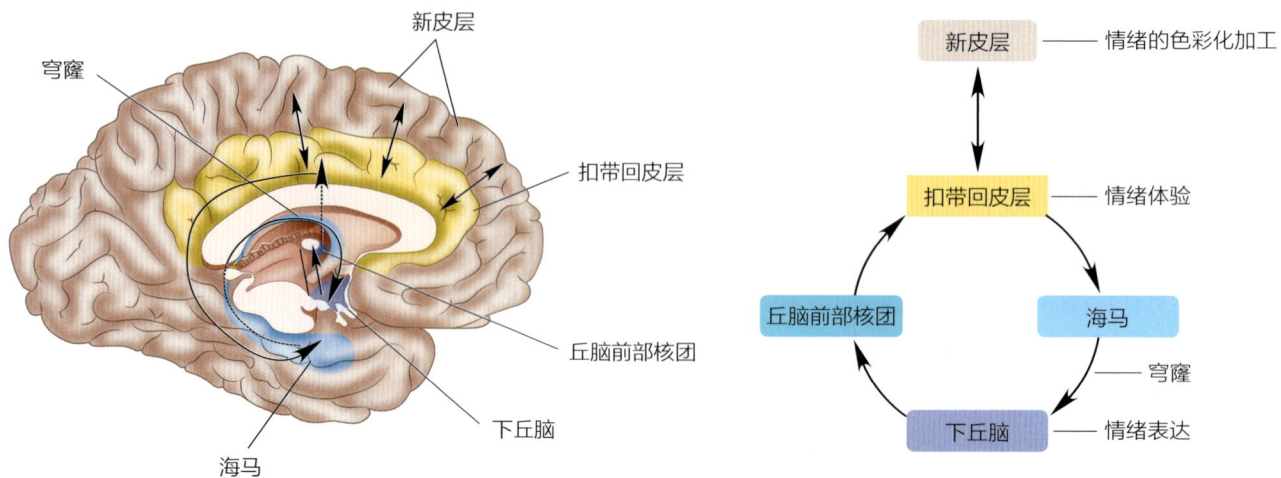

图 14-2 帕佩兹环

未接受尸检,因而脑未能得以保存。Harlow 后来获取了 Gage 的颅骨和事故中的铁棍,用于医学研究,二者现保存于哈佛大学沃伦解剖学博物馆(Warren Anatomical Museum)。艾奥瓦大学的神经科学家们通过重新测量 Gage 的颅骨并利用现代成像技术还原了其大脑受损的情况,重建结果表明铁棍损伤了 Gage 左脑的眶额叶和背外侧前额叶皮层以及一些白质,可能正是这些损伤导致其情绪处理和理性决策的剧烈变化。

1949 年,美国神经科学家 Paul MacLean(1913—2007)根据这些发现进一步拓展了 Papez 学说,认为除海马和下丘脑外,杏仁核、眶额叶皮层、隔区、伏隔核等脑区也参与情绪活动,这些结构共同构成边缘系统。

2. 恐惧和杏仁核

动物遭遇天敌或有攻击性的同类时会产生本能恐惧并引发防御等行为,即格斗-逃跑反应(fight or flight response)。杏仁核在恐惧中发挥特殊作用,可接受来自嗅球(包括其他嗅觉皮层)和副嗅球的直接投射,以及丘脑、感觉皮层、海马和前额叶皮层的多种单模态和多模态感觉输入。杏仁核有多个亚核(图 14-3),接受的感觉输入具有特定的投射模式。例如视听觉信息投射到基底外侧杏仁核(basolateral

图 14-3 杏仁核及其亚核

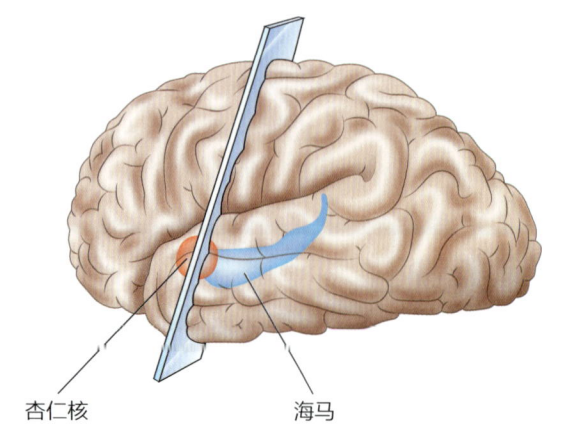
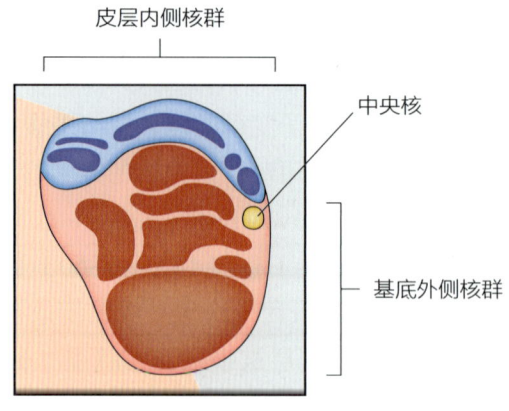

amygdala，BLA）以及中央杏仁核（central amygdala，CEA），而副嗅球投射到内侧杏仁核（medial amygdala，MEA）。杏仁核内部的环路联系可进一步整合这些不同的感觉输入，识别威胁性信息，进而投射到终纹床核（bed nucleus of stria terminalis，BNST）、下丘脑、导水管周围灰质和大脑皮层等，调控恐惧行为反应。

双侧杏仁核损毁的动物，恐惧和攻击行为均显著减少。尽管人类双侧杏仁核选择性损毁的病例较少，但一位名叫S.M.的因患脂质蛋白沉积症而导致双侧杏仁核受损的女性可正确识别出快乐、悲伤和厌恶的表情，却无法识别出愤怒，特别是无法识别出恐惧的表情。反之，若电刺激猫的杏仁核外侧部会引起恐惧和攻击行为，电刺激人类杏仁核会导致焦虑和恐惧。杏仁核不仅能够快速识别和响应环境中的威胁性信息，还能将这些信息与过去的经验相结合，使我们能够在危险来临时迅速做出格斗或逃跑反应。在进化过程中，这一习得性恐惧机制极大提高了我们的生存能力，使有关威胁的记忆可迅速形成并长久保存，以免再次受到伤害。虽然杏仁核并不被认为是记忆储存的主要部位，但其神经元的突触可塑性（synaptic plasticity）变化似乎参与了情绪事件的学习和记忆形成。然而，当这种恐惧习得机制被异常激活时，一些中性或非严重威胁性刺激也可诱发过度的焦虑反应，甚至一次创伤经历引起的强烈恐惧就会干扰正常生活很多年，即导致创伤后应激障碍（post-traumatic stress disorder）。

> 拓展阅读14-2
> 情绪障碍——焦虑症和抑郁症

3. 愤怒和攻击

愤怒是一种由各种令人厌恶的事情引发的负面功能性情绪状态，表达愤怒的一种方式是攻击行为。攻击行为可简单地划分为捕食性攻击和情感性攻击两类。前者为了获得食物而攻击，通常伴随较少的发声，与交感神经高水平活动无关；而后者是为了炫耀而不是为了食物而攻击，常在做出夸张的威胁或防御姿态时发出声音，并涉及高水平的交感活动。最早发现与愤怒和攻击行为相关的脑区是下丘脑。电刺激动物下

知识窗 14-1

精神外科手术

早在20世纪早期，包括额叶切断术（frontal lobotomy）和杏仁核切除术（amygdalotomy）在内的精神外科手术（psychosurgery）就被用于治疗暴力攻击性疾病以及焦虑症等精神障碍。特别是随着眼眶额叶切断术的发展，手术变得泛滥。仅需用锤子将一根逐渐变细的钢锥从上眼眶顶部的薄骨中击入脑内，然后将钢锥的手柄左右搅动以破坏额叶的细胞和神经通路。患者术后的性格变得冷淡，不再具有威胁性，但神情呆滞，记忆丧失，就像一具行尸走肉。最具争议的是，曾被誉为现代精神外科创始人的葡萄牙医生Egas Moniz（1874—1955），因其"发现额叶白质切断术在某些精神疾病中的治疗价值"而被授予1949年诺贝尔生理学或医学奖，但由于大部分患者在术后出现了严重的副作用，科学界开始否定这种手术的科学性，并对此项诺贝尔奖有所指责。1950年，苏联政府率先禁止了该手术；自1970年以后，美国各州也相继立法禁止了该手术，取而代之的是用药物和神经调控技术治疗精神疾病。

丘脑内侧部可诱发情感性攻击，而电刺激下丘脑外侧部则可引起捕食性攻击。杏仁核是参与攻击行为的另一个关键脑区，直接电刺激动物杏仁核就会产生攻击行为。值得注意的是，下丘脑及其支配的中脑腹侧被盖区和导水管周围灰质可接受杏仁核投射，介导攻击性行为。人脑成像研究显示，眶额叶皮层和前扣带回皮层在愤怒时的活动更强。

三、睡眠觉醒与生物节律

睡眠约占哺乳动物生命的三分之一，是哺乳动物乃至所有动物普遍存在的基本生理需求。睡眠与觉醒相对立，是对外界环境反应性降低以及与环境间相互作用减弱的一种可逆行为状态。二者受生物钟调控，生物钟及授时因子对钟相位和周期的调整使个体能够预期环境变化并相应调整自身生命活动，从而适应当地环境。生命活动中的昼夜节律是生理稳态的重要组成部分。

1. 睡眠和觉醒的脑电特征

脑电图（electroencephalogram，EEG）结合眼电图（electrooculogram，EOG）和肌电图（electromyogram，EMG）分析是鉴定睡眠/觉醒状态的金标准（图 14-4）。EEG 主要反映大量皮层神经元突触后电位的总和，其幅度随神经元活动的同步程度增强而增加。1929 年，奥地利精神病学家 Hans Berger（1873—1941）首次记录到人类的 EEG。人类在睡眠/觉醒不同阶段有独特的 EEG 频谱特征，觉醒时呈 β 波（>13 Hz）和更高频的 γ 波，安静、闭眼时呈 α 波（8~13 Hz），浅睡时呈 θ 波（4~7.99 Hz），而深睡时呈 δ 波（0~3.99 Hz）。

根据美国睡眠医学会 2007 年颁布的睡眠及其相关事件判读标准，人类的睡眠分为快速眼球运动（rapid eye movement，REM）睡眠和非快速眼球运动（nonrapid eye movement，NREM）睡眠两个时相（图 14-4）。睡眠开始时，首先进入 NREM 睡眠。NREM 睡眠根据脑电波形特征又称为慢波睡眠（slow wave sleep，SWS），可分为 N1、N2 和 N3 阶段。N1 为觉醒向睡眠过渡期，时间短，EEG 以 4~7 Hz 低波幅混合频率活动为主，常有缓慢眼球运动；N2 为浅睡期，出现 K-复合波和睡眠梭形波；N3 和 N4 为深睡期，除 K-复合波和睡眠梭形波外还出现 δ 波，通常无眼球运动。NREM 睡眠后通常发生 REM 睡眠，呈现出与觉醒时相似的高频率、低振幅 EEG 波，并伴有快速眼动、肌张力丧失和梦，因而又被称为异相睡眠（paradoxical sleep）。一个完整的 NREM 和 REM 睡眠周期约 90 min，每夜循环 4~5 次。睡眠后期，NREM 睡眠变浅，REM 睡眠变长。

> 🔍 **想一想**
> 根据活动/休息情况和 EEG 都可对睡眠/觉醒状态进行判定，二者分别有什么优势和缺点？

2. 睡眠/觉醒的神经机制

脑是如何调控睡眠和觉醒状态的呢？20 世纪早期研究发现，在中脑处切断脑干后，动物会立刻陷入持续的昏迷状态（coma，EEG 呈 NREM 睡眠特征），提示睡眠可能是前脑失去下游神经输入后的被动行为。神经生理学家 Giuseppe Moruzzi（1910—1986）和 Horace Magoun（1907—1991）发现，刺激动物脑干到下丘脑后部的网状

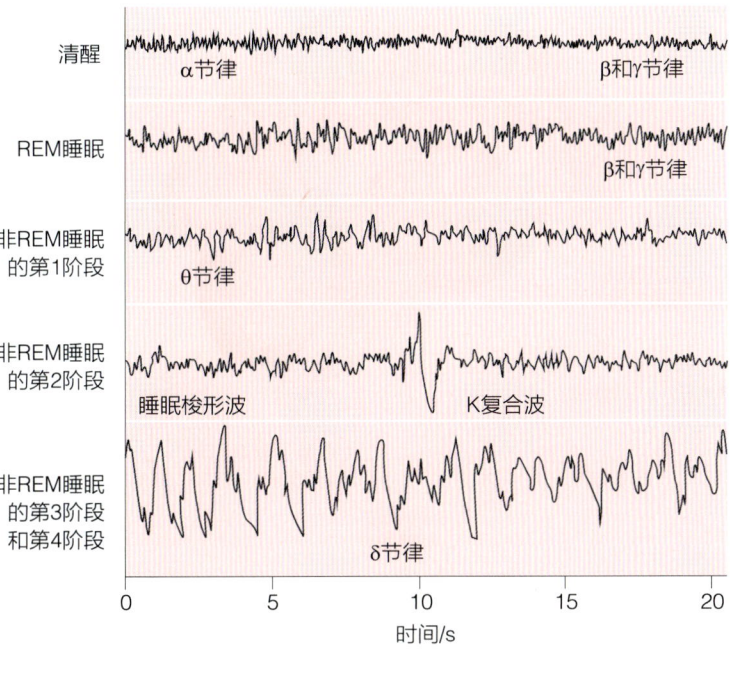
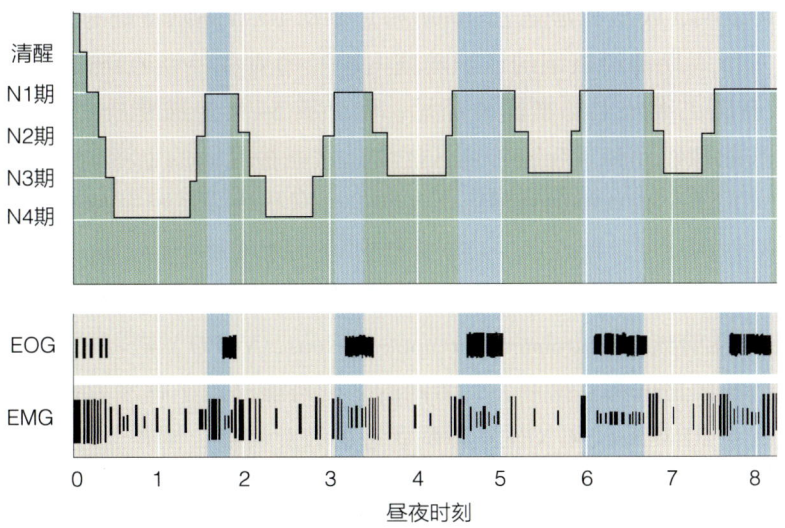

图 14-4 睡眠和觉醒的脑电图（EEG）、眼电图（EOG）和肌电图（EMG）特征

结构（reticular formation）可促进觉醒，称该区域为上行网状激活系统（ascending reticular activating system）。后续研究发现，脑干被切断的动物经过恢复其前脑仍可出现睡眠/觉醒交替，表明前脑具备相关调控的神经基础。此外，临床发现一些昏睡性脑炎病人有下丘脑后部的损伤，失眠患者伴有下丘脑视前区损伤，而损毁视前区则可引起动物失眠。这些证据表明下丘脑内也存在控制睡眠/觉醒的区域。在脑桥中部三叉神经前切断脑干后，也可使动物觉醒时间大幅增加，表明脑干后部也存在抑制上行网状激活系统并促进 NREM 睡眠的机制。在 REM 睡眠调控机制方面，Michel Jouvet（1925—2017）和 Jerome Siegel 等人发现切断中脑与大脑连接后，前脑中记录不到进入 REM 睡眠时的特征波——脑桥 - 外侧膝状体 - 枕叶（ponto-geniculo-occipital，

图 14-5 脑内调节睡眠和觉醒的重要递质系统

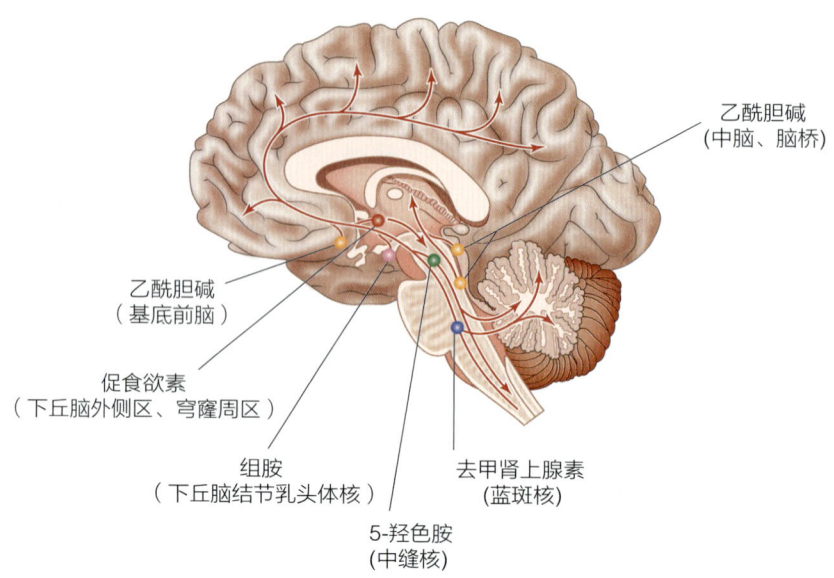

PGO）波，但断面以下的脑干仍能维持 PGO 波和肌张力下降；而切断脑桥与延髓连接后，断面以上的脑结构可产生 PGO 波，但断面以下的结构不能自主调控肌张力下降。这些证据表明，中脑和延髓之间的脑桥是驱动 REM 睡眠特征的关键脑区。

对睡眠觉醒周期神经机制的认识随脑内神经递质和神经通路研究的进展而深入（图 14-5）。蓝斑去甲肾上腺素能神经元、中缝核 5- 羟色胺能神经元、下丘脑结节乳头体核组胺能神经元和下丘脑外侧区促食欲素能神经元的电活动都在觉醒时最高，NREM 睡眠时下降，REM 睡眠时最低。这些上行网状激活系统中的核团除投射到丘脑外，也直接投射到皮层，使丘脑 - 皮层系统神经元处于紧张性（tonic）放电的活跃状态，促进觉醒并使感觉神经输入能有效经丘脑上传皮层处理。下丘脑视前区的正中视前核和腹外侧视前核（ventrolateral preoptic nucleus，VLPO）则促进 NREM 睡眠，并与多个促觉醒核团之间相互抑制，二者间的平衡可能决定了睡眠 / 觉醒状态之间的转换。睡眠过程中 REM 睡眠和 NREM 睡眠状态的彼此转换，则是通过脑干中促进 REM 睡眠的 REM-on 神经元与抑制 REM 睡眠的 REM-off 神经元之间的相互抑制来实现的。

腺苷也是参与睡眠稳态调节的内源性物质之一，其胞外浓度可随神经元活动升高。腺苷通过 A1 受体抑制促觉醒核团和丘脑 - 皮层系统活动，并可通过 A2a 受体兴奋基底神经节间接通路促进睡眠。咖啡因和茶叶碱则可通过对抗腺苷的作用促进觉醒。

3. 睡眠的生理功能

睡眠的生理功能至今未明，最合理的观点是恢复和适应。NREM 睡眠时肢体活动终止，交感神经系统活动下降，个体能量消耗降低，可以看作是一种适应行为。NREM 睡眠与体温调控密切相关：温暖环境促进 NREM 睡眠发生，而核心温度和脑内温度通常随 NREM 睡眠降低。正中视前核内的热敏神经元能同时促进体温降低和 NREM 睡眠发生，为体温和 NREM 睡眠的协同调控提供了神经基础。另外，REM 睡眠易在体温降低后发生，并伴有体温调节功能缺失。

睡眠有助于清除脑的代谢物。脑组织间液内的物质可通过跨细胞转运突破血脑屏障进入血液，但脑脊液经硬脑膜内静脉排出的传统观点受到质疑。目前认为，蛛网膜下腔内的脑脊液可进入血管周围空间并随血管深入到脑内部，使脑脊液与脑组织间液沿动/静脉间的压力梯度对流，之后经与脑组织间液相连的淋巴管排出。这一脑脊液循环途径被称为类淋巴系统，由心跳和血管脉动为其提供动力，血管周围胶质细胞表达的水孔蛋白 AQP4 也促进该循环。脑类淋巴系统的驱动力和淋巴系统的外排力都受生物钟和睡眠觉醒/觉醒状态影响，前者在睡眠期间达到峰值并伴随脑组织间隙增大，而后者在睡眠时降低，利于在睡眠过程中有效清除脑组织间液内的代谢废物。

睡眠剥夺损害认知功能，不利于学习与记忆。NREM 睡眠时海马位置细胞（见本章第三节）有学习记忆神经活动的重放，而 REM 睡眠时边缘系统活跃，二者都被认为是睡眠促进记忆巩固的证据。但记忆巩固也可在觉醒时进行，因而关于睡眠巩固记忆的作用尚存在争议。皮层等处的突触活动随睡眠/觉醒状态变化，突触结构和功能也有相应变化，一些突触蛋白的 mRNA 表达受生物钟调控，而睡眠/觉醒状态对突触蛋白的丰度和磷酸化状态有更直接影响。有观点认为睡眠可通过维持突触稳态（synaptic homeostasis）来影响突触可塑性：睡眠引起的突触结构和功能变化被认为能广泛但仍有选择地削弱突触，清除不必要的弱记忆并使已形成的强记忆不至于饱和，使突触可塑性维持在最佳状态。REM 睡眠在发育早期阶段较为活跃，被认为能促进感觉运动功能的神经发育。

4. 生物钟与近日生物节律

以 24 h 为周期的光/暗交替是地球环境的一个显著特征，因而温度、能量、捕食/被捕食机会等与个体生存密切相关的因素也随昼夜变化。进化过程中生命活动出现了昼夜节律现象，例如蓝藻的光合作用和固氮活动分别发生于白天和夜间，哺乳动物的睡眠/觉醒、体温、褪黑素和糖皮质激素分泌等都呈现昼夜变化（图 14-6A）。相关节律性变化在被隔离外界时间信息（如持续黑暗）并自主决定作息的自由运转条件下仍然存在，但其固有周期（intrinsic period）通常接近却不等于 24 h，因而被称为近日节律（circadian rhythm）。近日节律是内源产生的自主节律，其驱动机制被称为生物钟（biological clock）（图 14-6B）。哺乳动物下丘脑的视交叉上核（suprachiasmatic nucleus，SCN）被损毁后，动物的体温、睡眠、行为、内分泌等活动都丧失近日节律，因而称 SCN 为中枢生物钟（central clock）。环境中的光照等周期性因素可作为授时因子（zeitgeber）调整钟相位和周期。视网膜内在光敏感视神经节细胞（intrinsically photosensitive retinal ganglion cell，ipRGC；见第十二章）可经视网膜-下丘脑束（retino-hypothalamic tract）直接投射到 SCN，介导光对中枢生物钟的影响。光能引起 SCN 生物钟相位变化（phase shift，$\Delta\varphi$），改变的方向和幅度取决于光刺激发生的钟相位（φ）。$\Delta\varphi$ 与 φ 的关系即相位反应曲线（phase response curve）（图 14-6C），由图可知存在对光不敏感的相位阶段。当 SCN 固有周期 τ 与授时因子周期 T 满足 $\Delta\varphi(\varphi)=\tau-T$ 时，中枢生物钟将与授时因子保持稳定相位关系，其周期被调整至与 T 一致

图 14-6 昼夜节律以及光对生物钟的调控

A. SCN 调控昼夜节律的神经机制。B. 人的睡眠/觉醒、褪黑素、体温都有明显近日节律。C. 金黄地鼠生物钟对光的相位反应曲线。(改自 Takahashi et al, Nature, 1984, 308: 186-188)

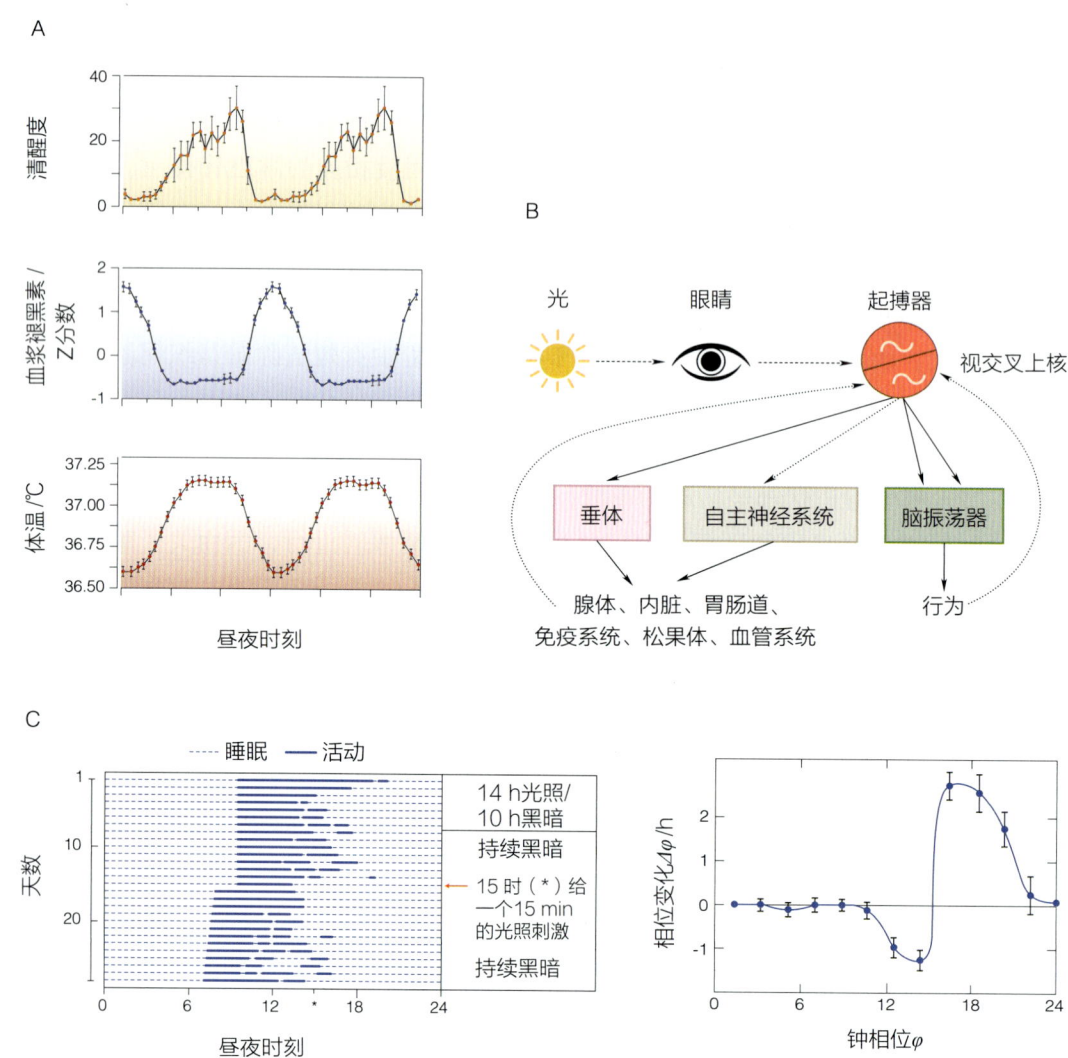

(entrainment)。光/暗环境突然改变后产生时差，SCN 生物钟需与新的光/暗环境重新建立稳定相位关系。

5. 生物钟的分子机制

生物钟振荡及其固有周期由遗传决定。Ronald Konopka (1947—2015) 和美国物理学家，分子生物学家 Seymour Benzer 在果蝇中定位了 *Per* 基因突变，美国遗传学家 Michael Young、Michael Rosbash 和 Jeffrey Hall 团队则克隆了果蝇的 *Per* 和其他时钟基因，因此 2017 年的诺贝尔生理学或医学奖表彰了他们的成就。随后，多个小鼠和人的时钟基因也被相继克隆和鉴定。例如，家族性睡眠时相前移综合征 (familial advanced sleep phase syndrome, FASPS) 患者携带 *Per2* 突变，固有时钟周期缩短至小于 24 h，光需要引起相位延迟方可将时钟周期调整为 24 h，患者中枢生物钟与光/暗周期的相位关系较常人 (固有时钟周期通常大于 24 h) 必须前提，而睡眠起止与生物钟时间有关，患者因此早睡早起。哺乳动物与果蝇的生物钟分子机制相近，均为时钟基因转录/反馈形成的细胞水平振荡。CLOCK/BMAL1 复合体驱动时钟基因 *Per1/2*

基因和 *Cry1/2* 基因的表达节律，Per/Cry 复合体经一定滞后进入细胞核抑制 CLOCK/BMAL1 的转录激活作用，形成负反馈环路。CLOCK/BMAL1 也激活 *Nr1d1/2* 基因表达，而 Nr1d1/2 抑制 *Bmal1* 基因表达，形成另一反馈环路。Ca^{2+}/cAMP/ERK/CREB 等信号转导通路受生物钟控制而有自主活动变化并参与调控时钟振荡。CREB 及其他信号转导机制对时钟基因的调控为环境因素影响生物钟提供了途径。例如，光可通过促进 CREB 磷酸化引起 SCN 内时钟基因的表达变化，从而影响钟相位和周期。在 CREB 磷酸化内源节律的峰值阶段，光对 CREB 磷酸化的额外影响有限，这解释了相位反应曲线中的非光敏阶段。

> 拓展阅读 14-4
> 生物钟的分子机制

除 SCN 外，体内绝大多数组织器官也有自主的分子生物钟，被称为外周生物钟（peripheral clock）。生物钟的起源可能与规避 UV 辐射有关，多个时钟蛋白参与 DNA 损伤修复，影响细胞周期和癌症发生。作为转录因子，时钟蛋白在基因组内有组织特异的广泛结合位点，参与调控基因表达。约 10% 转录组有组织特异的表达节律，影响胰岛素分泌和肝脏糖脂代谢和 NAD^+ 合成等多种生命活动。需要指出的是，虽然生物钟存在于细胞水平，但体外细胞培养条件下节律性表达基因的数目降低约为 1/100。相对于细胞培养的静态条件，SCN 驱动自主神经系统和内分泌活动的昼夜变化，而神经和体液机制乃至体温变化都参与调控基因表达，因而体内组织中有更为强健的钟振荡和基因表达节律。在 *Bmal1* 敲除的无节律动物中重启肝脏生物钟后可恢复 10%~20% 下游转录组与代谢组的昼夜节律。类似现象在皮肤中也存在，表明组织内源生物钟与其他器官的节律信号一起调控自身的昼夜节律。光通过 SCN 影响自主神经系统活动，能强化组织内的钟振荡，并使不同组织生物钟之间维持稳定的相位关系。组织也有同步自身细胞钟振荡的机制，并通过释放蛋白/多肽、激素、代谢物等影响其他组织的基因表达，实现组织间的信息交流。昼行性和夜行性动物的 SCN 都在白天活跃，但其外周组织的生物钟和基因表达节律通常有 180° 相位差异。夜行性动物主要在夜间活跃和进食，但如果将其进食限制于白天，肝脏等组织生物钟的相位被反转，但 SCN 生物钟未受其明显影响，体现了进食及相关内分泌活动对外周生物钟和基因表达节律的显著影响。

正常状态下，中枢和外周生物钟均与环境光/暗周期保持稳定相位关系，各组织的基因表达均有稳定昼夜节律，各器官系统的生理功能处于和谐状态。现代社会照明发达，电子产品多样，"光污染"严重，光刺激会干扰昼夜节律。跨时区旅行的时差暂时打破了个体节律与环境的和谐关系，而夜班人员的异常作息和进食时间也导致体内昼夜节律紊乱。现代生活中人的睡眠量不仅受光/暗环境和生物钟影响，也受工作时间等社会需求限制，常在工作日期间睡眠不足，在周末得以弥补；工作日和周末之间通常也存在进食时间的差异。相关波动都会干扰昼夜节律系统，使其偏离稳态。中枢和外周生物钟之间的失协调（misalignment）会增加心血管和代谢疾病以及癌症的风险，良好的作息和饮食规律则有益于健康，正常进食时间内的限时进食利于个体保持能量平衡。昼夜节律对药物治疗也有重要意义。许多药物的体内代谢、毒性、靶点蛋白丰度都有昼夜变化，据此选择合适给药时间（chronotherapy，时间疗法）能够提高药物的作用效率。

第二节　行为的动机和决策

　　动机（motivation）是行为的驱动力，本能行为和目标导向行为决策（decision making）的普遍原则是趋利避害。奖赏（reward）与厌恶（aversion）分别与行为上的接近（approach）与回避（avoidance）对应，与行为动机和决策密切相关。食物和性会给个体带来愉悦体验，被视为自然奖赏，与个体生理稳态的维持和物种延续相关。美丽的景色、高雅的艺术品、金钱和其他能给个体带来快乐的事物和兴趣爱好也都可被视为奖赏。苦味食物、饥渴、疼痛等刺激则引起厌恶，个体倾向于回避厌恶性刺激，或通过行为消除厌恶性刺激（如通过摄食和饮水来消除饥渴）。个体还具备关联学习的能力（见本章第三节）。在巴甫洛夫经典条件反射（classical conditioning）中，狗能在铃声这一中性刺激（条件刺激，conditioned stimulus，CS）与食物这一自然奖赏（非条件刺激，unconditioned stimulus，US）之间建立关联。在美国心理学家 Burrhus Skinner（1904—1990）提出的工具式条件反射（instrumental conditioning）中，个体能在行动和具有奖赏性或惩罚性的行动后果间建立关联：奖赏能够强化（reinforcement）带来奖赏的行为，惩罚则会给个体带来负性情绪（如恐惧、悲伤），促使个体调整行为以避免惩罚。

一、行为动机和决策的奖赏机制

　　奖赏引起愉悦的正性情绪，增强个体获得奖赏的动机，并强化行为选择，使其做出有利于收获奖赏的行为决策。脑如何实现奖赏相关功能呢？1954年，美国心理学家 James Olds（1922—1976）和 Peter Milner（1919—2018）报道了颅内自我刺激（intracranial self-stimulation）实验模型，使大鼠能通过操纵杆控制脑内植入的电极来自我施加电刺激。该模型可被用来分析脑内奖赏热点（hotspot），其逻辑在于激活"快乐中心"所引起的快感会强化颅内自我刺激行为。在颅内自我刺激模型中，当电极被植入到中脑腹侧被盖区〔ventral tegmental area of Tsai，VTA；由中国生理学奠基人之一的蔡翘（1897—1990）首先发现，含多巴胺能神经元〕附近或下丘脑外侧区/伏隔核（nucleus accumbens）等 VTA 多巴胺能神经元输入输出通路所经部位时（图 14-7），大鼠会持续施加自我电刺激。但这是否意味着相关刺激一定带来快感了呢？这涉及"驱动-奖赏悖

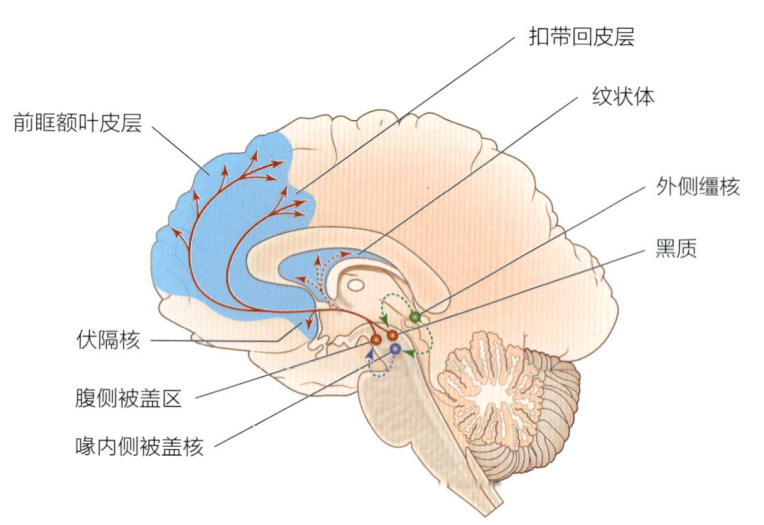

图 14-7　中脑腹侧被盖区多巴胺能神经元驱动的奖赏系统

论"（drive-reward paradox）。电刺激下丘脑外侧区或中脑腹侧被盖区后也常引发摄食等行为，这可能是由于电刺激引起类似于进食的快感，正强化自我刺激行为。但进食也能被饥饿驱动，而位置偏好实验显示饥饿是厌恶性刺激，因而电刺激也可能并非带来快感，反而是引发了饥饿感，从而促进进食来消除饥饿感（内驱力下降，即负强化）。多巴胺与快感热点联系密切，但对感官刺激快感的产生却并非必需，动物缺失多巴胺后仍能获得这类快感（如偏爱甜味），但寻求相关奖赏的持续驱动力下降。实际上，个体对奖赏快感的喜欢（liking）和需要（wanting）涉及不同机制，而多巴胺的作用在于后者，即增强获取奖赏的诱因性动机（incentive motivation）。中脑多巴胺能神经元的紧张性放电以及一些形式的位相性放电水平与行为动机相关。内源性阿片类（opioids）和大麻素类（cannabinoids）物质等也参与行为动机的产生，并能促进多巴胺的相关作用。多巴胺能神经元活动与神经系统对奖赏的预测有关（图14-8），在教会猴子灯光可以预告随后的果汁奖赏之前，多巴胺能神经元对灯光没有反应，仅在给予果汁时发生兴奋性反应；但当教会猴子灯光可以预告果汁奖赏之后，多巴胺能神经元对果汁奖赏却没有了反应，而对灯光预告做出兴奋性反应；然而，若灯光预告后不给予果汁奖赏，多巴胺能神经元的放电活动却下降了。这提示多巴胺能神经元实际编码的是奖赏预期与实际奖赏间的误差，而非奖赏本身。多巴胺因而被认为是一种重要的学习信号，参与了奖赏相关行为的动机产生、行为强化、习惯形成。

> **想一想**
>
> "喜欢"和"需要"这两种行为动机是否具有共同的神经机制？

二、多巴胺与行为动机和决策

中脑 VTA 多巴胺能神经元通常被奖赏刺激激活，被厌恶性刺激抑制，这类神经元被认为编码动机的价值（value）。在抑制性输入方面，外侧缰核（lateral habenula）被边缘系统神经输入激活后能以喙内侧被盖核（rostromedial tegmental nucleus, RMTg）为中继抑制中脑 VTA 多巴胺能神经元（见图14-7），参与编码奖赏预测误差。研究发现，一些多巴胺能神经元也可被厌恶性刺激（经外侧缰核或外侧下丘脑等）而非奖赏刺激所激活，这类神经元投射到前额叶皮层、伏隔核的腹内侧壳部、基底外侧杏仁核等处（见图14-7），介导厌恶反应和回避行为。此外，还有一些多巴胺能神经元可被奖赏和厌恶性刺

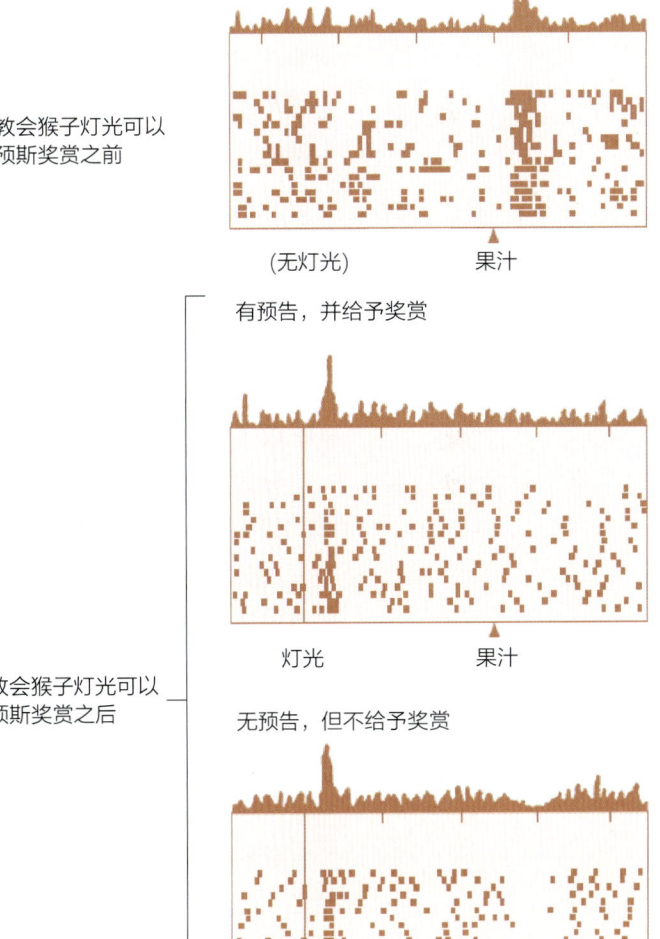

图14-8 中脑腹侧被盖区多巴胺能神经元编码奖赏预期与实际奖赏间的误差

激分别激活，参与编码动机的突显性（salience）。

中脑 VTA 多巴胺能神经元接受不同的神经传入，其向背侧纹状体、伏隔核、眶额 – 内侧前额叶、扣带回、背外侧前额叶和运动皮层等脑区的投射也存在差异。其中编码动机凸显性的多巴胺能神经元投射到伏隔核核心部（core）和背外侧前额叶皮层，而编码动机价值的多巴胺能神经元投射到伏隔核壳部（shell）和眶额 – 内侧前额叶皮层。纹状体和皮层内的多巴胺能传入分别参与了运动学习和行为调控，起到优化运动和行为选择的作用。例如，机体经过练习后熟练掌握的运动技巧（骑车）相关记忆可长期存储于纹状体内，而该行为选择经不断强化形成的习惯（每天骑车上下班）记忆也会存储于纹状体内，以利于后续相关行为的自动选择。行为决策和习惯形成的初始阶段则需要前额叶皮层（prefrontal cortex，PFC）决策机制的参与，不同 PFC 区域在决策中起不同作用。其中，眶额叶皮层被认为可根据输入信息的预期奖赏价值为背外侧前额叶和前 / 中扣带回皮层等执行控制中心的行为决策提供必要信息，也可通过对纹状体的投射影响行为。眶额叶皮层关于"刺激 – 结果（stimulus-outcome）"的价值预测依情境而变，比如饱腹状态下食物相关刺激的诱惑力下降。眶额叶皮层和伏隔核壳部与巴甫洛夫经典条件反射学习相关，而前 / 中扣带回皮层和伏隔核核心部参与行为调控，并根据"行为 – 结果（action-outcome）"的价值调整行为，与工具式条件反射学习相关。PFC 等脑区对奖赏的预测和评估影响中脑多巴胺能神经元活动，使多巴胺作为奖赏预测误差信号参与建立"刺激 – 结果"和"行为 – 结果"条件反射。"刺激 – 结果"和"行为 – 结果"关联性学习之间存在所谓的"巴甫洛夫 – 工具式条件反射转移（Pavlovian-instrumental transfer）"，最终使条件刺激能够强化行为。例如，当周末逛街感到饥饿时，人们会寻找熟悉的餐厅标识（动机增强），看到之后就会去那里吃饭（行为决策），并且每周逛街都去那里吃饭（习惯形成）。

导致成瘾的药物和毒品无须外周神经输入而直接作用于中枢，对其作用位点和受体的研究也促进了奖赏机制的发现。例如吗啡等阿片类药物能增强快感（喜爱甜味等），据此可定位快感热点。可卡因和安非他明等中枢神经兴奋剂能提升多种单胺能神经传递，其中多巴胺在奖赏中起关键作用。

> **想一想**
> 饱腹状态如何导致食物相关刺激的诱惑力下降？广告和商品的标识如何影响我们的消费活动？

第三节　学习与记忆

经验决定我们的行为方式，我们每天都在接触新事物，并通过学习（learning）与记忆（memory）积累经验。学习指通过获取知识来改变行为的过程，而记忆包括将知识进行编码、存储、巩固、提取和遗忘等活动。学习与记忆是不可或缺的脑的高级功能，我们熟知的"熟能生巧"和"吃一堑，长一智"都与其有关。记忆按其持续时间可分为短时程记忆（short-term memory；通常在 20~30 s 以内）和长时程记忆（long-term memory）。短时程记忆涉及信息的短暂存储，其中工作记忆（working memory）在执行认知任务时被用于暂时存储和操纵信息，依赖于 PFC 与其下游结构的持续神经活动，任务过后信息即消失。例如，我们可以短暂记住电话号码，但用后即忘。与此不同，长时程记忆需经重复学习才可形成，且形成后（例如记住电话号码）未被提取时可不依赖于神经活动而存在。长时程记忆根据内容特征分为外显记忆（explicit memory）和内隐记忆（implicit memory）。外显记忆的内容包括事实（语义记忆，semantic memory）、地点（空间记忆）、其他个体（社交记忆）、事件（情景记忆，episodic memory）等，能被意识察觉，可用语言表述，也被称为陈述性记忆（declarative memory），其形成依赖于海马等结构。内隐记忆（也称非陈述性记忆，nondeclarative memory）不被意识察觉，包含启动效应（priming effect）、程序性记忆（procedural memory，指运动技巧和习惯等）、反射、条件反射等形式。启动效应指先前所接受的概念或知觉信息对后续处理相关信息产生潜在影响的效应，相关记忆存储于皮层，程序性记忆则存储于基底神经节和小脑等运动结构（见本书第十三章）。

一、反射相关学习与记忆活动的神经机制

针对单一刺激的反射活动存在习惯化（habituation）和敏感化（sensitization）等基本学习与记忆现象，涉及突触传递效能的变化。奥地利裔美国神经科学家 Eric Kandel（获 2000 年诺贝尔生理学或医学奖）从加州海兔（*Aplysia california*）的缩鳃反射活动入手，阐明了习惯化和敏感化的神经机制（图 14-9）。海兔缩鳃反射的神经通路较为简单，虹吸管处的感觉输入直接或经中间神经元投射到控制鳃部和虹吸管的运动神经元，该通路受尾部感觉神经元的输入调节。对海兔虹吸管的触碰刺激可以引起缩鳃反射，但该刺激无益亦无害，因而多次施加后缩鳃反射活动减弱。这一反复施加同一个中性刺激后对该刺激的反应逐渐减弱甚至消失的现象即习惯化，其机制在于虹吸管处感觉神经元向其支配的中间神经元和运动神经元释放的递质逐渐减少。电刺激海兔尾部则能增强虹吸管触碰刺激引起的缩腮反应，即产生敏感化，其机制在于尾部在遭受电激后通过中间神经元释放 5-HT 作用于虹吸管感觉神经元末梢，通过信号转导活动促进神经递质的释放，从而增强对运动神经元的刺激。条件反射则属于联合型学习（associative learning），分为两种类型：经典条件反射和工具式条件反射。

二、海马与外显记忆

对著名患者 H. M.（Henry Molaison 的姓名缩写，1926—2008）的研究揭示了海马（hippocampus）在外显记忆中的关键作用。神经外科医生 William Scoville（1906—1984）为治疗 H. M. 的癫痫而切除其两侧海马等内侧颞叶结构。该手术有效控制了癫痫发作，但 H. M. 再也无法形成新的关于人和事的外显记忆。例如 H. M. 术后经常与神经心理学家 Brenda Milner 见面，但每次都像是从未见过她一样。H. M. 仍有正常的程序性记忆功能，能够掌握新的运动技巧，但无法记住与运动学习相关的事件。H. M. 仍具备正常的工作记忆，可在短时间内（几秒到几分钟）重复并记住数字，但稍

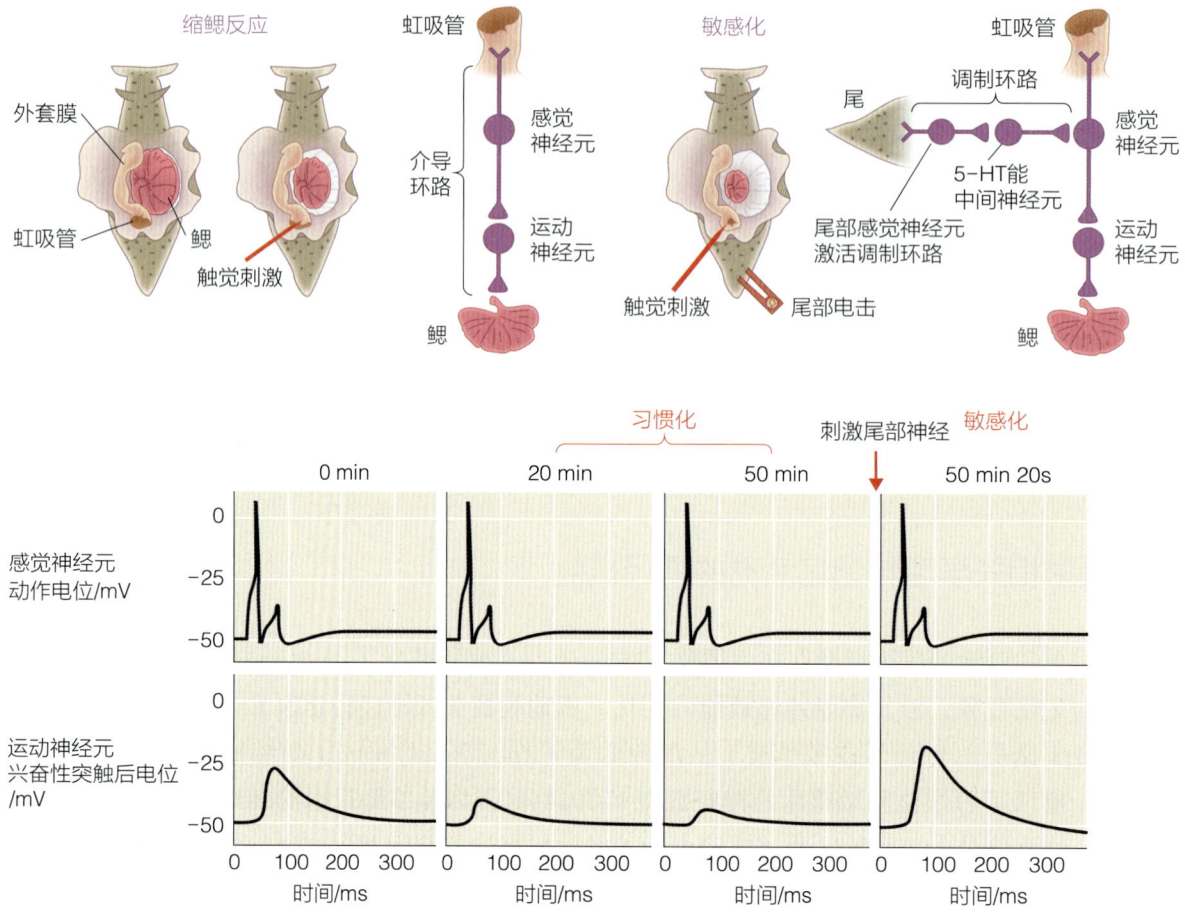

图 14-9 海兔缩鳃反射习惯化和敏感化的学习机制

一分心就会忘记，不能将其转化为长时程记忆。不能将短时程记忆转移至长时程记忆的缺陷被称为顺行性遗忘（anterograde amnesia）；对原有记忆的遗忘则被称为逆行性遗忘（retrograde amnesia）。但 H. M. 保持着术前形成的记忆（如童年事件），语言能力（包括词汇量）也未受明显影响，因而其记忆缺陷表明内侧颞叶在一些形式的长时程记忆的形成中起作用，并且已形成的长时程记忆可存储于内侧颞叶之外的脑结构。一些神经损伤局限于海马的患者也有类似于 H. M. 的记忆缺陷，相关发现以及动物中损毁海马的研究最终明确了海马在外显记忆的形成中起关键作用。

海马（图 14-10）含阿蒙角（Cornu Ammonis，CA）、齿状回（dentate gyrus，DG）和下托（subiculum）。狭义的海马仅指 CA1-3，除海马外，内侧颞叶还包括前下托（presubiculum）、旁下托（parasubiculum）、内嗅皮层（entorhinal cortex，EC）、旁海马皮层（parahippocampal cortex）、嗅周皮层（perihinal cortex）。CA1、下托和 EC 深层神经元是海马的输出结构，EC 则是接收海马输入信息的主要结构。旁海马皮层和嗅周皮层接受其他皮层输入并投射到 EC，EC 也接受前/旁下托、扣带回和前额叶皮层等联络皮层的输入。EC 通过直接和间接通路投射到 CA1。其中，EC 第二层神经元经三突触通路（trisynaptic pathway，EC-DG-CA3-CA1）间接投射到 CA1，即依次经前穿质通路（perforant pathway，EC-DG）、苔状纤维通路（mossy fiber pathway，DG-CA3）

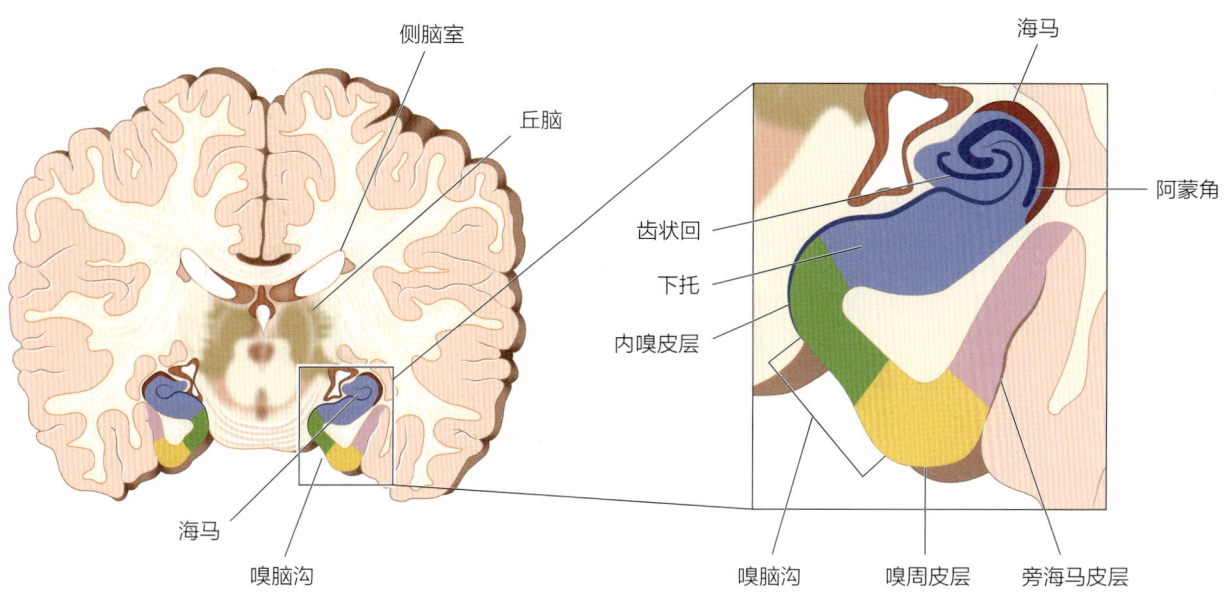

和谢弗侧支（Schaffer collateral，CA3-CA1）。EC 第三层神经元则直接投射到 CA1 和下托（图 14-11）。海马能够整合空间和时间以及时序等多重信息，并将信息的不同元素存储于海马的神经元群体中，在陈述性记忆的"where""when""what""who"等方面都起作用。在啮齿类等无语言能力的动物中，对海马的功能研究以空间导航为主（图 14-12）。1971 年，美裔英籍神经科学家 John O'Keefe 和其学生 Jonathan Dostrovsky 报道大鼠海马 CA1/3 区内存在位置细胞（place cell），这些神经元仅在动物处于环境中的特定位置时放电，起空间导航的作用。O'Keefe 的学生挪威神经科学家 May-Britt Moser 和 Edward Moser 夫妇团队于 2005 年报道在内侧 EC 中发现网格细胞（grid cell），其感受野为等边三角形（亦可视为六角形）组成的网格阵列，神经元仅在网格节点附近放电。EC 内的头朝向细胞、速度细胞、边界细胞、目标向量细胞等为网格细胞提供信息输入，使其可根据运动方向和速度等信息采用路径积分策略编码外界空间，为动物提供了一个不依赖于环境特征的坐标系统。EC 对 CA1 的直接和间接投射通路共同决定了 CA1 位置细胞的放电模式。O'Keefe 和 Moser 夫妇因在海马中发现组成大脑 GPS 定位系统的细胞而获得 2014 年的诺贝尔生理学或医学奖。

　　海马的功能不局限于空间记忆，空间记忆也并非与陈述性记忆相互独立，而是后者的一个组成部分。但海马长轴方向上确实存在基因表达、神经联系、功能等方面的差异

图 14-10　海马的位置与结构

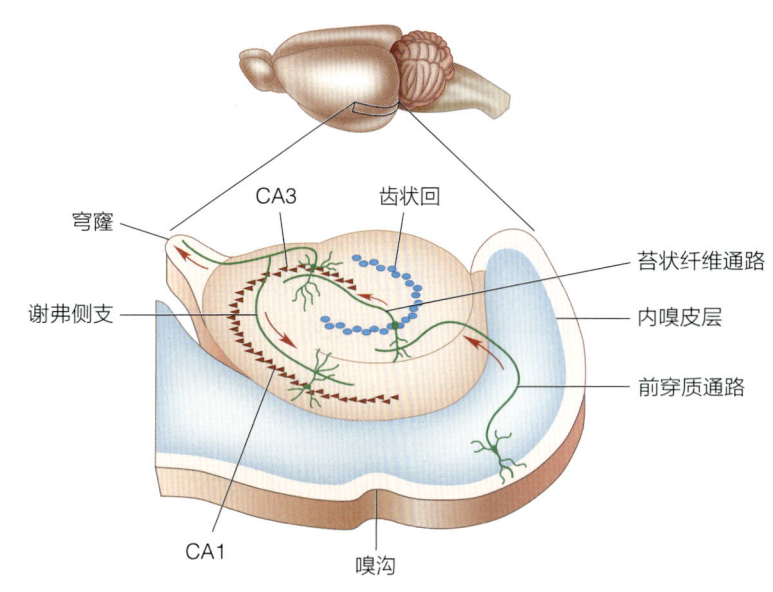

图 14-11　海马微环路

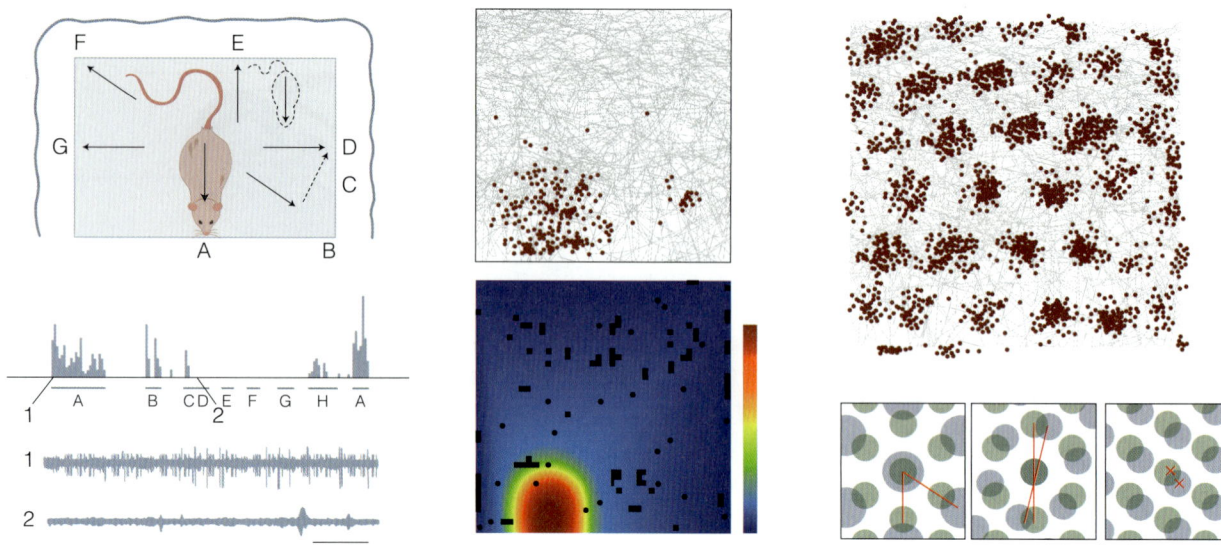

图 14-12　海马位置细胞和网格细胞的放电模式
CA3 中一个位置细胞在开场中的特定位置放电（左栏和中栏）。内侧嗅皮层中一个网格细胞的放电野呈现周期性的等边三角形（六角形）模式，而不同网络细胞的网格尺度、网络方向和网格相位不同（改自 O'Keefe & Dostrovsky, Brain Res, 171, 34: 171-175; Moser et al, Nat Neurosci, 20: 1448-1464）

梯度。例如大鼠和小鼠背侧海马位置细胞的感受野更为清晰明确，在空间记忆中的作用更为关键。腹侧 CA1 接收 CA2 投射，在社交记忆中起作用。腹侧海马与杏仁核联系密切，参与调控情绪、内分泌、自主神经系统活动。腹侧海马参与编码非条件刺激（US）发生的环境场所信息，作为条件刺激（CS）信息投射到外侧杏仁核，可与足底电击的 US 神经输入配对，引发情境性恐惧条件反射。海马参与记忆的存储和巩固（consolidation），并在此过程中将相关记忆逐渐转移到前额叶等皮层部位长期存储，之后通过前额叶与其他皮层部位以及杏仁核等核团的神经联系实现记忆寻回。20 世纪初，德国进化生物学家 Richard Semon（1859—1918）认为长时程记忆的存储依赖于神经元间连接强度在结构和 / 或化学水平的持久改变，并称相关神经元群体为记忆痕迹（engram）。美国生理心理学家 Karl Lashley（1890—1958）尝试通过损毁大鼠皮层的方法定位记忆痕迹，最终认为所涉神经元群体在皮层内广泛分布，难以精确定位。当代分子生物学方法可以实现选择性标记特定情境所激活的记忆痕迹，并通过光遗传学等方法操控其电活动，分析其在记忆巩固和提取中的作用。相关研究表明，情境恐惧等学习活动通常仅在海马、杏仁核、PFC 等部位激活有限神经元，相关神经元群体即记忆痕迹，参与记忆的存储、巩固和提取。

> 想一想
> 如何选择性标记特定实验条件下激活的神经元？

三、记忆存储的突触可塑性机制

在长时程记忆的存储机制方面，加拿大心理学家 Donald Hebb（1904—1985）于 1949 年提出理论，认为记忆相关神经连接强度的强化遵循一定规则，即赫布规则

（Hebb's rule）："当细胞 A 的轴突足够接近并能够兴奋细胞 B 时，其中一个或两个细胞中会发生某种生长过程或代谢变化，使得 A 作为激发 B 的细胞之一，其效能得以提升。"该规则常被简化为"同时放电的神经元最终将紧密相连"（Neurons that fire together, wire together）。1971 年，英国计算神经科学家 David Marr（1945—1980）对海马神经通路如何满足赫布规则进行了深入阐释，促进了记忆存储机制的研究。

1973 年，英国神经科学家 Tim Bliss 和挪威生理学家 Terje Lømo 发现了突触可塑性现象：高频（100 Hz）高幅电刺激前穿质通路之后，该通路的突触传递效率增强，并可持续较长时间，即诱发了长时程增强（long-term potentiation，LTP）这一突触可塑性现象。他人后续发现海马内的多个神经通路都可诱发 LTP，且在时间关联性方面，LTP 的诱发依赖于输入刺激发生时突触后神经元处于去极化状态，而高频刺激并非必需。这一依赖性的根源在于海马内的神经传递主要是谷氨酸的兴奋性传递，由促离子型谷氨酸受体 AMPA 受体、KA 受体、NMDA 受体介导，而 LTP 的诱发涉及 NMDA 受体调控下的 AMPA 受体通道电流的增强。NMDAR 受 Mg^{2+} 的电压依赖性阻滞，静息状态下其离子通道无法被谷氨酸激活，只有当神经元去极化后方可移除 Mg^{2+} 阻滞，使谷氨酸结合 NMDA 受体开放其离子通道（通透 Na^+、K^+、Ca^{2+}），通过 Ca^{2+} 调控突触可塑性。研究表明，CA3-CA1 通路存在只具备 NMDA 受体的所谓沉默突触，在静息状态下无法完成有效突触传递，但当神经元去极化时，NMDA 受体通道开放后升高突触后 Ca^{2+} 水平并激活 CaMKⅡ 等信号转导通路，使 AMPA 受体插入突触后膜，增强突触传递，从而诱发突触后水平的 LTP（图 14-13A）。CA1 神经元释放的 NO 等物质则可通过增强突触前递质释放参与调控 LTP。LTP 的长期维持（即记忆巩固）需要基因转录和蛋白翻译活动的参与和新突触的形成。CA1 中位置细胞放电野的形成和维持依赖于 LTP 形式的突触可塑性。NMDA 受体在多个海马神经通路中参与 LTP 的建

图 14-13 海马突触可塑性的分子机制
A. 长时程增强（LTP）；B. 长时程压抑（LTD）

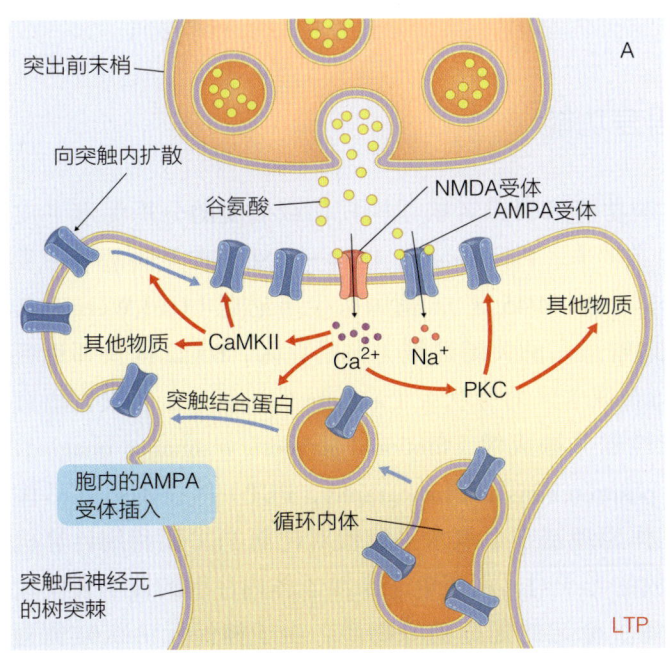
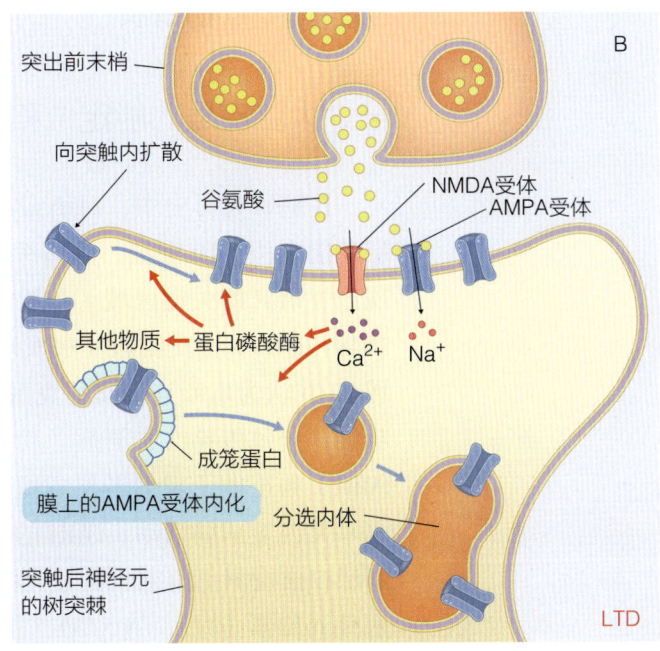

立,其介导的LTP具有关联性、协同性、突触特异性,符合赫布规则。

日本分子生物学家Susumu Tonegawa因发现"抗体多样性的遗传学原理"获1987年诺贝尔生理学或医学奖)团队通过条件性基因敲除技术系统验证了海马DG、CA3、CA1内的NMDA受体在学习与记忆中的作用。

单向的突触强化易使神经传递饱和,而均一突触强化易使记忆丧失特异性,二者均不利于学习与记忆,因此突触可塑性也需要负向调节。NMDA受体(以及一些促代谢型谷氨酸受体)亦可通过长时程压抑(long-term depression,LTD)机制削弱突触传递(图14-13B)。NMDA受体未被充分激活时(如低频1 Hz刺激)突触Ca^{2+}内流少,浓度不足以激活CaMKⅡ,但可激活对Ca^{2+}更敏感的钙调磷酸酶,继而通过激活磷酸酶PP1使突触后膜上的AMPA受体被内化(internalization),削弱突触传递。

第四节 大脑皮层的认知功能

感觉输入和运动输出是神经系统的基本功能。在较低等的生物中,从感觉输入到运动输出的中间处理过程较为简单,行为灵活性低。高级哺乳动物中大脑皮层大幅扩展,感觉输入的中间处理过程较为复杂,为信息整合提供了机会,使注意、思维、记忆、语言、情绪等认知相关的高级脑功能得以发展,可产生复杂多样的行为输出。皮层分为额叶、顶叶、枕叶、颞叶,叶间有中央沟、外侧裂、顶枕沟等边界(图14-14A)。研究者还根据组织学标准对皮层细致分区,其中德国神经学家布罗德曼(Korbinian Brodmann,1868—1918)于20世纪初将人的大脑皮层分为52个区域(布罗德曼分区,Brodmann's area,BA。图14-14B),被广泛采用,为定位脑功能提供了便利。例如后续研究表明初级体感皮层对应BA3-1-2区,初级运动皮层对应BA4区,初级听觉皮层则对应BA41区。

> 拓展阅读14-5
> 脑功能定位的历史

一、大脑皮层功能定位和语言功能

在脑研究历史中,对语言等脑功能障碍患者脑结构损伤或病变的分析促进了皮层功能定位。19世纪,法国医生布罗卡(Paul Broca,1824—1880)在左侧额叶中发现产生语言的关键区域(布罗卡区,BA44/45区);德国医生韦尼克(Carl Wernicke,1848—1905)在左侧颞叶中发现理解语言的关键区域(韦尼克区,BA22区及邻近区域),并认为切断连接韦尼克区与布罗卡区的弓状束(arcuate fasciculus)会损害语言功能,导致传导性失语症。功能性磁共振成像(funtional magnetic resonance imaging,fMRI)和正电子发射断层成像(positron emission tomography,PET)等技术可在活体水平无创显示脑活动。fMRI的工作原理基于血氧水平依赖对比而PET则利用计算机断层扫描检测正负电子湮灭所释放的光子对,而正电子来源于体内注射的短半衰期放射性同位素(^{11}C、^{13}N、^{15}O、^{18}F等)标记的葡萄糖等物质。由于神经元活跃时葡萄

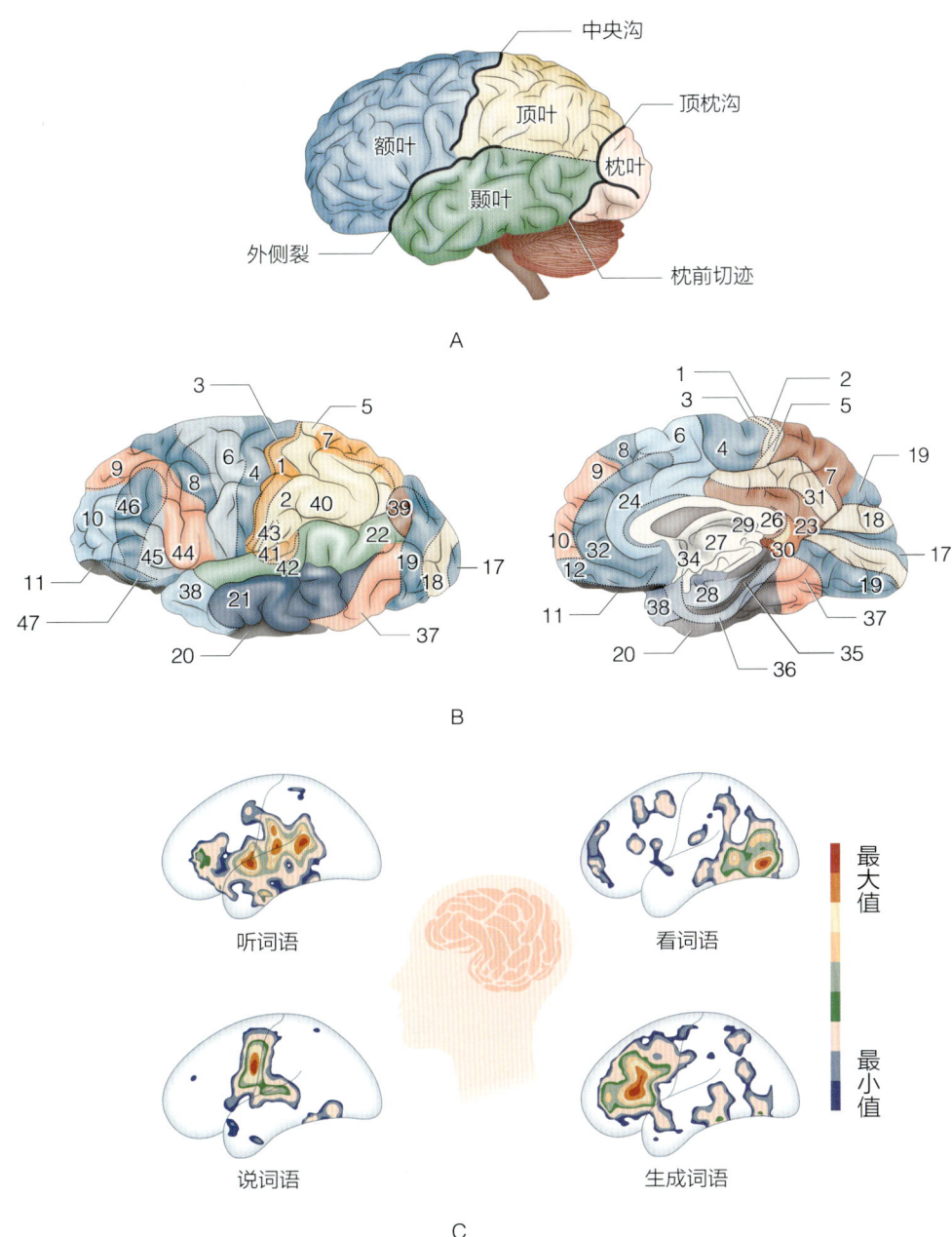

图 14-14 大脑皮层的功能定位
A. 皮层可分为额叶、顶叶、枕叶、颞叶；B. 布罗德曼分区；C. PET 显示不同语言任务下活跃的脑区

糖消耗加大，正电子释放增多，通过成像即可显示活跃脑区。在一项研究中，PET 成像显示听（听觉皮层和韦尼克区附近）、看（视觉皮层）、说（运动皮层）、想（布罗卡区附近）单词活动分别激活了特定脑区，提示不同的语言功能有不同的皮层定位（图 14-14C）。

脑区在神经网络联系中发挥功能。布罗卡区和韦尼克区都不属于初级感觉和运动皮层，而是位于在感觉输入和运动输出间起联络作用的联络皮层。传统神经示踪和电生理学技术可用于研究猴等动物皮层的神经投射和信息处理规律。相关研究表明，初级感觉皮层向邻近的次级感觉皮层和更高级感觉皮层依次投射，在此过程中感觉信息组分通常经分布式（distributed）处理。例如，Hubel 和 Wiesel 对初级视皮层神经元感

> **想一想**
> 根据脑区损伤或激活情况来进行功能定位有哪些局限性？

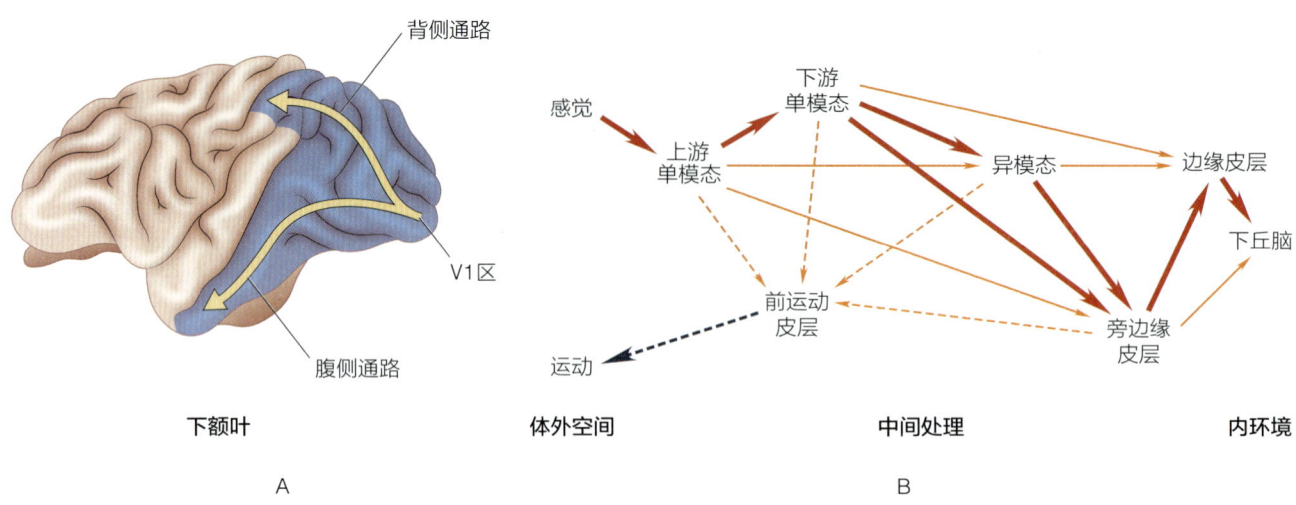

图 14-15 猴大脑皮层的神经投射规律
A. 视觉的"where"和"what"通路。B. 皮层内的神经投射规律（改自 Mesulam, Brain, 1998, 121: 1013-1052）

受野特性的分析（两人因此获得 1981 年诺贝尔生理学或医学奖）后，研究发现视觉信息向下游传递过程中运动、颜色、形式等信息被分别处理，并形成所谓的"where"和"what"通路：运动/空间相关信息向背侧的后顶叶方向投射，与物体空间定位（where）有关；颜色/形式信息向腹侧的下颞叶方向投射，与物体感知（what）有关（图 14-15A）。次级及更高级感觉皮层中仍保持感觉模态（modality）的特异性，被称为单模态（unimodal）联络皮层。不同单模态联络皮层的投射会聚于异模态/多模态（heteromodal/multimodal）联络皮层（图 14-15B），使脑高级功能得以产生。例如颞中回汇集"what"通路和其他模态的神经输入，使对物体的感觉与其意义关联，损伤后可引起失认症（agnosia）：患者能够感觉但不能识别特定类别物体。20 世纪 60 年代，美国行为神经学家 Norman Geschwind（1926—1984）系统分析了白质和脑区受损导致的分离综合征（disconnection syndrome），凸显了联络皮层在脑高级功能中的作用。他猜测后顶叶（posterior parietal cortex，PPC；BA7 区后部及 BA39/40 区）的角回（angular gyrus）是汇集听/视/触觉输入的多模态联络皮层，可实现文字、盲文、语音等信息的整合，参与语音和语义处理，与布罗卡区和韦尼克区共同组成外侧裂周区的语言网络。目前认为后顶叶与语言、空间定位、注意、数学计算等功能有关，而 Geschwind 语言区对应后顶叶的顶下小叶（BA39/40 区，含角回和缘上回），与邻近颞叶（部分 BA21/37 区等）被认为是语言文字与其意义和发音产生关联的多模态皮层区，起类似于"字典"的作用。除了后顶叶和邻近颞叶，猴和人脑还有两个多模态联络皮层区，分别位于 PFC 和边缘叶（图 14-16）。PFC 为初级和前运动皮层之前的额叶皮层，参与多种脑高级功能，一些区域（包括部分布罗卡区）投射到前运动皮层，影响运动。边缘叶包含海马和杏仁核等结构，参与记忆和情绪等脑高级功能。

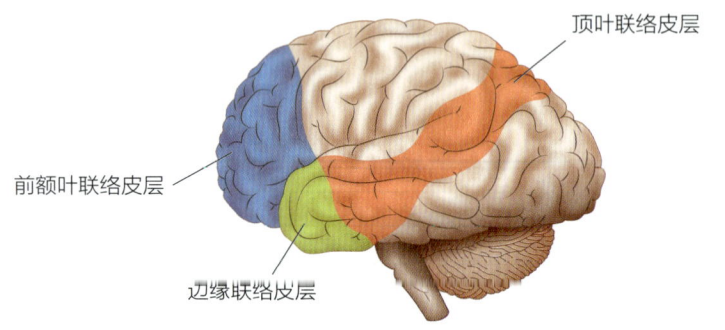

图 14-16 人脑的 3 个多模态联络皮层区域

弥散张量成像（diffusion tensor imaging）是 fMRI 的一种形式，分析水分子沿白质束的弥散行为，可在活体水平示踪神经连接。该技术揭示弓状束含有韦尼克区与布罗卡区之间的直接连接，也有二者与 Geschwind 区的间接连接（图 14-17），相关通路被统称为背侧语言通路，将语言与发声的运动控制建立联系，在说话中起关键作用。下纵束（inferior longtitudinal fasciculus；连接枕叶视皮层与颞叶）、最外囊（extreme capsule）、钩束（uncinate fasciculus；连接眶额叶与前颞叶）等白质束及相关结构也与韦尼克区和布罗卡区联系，组成腹侧语言通路，将视/听等感觉中的语言信息与其意义关联，在理解语言中起作用。例如阅读时文字信息需首先经视觉"what"通路传至颞叶"字典"后才能被理解，下纵束受损可导致不能识别文字的纯粹失读症（pure alexia）。背侧和腹侧语言通路都在句法和语法中起作用。

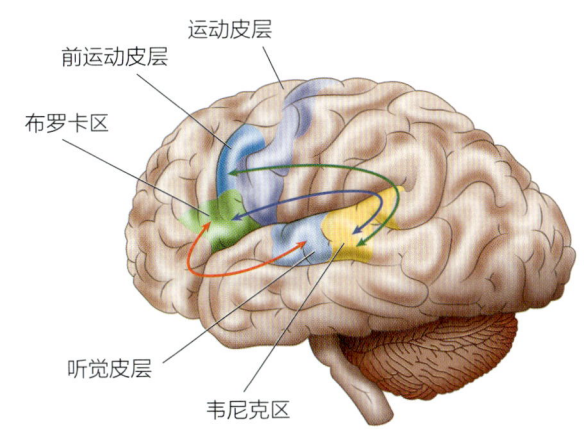

图 14-17　语言相关脑区及神经连接

语言相关脑区和神经连接的损伤导致失语症，影响语言流畅程度、对语言的理解能力、逐字重复能力等，根据相关标准可将常见失语症分类。其中最为轻微的是命名性失语（anomic aphasia；也称健忘性失语），患者能描述物体特性但无法说出其名字，其他语言功能正常。布罗卡区损伤导致布罗卡失语症，患者能理解单个单词和语法简单的语句，但对复杂语句的理解存在缺陷，发音（例如混淆 b 和 p 或添加额外音素）、句法、语法也有缺陷，且不能流畅自如地说话，并无法逐字重复他人的话。布罗卡区相关运动控制区域及神经连接损伤导致跨皮层运动失语症。韦尼克区损伤导致韦尼克失语症，患者不能理解多种模态的语言信息，说话虽然较为流畅但言语混乱难以理解，并无法逐字重复他人的话。与韦尼克区联系的腹侧语言通路（皮层区域和神经连接）损伤导致跨皮层感觉失语症。传导性失语症患者的说话和语言理解能力较为正常，但存在发音缺陷和命名障碍，也无法逐字重复他人的话。传统认为韦尼克区和布罗卡区之间的直接弓状束连接受损导致传导性失语，目前证据表明 Geschwind 区及其与布罗卡区和韦尼克区的间接弓状束联系对语言的重复能力至关重要。读写活动涉及语言机制，一些导致失语症的神经损伤也妨碍读写功能。

美国神经心理学家 Roger Sperry（1913—1994）及其学生 Michael Gazzaniga 等人发现裂脑人（split-brain patient；患者因治疗药物难治性癫痫而将左右脑间的胼胝体等白质联系切断）能用语言表述左脑看到的文字（呈现在右侧视野），但无法用语言表述右脑看到的文字（呈现在左侧视野），表明人说话的能力位于左脑（图 14-18）。右脑虽不能说话，但能够理解简单的口语和书面语言（图 14-18 显示患者可用受右脑支配的左手选出右脑所见文字代表的物体），并在口语的情感韵律（如抑扬顿挫和强调语气等）中起作用。除语言外，左半球还擅长逻辑、分析、计算等，而右半球在空间感觉上更为擅长。Sperry 因对大脑半球功能偏侧化的发现而与 Hubel 和 Wiesel 共享 1981 年的诺贝尔生理学或医学奖。

> **想一想**
> 大脑半球功能偏侧化的可能意义是什么？

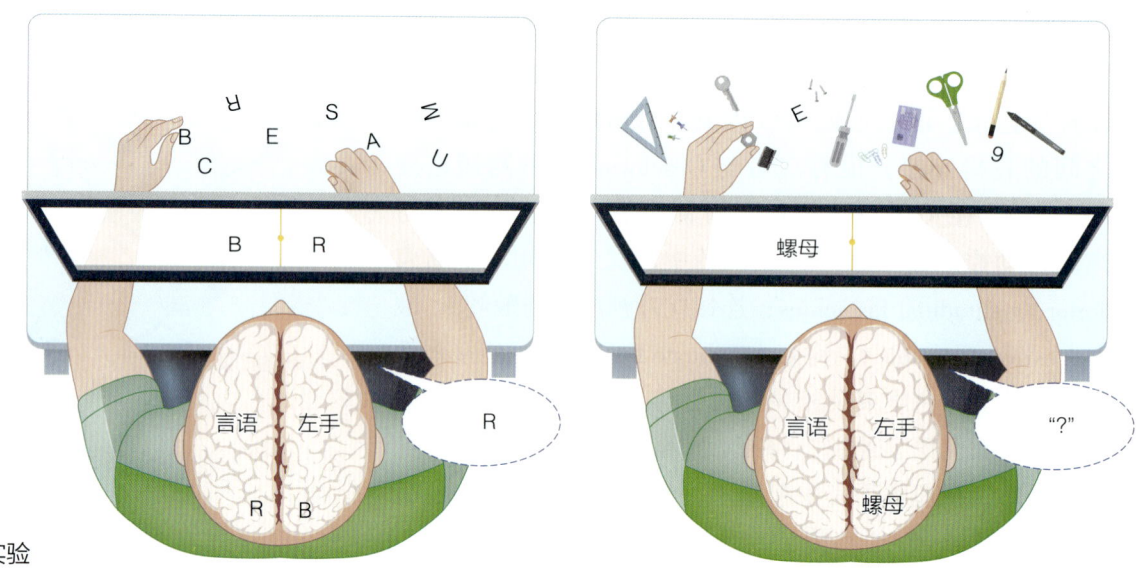

图 14-18 裂脑人实验

二、前额叶与认知

除语言之外，PFC 还参与思维、情绪、学习与记忆、行为决策等高级脑功能。PFC 可分为外侧前额叶皮层（lateral prefrontal cortex，可分为背外侧和腹外侧）、眶额叶皮层（orbitofrontal cortex）和内侧前额叶皮层（medial prefrontal cortex，可分为背内侧和腹内侧）（图 14-19）。不同 PFC 区域的功能及其与基底神经节、丘脑、其他皮层的神经联系存在差异。例如左脑腹外侧前额叶与布罗卡语言区部分重叠，背外侧前额叶（BA9/46 区）则参与工作记忆。工作记忆可通过延迟匹配样本任务（delayed match-to-sample task）等行为学范式来研究。该类测试首先会给猴等动物短暂（约 0.5 s）呈现一个样本，经数秒至数分钟延迟后再呈现几个样本，需要动物从中选出与初始样本相同的一个。显然，这类任务的完成需要将初始样本信息暂时保留在脑

图 14-19 PFC 的区域划分

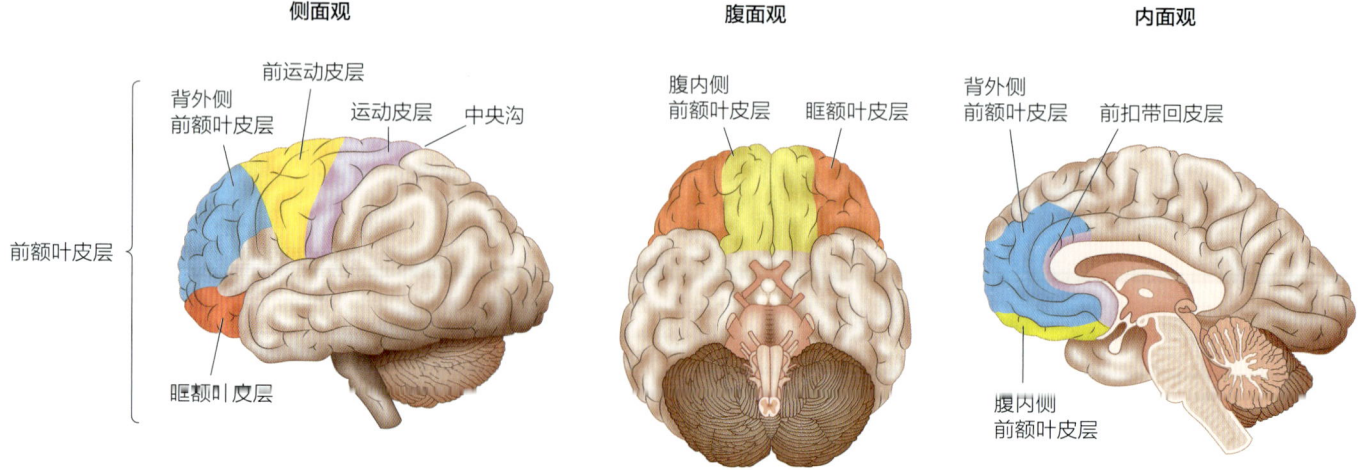

海里，即形成工作记忆。电生理记录显示猴的背外侧前额叶在工作记忆任务的延迟阶段活跃。人的相关神经活动可通过脑成像显示，例如静息态fMRI（resting state fMRI）分析静息状态下的自发血氧水平依赖信号，根据相关性可显示脑区间的功能联系。研究表明背外侧前额叶与后顶叶等共同参与工作记忆任务。啮齿类的前边缘皮层（prelimbic cortex）被认为起到与灵长类背外侧前额叶类似的功能。完成认知任务需要保持注意。背外侧前额叶在与工作记忆密切相关的注意分配中也起作用。PFC内有控制注意的区域，与其下游结构组成注意控制系统，并可分为背侧和腹侧注意网络（dorsal/ventral attention networks）。左右脑均有背侧注意网络，负责自上而下（top-down）的随意注意控制，通过控制眼球运动将注意朝向（orienting）转移至视野中特定目标；腹侧注意网络仅位于右脑，负责自下而上（bottom-up，外界刺激驱动）的非随意注意控制。背外侧前额叶与后顶叶组成额-顶网络（fronto-parietal network），又称中央执行控制网络（central executive network），在认知活动中处于核心地位，与注意网络和其他网络都有联系。额-顶网络在认知任务执行的起始和调整阶段起作用，另一执行控制网络扣带-岛盖网络（cingulo-opercular network）维持任务的稳定执行，并监测执行情况（错误或奖赏等）和反馈信息。

PFC与皮层下核团之间的相互调控也在认知活动中起重要作用。基底前脑（basal forebrain；含乙酰胆碱能神经元等）、下丘脑外侧区（含促食欲素能神经元）、中脑腹侧被盖区（VTA）、脑干中缝核和蓝斑核等投射到皮层，调节认知活动。这些核团可被外界刺激激活，也受背外侧前额叶等PFC区域调控。其中对蓝斑核与注意之间关系的研究较为深入。蓝斑核调控认知活动的效果随其紧张性放电水平变化，作用曲线呈"∩"形（图14-20）。个体警醒程度低和注意未集中时蓝斑核紧张性放电（tonic discharge）水平低；适当程度的蓝斑核紧张性放电有警醒作用，利于个体对刺激做出反应；蓝斑核位相性放电（phasic charge）利于集中注意力高效处理相关任务；蓝斑核紧张性放电过强则可抑制PFC，使注意力易于分散，不利于执行控制功能（图14-20）。

> **想一想**
> 蓝斑核活动强弱如何影响PFC神经元的电活动？

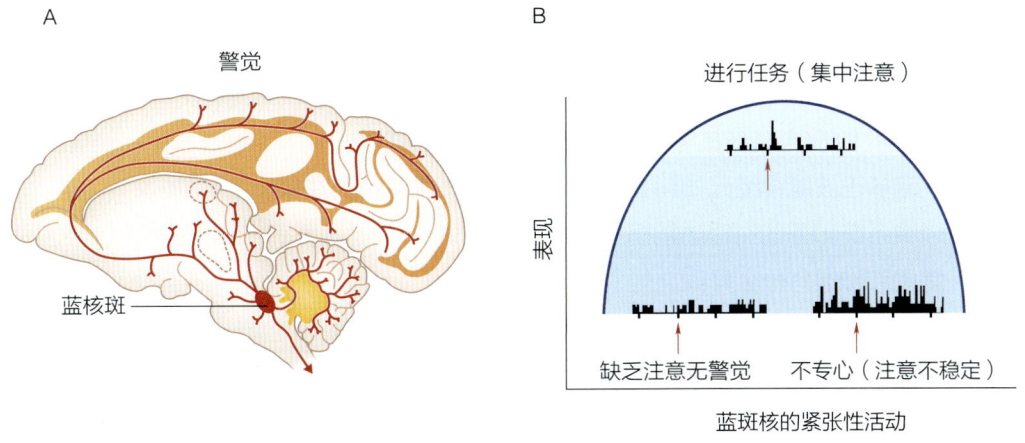

图14-20 **蓝斑核与注意**
脑干的蓝斑核去甲肾上腺素能神经元在中枢神经内有广泛投射（A），其放电模式与注意之间关系密切（B）

※ 小结

本章系统探讨了神经系统的高级功能和行为调控机制，重点围绕本能行为、动机与决策、学习与记忆，以及大脑皮层的认知功能展开。这些功能不仅关乎个体的生存和繁衍，还涉及复杂的情感和认知活动，展现了脑功能的多样性和复杂性。

本能行为是物种遗传的基本生存能力，包括摄食、情绪、睡眠和性行为等。摄食行为受下丘脑等脑区调控，瘦素和胰岛素等体液信号通过中枢神经系统平衡能量代谢。情绪体验与表达涉及边缘系统、杏仁核和前额叶皮层等结构。睡眠觉醒则受生物钟和脑内神经递质系统的精细调控，其中生物钟以视交叉上核为核心，通过分子振荡机制协调生理活动的昼夜节律，适应环境变化。

行为的动机和决策与奖赏和厌恶机制密切相关。中脑腹侧被盖区多巴胺能神经元的活动编码奖赏预测误差，其投射到伏隔核和前额叶皮层的通路分别调控动机的突显性和价值评估。奖赏系统通过强化行为选择，促进目标导向行为和习惯形成。此外，成瘾亦与多巴胺在奖赏机制中的核心作用密切相关。

学习与记忆是脑适应环境的关键功能。海马在外显记忆中扮演核心角色，其位置细胞和网格细胞构成空间导航的神经基础。突触可塑性（如 LTP 和 LTD）是记忆存储的细胞机制，符合赫布规则。内隐记忆则依赖基底神经节和小脑等结构，形成程序性记忆和条件反射。研究还发现，记忆痕迹神经元群体在记忆巩固和寻回中起重要作用，揭示了记忆的动态存储过程。

大脑皮层的认知功能展现了神经系统的最高级整合能力。语言功能定位于左半球的布罗卡区和韦尼克区等，通过背侧和腹侧语言通路实现语言的理解与表达。前额叶皮层参与工作记忆、注意和决策等高级认知活动，其与皮层下核团（如蓝斑核）的互动调节注意力和执行控制功能。大脑半球功能偏侧化进一步优化了认知资源的分配，左半球擅长语言和逻辑，右半球侧重空间和情感处理。

综上所述，神经系统的高级功能通过多层次、多脑区的协同作用实现，从本能行为到复杂认知，体现了脑功能的精细调控和强大适应性。这些研究不仅深化了我们对脑科学的理解，也为相关脑疾病的治疗提供了理论依据。

※ 思考题

1. PET 和 fMRI 与传统的神经解剖方法相比有什么优势？
2. 中脑多巴胺能神经元如何参与行为动机的产生和行为决策？
3. 边缘系统和哪些生理功能相关？
4. 焦虑和恐惧有什么异同之处？
5. 海马内的 LTP 机制对位置细胞的放电模式有什么意义？
6. 下丘脑视交叉上核内神经元之间存在钟相位梯度的可能功能意义是什么？
7. 根据图生物钟的相位反应曲线，如果钟周期因基因突变而缩短 2 h，那么动物的行为节律与外界 24 h 光暗周期的相位关系会有什么变化？

8. NREM 睡眠和 REM 睡眠之间的差异是什么？REM 睡眠与觉醒状态之间的差异是什么？

9. 情绪状态如何影响睡眠？喝咖啡为何能够提神？

10. 饥渴状态如何增强摄食的动机？

※ 推荐阅读

1. ANDERMANN M L, LOWELL B B. Toward a Wiring Diagram Understanding of Appetite Control [J]. Neuron, 2017, 95(4): 757-778.

该文系统分析了食欲和进食调控的神经生物学机制。

2. ARNSTEN A F. Stress signalling pathways that impair prefrontal cortex structure and function [J]. Nature reviews neuroscience, 2009, 10(6): 410-422.

该文深入介绍了大脑前额叶的工作机制及其功能如何受应激反应的影响。

3. BERRIDGE K C. Motivation concepts in behavioral neuroscience [J]. Physiology & Behavior, 2004, 81(2): 179-209.

该文介绍了行为动机相关的一些核心概念，有助于深入了解行为调控的机制。

4. HU H. Reward and aversion [J]. Annual Review of Neuroscience, 2016, 39: 297-324.

该文系统分析了奖赏和厌恶产生的神经机制及其对行为的影响。

5. MESULAM M M. From sensation to cognition [J]. Brain. 1998, 121 (Pt 6): 1013-1052.

该文深入阐释了认知活动的神经机制。

6. MOSER E I, MOSER M B, McNAUGHTON B L. Spatial representation in the hippocampal formation: a history [J]. Nature Neuroscience. 2017, 20(11): 1448-1464.

该文回顾了海马空间导航功能方面的研究历史。

7. Ono D, HONMA S, HONMA K. The suprachiasmatic nucleus at 50: looking back, then looking forward[J]. Journal of biological rhythms. 2024, 39(2): 135-165.

该文系统回顾了近 50 年来生物钟和视交叉上核（SCN）研究的进展。

8. SAPER C B, FULLER P M. Wake-sleep circuitry: an overview [J]. Current opinion in neurobiology. 2017, 44: 186-192.

该文阐释了睡眠/觉醒调控的系统神经生物学机制。

（撰写：李晓东；审修：张家兴、朱景宁）

第十五章

生理学研究策略与技术

　　生理学是研究阐明生命有机体内细胞、细胞集群、器官和系统之活动规律及其原理的学科。生理学知识与原理是理解生命活动规律和生命现象的基础，是生命科学和医学科学的基础。生理学知识与原理是在严谨地逻辑思维之前提下合理巧妙地运用研究策略和实验技术所获得的研究结果，结合物理与化学原理进行推理演绎得到初步结论，经过进一步实验检验获得成果的集合，即生理学属于实验性学科。因此对于获取生理学知识与原理的研究策略及相关技术了解尤为重要。

　　人与高等动物由不同类型细胞构成的多器官系统组成。大脑接收与编码感觉信息、整合与储存所获得的信息、编码与执行认知活动、调节情感反应和控制运动。脑干和脊髓联通大脑和躯体。脑和脊髓通过反射过程调控机体对环境因素刺激做出适应性反应。内分泌系统接受中枢神经系统的输出参与这些反应过程。循环、呼吸、消化吸收和排泄等系统的功能活动维持内环境稳态和正常细胞代谢。在神经与内分泌系统的反馈调节下，细胞间和器官系统间相互协调，实现机体活动对环境信号刺激的反应。这些完善的生理过程是生物进化的产物，通过生命个体的繁衍得以延续。阐明生命个体细胞、器官和系统的动态活动规律，内环境相对稳态的维持，及其动态调节的机理成为生理学研究之要素。因而生理学研究技术涵盖了对细胞、组织和器官层面活动规律及其机理的研究。

　　本章将重点阐述获取这些知识的研究策略和技术，尤其是对生理学发展具有重大推动作用的技术与方法。

第一节　生理学研究策略

生理学概念和原理的研究策略与技术先后经历了数百年的发展过程。医学相关学科的发展推动生理学研究策略与技术基于对人与动物的解剖观察，活体动物及其器官的实验研究，以及医学临床实践等发展阶段。生物物理与生物化学技术的发展推动了生理学研究策略与技术进入了有逻辑、有规范地实验设计，客观地实验观察与记录，科学地统计分析，以及有逻辑、有预判地科学结论。这些生理学研究与科学结论的一个核心原则是因果关系原则，即判断物理、化学及生物因素能否调节细胞、器官和系统的功能是基于这些因素变量与功能输出函数之间是否具有因果关系，即因素是否为函数的必要条件与充分条件。采用的技术手段包括双向调节因素变量分析功能输出函数是否发生了上调或下调。

一、生理学研究策略的发展

生理学研究策略的发展阶段包括器官和组织损伤或手术切除伴随特定生理功能的缺失，药物阻断剂或基因敲除伴随特定生理功能的下调甚至缺失，药物激动剂或基因过表达伴随特定生理功能上调，以及生理效应的叠加、协同和共同通路等。

人体系统、器官、组织细胞的功能定性和定量研究是起始于临床医生的观察与分析。临床医生观察器官组织损伤或病变伴有特定生理功能缺失，并分析其定性和定量关系。例如，头颅侧面局部外伤伴有语言丧失，大脑皮层外侧损伤程度与语言丧失程度呈平行关系，这些观察结果提示大脑皮层外侧区域与人类语言功能有关，大脑皮层是语言产生的必要条件。脊柱外伤伴有肢体反射功能和感觉的异常甚至缺失，提示脊髓与人类的反射活动和感觉传入有关。进一步观察发现脊髓半侧横断主要导致单侧感觉和反射活动的缺失；脊髓某断面全横断导致双侧感觉和反射活动缺失。这些观察与分析揭示了脊髓是感觉传入和肢体反射活动的必要条件。临床外科医生在对器官组织病变实施手术切除时发现，手术切除部分器官或组织伴随有特定生理功能的减弱或缺失。例如，经历梗阻坏死节段小肠切除后的患者伴有消瘦，手术切除肠道范围与消化吸收能力减弱呈正相关，提示小肠与摄入营养物质的消化吸收有关。经历急性坏死性胰腺炎手术切除后的患者伴有脂肪性和蛋白性腹泻，这些症状会因服用胰酶片而得到改善，提示胰腺分泌液帮助食物蛋白和脂肪的消化，有利于其随后的吸收。经历胆道梗阻手术疏通后的患者表现黄疸等体征消失，提示肝脏与胆囊具有分泌与储存胆汁的功能。

随着药物和药物作用机理的研究进展，研究人员利用药物阻断某个细胞膜受体、细胞内受体或细胞内酶活性导致组织细胞生理功能减弱甚至缺失，提示该受体或酶是细胞特定功能活动的必要条件。例如，有机磷农药是胆碱酯酶抑制剂，该类药物通过抑制乙酰胆碱降解提高突触间隙内乙酰胆碱水平，乙酰胆碱持续作用能够增强骨骼肌和平滑肌收缩。有机磷中毒者伴有骨骼肌强直收缩、瞳孔括约肌痉挛性瞳孔缩小和胃肠道平滑肌痉挛性疼痛，提示胆碱酯酶是解除乙酰胆碱效应的必要条件。美托洛尔是

去甲肾上腺素能 β1 受体的阻断剂，美托洛尔降低心率和心肌收缩力的研究结果提示去甲肾上腺素 β1 受体是激活心脏功能的必要条件。氯胺酮作为谷氨酸 NMDA 受体拮抗剂而被用于麻醉诱导和镇痛；近年来被用于快速解除抑郁状态，提示谷氨酸 NMDA 亚型受体参与神经细胞的兴奋过程，谷氨酸能 NMDA 受体是脑中兴奋性突触传递的必要条件。

研究人员利用药物激活细胞膜受体、细胞内受体或细胞内酶导致组织细胞生理功能上调，从而揭示该受体或酶是细胞特定功能活动的充分条件。例如，海人藻酸作为离子型谷氨酸能受体激动剂，慢性使用可以导致神经系统的过度兴奋甚至诱导癫痫，提示突触后细胞膜离子型谷氨酸受体是脑中兴奋性突触传递的充分条件。细胞内钙调蛋白是蛋白激酶 B 和磷酸酶 II 的启动激活分子，磷酸酶 II 对钙调蛋白具有高亲和力与低激活阈值，蛋白激酶 B 对钙调蛋白具有较低的亲和力与较高激活阈值。低浓度钙离子和钙调蛋白激活细胞内脱磷酸化过程，调降细胞功能；高浓度钙离子和钙调蛋白激活细胞内磷酸化过程，提升细胞功能。提示钙调蛋白依据自身被激活水平构成了调降或调升细胞功能的充分条件。

随着分子生物学的研究进展，研究人员利用基因操作调降细胞内某些基因分子观察特定生理功能的减弱甚至缺失，从而揭示某个或某组基因是细胞特定功能的必要条件。常用的策略包括在 DNA 和 RNA 水平调降基因。常用基因调降的手段包括基因突变、基因敲除、基因敲减和基因编辑等。如果实施某个基因突变、DNA 基因敲除、RNA 基因敲减或基因改造编辑诱导细胞某个特定生理功能的降低甚至缺失，提示该基因是维持细胞特定生理功能的必要条件。药理学研究显示河鲀毒素抑制钠通道伴有可兴奋细胞动作电位产生的减弱甚至不能，分子生物学进一步研究显示钠通道的基因突变、敲除、敲减和重编辑可以导致可兴奋细胞动作电位的产生和传导障碍，药理学抑制钠通道和分子生物学调降钠通道基因的研究结果共同揭示了电压门控钠通道是可兴奋细胞动作电位产生和传导的必要条件。

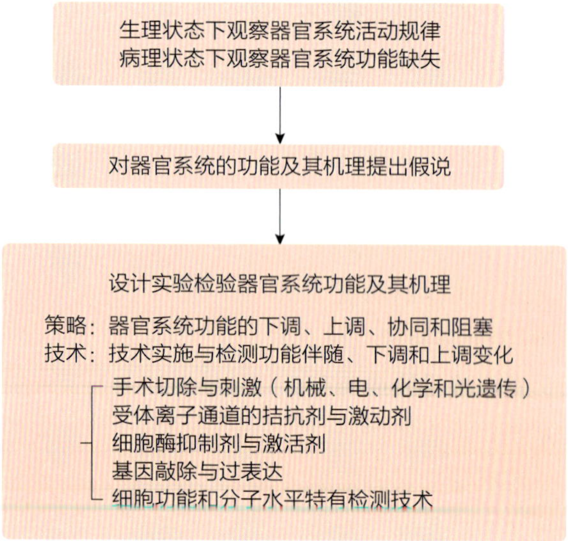

利用基因过表达技术增数细胞内分子观察特定生理功能的上调，揭示细胞内某个或某组基因是细胞特定功能的充分条件。常用的策略包括在 DNA 和 RNA 水平基因过表达来增数细胞内分子。例如，使海马神经细胞内 α 亚型蛋白激酶 B 基因过表达可以增加突触传递效率和增强动物的记忆巩固，提示海马神经细胞内蛋白激酶 B 通过增加突触传递效率来加强记忆能力。胰岛 β 细胞内胰岛素基因过表达可以增加血浆中胰岛素水平和降低血糖，提示胰岛素的生理作用是降低血糖，尤其可能是降低餐后血糖水平。

基于生理学研究的发展，我们可将生理学知识获取的研究流程归结如下：生理状态下观察器官系统的活动规律和病理状态下观察器官系统功能的缺失，对器官系统功能及其机理提出假说，设计实验检验器官系统功能及其机理等（图 15-1）。

图 15-1　生理学研究一般化流程

需要指出的是，这里的系统器官生理功能研究的流程也可被用于组织细胞功能之研究。

二、生理功能上调策略

该策略的原理是增强某一因素观察是否上调特定生理功能，拟检验是否这一因素是特定生理功能及其过程的充分条件。该因素可能是某种细胞膜受体、细胞内信号受体、细胞酶类和/或细胞内基因。增强该因素的操作可以是给予细胞物理刺激（如电刺激、机械刺激和光刺激等）、化学刺激、光遗传刺激学和生物分子过表达。

可兴奋细胞膜有电压门控离子通道，电刺激可以激活离子通道从而影响细胞功能输出。刺激电极的负极诱导细胞膜去极化，进而诱导去极化激活的离子通道。当这些电压门控离子通道选择性通透钠离子或钙离子时，钠离子或钙离子内流将诱导可兴奋细胞膜进一步去极化至阈电位而产生动作电位。如果研究的细胞功能输出是细胞缩短提示电活动是肌细胞收缩的充分条件；如果研究的细胞功能输出是分泌酶或激素提示电活动是这些分泌细胞活动的充分条件。当这些电压门控离子通道选择性通透钾离子时，钾离子外向整流使得可兴奋细胞动作电位复极化。如果肌细胞恢复初长度和分泌细胞停止分泌则进一步提示电活动是这些细胞功能输出的必要条件。另一方面，刺激电极的正极可诱导细胞膜超极化，进而诱导超极化激活的内向整流离子通道。这些超极化时内向整流的钾离子可维持细胞膜电位的稳态，提示超极化激活的内向整流钾通道是膜电位稳态的充分条件。

在足够强光照背景下，人类视觉系统能够识别彩色物体及其细节；在弱光背景下，人类视觉只能分辨其粗犷的黑白轮廓，提示光强度是视觉物体色彩和细节分辨的充分条件。随后的研究发现完成视觉的色彩和细节的分辨取决于视网膜中包含有不同视色素的视锥细胞，及其与双极细胞和神经节细胞点对点连接至视皮层的投射。人类能感受环境中的机械振动的声波。不同频率震动波的音叉诱导不同声调的听觉，提示声波机械振动刺激是听觉产生的充分条件。随后的研究发现耳蜗毛细胞膜上有类似piezo的机械–电压转换的离子通道，完成声波–动作电位电信号的转换。人类对环境中嗅分子和味素的感觉的研究是基于对化学刺激诱导嗅觉和味觉的研究，提示这些化学刺激是嗅觉和味觉产生的充分条件。进一步研究显示，这些嗅觉细胞和味觉细胞膜上的不同类型化学门控离子通道完成了化学信号–电信号的转换。

为了实现细胞选择性的光刺激或化学刺激，分子生物学家在基因水平对特殊类型细胞的离子通道或受体实施改造，实现特异类型细胞的光遗传学刺激或化学遗传学刺激。在基因水平将光敏感离子通道基因与离子通道基因进行编辑整合，整合基因上游嵌入了细胞类型特异的启动子，该转录复合体能够转染特异类型的细胞并在其中表达，该类细胞能够感受光刺激并触发离子通道开放而产生电流。这种光遗传学操控实现了光刺激替代电刺激，即光激活光敏感离子通道开放产生电流刺激信号。其最大优点是实现细胞类型特异性刺激；缺点是由于细胞的基因转染、表达和光电转换效率未知和非线性使得定量刺激不能。另外，将特殊类型细胞启动子基因与 G 蛋白耦联受体基因整合为仅由设计药物激活的设计受体（designer receptors exclusively activated by designer drugs，DREADDs），并转染至该类细胞表达，这种化学遗传学操控使得化合物（包括神经递质和激素等分子）刺激该类细胞的生物学活动和生理功能，研究结果将提示细胞内信号转导级联反应是否为该类细胞生理功能的充分条件。

增强某一因素方式还可通过增加因素内关键分子的数量，即通过生物分子过表达技术来实现。某个分子含量的过表达可通过将强启动子与该分子基因整合转染至特定类型细胞和/或增强该分子基因在特定类型细胞转染效率。当某因素内关键分子过表达使得细胞生理功能上调时，该因素是生理功能的充分条件。例如，酪氨酸羟化酶在细胞内过表达后多巴胺能和去甲肾上腺素能神经细胞的生理功能增强，伴随觉醒和情绪状态上调，提示多巴胺和去甲肾上腺素是觉醒和情绪稳态维持的充分条件。

三、生理功能下调策略

该策略的原理是削弱某一因素观察是否下调特定生理功能，拟检验这一因素是否为某个特定生理功能及其过程的必要条件。该因素可能是某种细胞膜受体、细胞内信号受体、细胞酶类和/或细胞内基因。削弱该因素的方式可以给予化学药物抑制剂，分子生物学基因敲除与编辑，也可运用光遗传学或化学遗传学操控。

在实施细胞内信号转导分子和代谢酶的调降策略中，研究人员可利用酶的抑制剂或酶的基因突变来遏制酶活性，也可利用酶的基因敲除或编辑来减少酶的表达量。调降细胞内信号分子或酶活性和表达量遏制了细胞生理功能，提示该信号分子或酶是细胞功能实现的必要条件。抑制剂和基因调降均获得类似的实验结果则进一步加强该结论。例如，当研究钙调蛋白激活的蛋白激酶在神经递质释放和突触传递中作用时，研究人员利用该蛋白激酶的抑制剂调降了神经递质释放和突触传递效率，随后该蛋白激酶的基因敲除或敲减也调降了神经递质释放和突触传递效率，这些结果扎实地揭示了钙调蛋白激酶为突触传递高效率所必需，是神经递质释放和突触传递的必要条件。

在实施细胞膜受体和离子通道的调降策略中，研究人员可利用受体和离子通道的拮抗剂或受体-离子通道基因突变来遏制受体与离子通道动力学，也可利用受体和离子通道基因敲除或编辑来减少膜受体和离子通道表达密度。调降受体或离子通道活性和表达密度遏制了细胞生理功能，提示该受体或离子通道是细胞功能实现的必要条件，当受体/离子通道拮抗剂和基因调降获得类似的实验结果将进一步加强该结论。例如，当研究电压门控钠通道在动作电位产生和传导中起重要作用时，研究人员利用钠通道拮抗剂失活电压门控钠通道，调降神经细胞动作电位产生和传导效率；随后钠通道基因突变或敲减也调降了神经细胞动作电位产生与传导效率，这些结果扎实地揭示了电压门控钠通道为神经细胞动作电位产生与传导所必需，是神经动作电位产生与传导的必要条件。

四、阐明生理因素与细胞功能的因果关系策略

如果某因素变量与组织细胞功能输出函数间既有伴随关系，又满足充分和必要条件，说明因素输入与生理功能输出之间同时存在上调和下调的平行关系。这种因素输入变量与功能输出函数关系提示该因素与细胞功能之间呈因果关系。该因素可能是细胞膜受体、细胞内信号受体、细胞酶类和/或细胞内基因。研究过程中需要上调策略与下调策略的有机结合。在生理科学研究中，研究人员需要阐明机体某个生理过程的器官系统基础、器官系统活动规律的细胞工作原理和细胞活动的分子基础，这些器官、细胞和分子产生基本作用的结论必须建立在阐明因素与生理功能活动之间的因果关系。几个实例如下。

在阐明脊髓是躯体感觉和肢体反射之关键时，利用不同浓度盐酸刺激去脑蛙的单侧后肢，观察被刺激下肢和对侧下肢的反应。盐酸浓度逐渐增加能诱导去脑蛙的受刺激下肢屈曲反射，且刺激盐酸浓度与下肢屈曲反射呈正相关；盐酸浓度的增加可诱导去脑蛙对侧下肢的伸张反射。提示化学刺激下肢通过脊髓构成同侧屈肌反射和对侧伸肌反射的充分条件。此时横断去脑蛙的腰段脊髓使得同侧下肢屈肌反射和对侧下肢伸肌反射消失，提示脊髓为同侧肢体屈肌反射和对侧肢体伸肌反射的必要条件。在逻辑上满足这些充分条件和必要条件后，研究人员可以结论脊髓与肢体反射具有因果关系，脊髓在躯体感觉和肢体反射中起重要作用。

在阐明血管内皮细胞是血管平滑肌收缩舒张之关键时，研究人员可利用离体和在体实验阐明血管内皮细胞是血管平滑肌活动的必要条件。单独培养的平滑肌细胞收缩与舒张仅受到培养液中化学因素和机械刺激影响；当血管内皮细胞与血管平滑肌共培养时，内皮细胞密度影响血管平滑肌收缩与舒张，高密度内皮细胞使得血管平滑肌保持相对舒张，提示血管内皮细胞是维持血管平滑肌舒缩状态的充分必要条件。进一步研究显示血管内皮细胞释放血管舒张因子促使血管平滑肌细胞舒张。当研究大脑星形胶质细胞在神经突触传递中起重要作用时，刺激神经细胞轴突诱导突触传递可伴有星形胶质细胞内钙离子水平增加，这种协同活动可因抑制突触传递而消失。当有星形胶质细胞共同培养时，突触自发活动和诱发活动均增强；刺激共培养的星形胶质细胞使得突触传递效率增强。这些实验结果提示星形胶质细胞是神经突触传递的必要条件和充分条件，即突触传递得到星形胶质细胞的辅佐。

在研究学习记忆形成与巩固的细胞分子机理中，需要阐明某些特定分子（如突触结构分子和细胞内信号转导分子）在特定脑区的记忆细胞形成过程中起重要作用，即澄清某脑区某分子与记忆细胞形成之间有因果关系。在确认某分子存在于特定脑区时，利用基因原位杂交和免疫荧光等技术检验某特定脑区是否有该分子基因和蛋白质表达，其表达量是否与记忆形成巩固和记忆细胞募集呈平行关系。随后研究特定脑区内该分子与记忆形成巩固/记忆细胞募集有上调下调关系。在特定脑区用药物阻断剂和基因突变抑制该分子功能，用基因敲除/敲减下调该分子的表达量。若这些实验操

作伴有记忆形成巩固和记忆细胞募集的减弱提示该分子是记忆形成巩固和记忆细胞募集的必要条件。在特定脑区用药物激动剂上调该分子的功能和用基因过表达上调该分子的表达量。若这些实验操作伴有记忆形成巩固和记忆细胞募集的增强则提示该分子是记忆形成巩固和记忆细胞募集的充分条件。综合这些研究结果的结论是，该分子与记忆形成巩固和特定脑区记忆细胞募集有因果关系。

当阐明生物因素在特定生理功能起重要作用时，生物因素可能是多个分子形成的分子网络或多层细胞形成的细胞网络。研究人员需要揭示这些分子或细胞是否通过构成并联和/或串联网络来介导生理功能。如果诸多分子呈并联网络排列，这些分子对生理功能的影响可能是叠加、协同和饱和效应；如果诸多分子呈串联网络排列，这些分子对生理功能的影响可能是阻塞效应。

五、生理效应叠加和协同的研究策略

该策略用于分析多元因素与某个特定生理功能之间的量化关系。在确定多元因素分别与特定生理功能相关后，这些因素对生理功能的影响可能通过平行网络产生叠加效应、协同效应和允许效应。

1. 叠加效应和协同效应

多种因素联合效应可以是等于各因素单独作用效应的总和（叠加效应）或大于各因素单独作用效应的总和（协同效应）。例如，糖皮质激素、肾上腺素与胰高血糖素都能分别促进葡萄糖降解而上调血糖浓度，当这些激素同时存在时，它们的单独作用可能叠加甚至协同更强。随后的研究发现，胰高血糖素作用于络氨酸激酶信号转导系统，肾上腺素激活 G 蛋白耦联的信号转导系统，糖皮质激素作用于细胞内受体促进受体和信号蛋白的合成。因而这些激素对糖代谢具有叠加甚至协同效应。生长激素与胰岛素分别有促生长作用，它们同时作用使得生物个体的体重显著增加，提示它们对个体生长具有协同效应。随后的研究发现它们分别作用于不同亚型络氨酸激酶信号转导机制促进蛋白质合成，呈现加强的协同效应。

2. 允许效应

单独使用去甲肾上腺素能增加心率和增强心肌收缩力。尽管甲状腺素或糖皮质激素本身并不直接影响心脏活动，但甲状腺激素或糖皮质激素的存在使得去甲肾上腺素的正性变时和正性变力作用得到加强。甲状腺素或糖皮质激素显著加强去甲肾上腺素对心脏的作用，提示甲状腺素或糖皮质激素为去甲肾上腺素的生理作用提供了前提条件，即允许作用。随后的研究显示，甲状腺素能通过细胞内受体增加去甲肾上腺素受体和 G 蛋白信号转导系统的基因表达和蛋白合成，进而增强了去甲肾上腺素的作用。在研究锥体系和锥体外系控制与调节运动的研究显示，锥体系的皮质脊髓束通过驱动脊髓前角运动神经元控制四肢精细运动；锥体外系中脑干红核脊髓束、网状脊髓束和前庭脊髓束能维持肌紧张。这些锥体外系轴突能够驱动脊髓前角运动神经元的膜电位移向阈电位，有利于锥体系神经轴突激活脊髓前角运动神经元到达阈电位而产生动作电位，进而触发所支配骨骼肌收缩。锥体外系神经轴突为锥体系神经轴突激活脊髓前角运动神经元提供了前提条件，即允许作用。

六、生理效应阻塞策略

该策略用于分析多元因素与某个特定生理功能之间的量化关系。在确定多元因素分别与生理功能相关后，这些因素对生理功能的影响可通过它们的串联网络或共同通路产生阻塞效应。

刺激大脑皮层 Wernicke 区可以诱导语言行为，刺激大脑皮层 Broca 区也可以诱导语言行为。但是刺激 Broca 区诱导的语言行为不会因为同时刺激 Wrnicke 区而加强，提示大脑皮层 Wrnicke 区与 Broca 区可能呈串联关系，Broca 区激活的效应阻塞了 Wernicke 区激活的效应，即生理学中的阻塞效应。进一步研究发现，Wernicke 区参与感受性语言编码，Broca 区参与运动性语言编码，因而有从 Wernicke 区经过 Broca 区的语言行为过程。

刺激心脏交感神经释放的去甲肾上腺素作用于心肌细胞膜肾上腺素受体，转而增强心率和心肌收缩力。静脉注射肾上腺素作用于心肌细胞膜肾上腺素受体，转而增强心率和心肌收缩力。实验研究中刺激支配心脏的交感神经诱发正性变时变力后，静脉注射肾上腺素不能进一步加强正性变时变力。这是由于心肌细胞膜肾上腺素受体是神经递质类去甲肾上腺素和激素类肾上腺素的共同通路，因而产生了阻塞性饱和效应。

生物体内多元素间可能同时存在平行和串联网络的关系。通过利用上调与下调研究策略的研究显示神经递质乙酰胆碱、五羟色胺、去甲肾上腺素和组胺分别参与维持大脑的觉醒。这些突触释放的神经递质作用于相应受体所产生的生理学效应如何呢？实验研究发现分别用中等浓度的乙酰胆碱、五羟色胺、去甲肾上腺素或组胺均能够维持大脑的觉醒状态。再用低浓度乙酰胆碱、五羟色胺、去甲肾上腺素和组胺使得大脑觉醒状态的维持得到加强，即低浓度神经递质作用于受体有叠加效应。而用中等浓度乙酰胆碱、五羟色胺、去甲肾上腺素和组胺并不能使得大脑觉醒状态的维持得到进一步加强，中等浓度以上神经递质作用于受体产生了饱和效应。进一步研究发现大脑神经细胞膜同时受到胆碱能、五羟色胺能、去甲肾上腺素能和组胺能神经轴突支配，为这些神经递质神经通路对大脑神经元的平行网络作用提供了依据。研究还发现这些神经递质 – 受体作用能分别激活细胞膜 G 蛋白耦联的腺苷酸环化酶信号转导机制，这种汇聚于共同通路导致了饱和效应。需要指出的是，最终生理学效应是叠加、协同或饱和地受到刺激强度的影响，如电刺激强度、神经递质浓度和激素浓度等。

第二节　生理学研究技术实例

应用于生理学研究的技术手段众多，除了生理学特色研究技术外，综合运用生物化学、细胞生物学、分子生物学、药理学以及数理化等其他学科的方法和技术是发现生理学规律、阐明生理学原理所必需的。本节重点介绍常用于细胞生理学、器官系统生理学和整合生理学的代表性研究技术，以期指导生理学实验的开展，帮助生理学概念与原理的理解。

一、细胞生理学研究技术

细胞生理学重点阐述的是细胞膜功能及其执行原理，尤其物质的跨膜转运和细胞膜电位。因而细胞生理学研究技术也主要讨论研究细胞膜功能的手段。

1. 细胞膜电位与膜电流测量技术

神经细胞、肌细胞和腺体细胞属于可兴奋细胞。在生理条件下可兴奋细胞膜两侧存在电位差，即跨膜电位。细胞膜电位（V_m）产生的必备条件包括介导离子跨膜流动的物理化学门控离子通道、离子跨膜流动的驱动力（$V_m - E_X$，其中 E_X 为 X 离子的平衡电位）和带电离子的跨膜流动（I）。离子通道开放受膜电位以及物理化学门控因素的影响，即离子通道之电导（G）是可变的。基于欧姆定律，三者之间的关系是 $(V_m - E_X) G_X = I \times R_X = I/G$。研究人员需要测量膜电位和膜电流来分析可兴奋细胞的兴奋状态。基于该公式和电流 – 电压（$I - V_m$）关系式，膜电位的测量是在控制和改变膜电流情况下（电流钳）完成，膜电流的测量是在控制和改变膜电位情况下（电压钳）完成。

在细胞膜电位或膜电流的测量中满足生理条件尤为重要。①满足记录过程中不损伤细胞生理状态。为了减少玻璃微电极对细胞的直接损伤，玻璃微电极尖端直径在 0.3 μm 左右较为适宜，如果细胞直径小，测量电极直径不宜超过细胞直径的 1/20。为了减小环境震动造成玻璃微电极与细胞之间相对运动所引起的细胞动态损伤，实验细胞记录要在防震条件下完成。②减少电极内液扰动细胞内环境。电极内液成分尽可能接近细胞内液主要成分，如电极内液主要离子成分是钾离子。纤细的玻璃微电极可以减少电极内液与细胞内液的交换，但充以近似细胞内钾离子浓度的电极内液可能造成高电阻和低信噪比而影响电信号采集，适当提高电极内液钾离子浓度（如 2 mmol/L 醋酸钾）可以减小玻璃微电极阻抗。③为了使得微电极精准地接触细胞而不损伤细胞，需用高精度微操纵器精准地控制电极与细胞接触。④在体内测量细胞膜电位有利于保持细胞的生理状态。近年来有研究显示在体脑细胞动作电位并非都是全或无的。

细胞膜电信号是微弱的，膜电位变化通常是毫伏级甚至微伏级，膜电流通常是微安或微安级以下。记录电极必须连接生物电放大器以放大微弱电信号。膜电位放大器本质是一个串联式电压跟随器，其输入阻抗最好高于微电极阻抗的 20 倍，使以上的细胞膜电信号能够被记录探头获取和记录系统采集。细胞膜电信号记录与采集的仪器包括生物电放大器、模拟 – 数字信号转换器、显示器和测量分析软件等。

（1）细胞膜电位测量　细胞膜电位测量通常是直接测量；也可通过注入电流在控制电流下测量（即电流钳）。后者用于向细胞内注入超极化或去极化电流时测量膜电位，分析离子流对细胞膜电位的影响。细胞跨膜电位测量通常是采用双电极，即细胞内记录电极和细胞外参考电极。为了减少外环境中电信号对细胞膜微弱电信号的影响，通常将细胞外参考电极接地置零。当记录微电极突然刺入健康完整细胞内时，放大器显示的电信号读数是在此静息时被记录细胞膜内外的电位差。神经细胞膜静息电位约是 –70 mV，心室肌细胞膜静息电位约是 –80 mV，这些静息电位值接近细胞钾离子跨膜平衡电位。如果向可兴奋细胞内注入正电荷使膜电位去极化电流，细胞膜电位去极化至产生动作电位的阈值水平，触发细胞膜产生快速去极化性膜电位变化，即动作电位。动作电位的超射值通常是 +30 ~ +50 mV，该超射值接近细胞钠离子跨膜平衡电位。向细胞膜内注入电流使得膜电位改变通常用于分析跨膜离子流对细胞膜电位的影响，结合绘制 $I-V_m$ 曲线可分析这两个参数的相关性。

（2）细胞膜电流测量与电压钳　在分析膜电位对跨膜离子流的动态影响时，钳制细胞膜电位于不同水平（电压钳）可记录分析跨膜离子流的启动、维持和终止动态过程。在电压钳实验中，可以给予脉冲式电压变化以研究膜电位改变起始和结束瞬间离子通道活动规律，也可以持续钳制膜电位以研究离子通道活动递减或递增之规律。除了对细胞生理状态、微电极与电极内液、防震和记录系统的要求外，特殊要求包括双微电极细胞内记录和反馈放大器等。细胞内双微电极分别用于记录细胞膜电位和向细胞注入反馈电流；反馈放大器的两个输入端分别用于设置钳制膜电位和记录细胞膜电位；放大器的输出端的电流输出值是基于两个输入端电位差值而通过微电极向细胞注入反馈电流。激活反馈放大器输出端的工作原理是基于输入端电位差，此时放大器的输出端产生并输出电流，该电流与导致膜电位变化的细胞膜电流相向和等值；通过向细胞内注入与细胞膜电流相向的反馈性去极化或超极化电流来平衡细胞膜电流，以调整细胞膜电位至预设的钳制膜电位水平（见图 3-7）。向细胞内注入的维持细胞膜电位等同于预设钳制膜电位的反馈电流可被看作是细胞膜离子电流的镜像电流。当细胞膜电位与预设的钳制膜电位相等时，反馈放大器向细胞内注入的反馈电流是钳制电位激活的细胞膜离子电流，它们的方向相反。此时，如果反馈放大器没有输出电流提示该膜电位没有激活细胞膜离子通道产生离子电流。

电压钳实验得到的预设钳制电位或膜电位（V_m）与向细胞内注入电流（I）之间的 $I-V_m$ 关系曲线（图 15-2）有着广泛的应用。根据曲线中实际测得的逆转电位与理论计算的不同离子平衡电位的比较，可以推算出介导该膜电流的离子比例。根据膜电流与膜电位的比值计算出细胞膜离子通道的电导 $G=I/V_m$。$I-V_m$ 曲线非线性则提示离子通道开放动力学是电压依赖的，或者离子通道电导是可变的。如果知道单个离子通道的电导（见膜片钳技术），可以推算出细胞膜上离子通道密度。药物削弱离子通道的电导提示该药物可能是离子通道的拮抗剂；药物增加离子通道的电导则提示该药物可能是离子通道的激动剂。根据离子电流数值受某些物理化学因素的影响，可推测该离子通道是受化学、机械或温度等因素门控的。

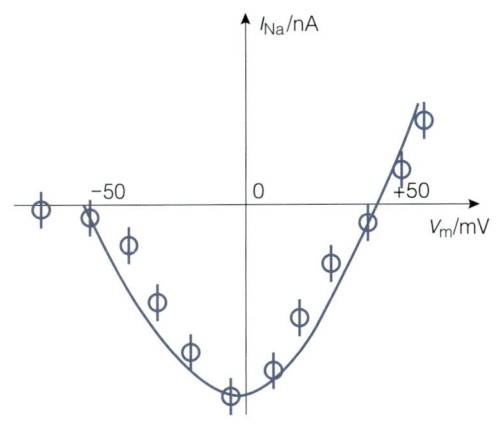

图 15-2　钠通道的 $I-V_m$ 关系曲线

图 15-2 显示电压钳技术测量细胞膜钠离子电流及其电流 - 电压曲线。

2. 细胞膜单个离子通道定性与定量检测技术

结合电压钳技术与 Boltzmann 方程（见式 3-9）可以推导出单个离子通道的活动规律，但该方法尚不能对单个离子通道的离子选择性、电导、开放时间/概率、门控特性及其药理学调控等特性进行精确阐述。膜片钳技术的诞生为阐明单个离子通道的动力学及其特性提供了直接证据。膜片钳技术的雏形是在电压钳的基础上，用另外一个玻璃微管记录细胞膜上单个离子通道的活动。改良型膜片钳技术可用一根玻璃微电极实现膜电位钳制和单个离子通道电流记录（见图 3-10）。膜片钳单通道记录技术的关键是高信噪比记录单通道离子流。为此，玻璃微电极开口边缘需紧密贴附于细胞膜，使得微电极开口边缘与细胞膜间形成千兆欧级别高阻抗封接，防止膜片外电信号干扰和分流，实现低噪声下记录流经离子通道的微弱电流信号。与电压钳类似，膜片钳放大器探头的输出端与记录微电极输入端之间连接一个高阻抗反馈电阻（10^{14} Ω），当电压钳制输入端与膜电位记录输入端的电位不相等时，放大器产生的电流在进入记录系统的同时通过反馈电阻施加电压于膜电位记录的输入端。记录的反馈电流在数值上近似流经离子通道的离子电流，但方向相反；即记录电流是离子通道电流的镜像电流。该反馈电流通过拮抗穿越通道的离子流来维持膜片电位在预设电压钳制水平。需要指出的是，高阻抗反馈电阻能够平衡放大器对离子通道电流的放大效应，削弱反馈式电压钳对微电极与细胞膜高阻抗封接的冲击和降低电容电流对通道电流的畸变效应。因此，高阻抗封接和反馈电阻是高质量记录膜片内离子通道信号之关键，是高信噪比记录单个离子通道电流的先决条件。

膜片钳技术有多种应用形式（见图 3-11）。其中，细胞贴附式中细胞结构和内外环境均处于生理状态下玻璃微电极紧密贴附细胞膜记录膜片内离子通道活动，此时离子通道活动规律是生理性的。细胞膜内面向外式有利于研究细胞内酶和信号转导分子对离子通道活动的调节作用，通常将微电极开口端膜片从整体细胞膜直接游离出来使得膜片内侧面对培养液环境，在改变培养成分的同时记录内面向外膜片上离子通道活动，从而了解细胞内不同分子对离子通道的调控作用。细胞膜外面向外式有利于研究细胞外液中不同神经递质或激素等分子对离子通道活动的调节作用，将微电极开口膜片通过吸破 - 牵拉 - 融合等过程从整体细胞膜游离出来使得膜片外侧面对培养液环境，在改变培养液中不同神经递质和激素的同时记录外面向外膜片上离子通道活动，从而了解这些神经递质或激素对细胞膜片中离子通道的化学门控作用。当微电极内溶液近似细胞内液时，全细胞记录模式类似于电压钳，可记录整个细胞膜离子电流，分析全细胞 $I - V_m$ 关系。需要指出的是全细胞细胞记录模式仅适用于直径小于 30 μm 的细胞膜离子通道电流分析。

应用膜片钳技术可分析单个离子通道的离子选择性、电导、开放概率、门控因素和信号分子调控。①离子选择性可通过逆转电位测量和改变记录电极内离子成分测量最大离子电流两种方式进行分析和确认。类似于电压钳记录模式，单通道膜片钳记录也可以在改变膜片电位（V_m）的同时记录单通道电流（i），从而得到单通道的电流 -

电压（i-V_m）曲线。该曲线与 V_m 轴的交汇点是单通道电流的逆转电位，与能斯特方程计算出不同离子平衡电位的比较，可以推演出该单个离子通道的离子选择性。更换记录微电极溶液可以改变离子平衡电位，此时记录的逆转电位随着平衡电位改变而改变，将进一步确认单通道的离子选择性。②类似于电压钳记录与分析，电流-电压曲线的斜率（i/V_m）即是该单通道的电导（g）。③单个离子通道开放概率可通过公式［平均开放时间/（平均开放时间+平均关闭时间）］计算得出。④在离子通道门控特性的分析中，用细胞贴附式记录膜片内离子通道活动的同时可以向微电极内施加脉冲式电压、改变微电极内化学成分或向微电极内施加牵张力，离子通道电导和/或开放概率发生相应改变提示该离子通道是电压门控、化学门控或机械门控离子通道。⑤细胞膜内面向外式和外面向外式记录可以用来分析离子通道受细胞内外信使或药物的调控，据此可以发现离子通道的激动剂和拮抗剂。在药物剂量-效应的研究中，只右移曲线不影响神经递质或激素最大效应的药物是竞争性拮抗剂，既右移曲线又降低神经递质或激素最大效应的药物是非竞争性拮抗剂。

膜片钳技术能够与其他技术联合使用以拓展应用范围。全细胞式记录通常结合单细胞染色和单细胞生物分子定性定量检测（图 15-3）。如果记录微电极内包含有细胞着色分子或荧光染料，这些扩散进入细胞的分子可以在显微镜下清晰展示单个细胞的形态结构，展示多细胞则提示细胞之间存在电突触。在全细胞信号记录结束后，通过微电极将细胞内容物吸取出可做单细胞基因表达分析和基因谱分析，但是分析结果精确与否取决于是否完整地吸取细胞内容物和是否有外源性污染。

3. 细胞膜胞吐与入胞测量技术

检测胞吐与入胞过程及其调控可以揭示细胞分泌与摄取的动态过程和调控原理。胞吐与入胞的动态过程可通过检测细胞膜面积变化来实现，其原理如下。囊泡吐出时囊泡膜融入细胞膜可增加细胞膜面积；细胞膜内陷形成囊泡时可减小细胞膜面积。由于细胞膜电容值与细胞膜面积成正比，因而细胞膜面积变化会改变细胞膜电容值；通过测量细胞膜电容变化可反映细胞膜面积动态变化，电容值增加提示胞吐增加了细胞膜面积，电容值减小提示入胞减小了细胞膜面积。在膜片钳技术全细胞记录模式的应用中，补偿平衡电极电容后向记录细胞施加相对弱电压脉冲，在没有激活电压门控离子通道时记录到的膜电容增减可反映细胞的胞吐或入胞过程（须排除细胞膜电容自身的微弱变化）。细胞膜面积不应超过囊泡面积的 50 倍，否则实验结果难以准确提示膜电容变化所反映的胞吐或入胞囊泡数量。

细胞膜胞吐和入胞的静态测量是利用电子显

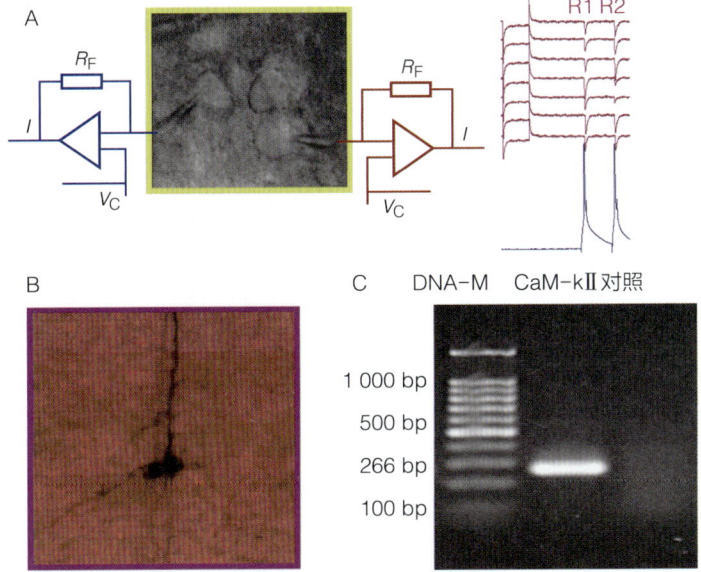

图 15-3 膜片钳技术与细胞染色和分子生物学技术联合应用
A. 全细胞记录；B. 通过记录微电极注入染料的神经元；C. 对被记录神经元进行基因表达产物分析

微镜观测囊泡膜与细胞膜接触、融合和开口。这种检测的实验周期长，不能准确读出是胞吐还是入胞。另外，细胞内囊泡胞吐的分泌物能作用于邻近细胞诱导生理学效应，通过检测分泌细胞之邻近细胞的生理学效应可以反向读出囊泡胞吐分泌的空间与时间特性。例如，神经细胞分泌神经递质是通过囊泡胞吐实现的，测量微小突触后膜电位的幅度和频率之分布图可以读出每个囊泡胞吐所分泌神经递质的量（神经递质分泌的量子理论），同时胞吐分泌的囊泡数量，以及囊泡胞吐释放神经递质的概率等。需要指出的是，实验结论需要基于突触前神经元释放的神经递质没有完全饱和突触后膜上全部受体。

二、器官与系统生理研究技术

循环、呼吸、消化、排泄等系统在神经系统和内分泌系统调节下完成生命所需物质的运输和代谢，并将代谢废物排出体外。每个器官和系统的结构和功能特点不同，需要设计和运用不同的方法和技术进行研究。以下重点讨论研究心脏与血管活动规律及其调节的研究技术。

> 拓展阅读 15-1
> 消化生理研究技术

1. 离体与在体心脏灌流技术

在心脏活动规律及其调控因素的研究中期望阐明问题，心率和心肌收缩力产生原理及其神经体液调控，心室内压与血液输出量的关系及其神经体液调控。测量心肌收缩力通常是将心室肌组织条或完整心脏连接压力传感器，测量心室内压力通常是将压力传感器植入心室内，测量心室容量和心室血液搏出量通常是将容量感受器或是连接或是植入心室/主动脉出口。心脏功能及其调控因素的检测都需要从主动脉至心室内逆向插入导管，用以改变灌流液化学成分（神经递质、激素或药物等）或物理因素（温度、氧或机械张力等）。因此，心脏灌流技术在心血管生理学的研究中尤为常用。

（1）离体心脏灌流技术　通过导管连接主动脉始端或心室来灌流离体蛙心或兔心研究心肌收缩力、心率和心脏输出功能的理化因素调控。为保持心肌细胞生理性生存环境，将连接灌流器皿的导管从主动脉根部逆向导入心室，灌流人工动物体液能确保心室内膜附近肌细胞代谢；由于心脏冠状动脉连接主动脉根部，灌流液通过冠状动脉系统维持心肌细胞营养物供给和代谢。心脏尖端心室肌连接压力传感器检测心室肌收缩张力和张力波动反映的心率。心室内植入的球囊和压力传感器可以检测心室内压、心室每搏输出量和心室心输出量。在游离心脏时保留心脏交感与副交感神经可研究电刺激神经对心肌收缩力、心率和心脏输出量调控。

电刺激心脏交感神经增强心肌收缩张力和张力波动，提示交感神经释放的神经递质有正性变时和正性变力作用。药理学研究发现，交感神经的正性变时和正性变力效应是基于其释放的去甲肾上腺素作用于G蛋白耦联的肾上腺素能β1受体实现的，β1受体拮抗剂美托洛尔阻断刺激交感神经的正性心力和心率效应。这些电刺激交感神经的实验结果受到心室内灌流去甲肾上腺素和美托洛尔证实。电刺激心脏副交感神经减弱心肌收缩张力和张力波动，提示副交感神经释放的神经递质有负性变时和负性变力的作用。药理学研究发现，副交感神经的负性变时和负性变力效应是基于其释放的乙酰胆碱作用于G蛋白耦联的胆碱能M受体实现的，M受体的拮抗剂阿托品阻断刺激副交感神经的负性变时和负性变力效应。这些电刺激副交感神经的实验结果受到心室内灌流乙酰胆碱和阿托品证实。离体心脏灌流技术还包括双心脏灌流体系，用灌流心脏A的输出液灌流心脏B，该系统成功地用于研究神经体液对心脏A调控和心脏A肌细胞释放分子对心脏B的调控，如心脏A副交感神经释放乙酰胆碱调控心脏B，心脏A交感神经释放去甲肾上腺素调控心脏B等（图15-4）。

在利用离体心脏灌流技术研究心室内压与心室搏出量关系时，可额外地将一个充满生理溶液的小球囊和一个压力传感器植入左心室内。该小球囊通过一插管连接闭合循环系统，插管内有类似心脏瓣膜的弹性阀门来控制液体单向流动，小球囊内液体只能单向流动进入闭合循环系统，球囊流出液的流量被闭合循环系统中的流量计定量检测。每次心脏心缩时心室-球囊泵出的液体进入闭合循环系统，进入量即是心室每搏输出量而被流量计测量。压力传感器能够检测心室肌收缩时心室内压的动态变化，由于心室内压与心室容积呈反比，因而可以获取心室舒张期容积和收缩期容积的数据。心室舒张末期容积与心室每搏输出量的因素变量-功能输出函数关系构成心脏功能曲线。心室内压力感受器和闭环循环系统还可用于了解心室收缩的前负荷与后负荷。结合电刺激支配心脏的交感神经和副交感神经，向心室内灌流神经递质和激素的类似物，以及向心室内灌流不同的药物，可以记录分析神经体液因素是如何调节心脏泵血功能。

（2）在体心脏功能检测技术　心室内植入球囊和传感器技术可用于研究在体心肌收缩能力、心脏泵血功能及其神经体液调控，此时的研究数据更接近生理状态。需要注意的是，不同于离体心脏灌流技术中植入心室的导管和传感器导线被在主动脉根部结扎固定以防止心室搏出量和心室内压的侧漏，此时植入心室的导管和传感器导线要

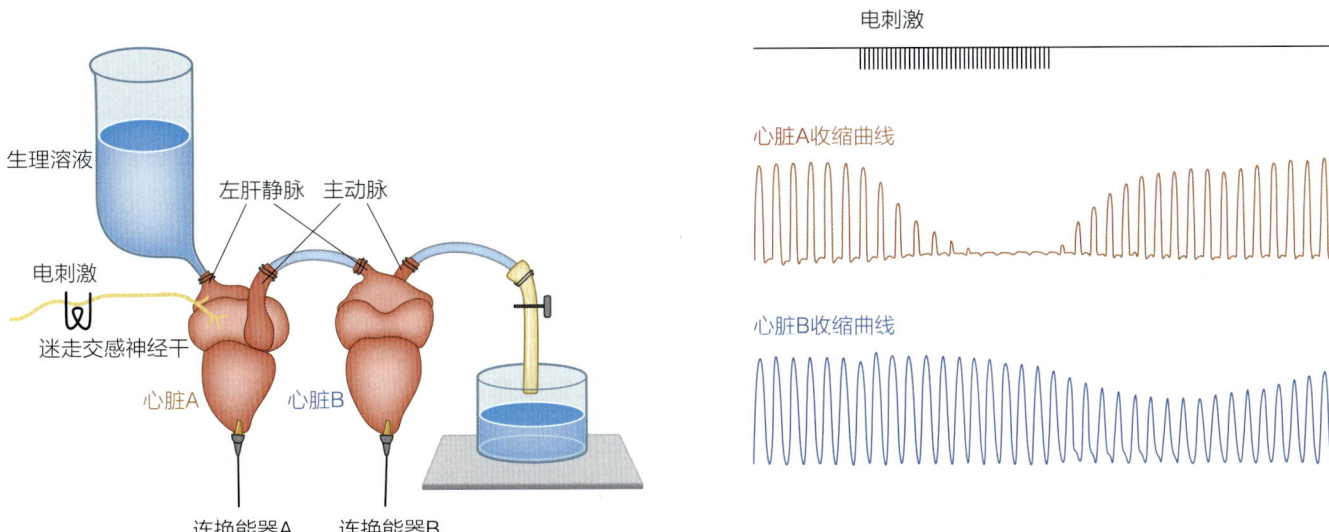

图15-4　用双心脏灌流系统研究副交感神经递质对心脏收缩的影响

依靠主动脉瓣膜的封闭以防止心室搏出量和心室内压的侧漏。完好的侧漏防范是球囊与传感器精准测量的关键。颈交感神经和迷走神经束内有支配多个内脏器官的传出和传入神经纤维，电刺激这些神经可通过反射活动间接影响交感与副交感神经之间的平衡；激活交感或副交感神经的传入纤维反射性的影响交感与副交感神经之间的平衡。如果要分离出支配心脏的神经予以刺激，手术损伤应激同样会影响研究结果的精准性。另外，激素或药物对心脏调控作用的研究同样也会因其全身作用后而继发性地影响心脏功能。

2. 离体血管灌流技术

用人工体液灌流离体血管段研究血管平滑肌收缩与舒张活动，血管弹力纤维顺应性，及其神经体液调控。血管条或者是一段弹性纤维为主要的大直径血管或者是平滑肌为主要的中等直径血管。血管条一端结扎封闭连接张力传感器和张力检测装置，以检测血管壁平滑肌收缩产生的纵向张力。血管条另一端内连接灌流导管和球囊压力传感器。导管用于灌流人工体液及其溶解的神经递质、激素或药物。球囊压力传感器检测血管壁平滑肌主动收缩产生的环形张力和大中血管被球囊扩张时产生的反向压力，其中血管壁顺应性是血管内单位压力变化导致的血管内容积变化（$\Delta V/\Delta P$）。实验分离支配血管的神经并保持其生理活性有难度，通常是通过灌流神经递质来研究神经的调节作用。类似于离体心脏灌流系统，血管灌流系统可以灌流神经递质和激素的类似物，神经递质和激素受体的激动剂或拮抗剂，阐明神经体液因素对血管活动的调控。值得强调的是，离体心血管灌流技术还可研究不同浓度神经体液类似物和药物对心血管活动的调控，揭示剂量–效应关系。

心血管离体灌流技术还可在损伤心血管内皮情况下实施，从而揭示完整的心血管内皮对维持心脏和血管功能的重要作用或允许作用。例如，在血管内皮受损情况下，血管的顺应性或收缩张力减弱提示血管内皮细胞对维持血管壁的功能尤为重要；若血管的顺应性或收缩张力没有变化，但神经体液调控作用受到影响，提示血管内皮细胞对神经体液的调控有允许作用。结合神经递质、激素、药物和血管内皮等多因素作用，可以分析这些因素作用于心脏血管系统是叠加、协同还是拮抗效应。

3. 在体心脏与血管受神经与激素调控的研究技术

心脏与血管基本生理参数包括血压、血管外周总阻力、心脏输出量、心室每搏输出量、心室内压、心室舒张末期容积和心室收缩末期容积等。为了解这些心脏血管参数之间的关系及其调控，需要同时测量分析这些生理指标。在体心脏血管指标同时检测该分析提供可能。将一根串联导管和球囊压力传感器从股动脉或尺动脉逆向插入主动脉直至左心室。左心室内球囊压力传感器测量左心室压力和球囊变化测量心室容积和心室每搏输出量；动脉内球囊压力传感器测量主动脉和大动脉内血压。结合刺激神经和应用激素或药物时测量分析在体完整心血管活动参数变化。心脏血管基本生理参数的关系如下，心室内压与容积变化呈反比，心室每搏输出量是心室舒张末期容积与心室收缩末期容积的差值，心输出量是心室每搏输出量与心率的乘积，血压是心脏输出量与血管外周总阻力乘积。结合离体心脏与血管灌流测量和在体心脏血管生理参数的检测，能够获得心脏血管活动规律及其调控的机理。

4. 在体尿液形成测量技术

肾的生理功能是基于肾小球滤过血浆产生原尿、肾小管重吸收与分泌而产生终尿，因而收集分析肾小囊和不同节段肾小管液的成分将能够阐明肾脏中肾单位的生理功能。

在体尿液形成测量技术通过于输尿管插入逆向导管收集终尿，并对其定性和定量分析。定性分析包括测量尿液中离子浓度、渗透压、酸碱度、糖和蛋白质等。终尿中不同离子的浓度提示肾小管对离子的重吸收。钠离子浓度偏高提示远端肾小管重吸收钠离子有缺陷，其原因可能是肾脏远端小管功能低下、远端小管致密斑功能低下或肾上腺皮质醛固酮分泌不足等。钾离子浓度偏低提示肾远端肾小管分泌钾离子功能减低或全身缺钾。同时有钠离子偏高和钾离子浓度偏低提示肾上腺皮质分泌的醛固酮系统障碍。终尿渗透压反映肾小管系统对原尿的浓缩能力。如终尿渗透压偏低提示肾小管对尿液浓缩有缺陷，其原因可能是肾脏髓袢管功能受损、集合管功能受损或抗利尿激素分泌不足等。终尿酸碱度（pH）增加提示肾小管分泌氢离子功能降低和肾小管性酸中毒，其原因多是肾远端小管功能受损。终尿中出现蛋白提示肾小球滤过膜受损。终尿中出现葡萄糖提示全身血糖升高或肾性糖尿病。单位时间内终尿量检测将提示肾脏尿液产生速率。终尿量受全身血量和肾血液循环的影响，受肾单位滤过重吸收和分泌的影响，受抗利尿激素和醛固酮分泌的影响。刺激支配肾脏的交感神经和注射神经递质/激素类似物或其拮抗剂可研究肾功能的神经体液调节。

5. 肾小球滤过率测量技术

了解肾脏之肾小球的滤过功能可通过测量肾小球滤过率实现。测量的原理是利用一种能被肾小球滤过但既不被肾小管重吸收和也不被肾小管分泌的可溶分子（例如可溶性菊粉），其分子溶质量在肾小球滤过的原尿中和经过肾小管的终尿中恒定不变，因此原尿中该分子浓度 C_1 与肾小球滤过量 V 之乘积等于终尿中该分子浓度 C_2 与终尿量 U 之乘积。该分子在血浆和终尿中浓度是可测的，终尿量也是可测的，因而以该分子检测的肾小球滤过量可由公式 $V = C_2 U / C_1$ 计算得到。与正常人相比，肾小球滤过率测量可用于评估肾小球炎症时滤过膜面积减小和滤过膜增厚情况。刺激肾脏交感神经和应用激素药物能改变终尿量但改变肾小球滤过率，提示神经体液因素能调控肾血流量和肾小球内滤过压，不影响肾小球滤过膜面积与厚度。

6. 肾小管微穿刺检测肾小囊和肾小管液技术

在显微镜下用玻璃微管吸取肾小囊内和不同节段肾小管内液体进行离子成分、酸碱度和渗透压的分析，揭示肾单位各个组分生理功能与调控（图 15-5）。对比血浆与肾小球滤液成分显示，除了肾小球滤液中没有细胞和极其微量的蛋白外，两种液体中小分子（如离子、葡萄糖、氨基酸和尿素等）浓度相同，提示肾小球滤过膜允许这些小分子自由通过形成超滤。肾小囊液与近曲肾小管终端液的渗透压近似提示近曲肾小管对小分子是等渗重吸收。肾单位 U 形髓袢管内液体的渗透压从肾皮质至肾髓质呈逐渐升高，提示 U 形管与肾脏的渗透压梯度形成有关。肾集合管内渗透压由起始端至肾

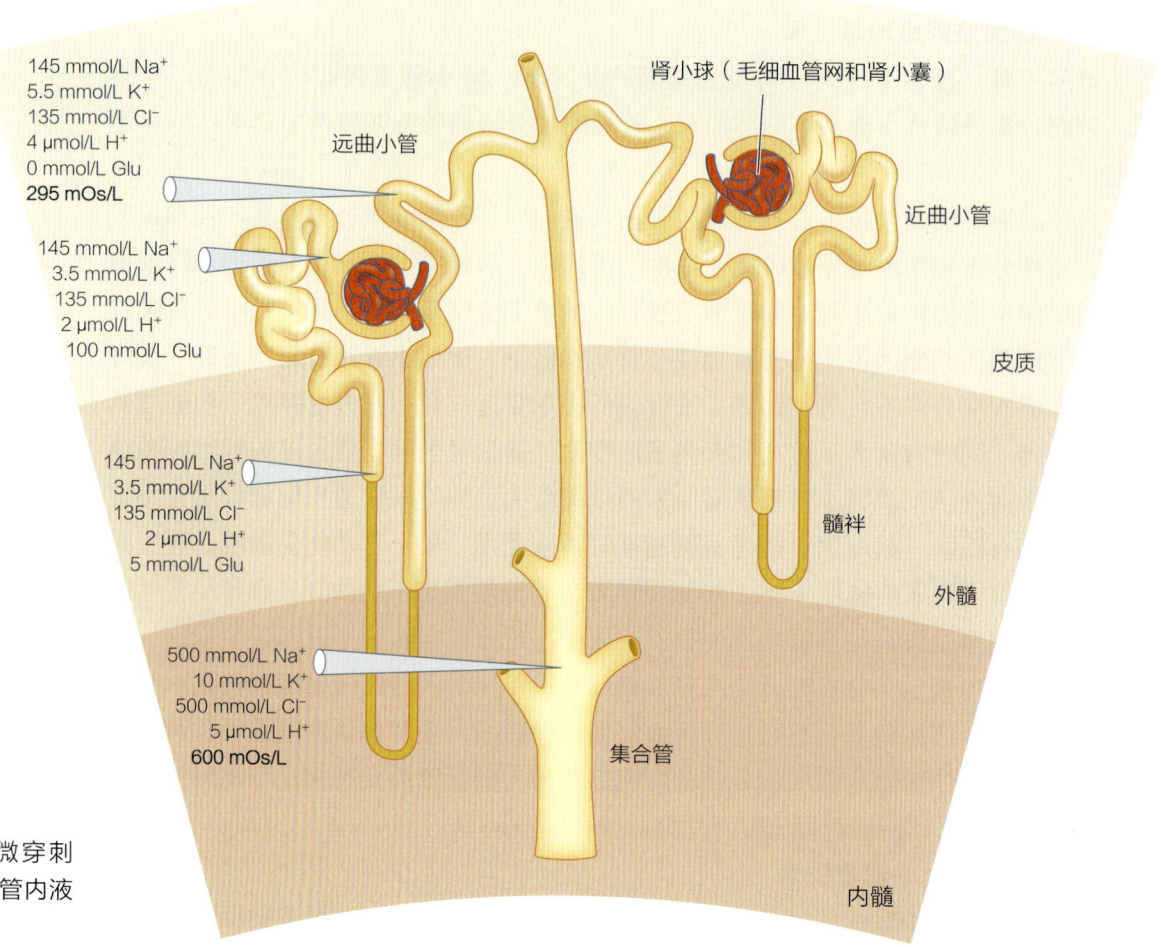

图 15-5 肾小管微穿刺分析不同节段肾小管内液体成分

盂端逐渐增加，提示肾集合管不断重吸收水分子。髓袢管产生的渗透压梯度可能是集合管水重吸收的原动力。从肾远端小管的起始至终末肾小管内液体的酸度逐渐增加和钾离子浓度有所增加，提示肾远端小管能分泌氢离子和钾离子。

肾单位各段功能分析结合组织学和荧光免疫学等技术，揭示了肾单位各段生理功能的可能机理。例如，肾小管细胞的管腔侧膜呈折叠状微绒毛膜上分布有各种共转运体；肾小管细胞的管周侧膜上分布有离子主动转运泵，肾小管细胞内众多线粒体聚集在其管周侧膜，提示肾小管细胞的管周侧膜完成离子主动转运，肾小管细胞的管腔侧膜完成离子与葡萄糖和氨基酸的共同转运至细胞内，即肾小管上皮细胞的非对称转运与分子重吸收。对各段肾小管液分析结合神经递质、激素和药物的应用研究将有助于阐明神经体液因素对肾脏功能调控作用及其机理。

三、神经生理学研究技术

神经系统的基本单元是神经细胞及其突触连接，神经生理学的研究重点是神经细胞和突触的功能活动规律与调控，即神经细胞动作电位编码原理、突触信号传递效率和突触电位整合驱动神经细胞动作电位编码的原理。

1. 在体脑细胞活动电生理记录技术

根据研究目标，脑细胞活动的电生理记录包括单个神经元活动规律的实时记录、多个神经元时空活动协调规律的实时记录和多个神经元群集电位的实时记录等。为了维持记录电极与被记录神经元之间空间位置关系的稳定，通常在体脑细胞活动的电生理记录是用玻璃微电极在麻醉动物进行的，将金属微电极与动物颅骨黏着固定可实施在清醒活动的动物脑细胞电生理记录。结合在体脑细胞刺激技术，记录分析单个或群体神经元在自发活动基础上的诱发活动。

单个神经元活动规律的实时记录通常被简称为神经细胞单位放电记录。单细胞放电记录的原理是利用高阻抗微电极记录采集神经细胞外微弱动作电位信号；记录微电极电阻比脑组织液电阻高达千倍，该微电极能够记录采集 95% 以上微弱电流信号和产生足够大的可读电压信号。常用的高阻抗微电极包括钨丝电极和玻璃微电极（电极内液可以是人工脑脊液），电极尖端开口小于 0.5 μm，电极阻抗高达 10 MΩ 以上。记录系统放大器探头高阻抗确保电极采集的电信号被输入记录系统。不同神经细胞的电信号源与记录微电极尖端之间的距离和夹角有差异，场电位内不同神经元电信号幅度与波形在记录系统中也有差异，据此通过设定上下限滤波后可以得到单个神经元放电活动的时空变化规律。另外，许多神经元密集排列有序可使得这些神经元产生的电信号叠加产生群集电位；微电极记录的是多个神经元电信号叠加群集电位（如群集动作电位和群集突触后电位等），其中群集电位的幅度反映该局部神经元密度和/或突触电位的空间整合，群集电位的起始斜率反映该局部神经元活动的同步性。需要强调的是，在体细胞内记录单个神经元活动规律是挑战性实验技术。除了前述要点外，实验还需要维持实验系统的高度稳定。图 15-6 是小鼠桶状皮层单个神经元的全细胞信号记录示意图与结果。

在局部神经网络内多个神经元活动规律及其相互作用的研究中，研究人员常用多电极阵列芯片技术记录诸多神经元的电信号和双光子细胞成像记录技术记录网络内神经元时空协调活动。微电极和放大器的要求类似神经细胞单位放电记录。在多电极阵列芯片上培养神经细胞或脑片的记录方式已逐渐减少；在活体动物局部脑组织植入

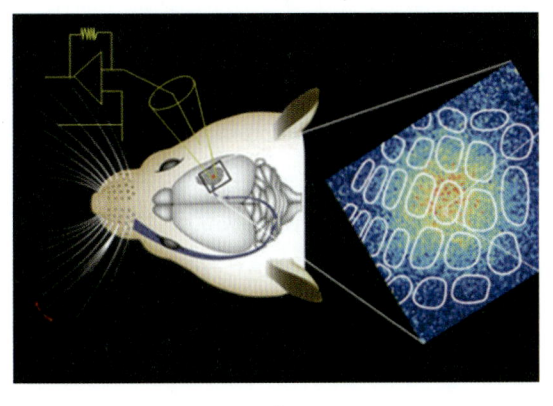
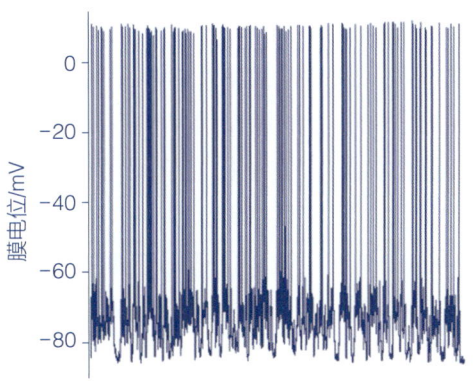

图 15-6 在体小鼠桶状皮层单个神经元的全细胞记录示意图（A）与结果（B）

多电极阵列芯片的情况下，研究神经网络细胞活动与感觉、运动和学习记忆等脑功能的相关性仍然被广泛采用。尤其是通过分析所记录神经元活动时间相关性来揭示这些神经元的突触联系及其相互作用。虽然该技术有用于研究活体动物、神经网络时空分析以及网络神经元活动与行为的相关性等优点，但多电极阵列芯片对脑组织损伤高达30%是不容忽视的，尤其神经网络活动是生理性的还是病理损伤性的是给出结论前必须考虑的。

2. 在体脑细胞荧光成像技术

脑细胞活动伴有细胞膜电位变化和动作电位诱导细胞内钙离子升高。某些分子对膜电位变化敏感而发出荧光，衍生出膜电位的荧光测量技术；某些分子对动作电位诱导细胞内游离钙离子浓度变化敏感而发出荧光，衍生出细胞活动的钙荧光测量技术；在荧光显微镜下可根据脑细胞荧光强度的变化来间接测量脑细胞活动。

（1）荧光产生的原理　外源性能量（激光或电流）驱使荧光分子从基态至激发态，能量最低原理驱使这些分子回到基态；在回到基态过程中这些荧光分子内能量以光形式发射而产生荧光；通过检测荧光强度变化可以知道荧光产生的动态过程。不同荧光色分子跃迁到激发态的激光光谱有其特异性，因此需要设定激光器的激发光谱范围。不同荧光分子发出的荧光有不同的光谱曲线，因此需要设定荧光检测器的扫描光谱范围。某些荧光分子（电压敏感染料）嵌入细胞膜后，膜电位变化激发产生的荧光可用来检测膜电位动态过程；某些荧光分子（钙敏感染料）注入细胞内后，细胞内钙浓度变化激发产生的荧光可用来检测细胞内钙离子动态过程和细胞活动过程。

（2）激光激发模式与检测　激光诱发分子发光有单光子激光和多光子激光两种模式。单光子激发模式是用相对高能量的短波长光谱，短波长光谱具有能量高和穿透力弱的特点。双光子或三光子激发模式是用相对低能量长波长光谱，长波光谱具有能量低和穿透力强的特点。对荧光分子标记细胞图像的检测是基于光电倍增管和光谱选择器的扫描检测记录单元。荧光分子向各个方向发光辐射形成多焦面成像，这使得荧光成像细胞边界模糊不清；在荧光成像通路上加一个纤细的针孔只允许某一焦面的成像通过，这使得该焦面细胞荧光成像边界清晰，即共聚焦的原理。结合激发光谱范围、发射光谱范围和显微镜的工作原理，可以合理地配置由激光器、扫描检测单元和显微镜共同组成的共聚焦显微镜，包括单光子和多光子荧光扫描显微镜。

在实际应用中，化学固定的薄组织片内细胞标记荧光分子的激发通常用单光子激发模式，荧光扫描单元可以更灵敏地示踪细胞形态与结构。离体或在体活组织中细胞标记荧光分子的激发通常用双光子或三光子激发模式，长波激发光能量弱可减少对活细胞的损伤，荧光扫描单元可以观察相对深层组织中细胞内荧光分子动态过程和细胞活动。倒置显微镜镜头的工作距离不足 0.2 mm，正置显微镜镜头的工作距离可达 3 mm；倒置显微镜仅适用于单光子激发模式荧光示踪的观察，正置显微镜可适用于多光子和单光子激发模式的荧光示踪观察。图 15-7 显示在体大脑皮层细胞活动的双光子荧光成像技术与实验结果。需要指出的是，荧光示踪成像技术的发展已经使得标记分子从钙离子到细胞内基因片段和酶蛋白，因而细胞荧光成像已可以检测基因表达和

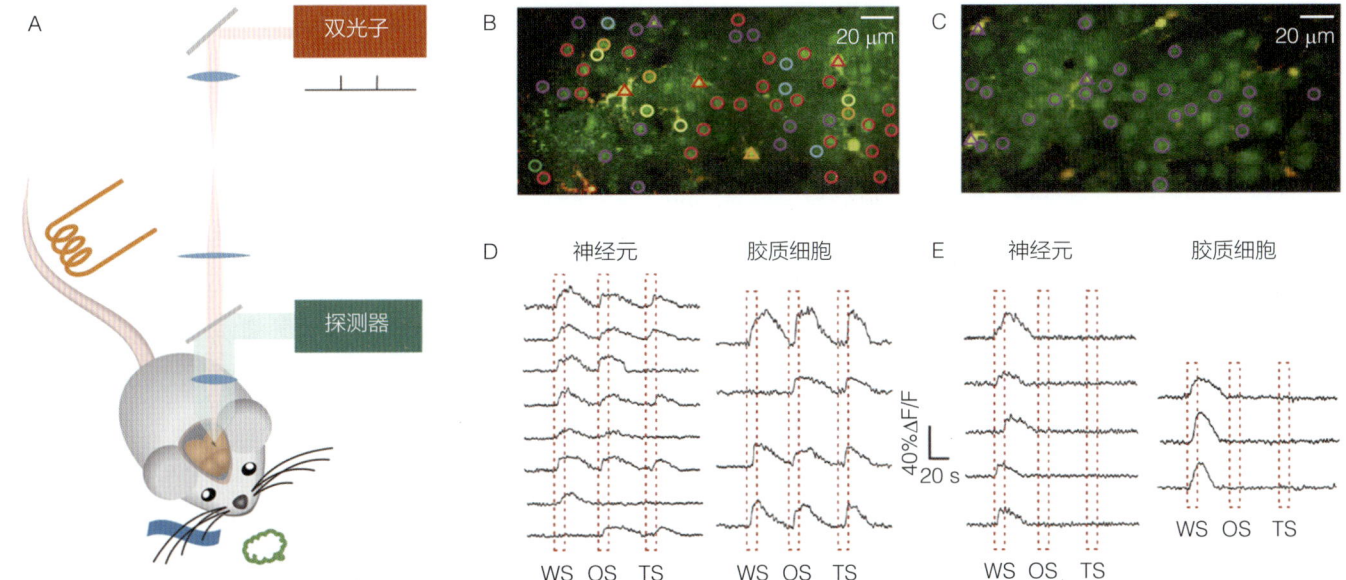

图 15-7 在体大脑皮层细胞活动的双光子荧光成像技术与实验结果
A. 大脑皮层双光子显微成像实验模式图。B. 记忆形成小鼠桶状皮层钙信号反应神经元（圆形）和星形胶质细胞（三角形），红色提示 WS/OS/TS 反应细胞，橘红色提示 OS/TS 反应细胞，黄色提示 WS/OS 反应细胞，绿色提示 WS/TS 反应细胞，天青色提示 OS 反应细胞，蓝色提示 TS 反应细胞，紫色提示 WS 反应细胞。C. 对照小鼠桶状皮层钙信号反应神经细胞，紫色提示 WS 反应细胞。D. 记忆形成小鼠桶状皮层神经元和神经胶质细胞对 WS、OS 和 TS 的反应。E. 对照小鼠桶状皮层神经元和星形胶质细胞对 WS 反应

代谢变化。

微型化的双光子显微镜仅约 2 g，这种轻便头戴式双光子显微镜使得激光诱发荧光分子发光和探测器记录荧光可实施于自由活动之动物脑组织，用于分析局部网络内神经元时空活动规律在某个脑功能中的作用；柱状镜或棱镜必须深埋于拟研究的局部脑组织中。头戴式显微细胞成像技术有用于自由活动的动物研究和网络内神经元时空分析的优点；但修剪剔除脑组织植入直径达 1 mm 的柱状镜或棱镜对镜头周围脑组织的损伤与再生是不容忽视的，神经网络活动是生理性的还是病理损伤性的是在给出结论前必须考虑的。

3. 在体脑细胞刺激技术

在研究物理化学因素是脑细胞活动充分条件时，通常需要刺激神经元活动。常用的方法包括基于离子通道电压门控的电刺激、利用遗传学操作将光感受器与离子通道耦合实现光遗传刺激和基于离子通道化学门控的化学刺激。

（1）神经细胞电刺激技术的原理 通过改变神经细胞内外膜电位差以诱发细胞动作电位及其生物学效应。通常采用正极和负极耦合的双电极刺激，细胞外负极电流直接使得神经细胞膜去极化直至动作电位的阈电位，细胞外正极使得神经细胞超极化而加强局部电流和增加刺激效率。不同神经元激活阈值是有差异的，电刺激强度刚激活群体神经元中一个神经细胞活动所产生最小反应，此时的刺激被称为最小刺激，用于研究单个神经细胞活动；改变刺激电流强度可以逐渐增加激活神经细胞的数量，直至

知识窗 15-1

微型化多光子荧光显微镜

人脑包含着上千亿神经元和上百万亿神经突触，其复杂而精密的结构涌现出意识和思想。世界科技强国纷纷启动脑科学研究计划，核心方向之一就是解析脑连接图谱和功能动态图谱。

为打破尺度壁垒，整合微观神经元和神经突触活动与大脑整体的活动和个体行为信息，北京大学程和平院士组织跨学科攻关团队，在国家重大科研仪器研制专项"超高时空分辨微型化双光子在体显微成像系统"支持下，成功研制出新一代高速、高分辨、微型化双光子荧光显微镜，并获取了小鼠在自由行为过程中大脑神经元和神经突触活动清晰、稳定的图像；相关成果于 2017 年发表于 Nature Methods。该团队带领研究生自主开发了特殊掺杂介质满足生物波长需求的超快飞秒激光器，研制了特殊生物波长的超短脉冲传导空心光纤，设计并编写了各部件整合控制系统软件，现了便携式可移动的双光子系统，并大大降低双光子显微镜和光源的成本，为其临床医疗应用推广奠定了基础。

新一代微型化双光子荧光显微镜体积小，仅重 2.2 g，适于佩戴在小动物头部颅窗上，可实时记录数十个神经元、上千个神经突触的动态信号；与单光子激发相比，双光子激发具有良好的光学断层、更深的生物组织穿透等优势，其横向分辨率达到 0.65 μm，成像质量可与商品化大型台式双光子荧光显微镜相媲美，远优于目前领域内主导的、美国脑科学计划核心团队所研发的微型化宽场显微镜。

2022 年 11 月 12 日，该团队专门为空间站研制的双光子显微镜搭乘天舟五号货运飞船成功运抵中国空间站，成为世界上第一台进入太空的双光子显微镜，成功获取了在轨航天飞行过程中航天员皮肤表皮及真皮浅层的三维图像。

2023 年，该团队进一步将经典阿贝聚光镜结构引入构型设计中，使散射荧光收集效率实现了成倍提升，成功研制出质量仅为 2.17 g 的微型化三光子显微镜。该显微镜神经元钙信号最大成像深度可达 1.2 mm，血管成像深度可达 1.4 mm，能直接透过大脑皮层和胼胝体，首次实现对自由行为小鼠的大脑全皮层和海马神经元功能成像，为揭示大脑深部结构中的神经机制开启了新的研究范式。

所有神经元都被激活的最大刺激强度。一般来说，电刺激强度与神经细胞活动和生物学效应呈正相关，在一定范围内呈线性相关。电刺激神经细胞轴突可以用于刺激中枢神经纤维传导束和外周神经干，例如，在体动物实验刺激神经轴突诱发中枢神经细胞产生动作电位（即诱发电位）；在离体脑片刺激神经轴突诱发突触后神经元产生突触电位和/或动作电位；在体动物刺激外周神经干中枢端的感觉传入神经或外周端的运动输出神经等。

（2）神经细胞光遗传技术刺激的原理　是利用分子遗传学操作将光敏感受体基因与离子通道基因整合后转染神经细胞，使得被转染神经细胞膜表达光敏感受体-离子通道，这种光敏感受体-离子通道复合体允许光刺激诱导神经细胞膜上离子通道开放和产生生物学效应。如果离子通道是选择性通透钠离子，光刺激诱导神经细胞膜去极化甚至激活神经细胞产生动作电位；如果离子通道选择性通透氯离子，光刺激诱导神经细胞膜超极化而产生抑制效应。由于不同类型神经元有自身特异的基因及其启动子，利用特异的启动子可将光敏感受体 – 离子通道复合基因导入特异类型神经元中表达，实现光遗传刺激特异类型神经细胞。需要指出的是，光敏感受体 – 离子通道基因在多少细胞群体中表达、每个神经细胞中表达程度（即细胞膜上光敏感受体 – 离子通道密度）、光受体 – 离子通道的光电转换效率等参数是不清楚的，光刺激与激活细胞数量、细胞活动强度和生物学效应定量关系也是不清楚的。强光刺激可能因转染细胞数量少和细胞活动强度弱而不能诱导生物学效应，弱光刺激可能因转染细胞数量多和细胞活动强度强而诱导生物学效应，因此基因转染和表达的不确定性可能导致结论的不正确。另外，光刺激时光线的视觉刺激可能与其他因素相互作用而诱导不可预测的生物学效应。

（3）神经细胞化学刺激技术的原理　是利用神经递质或激素类似物激活神经细胞的 G 蛋白信号转导系统而诱导生物学效应。脑内局部注入神经递质类似物可激活相应的受体而诱发神经元活动；脑内局部注入神经递质受体激动剂可激活相应的受体而诱发神经元活动。神经细胞的化学遗传学技术是利用分子遗传学操作将化合物受体基因与 G 蛋白信号转导分子基因整合后转染神经细胞，使得被转染神经细胞膜表达该转染的受体 –G 蛋白复合体；实验中局部使用该化合物可诱导 G 蛋白耦联的神经细胞生物学效应。其优缺点类似于光遗传学技术。

4. 离体脑片细胞电生理技术

由于受到活体动物研究伦理的限制和记录系统不稳定等因素的影响，离体脑片被用来研究脑细胞活动规律及其调控机理。在生理性温度、酸碱度、离子环境、氧/二氧化碳和人工脑脊液中孵育脑片，实现在生理条件下记录脑细胞活动。按照特定方向切出的脑片保留了相对完整的突触联系和局部神经环路连接。因此，生理环境和完整神经环路赋予实验结果是近似生理状态下群体脑细胞的互作用。电生理研究包括利用玻璃微电极在电流钳模式下记录神经细胞膜电位和在电压钳模式下记录神经细胞膜电流。

在脑片的制备中，维持脑片中神经细胞代谢、细胞结构及其生理功能的操作尤为重要。脑片制备时的机械刺激将增加细胞活动与代谢水平，使细胞变得易损。降低细胞代谢的有效策略是降低制备液温度和抑制细胞活动，操作时用 4℃人工脑脊液和代谢型谷氨酸受体抑制剂。升高制备液中镁离子/钙离子比例能够降低谷氨酸能 NMDA 受体的激活，降低神经细胞因受刺激而过度兴奋损伤。应用含高蔗糖制备液被认为是降低神经细胞代谢率和维持基础代谢的有效方法。操作手法的轻柔能有效减少细胞因机械刺激而损伤。

在脑片神经细胞的电生理记录中，孵育液维持脑片中神经细胞代谢及其生理功能也尤为重要。用生理温度 95% O_2 + 5% CO_2 饱和的人工脑脊液灌流脑片以维持脑细胞有充足氧供给和相对稳定酸碱度，人工脑脊液中包含有类似脑脊液的离子成分和葡萄糖，这些将维持脑片中神经元和神经胶质细胞代谢。人工脑脊液的灌流速度约是 2 mL/min 的脑脊液循环速度。脑片中神经细胞健康状态的判定如下。在相差显微镜下所观察到的健康神经细胞、星形胶质细胞和少突胶质细胞之胞体圆润饱满，记录微电极触碰细胞显得有韧性与弹性,即代谢所维持的结构正常(见图 15-3)。在高封接阻抗的优质记录条件下神经细胞静息电位达到 -70 mV,动作电位超射到达 $+40$ mV,提示神经细胞内有充足可用的 ATP 供正常的细胞代谢与功能。如果细胞边界显得清晰的反差,薄而平坦和微电极触碰易崩解等,提示脑片内细胞不健康。

5. 在体特异脑细胞内基因过表达、敲减和细胞消融技术

不同种类脑细胞有自身特异地控制基因表达的启动子,每个启动子可以驱动细胞内特异基因表达与蛋白合成。该基因和蛋白是特殊类型神经细胞的分子标记物,该启动子可作为操控这类细胞基因活动驱动分子。络氨酸羟化酶是单胺类神经元分子标记物,络氨酸羟化酶基因启动子成为影响该类神经细胞基因表达的驱动分子。谷氨酸脱羧酶是 γ-氨基丁酸类神经元分子标记物,谷氨酸脱羧酶基因启动子可成为影响该类神经元基因表达的驱动分子。因此操控基因表达的启动子能特异地影响某类神经细胞的活动。

以腺病毒或腺相关病毒为载体,其功能区上游整合有某特殊类型神经细胞特异性启动子与增强子,根据研究需要其下游多克隆位点可携带不同基因片段。如果基因片段是表达某类细胞功能基因,于是被转染的特殊类型神经细胞内基因及其下游蛋白过表达;如果基因片段是表达荧光蛋白的基因,于是被转染的特殊类型神经细胞内荧光蛋白过表达,使得细胞被荧光标记;如果基因片段是表达某特殊类型神经细胞功能基因的抑制基因(RNAi),于是被转染的特殊类型神经细胞内基因及其下游蛋白表达降低,即基因敲减;如果基因片段是表达某特殊类型神经细胞生存基因的抑制基因,于是被转染的特殊类型神经细胞消失,即细胞消融。例如,谷氨酸脱羧酶启动子下游的多克隆位点携带有绿色荧光蛋白基因片段,则 γ-氨基丁酸能神经元被标记有绿色荧光蛋白;谷氨酸脱羧酶启动子下游的多克隆位点携带有蛋白激酶基因片段,则 γ-氨基丁酸能神经元内蛋白激酶过表达,从而提示蛋白激酶是其在 γ-氨基丁酸能神经元中起作用的充分条件;谷氨酸脱羧酶启动子下游的多克隆位点携带有蛋白激酶基因的抑制基因,则 γ-氨基丁酸能神经元内蛋白激酶表达减少,从而提示蛋白激酶是其在 γ-氨基丁酸能神经元中起作用的必要条件;谷氨酸脱羧酶启动子下游的多克隆位点携带有钠通道基因的抑制基因,则 γ-氨基丁酸能神经细胞膜上钠通道表达减少和功能缺失,局部神经网络之兴奋提示 γ-氨基丁酸能神经元能防止局部神经环路的过度兴奋。

※ 小结

生理学知识与原理的来源是基于实验研究,在严谨地逻辑思维基础上合理巧妙地运用研究策略和实验技术所获得的研究结果,结合物理与化学原理进行推理演绎得到初步结论,经过进一步实验检验获得被生理学界认可的生理过程与机理知识集合。基于这一事实,本章重点介绍了生理学研究常用的策略和经典的技术,以帮助读者在配合生理学其他章节的学习时,了解生理学知识的来源,生理学研究中策略与技术的选择,以及规范生理学研究的逻辑思维和实验设计。生理学研究策略与技术章节也将有助于生理学实验课的教学与学习。

※ 思考题

1. 如何研究动物体内不同系统生理功能的细胞分子机制？
2. 简述细胞培养和离体脑片神经细胞功能研究的优缺点。
3. 简述膜片钳技术的应用。
4. 如何用心脏灌流实验筛选药物对心肌细胞收缩力和心率的调控？
5. 如何评价新技术在生理学研究中的应用？

※ 推荐阅读

1. WANG J H. Associative memory cells: basic units of memory trace[M]. Singapore: Springer Nature Singapore Pte Ltd, 2019.

该书系统介绍了关联记忆细胞的最新研究成果，其中涉及研究思路、研究技术在神经科学中的应用。

2. 王建军，王晓民. 生理科学进展. 北京：高等教育出版社，2014.

该书是中国生理学会组织不同领域的生理学家编写的一本教学参考书，汇集了十年前生理学不同领域的前沿发展和新兴研究技术在解决生理学问题中的应用。

3. HILLE B. Ionic channels of excitable membranes[M]. 3rd ed. Sunderland: Sinauer Associates, 2001.

该书是关于离子通道研究和膜片钳技术最经典的专著，其中包括电生理基本理论基础、膜片钳技术的技术细节、数据分析方法，以及不同种类离子通道的基本性质等。

4. ZHAO C, CHEN S, ZHANG L, et al. Miniature three-photon microscopy maximized for scattered fluorescence collection[J]. Nature methods, 2023, 20(4):617–622.

该文是我国自主研发的微型化多光子荧光显微成像技术的最新进展。该研究技术从2017年第一代微型化显微成像技术发表以来一直居国际领先水平，目前已在国际神经科学等领域广泛应用。

（撰写：王晋辉；审修：王世强）

索 引

A

阿黑皮素原 305
氨基甲酰血红蛋白 198
胺类激素 296
暗电流 352
暗适应 350

B

巴克曼束 151
白肌纤维 135
白膜 285
白细胞 18
半规管 335
半通道 83
胞吐模型 94
饱和性 38
鲍曼囊 244
背侧和腹侧注意网络 427
背侧呼吸组 201
背侧语言通路 425
被动反应 60
本能行为 402
本体感受器 325
泵 44
壁层 285
臂旁内侧核 202
边缘系统 331, 404, 406
变渗动物 242
表面活性物质结合蛋白 184
波尔效应 197

C

补呼气量 190
补吸气量 189
不完全强直收缩 135
不应期 73

餐后碱潮 219
苍白球 384
侧抑制 357
层流 156
长度常数 75
长度-张力关系曲线 122
长时程记忆 416
长时程可塑性 90
长时程压抑 90, 422
长时程增强 90
长吸中枢 201
肠神经系统 212, 397
超常期 73
超极化 59
超极化激活环核苷酸门控阳离子通道 149
超射 61
超声心动图 154
超速驱动阻抑 148
超直接通路 390
潮气量 189
陈述性记忆 417
成肌细胞 115
持续时间 72
齿状核 390

重合检测器 343
初长度 122
初级泵 144
初级躯体感觉皮层 329
初级视皮层 357
初级味觉皮层 332
初级运动皮层 373
穿孔膜片式 68
传出拷贝 368
传导 81
传递 81
创伤后应激障碍 407
垂体 301
垂体后叶 302
垂体前叶 302
雌激素 273
次级躯体感觉皮层 329
刺激 58
刺激强度变化率 72
粗肌丝 115
促黑素细胞激素 305
促甲状腺激素 306
促生长激素释放素 305
促肾上腺皮质激素 305
促释放激素 303
促性腺激素释放激素 306
催乳素 305
催乳素释放抑制因子 305
催乳素释放因子 305

D

大脑皮层运动区　366
大小原则　371
代偿间歇　152
代谢型谷氨酸受体　101,110
代谢型受体　110
单胺氧化酶　95,106
单个单位平滑肌　117
单核细胞　19
单模态　424
单收缩　132
单突触反射　375
单相动作电位　78
胆碱酯酶抑制剂　101
蛋白激酶 A　108
蛋白质类激素　295
导联　152
等长收缩　133
等长自身调节　166
等容收缩期　144
等容舒张期　145
等张收缩　133
低常期　73
底丘脑核　384
递质共存　85
递质门控通道　50
第二信使　106
电 - 化学平衡　52
电紧张电位　60
电突触　82,84
电位　46
电压门控　47
电压门控钙通道　47
电压门控通道　50
电压钳　64,439
电压依赖性钙释放　128
电泳效应　46

顶核　390
定比重吸收　264
定向突触　86
动机　402,414
动力蛋白　119
动脉脉搏　160
动脉血压　158
动纤毛　335
动作电位　58,61,215
毒蕈碱受体　108
短时程记忆　416
短时程可塑性　90
对侧伸肌反射　378
对抗肌　376
多巴胺　106,321
多巴胺受体　110
多巴脱羧酶　106
多个单位平滑肌　118
多突触反射　375

E

额 - 顶网络　427
儿茶酚胺　106,320
儿茶酚基　321
耳蜗　339
耳蜗神经核　343
二联体　125
二氢吡啶受体　125
二酰甘油　106
二棕榈酰卵磷脂　184

F

发绀　196
发情周期　282
发生器电位　326
反极化　61
反馈　7,88

反牵张反射　376
反射　7,374
反向共转运　45
反向转运体　45
反演模型　367
非陈述性记忆　417
非定向突触　86
非快速眼球运动睡眠　408
非门控通道　51
非弹性阻力　188
肺　182
肺活量　190
肺量图　189
肺内压　186
肺泡　183
肺泡表面活性物质　184
肺泡隔　183
肺泡孔　183
肺泡通气量　190
肺泡无效腔　190
肺牵张反射　204
肺容量　189
肺通气　185
肺通气量　189,190
肺总量　190
分娩　283
分压　191
分子马达　119
冯效应　5
缝隙连接　82,115
辐散　87
辅助性 T 细胞　22
辅助运动皮层　373
负反馈　8
负荷　133
附睾管　285
复合体　385

复极化　59
复眼　344
副交感神经　393
腹侧呼吸组　201
腹侧语言通路　425
腹内侧下行通路　373
腹前侧核　385
腹式呼吸　186
腹外侧核　385

G

钙激活性钾通道　47
钙瞬变　128
钙调蛋白　108，120
钙致钙释放　130
甘氨酸受体　102
肝素　28
感光细胞　349
感觉-运动整合　366
感受器电位　326
感受野　357
高尔基腱器官　371
睾酮　288
睾丸网　285
睾丸纵隔　285
格斗-逃跑反应　319
更新的血液凝固瀑布学说　26
工具式条件反射　414
工作记忆　416
功能　2
功能性磁共振成像　422
功能余气量　190
巩固　420
共济失调　392
孤束核　399
骨骼肌　115
鼓阶　339

观察　8
管-球反馈　247
光敏感性　350
光遗传学　433

H

海马　417，418
核受体超家族　296
赫布规则　420
黑-伯反射　204
黑质　384
黑质纹状体束　385
亨廷顿病　383，388
横管　115，125
横桥　117
红肌纤维　135
红细胞　18
红藻氨酸受体　101
后超极化　61
后电位　61
后顶叶皮层　329
后去极化　61
后叶　391
呼气　185
呼气神经元　201
呼气运动　185
呼吸　179
呼吸道　181
呼吸节律　200
呼吸窘迫综合征　185
呼吸膜　183
呼吸商　207
呼吸系统　179
呼吸运动　185
呼吸中枢　200
壶腹　335
化学感觉　330

化学突触　82，85
化学遗传学　433
环层小体　334
环磷酸鸟苷　92，106
环戊烷多氢菲　296，317
缓冲神经　171
黄斑　349
黄体生成素　306
回返　88
会聚　88
混合突触　86

J

机械感受器　333
机械激活通道　50
机制　2
肌电图　408
肌动蛋白　115
肌动蛋白丝　118
肌钙蛋白　119，120
肌紧张　375
肌膜　115
肌（内）质网钙泵　43
肌球蛋白　115
肌球蛋白轻链激酶　121
肌束　115
肌丝滑行学说　121
肌梭　371
肌纤维　115
肌性动脉　155
肌原纤维　115
肌张力　133
肌张力减退　393
肌质　115
肌质网　115
基本电节律　214
基础代谢　207

基础代谢率 207
基底神经节 374
基底外侧杏仁核 406
基膜 249
基强度 72
基因编辑 432
基因过表达 432
基因敲除 432
基因敲减 432
基因突变 432
基于模型的控制 367
激动剂 101
激活 49
激活曲线 69
激素 85
集合管 244
脊髓 366
脊髓反射 374
脊髓小脑 391
计算 8
记忆 402
记忆痕迹 420
继发性主动转运 44
甲状旁腺激素 312
甲状腺 307
甲状腺激素 308
甲状腺素 308
甲状腺危象 310
甲状腺肿 311
钾通道 47
假怒 405
价值 415
间位核 390
间质细胞 285
简单扩散 37
检验刺激 73
减慢充盈期 145

减慢射血期 145
减压反射 170
剪切率 158
碱储备 22
间接通路 385
腱反射 375
奖赏 402,414
降钙素 308,312
交叉配血试验 32
交感神经 393
交感神经系统 107
交感缩血管紧张 167
交互神经支配 376
交互突触 86
胶体渗透压 21
接触依赖性通信 82
节后纤维 395
节前纤维 395
拮抗剂 101
解剖无效腔 190
仅由设计药物激活的设计受体 434
紧密连接 115
紧密型 196
紧张性牵张反射 375
紧张性作用 395
近侧-远侧规律 369
近端小管 244
近日节律 411
近视 348
近髓肾单位 244
经典条件反射 414
晶体渗透压 21
精囊腺 286
精原细胞 286
精子 286
精子发生 286
竞争性 39

竞争作用 299
静息电位 214
静息膜电位 53
静纤毛 335
静止性震颤 388
局部电流 76
局部反应期 130
咀嚼 216
巨核细胞 19
巨人症 304
距离感受器 325
聚集 23
决策 414
绝对不应期 73

K

开放概率 48
抗利尿激素 260,265
抗凝血酶Ⅲ 27
科蒂器 339
科学假设 8
颗粒细胞 391
可逆性 38
可调节性 39
可兴奋细胞 58
可用率曲线 70
克吕弗-布西综合征 405
空间总和 89
孔道结构域 47
控制系统 7
库欣综合征 318
跨膜电位 52
跨细胞膜受体超家族 296
跨细胞转运途径 252
快反应自律细胞 150
快收缩肌纤维 135
快速充盈期 145

快速复极化 61
快速去极化 61
快速射血期 145
快速收缩易疲劳型运动单位 371
快速眼球运动睡眠 408
快突触反应 97
眶额叶皮层 404,426
扩散 36
扩散系数 192

L

酪氨酸羟化酶 106
雷诺丁受体 126
类固醇类激素 296
离子通道 39
离子通道型谷氨酸受体 101
离子通道型受体 96
离子选择性 47
离子学说 62
连接蛋白 83
连接肌质网 125
连接子 83
连续毛细血管 163
联合型学习 417
联络皮层 423
两点辨别阈 334
量子释放 94
裂脑人 425
临界融合频率 135
淋巴 163
淋巴细胞 19
磷酸二酯酶 106
磷脂酶 A2 106
磷脂酶 C 106,108
磷脂酰肌醇 -4,5- 二磷酸 108
漏通道 51
颅内自我刺激 414

卵泡发育 278
卵泡刺激素 306
卵圆窗 338
卵子发生 278
氯转移 198
滤过分数 250
滤过膜 248
滤过平衡 459

M

迈斯纳小体 334
脉搏压 159
慢波 214
慢波睡眠 408
慢反应自律细胞 149
慢收缩肌纤维 135
慢速收缩型运动单位 371
盲点 349
毛细胞 335
毛细血管 155
酶联型受体 96,297
每搏输出量 146
每分功 147
每分通气量 190
弥散张量成像 425
弥漫性血管内凝血 25
敏感化 417
模拟 8
膜电导 53
膜电容 59
膜电阻 53,59
膜片钳 67,440
膜钟 150
摩尔渗透浓度 16
默克尔细胞 334
目标导向行为 402

N

钠泵 41
钠钙交换 44
钠钙交换体 44
钠钾 ATP 酶 41
钠钾泵 41
脑肠肽 213
脑 - 肠轴 399
脑电图 408
脑干 366
脑干网状结构激活系统 328
脑机接口 382
内部模型 367
内侧部 384
内侧前额叶皮层 404,426
内侧杏仁核 407
内啡肽 305
内分泌 82
内分泌器官 294
内分泌系统 294
内分泌组织 294
内感受 397
内感受器 325
内呼吸 179,206
内化 422
内环境 14
内面向外式 67
内膜 155
内皮细胞 249
内向整流 47
内心演练 383
内嗅皮层 418
内隐记忆 417
内在光敏感视神经节细胞 350
内在神经系统 212
内脏感觉 325
内脏平滑肌 118

内脏运动系统　393
能量代谢　206
能斯特方程　52
逆流倍增　260
逆流系统　260
逆行性遗忘　418
逆转电位　54,100
年节律　299
黏附　23
鸟苷二磷酸　105
鸟苷三磷酸　105
鸟苷酸环化酶　106
尿道球腺　286
尿素再循环　262
凝集　28
凝集素　29
凝集原　29
凝血的共同激活途径　26
凝血酶原酶复合物　25
凝血因子　23

P
爬行纤维　391
帕金森病　383,388
帕佩兹环　405
排卵　281
配体　96
配体门控离子通道　96
配体门控通道　50
皮层功能柱　359
皮层脊髓束　374
皮层模块　359
皮层脑干束　374
皮层小脑　391
皮肤感觉　325
皮质醇　317
皮质肾单位　244

皮质酮　317
贫血　19
平衡电位　52
平衡感受器　335
平滑肌　117
平静呼吸　186
平均动脉压　159
泊肃叶定律　156
葡萄糖转运蛋白　314
浦肯野细胞　391
瀑布样反应　24

Q
期前收缩　152
期前兴奋　152
起搏电位　149
起动泵　144
气体扩散　191
气胸　188
气血屏障　183
牵涉痛　361
牵张反射　375
前列腺　286
前庭阶　339
前庭小脑　391
前叶　391
前运动皮层　373
前运动区　380
潜伏期　61,132
潜在起搏点　148
浅感觉　325
强度　72
强度 – 持续时间关系曲线　72
强化　414
抢先占领　148
壳核　384
鞘膜　285

情绪运动系统　404
情绪障碍　405
球 – 管平衡　264
球囊　335
球旁器　244
球旁细胞　244
区室化　35
曲细精管　285
驱动蛋白　119
屈反射　375
屈肌 – 伸肌规律　369
躯体运动　365
趋化作用　21
去极化　59
去甲肾上腺素　106,321
去抑制　385
全细胞式　68
醛固酮　317
醛固酮诱导蛋白　268
群体向量　380

R
妊娠　283
日节律　299
绒球小结叶　391
容积传递　86
溶解度　192
溶酶体　21
蠕动　217
闰盘　115

S
三联体　125
三磷酸肌醇　106
三磷酸肌醇受体　126
三原色学说　355
散光　348

色盲 356
上行网状激活系统 409
上运动神经元 369
射血分数 146
摄食行为 403
深部脑刺激 388
深感觉 325
深吸气量 189
神经垂体 302
神经递质 85,91
神经调质 91
神经节细胞 349
神经内分泌 82,294
神经调节 6
肾上腺皮质 316
肾上腺素 106,320
肾上腺素受体 106
肾上腺髓质 316
肾素 – 血管紧张素 – 醛固酮系统 267
肾糖阈 256
肾 – 体液控制机制 175
肾小管 244
肾小囊 244
肾小球 244
肾小球滤过率 250
肾小体 244
渗透 15
渗透性利尿 264,315
渗透压 15
生电性 42
生精上皮 287
生精细胞 287
生理无效腔 190
生物膜 35
生物钟 299,411
生长调节素 304
生长激素释放激素 305

生长激素释放抑制激素 305
剩余血量 145
时间常数 60
时间肺活量 190
时间总和 89
时值 72
实验 8
视蛋白 353
视调节 346
视杆细胞 349
视黑素 351
视黄醛 353
视交叉上核 351,411
视敏度 350
视网膜 345
视紫红质 353
视锥细胞 349
适宜刺激 325
适应 6,327
释放抑制激素 303
嗜铬细胞 320
嗜碱性粒细胞 19
收缩期 132,143
收缩压 159
收缩总和 135
受体 85,96
授时因子 411
瘦素 403
舒血管神经 166
舒张期 132,143
舒张压 159
疏松型 196
输出小管 285
输精管 286
树突棘 85
栓状核 391
双耳时间差 343

双极细胞 349
双孔 47
双相动作电位 78
水孔蛋白 40
水利尿 267
水通道 39
睡眠 408
顺行性遗忘 418
顺应性 188
瞬时受体电位通道 51
丝氨酸 / 苏氨酸激酶 108
酸中毒 315
髓袢细段 244
梭内肌纤维 372
梭外肌纤维 372
缩宫素 306
缩血管神经 166
锁相 342

T

苔状纤维 391
肽类激素 295
弹性动脉 155
弹性阻力 188
碳酸酐酶 198
糖皮质激素 317
特殊感觉 325
特异性 38
体液 13
体液调节 6
调节 6
调渗动物 242
跳跃式传导 77
通道 37
通透 35
通透性系数 37
同名肌 376

同向共转运　45
同向转运体　45
酮症　315
筒箭毒碱　101
痛觉　361
突触后电流　87
突触后电位　87
突触后膜　85
突触间隙　85
突触可塑性　90,407
突触囊泡　85,91
突触前膜　85
突触延搁　87
突显性　416
湍流　156
吞咽　216
脱氢表雄酮　317
脱氧皮质酮　317
椭圆囊　335

W

外侧部　384
外侧缰核　415
外侧膝状体核　351
外侧前额叶皮层　426
外侧下行通路　373
外感受器　325
外呼吸　179
外环境　14
外激素　82
外面向外式　68
外膜　155
外散分泌　82
外显记忆　417
外周化学感受器　202
完全强直收缩　135
网格细胞　419

网状部　384
网状激活系统　329
微管　118
微丝　118
微团　237
微终板电位　94
尾核　384
位相性牵张反射　375
位置细胞　419
味蕾　332
胃肠激素　213
胃排空　225
温度感受器　360
温度敏感通道　51
纹状体　384
"吻-逸"型胞吐　94
稳态　4
蜗管　339
误差信号　368

X

吸气　185
吸气神经元　201
吸气运动　185
吸收　210
习惯化　417
细胞毒性T细胞　22
细胞骨架　118
细胞内配体门控通道　50
细胞内液　13
细胞黏附分子　85
细胞旁途径　252
细胞外配体门控通道　50
细胞外液　13
细胞吸附式　67
细肌丝　115
下丘脑　301,397

下丘脑-垂体-靶腺轴　300
下丘脑-垂体-甲状腺轴　300,311
下丘脑-垂体-肾上腺轴　300,320
下运动神经元　369
纤维蛋白溶解　28
弦电导方程　53
腺垂体　302
腺苷酸环化酶　106
相对不应期　73
向心性肥胖　318
消化　210
消化道　211
消化腺　211
小脑　374
小脑半球　391
小脑核团　390
小脑皮层　390
小叶　391
效应T细胞　22
协同肌　376
谢弗侧支　419
心动周期　143
心肌　115
心肌收缩能力　166
心室功能曲线　165
心输出量　146
心音　153
心音图　153
新纹状体　384
信号分子　85
信号转导　81
信息素　82
信息整合　87
行波　340
行波学说　340
行走　378
兴奋　58

兴奋收缩耦联　124
兴奋性　72
兴奋性突触　97
兴奋性突触后电位　87
杏仁核　404
性激素　273
性染色体　272
性腺　272
胸膜腔　187
胸膜腔内压　187
胸式呼吸　186
胸腺依赖性淋巴细胞　22
雄激素　273
嗅皮层　331
嗅球　331
学习　402, 416
血管紧张素转换酶　319
血管升压素　260, 306
血红蛋白　19, 195
血红蛋白氧饱和度　195
血红蛋白氧含量　195
血红蛋白氧容量　195
血浆　18
血浆蛋白　18
血流动力学　156
血流量　156
血清　26
血栓烷 A2　23
血细胞　18
血细胞比容　19
血小板　18
血型　29
血压　158
血液黏滞度　157
血液凝固　23
血液凝固瀑布学说　24
血友病　26

Y

压力感受性反射　170
咽鼓管　338
烟碱型乙酰胆碱受体　100
延迟匹配样本任务　426
盐皮质激素　317
眼杯　344
眼电图　408
眼球震颤　392
厌恶　414
氧饱和　195
氧合　195
氧合血红蛋白　195
氧化　195
氧解离曲线　196
氧笼　47
氧债　206
夜盲症　353
一氧化氮　92
一氧化碳血红蛋白　196
胰岛素　313
胰岛素样生长因子　304
胰高血糖素　315
胰高血糖素样肽　315
乙酰胆碱　94, 108
乙酰胆碱受体　100
乙酰胆碱酯酶　95
异常眼　347
异长自身调节　165
异模态/多模态　424
异位起搏点　148
异相睡眠　408
抑制性 T 细胞　22
抑制性突触　97
抑制性突触后电位　87
易化扩散　37
意识　402

意向性震颤　393
因果关系　435
蚓部　391
应激反应　319
应急反应　319, 396
用力呼吸　186
优势传导通路　151
有孔毛细血管　163
有粒白细胞　19
有效不应期　130
有效滤过压　250
余气量　190
语言　402
阈刺激　72
阈电位　61
阈上刺激　72
阈下刺激　72
原动力　185
原发性主动转运　44
原肌球蛋白　120
圆窗　338
远端小管　244
远视　348
月节律　299
月经周期　282
允许效应　299
运动编程　379
运动代偿　367
运动单位　136, 370
运动单位的募集　136, 371
运动计划　379
运动神经元　369
运动神经元池　370
运动协调　374
运动学习　368
运动执行　379
运动终板　87

Z

载体 37
脏层 285
闸门电流 66
张力 191
张力-速度关系曲线 134
整合素受体 96
正常起搏点 148
正电子发射断层成像 381,422
正反馈 8
正视眼 347
正性变传导作用 168
正性变力作用 168
正性变时作用 168
正演模型 367
支持细胞 285
肢端肥大症 304
脂肪微滴 236
直接动力 185
直接通路 385
直细精管 285
止血 23
质膜钙泵 43
致密斑 244
致密部 384
致密体 117
中动脉 155
中缝核 110
中间纤维 117
中膜 155
中脑腹侧被盖区 414
中枢化学感受器 202
中枢模式发生器 378

中枢神经系统 87
中心-周边感受野 357
中型多棘神经元 385
中性粒细胞 19
中央凹 349
中央杏仁核 407
中央执行控制网络 427
终板电位 87,100
终池 125
轴-树突触 86
轴-体突触 85
轴-轴突触 86
昼夜节律 411
侏儒症 304
主动反应 61
主动转运 41
专线传递 86
转运 35
自分泌 82
自律性 147
自身调节 7
自主神经系统 109,393
足细胞 249
组合编码 332
组织因子途径抑制物 26
最后公路 370
最适初长度 122

1,25-二羟维生素 D_3 312
5-羟色胺 110
5-羟色胺受体 110
Ⅰa 抑制性中间神经元 376

Ⅰb 抑制性中间神经元 377
Ⅰ型肺泡上皮细胞 183
Ⅱ型肺泡上皮细胞 183
AMPA 101
Ca^{2+}/CaM 复合体 108
cAMP 依赖性蛋白激酶 108
CaM 激酶 108
Cannon-Bard 学说 405
CO_2 解离曲线 199
DAG 108
GABA 102
GABA 受体 102
G 蛋白 103
G 蛋白耦联受体 96,103,297
G 蛋白效应器 106
Goldman 方程 54
Hodgkin-Huxley 方程 66
Hodgkin 循环 63
H 区 115
IFM 楔 71
James-Lange 学说 405
M2 受体 109
M 线 115
NMDA 101
Ranvier 结 77
SM 蛋白 93
SNARE 93
t-SNARE 93
v-SNARE 93
Z 盘 115
α-γ 共激活 372
α-银环蛇毒 101

郑重声明

高等教育出版社依法对本书享有专有出版权。任何未经许可的复制、销售行为均违反《中华人民共和国著作权法》，其行为人将承担相应的民事责任和行政责任；构成犯罪的，将被依法追究刑事责任。为了维护市场秩序，保护读者的合法权益，避免读者误用盗版书造成不良后果，我社将配合行政执法部门和司法机关对违法犯罪的单位和个人进行严厉打击。社会各界人士如发现上述侵权行为，希望及时举报，我社将奖励举报有功人员。

反盗版举报电话　　（010）58581999　58582371
反盗版举报邮箱　　dd@hep.com.cn
通信地址　北京市西城区德外大街4号　高等教育出版社知识产权与法律事务部
邮政编码　100120

读者意见反馈

为收集对教材的意见建议，进一步完善教材编写并做好服务工作，读者可将对本教材的意见建议通过如下渠道反馈至我社。

咨询电话　400-810-0598
反馈邮箱　gjdzfwb@pub.hep.cn
通信地址　北京市朝阳区惠新东街4号富盛大厦1座　高等教育出版社总编辑办公室
邮政编码　100029

防伪查询说明

用户购书后刮开封底防伪涂层，使用手机微信等软件扫描二维码，会跳转至防伪查询网页，获得所购图书详细信息。

防伪客服电话　　（010）58582300